本书受国家社科基金重点项目（批准号13AZD044）资助

航海、航路
与地理发现研究论稿

Studying Anthology on Navigation,
Sea-route and Geographical Discoveries

张 箭／著

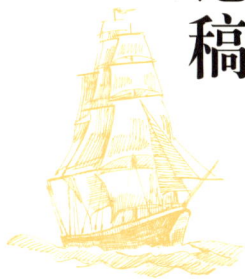

人民出版社

目　录

总　论

马可·波罗

中西比较

人物研究

开辟新航路

发现新大陆

非西葡的其他欧洲国家的发现与航海

书　评

附　录

CONTENT

I Section of general introduction

II Section of Marco Polo

III Section of comparison between China and West

IV Section of studying figures

V Section of opening the new sea route

Ⅵ Section of discovering the new continent

Ⅶ Section of discovery and navigation by other European countries besides Spain and Portugal

Ⅷ **Section of book review**

Ⅸ **Section of appendix**

总　论

一、地理大发现新论

　　地理发现应指任一文明民族的代表到达了或最早了解了各文明民族前所未知的地表的某一部分，或率先确定了地表已知各部分之间的空间联系。15世纪60年代至17世纪末，欧洲人进行和完成了地理大发现，因为这段历史时期地理发现的规模、成果、意义和影响特别重大。地理大发现可依其主角的变换而分成前后两个时段，即西葡时段和英法荷俄时段。航海探险和陆上探险分别是地理发现的第一途径和第二途径。大航海大探险若取得重大的地理发现成果便构成地理大发现。大航海及其时代可据其航海的特点分为近岸远洋航行、跨洋远洋航行、环球远洋航行和极地冰海远洋航行四个阶段。按欧洲人的前进方向、探险路径和范围，可将众多的远航探险发现分为西线（又分西南线和西北线），东南线，东北线和太平洋圈，北亚北冰洋圈五大区间。

　　15世纪中后叶至17世纪末发生的地理大发现，是中世纪晚期至近代初期最重大的历史事件，对人类社会和世界历史产生了最深远的影响。地理大发现在西方常称之为大发现、大探险，在苏联常称之为伟大的地理发现，在日本又常称之为大航海（时代），在中国则常称之为开辟新航路。它们之

间的复杂关系可以一言以蔽之,大航海大探险若取得重大的
地理发现成果便构成地理大发现。那么,什么是地理发现呢?
这是我们需要首先讨论的问题。

（一） 地理发现的概念

要弄清楚一个重大问题,就必须先明确这个问题所关联
的基本概念,搞清其内涵外延,从而求得共同一致的讨论前提
和出发点。"发现"这个词英语为 discover（y）,俄语为
открыт（ь）（ие）,日语为"発見（はっけん）"。《现代汉语词
典》的解释是:"（1）经过研究、探索等,看到或找到前人没有
看到的事物或规律。……"①英语词典、俄语词典、日语词典
对"发现"的解释也基本是这样。从科学认识的观点出发,发
现即意味着找到了新的、为这门科学、为文明人类所不知道的
成分、现象和过程,或者是明确它们之间的联系,或者是确定驾
驭它们的规律。根据以上我们对"发现"的理解,我们给"地理
发现"下的定义是:任一文明民族的代表第一次到达了或最早
了解了各文明民族均前所未知的地表的某一部分,或率先确定
了地表已知各部分之间的空间联系。这里所说的文明民族,指
有了文字,形成了阶级社会,从而迈进了文明时代的民族。

为了使这个定义更加明确、严密和完整,需要讨论一下这
个定义的各个部分。地理发现应被首先理解为到达了地球表

---

① 中国社科院语言所词典室:《现代汉语词典》,商务印书馆 2014 年
修订第六版。

面前所未知的某一部分。有时候也有这种情况,即地表上有一些谁也不曾到达过的部分被人们猜测到了,甚至被比较科学地论证了,而且这些猜测论证后来皆为地理探险所证实。例如16至18世纪的地理学家,根据古代学者的猜测和当时已掌握的地理知识,断定在南极周围有一块大陆,并给它取名为"南大陆"(拉丁文 Terra Australis)。16至17世纪的制图学家曾推测,在东北亚和西北美之间应有一条海峡把两块大陆隔开,并给它取名为"阿尼安海峡"(俄文 Анианский Пролив)。但南极大陆并不是16至18世纪的地理学家发现的,而是19世纪的俄国探险家别林斯高晋和拉札列夫、英国探险家罗斯、挪威探险家包尔赫格列文等逐步发现的。隔开新旧大陆的海峡也不是16至17世纪的制图学家发现的,而是俄国探险家迭日涅夫、俄籍丹麦探险家白令在17、18世纪先后发现的。

文明人类的代表第一次到达前所未知的地区也可能是不自觉的,带有一定的偶然性。例如,1492年哥伦布在向西驶向亚洲的途中,无意中驶抵和发现了美洲加勒比海地区的几个岛屿。接着,他又在以后十几年的三次远航中发现了加勒比海地区的全部主要岛屿和中美洲大陆的部分地区。又如,19世纪70年代奥地利探险家魏普雷希特和派尔在新地岛为浮冰所阻,被迫向北漂浮,不料却抵达和发现了法兰士·约瑟夫地(群岛)。尽管这样,他们的航行和探险仍属于地理发现。

地理发现首先是指文明人类的代表第一次到达了新的前所未知的地区。这里说的文明人类包括一切文明民族,但不等于整个人类。"野人"或"蛮族"(未进入阶级社会的原始人)到达无人居住的陆地或在某些海域进行的首次航行有时也被称为"发现"。但笔者以为,这种第一次到达不能称作地理发现,而只能把它看作是处于社会发展最初阶段的原始人群、原始部族迁徙、移居的一种形式,习惯上称为蛮族迁移或迁徙。例如到达新西兰的毛利人,抵达马达加斯加的马来人,经东北亚过白令海峡(当时是陆桥)迁移到美洲去的印第安人,在太平洋上迁移的玻利尼西亚人,公元8、9世纪的诺曼人,到达澳大利亚的澳洲棕人,等等。因为"地理"概念本身便是人类文明发展到一定程度时对某类事物的一种理性认识。比如,汉语中"地理"一词最早见于《周易·系辞》:"仰以观于天文,俯以察于地理。是故知幽明之故。"而原始人则不能整合、抽象出这种概念。原始族群不能把他们到达的看到的陆地、水域、航路、通道等概括整合抽象为"地理发现"。正如黑格尔指出,"一个民族的精神文明必须达到某种阶段,一般地才会有哲学"①。同理,一个民族进入了文明社会(进入了文明社会的人类共同体才能称民族),才可能会有地理发现,地理学和地理思想。

所以,地理发现不应包括各个不同的未开化的野蛮部族彼此的往来和联系,或到达无人地区,也不应包括各个不同的开化的文明民族彼此通常的往来和联系。例如郑和下西洋所经过的绝大部分地区和驶过的大部分航线,便不属于地理发

---

① [德]黑格尔:《哲学史讲演录:第一卷》,贺麟等译,商务印书馆1997年版,第53页。

现的范畴。有些西方学者认为地理发现仅指欧洲人第一次到达任何一个非欧洲地区,这是完全错误的。

文明民族的代表最早了解了前所未知的地表的某一部分也属于地理发现。例如,亚美利哥远不是到达美洲的第一个文明民族的代表,但他却首先了解了美洲,最早指出所谓的"西印度"不是亚洲的东部、西方的印度,而是横亘在欧洲和亚洲之间的一块新大陆。所以亚美利哥的工作也属于地理发现。再如,17世纪荷兰航海家塔斯曼初步发现了新西兰,为它命名如斯,并以为它是南大陆—澳洲的一部分。18世纪英国航海家库克弄清了新西兰是远离大陆的两个岛屿,即北岛和南岛,中间隔着一条海峡,即库克海峡。库克穿越了海峡并登上了岸,还把新西兰正确地画在了地图上。所以,库克完成了对新西兰的发现。此后,人们对新西兰的进一步了解和认识便不再属于发现新西兰的范畴,而只是发现了新西兰的某条大河,某个湖泊、某座大山、某个附属岛屿而已。行文至此,自然想到了一度被媒体炒得很热的"20世纪末的重大地理发现",即发现我国的雅鲁藏布大峡谷是世界上最大的大峡谷,比美国的科罗拉多大峡谷还深、还长、还高、还大。我们知道,雅鲁藏布大峡谷中居住着藏族、门巴族和珞巴族同胞,而且它们都早已进入了文明社会。但在此之前,全西藏、全中国乃至全世界还没有谁意识到、勘测出雅鲁藏布大峡谷是世界上最大的大峡谷。这个最新的事例再次佐证了我们的观点:文明民族的代表最早了解了认识了前所未知未识的地表的某一部分也是一种地理发现。

不管是开辟新航路新通道,还是发现新陆地新水域,乃至率先了解和认识某个地区,到达后能否返回对地理发现来说都十分重要,否则即使单程成功也意义有限。因为不能返回便无法带回新发现的新获得的知识,而缺乏这种对于认识很重要的信息反馈(feedback),就不可能真正建立出发地和新发现地的交通联系,也就无法使两地居民相互影响受益。因而这种单程成功在历史上一般来说也就湮没无闻,也就远谈不上完成某项地理发现。

(二) 地理发现的层面、任务、途径、次数

文明人类对某个地域的认识了解及其保存形式在地理发现的范畴内应有三个层面。一是有比较正确的叙说,保留在口头上和记忆中;二是用文字比较准确地记录下来,保留在图书文献碑铭中;三是用缩微的图画、几何图形比较准确地绘下来,保留在地图册和地球仪上;或者用立体几何形状保留在沙盘等模型中。第一种形式是最粗糙的认识,最原始的保存,只能说是刚开始对该地域有所了解,刚开始的发现。第二种形式是中间层面的认识,发展中的保存,可以说是深化了对该地域的了解,是能得到普遍承认的发现。第三种形式是高层面的认识和精细的了解,是发达的保存。只有做到了这一步,才能说在地理发现的范畴内完成了对该地域的发现。

地球表面只有两种最基本的自然物质形式,即陆地和水①。

---

① 有的学者认为地球表面还有第三种自然物质形式,即湿地,包括沼泽、滩涂、洼地、水稻田等。我认为湿地还是一种特殊的陆地。即便湿地是第三种形态,它的总面积也微乎其微,根本不能和水域和陆地相提并论。

陆地从高度看,有高山、丘陵、平原、盆地等;从地表覆盖物看,有沙漠、草原、森林、原野、冰雪原等自然形态,有城市、村庄、农田、道路、水库、机场等人文形态。水域则有咸水(海洋)、淡水(江、湖)、冰层(封冻的水域)三大类。地理发现最基本、最主要的内容和任务便是查明和了解地球表面两种最基本的物质形式,水陆的分界,即海岸线、大湖湖岸线和大河河道。

许多人把地理发现的途径往往只理解为航海,这是不全面的。地理发现的途径也包括陆上的跋涉和探险。如巴尔博亚发现"大南海",钱姆普林发现北美五大湖区,俄国人发现北亚等。当然,由于地球表面71%是海洋,海洋包围着陆地并相通,海洋和陆地是地球表面的第一级分异,是自然环境的最基本分异。由于地理发现最基本的内容是查明水陆分界线,所以航海探险是地理发现的第一途径,陆上探险则是地理发现的第二途径。

学术界一般把发现的成果仅理解为发现大片陆地,这个认识也是片面的。地理发现的成果除了大片陆地外,还应包括大片水域,如发现北冰洋、太平洋、北美五大湖等。当然,由于人类是陆生动物,发现新陆地对人类便更显重要。

与航海探险发现新陆地相关的还有一种情况似可称为负发现(暂译为 negative-discovery)。航海家们在某块处女海域的首次航行探险考察有时似乎一无所获,但若它证实了传说中或猜想中或推测中的某些地理实体并不存在(如仙岛金地、大陆海岛海峡等),便也增进了人们对那一带的地理知识。所以负发现也与地理发现密切有关。库克便也是伟大的地理负发现家。1772 年 8 月至 1775 年 7 月，库克率两艘船进行了第二次远航探险考察，完成了在南半球水域的环球航行，首次穿越了南极圈。尽管这次远航在他的三次远航中似乎成绩最小，仅发现了一个小岛诺福克岛①。但这次远航最终否定了在非洲和南美洲之间的南太平洋水域存在一块广阔的南方大陆的可能性，从而廓清和纠正了从古至今的关于该洲的假想观念和错误信念。所以它也是一项重要的地理负发现。

在古代和中世纪，各大陆主要的文化发祥地皆被未开化的原始部族所居住的广大地区、荒漠的无人地区和浩瀚的海洋所隔开。地理发现的任务和内容之一，便是建立各文化发祥地、各文明中心在海上或陆上的直接联系。当然不能说达·伽马发现了印度。然而，即使他在著名的 1498 年的航行中只发现了从南非的大菲什河口（大鱼河口）至今莫桑比克这一段不足 2000 公里的海岸线，甚至更少，这次航行仍然属于重大的地理发现。因为它建立了文明的欧洲与文明的印度之间直接而密切的海上联系。

对地表已知各部分之间的空间的联系予以确定可以不止一次。地理发现也包括通过其他的、新的、有价值的道路来确立地表各部分之间新的空间联系，来建立各文化发祥地、各文明中心之间的直接联系。例如，在哥伦布、达·伽马、麦哲伦等人以后，欧洲人又开辟了从北欧向东，经过北冰洋穿过白令

---

① 参见威廉·房龙：《发现太平洋》，沉晖译，北京出版社 2001 年版，第 243 页。

海峡,到达东亚和北美的北方新航路。对某个地域的发现也可以不止一次。最先到达、发现某个地域的文明人类代表,如果没有把他(们)的发现通过各种方式(如文献、文物、口头叙说等)传下来(可能在返回前便遇难了;或者虽然一度流传下来但后来又被遗忘了),而后来的文明人类的新的代表在整个文明人类均不知晓的情况下,重新到达了这个地域,那么这次到达也属于地理发现。我们称之为重新发现或再次发现,而把以前的第一次到达称为最先发现或首次发现。这种情况有些类似马克思恩格斯在《德意志意识形态》中所说的重新发明。即"在历史发展的最初阶段,每天都在重新发明,而且每个地方都是单独进行的"[1]。例如,20 世纪 40 年代苏联考察队重新发现了曾被 17 世纪前 20 年的俄国人发现过的俄罗斯北冰洋沿岸泰梅尔半岛西姆斯湾(Симс)的法捷伊(Фаддей)群岛,因为在岛上发现了一些确凿的俄国 17 世纪初的文物[2]。这种再次发现与我们前面下的地理发现的定义不矛盾,因为它确立了新发现地与文明世界的空间联系,开始或增加了文明人类对新发现地的了解和认识。当然,如果第二次到达某个地域的某个文明民族的代表,只是不知道在别的文明民族中已保存下来的对第一次到达的记忆和对这个地域的了解,这种情况下的第二次到达则不属于地理发现的范畴。

----

[1]　《马克思恩格斯选集》第一卷,人民出版社 1972 年版,第 61 页。

[2]　см. И. П. Магидович, В. И. Магидович:《Очерки по Истории Географических Открытий》, Москва, Издательство "Просвещение", 1983, Том Ⅱ, с.267.

概而论之,文明人类的社会实践活动,只要是对反映地球表面基本地理概貌的科学的世界地图(及地球仪)的形成和准确化起了促进作用,便可以说是地理发现。

(三) 什么是地理大发现

明确了地理发现的概念以后,便可以讨论什么是地理大发现了。学术界所说的地理大发现(西方、苏—俄、日本分别说 Great Geographical Discoveries, Великие Географические Открытия,地理上の発見[ちりょうのはっけん]①),我们给它作个界定和概括,便是指 15 世纪中后叶至 17 世纪末叶,在各种原因的推动和各种因素的作用下,欧洲人大规模地或扬帆远航,或长途跋涉,发现了全世界的文明民族均前所未知的

---

① 这几个词组直译为"伟大的地理发现",中国学术界一般说"地理大发现"。另外,西方也常说"(地理)发现时代"(The Age of Discovery),如《剑桥近代史》(The Cambridge Modern History) 1931 年版第一卷第一章,《美国百科全书》(Encyclopedia Americana) 1980 年版"地理学"条(geography);西方还常简称为"大发现"(the great discoveries),如《新编剑桥近代史》(The New Cambridge Modern History) 1986 年版第一卷第一章。苏联则统统称为地理大发现,如《苏联大百科全书》(《Большая Советская Энциклопедия》) 20 世纪 50 年代版和 20 世纪 70 年代版,《苏联历史百科全书》(《Советская Историческая Энциклопедия》) 20 世纪 60 年代版,苏联《简明地理百科全书》(《Краткая Географическая Энциклопедия》) 20 世纪 60 年代版,苏联科学院编《世界通史》(《Всемирная История》) 20 世纪 50—60 年代版第四卷第四章;马吉多维奇的《地理发现史纲》(《Очерки по Истории Географических Открытий》) 1949 年版第三部分。该书 20 世纪 80 年代第二卷第一、第二部分则说"大发现的时代"。日本平凡社《世界大百科事典》20 世纪 70 年代版、20 世纪 80 年代版则立有"地理上の発見时代"的条目。

大片陆地和水域,对这些陆地和水域乃至地球本身有了初步的了解和一定的认识,开辟了若干前所未有、前所未知的重要航路和通道,把地球上的各大洲(南极洲除外)、各大洋、各地区直接地紧密地联系起来,极大地充实和初步完善了反映地球表面基本地理概貌的地图册和地球仪。所以,历史学界和地理学界便用地理大发现这个提法或术语来概括这方面的历史发展。因为这段时期地理发现的成果、规模、意义和影响特别重大。

15 世纪 60 年代,葡萄牙明确了以开辟去印度——东方的新航路为己任。可以以此为地理大发现的开端。因为1453 年土耳其灭了拜占庭,并大举向欧洲巴尔干扩张,遮拦了东西方的传统商路和联系。所以从 15 世纪 60 年代起,葡人已不满足于在西非沿海进行局部的、小规模的、短时间的探险、发现、殖民了。其战略部署是要在东大西洋和印度洋进行全局性的、大规模的、长期的探险、发现、殖民。它以开辟联系东西方的新航路、建立东西方的直接密切交往为战略目标了。

地理大发现无疑是以 1492 年哥伦布率西班牙船队横渡大西洋,发现西印度为转折、质变、飞跃。地理大发现就此跃上一个高峰,从此如火如荼,高潮迭起,长盛不衰,一直持续了约两个世纪。

地理大发现似可以 17 世纪末即 90 年代为终点。1696年俄国探险队对北亚—西伯利亚东部太平洋水域巨大的堪察加半岛进行了有文字记载以来的首次探察。1697—1699 年,阿特拉索夫率领的哥萨克探险队对堪察加进行了新的探险、发现和远征。从此俄罗斯人便未离开过半岛，从而完成了对半岛的发现，建立了半岛与东西伯利亚和俄国的联系，并把它并入了俄国①。堪察加的发现和并入也标志着俄国人对北亚、北冰洋的探险、发现、征服基本完成。

　　地理大发现应该分为两个时段，即西、葡时段和荷、俄、英、法时段。前一时段从15世纪中后叶到16世纪初中叶，是西班牙、葡萄牙充当急先锋的时期。这一时期西班牙人发现了美洲，横渡了大西洋、太平洋、印度洋，进行了环球航行，证实了地球的形状、大小和海陆分布；葡萄牙人发现了非洲西南部和南部，绕过非洲横渡印度洋到了印度，并进一步东进闯入太平洋，和中国、日本等国发生了接触。后一时段从16世纪中叶到17世纪末叶，是荷兰、俄国、英国、法国等扮演主角的时期。这一时期荷兰人发现了澳洲、新西兰，俄国人发现了整个亚洲北部、北冰洋，初步开辟了北方新航路，英国人、法国人和其他欧洲人发现了北美的许多地区和其他一些地区。意大利是资本主义萌芽最早的国家，也历来是地中海上的航海大国。但由于地理位置所限制，也由于国家四分五裂没有统一没有形成合力等，故意大利在航海探险发现殖民的宏大历史进程中出局。意大利人只能以个人身份参加其他国家的远航探险，做出了自己的很大贡献。比如哥伦布、卡博特、韦斯普奇、维拉扎诺、皮加费塔等。

----

　　① см. И. П. Магидович, В. И. Магидович:《Очерки по Истории Географических Открытий》, Москва, Просвщение, 1984, Том Ⅲ, сс.72-78.

多年来,学术界一般把地理大发现的时间界定在 15 世纪末至 16 世纪初,把其空间界定在发现美洲、征服大西洋、太平洋,把其代表人物界定在哥伦布、达·伽马、卡伯拉尔、麦哲伦等。这样做无论从历史学还是从地理学的角度看,都是不全面的。从 16 世纪中叶到 17 世纪末叶,文明人类新发现的陆地面积并不比 15 世纪中后叶至 16 世纪初中叶发现的小,成就同样十分重大。据西方学者的估算,欧洲知识界对地球表面的了解情况为:1500 年为 22%(25%陆地、20.9%水域);1600 年为 49%(40%陆地,52.5%水域),1700 年为 60.7%(50.6%陆地,64.7%水域)[1]。而当时欧洲人的地理知识无疑处于世界最领先和最高的水平。这一时期也涌现了一些并不比哥伦布等人逊色多少的航海家和探险家,如叶尔马克、迭日涅夫、哈德孙、巴伦支、塔斯曼等。这段时期的地理发现对人类历史发展的影响同样非常重大和深远:最后一块有人居住的大陆——澳洲被纳入了文明世界;荷兰在这一阶段的地理发现和殖民掠夺中崛起,成为第一个资产阶级共和国,世界的海上马车夫,马克思所称的"17 世纪标准的资本主义国家"[2]。如同北美的发现和拓殖造就了美国这个大国、今天的唯一的超级大国一样,北亚的发现和拓殖造就了俄国这个大国、苏联这个昔日的超级大国、今天的独联体、今日世界第二号军事大国俄罗斯。

---

①　参见施泰因:《人类文明编年纪要:科学和技术分册》,龚荷花等译,对外翻译出版公司 1992 年版,第 63—64 页。

②　《马克思恩格斯选集》第二卷,第 256 页。

　　所以,地理大发现的时间下限应界定在 17 世纪末叶,其内容和成就应包括发现澳洲、北亚、北美的一些地区,初步征服北冰洋、开辟北方新航路。马克思曾在《资本论》中谈道:"在十六世纪和十七世纪,由于地理上的发现,而在商业上发生的并迅速促进了商业资本主义发展的大革命是促使封建生产方式向资本主义生产方式过渡的一个主要因素"①。可见,马克思也赞成把地理大发现的时间下限定在 17 世纪末期。

　　另外,学术界也有把地理大发现的下限延长到 19 世纪中叶发现南极大陆的观点,笔者认为这也是不正确的。我们所说的地理大发现,既是地理学的也是历史学的提法和术语。只有在历史学和地理学两方面,在社会和自然两方面都具有重大影响和意义的事情,才属于地理大发现的范畴。而南极洲的发现虽然在地理学上有重大意义,但南极洲因气候太冷而无人居住和难以开发,所以南极洲的发现至今还未对人类历史发展产生任何重要影响。还由于南极洲是在 19 世纪中后叶发现的,离地理大发现结束的 17 世纪末叶已有近两个世纪。把近两个世纪后的事情拉在一起,在时间的连续性和逻辑的严密性上均不能自圆其说。如果把发现南极洲确定为另一个独立的"地理大发现"。它又完全不够格。因为它无论在地理上还是历史上,均不能与 15 世纪中后叶至 17 世纪末叶的地理大发现相提并论。因此,它只是地理发现,而不是地

　　① 《马克思恩格斯全集》第 25 卷,人民出版社 1974 年版,第 371—372 页。

理大发现。当然我们并不否认,发现南极洲是地理学史和航海探险史上的一个重大事件,具有重大的意义,但它不在地理大发现的范围内。

(四)(地理)大发现与大航海(时代)的关系

近年来,国内国际学术界又爱用大航海(时代)来指称那个时代、那个重大事件和那方面的历史发展。大航海时代是日本学术界率先提出来的①,并十分盛行,影响日益扩大。那么,地理大发现与大航海(时代)有什么关系、异同,它们各有什么侧重、特点,彼此有什么区别联系呢?

我们在开头已简扼地确定了它们的关系,大航海大探险若取得重大的地理发现成果便构成地理大发现。我们以为,就全世界而言,大航海或大航海时代发轫于15世纪初。从1405年起,中国明朝的郑和率庞大舰船队七下西洋,28年间,遍访亚非30多个国家和地区,最远曾达非洲东北海岸和红海海口。郑和远航促进了中国和亚非各国经济文化交流和政治联系,造就了世界航海史上的壮举。所以,郑和下西洋率先拉开大航海或大航海时代的帷幕。大航海者,规模大、影响大、航期长、航程远之航海也。不过据我们前面所阐述的地理发现的概念,郑和下西洋没有取得多少地理发现成果。

---

① 参见饭塚浩二、井沢实、泉靖一、岩生成一:《大航海时代概说、年表、索引》,東京,岩波书店1979年版;相贺徹夫:《探访大航海时代的日本,受容と屈折》,東京小学舘1979年版;生田滋、高桥均、增田一郎:《大航海时代》,東京,福武书店,昭和58年版。

1415年,葡萄牙攻占北非和西非转折点上的穆斯林重镇休达,取得了航海探索西非海岸的前进基地。从此(1415年)在亨利王子的领导下,葡萄牙有组织、有计划、有步骤地派出探险船队不断南航,探察西非海岸和沿海水域,并把航海探险与地理发现、殖民、商贸、掠夺结合起来。葡萄牙人的探航其规模和影响比郑和下西洋小得很多很多,却不断取得地理发现成果,也不断取得经济效益(当然其中有相当部分是不义之财)。1434年以后,郑和远航由于种种原因而辍止,但中国人开创的大航海时代却由葡萄牙人接力下来坚持下去并不断拓展。

到了15世纪60年代,由于地理发现成果的积累,由于土耳其灭了拜占庭遮拦了东西方的传统商路和联系孔道,由于葡萄牙人已明确了要开辟到印度—东方的新航路这个战略目标,故一般的地理发现演变为地理大发现,从而开始了地理大发现时代。从此,地理大发现(时代)和大航海(时代)便重叠融合交织在一起,共同持续到17世纪末。

1519—1522年麦哲伦、埃尔·卡诺环球航行成功(麦氏在快成功时阵亡于菲律宾),把地理大发现和大航海都推到了顶峰。首次环球航行在许多方面都具有极其重大的深远的意义。它对航海事业的重大影响在于:证实了地圆学说,水多陆少说,海洋一体说及地球的大小;说明了地球上无论何地,都可以驾船前往登陆;地球上无论什么海洋,只要不封冻,就可以航行和横渡。这就直接促成全世界海道大通,促成造船业、航运业、船舶修理业、远洋渔业、航海业大发展,大繁荣。

从此,长距离、大运量、连续运行、低成本的海上运输在交通运输方面坐上了头把交椅,直到19世纪铁路逐步普及后铁路运输才与它平分秋色(但在跨大陆跨大洋的交通运输中仍只此一家独大;20世纪飞机发明和逐步普及后也只是在客运中排挤航运,在货运中航运仍独占鳌头)。

　　为什么说大航海时代也结束于17世纪末呢?因为我们认为大航海时代应是指15—17世纪人类大规模航海、探险、地理发现、殖民移民的时代。在这期间文明人类航遍了世界上绝大部分海洋,到达了绝大部分陆地,把分散的世界从海上连成了整体。于是,便有了大航海时代这个提法,以强调、概括和体现航海在那个时期的地位和作用。西方对航海家(navigator)的解释是:参加过多次远航有技术有经验的航海者;(特)指早期的探险家①。窃以为这个定义比较恰当。大航海时代的远航往往与探险联系在一起,与驾驶利用风能海流洋流和人力的帆船联系在一起;而现代当代已不再称某人为航海家了,因他已不与探险和帆船相联系了。

　　前面我们曾谈到,地理大发现按其主角国家的变化可分为前后即西葡和英法荷俄两大时段。那么长达3个世纪的大航海(时代)又该怎样划分阶段,以揭示这一历史事物发展进程中的轨迹和特征呢?我以为,从航海的视角出发,可分为四个阶段:即郑和、亨利王子开创的近岸远洋航行阶段,哥伦布

---

　　① cf. A. S. Hornby: *Oxford Advanced Learner's Dictionary of Current English*, London, Oxford University Press, 1974, p.571.

发起的跨洋远洋航行阶段,麦哲伦、埃尔·卡诺、德雷克(英国航海家)进行的环球远洋航行阶段,英国、荷兰、俄国唱主角的极地冰海远洋航行阶段①。这四个阶段在时间上彼此穿插在一起,在内容上糅合在一起,难以截然分开,但又有明显的阶段性。例如,哥伦布的跨洋远洋航行既晚于迪亚士又早于达·伽马的近岸远洋航行;环球远洋航行则是把近岸远洋航行和跨洋远洋航行联系起来接连进行,并大大加以发展,产生了质变和飞跃;16世纪末至17世纪末俄罗斯在北冰洋和北亚沿岸进行的航海探险,则既是近岸远洋航行又是极地冰海航行。这两种远航阶段远航模式在俄罗斯的大航海中融为一体结合起来。

(五) 世界各地由此产生的联结

以上我们探讨了地理发现的概念、层面、任务、途径、次数,地理大发现的内容以及它与大航海(时代)的关系等具有理论性基础性和比较宏观的问题。下面,我们就具体梳理讨论世界各地由此(地理大发现)而来的联结。

1. 从东南线前往南亚的航行和联结

(1)航海家亨利王子/亲王(Henry the Navigator, 1394 — 1460年11月)时期,葡萄牙人1415年从摩尔人手中夺取北非西非的交会转折点休达。从此,在亨利王子的领导下,葡人

---

① 说详张箭:《论大航海时代及其四个阶段》,《海交史研究》1998年第2期。

沿西非海岸逐步航行南下,绕过了西非向西的最突出部佛得角,到达了西非中部的冈比亚和佛得角群岛一带。把西欧和非洲西北部联结起来。逐步确立了绕过非洲前往印度的宏伟战略。

(2)迪亚士(Dias,1450—1500)船队1487—1488年绕过了非洲最南端厄加勒斯角,进入印度洋,到达了大菲什河,把整个西非与西欧联结起来,并看到了航达印度的胜利曙光。

(3)达·伽马(da Gama,1460—1524)船队(4船170人)1497—1499年从葡萄牙南下绕过非洲斜渡印度洋直达印度西海岸,打通了从西欧到南亚的新航路,把欧洲和非洲亚洲(西亚、南亚)联结起来,把大西洋和印度洋贯通起来。

(4)卡伯拉尔(Cabral,1467—1520)船队1500年二航印度,发现了巴西和马达加斯加岛,把西欧和南美、马岛(非洲最大的岛)联结起来①。

以后,葡萄牙人1509年首次航达马六甲;1514年首次驶达中国珠江口②;1542年,葡人首次航达日本南部九州种子岛③;至此,整个东亚东南亚南亚西亚都和欧洲从海上联结起来。

---

① "Pedro Álvares Cabral",https://en.wikipedia.org/wiki/Pedro_Álvares
_Cabral,2017-05-14.

② 以上参 G. Barraclough edited:*The Times Atlas of World History*,London,Times Book Limited,1979,p.157.

③ 参见张兰星:《16—17世纪日欧贸易研究》,四川大学博士学位论文,2011年,第21页。

2. 从西线和西南线前往中国的航行和联结

在葡萄牙人沿非洲西海岸南下时，在文艺复兴运动和人文主义思潮的影响下，地圆学说，海包陆说复苏流行发展起来。相信这些地理学说理论的一些西欧人便开始酝酿和谋划西行渡大西洋开辟到中国、东方的新航路。

（1）意大利人哥伦布（Christopher Columbus，1451—1506）率西班牙船队（3 船近百人）于 1492—1493 年首次横渡大西洋到达美洲加勒比海地区巴哈马群岛和一些岛屿，开始了发现美洲的历史进程。从而把地理大发现推向高峰和高潮。但他以为到达了亚洲—大印度的东部。从此，把新大陆美洲和旧大陆欧亚非初步联结起来。以后他又三次共四次连续探航，1504 年才结束远航。发现了中美洲和加勒比海的许多地区①。

（2）意大利移民卡博特（John Cabot，1450—1499）父子率英国小船队于 1497—1499 年两次西航，重新发现了北美东北部纽芬兰地区和其他地区。打破了西葡垄断大发现大航海的局面，地理大发现呈现西欧国家多元参与共享的新格局。从此把美洲东北部与欧洲联结起来②。

（3）意大利人亚美利哥·韦斯普奇（Amerigo Vespucci，1454—1512）从 1499 年到 1502 年，曾三次参加了西班牙、葡萄牙船队对美洲西海岸的探险、考察、殖民、移民活动。他主

① "Christopher Columbus"，https://en.wikipedia.org/wiki/Christopher_Columbus，2017-05-11.

② 参见张箭：《地理大发现研究（15—17 世纪）》，商务印书馆 2002 年版，第 200—201 页。

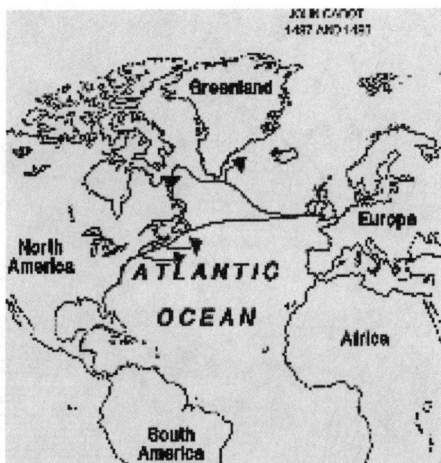

卡博特父子的远航路线

要以天文学家、地理学家、制图家的身份参与考察调研探索。他率先指出,哥伦布等到达的所谓亚洲东部或西印度(欧洲以西的大印度)应该是一块前所未知的新大陆。此论随着探险考察发现和认识的推进渐渐被人们接受。于是,新大陆慢慢被命名为阿美利加洲,简称美洲。从此在观念上明确了旧大陆与新大陆的联结。1607 年出版首次印有"美洲AMERICA"字样的瓦尔兹缪勒的世界地图①。

(4)巴尔博亚(de Balboa,1475—1519)于 1513 年率领西班牙远征队向西穿越巴拿马地峡,于 9 月抵达地峡西边的太

————————

① "Waldseemüller map", *Universalis Cosmographia*, the Waldseemüller wall map dated 1507. https://en.wikipedia.org/wiki/Waldseemüller _ map, 2017-05-11.

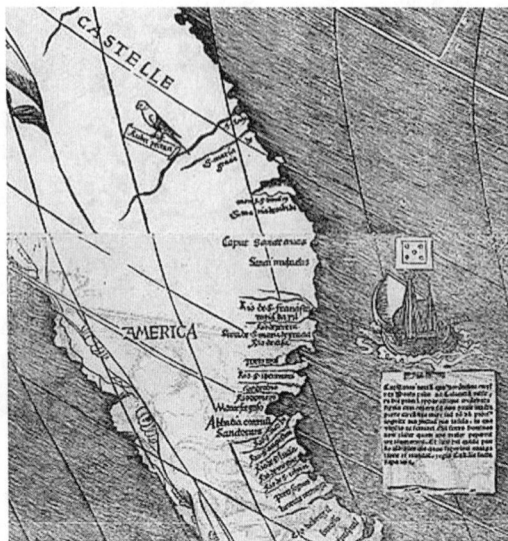

首次印有"美洲"AMERICA 字样的地图(局部)

平洋海岸。于是他初步"发现"太平洋,取名为大"南海"。开
始了把美洲西海岸和太平洋与欧洲逐步联结起来的历史进
程。他的陆地探险远征也是地理大发现时代最重要最著名的
陆地探险远征之一,取得了陆上探险最大的地理发现成果。
他本人后被当局处死①。

　　(5)此后西欧人便像当初葡萄牙人沿西非海岸南下一
样,希望沿美洲东海岸南下,绕过美洲或找到沟通大西洋与大
南海的海峡,航入大南海到达亚洲。1519—1522 年,葡萄牙

---

　　①　"Vasco Núñez de Balboa", https://en. wikipedia. org/wiki/Vasco_
Núñez_de_Balboa,2017-05-12.

人麦哲伦(Ferdinand Magellan,1480—1521年4月27日)率
领西班牙船队(5船约270人)沿南美东海岸继续南下,发现
了麦哲伦海峡,穿过了海峡进入大南海,然后斜渡了大南海。
因运气好一路上风平浪静,便把大南海改名太平洋(the Pacif-
ic)。最后到达了菲律宾群岛。在这一带收购香料等。麦哲
伦逞能参与菲律宾当地人之间的混战,结果战死。因为菲律
宾人已进入了阶级文明社会,已有了铁器。余部在埃尔·卡
诺(El Cano,1476—1526)的率领下穿过东南亚,西渡印度
洋,返航大西洋,最后回国。历时整整三年,行程8万公里,
大大推进了对太平洋的发现,首次完成环球航行。从而证
实了地球,证明了海(水)包陆说。取得了大发现大航海以
来最大的地理发现成果。把大航海大发现推上了最高峰。
同时也付出了最沉重的代价,只回来了一船18人(不包括
从麦哲伦海峡叛逃回国的一船50多人)。大多数人在远航
中死于疾病(坏血病),20多人被菲律宾人害死,少部分人
死于各种事故,少数人死于内乱①。从此,欧洲人通过航海
探险,就把除澳洲、南极洲以外的欧亚非美各大洲通过海路
(航路)都联结起来。从欧洲到亚洲不仅可以走印度洋的葡
萄牙航路,也可以走太平洋的西班牙航路。世界渐渐连成
了整体。

　　(6)意大利人维拉扎诺(da Verrazzno,1485—1528)率领

---

　　①　"Ferdinand Magellan",https://en.wikipedia.org/wiki/Ferdinand_Ma-
gellan,2017-05-12.

法国探险船于 1524 年沿北美东北海岸北纬 34 度航行到 47 度,发现北美具有一个大陆的特征①。从此把今天美国东部与欧洲联结起来。他的航行探险发现,还代表着法国这个当时国土(本土)最大、人口最多、国力最强的西欧国家挤进了航海探险地理发现殖民扩张的行列。

(7)法国航海家卡提耶尔(Cartier,1491 — 1557)1534 年和 1535 年探察了贝尔岛海峡和圣劳伦斯海峡,远至蒙特利尔。把加拿大地区和欧洲联结起来②。

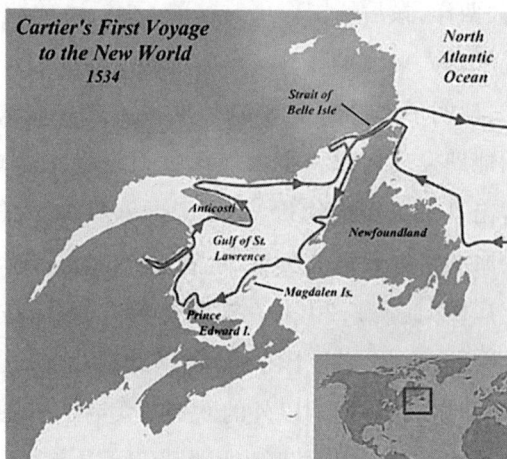

卡提耶尔首次远航路线图

---

① "Giovanni da Verrazzano",https://en.wikipedia.org/wiki/Giovanni_da _Verrazzano,2017-05-12.

② "Jacques Cartier", https://en. wikipedia. org/wiki/Jacques _ Cartier, 2017-05-12.

（8）英国航海家弗罗比歇（Frobisher，1535 — 1594）1574 年航达巴芬岛弗罗比歇湾，误以为是通向太平洋的海峡。后因误以为发现黄金而停止进一步探索。西方从此明确了欲走美洲北部经北冰洋航达亚洲—东方的设想。并首次报道了爱斯基摩人。开始把加拿大东北部北极圈以内的高纬高寒地区与欧洲联结起来。

（9）英国航海家戴维斯（John Davis，1550—1605）1587 年探察格陵兰岛的西海岸直到北纬 72 度冰线边缘，发现了戴维斯海峡。把这一带和欧洲联结起来。

（10）英国航海家哈得孙（Hudson，1550 — 1611）1610 年穿越哈得孙海峡航行至哈得孙湾的南端。他们以为进入了太平洋。哈得孙父子后被叛乱的船员流放失踪。但后人给了他巨大的荣誉，比如，地名上就有哈得孙海峡、哈得孙湾、哈得孙河（美国东北部）[①]。

（11）英国航海家拜洛特（Bylot）和巴芬（Baffin，1584 — 1622 年 1 月 23 日）1616 年探察了巴芬湾的全部海岸线，最后做出了希望中的西北通道不适合航行的判断。以后开辟西北通道的探航渐渐沉寂。

3. 朝东北向前往中国、东方的航行与联结

（1）英国航海家威洛比（Willoughby，? — 1554）和钱瑟勒（Chancellor，? —1556）1553 年欲走东北线经北冰洋到达中国

---

① "Henry Hudson"，https://en. wikipedia. org/wiki/Henry _ Hudson，2017-05-14.

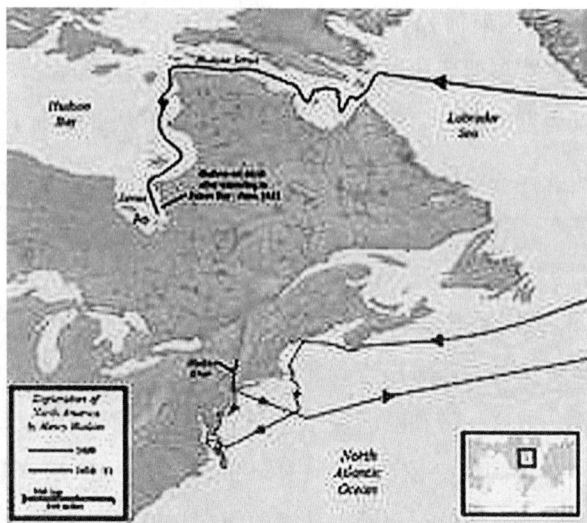

哈得孙的两次北美航行图

和东方,最后只绕过北角到达俄罗斯阿尔汉格尔,从而把东欧的俄罗斯与西欧的英国从海上直接联结起来。同时揭示了经北冰洋把欧洲和亚洲联结起来的可能性。还显露了冰海航行的高危性,两位首领在去程和返程中分别遇难(冻死和淹死)①。

(2)荷兰航海家巴伦支(Barents,1550—1597)1596—1597年率荷兰船队发现熊岛和斯匹次卑尔根群岛,并在新地岛过冬。把这些岛屿和海域与欧洲联结起来。巴伦支返航时病逝。这次探航把开辟东北航路大大推进了一步,到达了北纬80度的封冻冰线②。同时标志着,荷兰—尼德兰这个世界

---

① 参见张箭:《地理大发现研究,15—17世纪》,第271—273页。
② 参见张箭:《地理大发现研究,15—17世纪》,第280—292页。

上第一个资本主义国家、17世纪的"海上马车夫""十七世纪标准的资本主义国家"(马克思语)挤进了航海探险地理发现移民殖民的行列。

1618年出版的书中的画,斯寇滕和勒美尔船队的团结号放小艇追逐攻击太平洋土人的双体船(双连舟),土人用投石器流星锤还击。

4.在太平洋上的航行、发现与联结

(1)西班牙航海家萨阿维德拉(Saavedera)1527年发现和开辟从美洲墨西哥海岸航达印度尼西亚摩鹿加群岛(马鲁古群岛,香料群岛)的新航路,从而把中美洲与亚洲联结起来。

(2)西班牙航海家乌尔达涅塔(Urdaneta,1498—1568)1565年发现和开辟从亚洲菲律宾返回美洲墨西哥的新航路,从而把亚洲和美洲更紧密地联结起来①。

---

① "Andrés de Urdaneta",https://en.wikipedia.org/wiki/Andrés_de_Urdaneta,2017-05-15.另,可参看本文集中的《论亚—美跨太平洋新航路的开辟》。

（3）英国航海家德雷克（Drake，1540—1596）1577—1580年率领英国船队进行了第二次环球航行，把五大洲（欧亚非北美南美）三大洋（大西、印度、太平）更紧密地联结起来①。

（4）荷兰航海家斯寇滕（Schouten）和勒美尔（Le Maire）1616年率荷兰小船队探索去摩鹿加群岛的新航路，1616年发现了经勒美尔海峡和合恩角进入太平洋的新航路，并在太平洋地区基本（完全）发现了新几内亚岛（世界第二大岛）②。

（5）荷兰航海家塔斯曼（Abel Tasman，1603—1659）1642—1643年率荷兰小船队两次远航发现了一部分澳大利亚和新西兰以及其他太平洋岛屿如塔斯马尼亚岛、汤加、斐济。开始把澳洲大陆、新西兰和其他一些太平洋岛屿与全世界联结起来。并留下了纪念他的塔斯曼海、塔斯马尼亚岛、塔斯曼半岛等重要地名③。

再以后，太平洋上的最为重要的航行、探险和发现，便是18世纪下半叶1766—1780年库克船长的三次远航和环球航行了。

5.俄罗斯人在北亚—西伯利亚、北冰洋的探险、航海、发现与联结。

16—17世纪，渐渐强大崛起的俄罗斯挤进了航海、探险、发现、殖民扩张的行列。

---

① "Francis Drake"，https：//en. wikipedia. org/wiki/Francis ＿ Drake，2017-05-14.

② "Willem Cornelisz Schouten"，https：//en. wikipedia. org/wiki/Willem＿Schouten，2017-05-15.

③ "Abel Janszoon Tasman"，https：//en. wikipedia. org/wiki/Abel ＿ Tasman，2017-05-13.

（1）哥萨克佩特林（Иван Петлин）于 1618—1619 年率俄国探险队和使团从托木斯克穿越蒙古地区到达中国京师北京，初步把俄国和中国从陆上联结起来①。

（2）1610 年，库罗奇金（Кондратий Курочкин）驾船从叶尼塞河下游航行入海——北冰洋，考察了沿途和河口一带的情况。然后向东航行，又驶入了皮亚西纳河②。

（3）17 世纪 20 年代，宾达（Пенда）率陆地和内河探险队从土鲁罕斯克出发，探察了下通古斯卡河，勒拿河，安加拉河（上通古斯卡河）、叶尼塞河，回到了出发地。把这一带与俄罗斯联结起来③。

（4）1633—1636 年，勒布罗夫（И.Ребров）和彼尔菲列夫（И.Перфильев）从勒拿河河口驾乘单桅帆船沿海岸向东，到达雅纳河。1636 年，彼尔菲列夫又继续东航，到达因迪吉尔卡河河口。把这一带与俄罗斯联结起来④。

（5）17 世纪 40 年代初，哥萨克人斯塔杜欣（М.Стадухин）率探险队驾乘单桅帆船沿因迪吉卡河而下，出河口东航，1643 年到达科雷马河河口⑤。

（6）1648 年，迭日涅夫（С.Дежнев）、阿列克塞耶夫（Ф.Алекссев）率七船（单桅船）上百人从科雷马河河口出发，沿

---

①　см. Академия Наук СССР:《Всемирная История》, Моква, Издательство Социально-Экономимической Литературы, 1958, Том Ⅳ, с.99.

②　см. Академия Наук СССР:《Всемирная История》, Том Ⅳ, с.99.

③　смотри выше.

④　см. Академия Наук СССР:《Всемирная История》, Том Ⅳ, с.100.

⑤　смотри выше, с.100

海岸向东航进,9月,残余的船只绕过亚洲最东端(今称迭日涅夫角),一条南下穿过亚洲美洲之间的海峡(今白令海峡)。在白令海亚洲海岸登陆,迭日涅夫一行步行探险最后到达目的地阿纳德尔河。阿列克赛耶夫一行最后到达了堪察加半岛。还有一些失散船只和队员到了北美阿拉斯加(但未能返回)①。从而把海峡以西的这一大片与俄罗斯联结起来。并最终证实和发现,美洲和亚洲分开,北冰洋和太平洋经白令海峡(此前猜测为阿尼安海峡,Анианский Пролив)相通,从欧洲到亚洲也可在夏季走北冰洋北亚航路。

(7)1728年,1741年,受聘于俄国的丹麦航海家白令(В.И.Беринг)两次率俄国船队,由堪察加出发由南太平洋向北穿越白令海峡到达北冰洋,再次确认、巩固和扩展了迭日涅夫、阿列克塞耶夫的发现。把太平洋和北冰洋更紧密地联结起来,打通了在最北方沟通美洲和亚洲的航路。他在探险结束时被困于白令岛而病逝②。他身后也赢得了巨大的荣誉,白令海、白令海峡、白令岛(科曼多尔群岛中的一个岛)为纪念他而命名。

俄罗斯的航海、探险、发现、扩张取得了很大的成就,是东欧国家中唯一挤进地理大发现世界大航海的国家。它的探险发现有几个特点:1.一般在夏季进行,因这时北冰洋、注入北冰

① "Федот Алексеевич Попов",https://ru.wikipedia.org/wiki/Попов,_Федот_Алексеевич,2017-05-14.

② "Витус Ионассен Беринг",https://ru.wikipedia.org/wiki/Беринг,_Витус_Ионассен,2017-05-14.

洋的北亚大河才解冻;2.航海、陆地探险、内河航行结合;3.一般被迫要在到达地越冬,来年春夏才返回;4.新发现地与本土相联结很快并入本土并移民化。所以,今日俄罗斯成了北亚—西伯利亚的唯一所有国,北冰洋沿岸的最大国家(俄、加、丹、美、挪、冰岛),在北冰洋中拥有岛屿最多面积之和最大的国家。

结　语

在15世纪中叶以降的两个多世纪中,在资本主义已萌芽的大背景下,欧洲的六个国家(如果加上客串的意大利则为七个)的数以万计的航海家、探险家、地理发现家、冒险家、殖民者进行了数百次远航、探险、陆地远征、冒险,取得了巨大的地理发现成果,使得现在呈现给我们的世界地图、地球仪,除南北两极(南极洲和北冰洋)之外,是现在这个正确细致的样貌。许多名人和无数无名小卒在探险途中由于各种原因遇难,付出了生命的代价。由于他们的不懈努力和牺牲,世界各大陆、各大洲、各国家、各地区才从海上、陆上联结起来,才开始了全球化的进程,世界才渐渐形成了地球村,互相依赖和影响,互通有无,大大推进了文明的进程。在大力推进"一带一路"(丝绸之路经济带和21世纪海上丝绸之路)战略的今天,我们重温和梳理这段历史,加以新的认识和诠释,无疑具有新的意义和价值。

(原载《江苏行政学院学报》2006年第2期,2017年6月修订,7月在上海博物馆做学术报告)

二、大地的形状、大小与地理大发现

　　1492 年哥伦布航渡美洲,开创了地理大发现。在纪念地理大发现开始 500 周年之际,考察人类对大地的形状、大小及相关问题的认识史,探索其发展规律和思想轨迹,总结其学术、思想价值和意义,对于全面评价地理大发现在人类的全部历史包括地理学史、航海史上的地位、作用和意义,是很有必要和裨益的。

（一）古代人们对大地的认识

1. 大地扁平说

　　人们对大地形状的最初猜测和描述千奇百怪、多姿多彩,但它们的本质特性是基本相同的,即大地呈平形或扁平形。

　　在古埃及,人们以为宇宙像个方盒,平平的盒子底部便是大地,略呈凹形。在地平线上擎天柱似的高山帮助下,太阳神任命的掮天者"苏"掮着天①。另一种说法大同小异:大地是平坦的,被像屋顶一样的天空盖上,而天则靠在坐落于天涯海

_____

　　① 　参见斯卡特金:《古代地理学史》(Н.И.Скаткин:《История древней географии》,Москва,Изд-во иностр.лит.)莫斯科 1958 年版,第 64 页。

角的大山之上①。

巴比伦人认为,大地是平坦的圆形场地,浮在宇宙洋的中央。天像巨大的碗,倒扣在地的上方。天上洋和地下洋汇合形成统一的宇宙洋②。此外,巴比伦人还有其他的说法:大地像一条倾覆的船,人居住在中间稍凸的船底上;大地像阶梯形金字塔,有七层,人居住在平坦的阶梯上③。认为大地像船底或阶梯—台阶,也是平的。

在古印度,人们以为大地像一张稍中凸的圆盘,倒放在三头象的背上;三头象站在一只巨龟的背上,巨龟则在无边无际奶汁似的大洋上漫游④。圆盘中心耸立着又高又大的梅鲁山,白天,太阳转出山外,晚上,太阳转入山背后⑤。后来,印度人扩大了对印度洋地区地理环境的了解,发展起一种新观念:大地像一株荷花,盛开在宇宙洋上;印度半岛、印支半岛、阿拉伯半岛是荷花的花瓣;大洋上的岛屿则是未绽开的蓓蕾;而那些仅听说过的遥远的地方,则是荷花的叶子⑥。说大地

----

① 参见杰缅季耶夫、安德留先科:《地理学史》,明斯克 1962 年版,第一卷,第 25 页(В.А.Дементьев, О.Н.Адрющенко:《История География》, Минск, Изд-во М-ва высш.,сред.спец.и проф.образования БССР,часть первая)。

② см.В.А.Дементьев, О.Н.Адрющенко:《История География》,часть первая,С.25.

③ см.Н.И.Скаткин:《История древней географии》,С.65.

④ см.В.А.Дементьев, О.Н.Адрющенко:《История География》,часть первая,С.23.

⑤ см.Н.И.Скаткин:《История древней географии》,С.65.

⑥ см.В.А.Дементьев, О.Н.Адрющенко:《История География》,часть первая,С.23.

像盘子、像荷花瓣叶,基本上都是扁平的。

中国古代流行"天圆地方"的说法和观念。如"天道曰圆,地道曰方"①;"头之圆也象天,足之方也象地"②,等等。认为大地是平坦的方形,天像半球状的伞罩着地,是为盖天说。后又发展成"天象盖笠,地法覆盘"③,"天地各中高外下"④。认为天像半圆形的斗笠,地像倒扣着的圆盘,皆中间稍高四周稍低,是为第二盖天说。盖天说中的大地也是平的或扁平的。

荷马时代的希腊人设想大地像一面圆盾,周围是大洋河⑤。到了希腊城邦时期,公元前 7 至前 6 世纪的西曼德还大胆设想:大地像截圆柱体,高是直径的三倍。两端平坦略呈凹形,人类就居住在圆柱体一端的平面上。圆柱不动地悬在宇宙中央,不需要任何支撑⑥。

在恺撒前后的时代,罗马人概念中的大地或世界就是围绕地中海一圈的环状陆地,故把大地或世界称为"地环",周围是大洋(内部是地中海)⑦。地环与地球并不相干。罗马人

---

① 《淮南子》卷三《天文训》。

② 《淮南子》卷七《精神训》。

③ 《周髀算经》卷下第二。

④ 《晋书》卷十一《天文志上》。

⑤ 参见波德纳尔斯基:《古代的地理学》,梁昭锡译,商务印书馆 1986 年版,第 4—19 页,所载《伊利亚德·第十八曲》。

⑥ 参见[苏联]安托什科、索洛维约夫:《地球的地理研究史》,莫斯科 1962 年版,第 25 页(Я. Ф. Антошко, А. И. Соловьев:《История Географического Изучения Земли》,Москва,МГУ)。

⑦ см. Н. И. Скаткин:《История древней географии》,С. 290. "地环"——拉丁语、英语、俄语分别为 orbis terrarum,ring of lands,круг земль.

的"地环"仍是平的大地。不管罗马如何扩张,也只是把地环的环带扩大,把圆圈的圈扩大。

由以上种种传说可以看出,人类对于大地形状的最初观念都是人们在生产和社会生活实践过程中的直观感觉,并加以推断和猜想而形成的。由于各民族所处的地理环境有不同,对周围环境的直观感觉也有所不同,因而产生了不同的大地形状观念。我们清除其外表的各种神话色彩,就会发现它们在本质上是基本相同的。不论是方平形、圆平形、平凹形、圆盘形、圆盾形、圆环形,在性质上都是平的或扁平的,这是人类在文明发展初期对大地的感性认识所必然得出的结论。

在大地扁平说的基础上,就笔者所知,古代中国最早猜测扁平大地的大小。《吕氏春秋》《淮南子》《管子》等典籍记有人们对大地大小的推测,其面积从两万多里见方到五亿多里见方不等。国际学术界比较重视"禹乃使太章步自东极至于西极,二亿三万三千五百里七十五步;使竖亥步自北极至于南极,二亿三万三千五百里七十五步"这个记载[1],并把该数字换算成 84000 英里见方或 133400 公里见方[2]。这些数据虽然毫无科学根据和参考价值,也与今天所知地球表面积约51010 万平方公里的算术平方根约 22582 公里出入极大,但仍体现了一种可贵的探索精神。

---

[1]　《淮南子》卷四《地形训》。

[2]　参见奥·汤姆森:《古代地理学史》(Oliver Thomson: *History of Ancient Geography*, the Cambridge University Press),剑桥大学出版社 1948 年版,第 42 页。

2. 球形大地说

随着生产、社会的发展和认识水平的提高,人们提出了球形大地说。

巴比伦后来流传这样的神话,宇宙之神击败了就像"水生贝壳类动物"(shell-fish)一样的混沌女神提阿曼特(Tiamat),把她劈开,一半是天,一半是地①。我们知道,常见的水生贝壳类动物有蚌和螺,分别是较扁的圆球和较尖的(或带有一凸角的)圆球。把它们劈成两半,上半为天,下半为地。这就是说,人类居住的大地表面仍是平的,但整个大地却是半球体或接近于半球体。印度婆罗门教则有这样的神话传说:婆罗摩(梵天)出生于一枚金鸡卵(golden egg)。出生后他将卵一分为二,以此创造了天地②。这里所说的大地形状与巴伦比的水生贝壳类动物相似。可见人类的认识已前进了一步。在埃及和腓尼基,后来更有这样的观念:宇宙最初像蛋即宇宙蛋(world-egg),孵化而成天地,蛋白为天,蛋黄为地③。中国古代也有浑天说,认为"浑天如鸡子,天体圆如弹丸。地如鸡中黄,孤居于内。天大而地小,天表里有水。天之包地,犹壳之裹黄"④。这里,大地由半球体发展到球体,且浑天说与宇宙蛋说有惊人的相似,金鸡卵说与水生贝

---

① cf.Oliver Thomson: *History of Ancient Geography*, p.34.

② 参见《摩奴法典·创造》8—13 节,马香雪译,商务印书馆 1985 年版;《宗教和伦理百科全书》(edited by James Hastings, *Encyclopedia of Religion and Ethics*, Charles Scribner's Sons)纽约 1928 年版,第 2 卷第 811 页。

③ cf.Oliver Thomson: *History of Ancient Geography*, p.34.

④ 张衡:《浑天仪图注》,载《全后汉文》卷五五。

壳类动物说也有异曲同工之妙。这说明认识的发展是有规律的。

在各文明古国中,虽然战国慎到曾朦胧提出,"天形如弹丸,半覆地上,半隐地下,其势斜倚"[1]。但古希腊学者最早跨出神话传说和臆想的范围,从理性、思辨和科学出发提出球形大地说。古希腊最早提出球形大地科学猜想的是公元前6世纪的毕达哥拉斯及其学派和帕尔门尼德[2]。古希腊的数理科学是比较发达的,毕氏本人便是一位卓越的数学家。他们已认识到了圆球具有许多独特的性质和优点。如球心到球面的任何一点距离相等;在相同表面积的情况下圆球的容积最大;圆球易滚动,摩擦系数小;圆球不易毁损,抗碰撞和腐蚀的能力强。他们观察到,下落的水滴、油滴在空中呈球形,在蜡质物品(如荷叶等)上的水滴呈球形,受热后又冷凝的水滴也呈球形,等等。所以,毕氏学派和帕氏的球形大地说是在其唯心主义哲学思想指导下有一定实践依据的推导、探索和科学猜测。

亚里士多德是古希腊"最博学的人物"(恩格斯语),他对毕氏学派和帕尔门尼德的球形大地说予以了科学证明。亚氏进行了非常仔细和深入的科学观察。他根据月食时地球投射到月球上的影子轮廓呈弧形,观测者地(海)面位置的移动引起恒星位置变化,物体都下坠、坠下的直线与通过坠下点的切

---

[1]　《慎子·外篇》第二十五段。

[2]　см.В.А.Дементьев, О.Н.Адрющенко:《История География》, часть первая, С.35.

线相交构成同一角度这几点①,精辟地证明了大地是球体。亚里士多德是世界上球形大地说的真正创立者。他不仅用毕达哥拉斯学派的理性探索、数学思维来预见大地是球体,而且用精湛的天文观察,缜密的力学实验和严格的逻辑推理来论证大地是球体。从此,球形大地说在希腊和希腊化世界得到确立和普遍承认。他的研究及其成果在大地认识史上具有里程碑似的意义。

公元前 3 世纪杰出的科学家和发明家阿基米德支持亚氏创立的球形大地说。阿基米德研制成用水力驱动的表示日心地动说的行星仪,还在《论浮体》一书中提出了一切液体的液面都是以地心为中心的球面这一著名论断②。

公元前 4 世纪地球学说的创立,标志着以希腊为代表的西方自然地理学后来居上,赶上并超过了东方各文明古国。

3. 地球大小的测定

在大地球形说的基础上,古希腊学者开始了科学测算地球大小的探索,并卓有建树。第一位是与亚里士多德同时代的克利德的攸多克索(Eudoxe,前 395—前 342),他测出地球周长为 40 万希腊里(stadium, стадий),约合 6 万公里③。第

---

① 参见[苏联]波德纳尔斯基:《古代的地理学》,第 85—89 页,所载[古希腊]亚里士多德《论天》,第二卷第二十四章。

② 参见波德纳尔斯基:《古代的地理学》,第 99—101 页,所载阿基米德《砂砾的计算》。

③ см. Я. Ф. Антошко, А. И. Соловьев:《История Географического Изучения Земли》, С.31.

二位是卒于公元前 3 世纪初的迪西亚库,他测出地球周长约合 52000 公里①。第三位则是公元前 3 世纪的埃拉托色尼(Eratosthenes,前 275—前 193),在简陋的条件下,他创造性地运用当时已确立的天文、地理、几何、算术、光学等原理,科学地测出了地球的实际大小。

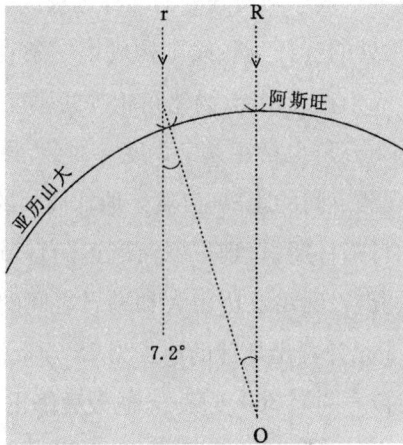

埃拉托色尼测地大小示意图

埃氏首先选定尼罗河上游阿斯旺附近的塞恩镇,它位于北回归线附近。镇上有一口深井。他在井旁安放好自己研制的圭表,即直立着一根标杆,标杆下是空心半圆球刻度盘。另一观测点选定在阿斯旺正北方的亚历山大城,两地基本在同一条子午线上。城里有一座高塔,塔上也安放好同样的圭表。

———————

①　参见[法]保·佩迪什:《古代希腊人的地理学》,蔡宗夏译,商务印书馆 1983 年版,第 90 页。

观测时间选定夏至日。是日正午,阳光直射塞恩的井底,标杆在刻度盘上没留下任何阴影。而亚历山大这边,阳光则在标杆下的刻度盘上留下了阴影,阳光与标杆构成 7.2 度的夹角,刚好是圆圈 360 度的 3/50(见示意图)。他推导,两地直立的标杆延长线无限向下延伸必定在地心相汇。两地标杆处的阳光射线是两束平行线。阿斯旺处的标杆延长线与阳光射线重合,而亚历山大处的标杆延长线则构成第三条直线。根据两条平行线与第三条直线相交,内错角相等的原理,两标杆延长线构成的地球圆心角也必定是 7.2 度。因此,该圆心角所对应的弧,即两观测点间的距离,自然是地球周长的 1/50[1]。他又根据商队的行路日期,管理尼罗河航运的官员和皇家驿站所提供的测量资料,确定亚历山大和塞恩之间的直线距离为5000 希腊里,于是计算出地球的周长为 25 万希腊里[2]。为了提高精度和能被一圆周 360 度除尽,他最后修正为 252000 希腊里。这个数字约合 39690 公里[3],与今天一般人接受的 4万公里非常接近,精度达到了 99% 以上。在技术条件十分落后的两千两百多年前,测得的地球大小能达到这么高的精度,真令人叹为观止。他创造的测算原理和方法至今仍是科学的和实用的。当然,埃拉托色尼的高精度也部分地归之于偶然

---

　　[1]　см. Я. Ф. Антошко, А. И. Соловьев:《История Географического Изучения Земли》,CC.31-32.

　　[2]　参见[法]保·佩迪什:《古代希腊人的地理学》,第 94 页。

　　[3]　см. Я. Ф. Антошко, А. И. Соловьев:《История Географического Изучения Земли》,C.32.

的因素和巧合。简言之,即各种正误差和负误差恰好抵消。

　　埃拉托色尼还创造了经纬网并绘制出当时已知世界的地图。他认为已知世界的周围是广阔的海洋,海洋大于陆地并彼此相连包围着陆地。所以他是古代"海洋论"的代表。后来的波昔多尼、斯特拉波、庞蓬尼·米拉等地理学家均坚持和发展了海洋优势论①。

　　埃拉托色尼以后,又有希腊学者试图更准确地测算地球的大小。其中波昔多尼测得地球周长为 3.2 万公里②。希帕库则接受了埃氏的测算结果。在测算原理和方法上,以上的希腊学者都有各自的创造发明,这些创造发明都有科学意义和实用价值,有的到近现代仍在使用(如埃氏式和希帕库式)。只有波昔多尼沿用了攸多克索的方法。

　　另外,希帕库认为,地球表面陆地封锁海洋是普遍性的。印度洋同地中海一样被陆地封锁,南岸是未知的大陆,东岸从斯里兰卡起是另一个大陆的起点。那里可能住有对蹠人③。所以希帕库是古代与海洋论相对立的"大陆论"的代表。后来的托勒密则继承和发展了大陆优势论。④。

　　公元前 2 世纪的希腊学者克拉特斯还制作出地球仪。地球仪上绘制了两大交叉的条状洋,即赤道线上的洋和子

---

①　см.В.А.Дементьев,О.Н.Адрющенко:《История География》,часть первая,С.41.

②　参见[法]保·佩迪什:《古代希腊人的地理学》,第 171 页。

③　参见波德纳尔斯基:《古代的地理学》,第 106 页。

④　см.В.А.Дементьев,О.Н.Адрющенко:《История География》,часть первая,С.44.

午线上的洋,而当时已知的欧洲、亚洲和北非都被放在一块大陆上①。尽管有这样的错误,它却是世界历史上第一只地球仪。

到了罗马时期,公元前后的斯特拉波和公元 1 世纪的大普林尼对球形大地说做了进一步的补充说明,使之更加完善,斯特拉波根据站得高看得远和物体愈升高就能被愈远的人看见这两条来论证海面地面呈弧形。大普林尼则根据海洋既呈弧形又无边无沿被支持着而不坠下,来论证大地大洋呈球形②。大普林尼还针对一些反对球形大地说,怀疑有对蹠人的人进行解释和答辩。他指出,地球对面的人与我们脚对脚地向着地球中心站立,他们不会坠落下去,正如我们不坠落下去一样,不足为奇③。

在球形大地说的基础上,古代学者还进一步研究制图和投影问题。我们知道,要把地球的全部或部分表面绘制成平面地图,为使其变形小,失真少,就必定涉及投影问题。公元 2 世纪的希腊学者推罗的马林发明了等角正圆柱投影法。16 世纪的大制图家墨卡托重新启用和完善了这一投影法④。该方法至今仍用于编制海图。古代西方世界最后一位大天文学

---

① Там же, CC.38—39.

② 参见[苏联]波德纳尔斯基:《古代的地理学》,第 85—89 页,所载斯特拉波《地理学》,第一卷第一章二十段。

③ 参见[苏联]波德纳尔斯基:《古代的地理学》,第 308 页,所载大普林尼《自然史》,第三卷第六十五章。

④ 参见[法]保·佩迪什:《古代希腊人的地理学》,第 173—174 页。

家、大地理学家托勒密则创立了圆锥投影法和伪圆锥投影法①。前者至今仍常用于绘制中纬度东西延伸地区或小范围地图,后者适宜绘制从澳洲北部到北极圈附近大半个地球的大范围地图。马林、托勒密等人绘制了许多反映当时已知世界的地图。但遗憾的是他们没有采纳埃拉托色尼测得的地球大小的正确值,而采用了波昔多尼的地球周长 3.2 万公里的偏小数字②。托勒密的著作和观点在中世纪被奉为圭臬;对后来哥伦布等人认为远航到东方的路程不太远的看法有不小的影响。

比托勒密晚一个世纪,3 世纪中国魏晋时裴秀也提出了绘制地图的六论:即分率、准望、道里、高下、方邪、迂直③。前三论是讲比例尺、方位、距离;后三论是讲斜距归化到水平距离、方向偏差及曲折的改正。裴秀的制图六论在绘制小范围地图方面是很准确的,对中国古代制图学有重大贡献。但因没有地球观念,没涉及投影问题,故比起希腊学者将地球、投影、南北两极、赤道、经纬度、回归线等知识应用在绘制地图方面仍逊一筹。

概而论之,古希腊、罗马的自然地理学已达到相当高的水平。毕达哥拉斯、亚里士多德、斯特拉波、大普林尼对大地球形说的论证,阿基米德、克拉特斯制作的行星仪、地球仪,至今

---

① 参见加蕾耶夫斯卡娅:《制图学》,翻译组译,测绘出版社 1956 年版,第 31、172—174 页。

② 参见[法]保·佩迪什:《古代希腊人的地理学》,第 171 页。

③ 《晋书》卷三十五《裴秀传》。

仍是地理教学中不可或缺的内容；攸多克索、迪西亚库、埃拉托色尼、希帕库测算地球大小的原理和方法，马林、托勒密的地图投影法，至今仍在大地测量和地图绘制中得到应用。相比之下，中国同时代的惠施和慎到（子）从辩证的角度提出的朦胧的球形大地观点，耿中垂（耿寿昌）、张衡的浑天仪、裴秀的制图六论均相对逊色，大地大小的测算还是空白。同时也要指出，西方地理学方面的知识仅限于书院和学术界，并没有在广大群众中传播。希腊时期仍流行大地是圆柱平坦的一端这一看法，罗马时期仍盛行"地环"观念。

（二）中世纪人们对大地的认识

1. 西方的停滞倒退和东方的长足进展

托勒密以后，罗马帝国走向衰落。由于蛮族入侵、民族迁徙、奴隶隶农起义暴动、帝国崩溃、新旧社会制度交替，造成严重的社会震荡和破坏，西方古代的文明荡然无存，古代积累起来的丰富的科学遗产丧失或被遗忘，所以恩格斯讲："中世纪是从粗野的原始状态发展而来的。……它从没落的古代世界承受下来的唯一事物就是基督教和一些残破不全而且失掉文明的城市。"[1]基督教在精神世界的独尊地位被确立后，教会强烈地反对球形大地说，因为圣经中的大地是个平坦的盘子，固定在水之上天之下[2]。圣经里还多次提到地极，如"地极的

---

[1]　《德国农民战争》，载《马克思恩格斯全集》第7卷，人民出版社1959年版，第400页。

[2]　见Н.И.Скаткин：《История древней географии》，С.526.

人都看见我们上帝的救恩了";"教你施行我的救恩,直到地极"①。这里的"地极"不是指地球的南北极,因这种意义的"地极",英语写作 terrestrial pole,而是指"大地的尽头",英文版圣经写作"the end(s) of the earth"②。我们知道,只有把大地看作一个平面形或扁平形的情况下,才会有大地尽头的观念。如果认为大地呈圆球形,也就没有什么大地的尽头了。3世纪末4世纪初的教士拉克丹丢斯还断然否认有"对蹠人",从而否定地球学说。他说:"难道真有这样的疯子,竟会认为有头朝下脚朝上走路的人吗? 竟会认为花草树木从上向下生长,而雨和雹却从下向上降落吗?"③被誉为第一位教父的奥古斯丁也坚决否定有"对蹠人"④。4世纪末的达苏斯主教狄奥多鲁斯及其门徒则直截了当地说大地像一只盒子或一个箱子的底板,平平的⑤。

中世纪集基督教神学天地观之大成者,6世纪拜占庭亚历山大城的修士柯斯玛斯写了《基督教的宇宙地形学》一书。他论证道,宇宙像犹太教的会堂,为有弧形屋顶的长(方体)房子;大地是平坦的长方形,长是宽的两倍,因为犹太教会堂内放献饼的桌子其长也是宽的两倍;大地四周被大洋围绕,大

---

① 《圣经·旧约·以赛亚书》,49章6节,52章10节,南京1985年版。

② *The Bible*, An American Translation, Chicago University Press, 1935, *The Old Testament*, 49:6, 52:10.

③ 沃尔科夫:《大地和星空》,莫斯科1961年版,第18页(A. Volkov: *Earth and Sky*, Moscow, Foreign Language Publishing House)。

④ 见 Н. И. Скаткин:《История древней географии》, C.527.

⑤ Там же, C.528.

洋四周围着透明的墙,墙上支撑着屋顶似的两重天。上一层天从地上看不见,那是遵守教规者的天堂①。柯斯玛斯的书和寰宇观荒诞不经,但在教会的支持下却广泛流传,盛行了若干世纪。11 世纪还流传到基辅罗斯,在那里流行到 16世纪②。

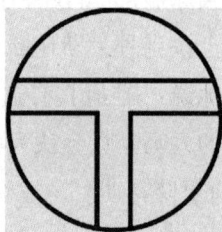

T-O 形世界地图

　　在教会神学的摧残及蛮族入侵的打击下,古代自然地理学的成绩渐被忘却。7 世纪时,有个塞维利亚的哥特人主教伊西多,编纂了一部《词源》,成为中世纪欧洲广泛使用的百科全书。伊西多在书中引用了古代学者关于地圆的论述,却没有理解他们是在论述圆球形,而以为是平面上的圆形。他还把古代学者关于地球气候带的学说误解为平坦大地上半径不同的同心圆圈③。西方在地平谬说排挤了地球学说而重新

　　①　см. Я. Ф. Антошко, А. И. Соловьев:《История Географического Изучения Земли》,CC.39—40.

　　②　см.В.А.Дементьев,О.Н.Адрющенко:《История География》,часть первая,С.71.

　　③　см.Н.И.Скаткин:《История древней географии》,С.530.

居于统治地位后,古代学者表示球形大地的世界地图被各种表示方形、椭圆形、圆形、轮形或 T-O 形的世界地图所取代,圣地耶路撒冷则画在地图的中央①。T-O 形地图即把 T 放入圆圈 O 中。这是中世纪欧洲最盛行的一种世界地图。人居世界用一个四周围绕着大洋的圆来表示,即 O 形。方位为上东下西。在圆中安排一个 T 形的巨大水域。T 的竖代表地中海,T 的横的左半端为爱琴海和黑海,右半端为尼罗河和红海。T 形水域把圆面分隔为三部分,上(东)部是亚洲,右(南部)是非洲,左(北部是欧洲)。T-O 形地图对世界的描绘和对旧大陆三大洲的划分在相当长的时期内被认为是正确的②。

当西方的数理地理学停滞和倒退的时候,东方的数理地理学、包括对大地的认识仍在缓慢地发展,赶上并超过了西方。5、6 世纪的印度学者圣使(阿耶波多)著有《圣使历数书》,认为大地是球体,并绕地轴自转。在印度古代神话传说中,太阳围绕梅鲁山转而造成了昼夜变化。而现在梅鲁山成了地球地轴的一端北极③。6 世纪的彘日(伐罗诃密希罗)著有《五大历数全书汇编》,书中也肯定大地是球体,绕地轴自转。指出人们所看到的天体的周日运动仅是视运动。他还推

① 见 Я. Ф. Антошко, А. И. Соловьев:《История Географического Изучения Земли》, С.40.

② 普·詹姆斯:《地理学思想史》,李旭旦译,商务印书馆 1982 年版,第 53—54 页。

③ 参见麦克唐纳:《印度文化史》,龙章译,中华书局 1948 年版,第 147 页。

测了地球的直径①。

　　我国唐代的僧一行(张遂)、南宫说等人为修订历法,于开元十二年(724)在河南平原上进行了大规模的北天极高度角测量。测得"大率五百二十六里二百七十步而北极(高)差一度半","三百五十一里八十步而极差一度"②。(见示意图③)我们知道,一个地方的北极高度角,与该地方的地理纬度大小同值。因此,僧一行、南宫说等人测得的数据,实际上是子午线一度的弧长。把唐度唐里换算成公制单位,得到北极高度差一度(即地面上南北两地间的纬度差一度),地面上南北距离差值为 132 公里。这个数据约大了 19.7%。这是世界上第一次实测子午线的长度,堪称科学史上划时代的创举。为了这次测量,僧一行、梁令瓒等人还研制了测定北极高和恒星位置的黄道游仪——复矩。各观测点之间的距离用水准、绳墨实测,尽量提高精度④。遗憾的是,他们缺乏地球观念,没明确指出大地是圆盾状还是圆球状,没进一步计算出地球子午圈的长度。中国元朝世祖时,有个叫札马鲁丁的西域人(其国籍、族籍不详)制造进献了一只地球仪。"其制以木为圆球,七分为水,其色绿;三分为土地,其色白。画江河湖海,

────────

　　①　参见麦克唐纳:《印度文化史》,龙章 译,中华书局 1948 年版,第148—149 页。

　　②　《旧唐书》卷三五《天文志上》。

　　③　按,该示意图见本论文集中的《中世纪阿拉伯人对地球学说的贡献与传播》中的示意图。

　　④　《新唐书》卷三一《天文志一》。

脉络贯穿其中。画作小方井，以计幅员之广袤，道里之远近"①。可知这只地球仪有经纬网，其海陆比例也是非常准确的。

　　阿拉伯阿拔斯王朝时，阿拉伯学者花拉子密、伊本·萨吉尔等于814年和827年分别在幼发拉底河北面和约旦两次测量子午线长度。他们模仿古希腊的攸多克索和波昔多尼，通过在同一经线上的两地观察同一星辰的中天高度差来确定两地的纬度，然后测量两地间的距离②。最后测得子午线一度之长为56又2/3阿拉伯里，据此算出地球的周长，换算成公制约为44000公里③，偏大约10%。阿拉伯学者的测算精度比攸氏和波氏都大大提高了。1018年，中亚花刺子模阿拉伯化的波斯大学者阿尔·比鲁尼在波斯湾的伦大楠港进行了一次很有意义的大地测算，发明了从山顶观测地平线距离与山的高度关系来确定地球半径的新方法④。他登上港口附近一座高约百米的小山巅，测出极目所望的地平线半径约为35.6公里。由于山不高且几十公里范围内地面曲率亦很小，可把观测点山脚到观察所及地平线的距离近似地看成山顶所见的

----

　　①　《元史》卷四十八《天文志·西域仪象》。

　　②　参见希提：《阿拉伯通史》，马坚译，商务印书馆1979年版，上册第411页。

　　③　см. Я. Ф. Антошко，А. И. Соловьев：《История Географического Изучения Земли》，С.47.

　　④　参见《科学家传记词典》（Gillispie, Charles C., editor in chief：*Dictionary of Scientific Biography*.New York，Charles Scribner's Sons），纽约1973年版，第2卷第150页、154页。

视线距离,如图所示①,即 CB＝AB。h 表示观察者高度,x 表示山巅至能观察到的地平线距离,R 表示地球的半径。根据勾股定理,得出地球半径 R 等于 6336.75 公里(实为 6371 公里),精度达到了 99% 以上。比鲁尼独创的测算原理和方法,其精度不逊于埃拉托色尼,且因不受子午线、回归线、赤道这些空间范围和夏至、冬至、春分、秋分这些时间范围的局限,故应用范围更广,更简便实用。

虽然阿拉伯—伊斯兰学者(比鲁尼是什叶派)在中世纪多次测算了地球的大小,但阿拉伯—伊斯兰世界的多数学者、阿訇和广大群众仍以为大地是平坦的或扁平的。在这一时期的阿拉伯—伊斯兰世界,并无根据投影的原理和方法绘制的世界地图,而是流行表示地平的圆形或轮形地图。图上皆是用几何图形,即用方形、圆形、三角形、长条形、扇形等来表示国家、地区、江河、湖泊、海洋②。

西欧到中世纪中期,随着社会发展,又有少数学者重提大地球形说,其中最著名的有 13 世纪的英国哲学家、科学家罗吉尔·培根,13 至 14 世纪的意大利诗人但丁。培根坚信亚里士多德的学说,并认为从西班牙横渡大西洋到印度去的路程不会太远,途中没有大陆③。但丁在不朽长诗《神曲》中,以

---

① 该示意图和有关的详细论述请看本书中《中世纪阿拉伯人对地球学说的贡献与传播》一文。

② 见 В.А.Дементьев,О.Н.Адрющенко:《История География》,часть первая,С.62.

③ cf.Oliver Thomson:*History of Ancient Geography*,p.119,pp.327–328.

十分隐晦的语言阐明大地为球形。他设想北半球为陆半球，南半球为水半球，净界和耶路撒冷在南北半球彼此对蹠；地球的周长为 2.4 万罗马里，与埃拉托色尼的测算数字接近①。但是这些学说遭到教会的压制，坚持球形大地说的学者被迫害。所以在文艺复兴以前，球形大地说未能在欧洲重新流行。

2. 西欧球形大地观的复兴和探航活动的兴起

14—16 世纪的西欧，资本主义萌芽开始出现，发生了文艺复兴运动。古典著作和古代文物从废墟中发掘出来，从教堂、修道院、大学中清理出来，从阿拉伯、拜占庭重新传入。亚里士多德的著作经阿拉伯人翻译保存又重新回译传到欧洲，托勒密的《地理学导言》也于 1410 年从阿拉伯语回译成拉丁语在西欧出版②。在时代大潮的冲击下，一些开明的教士在基督教人文主义思想的影响下，也支持和参与文化遗产的发掘整理和现实的文化学术活动。15 世纪 10 年代，法国康布雷主教德艾里写了《大地的形状》和《两种寰宇志的应用》两书。前一本书几乎是逐字逐句地引用罗·培根转述亚里士多德的地理观点③。这本书对哥伦布有很大影响，他在书上做有几百处旁注④。15 世纪五六十年代在位的教皇庇护二世著

① 但丁：《神曲》，王维克译，人民文学出版社 1980 年版，第 10 页、152 页、167 页、529 页。

② 见 Н.И.Скаткин：《История древней географии》，C.534.

③ 参见彭罗斯：《文艺复兴时期的远行和地理发现》(Boies Penrose：*Travel and Discovery in the Renaissance*，1420-1460，New York，Atheneum)，纽约 1975 年版，第 13 页。

④ cf.Boies Penrose：*Travel and Discovery in theRenaissance*，1420-1460，p.13.

有《漫游天涯述略》(或译《自然志》),该书基本上是摘编托勒密的著作,但也有创新,认为环绕非洲的航行是可能的[1]。哥伦布也常翻阅这本书,对书中谈及中国的段落极感兴趣,做了许多圈点旁注[2]。

在球形大地观逐渐复苏的情况下,西欧人冲入大西洋,开始小规模地、零星地寻找新陆地和到亚洲的新航路。14 世纪初中叶,热那亚人发现了大西洋中、非洲以西的马德拉群岛、亚速尔群岛,葡萄牙人和意大利人重新发现了加那利群岛[3]。

1415 年,葡萄牙人夺取了西北非摩洛哥信仰伊斯兰教的摩尔人据点休达,取得了沿非洲西海岸向南探航的前进基地。葡萄牙君主政府特别是亨利亲王把航海探险与国家利益和经济利益紧密结合,大力鼓励、支持、倡导沿西非海岸向南探航。亨利亲王和葡萄牙航海家、探险家、地理学家们相信地球学说和海洋优势论,认为非洲海岸向南延伸终有尽头,绕过非洲一定能抵达印度。亨利本人就看过犹太人克列斯奎斯于 1375 年绘制的《加泰隆世界地图》。这幅地图以大地球形说和海洋优势论为指导思想,综合了马可·波罗以来的旅行家和地理学家的成果,描绘出当时已知的欧、亚、非大陆和海洋。克列斯奎斯的儿子后来担任了亲王的首席制图家和航海顾问[4]。

---

① cf.Ibid.,p.21.

② cf.Ibid.,p.24.

③ 参见马吉多维奇:《地理发现史纲》(Магидович И.П.:《Очерки по Истории Географических Открытий》,Москва),莫斯科 1949 年版,第 102 页。

④ cf.Boies Penrose:*Travel and Discovery in the Renaissance*,1420 - 1460,p.26.

1419 年,葡萄牙人重新发现了被遗忘的马德拉群岛,1431
年又发现了被遗忘的亚速尔群岛①。1456 年,意大利人率
领的葡萄牙船队发现了佛得角群岛②。几十年间,尽管西
非海岸的走向由南到东南再到东最后又到南,葡萄牙人仍
坚持不懈地向前探航,终于在 1487 年由巴托罗缪·迪亚
士完成了沿非洲西海岸南航,寻找非洲南部的尽头或通向
东方的海峡这一历史性任务,绕过了非洲南端航入了印
度洋。

　　葡萄牙人探航活动的地理学理论基础是大地球形说,他
们的探航实践又反过来促进了大地球形观和复苏和传播。以
前欧洲人的地图对非洲西海岸的描绘只达到博贾多角(今西
北非摩洛哥的本斯城)③。随着葡萄牙人不断向南挺进,欧洲
人地图上的西非海岸也不断向前延伸。

　　当葡萄牙人稳扎稳打向非洲南部推进,开辟去东方的新
航路已逐渐显露曙光的同时,西欧相信地球学说的地理学家
和航海探险家也在酝酿开辟到东方的另一条新航路,即向西
横渡大西洋到达亚洲的东端。早在 1474 年意大利地理学家
托斯堪内里就给葡萄牙红衣主教马丁列沙写信谈了这个设
想。后来哥伦布又向托氏请教,他们曾多次通信,托还给哥寄

---

　　① 　см. Магидович И. П.:《Очерки по Истории Географических
Открытий》, CC.104-105.

　　② 　Там же, C.107.

　　③ 　cf.Boies Penrose:*Travel and Discovery in the Renaissance*, 1420-1460,
p.31.

去了他绘制的有经纬网的世界地图①。哥伦布以此为基础，参照其他资料，加上自己的见解，对托斯堪内里有重大误差的计算做了误差更大的修正，最后认为从加那利群岛到日本东海岸仅约5000公里，经这里横渡大西洋的航程最短②。正如18世纪法国著名地理学家安维里所说，"一个极其巨大的错误导致了一次极其伟大的发现"③。

（三）地理大发现完成了对大地的认识

1. 破除了迷信，解放了思想

注：略，详见本书中《地理大发现在自然地理学方面的意义》一文第一部分

2. 证实了地球及相关问题

注：略，本小标题内的第一段，详见本书中《地理大发现在自然地理学方面的意义》一文第二部分第一段。

从哥伦布航渡美洲起，欧洲自然地理学的发展又超过了东方，并大大走在前面。麦哲伦环航则是自然地理学发展史上古代中世纪与近代的分水岭。如果没有地理大发现，没有环球航行，球形大地说就仍然只能是科学猜想和假定，就不能在观察实践上与中国弧形大地之第二盖天说、球形大地半个

---

① 　см.В.А.Дементьев，О.Н.Адрющенко：《История География》，часть первая，С.92.及其所载原图。

② 　см. Магидович И. П.：《 Очерки по Истории Географических Открытий》，С.121.

③ 　Там же，С.121.

浸在水中半个露出水面的浑天说以及其他民族的球缺形大地说区别开,因为在这些学说中,大地都存在着曲率。恩格斯高度评价地理大发现在地理学方面的重大意义。他说:"旧的orbis terrarum(地环——笔者注)的界限被打破了;只是在这个时候才真正发现了地球。"①从此,"地球"这个词(earth,земля)也才有了确凿无疑的意义。

地理大发现的成果迅速反映在地图册、地球仪和地理书上,人类对大地形状和大小的认识发生了飞跃,对地球表面的海陆分布和各自轮廓,对欧、亚、非、美、澳五大洲的形状有了比较正确的认识。地球及相关问题的学说和地理知识也逐步普及到全欧洲和全世界。广大群众和一般知识分子可把地球圆周约4万公里作为科普知识来掌握,即毛泽东在《七律·送瘟神》中所吟诵的:"坐地日行八万里(市里),巡天遥看一千河。"

(四)　结语

人类对自己所居住的星球的认识经历了漫长的过程:在其早期阶段,各文明古国、各古老民族的认识水平和了解的范围是大致相同的,只是在时间上有先后之别;公元前的3、4个世纪,西方对大地呈球形的认识已经确立,由地平,经弧状、弯状、半球状等观念,逐步发展为大地呈球形的寰宇观,在此基础上还比较准确地测算了大地的大小,西方在自然地理学方

---

① 《自然辩证法》,载《马克思恩格斯选集》第三卷,人民出版社1972年版,第445页。

面后来居上,超过了东方各文明古国。这是大地认识史上的第二个阶段。进入中世纪以后,西方的古典文明被破坏,在神学桎梏和宗教迷雾笼罩下,西方对大地的认识停滞不前并严重倒退。而东方的中国、印度、阿拉伯等国家和民族则继续前进,赶上并超过了这一时期的西方,在某些问题上还超过了古希腊的认识水平(如海陆比例,测算方法等)。到了中世纪晚期,西欧产生了资本主义,兴起了文艺复兴运动。中世纪的阴霾在新文化运动的光芒下消退了,古代的地理学、天文学、造船术、航海术、制图学等都得到恢复和长足的发展。在复杂的历史背景下发生了地理大发现。地理大发现的成果之一便是终于使古代的地球形状、大小学说、海洋优势论、对蹠观等得到证实。从此,人类对地球的认识进入了新的更高级的阶段。在这一漫长的认识过程中,东西方文明交替地由先进变落后又由落后变先进,呈现了长江后浪推前浪,"各领风骚数百年"的绚丽历史画卷。在从远古到 16 世纪的地球认识过程中,充满了唯物论与唯心论,辩证法和形而上学这两种宇宙观和方法论的激烈斗争,人类经历了曲折往复、螺旋上升的认识进程。人们在正确与错误、理性与迷信的抗争中实践、认识,再实践、再认识,不断前进,不断接近真理。地理大发现对地球的形状、大小及相关问题的证实,是"实践是检验真理的唯一标准"这一马克思列宁主义基本原理的一个极好范例。

(原载《四川大学学报》哲社版 1992 年
第 4 期,2016 年 12 月修订)

三、地理大发现在自然
地理学方面的意义

15世纪末至16世纪初中叶的地理大发现在自然地理学方面有重要的意义:第一,破除了迷信,解放了思想;第二,证实了地球的形状、大小,海陆的分布、比例和各自的轮廓以及对蹠等问题;第三,充实、丰富和初步完善了反映地球表面基本自然地理状况的地图册和地球仪。这一阶段的地理大发现是古代中世纪自然地理学向近代自然地理学转变的里程碑。

15世纪末到17世纪中后期,在各种原因的推动和各种因素的作用下,世界上发生了"地理大发现"这件绵延了两个世纪的大事。我以为①,"地理大发现"即指欧洲人于15世纪末至17世纪中后期发现了全世界进入了文明时代的各民族均前所未知的大片陆地和水域,对这些陆地和水域乃至地球本身有了初步的了解和一定的认识,开辟了若干前所未有、前所未知的重要航路和通道,把各大洋、各大洲、各地区直接地

---

① 详见拙作:《地理大发现简论》,载罗辉武等编:《世界近代史研究》,成都科技大学出版社1992年版。

紧密地联系起来。地理大发现又可分为两个阶段,即西、葡阶段和荷、俄、英、法阶段。前一阶段从 15 世纪中到 16 世纪初中叶,是西班牙、葡萄牙充当急先锋的时期。这一时期西班牙人发现了美洲、太平洋,横渡了大西洋、太平洋、印度洋,进行了环球航行;葡萄牙人发现了非洲南部,绕过非洲横渡印度洋,到了印度,并进一步东进进入了太平洋,和中国、日本等国发生了接触。后一阶段从 16 世纪中叶到 17 世纪中后叶,是荷兰、俄国、英国、法国等国扮演主角的时期。这一时期荷兰人发现了澳洲、新西兰,俄国人发现了北亚、航入北冰洋,英国人、法国人和其他欧洲人发现了北美的许多地区和其他地区。本文讨论第一阶段的地理大发现在自然地理学方面的重大意义。

(一) 破除了迷信,解放了思想

在地理大发现的前一阶段,航海家探险家们既要与惊涛骇浪、狂风暴雨、饥饿、焦渴(因缺干净淡水)、坏血病(因无蔬菜水果)、脚气病等自然困难作殊死的斗争,又要与宗教迷信、荒谬之谈、错误观念等人文樊篱作勇敢的决裂。正如美国学者彭罗斯所说,在地理大发现的前期,探险家们面临的最大障碍与其说是风浪,不如说是迷信[①]。当时尽管地球学说及相关的地理观念已逐渐复苏并流传,但迷信的传说,错误的地

① cf.Boies Penrose：*Travel and Discovery in the Renaissance* 1420–1620, New York, Atheneum, 1975, p.58.

理观念仍十分盛行,有更大的市场,束缚着多数人的思想。人
们仍疑问,大地看起来是平的,谁能肯定大地是球形的? 绕过
非洲可以去印度、中国吗? 渡过大西洋可以去东方吗?① 迷
信仍在多数人头脑中作祟:远方的海怪非常大,会把整只船一
口吞下;灼热地带的海水烫得像开水,风浪一起就会把人烫
死;远方的磁山会把船上的铁钉吸走,使船舶散架沉没②;赤
道地区的烈日暴晒和高温会点燃焚毁木船③;欧洲白人到了
赤道附近的灼热地带会被晒得变成黑人,永远不会复原④。
当时的远航者还常被警告道,他们的远航计划是疯狂的。因
为大地是平的,世界洋环绕着大地,并在天涯海角跌入深渊形
成极其巨大的瀑布。要是船舶航行到大洋的边缘,它将跌入
深渊并被打沉⑤。守旧者还常与主张、支持远航的人争辩:
"退一万步说,就算我们承认大地呈球形,但如果船从球顶出
发并到了球中部以下的底半球时,它又怎么能返回呢? 水往
低处流,船顺水流走,若能返回一路上不是要爬山吗?"⑥这些
迷信使得不易找到远航的投资者和参加者,组织远航探险十
分困难。

---

① cf.Isabel Barclay:*The Great Age of Discovery*,London,Dennis Dobson,
1956,p.1.

② cf.Isabel Barclay: *The Great Age of Discovery*,pp.13-14.

③ 参见普雷斯顿·詹姆斯:《地理学思想史》,李旭旦译,商务印书馆
1982 年版,第 85、114 页。

④ cf.Boies Penrose:*Travel and Discovery in the Renaissance*,p.48.

⑤ A. Volkov:*Earth and Sky*, Moscow, Foreign Language Publishing
House,1980,p.14.

⑥ A.Volkov:*Earth and Sky*,p.15.

这些迷信和错误观念不仅在社会上很盛行,而且对参加各次重要远航的人也有影响,他们中的许多人对地球学说仍半信半疑。1488 年葡萄牙的迪亚士(Bartholomew Dias,约 1450—1500)在绕过非洲南端的远航时,1492 年意大利的哥伦布(Christopher Columbus,约 1451—1506)在首次横渡大西洋时,1498 年葡萄牙的达·伽马(Vasco da Gama,约 1469—1524)在开辟到印度的航路的探险中,1519—1521 年葡萄牙的麦哲伦(Ferdinand Magellan,约 1480--1521)在环航地球时,因感到探航前途渺茫,茫茫大海不知何处是尽头,加上其他原因,都发生过部分船员鼓噪返航,甚至以造反哗变要挟的事情[①]。由于领头者强烈的发财致富的欲望,加上其坚定的地球信念,高超的航海技术和老练的控制驾驭手法,才使这些重大远航仍基本获得成功。而他们的远航一次次取得成功,就一次次解放了人们的思想,也就一次次沉重打击以至最后消灭了各种谬说和迷信。

(二) 证实了大地的形状、大小、海陆分布、对蹠等许多问题

1487 年迪亚士船队绕过非洲最南端,越过了作为大西洋和印度洋分水岭的厄加勒斯角(世人常以为好望角是非洲最

---

　　① 参见 B. Penrose: *Travel and Discovery in the Renaissance*, p. 60;萨·德·马达里亚加:《哥伦布评传》,朱伦译,中国社会科学出版社 1991 年版,第 276—277 页;I. Barclay: *The Great Age of Discovery*, p. 50;斯·茨威格:《麦哲伦的功绩》,俞启骧、于醒译,海洋出版社 1983 年版,第 143—146、182—183 页。

南端,实际上好望角东南方的厄加勒斯角即针角才是非洲最南端),成为第一支从大西洋航入印度洋的船队①。这次探航为开辟从欧洲绕过南非到印度的新航路奠定了最后的和最重要的一块基石,发现了长达2500公里的前人未知的海岸线;证实了非洲大陆向南延伸是有尽头的,否定了非洲大陆向南可能延伸到南极,印度洋是个与其他海洋不相通的地中海的错误观念。1492—1504年,哥伦布的四次远航发现了文明人类前所未知的美洲加勒比海地区的全部主要岛屿和中美洲大陆的部分地区②,并为发现西半球的两个大陆——北美洲和南美洲奠定了基础。哥伦布成为从亚热带和热带地区横渡大西洋的第一人。他的远航扩大了地球学说的影响和人们所知的地理范围,并基本上确定了大西洋东西两端的宽度。1498年达·伽马率领的船队经过大西洋,绕过非洲,横渡印度洋,到达印度西南海岸的卡利库特(Calicut),终于成功地开辟了欧洲人向往已久的从欧洲到东方的新航路③,建立了欧洲和南亚之间经常的直接的联系,同时也把早已熟悉从地中海到大西洋的航路的地中海世界与早已熟悉从太平洋到印度洋航路的东南亚、东亚地区连接起来。达·伽马的远航基本上确定了非洲的形状(右上部塌陷进去的钻石形岛状)和大小,确

① cf.G.R.Potter, Denys Hay: *The New Cambridge Modern History*, Vol.I, *The Renaissance* 1493-1520, Cambridge University Press, 1975, pp.421-422.

② cf.Lord Acton: *The Cambridge Modern History*, Vol.I, *The Renaissance*, Cambridge University Press, 1931, pp.23-24.

③ cf.G.R.Potter, Denys Hay: *The New Cambridge Modern History*, Vol.I, p.425.

定了从非洲南端到印度的距离,最终证实了非洲不与"南大陆"相连,并进一步证实了地球学说和海洋优势论。1500 年葡萄牙的卡伯拉尔(P.A.Cabral)航行到巴西①,从而开始了发现南美大陆的进程,并开辟了从非洲西海岸横渡大西洋到达美洲的最短航路。同时,初步证明了这块大陆在赤道以南还有辽阔的地区,因此,在欧洲的西方发现的这块大陆不会是位于北半球的亚洲。15、16 世纪之交的好几年中,意大利人亚美利哥(Vespucci Amerigo,约 1451—1512)多次参与在美洲的探险、考察和殖民活动,率先把后来以他的姓名命名的美洲确定为一块新大陆②,而非哥伦布和人们此前以为的是亚洲的东部。16 世纪 10 年代,巴尔博亚(V.N.de Balboa,1475—1500)穿越巴拿马地峡,发现了欧洲人前所未知,亚洲人③、澳洲人、美洲人前所未识的太平洋,他称之为"大南海"。尽管他当时以为巴拿马地峡是马来半岛④,但实际上仍为开辟经大西洋、美洲、大南海到亚洲的新航路揭示了可能性。接着,西班牙人不断沿南美东海岸南航,像当年葡萄牙人沿西非海岸持续向南探航一样,寻找通向大南海的海峡或南美洲的尽头。1519 至 1522 年,麦哲伦、埃尔·卡诺(ElCano,约 1460—

①   cf.G.R.Potter,Denys Hay:*The New Cambridge Modern History*,Vol.I,p.426.

②   cf.Ibid.,p.428.

③   中国、日本、朝鲜、印尼等亚洲文明国家虽在太平洋西岸或西缘,但它们在古代中世纪并无大洋的观念,不了解或不去了解洋与海的差别,地理大发现前也不知道太平洋有多大多宽。

④   cf.I.Barclays:*The Great Age of Discovery*,p.64.

1526)先后率西班牙船队一直向西,横渡大西洋,绕过南美洲,穿过麦哲伦海峡,横渡太平洋,经过菲律宾、印度尼西亚等地,在印尼南部、澳洲西北部远方穿过,由东向西横渡印度洋,经非洲南端重新进入大西洋,返航回国,完成了人类历史上第一次环球航行①。麦哲伦环航证实了美洲和亚洲之间存在一个比大西洋大很多的大洋,而非一些著名的权威所认为的那样,只是印度洋的一个海湾②;基本上确定了南美洲南北两端的跨度,从美洲南端到菲律宾的距离和太平洋东西两端的宽度;并且展现了在南美洲和非洲之间的辽阔水域中,即在太平洋和印度洋中发现大片未知陆地——澳洲的可能性和前景。麦哲伦环航彻底破除了几千年来人们对自己所居住的这个星球抱有的迷信、愚昧观念和错误认识。它最终证明了大地是个圆球;地球表面的大部分是海洋,海洋包围着陆地并彼此相连;旧大陆确有正反对方面的对蹠地,上面居住着对蹠人,与旧大陆的人脚对脚地站着而不会掉下去;地球的圆周不是古希腊的攸多克索(Eudoxus of Cnidus,前4世纪)、亚里士多德(Aristotle,前384—前322)所设想的是6万多公里③,也不是古罗马的波昔多尼(Posidonius,前2—前1世纪)、托勒密(Claudius Ptolemy,约90—168)、马林(Marinus of Tyre,2世

---

①　参见茨威格:《麦哲伦的功绩》,第261—262页。

②　参见杰·巴勒克位夫主编:《泰晤士世界历史地图集》,邓蜀生等编译,三联书店1982年版,第156页。

③　см.Н.И.Скаткин:《История древней географии》,Москва,Изд-во иностр.лит.1958,сс.174-175.

纪)所认为的是 3 万多公里①,而是古希腊的埃拉托色尼(Er-
atothenes,前 275—前 195)所测算的约 4 万公里②;据此可算
出地球的表面积(为 $4\pi R^2$)约 51010 万平方公里;从欧洲地中
海经海上到亚洲可走绕过非洲再横渡印度洋的葡萄牙航路,
也可走先横渡大西洋绕过南美洲再横渡太平洋的西班牙航
路;等等。

麦哲伦环航是自然地理学方面把古代中世纪和近代分开
的里程碑。因为没有环球航行,球形大地说就只能是科学猜
想和假定,就不能在观察实践上与中国的第二盖天说(大地
呈弧形)、浑天说(大地呈球形,半个浸在水中半个露出水
面),其他民族的圆盾形大地说③区别开。因为在这些学说
中,大地都存在着曲率。恩格斯在谈到"日心说"时指出:"哥
白尼(Nicolaus Copernicus,1473—1543)的太阳系学说有三百
年之久一直是一种假说,这个假说尽管有百分之九十九,百分

① см.Н.И.Скаткин:《История древней географии》,C.232;保罗·佩
迪什:《古代希腊人的地理学》,蔡宗夏译,商务印书馆 1983 年版,第 176、
171 页。

② 埃拉托色尼的测算数据是 252000 希腊里,一般换算为 39690 公里,
精度达 99.22% 以上。см.Н.И.Скаткин:《История древней географии》,
c.235.

③ 如在古印度,人们以为大地像一个中凸的圆盘子,倒放在三头象的
背上。又如,古罗斯人(古罗斯国家是俄罗斯、乌克兰、白俄罗斯三个东斯拉
夫民族共同的历史和文化的摇篮,古罗斯人是他们的共同祖先)认为大地是
一块凸面向上的圆盾,由三条鲸用背驮着,等等。分别见 В.А.Дементьев,О.
Н.Адрющенко:《История География》,Минск,Изд-во М-ва высш.,сред.
спец.и проф.образования БССР,1962,часть первая,c.24;A.Volkov:*Earth
and Sky*,p.12.

之九十九点九,百分之九十九点九九的可靠性,但毕竟是一种假说;而当勒维烈(U.J.J.Le Verrie,1811—1877)从这个太阳系学说所提供的数据,不仅推算出必定存在一个尚未知道的行星,而且还推算出这个行星在太空中的位置的时候,当后来加勒(J.G.Galle,1812—1910)确实发现这个行星的时候,哥白尼的学说就被证实了"①。同样,古代有关地球的学说和大小测定等,无论其有多么高的可靠性,也一直是个假说,而正是在地理大发现第一个阶段完成之后,地球学说及其相关问题就被证实了。所以恩格斯说:"旧的 orbis terrarum(地环——笔者注)的界限被打破了;只是在这个时候才真正发现了地球。"②

此外,1522 年 7 月,麦哲伦船队已返航行至西北非沿岸大西洋中的葡属佛得角群岛(Cape Verdes)时还发现,船上的日期是 7 月 8 日星期三,岸上却是 7 月 9 日星期四,存在着时差③。这个发现震动了欧洲知识界,初步证实了地球自身并非是静止不动的,而是以等速运动自西向东绕地轴自转。倘若人们逆着或顺着它的自转方向一直往西或往东航行,就可以在无穷的时间中得到或失去极少的一点;世界各地的时间也不完全一致。所以,麦哲伦环航还推动了这一新的真理被人们所意识和接受④。

---

①　恩格斯:《路德维希·费尔巴哈和德国古典哲学的终结》,载《马克思恩格斯选集》第四卷,人民出版社 1972 年版,第 222 页。

②　恩格斯:《自然辩证法》,载《马克思恩格斯选集》第三卷,第 445 页。

③　参见茨威格:《麦哲伦的功绩》,第 241 页。

④　参见茨威格:《麦哲伦的功绩》,第 242 页。

（三） 充实、丰富和初步完善了地图册和地球仪

地理大发现为制图学家提供的资料和数据，被迅速吸收和反映在地图册和地球仪上，文明人类所知的地球表面不断扩大。迪亚士在非洲西南海岸和好望角一带的航行和发现，由德国的马提路斯（Henricus Martellus）在 1490 年前后绘制的世界地图表示出来①，尽管这幅图上的西非海岸过于向东南倾斜，非洲伸入南半球太远。德国的马丁·贝海姆（Martin Behaim）在哥伦布远航前夕制作了欧洲中世纪以来的第一个地球仪（图 1），直径为半米。它也是现存最古老的地球仪。贝海姆很可能是根据马提路斯的世界地图制作的。贝海姆本人也多次随葡萄牙船队沿西非海岸探航，自称最远到达过刚果②。贝海姆制作地球仪的主要目的是要向纽伦堡的金融界宣传葡萄牙人已取得的成就和绕过非洲到印度去的远航计划，以便说服银行家们向葡萄牙人的探航贷款，并保证其投资必定赢利③。1500 年德·拉·科萨（de la Cosa）绘制的世界地图是现存最早的反映了哥伦布、达·伽马地理发现成果的地图。德·拉·科萨也多次参与哥伦布、亚美利哥的远航④。1507 年李劳克斯（Lenox）制作的地球仪，是现存最早的哥伦

----

① cf.B.Penrose：*Travel and Discovery in the Renaissance*，p.302.

② cf.B.Penrose：*Travel and Discovery in the Renaissance*，p.302.

③ W.Waters："Navigation in the Renaissance"，Carried in C.S.Singleton：*Art，Science and History in the Renaissance*，Baltimore，Johns Hopkins Press，1970，p.207.

④ cf.B.Penrose：*Travel and Discovery in the Renaissance*，p.303，p.307.

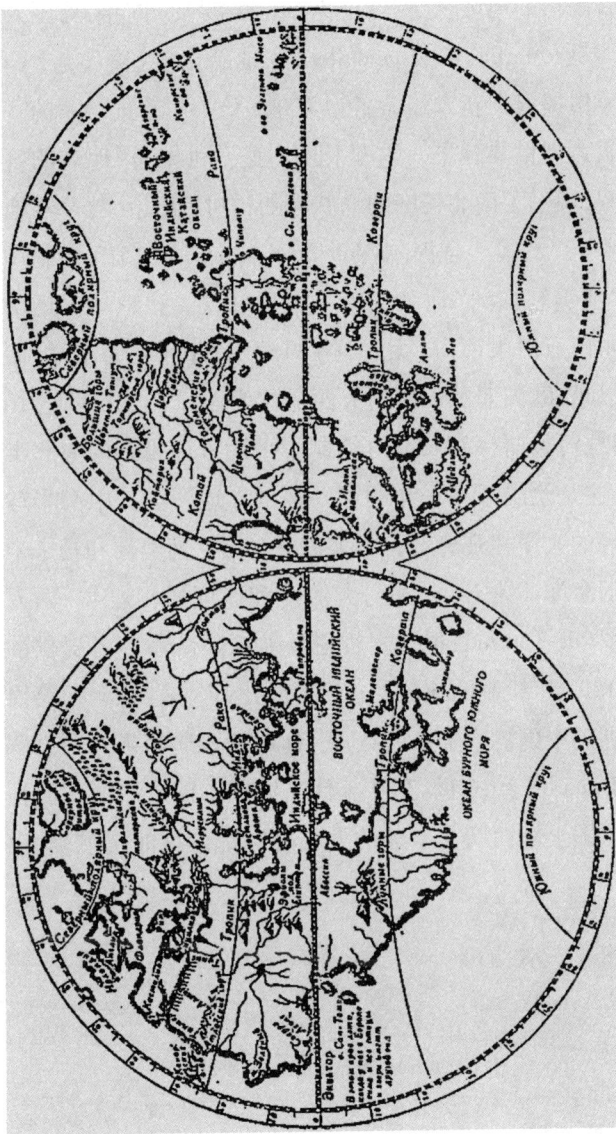

图 1　马丁·贝海姆 1492 年所制地球仪

（采自：И.П.Магидович：Очерки по Истории Географических Открытий.с.109)

布远航后制作的地球仪,铜球上镌刻出美洲①。同年,德国人瓦尔兹缪勒(Martin Waldseemüller)在他新出的《寰宇志》一书的序言中提议把新大陆命名为美洲。该书附有他绘制的一幅木刻版大型世界地图。这是标有"亚美利加洲"地名的第一幅地图,展示了南北美洲的岛状大陆,并且彼此由巴拿马地峡联结着②。约翰·舍涅尔(Johann Schöner)于1515年制作了标有"亚美利加洲"地名的第一个地球仪。该地球仪还反映了巴尔博亚对大南海(太平洋)的发现,并称之为东洋,而把美洲以东、欧洲非洲以西的大西洋称为西洋③。16世纪10年代,格拉锐鲁斯(Glareanus)绘制了采用极面投影的南北半球地图,这是绘出了太平洋的第一幅世界地图。其中南半球地图表现的大洋在观念上有重大进展。图上南美洲和马来半岛之间的海洋非常开阔,并与大西洋和印度洋相连④。西人托尔棱罗(de Torreno)根据麦哲伦环航探险队幸存者提供的资料在1522年绘制的地图上首次标绘出菲律宾,正确地绘出了从欧洲到中国的大陆海岸线⑤。葡萄牙人迪窝果·利贝罗(Diogo Ribeiro)于16世纪20年代末绘制了旧式航海图波托兰地图。图上东西两个半球的大陆轮廓都绘得非常准确,南

---

① Ibid.,p.309.

② Ibid.,p.319.

③ см. Магидович, И. П.:《Очерки по Истории Географических Открытий》,Москва,Издательство Просвещение,1949,c.86.

④ cf.B.Penrose:*Travel and Discovery in the Renaissance*,pp.308−309.

⑤ Ibid.,p.306.

美大陆呈三角形。这幅地图与两个世纪后的世界地图相差无几①。当然东北亚和西北美的太平洋海岸还没画好,澳洲还未画出来。1531 年奥·费内(Oronce Finè)绘制的地图把太平洋水域标明为"麦哲伦海",北美依然如哥伦布等人设想的那样被画成亚洲的延伸部分②。1538 年,荷兰著名地图学家墨卡托(Gerard Mercator,1512—1594)用自己重新设计的著名的墨卡托投影(等角正圆柱投影)绘制的地图出版了。图上北美首次被画成一块大陆,与亚洲东端隔海峡(即白令海峡——笔者注)相望。"北美洲"和"南美洲"这两个地名也首次使用③。至此,地理大发现第一阶段的主要成果都在地图和地球仪上得到体现和反映。人类对大地的形状和大小的认识,对地球表面海陆分布、比例、各自轮廓和其他问题的认识告一段落。

　　尽管地理大发现已取得重大成果,已证明了新大陆美洲,新大洋太平洋,证明了大地是圆球,并反映在各种地图和地球仪上,但一些守旧的人仍抱着错误的过时的地理观念不放。例如意大利学者阿基利尼(Alessandro Achillini)到 1512 年都还在大学中讲授,赤道地区是贫瘠的和热得无法居住的荒漠地带④;法国学者博埃米奥(J.Boemus)在 1539 年还出版了他的著作

---

①　см. Магидович, И. П.:《Очерки по Истории Географических Открытий》,с.261,с.224.

②　cf.B.Penrose:*Travel and Discovery in the Renaissance*,p.321.

③　cf.B.Penrose:*Travel and Discovery in the Renaissance*,p.322.

④　cf.Edgar Montiel:"The Birth of the Modern Age",Published in *The Unesco Courier*,May 1992,p.39.

《有关世界的第三部分的故事集》①。虽然此书的书名就否认了美洲的存在，但它仍被许多人学习、研究，到 16 世纪下半叶还在再版②。当然，这不过是地理学发展大潮中的几个漩涡罢了。另一些冥顽不化的宗教神学家、教士更是固执己见，拒不承认地球呈球形这个真理③。直到神父、牧师、传教士自己也出发到居于地球正反对方面的对蹠地，在对蹠人中间传布"福音"后，才不得不承认地球学说④。从此，"地球"这个词有了确凿无疑的意义。

第一阶段的地理大发现完成后不久，西方传教士利玛窦（意大利人，Matteo Ricci，1552—1610）、罗雅谷（意大利人，Giacomo Rho，1593—1638）、汤若望（德国人，Johann Adam Schall von Bell，1591—1666）、南怀仁（比利时人，Ferdinand Verbiest，1623—1688）等相继来华，传入了西方的宇宙观念、地球学说和地理知识。于是，中国知识界开始知道有五大洲、四大洋⑤；并

---

①　这里世界的第一部分指欧亚大陆，第二部分指非洲大陆，第三部分指他拒不承认的美洲大陆。

②　cf.Edgar Montiel："The Birth of the Modern Age"，*The Unesco Courier*，May 1992，p.39.

③　参见杨真：《基督教史纲》，三联书店 1979 年版，上册第 386 页。

④　参见杨真：《基督教史纲》，上册第 387—388 页。

⑤　《明史》卷三二二《外国七·意大里亚传》载："意大里亚，……自古不通中国。万历时，其国人利玛窦至京师，……言天下有五大洲。第一曰亚细亚洲，……第二曰欧罗巴洲，……第三曰利未亚洲（即利比亚，希腊罗马时代狭指北非，泛指整个非洲大陆，今指一个北非国家），……第四曰亚墨利加洲，……分为南北二洲。最后得墨瓦腊泥加洲（即拉丁文 Terra Australis 的音译，意为南大陆。当时泛指未知的南方大陆。澳洲发现后，这个词给了它，简化为澳大利亚）为第五"。又，利玛窦"自称大西洋人。……礼部言：《会典》止有西洋琐里国无大西洋，其真伪不可知"。等等。

接受了利玛窦创译的"地球""南北极""极圈""赤道""回归线"等体现地球观念的专业词汇①;逐渐放弃了"盖天说""浑天说""宣夜说"等旧观念。到了清初,地球及相关学说在中国学术界已得到普遍承认和基本确立。

(原载《自然科学史研究》1993 年第 2 期)

---

① 利玛窦、金尼阁:《利玛窦中国札记》下册,何高济、王遵仲、李申、何兆武译注,中华书局 1983 年版,第 348—349 页;卢志良:《中国地图学史》,测绘出版社 1984 年版,第 175 页。

四、否定"地理大发现"之否定

　　15 世纪末至 17 世纪中后叶,世界上发生了地理大发现这个持续了近两个世纪的重大历史事件。多年来,我国学术界流行一种否定"地理大发现"这一提法的观点和说法。认为地理大发现是欧洲人或西欧人的提法,是欧洲中心论或西欧中心论的表现,是白人优秀论、种族优越论的产物,应该予以否定和摒弃。在这种观点和说法的影响下,我国的各类历史著作在叙述这一历史事件时,不提或不敢提地理大发现,或者给发现、地理发现、地理大发现等词汇词组打上引号;或者以开辟新航路等提法来代之①。当然也有一些著作仍采用地理大发现这一提法②,不过它们都没阐明这么做的理由。鉴于这些情况,笔者特撰写本文,讨论什么是地理发现和地理大

---

　　①　如周一良、吴于廑主编:《世界通史·中古部分》(人民出版社 1962 年版、1972 年版)第 26 章"西欧资本主义的产生、新航路的开辟和殖民掠夺的开始";朱寰主编的《世界中古史》(吉林人民出版社 1981 年版、吉林文史出版社 1986 年版)第七章第二节:"新航路的开辟和殖民掠夺的开始",等等。

　　②　如郭圣铭的《地理大发现》,商务印书馆 1963 年版;郭守田主编的《世界通史资料选辑·中古部分》(商务印书馆 1964 年版、1981 年版)第三部分"一、地理大发现与殖民地掠夺的开端",等等。

发现,谁完成了地理大发现,批评对地理大发现这一提法的否
定和替代,以廓清这方面的迷雾和混乱。

(一) 地理发现的概念
注:略,详见本书中《地理大发现新论》一文第一部分

(二) 谁完成了地理大发现
学术界有一种观点,即从有无地理大发现,谁完成了地理
大发现,地理大发现本身能否成立的角度,来否定地理大
发现。

1. 关于新航路的开辟
注:略,详见本书中《葡人开辟欧印新航路辨正》一文第
一部分

2. 关于新大陆的发现
在葡萄牙人稳扎稳打地向非洲南部推进,开辟去东方的
新航路已逐渐显露曙光的同时,西欧相信地球学说的地理学
家和航海探险家也在酝酿开辟去东方的另一条新航路,即向
西横渡大西洋到达亚洲的东部。意大利人哥伦布经过多年的
奔波、筹备,终于在 1492 年率西班牙船队首次从热带亚热带
地区横渡大西洋到达了美洲。尽管哥伦布一直以为他到达了
亚洲的东端,但欧洲人很快意识到,他们发现了一块横亘在欧
洲和亚洲之间的新大陆——美洲。美洲的发现是地理大发现
第一阶段的最重要内容之一,哥伦布首次横渡大西洋航抵美
洲则成为地理大发现开始并进入高潮的标志。

但有的学者认为,我国梁朝的慧深和尚曾漂洋过海到过扶桑,扶桑即美洲的墨西哥,所以中国人在哥伦布之前一千年就已发现了美洲,怎么能说哥伦布或 15、16 世纪的欧洲人发现了美洲呢? 地理大发现又从何说起呢①? 这便是长期以来争论不休的"扶桑之谜"。

罗荣渠先生是否定"慧深—扶桑说"的重要代表。30 年来,他先后两次撰写长文,对中国人发现美洲说进行了批评和否定②。但坚持此说的学者仍不断撰文谈中国僧人发现了美洲,并考证有关问题③。所以,笔者这里对罗先生未论及或未着重论及的一些问题做些论证,对他的否定做点补充。

其一,此说所持的唯一正史材料为《梁书·诸夷传》,其他史书均以此为本源。该书扶桑国条共七百多字,语焉不详,特别是还有所谓女儿国和狗国的问题:

慧深又云:"扶桑东千余里有女国,容貌端正,色甚洁白,身体有毛,发长委地。至二、三月,竟入水则妊娠,六七月产子。女人胸前无乳,项后生毛,根白,毛中有汁,以乳子,一百日能行,三四年则成人矣。见人惊避,偏畏丈夫。食咸草如禽

---

① 参见朱谦之:《哥伦布前一千年中国人发现美洲考》,《北京大学学报(哲学社会科学版)》1962 年第 4 期;《谁最早发现美洲》,《人民日报》1962年 6 月 3 日;卫聚贤:《中国人发现美洲考》,香港巨轮出版社 1969 年版;韶华宝忠双、欧阳如水明:《中华祖先拓荒美洲》,黑龙江人民出版社 1992 年版,等等。

② 参见罗荣渠:《论所谓中国人发现美洲的问题》,《北京大学学报(哲学社会科学版)》1962 年第 4 期;《扶桑国猜想和美洲的发现》,《历史研究》1983 年第 2 期。

③ 参见赵淑凡:《"扶桑"考证在中国》,《世界历史》1983 年第 3 期。

兽。"……天监六年，有晋安人渡海，为风所飘至一岛，登岸，有人居止。女则如中国，而言语不可晓，男则人身而狗头，其声如吠①。

所以，对这段记载不可轻信全信和笃信，并为此进行穿凿附会的烦琐考证。否则，慧深所说的女儿国，姚思廉所说的狗头人身国又在哪里呢。

其二，无技术可能。在茫茫大海上进行远洋航行，必须具备几个基本的技术条件。一是有确定航向的罗盘，二是有确定航线的海图，三是有确定船舶所在位置的星盘和定位术。而当时的中国(乃至世界)皆没有。南北朝以前，中国在东方只与朝鲜、日本有联系，三国时卫温才首次航抵台湾。照此发展下去，下一步应到达日本北部、原苏联东南部海岸，美国的夏威夷群岛，或东南亚地区，怎么会一蹴而就就横渡了太平洋到了美洲墨西哥。走北路过白令海峡似乎要容易些。但白令海和白令海峡已在北极圈附近，年冰封期长达九个月。若弃舟登岸，堪察加以北在气候上便属亚寒带，在植被上属苔原带和森林苔原带。这些地区天寒地冻，人烟极其稀少，现今每平方公里才0.1人，当时恐怕只有0.001人。古代居民靠渔猎采集为生，白令海峡彼岸美国的阿拉斯加情况也一样。设慧深等人在堪察加半岛南端登陆，若骑马或其他牲畜，日行百公里，也得费时百日；若步行，得九个月，才能穿越白令海峡两岸的亚寒带气候和苔原带、森林苔原带地区。这三个多月到九

①　《梁书》卷五十四《诸夷传》，中华书局标点本。

个月的时间,他们的饮食问题如何解决? 还须指出的是,走东北陆路去美洲与此前汉代通西域,开辟丝绸之路不同。丝绸之路所经过的地区均为温带,气候、植被条件好得多,人烟也稠密得多;也与法显、玄奘、义净等去西方取经不同,他们所经过的地区,气候上分别属于温带、亚热带和热带,人烟更稠密。

其三,我国古代既无大洋、大洲等地理概念,又无明确的地球观念,也从不发展世界地图①。慧深等人怎么可能想到要漂洋过海到地球背面的美洲去。

其四,无恰当的目的和动机。欧洲人进行探航,继而实现地理大发现的直接目的和动机是避开穆斯林的势力,开辟去东方的新航路,寻找、掠夺金银和香料等贵重物品。后来更是明确要寻找新大陆——"南大陆"。澳洲以及后来南极洲的发现便是长期寻找的结果。郑和下西洋是要追踪建文帝,警告帖木儿,扬威海上,使八方来朝,遂天朝大国之愿,搜集奇珍异宝、珍禽异兽。而慧深等人的远行目的和动机只可能是传教。肯定慧深—扶桑说的论者也说慧深等人"游行至其国,流通佛法、经像,教令出家,风俗遂改"②。但问题在于,当时的东南亚地区,如菲律宾和马来亚,印度尼西亚的大部,既未皈依佛门也无强大的宗教与佛教抗衡(伊斯兰教是7世纪形成,13、14世纪传入的)。而且气候温和湿润,物产丰富,人烟稠密,交通也相对便利。慧深等人为什么不去东南亚而去美

---

① 参见宋正海、陈传康:《郑和航海为什么没有导致中国人去完成"地理大发现"?》,《自然辩证法通讯》1983年第1期。

② 《梁书》卷五十四《诸夷传》。

洲,为什么要舍近求远,趋难避易,弃大功而逐小成,去远渡重洋呢?

其五,无财政资金保障。郑和下西洋要靠统一大国的国家财政全力保障,迪亚士、哥伦布、达·伽马、麦哲伦、卡伯拉尔的远航靠专制君主的支持赞助和集资、借贷。可慧深等人靠什么来支付购船造船、招募水手、准备食物、旅行用具等的大量费用? 按佛门戒律,僧人不蓄财,外出靠化缘;不杀生,素食。这又把他们沿途借助渔猎来解决饮食问题的可能性降到最低限度。因为很难想象跋涉数万里、弘扬佛法、教化异域,普度众生的高僧会大开杀戒,在半年以上的时间主要靠渔猎肉食过活。

其六,不符合中外交往的基本趋势和发展规律。据《梁书·诸夷传》,5、6 世纪时中国与扶桑和扶桑国所在的大洲的交往有四次:"宋大明二年(458),罽宾国尝有比丘五人游行至其国。""齐永元元年(499),其国有沙门慧深来至荆州。""天监六年(507),有晋安人渡海,为风所飘至一岛(扶桑东千余里女国附近的岛)",梁"普通中(520—526),有道人称自彼而至"①。而且其中至少慧深本人的一次和晋安人渡海的一次是往返双程旅行。这就说明中国与扶桑、与该大洲之间是畅通无阻的,联系是比较密切的。既然如此,为什么以后又联系中断,不再往来了呢? 回顾一下我国古代的对外交往史,就会发现一个基本趋势和发展规律,即当一个王朝兴盛、国家

---

① 《梁书》卷五十四《诸夷传》。

统一、社会安定时,与外域的交往就多,范围也远;反之则少,则近。如汉时有张骞、班超通西域之丰功,唐时有玄奘、义净西天取经之伟业,元初有波罗一家两度来华的佳行,明初有郑和下西洋的壮举。而南北朝时国家分裂,民族矛盾尖锐,战乱不已。在这样的历史背景下,居然和"美洲"的扶桑国有比较密切的联系。南北朝结束后是隋唐盛世,特别是在唐代,中国封建文明发展到最高峰,与外域的联系非常密切,交往的范围也非常广袤。可与"美洲"扶桑国的联系和交往反而辍止,这岂不是反差太大,太悖常理了吗?

其七,中国学术界是在地理大发现开始后,利玛窦等人来华后,才知有南北美洲、东西大洋(即太平洋、大西洋)、北(极)冰洋①。如果扶桑是美洲的墨西哥,且扶桑又在文献典籍中一再出现②,那么为何中国学术界没有一点有关大洋彼岸的大陆——美洲的观念呢。

其八,我们再从概率论的角度来讨论慧深发现美洲的可能性有多大。我们已从以上七个方面对慧深从中国行抵美洲做了质疑和否定,即文献记载、技术条件、地理知识和概念、远行动机、财政资金、中外交往的趋势、应具有的影响。换句话说,这也是慧深航渡美洲所必须具备的条件和因素,所必然带来的结果和影响,缺一不可。有人也许会说以上几项不能排

---

①　中国虽在太平洋西岸,但中国古代并无大洋的观念,不了解或不去了解洋与海的区别,地理大发现以前也不知道太平洋有多大多宽。

②　参见前揭朱谦之论文所胪列的正史和野史文献,计有《梁书》《南史》《文献通考》;《山海经》《十洲记》《梁四公记》《酉阳杂俎》等。

除因偶然因素造成的可能性。但问题是这种可能性有多大。设每项为 10% 吧。概率论告诉我们,若做成一件事必须具备两个基本条件,而这两个条件具备的可能性为 100%,那么做成该事的可能性为 100%。若这两个条件具备的可能性均为 50%,则 $\frac{50}{100} \times \frac{50}{100} = \frac{2500}{10000} = \frac{25}{100}$,那么做成该事的可能性为 25%。以上七个 10% 相乘,即 $(\frac{10}{100})^7 = \frac{1}{10000000}$,可知做成该事的可能性只有千万分之一。这么低的概率有何说服力。

我们从以上八个方面对慧深从中国行抵美洲做了质疑和否定。可以肯定地说,中国僧人最早发现美洲说无法成立。

可是,近十几年来,又有学者竟发现在殷商末期中国人就已经到达了美洲,以此坚持对欧洲人于 15、16 世纪之交发现了美洲的否定,进而否定地理大发现①。

关于殷人航渡美洲的问题和所谓石锚物证,笔者已写出专文予以否定②,这里只简单地说几句。我们已经论证了,在距今 1500 年的 5 世纪,中国人偶然航渡美洲的可能性都极难存在,都极难找到确凿的证据。那么,由此再上溯 1500 年,即距今 3000 多年的商周之际,那时人们的认识能力、生产力、科

①　参见房仲甫:《中国人最先到达美洲的新物证》,《人民日报》1979 年 8 月 19 日;《扬帆美洲三千年——殷人跨越太平洋初探》,《人民日报》1981 年 12 月 5 日;《殷人航渡美洲再探》,《世界历史》1983 年第 3 期。

②　参见张箭:《缺乏历史依据的推断——就殷人航渡美洲问题与房仲甫先生商榷》,《拉丁美洲研究》1992 年第 6 期;《从石锚辨殷人航渡美洲》,《文史杂志》1992 年第 6 期。

技水平不知又要落后多少,不知有多么原始。说那时便有上万人的殷商部族、军队,驾乘着浩浩荡荡的船队,行程 3 万里,一举横渡太平洋航抵美洲,只能是天方夜谭式的神话。

综上所述,地理大发现的第一阶段是否定不了的。且不说这一阶段中还有与哥伦布、达·伽马媲美争辉的麦哲伦环球航行,还有卡波特、卡伯拉尔、卡提耶尔在北大西洋、巴西、加拿大的探险与发现,等等;且不说还有地理大发现的第二阶段。

(三) 地理大发现不可否定或替代

学术界还有一种从需不需要地理大发现,这个提法合不合理、公不公平的角度来否定地理大发现的观点。有的学者认为,美洲、黑非洲、澳洲、北亚,印第安人、黑人、澳洲人、亚洲各民族本身就是客观存在,怎么能说发现呢? 别人并不需要谁来发现自己,难道他们还自己发现自己的土地和人民吗?所以,地理大发现只是欧洲人的观点①。

我们认为:

1.否定地理大发现这一提法的论者彼此在方法论上存在着不可调和的自相矛盾。如果"不需要谁来发现"的理论能

---

① 参见严中平:《殖民主义海盗哥伦布》,《历史研究》1977 年第 1 期;《论麦哲伦》,《历史研究》1982 年第 3 期;《关于哥伦布其人答朱寰同志》,《世界历史》1979 年第 4 期;《老殖民主义史话选》,北京出版社 1984 年版。又见李运民:《"纪念两个世界文明汇合"学术讨论会简况》,《世界史研究动态》1992 年第 2 期,等等。

够成立,它也就同时否定了前面已讨论过的"中国人最早发现美洲"的说法;反之亦然,如果中国人发现了美洲能够成立,它也就否定了"不需要谁来发现"的论点,它也就有亚洲人优秀论之嫌。当然,中国人并没有在哥伦布以前发现美洲,美、澳、非、亚人民也说不上需要或者不需要地理大发现。

2.发现的前提便是客观存在,事物本身存在,才可能发现它,才会有发现。如同我们已发现了许多天体一样。如果事物本身不存在,便不可能发现它,也就没有发现了。那便是发明、创造的问题了,如同人类已发明了卫星,研制发射了人造地球卫星一样。

3."不需要"的论点和说法,是一种封闭僵化的、自大自守的、闭关锁国的理论。它贬低甚至否定世界各民族之间的往来和交流,否认历史是由部落史、民族史,逐步发展到国家史、地区史,最后到世界史的发展规律。若按此理论,各大洲、各地区、各民族都在自己居住的比较狭小的地区生息繁衍,自生自灭,又怎么能比较快地向前发展。

4.人类文明的发生发展,是由低级到高级,由点到带、面、大洲。如最早的四大文明古国,到中、印、波斯、西亚、北非、爱琴海、亚平宁半岛这条狭长的文明带,再到大洲,并必然要扩展到全世界。这里说的文明,首先是指进入了阶级社会,有了文字,也指人类的进步状态。它不是从欧亚大陆扩展到非、美、澳,就要从西半球扩展到东半球。既然大家都脱离了动物界,从类人猿进化到人,发展成了高级智慧生命,既然人类都居住在同一个地球上,你不去发现他,他就要来发现你,这是不以人们意志为转移的客观规律。

　　5.地理大发现也是马克思列宁主义所赞成的提法。马克思恩格斯在《共产党宣言》中说:"美洲的发现,绕过非洲的航行,给新兴的资产阶级开辟了新的活动场所"①。马克思在《资本论》中又说:"15世纪末的各种大发现"造就了"新的世界市场"②。恩格斯在致康·施米特的信中指出:"美洲的发现是在此以前就已经驱使葡萄牙人到非洲去的那种黄金梦所促成的"③。恩格斯在《家庭、私有制和国家的起源》中指出:"世界一下大了差不多十倍";现在展现在人们眼前的"是整个地球了"④,并还把地理发现概括为"地理发现的时代"⑤。恩格斯在《马克思》一文中也说道,"十五世纪中叶以后欧洲以外的世界的发现"⑥。恩格斯在《自然辩证法》中从科学史的角度评价道:"旧的 orbis terrarum(地环——作者注)的界限被打破了;只是在这个时候才真正发现了地球"⑦。马克思在《资本论》中更明确谈道:"在16世纪和17世纪,由于地理上的发现而在商业上发生的并迅速促进了商业资本发展的大革命,是促进封建生产方式向资本主义生产方式过渡的一个主

————————

①　《马克思恩格斯选集》第1卷,人民出版社1972年版,第252页。
②　《马克思恩格斯全集》第23卷,人民出版社1973年版,第818页。
③　《马克思恩格斯选集》第4卷,第481页。
④　《马克思恩格斯选集》第4卷,第77页。
⑤　《马克思恩格斯选集》第4卷,第75页。
⑥　《马克思恩格斯选集》第3卷,第41页。
⑦　《马克思恩格斯选集》第3卷,第445页。

要因素"①。恩格斯《在伦敦德意志工人教育协会的演说》中从社会发展的角度概括性地讲道:"三百五十年前克里斯托弗尔·哥伦布发现美洲的时候,他大概没有想到,他的发现会推翻那时的整个欧洲社会及其制度,而且也会为各国人民的完全解放奠定基础;……由于美洲的发现,找到了通往东印度的新航线,这就完全改变了欧洲过去的贸易关系;……在美洲发现之前,各个国家,甚至在欧洲,彼此还很少来往,整个说来,贸易所占的地位很不显著。只是在找到通往东印度的新航线之后,……欧洲国家不得不日益紧密地靠拢。这一切导致了大商业的产生和所谓世界市场的建立。欧洲人从美洲运出的大量财宝以及总的说来从贸易中取得的利润所带来的后果,是旧贵族的没落和资产阶级的产生。与美洲的发现联系着的,是机器的出现,从而开始了我们现在所进行的不可避免的斗争——无产者反对有产者的斗争"②,等等。而且,经典作家们没有给"发现"这个词打上含有任何特殊意义的引号。

所以,地理大发现是恰当的提法。

有的学者虽不明确否定地理大发现这个提法,但用"开辟新航路""新航路的开辟"等提法来取代它。这样做是不必要的,也是不恰当的。

地理发现和开辟新航路是两个既有联系、又有区别的提法和术语。地理发现是个属概念,它包含三个种概念,或者说

---

① 《马克思恩格斯全集》第25卷,第371—372页。
② 《马克思恩格斯全集》第42卷,人民出版社1986年版,第471页。

它有三层意思：1.文明人类抵达了前所未知的陆地和水域；2.文明人类开辟了到各地区、各海洋去的前所未知或已知但未能开通的新航路或新通道；3.文明人类了解了、熟悉了前所未知或未明的陆地和水域。可见，开辟新航路只是地理发现三项内容中的一项，而且只是这项内容中的海上航路，而未包括陆上通道。所以，它不能涵盖地理发现的全部的甚至是主要的含义，不宜用它来替代地理大发现。

　　开辟新航路和发现新地区的关系，结合 15 至 17 世纪地理大发现的历史，可以一言以蔽之：在发现新地区的同时，一般要开辟从出发地到新发现地的新航路，如哥伦布、卡伯拉尔等；在开辟新航路的过程中，难免会发现一些新地区，像岛屿、海岸线等，如达·伽马、麦哲伦等。

　　近几年来，随着哥伦布首航美洲，地理大发现开始五百年周年活动的展开，"两个大陆的相遇""两个世界的汇合""两个文明的汇合"等提法在国际国内又流行起来，并有排挤和完全取代"地理大发现"之势①。但笔者认为，用它们来取代地理大发现是不科学的。

──────────

　　① 国内这方面的例子不胜枚举。简况可参见李运民：《"纪念两个世界文明汇合"学术讨论会简况》，《世界史研究动态》1992 年第 2 期；冯秀文：《建国以来我国学术界关于哥伦布"发现"美洲的研究》，《世界史研究动态》1992 年第 11 期。国际的情况可参见联合国教科文组织的《信使》（The Unesco Courier）月刊 1992 年第 5 期。该期载有费·梅厄的《重新发现着的1492 年》（Rediscovering 1492），约·奥·西布拉的《地理发现和自我发现》（Discovery and self-discovery），李·泽阿的《文化的创造》（The invention of a culture），费尔南德斯·肖的《从今往后的五百年》（Five hundred years from now on）。这几篇文章均主张或赞同用"相遇"（encounter）取代地理大发现。

第一，新旧两块大陆不是自发地、无缘无故地相遇、汇合的，而是欧洲人到美洲后才相遇、汇合的。没有欧洲人的探险、航海，相遇、汇合就不会发生，就会挪后许多世纪。

第二，相遇、汇合回避了主动去发现与被动被发现的区别，抹杀了"发现"中的主观能动作用。因为不是美洲人到欧洲后才相遇、汇合的；也不是美洲人东航、欧洲人西渡，双方在大西洋上相遇、汇合的；更不是没有付出巨大而艰苦努力的不期而遇。

第三，地理大发现的主要成果和内容并不仅是欧洲和美洲两个世界的相遇，基督教文明与印第安文明的汇合，而且还是欧、亚、非、美、澳五大洲的相遇，太平洋、大西洋、印度洋、北冰洋四大洋的汇合；是基督教文明、欧洲文明与华夏文明、印度文明、波斯文明、印第安文明等许多文明的汇合；是全球统一世界的形成。

第四，全世界的相遇、各文明的汇合是地理大发现取得的重要成果之一，带来的重要后果之一，而不是地理大发现本身。不宜混淆地理大发现这一重大历史事件与这一事件带来的结果。正如不能混淆形式与内容一样，所以，也不宜用"相遇"和"汇合"来取代地理大发现。当然，我们可以用"相遇""汇合"等词汇来充实和丰富地理大发现的意义、影响和作用，来体现印第安文明、其他各大洲各地区的文明，突出这些文明对全人类的贡献。

长期以来，许多学者认为，"地理大发现"是欧洲（或西欧）中心论的一个表现，所以老想否定或替代这个提法。其实历史的发展就不平衡,就有中心。古代的四大文明古国,希腊、罗马都曾是历史舞台上的主角,文明的中心。冷战时期是两极世界,即是分别以美苏为中心的西方世界和东方世界。今天世界呈多极化的趋势,一个"极"便是世界的一个中心。我们应该承认一些国家、民族,在一定的时期、阶段,在一定的方面、领域占主导地位的历史事实,如同别人承认中华民族在古代和中世纪的大部分时期,在许多方面和领域居于主导地位的历史事实。别人能够承认中国人完成的四大发明,我们为什么不能承认欧洲人完成的地理大发现呢?

综上所述,对地理大发现这一提法的种种否定和替代是不正确的。当然,持否定观点的学者都是出于讴歌亚、非、美、澳人民的悠久历史,颂扬它们的灿烂文明,谴责西方的殖民掠夺和侵略扩张。但是,发现、发明是一回事,尽管这些词汇带有褒义;发现、发明所带来的后果又是一回事。发现、发明可被人们用于正义,也可以被用于邪恶。无论怎样,发现、发明本身仍然成立。P.勒纳、J.斯塔克均为诺贝尔物理学奖获得者,他们为纳粹研制原子弹;V.布劳恩则为法西斯研制了 V—1 飞弹、V—2 导弹。他们在政治上也追随希特勒,热衷于沙文主义和种族主义,成为军国主义分子和战争罪人。即使这样,他们在核物理学和火箭导弹技术方面仍有许多重要的发现和发明。哥伦布、达·伽马、麦哲伦等人在地理学上的发现也是如此。他们既是殖民海盗,又是有着重大发现的航海家、探险家、地理发现者。因此,评价地理大发现对世界历史进程的影响和作用,其代表人物的是非功罪,其给亚、非、美、澳人民带来的吉凶祸福是一码事,研究什么是地理发现,世界历史上有没有地理大发现,哪些国家、民族、人士完成了地理大发现又是另外一码事。所以,地理大发现不只是欧洲人的观点,而是全世界进入了文明社会的人类(自然也包括欧洲人)的共同观点,是实事求是的结论,正确而精练的提法和术语。我们在论及这方面的历史时,应理直气壮地称地理大发现,而不宜改称开辟新航路,不宜用两个世界的相遇、两个文明的汇合来取而代之,也不宜给地理大发现打上含有怀疑或讽刺意思的引号。

(原载《四川大学学报(哲学社会科学版)》1996 年第 2 期,2016 年 11 月修订)

五、论大航海时代及其四个阶段

大航海时代从 15 世纪伊始开始,到 17 世纪末基本结束,持续了约三个世纪。从航海自身的特点和性质出发,可以把大航海时代划分为四个阶段。第一个是郑和、明成祖、恩里克王子开创的近岸远洋航行阶段;第二个是哥伦布等开辟的跨洋远洋航行阶段;第三个是麦哲伦、埃尔·卡诺、德雷克等为代表的环球航行阶段;第四个是以英法荷兰航海家为主的寒带极地冰海航行阶段。俄罗斯则是寒带极地冰海航行的常青树和集大成者,俄罗斯的极地冰海航行同时也是近岸远洋航行。大航海时代谱就了木帆船时代航海的最辉煌篇章。

(一)

大航海、大航海时代是中外学界新近启用的术语,并有使用愈益频繁之势。据我所知,它(们)源自日本,如饭塚浩二等四人的《大航海时代·概说、年表、索引》(岩波书店 1979 年版),相贺彻夫:《探访大航海时代の日本:受容(接受)と屈折》(小学馆 1979 年版),生田滋等三人:《大航海时代》(福武书店 1984 年版)。西方和苏联—俄罗斯多说地理大发现时代。本文探讨大航海时代的内涵外延、始末阶段、内容特点、主角意义等,以促进学术的发展和繁荣。

航海,英语作 navigation,俄语作 мореплавание,日语作
"航海(こうかい)",意思就是"驾驶船只在海洋上航行"
(《现代汉语词典》)。"大"自然是指规模大、范围大、作用
大、影响大。时代则指以某方面某层面的状况为依据而划分
的某个时期。大航海时代我以为应是指 15—17 世纪人类大
规模航海、探险、发现、移民的时代。

人类的航海活动自古就有,其目的在于捕鱼(渔猎)、交
通、商贸、运输、军事、迁徙等。人类的航海水平和能力也逐步
积累发展,由低到高,由弱到强。到了 15 世纪,人类的航海活
动在规模、范围、作用、影响等方面骤然比以往大了许多,且持
续了相当长的时期直到 17 世纪末。在这期间文明人类航遍
了世界上绝大部分海洋,到达了绝大部分陆地,把分散的世界
从海上连成了整体。于是,中外学者们便有了大航海时代这
个提法,以强调、概括和体现航海在那个历史时期的地位和
作用。

大航海时代的主人公、实践者和造就者是众多的航海家
和支持他们,为他们提供条件的人。西方对航海家
(navigator)的解释是:"参加过多次远航有技术有经验的航海
者;(特)指早期的探险家"①。我觉得这个定义比较好。大
航海时代的远航往往与探险联系在一起,与驾驶利用风能、海

---

① A.S.Hornby:*Oxford Advanced Learner's Dictionary of Current English*,
London,Oxford University Press,1974,p.571.

流和人力的帆船联系在一起,而现代当代已不再称某人为航海家了,因他已不与探险和帆船相联系了。郑和、王景弘、侯显、费信、马欢、巩珍等便是大航海时代的首批杰出航海家,他们不仅多次率船队远渡重洋,而且在东南亚、印度洋、东非北部进行了一些探险。

郑和、明成祖等是大航海时代的开辟者、首创者、奠基人。明成祖下令组建了有史以来世界上最大的远洋舰船队。郑和"统率官校旗军数万人,乘巨舶百余艘,……自永乐三年(1405)奉使西洋,迨今七次。所历番国,……大小凡三十余国。涉沧溟十万余里。观夫海洋,洪涛接天,巨浪如山;视诸夷域,迥隔于烟霞缥缈之间。而我之云帆高张,昼夜星驰,涉彼狂澜,若履通衢"①。郑和下西洋的大规模航海活动,扩大和加强了太平洋、印度洋之间的海上交通与联系,亚非之间的海上交通与联系,增进和建立了中国与亚非各国之间的物资交流、人员交往和友好关系,其功昭昭,彪炳史册。

在郑和大规模的远洋航行开始后不久(约十年后),葡萄牙人在恩里克王子(1394—1460)的组织领导下也开始了沿非洲西海岸向南远航。葡萄牙人的远航比郑和下西洋在规模上小得多,但他们把航海与探险、发现、商贸、殖民、掠夺、掳人结合起来,因而有经久不衰的驱动力和狂热劲。在郑和远航辍息后(1434年,宣德八年返航后),把大航海的桅灯燃下去,

---

①　长乐天妃宫石碑:《天妃灵济之记》,载翦伯赞、郑天挺主编:《中国通史参考资料》古代部分第七册,中华书局1988年版。

把大航海的风帆继续挂起来。经过长期不懈的努力，葡萄牙人先后发现和重新发现了非洲以西大西洋中的亚速尔群岛、马德拉群岛、加那利群岛、佛得角群岛、几内亚湾的比奥科岛等海岛，发现了博哈多尔角（今西属撒哈拉北纬26度处）以南至非洲南端数千公里的西非大陆海岸线，终于在1488年由迪亚士率船队绕过了非洲南端，从大西洋航入了印度洋。

（二）

大航海时代长达近三个世纪，为了便于和加深认识、予以总体把握就需要进行阶段划分。那么如何进行阶段划分呢。我想大致有这么几种分法。一是按时间进程划分，如萌芽期、初期、中期、后期等。但这样就平铺直叙，缺乏深度和力度。二是按民族国家划分，如中国阶段、葡萄牙西班牙阶段、英国法国荷兰阶段、俄罗斯阶段。但这样就没有时间维度，缺乏历史感（因为历史必然涉及时间的节点和推移）。三是按航船航海家纵横的地区海域划分，如东南亚、北印度洋阶段（郑和）、非洲印度洋阶段（葡萄牙）、大西洋美洲阶段（西班牙）、北冰洋阶段（英法荷俄）、澳大利亚阶段（荷兰）。但这样就缺乏世界眼光和全球视野。而且，以上的阶段划分均难以揭示航海自身的发展进步和提高，不能展现航海家和广大海员的超越（前人）、升华和风采。因此，本人从航海自身的特点和性质出发，首创了一种阶段划分。

从1405年郑和首次下西洋到15世纪80年代末迪亚士

船队从大西洋航入印度洋,可视其为大航海时代的第一阶段。从航海的视角出发,我把它概括为近岸远洋航行阶段。因为这期间的远航基本上都是沿海岸或离海岸不远进行的。虽然也有远离海岸的时候,但其起点和终点不是某个大洋对着的两岸,而是同一岸的不同地段。郑和下西洋的宝船队和分艨几次从斯里兰卡西偏南航,穿过马尔代夫群岛到达了东非北部海岸①。一些学者称之为横渡了印度洋。实际上那一带只是印度洋的西北边缘,阿拉伯海盆和卡尔斯伯格海岭的东南边缘②。严格地讲那只是斜渡了印度洋。尽管如此,郑和下西洋也比葡人到达离大陆最远的亚速尔群岛更加远离海岸。从斯里兰卡到东北非约 2800 公里,从马尔代夫到东北非也有 2200 公里,而从葡萄牙到亚速尔群岛仅 1400 公里③。郑和下西洋离陆地的最远点为 720 海里(摩加迪沙与马尔代夫群岛马累暖岛之间距离的一半),此后葡萄牙人远离陆地的最远点仅约 380 海里(亚速尔群岛东部主岛圣米格尔岛 São Miguel 至葡萄牙的距离④)。所以在远离海岸陆地方面郑和船队也比葡人领先好几十年。列宁说过:"判断历史的功绩,不是根据历史活动家(有)没有提供现代所要求的东西,而是

---

①　参见中国航海史研究会:《郑和下西洋》,第 48 页略图,第 51 页略图,第 60 页略图,人民交通出版社 1985 年版。

②　参见《最新世界地图集》,《印度洋》,《太平洋》,《印度洋》,《非洲地形》,中国地图出版社 1990 年版。

③　同上。

④　cf.*The Times Atlas of the World*, Plate 18, Morocco, Algeria, Tunisia, London, Harper Collins, 1985.

根据他们比他们的前辈提供了(什么)新的东西。"①到1498年达·伽马率船队斜渡了印度洋,从东非北部到达了印度,葡人在这方面才赶上了郑和。达·伽马返航时在印度洋上遇到了无风和逆风,不见不靠陆地地航行了近三个月(差3天)。由于长期吃不到蔬菜水果新鲜食物,海员们都染上了坏血病(维C缺乏症),死亡枕藉②。坏血病这个远洋航行的大敌,致命的航海病首次猖獗肆虐起来,直到18世纪下半叶才被抑制祛除。

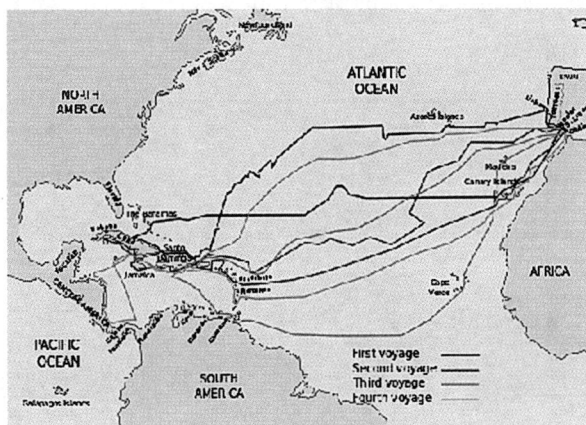

图1　哥伦布远航路线图

1492年哥伦布率西班牙船队横渡大西洋,到达了美洲加

---

①　《评经济浪漫主义》(1897年春),《列宁全集》第2卷,人民出版社1972年版,第150页。
②　参见《关于达·伽马航行的佚名笔记》,载郭守田主编:《世界通史资料选辑·中古部分》,商务印书馆1981年版。

勒比海地区并成功返回。这次航行历时 220 多天,行程往返
八千多海里,单向行程四千多海里,不见不靠陆地地一次性航
行了 30 多天。至此,大航海时代和远洋航行事业进入了一个
崭新的阶段,我把它界定为跨洋远洋航行阶段。从此,西、葡、
英、法、荷的船队频频往返于大西洋两岸,把旧大陆和新大陆
紧密联系起来。跨洋远洋航行比近岸远洋航行在各方面都要
困难得多,诸如导航、定位、补给、利用风向和海流、躲避风暴、
海员的心理准备和体能消耗、疾病的防治、船舶的维修等。所
以跨洋远航标志着人类的航海术和驾驭自然的能力登上了一
个新台阶。

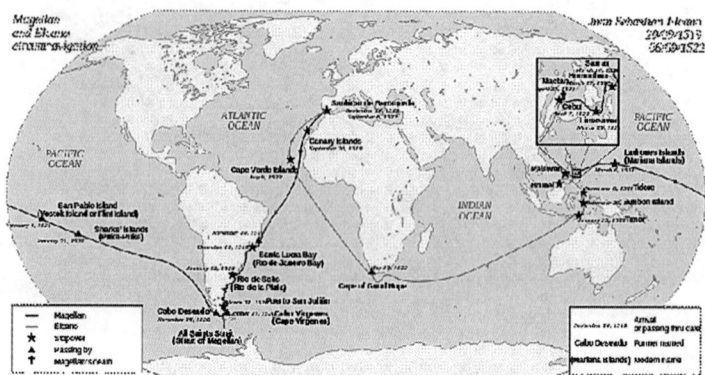

图 2   麦哲伦环航路线图

The Magellan–Elcano voyage. Victoria, one of the original five ships, circumnavigated
the globe, finishing 16 months after the explorer's death.

1519 年至 1522 年,麦哲伦(麦死后是埃尔·卡诺)率西
班牙船队进行和完成了人类首次环球航行。这次远航从西欧
出发,向西横渡了大西洋,绕过了南美洲,通过了麦哲伦海峡,

横渡了世界上最大的太平洋,穿越了南洋(马来)群岛,基本上横渡了印度洋,绕过非洲,回到了西欧。麦哲伦环球航行前后历时整整三年,行程 8 万公里(皮加费塔的《环航日记》统计为 14460 里格①。每里格约合 5.56 公里,共计约 8 万公里),经过了世界上的欧、美、亚、非四大洲,四次跨越赤道;东西航过了地球一周 360 个经度,北抵北纬 43 度(特立尼达号返回美洲巴拿马时所达到的最北点②,后又被迫退回摩鹿加群岛),南达南纬 52 度(船队通过麦哲伦海峡时所抵达的最南点),航迹面积达 4.22 亿平方公里。航迹面积是笔者受流域面积启发而创造的一个新概念。航迹面积等于航行途中任何一个方向的两个最远点的距离,乘以与这两点连线垂直的两个最宽点的距离(计算时须将这两个最宽点平行移至与两个最远点连线垂直的直线上)。对于麦哲伦环球航行来说,其航迹面积为赤道长度 4 万公里乘以南纬 52 度至北纬 43 度之间的距离 10555 公里,等于 4.22 亿平方公里。

　　麦哲伦环球航行是人类历史上迄当时为止航程最长、历时最久、航迹面积最广的航行。它把 15 世纪初以来大航海时代推进到又一个崭新的阶段,我把它总结为环球远洋航行阶段。首次环球航行证明,地球上无论何地,都可以驾船前往登

---

　　① 参见汉布尔:《探险者——航海的人们》,焦永科、邹德慈译,海洋出版社 1985 年版,第 139 页。

　　② 参见马吉多维奇父子:《地理发现史纲》,莫斯科,教育出版社 1983 年版,第 2 卷,第 138 页(И. П. Магидович, В. И. Магидович:《*Очерки по Истории Географических Открытий*》)。

陆;地球上无论什么海洋,只要不封冻,就可以航行和横渡。这就大大提高了航海在人类社会实践中的地位和人们对航海的认识。首次环球航行也是人类有史以来最艰难困苦牺牲惨重的远洋航行。途中船只损失一半。五艘船中胜利返航一艘,沉没一艘,自弃一艘,在摩鹿加被葡人俘虏一艘,从麦哲伦海峡脱逃开小差一艘。人员损失三分之二以上。在出航的约270人当中,生还的有凯旋的18人,返航时在佛得角被葡人俘虏后来放回的13人,在摩鹿加被葡人俘虏关押四年后幸存下来获释的4人(特立尼达号船海员),另有当逃兵的近四分之一人员①。航海者们经受了大西洋、太平洋、印度洋上的惊涛骇浪、狂风暴雨、急流险滩,在太平洋和印度洋两次熬过了坏血病和饥饿焦渴的致命袭击(特立尼达号则是两次都在太平洋),显示了人类认识自然驾驭自然的勇气、才能和毅力,竖立了航海史上高耸的丰碑。

首次环球航行后50多年,又有英国航海家德雷克率英国船队同样西航进行环球航行,也历时三年(1577—1580)。德雷克环球航行在航海史上的意义主要在于,他是自始至终指挥了环球航行的航海家。而麦哲伦则在航行了三分之二以上的航程,已证实地球可环航后,插手菲律宾人的内政,参与内战而被菲律宾人打死。

从16世纪下半叶起至17世纪初,英国、荷兰探寻经北冰

---

①　首次环球航行的详情可参见茨威格:《麦哲伦的功绩》,范信龙译,湖南人民出版社1982年版,汉布尔《探险者——航海的人们》等已有中译版的书。

洋去中国的东北新航路,多次航入和探察了挪威、俄罗斯欧洲部分以北的北冰洋。以前,文明人类的航海活动都限于热带和温带海域,从来没有航入极圈以内的寒带海域。大航海时代开始后,文明人类开始涉足寒带海域。现在英、荷航海家多次航入了北冰洋的巴伦支海、喀拉海,大大跨越了北纬66度半的极圈,最北达到了北纬80度的斯匹次卑尔根岛西北部。英、荷在东北冰海最为重要和著名的航行有,1553年威洛比、钱瑟勒率英国船队绕过北欧到达欧俄白海海岸。威洛比途中到达了新地岛西南部北纬72度处并继续北进了三天①。到1581年,英国人已航进到喀拉海南部。1594年巴伦支率荷兰船队到达了新地岛最北端北纬77度处②。其分舰向东到达了亚马尔半岛西海岸。在1596—1597年的远航中,巴伦支等于1596年到达斯匹次卑尔根岛西部北纬80度处。他们想穿越北极,但被永冰层挡回,随后东航绕过了新地岛北部③。1607年哈得孙率英国船队又往东北航行,试图在格陵兰和斯匹次卑尔根之间穿越北极,但到达北纬80度处后又被永冰层挡回④。英、荷探寻东北航路的航行把大航海时代推进到最

---

①　см. И. П. Магидович, В. И. Магидович :《*Очерки по Истории Географических Открытий*》,Том 2,С.214.

②　cf. Boies Penrose:*Travel and Discovery in the Renaissance* 1420—1620, NewYork,Atheneum,1975,p.216.

③　cf. Isabel Barclay:*The Great Age of Discovery*,London,Dennis Dobson, 1956,pp.142-143.

④　см. И. П. Магидович, В. И. Магидович :《*Очерки по Истории Географических Открытий*》,Том 2,С.221.

高的阶段,着眼于航海我把它抽象为寒带极地冰海航行阶段。至此,远洋航行所能具有的四种模式均已出现,四个阶段均已形成,即近岸远洋航行,跨洋远洋航行,环球远洋航行和极地冰海远洋航行。

（三）

我所说的大航海时代的四个阶段既有先后高低之别,又交织融合在一起。在后一阶段的远航开始后,前一阶段的远航仍在进行。四个阶段四种模式的远航互相依托交相辉映,共同织就在大航海时代才逐渐布满全球的航线经纬,奏响了大航海时代交响曲的各支华彩乐章。

如果说还有什么新的航海阶段,那就是水下潜伏航行,不过它已不属于一般意义上的航海,而是特种航海了。水下航行一般是驾乘潜水艇潜水器进行,用途主要限于军事和科学考察。潜航19世纪下半叶以来才相对安全可靠,技术成熟起来,得到实际应用,也才能远航。潜水航行在语义上也不是"驾驶船只在海洋上航行",而是驾驶潜艇潜水器在海洋下航行。所以,我以为不宜把潜海航行视为大航海时代的一个新阶段。况且大航海时代是与大探险紧密联系着的,如同航海家是与探险家联系着的一样。而大航海时代基本上结束于17世纪末,因为那时全世界主要的海洋海区都已航行过探察过了,主要的大陆、大洲、大岛都由文明人类发现了或到达了或沟通了(南极洲除外,但南极洲无人,至今也无常住居民)。当代还有一种由原子能破冰船导引开路的冰海航行。这种航行因成本太贵,且只能破薄冰层不能破厚冰层,其作用也极其有限。它也不能构成远洋航行的一个新阶段,而只是一种特殊航海,似可视其为极地冰海航行的发展和跃进。

寒带极地冰海航行是最艰难困苦危险的航行。虽可取冰化淡水,但狂风巨浪、饥饿、坏血病的威胁如故,又新增加了严寒酷冷、浮冰封冻的巨大困难和危险,坏血病的威胁也更加严重。此外,技术上因靠近磁极磁偏角磁倾角增大,导航定位作图等也较困难。纵观以前的重要远航,诸如郑和、王景宏、第奥古·考、迪亚士、哥伦布、达·伽马、卡博特、卡伯拉尔、麦哲伦等,尽管也有损失,有的损失也很严重,但至少主将都安然无恙(郑和疾殁于第七次远航返航途中;老卡博特病逝于第二次远航的途中,之后由其子小卡博特接替指挥[1];麦哲伦死于在菲律宾参与当地统治者的内战)。威洛比等在白海外海诺库耶夫岛海湾过冬时被冻死[2];巴伦支等在新地岛北部过冬时被冻得降低了抵抗力,他和一些人染上坏血病而死[3]。

极地冰海航行只能在夏季和秋初进行。过了通航期便会封冻,就得与冻伤和坏血病斗争,而在冰天雪地严寒酷冷的极地极难找到能预防和抑制坏血病的绿色植物食物和其他新鲜食物。以前在大洋中不见不靠陆地地航行两个月以上不能上

---

[1]　cf. R. A. Skelton: "Cabot, John", *Encycloped of Americana*, Chicago, 1980, Vol.5, p.122.

[2]　см. И. П. Магидович, В. И. Магидович :《*Очерки по Истории Географических Открытий*》, Том 2, С.214.

[3]　cf.Isabel Barclay: *The great Age of Discovery*, pp.146-148.

岸补给时坏血病才会发生,现在因经常得在极地越冬(深秋至春季)坏血病便更加猖獗。航海家们在寒带极地冰海的远洋航行进一步表现了人类极大的勇气和毅力、智慧和才能、牺牲和探索精神。

　　极地冰海远洋航行在大西洋北部东西两个方向几乎同时展开。在西向,最初是探索西印度的北部,在搞明白西印度是新大陆后便探索去亚洲的西北航路。其航迹越来越北,参加的国家也逐渐增多。先后有英、葡、西、法、荷几国,其中英国扮演了头号主角。在西北冰海最为重要和著名的航行有,1497年英国航海家卡博特航行到北纬50度一带的纽芬兰[①];1500年葡萄牙航海家科特·利亚尔航行到北纬60度以上的格陵兰岛南部[②];1535年法国航海家卡提耶尔从北部的贝尔岛海峡驶入圣劳伦斯湾和圣劳伦斯河,最北到达了北纬52度[③];1574年英国航海家弗罗比歇到达巴芬岛北纬63度处的弗罗比歇湾[④];1587年英国航海家戴维斯在西北方向最先越过极圈,穿过了戴维斯海峡,航行到巴芬湾北纬72度处冰线边缘[⑤];1610年,曾探索过东北冰海航路的英国航海家哈得孙

　　①　参见巴勒克拉夫主编:《泰晤士世界历史地图集》,邓蜀生等编和译,三联书店1982年版,第157页,文与图。

　　②　cf.Boies Penrose:*Travel and Discovery in the Renaissance* 1420—1620, p.180.

　　③　巴勒克拉夫主编:《泰晤士世界历史地图集》,第157页,文与图。

　　④　同上。

　　⑤　同上。

又航入北纬 60 度一带的哈得孙湾①；1616 年，英国航海家拜洛特和巴芬环航了整个巴芬湾，最北到达了北纬 78 度半②；1631 年英国航海家福克斯航行到北极圈上下的福克斯湾③。

前已论及，极地冰海远洋航行是最为艰难危险的，其船员死亡率比同时代在温带、热带海洋远航高得多。而在美洲东北部的寒带极地冰海航行更险于、更难于在欧洲—亚洲北部的冰海航行。前者远离祖国和文明地区，不能就近得到支持和休整，因而它是整个大航海时代最艰难危险的远航，也最充分地体现了人的坚忍不拔、好奇冒险和探索求知精神。

（四）

俄罗斯则是寒带极地冰海航行的常青树和集大成者。早在 15 世纪大航海时代开始后不久，俄罗斯白海沿岸的渔猎民为了捕鱼和猎捕海兽便航行到了斯匹次卑尔根岛（俄语称为格鲁曼特岛）南部，新地岛南岛和喀拉海④。此后也一直偶尔到格鲁曼特、南新地岛和喀拉海。不过那段历史时期的俄罗斯冰海航行还没与探险直接挂钩，航程也不远，还不构成大航

---

① 巴勒克拉夫主编：《泰晤士世界历史地图集》，第 157 页，文与图。

② cf."Baffin, William", *Encyclopedia Britannica*, 1974, the 15th edition. Micropedia, Vol.1, p.726

③ cf."Foxe, Luke", *Encyclopedia of Americana*, Vol.11, p.678.

④ 参见苏联科学院：《世界通史》第四卷，集体译，上册，序言，第 9 页，大地图。

海时代的一个阶段。17世纪伊始俄国跻身于大航海的行列。总体说来俄国人是沿欧俄、西北亚大陆海岸在北冰洋向东航行，旨在探险、猎捕海兽、对土著征收毛皮税、开辟去中国的东北新航路。1620年前后，不知名的俄国航海家从西到东绕过了亚洲的最北端（也是欧亚大陆的最北端），北纬77度半的泰梅尔半岛北部。20世纪40年代在这一带发现了一些海船残骸和17世纪初的俄国物品①。1633—1641年，列布诺夫等从勒拿河入海，沿海岸向西航行到接近泰梅尔半岛东南部处，又掉头向东航行驶入了东西伯利亚海②。1644年，斯塔杜欣从因迪吉尔卡河口东航到科雷马河河口③。最为重要和著名的俄罗斯极地冰海远洋航行发生和完成在1648—1649年。阿历克塞耶夫（波波夫）和迭日涅夫率船队从科雷马河河口向东航行到亚洲最东端，绕过了迭日涅夫角，南下穿过白令海峡，从北冰洋首次航入太平洋，分别到达了堪察加半岛和阿纳德尔湾④。波波夫、迭日涅夫的冰海远航初步打通了东北新航路，部分实现了俄国学者格拉西莫夫1525年首创的影响深远的预言和提议，即开辟东北新航路，寻找沟通北冰洋和太平

---

① 参见别洛夫：《北方航路的发现与开拓史》第1卷，第132页，莫斯科1956年版（М. И. Белов：《История Открытия и Освоения Северново Морского Пути》）。

② см. И. П. Магидович，В. И. Магидович：《Очерки по Истории Географических Открытий》，Том 2，С.276.

③ 参见苏联科学院：《世界通史》第4卷，上册，第196页，大地图。

④ 参见苏联科学院：《世界通史》第5卷，集体译，三联书店1963年版，上册，第196页，大地图。

洋的海峡,前往中国、东方、太平洋①。说部分实现了格氏设想是因为在当时的条件下因永冰层的阻拦,还不能安全可靠地绕过泰梅尔半岛北端,而一般得在半岛中南部走连水旱路通过半岛。1686 年,有名有姓的托尔斯托乌霍夫从西向东航行又绕过了泰梅尔半岛北端②。但他们在绕过以后也同以前一样不知所终,估计也是不幸遇难了。

俄罗斯的寒带极地冰海航行在大航海时代主要是在北纬70 度以上的极地进行,最北达到了北纬 77 度半的泰梅尔半岛北端海域和大致同一纬度的斯匹次卑尔根岛南部海域。与西方不同的是,俄罗斯本土也濒临北冰洋,能够为冰海远航就近提供后援。俄罗斯的极地冰海航行同时也是近岸远洋航行。大航海时代的第一阶段的远航模式螺旋上升,与第四阶段的最高远航模式在俄罗斯的大航海中融为一体结合了起来。也正因为俄罗斯在极地冰海航行和近岸远洋航行中皆大有作为,今天北冰洋中与俄罗斯大陆遥遥相望的(从西到东)科尔古耶夫岛、新地岛、白地群岛、北地群岛、新西伯利亚全岛、弗兰格尔岛皆为俄罗斯固有的无可争议的领土。

中国不仅是大航海时代的开辟者、近岸远洋航行的主角

---

① 参见贝尔格:《俄罗斯地理发现史纲》,第 12—13 页,莫斯科 1949 年版(Л.С.Берг :《Очерки по Истории Русских Географических Открытий》)。

② 见 М. И. Белов :《История Открытия и Освоения Северново Морского Пути》,С.132。切柳斯金角 мыс Челюскина 为亚欧大陆最北点。在俄罗斯东西伯利亚北部泰梅尔半岛的北端,临北冰洋。北纬 77°43′、东经104°18′。附近建有水文气象站。1742 年,俄国大北方探险队的成员切柳斯金首先到此。

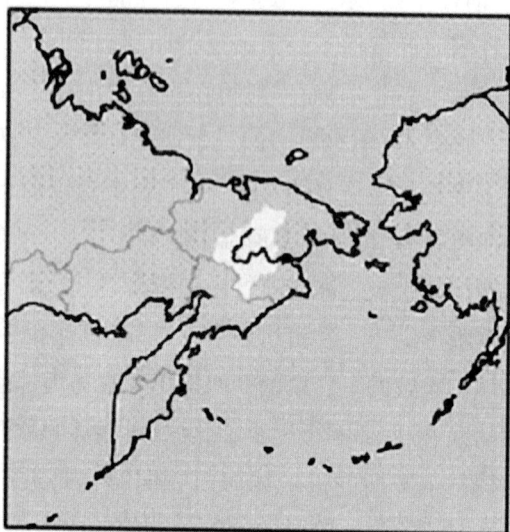

图 3　白令海峡形胜图

Бассейн р. Анадырь выделен жёлты

之一,而且还是大航海时代后三个阶段远航的主要目的地之一,欧洲航海家的主要向往地之一,主要动因之一和刺激力之一。14 世纪《马可·波罗游记》在西欧传开后,西方就很羡慕和向往中国。15 世纪 60 年代以来,葡萄牙人沿西非海岸向南探航的主要目的便逐渐明确,就是要绕过非洲,驶入印度洋,开辟到印度、中国这些东方文明古国、大国、强国、富国的新航路。哥伦布等开辟跨洋远航的新阶段,就是要西行横渡大西洋到达中国、日本、印度。哥伦布带着给统治中国的蒙古大汗的国书(不知元已亡),在美洲到处寻找契丹(Cathay)的城市、港口和大汗的臣民。麦哲伦开辟环球航行新阶段的直接目的是与葡萄牙竞争,想抢先到达印度尼西亚的摩鹿加群岛。但他们横渡大西洋的航路、横渡印度洋的航路(埃尔·卡诺也新开辟了一段)、环绕非洲的航路是由哥伦布、达·伽马、迪亚士等为了去中国,印度等而开辟出来的。英、荷在东北方向的极地冰海航行,英、法在西北方向的极地冰海航行,俄罗斯在亚洲北部的极地冰海航行,则都主要是想开辟去中国的新航路。所以在寒带极地冰海远洋航行阶段,中国对欧洲航海家的诱惑和吸引已超过印度,成为最恒久的驱动力、最强的磁极、最大的引力场。总之,中国与大航海时代密不可分,有不解之缘,是大航海时代的开拓者、造就者、引发者之一。

郑和、成祖之后,西方渐渐赶了上来。明末西方全面超过了东方(从 17 世纪初起),这在航海方面表现得最为突出,不管是海军实力,海洋交通运输,还是捕鱼和海洋资源开发。清末西方靠坚船利炮轰开了中国闭关的大门,20 世纪三四十年代岛夷倭寇又从海上(或从海上经朝鲜)大规模侵华。新中国成立后,中国的航海事业开始恢复。改革开放以来,中国的航海事业(包括海军实力,海洋交通运输、捕鱼和海洋资源开发)开始振兴。"谈赢海客多如鲫,莽土倏变华严场。揭来大洋文明时代始萌蘗,亘五世纪堂哉皇。招国魂兮何方,大风泱泱兮大潮滂滂"①。勤劳、勇敢、智慧的中国人民定能重振雄

---

① 梁启超:《二十世纪太平洋歌》,http://www.shicimingju.com/baidu/list/1111730.html,2014-09-08。

风,再现郑和(首创的)大航海的辉煌,与世界各国人民一起,共同缔造新的海洋时代。

（原载《海交史研究》2000 年第 2 期）

六、简论中世纪阿拉伯人对地球学说的贡献和传播

　　穆斯林被要求面向圣城麦加礼拜,一生中至少到麦加朝觐一次,这就促使阿拉伯人研究考察地理学。阿拉伯学者通过亚里士多德和托勒密的著作了解和接受了大地球形说。9世纪初,阿拉伯学者两次测量子午线的长度,并据此算出地球周长。1018年,比鲁尼做了一次很有科学意义的大地测算。他巧妙地运用勾股定理算出了地球半径为6510公里,其精度达到97.9%。比鲁尼的新方法适用范围更广,也更简便。元初1267年,有个叫札马鲁丁的阿拉伯人进献了一个地球仪一本《万年历》,而且该历还被元朝行用了十几年。札马鲁丁传入的阿拉伯地球地理学说有助于晚明以来人们逐渐接受利玛窦等传教士带来的西方的地球学说和相关的地理知识。

　　公元8—13世纪,当欧洲还处于科学文化落后的低谷,阿拉伯帝国已登上科学文化发达的高峰。帝国境内的各族人民在吸收希腊、罗马、波斯、印度、中亚优秀文化成果的基础上,在科学技术、学术文化各领域都取得了辉煌的成就,为人类的文明进步做出了巨大贡献。自然地理学是中世纪阿拉伯科学文化花苑中的一簇奇葩,阿拉伯学者对地球学说的贡献则是这簇

奇葩中最鲜艳的花朵。在大力推进"一带一路"战略的今天,开展和加强对"一带一路"沿线国家地区民族的历史研究是我们重要的迫切的工作,也是新的重要的学术增长点。而二十多个阿拉伯国家是丝绸之路经济带上的主要国家群之一,是古代中世纪陆地丝绸之路上的主要接力者转运者中介者和参与者。故开展阿拉伯历史文化研究很有必要,恰逢其时。

（一）

中世纪阿拉伯世界的自然地理学比较发达不是偶然的。阿拉伯民族是个全民信教的民族,伊斯兰教是帝国境内各民族共同信仰的国教。穆斯林的"五功"之一便是拜功,即每日五次礼拜,每周一次的星期五聚礼,每年开斋节和古尔邦节的会礼。礼拜时必须面向麦加克而白（天房）。这就要求阿拉伯世界的穆斯林能测出圣城麦加的方位;"五功"中的另一善功便是朝觐。即一个穆斯林一生中应尽可能地至少去麦加朝觐一次。在幅员极其广袤的帝国去麦加朝圣促使人们准确辨别方向,测算距离,研究考察地理。阿拉伯民族主要是个游牧民族,游牧经济占主导地位。在草原、戈壁、沙漠放牧,千里绿茵,万里黄沙,天苍苍野茫茫,一望无垠。在这样的环境中生活生产,全靠观察日月星辰来判明方向。阿拉伯人还是个重商的民族。阿拉伯帝国横亘在东方的印度、中国和西方的欧洲、地中海之间,商业发达。不仅帝国内部的贸易交换活动兴旺频繁,而且所进行的国际贸易中介贸易的规模亦很大。他们的商队骑马赶车牵骆驼,足迹遍及亚非欧;他们的商船乘风破浪远航,帆影洒遍地中海、印度洋和西太平洋。在陆上或海上长途旅行都必须以恒星位置为指南,观察日月星辰及其变化,以选择、判断方向,计算旅程、航程等。这些都促进了自然地理学的发展。

（二）

阿拉伯学界保留了西方古典文化。阿拔斯朝(黑衣大食)第二任哈里发阿尔·曼苏尔(Al-Mansur,754—775 年在位)执政期间,曾派使团到东罗马—拜占庭求学拜访。东罗马皇帝赠给曼苏尔大批古希腊著作,其中包括亚里士多德和托勒密的著作。曼苏尔请来许多翻译家把这些书译成阿拉伯文①。当欧洲重新盛行地平说时,阿拉伯学者则通过亚氏和托氏的著作了解和接受了大地球形说。9 世纪初,阿拉伯学者伊本·萨吉尔(ibn-Shakir)、花拉子密(al-Khwarizmi)等受哈里发阿尔·马蒙(al-Mamun)的委派,于 814 年和 827 年分别在幼发拉底河北面的新查尔(Sinjar)沙漠和叙利亚的巴尔米拉(Palmyra)平原两次测量子午线的长度,最后测得子午线一度之长为 $56\frac{2}{3}$ 阿拉伯里,并据此算出地球周长,换算成公制约为44000公里②,只比实际周长大了 10%。

---

① 参见艾哈迈德·爱敏:《阿拉伯—伊斯兰文化史》第二册,朱凯、史希同译,商务印书馆 1990 年版,第 250—251 页。

② 参见安托什科、索洛维约夫:《地球的地理研究史》,莫斯科 1962 年版,第 47 页(Я. Ф. Антошко, А. И. Соловьев:《История Географического Изучения Земли》,Москва,МГУ)。

关于阿拉伯学者的测算方法,国际学术界说法不一。普·詹姆斯说他们采用了与古希腊的埃拉托色尼同样的方法,用观察星辰的方法确定了南北两端的纬度,然后测量两点间的距离①。但我们知道,埃拉托色尼使用的是观察太阳光在标杆下的投影与标杆构成的夹角的方法。古希腊的攸多克索和波昔多尼才是采用观察同一星辰的中天高度差的方法。苏联学者安托什科和索洛维约夫说他们没有模仿古希腊人而独创性地测算出地球的周长,但又没说明具体是什么方法②。现代阿拉伯学者希提也没说明所使用的方法③。苏联学者杰缅季耶夫和安德留先科说他们采用的是观察子午线上星辰高度的方法,但没有说明观察的是什么星辰④。苏联学者布勃列伊尼科夫也持此说,并明确说他们观测的是北极星⑤。所以,阿拉伯学者采用的是攸多克索、波昔多尼创立的观察星辰的高度角的原理,但观察的星辰不是老

①　参见普·詹姆斯:《地理学思想史》,李旭旦译,商务印书馆 1982 年版,第 62 页。

②　см. Я. Ф. Антошко, А. И. Соловьев:《История Географического Изучения Земли》, С.47.

③　参见菲·希提:《阿拉伯通史》,伦敦 1953 年版,第 375 页(Philip K. Hitti: *History of the Arabs*, London, Palgrave Macmillan)。

④　参见杰缅季耶夫、安德留先科:《地理学史》,明斯克 1962 年版,第一卷,第 61 页(В. А. Дементьев, О. Н. Адрющенко:《История География》, Минск, Изд-во М-ва высш., сред. спец. и проф. образования БССР, часть первая)。

⑤　参见布勃列伊尼科夫:《地球观发展纲要》,莫斯科 1955 年版,第 39 页(Б. А. Бублейников:《Очерк Развития Представлейний о Земле》, Москва, Изд-во АН СССР)。

人星,而是北极星。

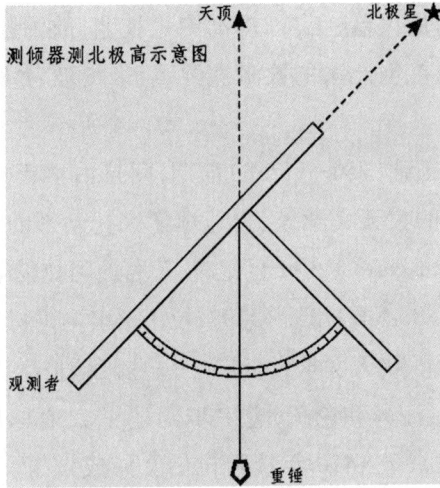

在这两次测量中阿拉伯学者都先选择了一个观测起点。用测倾器测出北极星在此点的高度角即仰角(如示意图)。然后,分成两个测量组从这点出发,分别往正南、正北走,沿途用测量杆测量绳测算出所走过的距离。两个测量组分别到达北极星高度角刚好增大或减少了1度的那一点才停下①。阿拉伯学者知晓,一个地方的北极高度角与该地方的地理纬度大小同值。所以当北极星高度角刚好变化了两度时,也就测算丈量出子午线上两度的弧长,并据

---

① 见Б.А.Бублейников:《Очерк Развития Представлейний о Земле》,C.39.

此算出了地球的周长。由于观测点之间的距离不是像古
希腊学者那样靠估算，而是一段一段地实测，再加上改进、
研制各种测量仪器、工具，提高测量技艺，故阿拉伯学者的
测算精度比首创此法的攸多克索、后来的波昔多尼都大大
提高了。

阿拔斯王朝（750—1258）前期，阿拉伯学者两次翻译罗
马帝国时期的大天文学家、大地理学家托勒密的著作《天文
学大全》（Almagest）①。12 世纪时，著名的阿拉伯学者伊本·
路希德（ibn-Rushd，1126—1198，拉丁语名为阿威罗伊，Aver-
roe）再次翻译了《天文学大全》②。一些阿拉伯学者还对这部
书做了提要、注释和论疏，进一步阐述了大地球形的学说。
这部著作后来于 1410 年从阿拉伯文译成拉丁文③，对葡萄
牙、西班牙和意大利人决定开辟新航路，进行环球航行影响
很大。

（三）

10 世纪末至 11 世纪上半叶，中亚花剌子模（Khorezm，今乌
兹别克斯坦和土库曼斯坦）出了一位大学者比鲁尼（Al-Biruni，
973—1050）。他生于佳特城（Кят，原苏联今乌兹别克斯坦比鲁

---

　　①　参见艾哈迈德·爱敏：《阿拉伯—伊斯兰文化史》第二册，第 246—
247 页。

　　②　см.Б.А.Бублейников：《Очерк Развития Представлейний о Земле》，
С.40.

　　③　Там же，С.40.

尼城,Бируни)①,有波斯血统,属什叶派,除了伊朗语,通阿拉
伯语、突厥语、梵文、希伯来语和古叙利亚文②。由于中亚地
区从 7 世纪下半叶以来就被阿拉伯人逐步征服,阿拉伯统治者
又在此地区推行伊斯兰化和阿拉伯化的政策,所以中亚居民基
本上伊斯兰化了,一部分居民阿拉伯化了。比鲁尼也归化为阿
拉伯人,他的著作都是用阿语写的③。比鲁尼的研究范围很
广,成就很大,著述很多。重要的有《前辈的遗迹》、《印度志》、
《马苏蒂天文典》、《占星术入门导读》、《关于宝石的文集》、《药
典》、《测定地界以验证居民点间距》、《花剌子模史》等④。

---

①　参见罗森菲尔德、克拉斯诺娃、罗莤斯卡娅:《论阿尔·比鲁尼的数
学著作》,载苏联科学院科技史研究所编:《东方国家科学技术史料》(文集)
第三册,莫斯科 1963 年版,第 72 页(Б. А. Розенфельд, С. А. Краснова, М. М.
Рожанская:《О Математических Работах Абу－Р－Райхана Ал－Бируни》,
поместёна в Академия Наук СССР, Инстиут Истории Естествознания и
Техники:《Из Истории Науки и Техники в Странах Востока》, Сборник
Статей, Выпуск 3, Москва, Изд-вовосточной лит-ры, 1963)

②　cf. Philip K. Hitti: *History of the Arabs*, pp.376－377.

③　参见罗森菲尔德:《阿尔·比鲁尼的恒星表》,贾拉洛夫:《比鲁尼
〈印度志〉一书中的印度天文学》,均载库里科夫斯基编:《历史学和天文学
研究》第八册,莫斯科 1962 年版,第 86 页;第 195 页(Б. А. Розенфельд:
《Звезды Каталог Ал-Бируни》, Г. Д. Джалалов:《Индийская Астрономия в
Книге Бируни〈Индия〉》, Обе поместёны в П. Г. Куликовский:《Историко-
Астрономические Исследования》, Выпуск 8, Москва, Государственное
издательство технико-теоретической литературы, 1962, С.86; С.195)。

④　см. Б. А. Розенфельд, С. А. Краснова, М. М. Рожанская:《О
Математических Работах Абу－Р－Райхана Ал－Бируни》, поместёна в
Академия Наук СССР, Инстиут Истории Естествознания и Техники:《Из
Истории Науки и Техники в Странах Востока》, Сборник Статей, Выпуск 3,
СС.72－76.

　　中世纪阿拉伯学界保存了西方古典文化,通过亚里士多德和托勒密等古典学者的著作了解了接受了大地球形说。比鲁尼是地球学说的坚定支持者,并进一步提出了地球绕地轴自转和绕太阳公转的观点①。他在自己的著作中写道:"如果大地不是圆球形的,那么,……白昼和黑夜在冬季和夏季就没有差别(指冬天昼短夜长,夏天昼长夜短——笔者注),任何一颗行星的能见度及其运动将完全是另一种情况,而不是它实际上的这样。"②这里的阐述表明,比鲁尼知道昼夜长短的变化是因地球(地轴)倾斜、绕太阳公转所致。这一认识比哥白尼的日心说早了约五百年。而且比鲁尼的这个理念还得到其他阿拉伯—中亚—伊斯兰学者的赞同,如 11 — 12 世纪的海雅姆(Омар Хайям),13 世纪的卡日维理(Казвини)③。

　　1018 年,比鲁尼在里海南岸、伊朗北部边境城市戈尔甘(Gurgan)进行了一次很有科学意义的大地测算,后来在旅居印度期间,他又再次进行测算④。比鲁尼在测算中使用了他的同胞胡贾杰(Абдул-Махмад-Худжанди)于 10 世纪时发明的测角六分仪⑤,发明了通过测量两条方向线的夹角和观

---

① 　см.Б.А.Бублейников:《Очерк Развития Представлейний о Земле》,С.43.

② 　Там же,С.41.

③ 　Там же,С.41.

④ 　см. Б. А. Розенфельд, С. А. Краснова, М. М. Рожанская:《О Математических Работах Абу-Р-Райхана Ал-Бируни》,СС.72–76.

⑤ 　см.Б.А.Бублейников:《Очерк Развития Представлейний о Земле》,СС.40–41.

测点的高度来测算地球大小的新方法。

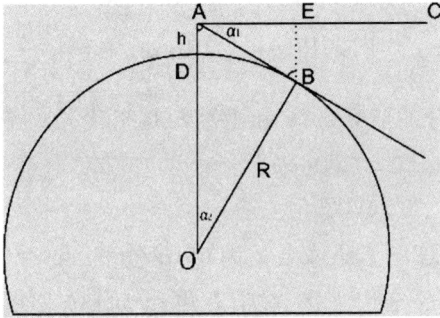

1018 年比鲁尼测算地球半径示意图

　　比鲁尼先测出里海岸边被选作观测点的一座小山高 652 阿拉伯尺(约合 300 米)。然后登上小山山巅,测出能见的水天相接的地平线的视线与水平方向线的夹角即俯角 α1 约为 33 分。然后比鲁尼根据以下数学原理推算(见示意图):如果把地心 O、观测点 A 和视线与地平圈的相切点 B 连接,就得到一个直角三角形。它的一条直角边 OB 等于地球的半径 R,斜边 OA 等于 R 加山的高度 h,直角边与斜边在地心的夹角 α2 等于视线与水平线的夹角 α1。因为在直角三角形 △ABO 和△BEA 中,两条平行线 AD、EB 被第三条直线 AB 相交,内错角相等。故两个直角三角形相似,各角都相等。按勾股定理,就有: $\overline{AB}^2 + \overline{BO}^2 = \overline{AO}^2$, $\overline{AB} = \sqrt{\overline{AO}^2 - \overline{BO}^2} = \sqrt{(R+h)^2 - R^2} = \sqrt{2Rh + h^2}$。由于小山的高度 h 较之于地球巨大的半径 R 微不足道,上式中 h 的平方项可以忽略不计。于是便有 $\overline{AB} = \sqrt{2Rh}$。又由于 $\angle AOB$ 的正切 $\mathrm{tg}\alpha = \dfrac{\overline{AB}}{R}$，

故 $\overline{AB} = R\mathrm{tg}\alpha$。所以，$R\mathrm{tg}\alpha = \sqrt{2Rh}$，$\mathrm{tg}^2\alpha = \dfrac{2Rh}{R^2}$，$R = \dfrac{2h}{\mathrm{tg}^2\alpha}$。

将正切 33 分的值 0.0096 和山高 300 米代入式子，即可算出

地球半径 $R = \dfrac{2 \times 300(米)}{0.0096^2} = 6510$ 公里①。这样就巧妙地运

用勾股定理算出了地球半径为 6510 公里。这个结果只比今

日公认的地球平均半径 6371 公里约大 139 公里，精度达到

97.9%。

比鲁尼的测算精度比他的阿拉伯前辈大大提高。较之于

古希腊的埃拉托色尼则稍逊一筹。但他独创的新测算原理和

方法却有一些明显的优点：不依赖子午线、回归线、赤道这些

空间范围有限的特殊地理环境；也不依赖夏至、冬至、春分、秋

分这些时间范围有限的特殊时期；由于不需观测和借助日月

星辰，所以在阴天也能测算；特别是不需要像埃拉托色尼那样

估算或像 9 世纪的阿拉伯学者萨吉尔、花拉子密那样实测两

观测点之间的遥远距离，而只要在海边、大湖边有座小山，或

在海中、湖中有座小岛，便可测定地球的大小。所以比鲁尼的

方法应用范围更广，也更简便实用。

现代科学证明，由于存在光线的折射，地（海）平线看起

来像比它实际上的位置高一点，所以视线在海（地）平圈上

的切点（B 点）会比实际位置升高一点，角 α 会比实际变小

---

① 　Там же，CC.41-43.

一点,测算出的地球半径必然偏大一点。不过,在科学水平及技术条件落后的中世纪,能发明如此先进、科学、简便、实用的方法,能测算到如此精度,实属难能可贵,令人叹为观止。

比鲁尼在中亚、南亚各地多次进行的测算,还从数理角度证明了地球学说。因为在同一观测高度测得的倾斜角(俯角)α 是一样的;升高或降低一定的观测高度,角 α 增大或减小的值也是一样的。所以这样的测算也就证明了各处大地表面(海平面)的曲率是一样的,大地呈球形(如果地球变大则曲率减小,角 α 也缩小;若地球变小则曲率增大,角 α 也增大)。而古希腊学者的测算方法(包括比鲁尼的阿拉伯前辈)是建立在假定大地呈球形的理论基础上,本身并不能证明地球学说。比如亚里士多德是根据月食时地球投射到月球上的影子轮廓呈弧形;观测者地(海)面位置的移动引起恒星位置变化;物体都下坠,坠下的直线与通过坠下点的切线相交构成同一角度——这几点来证明和建立大地球形说的。

比鲁尼曾长期侨居印度,在促进印度—阿拉伯、东西方科学文化交流方面做出过重要贡献。印度一些著名学者的重要科学著作如自然地理学著作就是由他译成阿拉伯文载入其《印度志》并传到西方去的①。印度学者非常佩服比鲁尼,向

---

① 参见美国学会联合会:《科学家传记辞典》第 13 卷,纽约 1973 年版,第 582 页(American Council of Learned Societies:*Dictionary of Scientific Biography*,New York,Charles Scribner's Sons,1973,Vol.13,p.582)。

他请教怎样研究天体运动,查找证据,进行计算①。

1050年,阿尔·比鲁尼在加兹尼(Gazni,今阿富汗东部城市)逝世②,阿拉伯—伊斯兰—中亚世界的一代科学文化巨星陨落。

(四)

中世纪阿拉伯—伊斯兰世界的地球学说和相关的自然地理知识还传到中国,对中国知识界产生了一定的影响。并为明末西学东渐时西方先进的自然地理学在中国传播准备了一些条件,在一定程度上促进了中外科技文化交流。

元初至元四年(1267)有个叫札马鲁丁的西域人进献了一批西域仪象。学术界一般认为札马鲁丁是阿拉伯人③。笔者认为,鉴于当时中亚居民已伊斯兰化并部分阿拉伯化;阿拉伯语是当时中亚、西亚、北非、东北非和比利牛斯半岛的通用语言、宗教语言、学术语言,如同拉丁语之在西欧;这批仪器反映和体现的天文地理、测算计时的知识和水平具有阿拉伯科学的特征(下面将具体谈到),所以可以推断札马鲁丁是个阿拉伯人或阿拉伯化了的人。

札马鲁丁进献的这批西城仪象有浑天仪、测验周天星曜

---

① 参见艾哈迈德·爱敏:《阿拉伯—伊斯兰文化史》第二册,第227页。

② см. Б. А. Розенфельд, С. А. Краснова, М. М. Рожанская:《О Математических Работах Абу-Р-Райхана Ал-Бируни》,С.73.

③ 如唐宝才:《阿拉伯文化》,载朱庭光、张椿年主编:《外国历史大事集》古代部分第二分册,重庆出版社1986年版,第440页。

之器、春秋分晷影堂、冬夏至晷影堂、浑天图、地理志和昼夜时刻之器等七件①。其中的地理志即地球仪,它反映了阿拉伯科学界的地球学说和相关的自然地理学知识水平。"其制以木为圆球,七分为水,其色绿;三分为地,其色白。画江河湖海,脉络贯穿于其中。画作小方井,以计幅员之广袤,道里之远近。"②这只地球仪首次告诉人们,大地呈圆球形;地球表面水多陆地少,其海陆的比例为7∶3。这个比例是相当准确的(今天测得海洋占地球表面的70.9%)。这只地球仪上有经纬网,说明阿拉伯科学界已用经纬度来确定地球表面各点的地理位置、距离等。

此外,札马鲁丁还编制进献了西域历(回历)系统的《万年历》③。该历还曾被元朝采用,行用了十几年④。所以札马鲁丁在中阿天文历法的交流中也有一定的影响。

晚明时期,利玛窦等西儒带来了西方比较先进的科学知识。当他们宣传地球学说和相关的地理知识时,一些守旧之人因其与中国传统的盖天说、浑天说、宣夜说不同,便视其为

---

①　参见《元史》卷二十五《天文志一·西域仪象》,中华书局标点本。

②　《元史》卷二十五《天文志一·西域仪象》。

③　《明史》卷三十七《历志十三·回回历法》(中华书局标点本):"回回历法,西域默狄纳(今译麦地那)国王马哈麻(今译穆罕默德)所作。洪武初,得其书于元都。按,西域历术见于史者。……元有札马鲁丁之《万年历》。……《万年历》行之未久"。

④　《元史》卷五十二《历志一》:"至元四年,西域札马鲁丁撰进《万年历》,世祖稍颁行之。十三年平宋,遂诏……徐衡、……王恂、……郭守敬改治新历。……十七年历成,诏赐名曰《授时历》。十八年颁行天下。今《历经》、……《历议》故存,……唯《万年历》不复传。"

荒谬。如指摘利玛窦"言天下有五大洲","自称大西洋人","其说荒谬莫考"①。利玛窦也说中国人"认为天是圆的,但地是平而方的……,他们不能理解那种证实大地是球形、由陆地和海洋所构成的说法。而且球体的本性就是无头无尾的。……由于他们不知道地球的大小而又夜郎自大,……当他们头一次看到我们的世界地图时,一些无学识的人便讥笑它,拿它开心"②。但也有一些开明虚心好学之人觉得地球、地理学说与三百多年前的札马鲁丁的地球、地理学说类似,便不以为谬,而视为可以理解。曰"西洋之说,既不悖于古,而有验于天,故表出之"③。所以,透过利玛窦我们还可以探索札马鲁丁的地球、地理学说为当时的中国学界提供了哪些新的科学知识。《明史·天文志一》载其说:

> 分周天为三百六十度(中国传统上分为 365 度,故引进了圆周为 360 度的新量角系统),命日为九十六刻(中国传统上分为十二个时辰,故引进了一天 24 小时,一小时 4 刻,一刻 15 分的新计时系统),使每时得八刻无奇零,以之布算制器,甚便也。其言地圆也,曰地居天中,其体浑圆,与天度相应。中国当赤道以北(传入了赤道这一自然地理概念),故北极常现,南极常隐。南行二百五十里则北极低一度,北行二百五十里则北极高一度。

---

① 《明史》三百二十六《外国七·意大里亚传》。
② 利玛窦、金尼阁:《利玛窦中国札记》,何兆武注释,何高济、王遵仲、李申译,中华书局 1983 年版,第 180—181 页。
③ 《明史》卷二十五《天文志一》。

东西亦然。以周里度计之，知地之全周为九万里也①。以周径密率求之，得地之全径为二万八千六百四十七里又九分里之八也(按,250 里×360[度]＝90000 里,90000里÷3.1416＝28647 里)。又以南北纬度定天下之纵。凡北极出地之度同，则四时寒暑靡不同。若南极出地之度与北极出地之度同，则其昼夜永短靡不同。唯时令相反，此之春，彼为秋，此之夏，彼为冬耳(引进了关于四季寒暑循环、昼夜长短变化、南北半球季节相反的新的科学解释体系)。以东西经度定天下之衡，两地经度相去三十度，则时刻差一辰。若相距一百八十度，则昼夜相反焉(引进了时差观念和阐明昼夜交替的新理论)。其说与《元史》札马鲁丁地圆之旨略同(着重号为笔者所加)②。

由此可见，札马鲁丁带来的地球学说和相关的自然地理知识，居于当时世界的领先水平。二百几十年后西方才达到这个认识水平。札马鲁丁把阿拉伯伊斯兰世界先进的量角、计时系统、赤道概念、以经纬度定位、测距，对大地的形状和大小的认识，对昼夜长短的变化和四季交替的认识，时差认识等首次传入中国。并且为 300 多年后中国学界解

---

①　唐宋以来，历代都以五尺为步，360 步计 180 丈为里，一里为 1800尺。明尺为今尺之 0.93，所以明里之 9 万里约合今 83700 里。较之地球赤道实际周长约 8 万里，精度达到了约 95.6%，只大了一点。该数据与比鲁尼的测算数据和精度基本吻合，而且都是正误差(即大了一点)。关于长度计量的变迁，可参吴承洛:《中国度量衡史》，商务印书馆 1937 年版，上海书店1984 年重印，第 96—97、271—272 页，附图 4.《尺之长度变迁图》。

②　《明史》卷二十五《天文志一》。

放思想、更新观念、接受西方先进的地球学说和相关的自然地理知识准备了条件。到了清初,地球观念及相关学说已在中国学术界得到普遍承认和基本确立。所以,阿拉伯学界的有关贡献功不可没。

（原载《阿拉伯世界》1993 年第 2 期,2016 年修订）

七、西、葡三分世界海上霸权论略

　　15 世纪 70 年代至 16 世纪 20 年代,葡萄牙西班牙这两个航海探险地理发现殖民扩张的急先锋曾三次划分势力范围、探险方向、发现对象和殖民地归属。第一次是从水平方向以纬度划分了大西洋;第二次是从竖直方向以经度划分了大西洋和它们当时已知的世界;在确证了地球后,第三次是从竖直方向以经度划分了太平洋。随着大西洋和太平洋上的两条经度分界线在南北极的连接,西葡就在历史上第一次瓜分了全世界。1588 年英国舰队(有荷兰舰船)在英吉利海峡击败西(葡)无敌舰队后,这两条分界线对欧洲列强的约束力和强制性渐渐瓦解。

　　15 世纪初,在郑和、明成祖和亨利王子、阿维斯(Avis)王朝的倡导下,东西方几乎同时掀起了大航海热潮,从而开创了大航海时代。由于各种原因,东方的大航海热潮仅持续了 30 余年便消退了。郑和七下西洋后便是"片板不准下海"的海禁和闭关锁国。西方的大航海热潮却因与探险、地理发现、殖民掠夺、经商贸易、与穆斯林斗争、开辟去东方的新航路、传教等结合起来,从而方兴未艾。到 15 世纪 70 年代,葡萄牙人已从西非西北部沿海岸推进到西非中部,发现、重新发现或共同发现了加那利群岛、马德拉群岛、亚速尔群岛和佛得角群岛，考察了从北纬 26 度的博哈多尔角到赤道以南几千公里长的此前未知的西非海岸线。西班牙船只也偶尔在西非沿海活动，涉足这一带的发现。意大利水手也时而加入葡、西船队，参与发现。随着航海探险发现的进展，葡萄牙与西班牙龃龉渐生，矛盾迭起。欧洲最西端的两个伊比利亚半岛国家需要划分各自的海上势力范围、协调彼此的利益。于是，先后签订了三个条约，逐步瓜分了全世界。关于此历史事件学界此前只有零星的简略的介绍（包括各种专著译著等），没有一篇正规论文；且只谈后两次的划界和瓜分，不提或不知还有第一次。是故需要写一篇论文予以论述。

（一）"平"分大西洋

从 1469 年葡萄牙富商戈姆斯承包一段时间和成果的向南探航任务开始，葡萄牙对在西非沿海的发现实行严格的保密政策①，以保持垄断地位。这在地理发现航海探险史上称为"缄默的密约"（conspiracy of silence）。以后它被长期推行并影响广泛，后来加入航海探险发现行列的西、英、法、荷各国也纷纷效仿。

1479 年 9 月，葡萄牙、西班牙在长期争吵和摩擦后，经教皇调解，在西班牙小镇阿尔卡索瓦斯达成第一个划分海外势

---

① Cf.Boies Penrose：*Travel and Discovery in the Renaissance*，1420–1620，New York，Atheneum，1975，p.55.

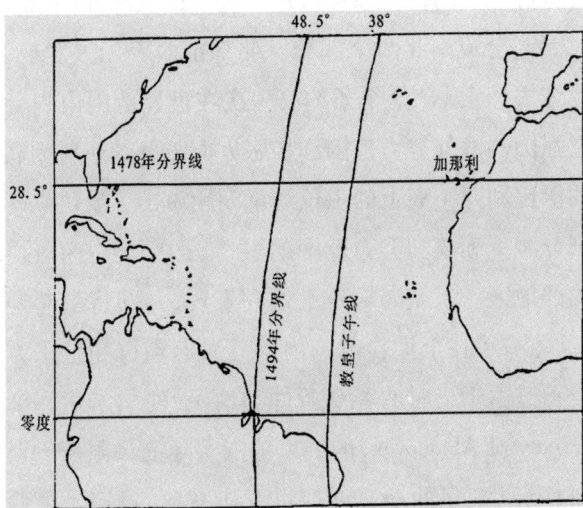

图 1　教皇子午线和 1478 年分界线据《海洋元帅哥伦布生平》(英语版)第 356 页地图绘制,其图和 1494 年分界线据《大航海时代》(日语版)第 48 页"トルデシリヤス条约(1494 年)に基づくスペイン、ポルトガルの领土分割线"地图绘制。

力范围的条约。根据条约,加那利群岛归西班牙(的前身卡斯提尔和亚拉冈)。因为在谁最先发现的问题上虽争论不休,但西班牙人早在 1393 年便从那里运回了奴隶,早在 1402 年便在那里修建了第一个欧洲人的永久居民点①。西班牙则不再对加那利以南已发现的和将发现的陆地提出要求②。条

---

①　Cf.Bailey W. Diffie:*Prelude to Empire*:*Portugal Overseas before Henry the Navigator*,Lincoln,University of Nebraska Press,1960,pp.86—87.

②　参见 J.H.萨拉依瓦:《葡萄牙简史》,李均报,王全礼译,展望出版社 1988 年版,第 125 页。

约同时将待发现的世界以穿过加那利群岛的纬线(约北纬28度半)为界,分成南北两个部分。北部由西班牙去发现,南部由葡萄牙去探索①。这个条约第一次在世界范围内划分了两个海上强国的海外势力范围和扩张方向。条约还对因联姻而引起的伊比利亚半岛上的王位继承问题做出了妥协②。

划分海上霸权和势力范围的事情历史上也曾有过,但只限于局部地区。大航海导致了地理发现,并即将引起地理大发现,这才有了在全世界范围内划分海上霸权和扩张方向的可能。不过由于当时的客观条件和情况,阿尔卡索瓦斯条约(The Treaty of Alcáçovas)的约束范围实际上只限于大西洋地区。1481 年,教皇西斯克斯四世发布教谕,肯定了葡西对海上霸权和海外利益的划分③。

1469 年开始实行的"发现承包租让责任制""缄默的密约"和 1478 年葡西签署阿尔卡索瓦斯条约表明,这时葡萄牙在西非向南探航的战略目标和最终目的已很明确,即避开穆斯林摩尔人的势力,绕过非洲开辟去印度和东方的新航路。

(二) 教皇子午线

1487 年迪亚士率葡萄牙船队绕过了非洲南端,进入了印

---

① 参见 J.H.萨拉依瓦:《葡萄牙简史》,第 128 页。

② 佚名:"Treaty of Alcáçovas",*Wikipedia, the free encyclopedia*, https://en.wikipedia.org/wiki/Treaty_of_Alcáçovas,2017-05-30.

③ 参见雅伊梅·科尔特桑:《葡萄牙的发现》,王庆祝等译,中国对外翻译出版公司 1997 年版,第三卷,第 759 页。

度洋。1492年哥伦布率西班牙船队横渡了大西洋,开始发现新大陆美洲,但以为是发现了亚洲、西印度(欧洲西边的印度)。地理大发现由此进入高潮。哥伦布的发现震动了欧洲,并使葡萄牙人大吃一惊。葡萄牙人一方面对哥伦布的发现半信半疑,一方面又觉得自己的海外利益受到侵害和威胁。因为阿尔卡索瓦斯条约规定,横穿加那利群岛的纬线以南直至印度都应由葡萄牙去发现和经营,以北才由西班牙人(这时卡斯提尔和亚拉冈已合并为西班牙)去探索和和掌控。现在西班牙人捷足先登了"印度",且哥伦布首航抵达的巴哈马群岛、古巴(西潘戈)、海地(伊斯帕尼奥拉)均在分界线以南,岂不是侵入了葡萄牙的势力范围。于是葡萄牙一面向西班牙提出抗议,一面向罗马教皇告状,一面还考虑派海军去抢占西印度①。西班牙因起步得晚,在大西洋上的海军力量相对薄弱。西班牙一方面采取了相应的防范措施,命令一支舰队做好出航准备,一方面向教皇请求调解②。当时的教皇亚历山大六世是西班牙贵族,靠西班牙国王斐迪南王后伊莎白娜的支持当选上台。1493年5月4日,在哥伦布返航后不到两个月,亚历山大六世发布教谕,以佛得角群岛或亚速尔群岛以西100里格处的经线为界划分两国的势力范围和专营权利。线西属西班牙,线东属葡萄牙③。葡萄牙对这条教皇子午线很

---

①　参见保·维朗格:《哥伦布传》,张连瀛、李树柏译,新华出版社1986年版,第140页。

②　同上,第140页。

③　同上,第141页。

不满意,想坚持阿尔卡索瓦斯条约的原则和精神。但形势对葡萄牙不利。1493 年 9 月 25 日,由 17 艘船 1200—1500 人组成的西班牙大船队已由哥伦布率领起航二去西印度。第二天教皇又发布教谕,撤销了此前教廷对阿尔卡索瓦斯条约的肯定①。若奥二世见状只得在教皇子午线的基础上讨价还价,以保住和扩大葡萄牙经营多年的、开辟在望的、绕过非洲去印度的新航路和相关的利益。在教皇的调停下,1494 年 6 月 7 日,葡西双方在西班牙小镇托尔德西拉斯达成和签署条约,把分界线向西移动 270 里格,移至佛得角群岛以西 370 里格处的经线。线西属西班牙,线东属葡萄牙②。这多少照顾了葡萄牙人的情绪,也暂时避免了外交摩擦和军事冲突。条约还详细规定,缔约双方的君主朝廷均不向对方区域派遣船只人员从事发现、通商、征服等活动。如果西班牙或葡萄牙的船只偶尔在对方区域发现了陆地,那么这些陆地也将归属对方国家而不归属发现者方③。所以这个条约对两国势力范围、探险区域和扩张方向的划分是比较彻底的。条约还规定,从签约起 10 个月内,双方各派出几条船只和技术人员,一起去佛得角群岛以西 370 里格处勘界绘图实地划分地图。如果在那片海域那些个纬度地区碰巧有海岛陆地,就要在岛上竖碑立

---

① 参见保·维朗格:《哥伦布传》,张连瀛、李树柏译,新华出版社 1986 年版,第 142 页。

② 同上,第 142 页。

③ 参见雅伊梅·科尔特桑:《葡萄牙的发现》,第四卷,第 974 页。

塔分界,双方臣民不得擅自进入对方区域①。后来由于种种原因,双方并没有派人和船一起去实地勘界;不过去了也没有什么用处,因为在佛得角群岛那些个纬度以西的那片水域并没有海岛陆地。

　　这条分界线的位置很难准确地测定和画出。因为一是条约没有载明以佛得角群岛的哪一个岛为起点、为零里格;二是没说明用什么里格来度量;三是当时测定经度很困难,误差很大,地球的大小也还没有确定下来。人们推测,似乎应使用罗马里格(约等于5.92公里),因1493年5月4日教谕规定的教皇子午线用的是这个度量单位②。所以,这条分界线只是一条未经勘定的习惯分界线。德国史家朗格认为它在西经46度上,美国史家莫里逊认为它在西经46.5度上③;《不列颠百科全书》1974年第15版"托尔德西拉斯条约"条(Treaty of Tordesillas)、《美国百科全书》1980年代版"分界线"条(Line of Demarcation)则均说,分界线应在格林尼治本初子午线以西西经48度至49度之间④。不管怎样,从原来的分界线向西移动270里格达到佛得角群岛以西370里格处,这保证了

　　①　参见雅伊梅·科尔特桑:《葡萄牙的发现》,第四卷,第975页。

　　②　参见马吉多维奇:《世界探险史》,屈瑞、云海译,世界知识出版社1988年版,第124页。

　　③　参见朗格《哥伦布传》,第142页;cf.S.E.Morison:*Admiral of the Ocean Sea, A Life of Christopher Columbus*, New York, Little, Brown and Company, 1962, p.356.

　　④　cf. *Encyclopedia Britannica*, Micropedia, 15th edition, 1974, Vol. 10, p.50; *Encyclopedia Americana*, 1980s, Vol.8, p.681.

六年后葡萄牙人发现和占有了南美的巴西，又不妨碍30多年后葡萄牙人"收回"摩鹿加—香料群岛，这些都是始料不及的。

由于受当时的地理知识所限，这条分界线实际上只瓜分了大西洋和印度洋上的势力范围和殖民利益，划定了各自新的扩张方向。1506年教皇朱利亚二世批准了这一变化。这个条约缓和了西葡之间的矛盾。但其他西欧国家对此心怀不满。1517年欧洲宗教改革运动爆发后，新教国家、地区和贵族公开蔑视这个条约的权威性和约束力。

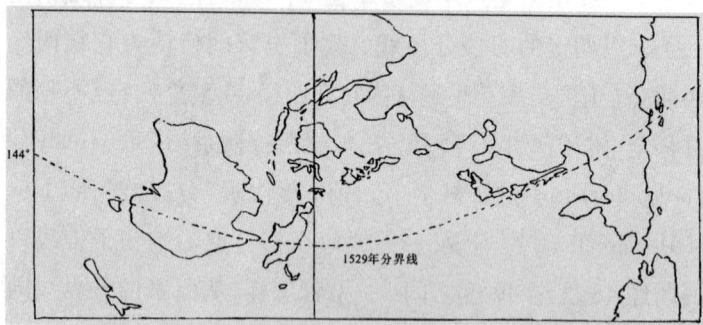

摭取苏联科学院《世界通史》第四卷，莫斯科1956年俄语版，第97页大地图的局部

（三）妄分全世界

1498年，达·伽马率葡萄牙船队终于开辟了去印度的新航路。1501—1502年，意大利人阿美利哥通过亲自探航和实地考察后确认，哥伦布等到达的地方不是西印度而是一块新

大陆。1513 年西班牙人巴尔博亚穿越了巴拿马地峡,发现了
"大南海"。1519—1522 年,葡萄牙人麦哲伦率西班牙船队绕
过了南美洲,穿过了麦哲伦海峡,横渡了大南海—太平洋,到
达了今天属于印度尼西亚的摩鹿加(马鲁古)—香料群岛(麦
哲伦于 1521 年死于菲律宾)。

　　麦哲伦环球航行后,西、葡对非常富裕的香料群岛的"归
属"又发生争执和摩擦。葡萄牙人阿布鲁(António de Abreu)
探险远征队早在 1512 年就从马六甲来到"发现"染指了摩鹿
加群岛,还在该群岛的特尔纳特(Ternate)岛建立殖民据点和
工场①。西班牙人于 1518 年也提出了抗议②。现在既已证实
了地球,去香料群岛就既可以东行走葡萄牙航线,也可以西行
走西班牙航线,那么香料群岛便可以理解为在托尔德西拉斯
分界线以东,也可以理解为在分界线以西。为了解决争端,需
要把大西洋上的分界线经过南北极延伸到太平洋,或者在东
半球再划一条分界线。于是西葡两国政府于 1524 年在西班
牙的巴达霍斯小镇举行谈判,参加谈判的有双方的官员、法学
家、天文学家、地图家和航海家。会议开了 50 天,没有取得成
果,因为彼此的诉求差距太大③。西葡两国的摩擦从麦哲伦

---

①　佚名:" Treaty of Zaragoza · background:the Moluccas Issue ",
Wikipedia, *the free encyclopedia*, https://en. wikipedia. org/wiki/Treaty _ of _
Zaragoza,2017-06-06.

②　Cf.佚名:"Treaty of Tordesillas · antimeridian:Moluccas and Treaty of
Zaragosa", *Wikipedia*,*the free encyclopedia*,*https://en.wikipedia.org/wiki/Treaty
_of_Tordesillas#Antimeridian:_Moluccas_and_Treaty_of_Zaragoza*,2017-06-05.

③　参见马吉多维奇:《世界探险史》,第 346 页。

船队到达东南亚之日起便已开始。麦哲伦死后,旗舰特立尼达号及其船员货物就在摩鹿加被葡萄牙人挡获。之后双方的摩擦和军事冲突不断发生。为了避免冲突,对付其他的竞争者,不妨碍各自的航海探险发现殖民,西葡两国又进行了长期的谈判。1525年2月西班牙国王查理五世的妹妹卡瑟琳正式嫁给了葡萄牙国王若昂三世;同年3月若昂三世的妹妹伊萨贝拉又正式嫁给了查理五世①。这种交叉双向王室联姻亲上加亲加强了双方关系的纽带,促进划界谈判的进展。最后在教皇克莱门特七世的斡旋下,于1529年4月22日在西班牙小城萨拉戈萨达成签订了新的条约。萨拉戈萨条约(Treaty of Zaragoza)规定以摩鹿加群岛以东297.5里格处的经线为分界线,线东属西班牙,线西属葡萄牙②。(见前面132页的分界线图)据此条约,香料群岛和菲律宾均在线西葡属半球内,便"转归"葡萄牙;葡萄牙则支付35万杜卡特金币(约重100公斤的金子),作为对西班牙人放弃权利的补偿③。说来可笑,当初麦哲伦曾先向葡王曼努埃尔请求加薪,并建议投资支持他西行去开辟到香料群岛的新航路,但遭到谢绝。此后麦哲伦便改换门庭,投奔西班牙。阿维斯王朝没想到当初为了省下每月一个半银币的新增薪金和几十万银币的探险费,现在却得为此付

---

① 佚名:"Treaty of Zaragoza · Conference of Badajoz-Elvas",*Wikipedia, the free encyclopedia*,2017-06-06.

② 参见马吉多维奇:《世界探险史》,第351页;cf.Encyclopedia Americana,1980s, Vol.8,p.681.

③ 参见严中平:《老殖民主义史话》,北京出版社1984年版,第279页。

出几十万金币的赎买金。摩鹿加群岛包含哈马黑拉（Halmahera）、塞兰（Seram）、布鲁（Buru）、特尔纳特（Ternate）、蒂多雷（Tidore）、安汶（Ambon）、巴占（Bacan）、奥比（Obi）等岛屿。总面积约7万平方公里。盛产和出口丁香、豆蔻、胡椒等香料。苏联学者考订这条分界线在摩鹿加以东17个经度，约相当于东经144度①。按1494年的协定，西经46度或西经49度的子午线穿过南北极后在东半球的延伸线应分别为东经134度或东经131度，均在东经144度以西。所以，葡萄牙人毕竟已远航探险发现殖民了110多年，葡属半球还是比西属半球大一点。据计算，葡萄牙半球占了191个经度，西班牙半球只占了169个经度②，而不是平分的各占180个经度。但西班牙也得到了它急需的35万枚金币作为补偿，以支撑它正在进行的与法国争夺意大利的战争。至此，西葡间的摩擦暂告止息，全世界的海上霸权、殖民利益和势力范围首次被瓜分完毕。

　　西葡瓜分世界海上霸权的两个协定只维持了几十年。16世纪初以来，西欧中欧开始了宗教改革，教皇的权威在新教国家丧失，在天主教国家也大减。16世纪60年代以来西班牙就侵入菲律宾。1580年西班牙利用王位继承合并了葡萄牙，葡萄牙的海外殖民地和势力范围也统一由西班牙的哈布斯堡

---

　　①　参见马吉多维奇：《世界探险史》，第351页；см. Академия Наук СССР：《Всемирная История》，Москва 1956，Издательство СЭЛ.，Том Ⅳ，с.97，大地图。

　　②　Cf.佚名："Treaty of Tordesillas · antimeridian：Moluccas and Treaty of Zaragosa"，*Wikipedia*，*the free encyclopedia*，2017-06-06.

(Habsbung)王朝管辖,称霸海洋的两极合成了一极。16世纪下半叶,新崛起的英国(新教)、法国(天主教)、荷兰(新教)频频向西、葡(均天主教)的海上霸权挑战,向它(们)的禁脔挺进。1588年,英国舰队(有荷兰舰船参加)在英吉利海峡击败西班牙(葡萄牙)无敌舰队,西(葡)的海上霸权部分丧失。从此,西方列强争夺海洋霸权、殖民地和势力范围的倾轧和斗争进入了一个多极化的新阶段。

(原载《海洋文明研究》第三辑,中西书局2018年版)

马可·波罗

一、《马可·波罗游记》在地理学和地理大发现方面的意义

（一）地理学和博物学著作

马可·波罗通过他的《马可·波罗游记》（或译《东方见闻录》，以下简称《游记》）揭下了蒙在中国身上的神秘纱幕，第一次向西方详细介绍了具有高度文明的中国。他还在亲自考察和听闻的基础上，第一次向西方介绍了缅甸、印度支那、爪哇、苏门答腊、日本、安达曼、西藏（西藏在元时并入中国）等国家和地区[1]，还有东非的马达加斯加，尽管他把马岛和桑给巴尔岛搞混了[2]；并首次向欧洲提供了帕米尔高原、中国海（即南海）和西伯利亚的明确资料[3]。

经过波罗一家的旅行和《游记》的介绍与传播，西方

---

[1]　参见安托什科、索洛维约夫：《地球的地理研究史》（Я.Ф.Антошко и А.И.Соловьев：《История Географического Изучения Земли》, Москва, МГУ），莫斯科大学出版社1962年版，第65页。

[2]　参见马吉多维奇：《地理发现史纲》（Магидович И.П.：《Очерки по Истории Географических Открытий》, Москва），莫斯科1949年版，第81页。

[3]　参见杰缅季耶夫、安德留先科：《地理学史》（В.А.Дементьев, О.Н.Адрющенко：《История География》, Минск），明斯克1962年版，第1部，第76页。

人所知道的世界大为扩展。在地理大发现开始以前,《游记》成了欧洲人绘制亚洲地图,特别是东亚、东南亚地图的指南和基本参考之一。例如,1320 年马里诺·萨努托的世界地图,其中新反映的地理情况大多取自《游记》。特别是著名的 1375 年加泰隆世界地图和 1459 年威尼斯人弗拉·毛罗的圆形世界地图,均成功地描绘了东亚、东南亚的国家和地区①。直到 1502 年卡丁诺的地图问世才在描绘东方方面赶上加泰隆地图②。加泰隆地图现藏巴黎国家图书馆③。

在地名和地理名称上,《游记》对欧洲的影响也巨大和深远。许多经《游记》介绍而传入欧洲的地理名称被普遍接受并长期保存,有一些一直传承到今天。其荦荦大端有:意大利语称日本为"贾颇列"(Giappone),来自波罗所称的"日潘各"(Zipango)而不是日语的"尼本"(Nippon,にっぽん)或"尼霍恩"(にほん),也不是其他西方语文的"贾本"(Japan)。俄语称中国为"奇泰"(Китай),俨如波罗所称的"柯泰"(Катай),来自宋时占据中国北部的契丹族,而不是汉语的"中国""中华"或"汉"等。波罗所称的中国"契丹"在英语中写成

---

①　参见 Магидович И. П.:《Очерки по Истории Географических Открытий》第 83 页所载加泰隆地图东亚部分和第 97 页所载弗拉·毛罗地图。

②　参见彭罗斯:《文艺复兴时期的远行和地理发现》(Boies Penrose: *Travel and Discovery in the Renaissance* 1420–1620, Atheneum),纽约 1975 年版,第 26 页。

③　cf.Ibid., p.25.

Cathay,但这个词后来被葡萄牙语的"支那"(china)所排挤①。波罗首次向西方提及的西伯利亚最早出现在弗拉 ·毛罗的地图上,并在西方语言中一直保留了其原来的音(Sibir)②。

《游记》还向欧洲人介绍了他们前所未知、或前所未详的动物、植物和矿物,丰富了西方动物学、植物学、矿物学的资料,增进了西方经济地理学和博学知识。正如苏联学者伦克维奇所指出:"在马可·波罗的著作中首次提到瘤牛(一种印度牛——笔者注)和牦牛,白熊和黑貂、犀牛和猎豹,现今已灭绝的马达加斯加鸟……书中也描绘了各种象、马和肥尾绵羊,各种各样的猴子和巨大的蛇;还描绘了各种药草、各种香料、染料、颜料植物,棉花和竹子;许多矿物如煤和石油也被提及,而在此前欧洲对它们仅有最模糊的认识;还注意到了各种宝石和岩石等。……这一切足以让人们记住马可·波罗——这位不倦的非欧(洲)地区的研究者,亚洲地理的奠基者,世界东方的矿产资源和动植物群落知识的传播者。"③

(二) 对地理大发现初期代表人物的影响

注:略,详见本书中《马可·波罗与地理大发现》一文第

---

① 见 Магидович И. П.:《Очерки по Истории Географических Открытий》,C.85.

② Там же,97.

③ 伦克维奇:《从赫拉克利特到达尔文》第一卷(Лункевич В.В.:《От Гераклита до Дарвина,Очерки по истории биологии》),列宁格勒 1936 年版,第 227 页。按,赫氏系前 540—前 470 年的古希腊哲学家,著有《论自然》等。

二部分。

（三）《游记》描述的东方财富刺激欧人探航

注:略,详见本书中《马可·波罗与地理大发现》一文第三部分。

（四）《游记》初步揭示了开辟新航路的可能性

注:略,详见本书中《马可·波罗与地理大发现》一文第一部分。

《游记》既刺激了和促成了西欧的航海探险家去开辟到东方的新航路,又从地理学的角度初步揭示了开辟新航路的可能性。……马可·波罗及其《游记》不仅对历史学、人类学、民族学贡献较大,而且对地理学、博物学(包括动物学、植物学、矿物学)也贡献颇大;《游记》在地理大发现前后更起了很大的直接的作用,具有重大的意义。学界以前对这些贡献、作用、意义没有研究或很缺研究,爱撰此文,以补阙如。

（原载《天府新论》1993 年第 3 期）

二、马可·波罗与地理大发现

马可·波罗是沟通东方和西方的伟大旅行家。他对历史学、民族学、地理学、博物学均有很大的贡献。他的《马可·波罗游记》对地理大发现更起了直接的催化的作用,具有重大的影响。

(一) 波罗初步揭示了开辟新航路的可能性

中世纪最受推崇的古代大地理学家、天文学家托勒密认为,只有取道陆路才能到达丝国(中国)①。而波罗的考察和《游记》的记载则表明,亚洲大陆的东部并未被广袤的不可逾越的沼泽地所锁闭。相反,它的东部边缘是海岸,可以驾船泛海到达②。波罗实际上从地理学的角度初步揭示了开辟到东方的新航路的可能性。美国史家吉莱斯皮对此评价道:"波罗对亚洲东海岸的描述对于清除去远东的海路上的许多困难

---

① 参见马吉多维奇:《地理发现史纲》(Магидович И.П.:《Очерки по Истории Географических Открытий》,Москва),莫斯科1949年版,第38页。

② 参见安托什科等:《地球的地理研究史》(Я.Ф.Антошко и т.д.:《История Географического Изучения Земли》,Москва),莫斯科1962年版,第66页。

有巨大的价值。"①西欧人在《游记》提供的资料基础上绘成
的加泰隆地图和 1459 年的弗拉·毛罗地图,两者均绘出了东
亚的海岸线②。英国史家亨利·尤尔根据《游记》的记载绘制
复原了一幅题为"马可·波罗的世界观念"的圆形世界地图。
由图可见,波罗描绘的南亚、东南亚、东亚的海岸轮廓和日本、
菲律宾、加里曼丹、苏门答腊、锡兰等大岛的地理位置是比较
正确的。从图上可以得到启示:即使没有突破地平观念,形成
地球观念,只要驾船绕过非洲南端仍可到达东方③。波罗关
于走海路可以到达东亚、中国的地理观念逐渐为地理学家们
所接受。15 世纪的圣·丹尼斯编年史收有一幅绘于 14 世纪
末的圆形世界地图。图中绘出了欧亚非三块大陆,环状的大
洋围绕着三块大陆④。马提留斯于 1490 年绘制的世界地图
则"听从了自波罗以来的旅行家们报道,标出了从印度洋到
中国的一条敞开的通道"⑤。

　　还有,欧洲中世纪盛行一种迷信说法:赤道附近的灼热地

———————

　　①　吉莱斯皮:《地理发现史》(J. E. Gillespie: *A History of Geographical Discovery*,New York)纽约 1933 年版,第 9—10 页。

　　②　参见 Магидович И. П.:《Очерки по Истории Географических Открытий》第 83 页所载加泰隆地图东亚部分和第 97 页所载弗拉·毛罗地图。

　　③　参见 Я. Ф. Антошко и т. д.:《История Географического Изучения Земли》第 65 页所载亨利·尤尔地图。

　　④　参见史蒂文森:《已复制成幻灯片的地图》(E. L. Stevenson: *Maps Reproduced as Glass Transparencies*,Forgotten Books),纽约 1913 年版,第 15 页。

　　⑤　斯克尔顿:《探险家的地图》(R. A. Skelton: *Explorer's Maps*,Routlege and Kegan Paul),伦敦 1958 年版,第 177 页。

带热得不能居住,海水烫得像开水一样沸腾,高温会点燃焚毁木船,人船皆无法逾越赤道地区①。而波罗则在《游记》中指明,马达加斯加岛(实为桑给巴尔岛)靠近可居住的世界的南端。由于桑岛位于赤道以南离赤道很近,就初步证实了灼热地带并未热得不可逾越,而且事实上是有人居住的。波罗还亲自到过并描述了灼热地带人丁兴旺的大片地区,包括赤道线上被视为不能居住的大、小爪哇(加里曼丹、苏门答腊)等地区②。所以,波罗的旅行和《游记》记载的事实对传统说法是个挑战,对于地理大发现前夕西欧人大胆远航、跨越赤道起了一定的思想解放作用。

另外,16、17世纪时欧洲盛传有一条阿尼安海峡(Anian Strait),它隔开东北亚和西北美,连接波罗首先称呼的北方(冰)洋和太平洋。意大利制图家嘎斯陶尔蒂1562年的两个半球的世界地图首次画出了阿尼安海峡③。该海峡也源自对波罗所记述的印度支那的阿尼亚(Ania)地区的错误理解。它的位置不断移动并最后变成了阿尼安海峡④。对阿尼安海峡的猜测使西欧和俄国的航海家认为,开辟到亚洲的北方

①　参见詹姆斯:《地理学思想史》,李旭旦译,商务印书馆1982年版,第85、114页。

②　参见汤姆森:《古代地理学史》(J.O.Thomson:*History of Ancient Geography*,Cambridge),剑桥1948年版,第590页。

③　参见贝尔格:《俄罗斯地理发现史》(Л.С.Берг:《История Русских Географических Открытий》,Москва),莫斯科1962年版,第68页。

④　см. Л. С. Берг:《История Русских Географических Открытий》,С.69.

（即经北冰洋）新航路的探险有可能成功，并付诸实施。

再有，《游记》在介绍东南亚时还提到一个"名叫罗恰克（Locach）的广阔而富饶的地区，它是大陆的一部分"①。地理大发现时期的学者们认为，这是从古希腊以来西方流传的关于"未知的南方大陆"的众多传说之一②。英国史家斯蒂芬森进一步阐明："写于 13 世纪末的《马可·波罗游记》谈到了巨大的南方大陆。……如果不算澳洲土著，马来人便是真正的发现者。在他们造访的遗物被英国探险家于 19 世纪初发现之前若干个世纪，马来人已航抵了澳洲西北海岸。"③我们知道，马来语与印度尼西亚语实际上是同一种语言，差别只是书写时字母拼写法有点不同；马来人与印尼人实际上是同一个民族。波罗一行回国时途经马来亚、印尼，并在这一带盘桓好几个月。而印尼最南部离澳洲最北部已很近，仅几百公里。波罗当是从印尼的马来人那里听到有关澳洲的传闻。所以，波罗及其《游记》也促使以荷兰人为主的西欧航海家、地理学家相信，可能存在神秘的南方大陆，而这种信念导致他们在 17 世纪寻找并终于发现了澳大利亚和大洋洲各岛。

---

① 《马可·波罗游记》(*The Travels of Marco Polo the Veneitian*, London)，人人丛书，伦敦 1972 年版，第 335 页。

② 参见彭罗斯：《文艺复兴时期的远行和地理发现》(Boies Penrose: *Travel and Discovery in the Renaissance* 1420－1620, Atheneum)，纽约 1975 年版，第 258 页。

③ 斯蒂芬森：《伟大的冒险和探索》(V. Stefansson: *Great Adventures and Explorations*, Peter Owen Limited)，伦敦 1949 年版，第 625 页。

（二）波罗对地理大发现初期代表人物的影响

马可·波罗夸张地描述了东方的富裕，后来激起渴求黄金、香料等贵重物品的西欧人制订探险计划并冒死去开辟新航路，从而构成导致地理大发现的一个重要因素。

葡萄牙亲王航海家亨利是 15 世纪西欧航海探险和地理发现事业的奠基者、组织者和发动者。英国史家比兹利（Sir Raymond Beazley）对他评价道："如果说哥伦布在 1492 年给了卡斯提尔和莱昂（按，西班牙的一个省和省会）一个新世界，如果说达·伽马在 1498 年航抵了印度，如果说迪亚士在 1487 年绕过了风暴角，如果说麦哲伦在 1519 至 1522 年进行了环球航行，那么，他们的老师和校长仍然是航海家亨利。"[1] 另一位英国史家巴克利则指出，亨利亲王使哥伦布、达·伽马和麦哲伦的远航成为可能。因为他"在萨格里什所做的改进船舶设计和绘制地图、完善航海仪器和搜集远行资料的工作改变了历史的全部进程。哥伦布、达·伽马和麦哲伦必定要出现。他们是注定要利用航海家亨利积累的知识并注定要实现其梦想的人"[2]。而这位航海家亨利亲王有一本《游记》的手抄本并经常翻阅[3]。亨利还有一幅前面提过的加泰隆地

[1]　比兹利·雷蒙德：《航海家亨利亲王》（Sir Raymond Beazley：*Prince Henry the Navigator*, G. P. Putnam's Sons），伦敦 1895 年版，转引自 Boies Penrose：*Travel and Discovery in the Renaissance* 1420-1620, P.54.

[2]　巴克利：《伟大的地理发现时代》（I. Barclay：*The Great Age of Discovery*, Dennis Dobson），伦敦 1956 年版，第 20 页。

[3]　cf.Boies Penrose：*Travel and Discovery in the Renaissance* 1420-1620, p.22.

图。这幅世界地图由犹太人克列斯奎斯主要依据《游记》绘成,它成功地描绘了东亚和东南亚。而克氏的儿子雅科姆当上了亲王的首席制图家和航海顾问①。

15 世纪末著名的佛罗伦萨地理学家,西渡大西洋去东方的热心倡导者托斯堪内里也看过《游记》。他很赞赏波罗的说法,即亚洲大陆比托勒密设想的更加向东延伸。他于 1474 年给葡萄牙主教马丁列沙写信,提出了西行去东方的具体设想②。后来哥伦布又向他请教,他俩曾多次通信。托在给哥的信中还重复了《游记》对中国和辉煌岛(即日本)财富的描述,说日本"盛产黄金、珍珠和宝石;人们用金砖金瓦盖寺院和皇宫"③。托还向哥提供了他新绘制的世界地图④。托的意见和地图对哥伦布下定西航决心起了重大的作用。

同时代著名的纽伦堡地理学家,欧洲中世纪第一只地球仪的制作者(1492 年哥伦布首航前制成)马丁·贝海姆也热心倡导西航去东方。"他告诉我们他的(绘在地球仪上的)地图是基于托勒密、马可·波罗和曼德维尔的《游记》和葡萄牙国王约翰进行的探险。"⑤贝海姆在葡萄牙待过几年,与哥伦

---

① cf.Boies Penrose:*Travel and Discovery in the Renaissance* 1420-1620,p. 26.

② см. Магидович И. П.:《Очерки по Истории Географических Открытий》,CC.120-121.

③ 詹姆斯:《地理学思想史》,第 76—77 页。

④ 参见杰缅季耶夫、安德留先科:《地理学史》(В. А. Дементьев, О. Н. Адрющенко:《История География》, Минск),明斯克 1962 年版,第 76 页。

⑤ E.L.Stevenson:*Maps Reproduced as Glass Transparencies*,p.20.

布在葡萄牙盘桓的时期相合,二人极可能会过面,讨论过西航探险的问题。不管怎样,贝海姆的地理思想既部分基于波罗,又影响和促使了哥伦布去西航。

地理大发现是以哥伦布发现"西印度"为开端的。哥伦布在西航前细心读过五本书,即皮内尔·德艾里的《世界的面貌》,教皇庇护二世的《自然志》,托勒密的《地理学》,虚构人物的《曼德维尔游记》和《马可·波罗游记》,并在这些书上做了许多批注①。哥伦布有一本 1485 年印行的拉丁文版《马可·波罗游记》,他经常翻阅,并做了 264 处边注,共 475 行②。这些边注给人的总印象是:哥伦布最关心东方各地的地理位置和物产,特别是香料、药材和珠宝。《自然志》则大量吸收和体现了由波罗一家和波代诺内的奥多里克(奥于 14 世纪初到东方旅行著有《东方素描》)带回的有关中国和东亚的情况信息。哥伦布在该书上做的批注多集中于介绍中国之处③。《世界的面貌》一书也大量吸收和充分体现了波罗一家的考察成果,详细地论述了东亚和东南亚地区。这本书还引证了古代和中世纪学者关于大地为球形的见解,并断言从西班牙海岸向西越洋到印度的距离不远,顺风几天就

---

　　① 参见詹姆斯:《地理学思想史》,第 87 页。

　　② 参见尤尔译注、科迪埃重新笺校:《马可·波罗游记》(Henry Yule, Henri Cordier: *The Book of Sir Marco Polo*, John Murray)第二卷,伦敦 1926 年版,第 558 页。

　　③ cf. Boies Penrose: *Travel and Discovery in the Renaissance* 1420-1620, p. 14.

可以到达①。哥伦布也随身带有这本书经常翻看,并在上面做了几百处批注②。由此可见,《游记》对哥伦布日后的航海探险活动有重大影响。

另外,张星烺、冯承钧两先生根据他们掌握的出自西方的资料,还说据传波罗亲自绘有或带回有世界地图,亨利亲王和哥伦布见过此图③。

哥伦布受波罗的影响最深。他在1492年首次远航时,还带着西班牙国王致统治中国的蒙古大汗的国书和两份空白的备用国书④。航抵美洲东部沿海后,他还以为到了亚洲东部沿海。他到处寻找波罗书中的"行在"(Kingsay,帝王行幸所在之地,即杭州),并把古巴当成波罗所称的"日潘各"(Zipango,即日本)⑤。

达·伽马也看过《游记》并予以高度评价⑥。在接受了率船队去开辟直达印度的新航路的任务后,他做的重要的准备

---

① 参见苏联科学院:《世界通史》,第四卷,翻译组译,三联书店1962年版,上册第101页。

② cf. Boies Penrose: *Travel and Discovery in the Renaissance* 1420-1620, p. 13.

③ 参见张星烺:《〈马可·波罗游记〉导言》,中华书局1924年版,第238页;〔法〕沙海昂注:冯承钧译,《马可·波罗行纪》下册,商务书馆1935年版,第625—626页。

④ 参见莫里森:《航海家哥伦布》(S. E. Morison: *Christopher Columbus, Mariner*, Easton Press),伦敦1956年版,第57页。

⑤ 参见〔西〕马达里亚加:《哥伦布评传》,朱伦译,中国社会科学出版社1991年版,第281、297页。

⑥ см. В. А. Дементьев, О. Н. Адрющенко:《История География》, С. 76.

工作之一便是再次仔细地通读了《游记》,然后才感到准备就绪可以起航①。

开辟去亚洲的西北航路的先驱,发现美洲东北部海岸的英籍航海家卡博特父子也读过《游记》。1497—1498 年当他们两次航抵美洲东北海岸时,也以为到了大汗统治下的中国,并还寻找波罗所称的刺桐城(Zayton,即泉州)②。

麦哲伦也看过《游记》③。他醉心于波罗描绘的东方财富,渴望在东方大发横财(参见下节)。

(三) 波罗对东方财富的描述刺激了欧洲人冒险前来

波罗的《游记》经狱中难友鲁思蒂谦诺于 1298 年笔录成书后,备受欢迎,不胫而走,传遍欧洲。早在 14 世纪初波罗尚健在时,就已有了各种手抄本,其中著名的有老法文本、意大利托斯坎纳方言本、威尼斯方言本、拉丁文本等。到欧洲活字印刷术诞生并普及前的 15 世纪末已至少有 138 种手抄本,并保存至今④。欧式印刷术刚诞生 20 多年后,便于 1477 年出了第一个印刷本德文本,1485 年又出了第二个印刷本拉丁文

---

① 参见科特纳·加菲:《地图的绘制者们》(J.Cottler,H.Jaffe:*Map-Makers*,Little,Brown & Co.),多伦多 1945 年版,第 52 页。

② cf.I.Barclay:*The Great Age of Discovery*,pp.40-43.

③ 参见吉尔马德:《麦哲伦的生平和首次环球航行》(F. H. H. Guillemard:*The Life of Ferdinand Magellan and the First Circumnavigation of the Globe*,*1480-1521*,G.Philip & son),纽约 1971 年重印本,第 19—20 页。

④ cf.Boies Penrose:*Travel and Discovery in the Renaissance* 1420-1620,p. 22.

本。15世纪七八十年代正是地理大发现的酝酿和发轫时期。由此可见《游记》在当时的欧洲流行的程度和它对即将开始的地理大发现的影响。西欧的航海家、地理学家、君王贵族正是抱着获得东方财富这个首要目的,去进行或支持远航探险和开辟新航路(参见上节)。

学界在论及波罗及其《游记》在地理大发现方面的意义时,只提波罗对中国、日本、印度的财富进行了夸张的描写,刺激了西欧人冒险前来。这样说是对的,但还不全面。仅就探险的目的地而言,就还有东南亚。前已论及波罗游记与开辟新航路的可能性的关联问题。这里还要论及,波罗还不吝笔墨地描绘了东南亚的财富,介绍了这一带盛产的香料、黄金、药材、宝石等。而东南亚从各方面看(政治、经济、地理、历史、民族、宗教、文化等)都是个独特的地区,并不附属于中国、日本、印度。苏联史家马吉多维奇指出:"他向欧洲人报道了有7448个香料岛的南中国海。(我们今天准确地知道,这个数字不是被夸大了,而是被缩小了。因为只是在菲律宾群岛就有7083个岛屿和岛礁)。这些香料岛引起的欧洲人的遐想,不亚于令人惊奇的中国财富引起的遐想。"①

波罗回国途中,旅经东南亚各岛国、半岛国,记述了这一带的财富。让我们看一看他的具体描写,并只限于欧洲人最渴求的黄金、香料、宝石和药材。

---

① Магидович И.П.:《Очерки по Истории Географических Открытий》,C.84.

秦海（南海）中"共有 7459 座岛，……亦有调味香料、种类甚多。例如胡椒，色白如雪，产额甚巨，即在此类岛屿也。由是其中一切富源，或为黄金宝石，或为一切种类香料，多至不可思议"。海南湾及诸川流（近陆及菲律宾）："岩边有金砂甚多，在诸川入海处拣之。"爪哇大岛（加里曼丹）："此岛甚富，出产黑胡椒、肉豆蔻、高良姜、生姜、丁香及其他种种香料。……黄金之多，无人能信。"桑都儿岛及崑都儿岛（马来半岛附近之岛屿）："此地饶有吾人所用之苏木（一种染料木）。黄金之多，出人想象之外。"朋丹岛（新加坡一带）："见一岛，……名麻里予儿。……有种种香料药材。"小爪哇岛（苏门答腊）："此岛香料甚多。……南巫里国……多有樟脑及其他种种香料，亦有苏木甚多。……班卒儿国出产世界最良之樟脑……质极细，其量值等黄金。……其地（小爪哇岛）饶有金银，一切香料、沉香、苏木、乌木等物。"①

此外，波罗在侨居中国期间，还出使或游历了东南亚的缅甸、越南、老挝等国，对这一带丰富的黄金、白银、香料、药材也做了记述。限于篇幅就不引述了。

从以上所述可知，波罗对东南亚和中国、日本、印度的财富的描绘，共同构成刺激欧洲人从各个方向冒险探航到东方来的重要因素。例如，麦哲伦率西班牙船队西行开辟了去东方的新航路、进而环球航行、从而证实了地球。他们西行的直

---

① 冯承钧译，沙海昂注：《马可·波罗行纪》下册，第 636、639、647、645、651、655—659 页。

接目的便是要避开葡萄牙人的势力范围,争夺香料群岛——印度尼西亚的摩鹿加(马鲁古)群岛。麦哲伦在向葡、西两国的君主游说他的环球航行计划时,还投机性地把香料群岛划在"教皇子午线"以东的葡萄牙辖区或划在该线以西的西班牙辖区之间移来移去,力图证明香料群岛属于他的远航的支持者,以便争取君主的资助和特许①。

　　波罗描绘的东方财富不仅刺激了西欧的航海家冒险东来,而且还刺激了俄国的探险家东来。俄国人于 16—17 世纪跻身于地理探险远航,完成了对亚洲北部、北冰洋的发现,初步开辟了去东方的东北新航路。俄罗斯地理发现的主要动因之一也是接受了波罗的意见,相信东方很富庶,热切地希望开辟去东方的新通道。由于受波罗的《游记》影响,从 14 世纪末叶起,莫斯科克里姆林宫东边的集市商业区便一直称作中国城(Китай-Город)并沿用至今。英国史家斯克尔顿承认:"吸引 16 世纪探险的最强大的磁力仍是享有盛誉的中国财富和东南亚的香料群岛。"②1525 年,俄国学者格拉西莫夫率先提出开辟东北新航路的设想:即从欧俄北部起航往东,穿过冰海(即北冰洋),经阿尼安海峡(即后来的白令海峡)进入太平洋,抵达中国、日本、盛产香料的东南亚和印度③。格氏

---

　　①　参见〔奥〕茨威格:《麦哲伦的功绩》,俞启骧译,海洋出版社 1983 年版,第 53、80—81 页。

　　②　R.A.Skelton:*Explorer's Maps*,P.99.

　　③　см.Л.С.Берг:《История Русских Географических Открытий》,CC. 8-9.

还绘制了说明自己设想的俄国北部简略地图①。由于东北航路既不受西班牙和葡萄牙控制，又最近捷，这一设想便受到普遍的重视，激起俄国、英国、荷兰、丹麦的航海冒险家去予以实现。1549 年，曾任奥地利驻俄公使的格尔贝尔希登绘制出版了莫斯科公国地图。图上反映的东北新航路设想有了变化：即从欧俄北部穿过冰海，到达鄂毕湾，溯鄂毕河一直而上便可到达鄂毕河的河源中国湖（Китайское озёро）②。而中国首都汗八里城（Кумблик，源自波罗的称谓，即北京）便在中国湖以东不远③。1555 年，立陶宛学者维德主持绘制出版了第一幅比较详细的全俄地图（16 世纪中叶伊凡雷帝执政时期莫斯科公国发展成为沙皇俄国），图中描绘的去中国的新通道与格尔贝尔希登的地图一样④。格尔贝尔希登的观点在西方流行了 100 余年，著名的探险家或制图家德金基松、墨卡托、格里茨、马萨等人都表示赞同⑤。关于西欧航海家对东北航路的探险，限于篇幅将留待以后讨论，这里只简略论述俄国航海家探险家对东北新通道的探索。

---

① 参见别洛夫：《北方航路的发现和开拓史》（М. И. Белов：《История Открытия и Освоения Северного Морского Пути》, Москва）第一卷，莫斯科 1956 年版，第 41 页。

② 指推测中的贝加尔湖。实际上贝加尔湖不是鄂毕河的河源，而在河源以东很远。

③ см. М. И. Белов：《История Открытия и Освоения Северного Морского Пути》, Том 1, СС.39-40, 第 217 页原图。

④ Там же, СС.42-43.

⑤ Там же, С.218.

　　16 世纪初以来,为了开辟去东方的新通道这个主要的目的(之一),俄国航海家、探险家、商人、军人、哥萨克或长途跋涉,或扬帆远航,向乌拉尔以东的陆地,向伯朝拉河河口以东的海洋不断挺进,逐步造就了俄罗斯的地理大发现。早在伊凡雷帝时期(1547—1584 年执政),伊凡就设立大额奖金,鼓励航海探险家寻找和开辟去"中国和印度"的新航路,并对此抱很大的希望①。据说伊凡晚年还派出了探索东北新航路的大型探险船队。这支探险船队在雷帝的儿子费多尔·伊凡诺维奇(1584—1598 年在位)时期才返回②。……经过长期不懈的努力,俄国航海家迭日涅夫率领的探险船队,于 1648 年从注入东西伯利亚海的科雷马河河口出航东进,终于绕过了后来以他的名字命名的亚洲最东端迭日涅夫角,穿过了隔开亚洲和美洲的阿尼安(白令)海峡,从北冰洋进入了太平洋,在白令海的阿纳德尔湾登陆③。迭日涅夫的航海探险为开辟东北新航路奠下了最后的和最重要的一块基石,其意义和价值如同 160 年前迪亚士绕过非洲最南端,从大西洋进入了印度洋。

　　综上所述,我们可以说,马可·波罗的最大的功绩在于通过他的《游记》诱发了地理大发现。而地理大发现不仅使地

---

　　①　см.Л.С.Берг:《История Русских Географических Открытий》,CC. 68-77.

　　②　см. М. И. Белов:《История Открытия и Освоения Северного Морского Пути》,Том 1,C.11.

　　③　см.Л.С.Берг:《История Русских Географических Открытий》,CC. 8-9.

理学发生了飞跃,更带来了重大的历史后果,极大地改变了人类社会的面貌,"标志着资本主义生产时代的曙光"①。鉴于学界以前对此没有或很缺乏研究,爰撰此文,聊补阙如。

(原载《世界历史》1994 年第 4 期,
2016 年 11 月略加修订)

---

① 《马克思恩格斯选集》第 2 卷,人民出版社 1972 年版,第 255 页。

三、马可·波罗对自然地理学和
矿物学的贡献

中世纪意大利著名旅行家马可·波罗对自然地理学和矿物学也做出了较大的贡献。他解释了燃点的变化,观察了有关沸点的现象,记载了北极地区,描绘了极昼和极夜,发现了北冰洋。他记录了各地人民开采利用石油、天然气、煤、石棉等重要矿藏的情况,保存了珍贵的矿物学和矿业开发资料,传播了有关矿物学的知识。而这些在以往的研究中是很不够的或缺乏的。

马可·波罗在《游记》中对沿途所见的一些独特自然地理现象做了记载和描述,并做了初步的分析。

(一)对自然地理学的发现

1. 燃点和沸点

波罗来华时,途经帕米尔高原。他敏锐地观察记录了高山对燃烧和烹煮的影响。在《游记》中写道:"因为大山顶上空气稀薄,气候寒冽,所以在山上点火,燃烧点很低,不能像在平原地区一样产生那么大的热量。用这种火烹煮食物,比在低平地区效力慢。"①

　　这里涉及燃点和沸点问题。我们知道,物质开始燃烧时所需要的最低温度便是燃点。燃点的高低取决于物质本身及其大小和形状。例如汽油易燃,燃点较低;煤油相对不易燃,燃点较高。又如,点燃一块木头就比点燃一些刨花需要更高的温度和较长的时间。此外,燃点还受到供氧条件、气温和环境的影响。在海拔特别高的高山、高原地区,点燃同样物质所需要的温度要高一些,时间要长一些。例如在西藏高原,没有火焰的防风打火机难以点燃香烟,火星点不燃汽油。气温的高低变化也会影响燃点。这里波罗显然是指高山上不易点燃柴禾生火,燃点较高,只是他的表达方式与现代相反,说成"燃烧点很低"罢了。同时他还正确分析了点火困难的原因是"空气稀薄,气候寒冽"。当然准确的说法应是氧气稀薄,气候寒冽。不过我们今天有时也笼统地说,在海拔很高的地区因空气稀薄而呼吸困难,而很少说因氧气稀薄。更何况700年前的马可·波罗了。

　　波罗说的在高山上煮食物熟得慢今天已成为常识。高山上由于空气稀薄,气压低,水、食油、奶等液体的沸点也低。在海平面上标准大气压下水的沸点为100℃。而在高海拔处如西藏高原烧水烧到70多度就开了。如果不用高压锅,煮熟食

---

① *The Travels of Marco Polo the Venetian*, Everyman's Library, London, 1927, p.41;《马可·波罗游记》,陈开俊等译,福建科技出版社1981年版,第91页。按,本文征引的《游记》引语,均据陈开俊等的中译本和人人丛书版的英语本小调整而成。

物便需要较长的时间。不必讳言,波罗对高山上煮熟食物费时的解释是错误的。这不是火产生的热量不够,而主要是水的沸点较低。此外还受到气温的影响。就像冬天烧开水比夏天开得慢一样。可以说波罗在世界上较早观察、记录并基本正确地解释了燃点因高山缺氧严寒而变化,也在世界上较早观察记录了高海拔处煮食物熟得慢,是最早的研究者之一。他在高山地理学方面留下了人类认识发展的足迹。

2. 极地、极昼和极夜

从古希腊的球形大地观形成以来,两极地区就是西方学者推测探讨的地理对象。古希腊学者曾根据天文观测资料推论,北极圈以北(内)的地区夏天有终日不落的太阳,冬天有绵亘不辍的黑夜①。关于极地的地理环境,一种观点认为,两极地区都是人无法居住的冰天雪地。另一种观点则认为,北极地区是美丽富饶的,那里居住着北极人,过着恬静的生活②。不过在波罗以前,进入了文明时代的各民族谁也没有在实地考察的基础上留下有关极地的记载。

马可·波罗则是全世界最早经过实地游历、考察、记载和描绘了北极地区的人之一。他把北极地区称为"黑暗之地"。他说:"还有一片地区伸展到极北部,它被叫作黑暗之地(Region of Darkness)。因为漫长冬季的绝大部分月份里见不着太阳,户外阴暗到我们这里黎明时的程度,可以说既看得见

---

① cf.*Encyclopedia Britannica*, Chicago, 1974, macropedia, Vol.1, p.1118.

② cf.*Encyclopedia Britannica*, Vol.1, p.1119.

又看不见。"①波罗还提到这黑暗之地上处于原始社会阶段的土著居民:"夏天他们利用连续不断的白昼来猎捕大群的豹、灰鼠、北极熊、狐狸和各种野兽,这些动物的毛皮最为精致。"②他还指出,俄罗斯与这黑暗之地邻接③。

近代科学揭示,地球自转造成了昼夜交替;地球绕太阳公转产生了四季变换。由于黄赤交角约为23度半,在66度半的极圈以上的高纬度地区便是极地。极地每年约有3至6个月的极夜和极昼,分别称为冬半年和夏半年。在极夜期间,虽然没有太阳,但有曙光和暮光,其能见度便如一般地区的黎明和傍晚。可见,波罗在世界上较早明确地记载了北极地区和北极居民,正确地描绘了极地特有的自然地理现象极昼和极夜,扩大了人们的视野和已知世界的地理范围。由于波罗记述的一些事情超越了当时人们的认识水平,以致他本人和《游记》一再被一些人视为天方夜谭,不被理解。虽然对《游记》真实性至今仍有争论④,然而,科学、文化的发展不断地证明波罗所述的真实性。

3. 发现北冰洋

文明人类对北冰洋的认识和发现经历了漫长的过程。古

---

①　*The Travels of Marco Polo the Venetian*,p.411;《马可·波罗游记》,陈开俊等译,第269页。

②　*The Travels of Marco Polo the Venetian*,p.412;《马可·波罗游记》,陈开俊等译,第270页。

③　*The Travels of Marco Polo the Venetian*,p.413;同上。

④　参见杨志玖:《再论马可·波罗书的真伪问题》,载《历史研究》1994年第2期。

希腊人对北极地区就有种种猜测和推断。英语和其他西语的"北极"Arctic 一词源于希腊语 ἀρκτικός,意为"北方的"。而它又来自 ἄρκτος 一词,意为"熊"①。这是因为北极地区位于小熊座、大熊座下面。希腊地理学中的海洋派论者认为北极地区是一片海洋。亚里士多德开始把北极地区的水域称为北方洋(Northern Ocean)②。公元 1 世纪的罗马地理学家麦拉(P.Mela)猜测北方洋肯定要结冰封冻③。10 世纪前后,北欧的诺曼人曾航达北冰洋边缘,并一度移居濒临北冰洋的格陵兰岛和冰岛④。不过,他们当时尚处在军事民主制社会发展阶段,并没留下有关北冰洋的任何文献记载。

马可·波罗则是发现北冰洋的文明民族的较早代表。波罗在《游记》中说:"离开了……阿尔泰山脉以后,我们继续向北前进。越过了约有四十天路程的巴竹平原。……这块平原的北端濒临大洋。……我们走完四十天的路程后抵达北方洋海岸。海岸之外有一座岛,……该岛位置如此靠北以致站在岛上可以看到拱极星座(Polar constellation)似乎在人们的身后,而且有一部分坐落在南方。"⑤

---

① 参见《苏联大百科全书》(《Большая Советская Энциклопедия》,Москва),莫斯科 20 世纪 70 年代版,第 2 卷第 203 页。

② 参见斯卡特金:《古代地理学史》(Н.И.Скаткин:《История древней географии》,Москва,Изд-во иностр.лит.),莫斯科 1958 年版,第 135 页。

③ 参见波德纳尔斯基:《古代的地理学》,梁昭锡译,商务印书馆 1986 版,第 223 页。

④ см.《Большая Советская Энциклопедия》,1970 Годы,Том 2,с.205.

⑤ *The Travels of Marco Polo the Venetian*,pp.133-135;《马可·波罗游记》,陈开俊等译,第 68—69 页。

查阅测算地图可以证实波罗所说是否属实。从阿尔泰山脉中段出发往北,约走 2800 公里便到了北冰洋海岸。就以 3000 公里计,行期 40 日,每日需走 75 公里。这个速度不论是骑马还是乘各种雪橇(马拉、狗拉、鹿拉)都是毫无困难的。若按《游记》的鲍梯本(Pauthier)本,波罗从阿尔泰到北冰洋的行期为 80 天;按拉穆学(Ramnsio)本,这段行期为 100 天。各本记载的行期虽不同,但方向都是朝正北①。因此,可以认为波罗从阿尔泰到北冰洋的旅行是从容不迫的。

另外,也可查阅测算星图、地图来证实。波罗说的"拱极星座",陈开俊等的译本译成"北斗星"(北斗星英语通常写成 Big Dipper);冯承钧译成"北极星"(北极星英语通常写成 Pole star)②。玉尔的译本则写成 North star③。人人丛书版英文本此处的注释说,该词组的意大利原文为 La stella tramontana,严格地说应译成 Polar star。"我们必须假定波罗的意思是指小熊座尾部明亮显眼的星辰,……它们出现在位于北方大陆最北边的人的南方。"④

我们知道,小熊座(Ursa Minor)是北天主要拱极星座之一。其中心位置为赤经 15 时 30 分,赤纬+75°。它主要的七颗恒星排列的形状与北斗略同,而规模较小,故别称"小北

①　参见《马可·波罗行纪》,(法)沙海昂注,冯承钧译,商务印书馆 1936 年版,第 256 页。

②　参见《马可·波罗行纪》,(法)沙海昂注,冯承钧译,第 255、259 页。

③　cf.*The Travels of Marco Polo*, The Yule edition, New York, Airmont, 1969, p.91.

④　*The Travels of Marco Polo the Venetian*, pp.134−135.

斗""小水杓"。故也不完全排除波罗把它误认为北斗星的可能。赤纬+75°相当于北纬75°。而阿尔泰正北的泰梅尔半岛,其最北端的切柳金斯角(Cape Chelyuskin)已达北纬77°45′(东经104°20′),是北半球大陆的最北端。从这里观测,小熊座(小北斗)已在天顶以南上中天,且有一部分坐落在南方。这种感觉和观测结果不亲临其地是不能获得的。

最后,还可查阅《游记》来证实。

马克·波罗在《游记》的后面再次提到北方洋,并与他在前面的叙述相呼应。他说:"俄罗斯是非常寒冷的地区。我确信,俄罗斯甚至一直延伸到北方洋。本书的前面部分已讲过北方洋。"[1]波罗的地理位置判断和地缘政治推论也完全正确。12世纪时,俄罗斯诺夫哥罗德的操斯拉夫语—中世纪俄语的居民就开始在附属于北冰洋的喀拉海和巴伦支海捕鱼狩猎[2]。

综合以上论证可以肯定,波罗的记载和描述完全属实。波罗是最早发现北冰洋的人之一。因为他到达了北冰洋海岸,意识到那片水域是大洋,证实了推测中的北方洋,并把它载入文献流传下来。

(二) 波罗对矿物学的贡献

马可·波罗在《游记》中对他旅途所见的重要矿产和当

---

① *The Travels of Marco Polo the Venetian*,p.413;《马可·波罗游记》,陈开俊等译,第270页。

② см.《Большая Советская Энциклопедия》,1970 Годы,Том 2,c.205.

地人民开采利用的重要的情况做了记载和描述,留下了宝贵的矿业开发资料。

1. 石油

公元前 3000 多年以来,两河流域的苏美尔人、亚述人、巴比伦人和中近东地区的各族人民就开始以各种方式利用地下渗出的油苗。囿于木材和石料匮乏,两河流域的古代居民便用沥青、沙、纤维物质混合成建筑材料,修建渠道、河堤,把沥青用作灰浆砌砖、装修和镶嵌;用沥青捻船缝、修路、涂抹篮子、席子表面,形成防水的油毡;还用沥青调制沙块雕刻艺术品和宗教用品①。古希腊人也熟悉沥青的各种用途。一些希腊、罗马学者还记载了中东和中亚巴库地区的石油自然显示存象②。死海在古代被称为阿斯发尔特茨湖(Lake Asphaltites)。由于湖底渗出的油苗冲刷上湖岸形成了半固态的石油。所以后来西方语言的沥青一词 asphalt(um)便源自该湖湖名。后几个世纪,阿拉伯人和波斯人开始把采集到的原油加工蒸馏成照明剂,并把这种工艺传到欧洲。12 世纪时,原油加工的蒸馏法在西欧已得到应用③。

中国是世界上最早发现和开采石油的国家之一。《汉书·地理志》就说"高奴(县)有洧水,可燃"。《水经·河水注》进一步说"高奴县有洧水,肥可燃"。郦道元又引西晋张华《博物志》的一段记述,对石油有了较详细的描述:"酒泉延

---

① Cf.*Encyclopedia Britannica*,Chicago,1974,macropedia,Vol.14,p.165.

② Ibid..

③ Ibid..

寿县南山出泉水,大如莒,注地为沟。水有肥如肉汁,取著器中,始黄后黑,如凝膏,燃极明,与膏无异。膏车及水碓缸甚佳。彼方人谓之石漆。"①"石油"一词的出现始于北宋。沈括在《梦溪笔谈·杂志》里说:"鄜延境内有石油,旧说高奴县出脂水即此也。"至北宋神宗时期(1068—1085),中央军器监属下的作坊中已有加工原油的"猛火油作",军中有使用猛火油的喷火器"猛火油柜"②。

马可·波罗于13世纪70年代来华,旅经亚美尼亚和格鲁吉亚时,考察了那一带的石油利用情况。他说:"边界附近有一座喷油井(据考此地为里海沿岸的巴库地区③),油产量很高,产品得用许多骆驼来运输。这种油不能用作食油,只能用来制成一种油膏,医治人畜的皮肤病和其他疾病。还可以用作燃料,附近各族人民都用它作燃料点灯,不再用别的燃料照明。他们长途跋涉到这里来贩运这种燃料。"④

在波罗以前,中国已有石油药用的记载,如《北史·西域传》曰:"服之,发齿已落者能令更生,病人服之皆愈。"《元一统志》也记载了石油可治"六畜疥癣"⑤。但西方还没有文献

————————

① 〔北魏〕郦道元:《水经注》卷五《河水注》。

② 参见《中国大百科全书·化工卷》,中国大百科全书出版社1987年版,第585页。

③ Cf.*The Travels of Marco Polo the Venetian*,p.36.

④ *The Travels of Marco Polo the Venetian*,p.36;《马可·波罗游记》,陈开俊等译,第5—6页。

⑤ 按,《元一统志》开编于1286年,编成于1294年。马可·波罗1275年来华,1289年离华。他的所见所闻与《元一统志》的编纂大致同时。

提及石油药用治病。故波罗是西方记载石油药用的第一人。波罗以后,明代的李时珍进一步指出:"石油气味与雄(黄)、硫(黄)同,故杀虫治疮。其性走窜,诸器皆渗,惟瓷器、琉璃不漏。故钱乙治小儿惊热膈实,呕吐痰涎,银液丸中,用和水银、轻粉、龙脑、蝎尾、白附子诸药为丸,不但取其化痰,亦取其能透经络、走关窍也"①。他还屡屡用石油配方治疗皮肤病疮和外伤。② 由此可知中国当时用石油作药治病很普遍。波罗的记述丰富了西方关于石油的知识。

2.天然气

中国是最早开发天然气的国家之一。班固《汉书》中就有西汉宣帝时在陕西鸿门发现火井的记载。西晋张华《博物志》卷九记述了四川临邛的火井,并说"盆盖井上,煮卤得盐"。这些火井便都是烧天然气的气井③。西方对天然气的了解也非常久远。古希腊著名的德尔斐神庙和里海地区的琐罗亚斯德教神庙就利用地下逸出的天然气点燃长明灯火。到了恺撒时代,在法国的格勒诺尔观察到一股用天然气的"燃烧源泉"(burning spring)④。但是国外对天然气的记载描述一直语焉不详,只有只言片语。西方直到 17 世纪才开始工业

---

① 《本草纲目·金石部》卷九《石脑油》。
② 《本草纲目·金石部》卷九《石脑油·主治》。
③ 参见《中国大百科全书·矿冶卷》,中国大百科全书出版社 1984 年版,第 836 页。
④ cf.*Encyclopedia Americana*, international edition, Connecticut:Grolier Incorporated,1980s,Vol.12,p.330.

性地开采利用天然气①。

　　马可·波罗来华途中旅经伊朗时,记录下那一带盛行的拜火教(又称琐罗亚斯德教、祆教)的一种起源传说:波斯古代有三个王子,一同去拜见耶稣基督。辞别时耶稣送给他们一个密闭的盒子。几天后他们打开盒子一看,发现里面只装了一块石头。他们不解其意(寓意信仰应像石头那样坚定),以为自己受骗,便把石头扔进一口枯井里。不料此井竟燃起火来。三个王子十分懊悔,只好取些火种回去,放置在神庙中并让它长燃不熄。从此波斯人崇拜这火,向主祭祀供奉。如果火种偶然熄灭,他们就到从前投石取火的枯井取火种来续燃,而不用其他火种。这便是该国人民拜火的由来②。实际上,拜火教由琐罗亚斯德所创,比基督教早六个世纪形成。作为基督徒的波罗记述的拜火教起源故事显然有扬己抑彼之嫌。不过这个记载透露,盛产石油、天然气的伊朗、波斯湾人民利用逸出地表的天然气矿苗,把它点燃成长明圣火,予以崇拜和信仰③。所以,波罗还是最早观察和详细记录了如何利用开发天然气的西方著述家之一,他丰富了这方面的资料,尽管涂上了宗教色彩。

　　3. 煤炭

　　人类对煤炭的认识、开发、利用也有悠久的历史。公元前

---

　　①　cf.*Encyclopedia Britannica*,Chicago,1974,macropedia,Vol.12,p.858.

　　②　*The Travels of Marco Polo the Venetian*,pp.50-51;《马可·波罗游记》,陈开俊等译,第18页。

　　③　cf.*Encyclopedia Britannica*,Chicago,1974,macropedia,Vol.14,p.165.

4世纪,亚里士多德的弟子提奥弗拉斯塔(Theophrastus,前374—前287)在他的论著《石头志》中提到:有一些化石类物质"它们被叫作煤,能像木炭那样点燃和燃烧"。"它们在(意大利的)利古里亚(Liguria)、(希腊的)埃利斯(Elis)、去奥林匹亚的途中和那一带的山区都有发现。铁匠们烧煤打铁。"①罗马人在占领不列颠期间也很可能知道了用煤。因为在不列颠的各种罗马遗址里,比如城镇、要塞、别墅特别是靠近著名的苏格兰煤层露头的罗马长城的罗马遗址里,发现有那个时代的煤渣②。不列颠最早的用煤记载始见于852年彼得堡楼(Peterborough,或彼得镇)修道院编著的《撒克逊编年史》。书中谈到该院院长把一大块土地出租给一个人,而这个人因租佃了修道院的土地每年向修道院提供"60车木材,12车煤炭,6车泥炭,等等"③。

中国也是世界上最早利用煤炭的国家之一。在河南西汉冶铁遗址曾发现加工过的煤饼④。《山海经》称煤为"石涅",并载明产地。其中《西山经》曰:"女床之山,其阳多赤铜,其阴多石涅",《中山经》曰:"岷山之首,曰女几之山,其上多石

---

①　cf.*Encyclopedia Britannica*,Chicago,1944,Vol.5,p.903.

②　cf.Martin J.Dearne and Keith Branigan,F.S.A.:"The Use of Coal in Roman Britain",*The Antiquaries Journal* (London),1995,Volume 75,pp.71 - 106.

③　Cf.*Encyclopedia Britannica*,Chicago,1944,Vol.5,p.903.

④　参见《中国大百科全书·矿冶卷》,中国大百科全书出版社1994年版,第829页。

涅"①。魏晋时称煤为"石墨"或"石炭"。郦道元称:"石墨可书,又燃之难尽,亦谓之石炭"②。隋唐时期石炭成为煤的主要称呼之一,并由遣唐的日本僧人、学生、使节传到日本。至今日本仍把煤称为石炭(せきたん)。宋元时称之为"石煤",疑由"石涅"转音而来③。

马可·波罗在华17年(1275—1289),了解到中国人用煤的情况。他在《游记》中写道:"整个契丹(Cathay,按,来自宋时统治北中国的契丹族)地区到处都发现有一种黑石(black stone)。黑石挖自矿山,在地下呈脉状分布。一经点燃,便像木炭那样燃烧,但炉火却比木炭旺得多。一炉煤火甚至可以从夜晚维持到天明不熄,保持着燃烧或火种。这种石块,除非先将小块点燃,否则并不易着火;但一俟着火便会发出巨大的热量。"接着波罗说契丹由于人口众多,人们又喜欢烧水洗澡,烤火取暖(按,夏天不用),木材就不够用。而"这些黑石取之不尽,价格又十分低廉"④。

在马可·波罗以前,中外各国人民便已在用煤,各国著述家对此也有所提及。但迄至波罗时期,西方用煤还非常罕见,记载更是零星。中国用煤虽然相对普及,但记载也是只言片语。此前的中外著述家还没有谁像波罗那样详细、具体、生动

---

① 《山海经校注》,袁珂校注,巴蜀书社1992年版,第40、189页。
② (北魏)郦道元:《水经注》卷十《浊漳水注》。
③ 参见《中国大百科全书·矿冶卷》,第561页。
④ *The Travels of Marco Polo the Venetian*,p.215;《马可·波罗游记》,陈开俊等译,第124—125页。

地描述煤炭。所以马可·波罗的记述增进了西方人对煤的了解认识，传播了煤炭知识，具有重要的意义。同时也留下了中国人开发利用煤的非常珍贵的史料。《游记》人人丛书版的译注者曼斯菲尔德（J.Masefield）就此评论道："处在煤的特性在欧洲还极少有人知晓的时期，此番对中国人使用矿井煤和化石煤的详细报道，既理所当然地被视为对事实的生动记述，又是体现《游记》作者无疑的创见性和真诚性的证据。"①

不过，我们也不能走向极端，仅凭"元初前来中国的意大利人见到中国人用煤非常惊奇"，便轻率地推断，"可见十三世纪时，欧洲人还不知道用煤"②。有的西方学者也因此随便下结论："波罗第一次介绍给欧洲读者的事物……包括煤、纸币和快乐城"③。因为从古希腊时代起，欧洲就有个别民族、个别地区一直知道用煤。

4. 石棉

石棉是制造耐火、耐酸碱、绝缘材料的重要材料。早在罗马时代，石棉既耐火又可纺的特性已初步被人们了解。普鲁塔克曾提及信奉罗马女灶神的修女使用一种"永恒的"灯芯。鲍珊利安（Pausanian）则记载了一种油灯，其灯芯不会损耗，用出自塞浦路斯岛卡帕斯安（Carparsius）地区的矿物纤维制

---

① *The Travels of Marco Polo the Venetian*，p.215.

② 参见夏湘蓉等：《中国古代矿业开发史》，地质出版社1980年版，第135页。

③ Cf.*The Travels of Marco Polo*，The Yule edition，Preface，p.7.

成,叫作"卡帕斯安麻"①。用石棉织成的裹尸布在罗马时代也已出现并用于火葬。老普林尼称其为"君王的寿衣"②。

我国利用石棉的历史也很悠久。东汉郭宪在《洞冥记》里称石棉为"石麻""石脉"。他说:"石脉之纫以为绳缆。石脉出晡东国(今辽宁省),细如丝,可缝万斤,生石里,破石得之,萦绪如麻纻,名曰石麻,亦可为布。"③晋代成书的《列子·汤问》提到:"周穆王大征西戎,西戎献锟铻之剑,火浣之布。浣之必投于火,布则火色,垢则布色。出火而振之,皓然疑乎雪。"这里所说的火洗之布便是用火浣洗的石棉织品。《后汉书·西域传》称其为火浣布:"作黄金涂,火浣布……,凡外国诸珍异皆出焉。"④又称其为"火毳":"又其赟嶀火毳驯禽封兽之赋,辀积于内府"。唐代李贤注:"火毳,即火浣布也"⑤。《元史》称其为"石绒":"别怯赤山石绒织为布,火不能燃,诏采之"⑥;"别怯赤山出石绒,织为布,火不能燃。请遣官采取"⑦。

马可·波罗在《游记》中详细地记载和描述了石棉。他写道:"当地(指新疆—西域—中亚)出产一种耐火物质,把它织成布,投入火里也不会燃烧。我的一个旅伴,名叫柯菲卡

---

① cf.*Encyclopedia Britannica*,Chicago,1944,Vol.1,p.496.
② Ibid..
③ 《古今图书集成·坤舆典·石部》,巴蜀书社1985年版。
④ 《后汉书》卷八十八《西域传》,中华书局标点本。
⑤ 《后汉书》卷八六《南蛮西南夷传》。
⑥ 《元史》卷六《世祖纪三》,中华书局标点本。
⑦ 《元史》卷二〇五《阿合马传》。

（Curficar），是个聪明的土库曼族人。他曾指导当地人采矿达三年之久。我从他那里了解到制造耐火布的方法。"①波罗接着详细地记载了制造石棉布的工艺流程，叙述了石棉布耐火，一烧便白净的特性：

> 从山中采得一种矿石原料，它由纤维组成但又不像羊毛。把这种矿料晒干以后，放在铜白里捣碎，然后泡在水里洗净泥沙。这样，纤维既很干净又互相分离，然后纺成纱织成布。为了使这种织品更加白净，只需把织品放进火里烧炼一个钟头，然后再拿出来。织品完好无伤，且像雪那样白亮。耐火布如果弄脏了，则从不用任何清洁剂洗涤，而是放到火里烧炼，便又恢复了白净。……据说罗马城藏有一块用这种材料织成的餐巾，是蒙古大汗送给教皇的礼品。耶稣基督的圣体便是用这种布装殓的。②

波罗的描写真实生动，使七百年前的生产情景跃然纸上。因此他留下宝贵的矿业开发史料，保存、传播了关于石棉的技术资料，丰富了欧洲人的矿产和矿物学知识。波罗所说的盛产石棉的钦赤塔拉斯（Chinchitalas）地区位于新疆的哈密和甘肃的酒泉之间③，与中国史籍所说的西戎、西域地区吻合。波罗还记述了中国新疆和中亚各民族经济、科技、文化交流的

---

① *The Travels of Marco Polo the Venetian*, pp.109-110；《马可·波罗游记》，陈开俊等译，第53页。

② Ibid.；同上。

③ *The Travels of Marco Polo the Venetian*, pp.109-110；《马可·波罗游记》，陈开俊等译，第51—53页。

佳话(土库曼工程师在新疆石棉矿指导工作)和中西交往的逸闻(罗马城藏有一块蒙古大汗送给教皇的火浣布餐巾)。

　　综上所述,马可·波罗及其《游记》除了对历史学、人类学、民族学、人文地理学贡献很大以外,对自然地理学、矿物学、博物学的贡献亦不小,《游记》中有关这方面资料的弥足珍贵。而中外学界对此没有或很缺乏研究。爰撰此文,以补阙如。

(原载《地理研究》1996 年第 2 期)

中西比较

一、关于中世纪中西航海史的若干问题

——《中国与葡萄牙的航海和造船技术交流》读后

读了陈延杭先生在《海交史研究》1999 年第 1 期发表的论文《中国与葡萄牙的航海和造船技术交流》,有些感想忍不住要说说。笔者认为陈文第四部分《16 世纪中葡造船技术的交流》和第三部分的最后 1/3 写得较好。好在选题新、资料新、观点新、填补了一个小空白。序和前三个部分的大部分所论述的,则是治这方面历史的学者共知的事情。当然,为了烘托与铺垫重要的第四部分和第三部分的后 1/3,前面叙述介绍一下那些历史也无不可。但遗憾的是前面叙述的历史存在一些问题和错误,这就需要提出来与作者、读者讨论,或予以纠正。

(一)

陈文序言和第一部分"中国三大发明传入欧洲及其影响"两次说:"而中世纪的欧洲,正是教宗、封建王朝统治的黑暗时期","中世纪的欧洲是个由教宗和封建王朝统治的黑暗时代"(第 52 页)。我们知道,欧洲中世纪史上一般并无"教宗"这个说法,这里应是教皇(Pope)或(罗马)教廷(the Holy see)。下面作者又多次说:"从而使骑士、教皇让位于君主王朝","葡萄牙人却取得了教皇的训谕","虽经三换教皇,却都批准了这一独特的'赠与财产证书'"(第 53 页)。仅从后面来看,前面也应该是教皇(或教廷)。

陈文第一部分讲:"从 1096—1270 年,发动了七次的十字军东征,在这近 200 年的侵略性远征中,欧洲人都失败了"(第 52 页)。第一,1270-1096 = 174,174 年不宜说成近 200 年。一般要 190 多年或至少要 180 多年才能说成近 200 年。第二,十字军东侵确实持续了近 200 年,但它的起止年代不是 1096—1270 年,而是 1096—1291 年。第三,十字军东侵一共不是七次,而是八次,这还不包括最初的一次农民十字军(1096 年)和中间的一次儿童十字军(1212 年)①。第四,即使只谈第七次十字军东侵,那也不是发生在 1270 年,而是 1248—1254 年。第五,作者在同页又讲,十字军东征结束不久,于 1271—1295 年在中国任职的马可·波罗,回国后发表了《马可·波罗游记》。这里说十字军东征结束后不久,马可·波罗回国,是对的。但马可·波罗也不是于 1271—1295 年期间都在中国,或在中国任职。而是 1271 年出发,1275 年到达中国元朝的上都,1291 年从泉州乘船离华,1295 年回到意大利②。

---

① 参见陈兆璋:《十字军远征》,载《外国历史大事集》古代部分第二分册,重庆出版社 1984 年版。

② 参见梁生智译:《马可·波罗游记》,中国文史出版社 1998 年版;又参余士雄:《中世纪大旅行家马可·波罗》,中国旅游出版社 1988 年版。

　　陈文指出:"毗邻非洲,受伊斯兰教影响最大、最早的国家葡萄牙,首先引进和推广了中国的三大发明及东方的航海技术和阿拉伯数学"(第53页)。第一,在欧洲国家中,葡萄牙并不算受伊斯兰教影响最大、最早的国家。受伊斯兰教影响更大更早的国家至少有西班牙。711年,信伊斯兰教的阿拉伯—柏柏尔人渡过直布罗陀海峡,开始征服伊比利亚半岛(又称比利牛斯半岛)。穆斯林们是先征服了半岛上的今西班牙的主要地区,后才征服今葡萄牙的主要地区。如果以被穆斯林们征服作为直接接受伊斯兰教影响的开始的话,那么今西班牙地区更早。今葡萄牙地区早在13世纪便驱逐了穆斯林—摩尔人(阿拉伯人、柏柏尔人、其他信伊斯兰教的非拉丁人),完成了收复失地运动,建立了拉丁人—基督徒的独立统一的葡萄牙国家①。而西班牙地区迟于15世纪才最后赶走了穆斯林,建成了独立统一的西班牙国家②。如果承认穆斯林统治的时间越长,其受伊斯兰教的影响就越大的话,那么西班牙接受的伊斯兰教的影响显然更大。而且,穆斯林王朝的统治中心,首都科尔多瓦(Cordoba)在今西班牙南部。伊比利亚半岛上最大最长久的统一的穆斯林王朝叫后倭马亚王朝,又称科尔多瓦哈里发帝国。其统治区域也主要在西班牙。

---

　　①　1249年,拉丁人—基督徒收复了穆斯林—摩尔人在葡萄牙南部的最后一块领地阿尔加维。见萨拉依瓦:《葡萄牙简史》,李均报、王全礼译,中国展望出版社1988年版,第116页。

　　②　迟至1492年,西班牙人才收复穆斯林—摩尔人在西班牙南部的最后领地格纳那达,才最后完成收复失地运动。见 R. T. Davis: *The Golden Century of Spain*, 1501-1621, London, Macmillan & Co Ltd, 1954, p.9.

从这一点看,也是西班牙接受的影响更大。

第二,葡萄牙并非是首先引进和推广了中国的三大发明及东方的航海技术的欧洲国家。陈文说的三大发明是指印刷术、火药和指南针。为了节省篇幅集中问题,我们在此只讨论与航海造船术关系最直接密切的指南针一事。指南针在欧洲最早于 12 世纪末出现在意大利,因为意大利南部西海岸港口城市阿马尔菲(Amalfi)1187 年的一份文献首次提到了罗盘①。由此可推论,中国的指南针术经印度人、阿拉伯人、地中海东南岸的人首先传入欧洲的意大利,再传入欧洲各国。其后,12 世纪末期的几种欧洲文献也多次谈到了航海罗盘(mariner's Compass)的使用②。陈文这部分前面还指出:"中国的三大发明,……是在 13 世纪传到欧洲的"(第 53 页)。由这里所考可知,陈文至少把指南针传入欧洲的时间挪后了。

(二)

陈文第二部分"中国航海家开通的西向航路和葡萄牙人的探险活动"强调,郑和下西洋的最大的宝船"长 44.4 丈(126M)、宽 18 丈(51M),可谓极豪华的万吨级使船"(第 53 页)。这是一个有争议问题。许多学者从技术(史)和是否需

---

① cf. Christopher Lloyd: *Atlas of Maritime History*, New York, Little Hampton Book Services Ltd., 1975, p.20.

② cf. Julian A. Smith: "Precursors to Peregrinus, the Early History of Magnetism and Maritime Compass in Europe", 载 *Journal of Medieval History*, 1992, No.1.

要、是否可能的角度出发,认为文献记载的那些长、宽尺寸有问题。有的认为最大的宝船应是长 18 丈,宽 4.4 丈,这样比较合乎力学原理、当时的生产力水平和航道港口条件。至于最大的宝船换算为今天的多少吨级,多数学者认为大概是 1500 吨级的船只①。正在举办的昆明世界博览会(园)也展出了郑和宝船的模型。一艘是由郑和的家乡云南省制作的,按长 44 丈、宽 18 丈的比例缩小。全船为约 5 米长、2 米宽、4 米高,9 桅 12 帆。放在中国馆内。另一艘是由香港制作的,长 50 米、宽 8 米、高 30 多米,3 面大帆,放在世博园大门内广场②。由此可见,香港学术界也觉得文献上记载的郑和大宝船的长宽比例和整个尺寸都不合理,都太大了。当然,在未发现更确凿的文献和文物之前,郑和大宝船的大小和比例问题将长期争论下去,难有定论。

第二部分说:"郑和船队已到达非洲东海岸的南部,再往南端航行就是好望角,又称为风暴角,不过据说郑和船队有个别船只已绕过了好望角"(第 54 页)。一般公认,郑和船队的分艅向南最远到了非洲东海岸的麻林地、慢八撒③。这两个地方即今肯尼亚的马林迪(Malindi)、蒙巴萨(Mobasa)。马林迪位于南纬 3 度,最南的蒙巴萨才位于南纬 4 度。如果以赤

---

① 李约瑟博士认为大宝船大多在 1500 吨左右,杨槱教授等则认为连这么大也不可能。参见罗荣渠:《15 世纪中西航海发展取向的对比与思索》,《历史研究》1992 年第 1 期,第 8 页。

② 参见徐克明:《世博园陈列郑和船模》,《郑和研究》1999 年第 3 期。

③ 参见南充师范学院历史系编:《中国古代历史地图集·郑和下西洋图》,四川人民出版社 1981 年版。

道划分非洲东海岸的南部北部,那么这里才刚过赤道,刚进入南部。要是把非洲东海岸划分为北部、中部和南部,则蒙巴萨等仅位于中部。蒙巴萨离位于南纬 34 度半的非洲南端还有 30.5 个纬度,还远得很,还有约 6000 公里之遥。而非从那里"再往南(端)航行(一小段)就是好望角(了)"。关于有无个别中国船、郑和船队之船接近了到达了甚至绕过了好望角,我认为要这么说就得拿出确凿的证据,注出可靠的资料出处。但陈文没有做到这些。至于陈文下一段所说的中世纪的中国船队"而且也在探索绕过非洲南端的航行",郑和"他也试探过绕行好望角的考察"(第 54 页),则只能是在"据说"基础上的进一步"据说"了。

第二部分写道,西方的神话传说"认为那是个没有人居住的火炉地带,烈日似火,晒得海水滚滚沸腾,……这些迷信传说,也同样使亨利王子未能开辟通到印度的航路"(第 54 页)。事实是,那些个迷信传说,在葡人埃阿尼什等于 1434 年向南越过博哈多尔角时(Bojador,即陈文第 53 页所说的波亚多尔角。但陈文 55 页又说,"过了诺恩角就是'黑暗的绿海'","1434 年,埃阿尼什绕过了……诺恩角"),就被初步破除了;在葡人贡卡尔夫什等于 1473 年向南越过赤道时[1],就被彻底破除了。试想,赤道地区是地球上最热的地带。如果在赤道地区人都能生存,没被晒死,海水没有沸腾;而在赤道

---

[1]　cf.Boies Penrose;*Travel and Discovery in the Renaissance*,1420-1620,New York,Atheneum,1975,p.48,p.55.

以外的地区,海水还能开锅,人还不能生存吗? 所以,亨利王子(1394—1460)生前未能开辟欧印新航路的原因很复杂,不是几句话讲得清楚的。甚至亨利王子生前有无开辟欧印新航路的设想也还很难说。但至少可以肯定,极其漫长遥远的航程是当时还不能开通欧印新航线的主要障碍,而非迷信传说。须知葡印航线全程总长达 2.5 万公里,而仅从葡萄牙到非洲南端便占全程的约 40%。

陈文又写道,郑和与亨利王子"都受到好望角这一恶劣自然条件的阻隔和其他种种原因而未能会面"(第 54 页)。陈先生在其他地方也表述了这样的观点①。这句话内含的意思是,郑和—亨利时期葡人船队与郑和船队均已到达了好望角附近,只不过一个在非洲西南海岸,一个在非洲东南海岸。前面我已指出,迄今没有确凿的证据能证明郑和船队的船只已接近了好望角。在西边,亨利王子生前葡人只挺进到位于北纬 9 度半的几内亚的科纳克里(Conakry)②,离好望角还隔着 44 个纬度,还有 6000 多公里,还远得很。陈文接着推论:"当亨利王子亲自看到郑和船队……如此'体势巍然,巨无与敌'的豪华宝船时,一定惊得目瞪口呆"(第 54 页)。陈先生在我们前面已提到的那篇文章中也做了同样的推论。陈文56 页也重申,"中国万吨级豪华型轮船'郑和宝船'在印度洋

---

①　参见陈延杭:《郑和宝船(队)两次赴欧洲参展及葡萄牙参观感想》,《郑和研究》1999 年第 3 期。

②　参见前揭 Boies Penrose: *Travel and Discovery in the Renaissance*,1420–1620,p.52.

穿梭游弋"。这个推论是建立在郑和大宝船有上万吨的基础上的。倘若大宝船的大小只有科技派学者所认为的约 1500吨,亨利王子和西欧人便不会惊得目瞪口呆。因为西欧当时也能制造两千吨级的海船。1474 年,汉撒同盟便有一艘载重2250 吨的海船彼得·冯·但泽号下水①。

（三）

第三部分"葡萄牙航海家成功接通东西航路"叙述道:1486 年葡国航海者巴·季阿什到达非洲南端好望角,遇到暴风雨,所以称之为"风暴角",虽桅折帆碎,他仍奋勇前进,到达非洲东岸,遗憾由于水手哗变而终止;1487 年 12 月,迪亚士绕过非洲南端,于 1488 年 2 月到达莫塞尔港,同年返航时发现好望角(第 55 页)。

关于这段历史的实际情况是,1486 年葡王决定派巴托罗缪·迪亚士(Bartholomew Dias)率船队进行新的探航。在迪亚士出航前,葡人向南探航的最远处为南纬 22 度的今纳米比亚的克里斯角。1487 年 8 月,迪亚士率 3 只船从里斯本出航。1488 年 1 月,他们前进到南纬 33 度时遇到了大风暴。船队为避免触礁,被迫向西南驶入大西洋,远离了海岸。几天后,风暴平息了。迪亚士掉转船头向东行驶了几天,但已经消失的非洲海岸却未出现。迪亚士估计已绕过了非洲最南端,

---

① 参见汤普逊:《中世纪晚期欧洲经济社会史》,徐家玲等译,商务印书馆 1992 年版,第 235 页。

便向北航行。2月3日,他们发现了已变成东西走向的海岸。迪亚士继续向东,到了阿尔戈阿湾。从这里起海岸线已缓缓转向东北,朝印度方向延伸。迪亚士意识到,非洲的南端已绕过,船队已航入印度洋,通往印度的新航路终于被发现了。但这时海员们已疲惫不堪,加上储粮船在风暴中失散,便强烈要求返航,甚至以要哗变相威胁。迪亚士被迫妥协,但坚持再向前航行一段。他们继续前进到大鱼河河口(今阿尔弗雷德港),之后转舵返航。……他们沿海岸向西返航,5月在以前经历了风暴的海域发现了一个很凸出的大海角。迪亚士把它称为风暴角,以纪念他们在这一带的遭遇。他们绕过风暴角向北驶去,不久意外地碰到了原以为已沉没的储粮船。1488年12月,船队回到了里斯本。国王若奥二世听取了迪亚士的报告,当即决定把风暴角改名为好望角(the Cape of Good Hope),因为它预示着开辟欧印新航路的美好希望已可以变成现实①。

这部分对这段历史叙述的失误在于,那本是一次远航探险,这里误为两次。时间是 1487 年 8 月至 1488 年 12 月,这里误为 1486 年—?。领导指挥者本是一个人巴·迪亚士,这里误为是两个人,即巴·季阿什和迪亚士②。本是回来的时候才发现风暴角(好望角),这里误为去的时候便首次发现了

---

① 迪亚士远航可参 H. V. Livermore:" Bartholomew Dias ",载 *Encyclopedia Britannica* ,1974 ,the 15th edition ,macropedia ,Vol.5 ,pp.701–702.

② 季阿什实际上是迪亚士的另一种译音,可能源自迪亚士的俄语书写形式 Бартоломеу Диас ,按俄语发音译过来,便是季阿什。

风暴角(好望角)("到达"可理解为"发现",且比发现更肯定,更具体)。葡人首次到达好望角地区的时间是1488年初,这里误为是在1486年。

陈文第三部分接着总结道,达·伽马船队"从而开辟了至今还在使用的从欧洲西部到非洲南端的海上快捷方式"(第55页)。这个问题与前面的问题紧密相连。前面既已讲明迪亚士船队到达了非洲南端,并绕过了南端进入了印度洋,自然便已经开辟成功了从欧洲西部到非洲南端的海上航路。所以这项工作是由迪亚士等而非达·伽马等完成的。此外,这里应说航路,不宜说快捷方式。"快捷方式"的意思是"近路"。前面已提过,这条新航路一点也不近。全程2.5万公里,从里斯本到非洲南端也有约1万公里。关于欧印新航路的长度问题,陈文下面算出,从葡萄牙的里斯本到印度西海岸的卡里卡特,"全程总长达27000海里"(第55页)。这个数字有严重失误。葡印新航路的全程总长(单边)约1.35万海里,往返总长才2.7万海里①,约合2.5万公里(单边)和5万公里(往返)。

我知道陈先生是一位有成就的研究中国航海史的专家,我对陈先生抱着敬意。但孔子说,"余非好辩也,余不得已哉"。我写以上这些文字只是想澄清陈文已涉及的一些不小的问题,在中世纪航海史和中西交通交流史方面尽点微力。

---

① 参见《最新世界地图集》,载《世界交通图》,中国地图出版社1990年版。

曹植说过,"世人之著述不能无病"。我自己已发表的论文也可能有这样那样的问题错误,也欢迎批评指正。而善意的诚恳的批评指正是有利于提高水平促进研究的。

（原载《海交史研究》2000 年第 2 期）

二、"美洲"地名由来与郑和远航

新大陆得名为亚美利加洲而不叫哥伦比亚洲具有很大的偶然性,包括哥伦布的早逝,"美洲"地名从南美扩展到北美,直到 18 世纪初白令远航才分出哥伦布和维斯普奇的是非。本文拟对此进行分析论述,并由论述哥伦布的遗憾延展到点评郑和远航的遗憾。

众所周知,西半球的新大陆并没有以它的首先到达者、发现者、考察者、征服者哥伦布的名字命名,叫作哥伦比亚洲什么的,而是以维斯普奇的父姓命名,叫作亚美利加洲,简称美洲。但这里面有许多阴差阳错、误会和俗成、机遇和运气却鲜为人知,不为人识。

(一)

哥伦布四次航渡美洲,发现了加勒比海地区的主要岛屿,首先发现了中美地峡和南美大陆。他在美洲活动、考察了好几年(1492 年 10 月—1493 年 1 月,1493 年 11 月—1496 年 3 月,1497 年 8 月—1500 年 8 月,1502 年 6 月—1504 年 9 月),前后连续探险远航了 12 年(1492—1504)。可是哥伦布基本上始终认为,他到达的地方是亚洲的东部,欧洲大西洋以西的印度。所以他把美洲叫作西印度,把美洲土著居民叫作印第安人。美国史家莫里逊研究考证,哥伦布偶尔也把美洲称为"另一个大陆"(otro mundo),"新大陆"(Nuevo mundo)。这些词汇均指欧洲人前所未知的、托勒密的地理书和地图集上没有提到过画出来的陆地①。例如哥伦布在1500年给西班牙王位继承人的奶妈托雷斯夫人的信中,便使用过这些词汇。苏联地理学家杰缅季也夫和安德留先科则推测认为,哥伦布后来也意识到了他到达的地区不是亚洲的东部,西边的(泛)印度。但他守口如瓶,死不认错,以保住自己开辟了去东方的新航路的殊荣和既得利益②。

即便如此,占绝对优势的原始文献仍然表明,哥伦布在绝大多数时候、场合,仍然坚持认为他到了亚洲的东部,西边的(泛)印度。如远航初期的1493年2月,哥伦布在首航返回加那利群岛后写给西班牙国王王后的信中,便口口声声说他到达了"印度",见到了"印度人"(印第安人)。又如后期1503年的最后一次航行,哥伦布在自牙买加写给西班牙国王王后的信中,也仍然认为加勒比海和中美洲地区是"西印度群岛""印度群岛"。最后在1506年5月哥伦布临死前的遗嘱中,他仍然说:"圣灵佑助,我获得了并后来彻底明白了一

---

① 参见萨·伊·莫里逊:《海洋元帅哥伦布传》(S.E.Morison:*Admiral of the Ocean Sea,A Life of Christopher Columbus*),纽约1962年版,第184—185页。

② 参见杰缅季耶夫、安德留先科:《地理学史》(В.А.Дементьев,О.Н.Адрющенко:《История Географии》)第一部,明斯克1962年版,第96页。

种思想，就是从西班牙向西航行、横渡大洋，可以到达印度。……承万能的主佑助，我在1492年发现了印度大陆以及大批岛屿，包括被印第安人称为海地，被摩尼康谷人称为西潘戈的小西班牙在内……"①上述情况说明，哥伦布临死时还不知道他所发现的不是西印度，而是新大陆。至于说哥伦布后来心中明白错了但表面上不承认，那也只是一种推测，无法证实，即使退一步说哥伦布内心真有一点这种意识。

这个重大错误也不是哥伦布一人独犯，而是时代和历史条件使然。跟随哥伦布一起探险的人，与哥伦布分道扬镳另行西航探险的人，与哥伦布竞争的人，包括到达北美的英国的卡博特父子，在维斯普奇之前谁都没有意识到那是一片新大陆。因为认识错误、发现真理也得依赖实践的进程，地理发现也得依赖航海探险考察的进展。

还有，哥伦布是于1506年，在55岁上较早地去世的。当维斯普奇于1503年在给美第奇家族的信中指出美洲应是新大陆的时候，哥伦布还在世。他死后仅一年，首倡称新大陆为美洲的瓦尔兹缪勒的地理书和地图便出版了。当时，人文主义地理学者们在法国北部洛林的圣迪耶修道院对托勒密的《地理学》进行修订增补，更名为《世界地理入门》重新出版。书末收录了维斯普奇的六封书信的拉丁语译文作为附录。在该书的序言中，德国地理学家瓦尔兹缪勒主要根据阿美利哥

---

① 《哥伦布遗言》，载郭守田主编：《世界通史资料选辑·中古部分》，商务印书馆1981年版，第301—302页。

的书信,强调在继亚洲、欧洲、非洲大陆后发现的"第四大陆"改变了世界的面貌。瓦氏并用阿美利哥·维斯普奇的姓名的父姓将南美洲命名为"阿美利加"。瓦氏还制作了一幅很大的木刻版世界地图,作为《世界地理入门》的附图①。哥伦布死后 9 年,以瓦尔兹缪勒理论为根据的第一个地球仪(舍孔勒尔 Schöner 制作)问世。倘若哥伦布多活若干年,寿终正寝,按他的秉性、脾气和作风,他肯定会全力攻击这一僭称,维护自己应享的名誉。如同他为维护自己由远航前夕的圣塔菲协定所确定的地位和权利,反复同西班牙国王王后争执纠缠一样。他也会迅速接受新的正确的地理观念,如同他早年最早一批接受地圆学说、西航理论一样。西班牙、意大利和葡萄牙等国家也会大力支持哥伦布,因为它们直到 17 世纪甚至 18 世纪伊始才改口称新大陆为亚美利加洲②。这样的话,亚美利加洲这个地名很可能在传开以前就被遏制住,被扼杀掉;哥伦比亚洲、亚特兰蒂斯洲(大西洲)、安得列斯洲(七城岛洲)之类的地名便很可能用来称新大陆。

　　而且,维斯普奇、瓦尔兹缪勒所意识到的所指称的也只是南美洲,因为它比亚洲大陆靠南得多,而北美洲则与亚洲大陆在纬度上基本一致。直到 16 世纪 30 年代末 40 年代初,墨卡

---

　　①　参见宫崎正胜:《航海图的世界史》,朱悦玮译,中信出版社 2014 年版,第 137—138 页。

　　②　参见《美国历史辞典》(Dictionary of American History),纽约 1976 年版,第 97 页;马吉多维奇父子:《地理发现史纲》(И. П. Магидович, В. И. Магидович:《Очерки по Истории Географических Открытий》)第二卷,莫斯抖 1983 年版,第 81 页。

托才把"亚美利加"扩展到北美。因此,如果哥伦布不早逝,至少北美可以获得哥伦比亚洲之类的名称。

再者,哥伦布与维斯普奇之间的孰是孰非、谁对谁错也带有很大的偶然性,在一定程度上是碰运气。因为直到1728年白令发现并穿过了白令海峡①,才最终证明美洲不与亚洲相连,美洲不是亚洲的延伸部分而是一块独立的大陆。可是在此以前两百来年,人们都一直认为哥伦布错了维斯普奇正确,人们早已称那片大陆为亚美利加洲了。即使这时白令证实了人们推测中的阿尼安海峡(Strait of Anian)只是地峡,美洲与亚洲相连,人们似乎也不会把亚美利加又改称为哥伦比亚了,而很可能将错就错、习非成是了。人们还很可能像后来所做的那样,如19世纪中叶开凿苏伊士运河,20世纪初叶开凿巴拿马运河,从而把地中海与印度洋沟通,把大西洋与太平洋沟通,把亚洲和非洲分开,把南美洲和北美洲分开。人们也会在20世纪开凿白令(或阿尼安)运河,从而把太平洋与北冰洋沟通,把亚洲和美洲分开,让美洲成为一块独立的大陆。

由于以上种种因素使新大陆的名字没有与克利斯托弗相连而是与维斯普奇相连,造成了航海探险史上和地理学史上最大的不公平和遗憾。聊以可慰的是他俩均为意大利同胞,意大利人似乎不用为此抱怨。尽管如此,大多数意大利人仍

---

① 尽管早在1648—1649年,俄罗斯航海家阿历克塞耶夫(波波夫)和迭日涅夫率船队从北冰洋南下穿过白令海峡进入了太平洋。但这一发现很少被西方知晓,也很少被西方承认。说详拙文《论大航海时代及其四个阶段》,《海交史研究》1998年第2期。

迟至 17 世纪才改称"西印度""新世界"为"亚美利加"。

美洲这个地名在明末传入中国。《明史》载："意大里亚居大西洋,自古不通中国。万历时,其国人利玛窦至京师,为《万国全图》。言天下有五大洲:……第四曰亚墨利加洲,地更大。以境土相连,分为南北二洲。"①所以新大陆的地名一传入中国便是"亚美(墨)利加",而没经过西印度、新世界这些过渡阶段。

(二)

由美洲地名的由来和发展我们还想到,西半球的那块新大陆本来也不是没有可能被称作郑和洲、成祖洲、扶桑洲、西王母洲之类的。在哥伦布西航前半个多世纪,中国的郑和便率庞大的船队七下西洋,一般认为最远到达了非洲的索马里、肯尼亚。这个距离相当于到北美洲北部的距离。从空间直线上看,东非在中国以西约 80 个经度(均以今日中国大陆海岸线的中点为基点),北美的阿拉斯加则在中国以东约 80 个经度。从主要的实际航线看,郑和舰船队主力从江苏太仓刘家港出发,南下走台湾海峡、南海,向西北穿马六甲海峡,北上到孟加拉湾沿岸,再西南下走印度与斯里兰卡之间的保克海峡,然后西渡印度洋到达非洲东部。这个航程大于从南京出发,北上偏东走东海、朝鲜海峡、日本海、宗谷海峡、千岛群岛、白令海(白令海夏秋不封冻)到达阿拉斯加的航程;也不小于走

---

① 《明史》卷三二六《外国七·意大里亚传》,中华书局标点本。

上述航线到达千岛群岛的北端后,走阿留申群岛东渡太平洋到达阿拉斯加的航程(据笔者用曲线计在地图上的量算)。西南下到东非的困难也不亚于东北上到北美,因走上述航线到北美沿途也可在大陆、海岛停靠补给。

从造船航海能力、船只大小、船队规模来看,郑和宝船队每次有两三万人,两百多艘各种舰船,最大的载重两千多吨①。半个多至一个世纪后的哥伦布、达·伽马、麦哲伦首航时,都只有三至五艘船,最大的载重仅两百多吨。双方的规模如此悬殊。当然,西方的三大航行主要属探险探航性质,受财力物力人力制约,自然不可能也不需要出动多大的船队。而1474 年汉撒同盟便有一艘载重 2250 吨的彼得·冯·但泽号商船在但泽港下水②。所以如果需要西方也能倾力造出大船。不过哥伦布二航美洲、葡萄牙人二航印度(麦哲伦已在首次环航中丧生),性质上是殖民、通商、海盗、探险兼备,但也只能出动 13—17 艘船、1200—1500 人。这就证明中国当时的造船航海能力的确比西方强许多。而且中国还比西方早半个世纪进行远洋航行,首先开创了经久不衰的大航海时代③。所以就造船航海能力、技术水平来说,郑和船队是完全有能力往东北远航去发现美洲,把它命名为郑和洲、扶桑洲什么的。由此便又

---

　　①　最大的宝船载重达多少吨有极大的争议,我们这里就按所估算的最小的载重量论说。

　　②　参见詹·威·汤普逊:《中世纪晚期欧洲经济社会史》,徐家玲等译,商务印书馆 1992 年版,第 235 页。

　　③　郑和首航是在 1405 年,葡人沿西非海岸远距离地南下是在 15 世纪中叶。

引出一个令人深思、饶有兴趣的话题,即郑和航海为什么没有导致中国人去参与、去完成地理大发现? 宋正海、陈传康两先生曾从软弱而短暂的动因、狭隘的大地观、传统地图的缺陷三方面予以解释和回答①。笔者认为在此基础上还应补充两条,即重陆轻海的观念和探险取向,地理条件和地缘政治的制约(限于本文的旨趣和篇幅,该问题笔者已有专文讨论)②。

"时来天地皆用力,运去英雄不自由。"郑和远航没有导致中国人参与、完成地理大发现,美洲没有被叫作郑和洲,留下了几多遗憾和感慨。不过,郑和船队在东南亚、北印度洋一带传播了先进的中华文明,增进了中外各国的物质文化交流,与各国人民结下了友谊和深情。而哥伦布等人却给美洲印第安人带去了血与火、奴隶制,传去了天花、麻疹、伤寒等传染病,造成了一些地区的种族灭绝。彼此形成了鲜明的对比。对此中国人民是永远值得自豪和可以慰藉的,也是亚非人民永远值得纪念和讴歌的。而对西方的远航,亚非拉人民是永远有权揭露和鞭挞的。

原载《海峡两岸郑和研究文集》,时平主编,海洋出版社 2015 年版。2016 年 9 月再审定。

---

①　参见宋正海、陈传康:《郑和航海为什么没有导致中国人去完成"地理大发现"?》,《自然辩证法通讯》1983 年第 1 期,又载《郑和研究资料选编》,人民交通出版社 1985 年版。
②　参见张箭:《论中国人没有参与地理大发现的地理原因》,《南开大学学报》2005 年第 1 期。

三、郑和下西洋与西葡大航海的比较研究

郑和七下西洋比葡、西大航海稍早；郑和宝船比葡、西的远洋船舶大得多；郑和船队的规模比葡西远航船队大得无比。这些表明中国当时的造船航海能力综合国力都比西方强一些大一些。但双方船队规模的大小悬殊也显露了当时的中国当权者不惜工本不讲效益的缺点短处，及当时的西欧人已计成本已讲效益的优点长处。七下西洋在航海史上的地位略高于至少是不亚于葡西的大航海。但下西洋在探险史地理发现史上的作用和意义则大大逊于西葡大航海。因为航海家、探险家、地理发现者这三种角色是既有联系又大有区别的。2005年是郑和率中国船队首下西洋600周年。在隆重纪念这一明初"盛事"之际，进行中国下西洋与同时代的西、葡大航海的比较研究很有必要。限于篇幅，本文拟研究比较中西远航的船队规模大小，在航海史上的地位，在探险史发现史上的贡献。在此基础上指点其长短优劣，评判其价值意义。

（一）船队规模大小

明初郑和七下西洋，每次都率两三万人，两百余艘船，组成庞大的混成舰船队。以第一次（1405年）下西洋为例，共乘

海船 208 艘①。其中据文献记载有"宝舡六十三号,大者长四十四丈四尺,阔一十八丈;中者长三十七丈,阔一十五丈"②;随行人员分"官校、旗军、火长(舟师③)、舵工、班碇手、通事(翻译)、办事、书算手、医士、铁猫(锚)、木艌(捻)、搭材等匠,水手、民稍(艄)人等"④,共"二万七千八百余人"⑤。1492年哥伦布首航美洲时,共有 3 条船,88 人,其中最大的"圣玛利亚"号 120 吨⑥。1498 年达·伽马首航印度时,共有四条船,没有一条船超过 200 吨,船员 140 — 170 人⑦。1519 — 1522 年麦哲伦环航地球时,共有五艘船,其中"130 吨的两条,90 吨的两条和 60 吨的一条,……船员 234 人"⑧。1487

---

①　参见《嘉靖太仓州志》卷十《杂志》篇,天一阁明代方志选续篇第 20 册,上海书店影印本。

②　(明)马欢:《瀛涯胜览》明钞说集本卷首。见冯承钧校注随行费信之《〈星槎胜览〉校注》占城国条,商务印书馆 1938 年版。

③　北宋朱彧《萍州可谈》卷二:"舟师识地理,夜则观星,昼则观日,阴晦观指南针。"明张燮《东西洋考》卷九《舟师考》:"其司(指南)针者名火长,波路壮阔,悉听指挥"。由上可知,火长是类似于舵手、驾驶长、领航员一类的重要海员。这里依《萍洲可谈》将其诠释为"舟师"。

④　(明)祝允明:《前闻记·下西洋》,丛书集成初编本。

⑤　《明史·宦官·郑和传》,中华书局标点本。

⑥　参见伯特兰德,皮特里克:《西班牙史》,纽约 1956 年版,第 177 页(L.Bertrand and C.Petric: *The History of Spain:from the Musulmans to Franco*, MacMillan Publishing Company)。

⑦　参见吉莱斯皮:《地理发现史》,纽约 1933 年版,第 20 — 21 页(J.E. Gillespie:*A History of Geographical Discovery* 1400—1800,Henry Holt and Company)。

⑧　《西班牙国王和麦哲伦以及骑士法里罗订立的关于发现香料群岛的协议》,载郭守田主编:《世界通史·资料选辑·中古部分》,商务印书馆 1981 年版,第 313 页。

年迪亚士发现好望角、绕过非洲最南端时,共有三只船,每船约 50 多吨①,船员按哥伦布、达·伽玛、麦哲伦首航时的人船数量比推算,当只有百把人。可见,郑和船队的规模、船舶的吨位都比西方大得多。由此还可推论,明代中国的造船航海水运能力比西欧强。

当然,哥伦布、达·伽玛、麦哲伦、迪亚士的首航是在陌生的水域航行,属探险试航性质。其主要目的是开辟新航路,寻找黄金、香料等,而非在前人已涉足的既知海域里搞运输。他们需要坚固灵活,便于操作、适航性强,成本费用适当的船。但他们的第二次远航,已属殖民扩张、征伐、经商、运输性质,包含的探险、试航性质已不重要或微不足道。哥伦布 1493 年的第二次远航,是他四次远航中规模最大的一次,船队共有 17 艘船,各类人员共 1500 人②。1500 年葡萄牙派出了沿新航路到印度去的第二支船队。船队由卡伯拉尔指挥,共有 13 艘船,1200 人③。1502 年葡萄牙派出了沿新航路到印度去的第三支船队。船队仍由达·伽马指挥,共有 20 艘船④,人员按哥伦布第二次航行、卡伯拉尔二航印度的人船数量比推算,

————————

　　① 　参见马吉多维奇父子:《地理发现史纲》第一卷,莫斯科 1982 年版,第 25 页(И. П. Магидович, В. И. Магидович:《Очерки по Истории Географических Открытий》)。

　　② 　cf.J.E.Gillespie:*A History of Geographical Discovery* 1400~1800,p.33.

　　③ 　参见彭罗斯:《文艺复兴时期的远行和地理发现》,纽约 1975 年版,第 72 页;第 75 页(Boies Penrose:*Travel and Discovery in the Renaissance* 1420—1620,Atheneum)。

　　④ 　cf.Boies Penrose:*Travel and Discovery in the Renaissance* 1420—1620,p.75.

当约有两千人。而麦哲伦已死于完成大半环航时的菲律宾,迪亚士已死于二航印度时。所以,在造船航海海运能力方面,中国比当时的西欧是要强一些。

但也不能由此认为中国明代的造船航海海运能力比西方强得无比,大得无边,而要正确把握强弱的"度"。这是因为:第一,明初组建这么大的混成舰船队,可以说倾注了全国的物力、财力和人力,"须支动天下一十三省之钱粮,方才够用"①。仅造船一项,当时造一艘"广可三丈五六尺,长十余丈"的船只,"造舶费可千余金,每还往岁复一修葺,亦不下五六百金"②。造大宝船的费用有人估计每艘约需五六千两银子,有人估计每艘约需 1984 年的两千万元人民币③。而同时代的西欧国家,在涉及国家的根本利益时,倾注全国的物力、财力和人力,也能够组建那么大甚至更大的舰船队。例如,地理大发现时代(15 世纪中—17 世纪末),基本上相当于明代。1571 年的勒颁多大海战,西班牙、威尼斯、罗马教廷组成的联合舰队出动了各型战船约 210 艘,水兵 2.8 万人;奥斯曼土耳其出动了各型战船约 270 艘,水兵 2.5 万人④。结果西方大获

---

① 罗懋登:《三宝太监西洋记》卷之三第十五回,上海古籍出版社 1985 年版。

② (明)张燮:《东西洋考》卷九《舟师考》,中华书局 2000 年谢方校注本。

③ 参见中国航海史研究会:《郑和下西洋》,人民交通出版社 1985 年版,第 65 页;郑一均:《论郑和下西洋》,海洋出版社 1985 年版,第 114 页。

④ 参见戴维斯:《西班牙的黄金时代》,伦敦 1954 年版,第 173 页(R. Trevor Davies : *The Golden Century of Spain* 1501 — 1621, Macmillan & Co Ltd.)。

全胜。又如 1588 年西班牙(已合并了葡萄牙)组建无敌舰队远征英国,出动了各型战船 130 多艘,水兵和陆战队三万余人,火炮 2400 多门①。另外还有三万多陆战队和大批船只在比利时海岸集结待命②,准备由无敌舰队护送过英吉利海峡展开登陆作战。英方也动员了相应的海军力量(由官私战船和水兵、海员组成,还有荷兰战船、水兵参加),结果英方大获全胜。况且,西、葡、意、英、荷等国其本土的面积和人口均只相当于中国的一个大省或小省。这些情况说明,地理大发现时代西方的探险船队小是出于需要、适宜、合理和经济效益的考虑,而并非西方只能造那么大的船,组建那么大的船队。

第二,哥伦布、达·伽马、麦哲伦、迪亚士等所用的船并不代表当时西方造船的最高水平。例如,早在 11 — 13 世纪时,威尼斯政府的船只就能平均载运 500 吨"舱内的货物;另有甲板上的大量船货"③。14 世纪时,地中海上的船只载重量在 600 吨以上者并不少见④。这样,满载排水量便有八九百吨了。1474 年,汉萨同盟的一艘载重 2250 吨的商船彼得·冯·但泽号便下海营运⑤。

---

① cf.R.Trevor Davies :*The Golden Century of Spain* 1501 — 1621,p.214.

② 参见马吉多维奇:《世界探险史》,屈瑞、云海译,世界知识出版社 1988 年版,第 469 页。

③ 汤普逊:《中世纪经济社会史》,耿淡如译,下册,商务印书馆 1984 年版,第 1175 页。

④ 参见皮朗:《中世纪欧洲经济社会史》,乐文译,上海人民出版社 1987 年版,第 82 页。

⑤ 参见汤普逊:《中世纪晚期欧洲经济社会史》,徐家玲等译,商务印书馆 1992 年版,第 235 页。

　　第三,郑和大宝船的尺寸和吨位是否属实是学术界一直在争论的问题。这个问题比较复杂,本应多着些笔墨。但这里限于篇幅,只好遵编辑部之嘱把已写就的也删去了。好在笔者已另写有《郑和宝船实际吨位探析》等文①,指出:若按大宝船长44丈宽18丈,则满载排水量达4万多吨,这在技术上和经济上都绝不可能;大宝船的排水量充其量就4000多吨而已。

　　所以,在比较15、16世纪中、西远航的船只大小和船队规模时,既要看到中国船多、船大、人众,造船航海水运能力比当时的西方强,又要看到中国也强不到哪里去,而不是一般认为的那样,比西方强得多。因为以我们之“最”去比别人的“一般”,便不具备什么说服力。

　　我们还应该想到,又有没有必要造那么大的船(即使宝船真有那么大),出动那么多的船和人员,组成那么大的船队,达到那么大的规模。其实,即使要完成诸如耀兵异域、示中国富强、踪迹建文、联印抗蒙、怀柔远人、抚慰四夷、使八方来朝、君主天下、贸采琛异等使命,根据当时的国际形势,船队规模小九倍,每次出动2700多人,20多艘船,也足够了。张骞、班超、甘英等使西域,花费很少、人数不多、规模不大,效果不是很好吗。更为重要的是,我们还应该看到实用价值和经济效益。西方远航很讲究效费比,它们不是为了像郑和下西

――――――――――――

　　①　参见张箭:《郑和宝船实际吨位探析》,《上海交通大学学报》2004年第3期;又见《从考古文物实验析郑和宝船的吨位》,《华夏考古》2005年第4期。

洋那样显国威夸富强,自然也不会耗费巨资去建造那么多那么大的艨艟大船,它们的造船航海水运能力却因在地理探险、发现和随之而来的掠夺、扩张和通商中积蓄了力量,受到刺激和哺育。到 16 世纪七八十年代,仅西班牙一国在勒颁多海战和远征英吉利之役中,已能集结调动不亚于郑和大船队的大舰队了。长 80 米、宽 9—10 米,乘员上千人,装有 70 门火炮和一个水上冲角的大桨帆战船,也在勒颁多海战和英吉利海战中出现并大显威力了①。西方甚至发动侵略战争也很讲究效费比。1509 年在印度西海岸第乌岛附近的海战中,葡萄牙舰队共有战船 9 艘,水兵 1600 人②,却击败了有上百艘战船、近万名水兵的印度埃及联合舰队③。从此牢牢掌握了印度洋上的制海权。1840 年挑起鸦片战争的英国“东方远征军”也才四十多艘舰船,四千多人(后增兵至 70 多艘舰船,12000 多人)④,却击败了百万清军。而郑和船队舟大舶多人众,也从一个侧面反映了中国封建王朝不讲实际,不计效益和盲目自大的心理。结果耗资亿钿、所费不赀、府库为虚。加上其他原因,使下西洋或远航难以为继,造船航海水

---

① 参见白克敏、金禹门、许凤林等:《航海辞典》,知识出版社 1989 年版,第 678 页。

② 参见利弗莫尔:《葡萄牙史》,剑桥 1947 年版,第 223 页(H.V.Livermore:*A History of Portugal*,Cambridge University Press)。

③ cf.Boies Penrose:*Travel and Discovery in the Renaissance* 1420～1620,p.78.

④ 参见茅海建:《鸦片战争》,载《中国军事百科全书·军事历史》第三卷,军事科学出版社 1997 年版,第 1328 页。

运能力受到很大的挫伤和损害。郑和去世后,直到清末的北洋水师和轮船招商局,三个半世纪以来中国再没有出现这样大的远洋舰船队了。郑和远航船大舶多人众,固然显示了明代经济繁荣、手工业和技术发达,然而这种显示并没有给中国带来多少益处,更没有给老百姓带来什么好处。中国历史上许多朝代都存在着对人民群众聪明才智辛劳汗水的巨大浪费和挥霍。炎黄子孙们许多也惯于仅仅从这些浪费的体现物中赞美祖先之伟大、古代科技之先进、艺术之精巧、工程之宏伟,而很少想到其中的浪费和挥霍。这是很值得深思的。

(二)　在航海史上的地位

郑和下西洋在时间上比哥伦布发现新大陆早74年,比迪亚士发现好望角早83年,比达·伽马开辟新航路早93年,比麦哲伦环航大半个地球到菲律宾早116年。据此时间差,我国已故著名学者和政治家吴晗曾这样说过:"郑和下西洋比世界上所有的航海家的活动都要早","可以说,郑和是历史上最早的、最伟大的、最有成就的航海家"[①]。这段话在国内被后人相继引用。此外,还有许多赞美之词,如郑和是"地理大发现的先驱","开辟了横贯印度洋的新航线","洲际航海的杰出先行者","开创了航海史上的新纪元",等等。然而我们只要认真研究一下世界航海史和探险史,客观全面地进行

---

①　吴晗:《明史简述》,中华书局1980年版,第74、79页。

一下对比,就会有所狐疑。

　　众所周知,哥伦布、达·伽马、麦哲伦、迪亚士等之所以被称作地理大发现的先行者、大航海家和探险家,主要因为他们的活动在世界航海史、探险史、人类文明史上都占有比较突出的地位。他们向未知海洋进军,向神秘蒙昧挑战,迈出探险未知海域和地域的第一步,首先以航海为手段,将以前处于孤立或相互隔绝的美洲、部分亚洲和部分非洲与欧洲联系起来;首先把新大陆、非洲南部和地球本身介绍、告知给旧大陆的各文明民族。其中达·伽马到达印度,是在葡萄牙人半个多世纪以来对非洲西海岸探索的基础上,绕过好望角,沿东非海岸北上,从肯尼亚东渡印度洋,到达印度的卡利库特,从而开辟了从北大西洋绕过非洲南端进入印度洋驶抵印度的亚非欧国际航路。哥伦布是为了另辟通路到东方去,在相信地圆说的基础上由北大西洋向西南航行,意外地发现了美洲新大陆。他面对的浩瀚的大西洋,是一个对欧洲人、对当时整个文明世界都全然未知的领域。他靠大胆设想和冒险精神,获得了石破天惊的发现。而麦哲伦首次环航地球,证实了地球学说和海洋优势论,把全世界各大洲(澳洲除外)、各大洋联系起来。其航行之艰难,意义之深远、行程之远袤,世所罕比。迪亚士则在葡萄牙人既有基础上把对西非海岸的探索从南纬22度左右推进到35度左右①,发现了

――――――――――

　　① cf.Boies Penrose:*Travel and Discovery in the Renaissance* 1420－1620, p.58.

好望角和2500公里前人未知的海岸线，绕过了非洲最南端到达了东南非的大鱼河河口①，第一个从大西洋驶入印度洋，为开辟从欧洲到东方的新航路奠下了最后的和最重要的一块铺路石。

郑和下西洋的活动范围是在西太平洋边缘海和北印度洋上诸岛及沿岸国家。这些地方，自古以来便是人类航海文明的发源地。几千年前，南阿拉伯人、印度人和埃及人就已经印度洋上穿梭往来。西太平洋沿岸国家及边缘海岛各国，也早就有着频繁的海上交通。战争、贸易、传教、迁移等等使这些地区的人们通过海上活动联系起来。航海文明在这些地区经历几千年的变迁和各种势力的彼此消长，一直在发展着。到郑和下西洋前，有关西太平洋边缘海和北印度洋水域的主要航路和绝大部分水域早已为包括中国在内的许多国家所熟悉。例如我国的东晋高僧法显就曾从印度、斯里兰卡乘外国船回到中国青岛②，元代意大利人马可·波罗也曾从泉州出发乘船漂洋过海到了波斯湾才登岸③。各国史书和考古资料都证明，西太平洋边缘海和北印度洋地区的文明民族早已了解并在利用这一带的水域和主要航线。应当承认，与以往的航海活动相比，郑和航海所到范围广、地点多，对海洋勘察、岛

---

① cf.Ibid.,p.60.

② 参见（东晋）法显：《法显传》（又称《佛国记》），文学古籍刊行社1955年影印本。

③ 参见《马可·波罗行纪》第一卷第一八章，冯承钧译，[法]沙海昂校，商务印书馆1936年版。

屿测绘和航路的探察更为详细。《郑和航海图》(全称为《自宝船厂开船从龙江关出水直抵外国诸蕃图》)更是集以往中国人航海认识之大成,把这一带的许多地区、海域、航道、海岸线、岛屿等都粗略地画在了海图上。下西洋也首次一气贯通了从中国到东北非的航行。但是郑和下西洋在新海域的探险上贡献不明显。

郑和分艐去东非的航海线路有多条,其中最南端、最直接的一条是从斯里兰卡的别罗里(相当于今斯国最南端的马特勒一带)经过马尔代夫群岛去东北非索马里的摩加迪沙和布腊瓦(相当于今巴拉韦 Baraawe)一带。国内有的书和文章认为这条航路是郑和下西洋时所开辟,实际上并非如此。早在宋代,中国和东非之间的航路就已开通了。南宋赵汝适就曾记述层拔(桑给巴尔)"产象牙、生金、龙涎、黄檀香"①。而赵书中的数据,是他在福建泉州任职时,向来华的外商采访所得。即"乃询诸贾胡"②。这说明来华的胡贾乘船去过桑给巴尔岛又航海来到中国。元代汪大渊曾周游北印度洋和航达东北非,不管他乘坐的是哪国的船。汪也证明有这条从斯里兰卡别罗里到索马里的摩加迪沙和布腊瓦的航路。他还撰有《岛夷志略》。《四库全书》说他"至正中尝附贾舶浮海越数十国,纪所闻见成此书。……大渊此书皆亲历而手记之,究非空谈无征者比"③。汪大渊在实地游历的基础上真切地记述介

---

① (宋)赵汝适:《诸蕃志》卷上《层拔国》,中华书局 2000 年版。
② 《诸蕃志·自序》。
③ 《四库全书总目·史部·地理类》。

绍了东非地区的情况。例如对桑给巴尔(岛,今属坦桑尼亚)的记载云:"层摇罗国,居大食之西南,崖无林,地多淳。田瘠谷少,故多种薯以代粮食,每一货贩于其地者,若有谷米与之交易,其利甚溥。……地产红檀、紫蔗、象齿、龙涎、生金、鸭嘴、胆矾,贸易之货用牙箱、花银、五色缎之属"①。所以,到15世纪,从中国东南海岸到西印度洋和东(北)非的航行是不足为奇的。郑和的航行,只是在前人的基础上,在这一范围内开辟了更多一些相距较近的新航线,多一些登陆点;同时把中国与东(北)非之间以前有些间接的、辗转传递式的、偶尔一些的联系变得直接、连贯和频繁了。

　　由于郑和下西洋在时间上要比西方航海家开辟新航路早好几十年,郑和船队在东北非的航线又大致与达·伽马在东北非的航线相符,与他从东北非去印度的航线相近,因而有人便认为郑和航海为西方航海家的航行奠定了基础。甚至有人断言:"到十五世纪末,郑和横渡印度洋的大事,早已传到欧洲";"哥伦布显然受到中国人民航海业绩的影响,达·伽马和麦哲伦是沿着郑和开辟的航路才完成其历史使命的";"郑和是哥伦布、达·伽马、麦哲伦等的先驱和引航人"②。我们认为,这些说法显得含混和牵强。诚然,从时间上看,郑和是西方航海家的先驱,但很难说前者对后者产生了什么影响,更难说在后者远航前前者的事迹已传到欧洲。我

① (元)汪大渊:《岛夷志略·层摇罗》,苏继顾校释本。
② 邱克辉:《洲际航海的杰出先行者郑和》,载《郑和下西洋论文集》第一集,人民交通出版社1985年版。

们还未见到国内外任何书刊任何语种(英、俄、日、法、西、德等)的文献中有关于这个问题的任何具体内容①。我们知道,哥伦布和麦哲伦都是由北大西洋向西南航行,他们的航行方向与郑和到东北非的航行方向毫不对应,彼此的活动范围也还相去十万八千里。郑和的航行区域和路线在他们两人设想的航线和整个航程中也只占很次要的地位。实际上哥伦布一直在大西洋上航海,麦哲伦环航地球时,其船队到了亚洲后也没有走郑和走过的航线去东北非,而是从菲律宾往东南航行经印度尼西亚横渡印度洋直接到了好望角。如果说受到什么影响,哥伦布的航行倒是受到迪亚士发现好望角的影响②,达·伽马的航行也是受到哥伦布发现西印度的刺激,麦哲伦环航则受到哥伦布和达·伽马航行的启示。

至于达·伽马从东北非肯尼亚的马林迪跨海直接去印度的航程,虽是郑和分舰走过的,但达·伽马是在一个阿拉伯领航员马治德的协助下,用 23 天时间才完成的。在此以

---

① 就在一贯崇尚中国文化的日本人的著述中,也没有这方面的点滴记述。例如生田滋、高桥均、增田义郎合著的《大航海时代》一书(福武书店昭和 58 年版)。该书第一章为《马可·波罗去东方之旅》(マルコ·ポーロ东方への旅),第二章便为《瓦斯科·达·伽马去印度之路》(ヴアスコ·ダ·ガマィンドへの道),第三章为《哥伦布去新世界之航海》(コロンブス新世界への航海)……而说郑和事迹在地理大发现开始前早已传到欧洲的学者又不举出任何具体内容和资料出处。

② 葡萄牙人对于西非海岸探索的进展包括迪亚士的发现一直保密,以便垄断防止他人染指。但世上没有不透风的墙,而且哥伦布是先在葡萄牙活动,寻求葡王资助不果后才去西班牙的。

前,达·伽马的航线也只有从肯尼亚的蒙巴萨到马林迪这一小段约 100 公里与郑和分舰走过的航线逆向重合。而从蒙巴萨到非洲最南端的数千公里航线郑和船队并未涉足。所以,如果说中国人的航海文明对开辟新航路有什么影响,那也是通过多种方式和渠道间接的、渗透的、"润物细无声"的。

笔者认为,要全面地立体地比较郑、哥、达、麦、迪,要准确地客观地评价他们在航海史、探险史、地理学史上的地位、影响和贡献,就需要把航海家、探险家和地理发现者这三个概念分开和明确。

《现代汉语词典》未收"航海家"一词。《现汉》对"航海"的解释是:"驾驶船只在海洋上航行"①。《牛津高级现代英语学习者词典》对 Navigator 的解释是:"1.航海的人。2.有技术和经验参加过多次航行的海员;(特指)早期的探险家"②。这里的第一义可译成"航海者",第二义可译为"航海家"。《现代汉语词典》未收"探险家"一词。《现汉》对"探险"的解释是:"到从来没有人去过或很少有人去过的地方去考察(自然界情况)"③。《牛津高级现代英语学习者词典》对 explore

---

① 中国社会科学院语言研究所:《现代汉语词典》,商务印书馆 1997 年版,第 500 页。

② 霍恩比:《牛津高级现代英语学习者词典》,伦敦 1974 年版,第 571 页(A.S.Hornby:*Oxford Advanced Learner's Dictionary of Current English*, Oxford University Press)。

③ 社科院语言所:《现代汉语词典》,第 1226 页。

的解释是:"抱着了解它的目的而进入或深入(某个地区)旅行"①。它对 explorer 的解释很简单:"探险的人"。可以酌情译成"探险者"或"探险家"。

下面,我们把那五位航海家的主要航行情况列表对照比较,他们都是一流大航海家的地位便一清二楚了。

15 至 16 世纪初中西航海家比较表

项目 内容 航海家	有意义的首航年	有意义的终航年	有意义的航次	航海持续期	单向最远航程	有意义的总航程	航行最大规模	航行总规模
郑和(中)	1405 年	1433 年回国	七次	28 年	约 0.8 万海里	约 4 万海里	200 余艘船 2.7 万多人	1000 多船次 10 多万人次
迪亚士(葡)	1487 年	1500 年遇难	两次	13 年	约 7500 海里	约 1.4 万海里	13 只船 1500 余人	16 船次 1600 多人次
哥伦布(意、西)	1492 年	1504 年回国	四次	22 年	约 4500 海里	约 1.8 万海里	17 只船 1200 余人	30 船次 约 2150 人次
达·伽马(葡)	1497 年	1503 年回国	两次	6 年	约 1.1 万海里	约 2.2 万海里	20 只船 约 2000 人	24 船次 约 2150 人次
麦哲伦(葡、西)	1519 年	1521 年丧命	一次	2 年	约 2.1 万海里	约 2.1 万海里	5 只船 234 人	5 船次 200 多人
点评	郑和早数十年	郑和早数十年	郑和多几次	郑和多几到二十几年	郑和居中	郑和约多一倍	郑和大得多	郑和大得多

---

① A. S. Hornby: *Oxford Advanced Learner's Dictionary of Current English*, p.304.

续表

项目 内容 航海家	有意义的首航年	有意义的终航年	有意义的航次	航海持续期	单向最远航程	有意义的总航程	航行最大规模	航行总规模
备注	开始远航前的航海均不计	远航结束后的航海均不计	远航前后的航海均不计	中间休整期均不扣	按实际行驶的航程算，麦哲伦按到达菲律宾算	郑和有几次只到达南亚，迪亚士二航时先到巴西、再到好望角	迪亚士就算他参与，因第二次远航由卡伯拉尔领导	把迪亚士参与由卡伯拉尔领导的二印度也算上；迪以前参加的西非探航就不算

从上表可以看得明白,就航海家而言,郑和比西方航海家的航海早几十年,持续时期比他们长一些,指挥的船队和航行的规模比他们大得多,航行所到达的最远距离大于哥、迪,小于麦、达,居中,远航次数也比他们多得多,远航的总航程也长得多,驾船航海的技术和经验与组织指挥船队的才能和水平也不逊于他们,甚至高于他们。因为指挥组织特大舰船队更困难。所以,郑和是堪与哥、达、麦、迪比肩、齐名、相伯仲甚至更伟大的大航海家(当然也不能说哥、达、麦、迪比郑和逊色多少)。

（三）在探险史和地理发现史上的贡献

但是,从探险和地理发现的角度比较,郑和则不能与他们相提并论。这就需要简单论证探险和地理发现的概念:地理发现是指文明人类的代表第一次到达了或最先了解了文明世界前所未达或未知的地区和水域,或确立了已知文明地区之间的空间联系。探险是地理发现的方式和手段(自然,探险也用于其他目的),通过探险(包括海上航行和陆上跋涉)实现和完成地理发现。我们前面列举的中外词典对探险的解释也基本上是这样的内涵。

郑和船队(包括其分艅)到达的地区、驶过的航路、航行的海洋,均是文明人类已生活居住,已认识了解,已航行利用的地区和水域,并且它们彼此之间和北印度洋与西太平洋边缘海之间的联系也早已确立。郑和航海的水域和途经的地区大致可分为中国地区(从南京到南沙群岛)、东南亚地区、南亚地区、西亚地区和东北非地区五大部分。南亚和西亚是文明古国集中的地区自不待言。东南亚地区在郑和航海前也早已是文明地区了。需要论证的只有东北非地区[①]。

东北非的埃塞俄比亚是个文明古国,而且是个基督教国家,葡萄牙人探航非洲时要寻找的基督教的长老约翰王国,实际上就是埃塞俄比亚。它是被伊斯兰势力包围并与欧洲基督教世界隔开的一个重要的基督教国家。吉布提是个弹丸小国,面积2.3万平方公里,1977年独立以前为法属索马里。它

---

① 世人常说郑和船队多次到达东非海岸。这种说法太笼统,太模糊。东非海岸南到非洲最南端的厄加勒斯角,北到最东端的阿塞尔角,长达7000多公里。如果把红海西南岸也理解为东非海岸,则长达一万多公里。整个东非沿海有埃塞俄比亚、吉布提、索马里、肯尼亚、坦桑尼亚、莫桑比克、南非、斯威士兰和莱索托九个国家(斯威士兰和莱索托不濒海,但离海岸很近,分别只有几十公里和一百多公里)。郑和船队的活动范围只囊括了埃、吉、索、肯四国,只覆盖了从阿塞尔角算起最南到蒙巴萨的约2300公里海岸线。为了准确精细,我把埃、吉、索、肯四国视作东北非,把坦和莫北部视作中部东非,把莫南部和南、斯、莱的海岸视作东南非海岸。

的30多万居民也主要操索马里语。14世纪时,东北非的索马里地区已建立了几个伊斯兰教小王国①。在整个东非,11世纪以来,阿拉伯和波斯的穆斯林移民便自北向南,占据了沿海港口城市摩加迪沙(索马里)、布腊瓦(Брава,索马里巴拉韦)、基思马尤(索马里南部)、帕泰(群岛,肯尼亚北端)、拉穆(肯尼亚北部)、马林迪(肯尼亚南部)、基利菲(肯南部)、蒙巴萨(肯南部)、奔巴(岛、坦桑尼亚北部)、桑给巴尔(岛、坦桑)、马菲亚(岛、坦桑)、基尔瓦(坦桑、南部)、莫桑比克(莫桑比克北部)、索法拉(莫桑南部),成了控制黑人的统治阶级②。12世纪的基尔瓦在达伍德·本·苏莱曼(约1150年即位)统治时期,势力从索法拉延伸到奔巴海峡两岸,掌握着远东、美索不达米亚、波斯和地中海沿岸诸国(经红海)之间的海运贸易③。蒙巴萨自13世纪后半叶以来便由来自设拉子(今伊朗南部)的阿拉伯人统治。这里的船只分别驶往索法拉、桑给巴尔、马菲亚和奔巴④。东非沿海各城市都有自己的统治长官,一般由阿拉伯人或波斯人担任。至16世纪西方殖民者入侵以前,沿海各商业城镇和城邦一直呈独立自治自主的政治局

----

① 参见金宜久主编:《伊斯兰教史》,中国社会科学出版社1990年版,第415页。

② 参见金宜久主编:《伊斯兰教史》,第416—417页;巴勒克拉夫主编:《泰晤士世界历史地图集》,邓蜀生等编、译,三联书店1982年版,第137页大地图《非洲国家的出现,900—1500》。

③ 参见金宜久主编:《伊斯兰教史》,第417页。

④ 同上,第417页。

面①。这就是说,在莫桑比克南部萨韦河以北的非洲东海岸,在郑和航海前早已为阿拉伯和波斯的穆斯林所占居和统治,早已是文明地区,最南只到了肯尼亚蒙巴萨的郑和船队已没有什么地区可发现了。即使郑和分艅再向南行驶一段,进入坦桑尼亚北部,情况也是如此。所以,郑和分艅并没有发现什么文明人类前所未知、未达的陆地、海域、岛屿、海岸线、海峡等。

而且,萨韦河以北的整个非洲东海岸,都有阿拉伯人、波斯人在航行。他们并与印度人、马来人等一起,使东非和西亚、南亚、东南亚和东亚保持着比较经常的联系。这些情况也被达·伽马首航印度时的见闻所佐证。1498 年 1 月 25 日,达·伽马船队来到南纬 18 度的一个河口海湾(莫桑比克中部赞比西河河口),当地居民友好地接待了这些外国人。两个头戴丝织帽子的首领来到岸边,把一些印花布硬塞给水手们。首领的一个非洲人随从告诉水手们,他是个外地人,他见过与葡萄牙海船类似的船只(中国船与西欧船差别很大,故肯定是非中国、东亚船只)。那个人的讲述和那些确凿无疑的亚洲产品使达·伽马相信,他已接近印度了②。2 月 24 日,达·伽马船队离开了赞比西河河口海湾,五天后到达南纬 15 度的莫桑比克港。这里的中上层已通用阿拉伯语。阿拉伯人的单桅船多依(Дой)每年都来到该港,从这里主要运走奴隶、

---

① 参见金宜久主编:《伊斯兰教史》,第 417 页。

② см. И. П. Магидович, В. И. Магидович :《 Очерки по Истории Географических Открытий》,Том Ⅱ,с.41.

黄金、象牙和龙涎香。通过当地的谢赫（Шейх，伊斯兰教神学家或首领），达·伽马还在莫桑比克港雇请了两名阿拉伯引水员①。可见，郑和船队也没有开辟什么有重要意义和价值的新航路，没有确立什么已知文明地区的新的空间联系。

当然，在郑和以前，似乎还没有什么船、什么船队从东非肯尼亚直接驶到中国，或从中国直接驶到东非肯尼亚。以往的海上联系和交通基本上是接力式的，链条式的。而郑和船队则全程驶完并双向往返于中国和东北非。所以郑和对发展和巩固这条航路，发展和巩固中国与东北非的联系还是有贡献的。如果把这也理解为探险和地理发现的话，恐怕这是郑和下西洋在这方面的主要成就。

综上所述，郑和主要是一位大航海家，而基本上不是探险家和地理发现者。哥伦布、达·伽马、麦哲伦、迪亚士等人则既是大航海家，又是大探险家和有重大成就的地理发现者。这样全面地比较，他们各自在航海史、探险史和地理学史上的地位和贡献就比较清楚、立体和丰富了。

总之，在航海史上，郑和早于高于优于同时代的西方航海家，但在探险史和地理发现史上则大大逊于西方航海家。造成这种逊色的原因我已做过论述②，这里就不重复了。

（原载澳门《中西文化研究》2004 年第 2 期）

---

① 　smotri выше.

② 　参见张箭：《地理大发现研究，15—17 世纪》，商务印书馆 2002 年版，第五章"中国人为什么没有参与地理大发现"。

四、下西洋与渡美洲的航海术比较

做郑和下西洋与哥伦布航渡美洲比较研究的文章已有一些了,它们皆为综合性比较或某一其他方面的比较。对中西双方当时航海术的比较研究据我所知似乎还没有。郑和船队和哥伦布船队的航海术,包括测定船位术、天体导航术、气象识风术、操帆驶风术、罗盘罗经术、海图地图术、计程测速术、航道探察术等,都达到了帆船时代迄当时为止最高的水平。由于哥伦布的远航比郑和远航晚了八十多年,故哥伦布的航海术较之郑和又前进了一步。但因郑和船队的规模大得很多很多,郑和宝船也比哥伦布航船大得很多很多,故郑和远航体现的航海术亦比哥伦布的复杂困难一些。所以,他们的航海术各有千秋,概括起来为一个更复杂,一个更先进,总体上难分轩轾。是故在隆重纪念郑和首下西洋 600 周年之际(1405—2005),本人试做七下西洋与四航美洲的航海术比较,以拾遗补阙共襄大庆。

(一) 郑和下西洋的主要航海术

郑和船队综合、使用和发展各种新技术,行船万里,远渡重洋,把航海技术提高到一个新的水平。

　　郑和船队测定船位的方法有多种。一是测深辨位。据测量绳入水的长度得知水深；据测量锤底部牛油上黏附的泥沙，得知该处底质。两相对照，一般可推出所处位置。同时也可借此确定预计航线上的行船转向点。《郑和航海图》中便有定位转向去达"滩山"的实例："船见大小七山，打水六七托，用坤申及丁未针，三更，船取滩山。"①这里，打水六七托意为测水深约三丈至三丈半（一托约合五市尺）。二是对景定位，以海岸上的山岭或高大的建筑，海上的岛屿为物标，求得船舶与这些景物的相对位置。郑和船队已由一向定位发展到三向交叉定位。例如《郑和航海图》上从孝顺洋到黄山的航线便采用了三向景物交叉定位法，即"船平檀头山，东边有江片礁，西方见大佛头山，平东西崎"②。这样准确性便又提高了一个档次。三是天文定位。郑和船队主要观测北极星，只是在赤道以南由于看不到它而改为观测华盖星（小熊座，β、γ双星 kochad）。所用的测天仪器叫牵星板，"一副十二片，乌木为之，自小渐大，大者长七寸余。标为一指、二指以至十二指，俱有细刻，若分寸然"③。"又有象牙一块，长二寸，四角皆缺，上有半指、半角、三角等字，颠倒相向，盖周髀算尺也。"④通过测量星体高度，就可定出船舶所在的纬度。但中国当时

　　①　参见《郑和航海图》，向达整理，中华书局1961年版，第七图/29页。第九图/31页。

　　②　《郑和航海图》，第九图/31页。

　　③　（明）李诩：《戒庵老人漫笔》卷一《周髀算尺》，中华书局1982年版。

　　④　同上。

至少还没有把经度概念应用于航海和制图,所以地理位置主要以星高的指数来标记。即所谓"观日月升坠,以辨西东;星斗高低,度量远近"①。

郑和船队采用和发展了多种导航技术。一是陆标导航。《郑和航海图》上描绘的显著物标有十几种,其中以利用山峰导航最为普遍。这种导航方法在视线范围内和狭窄的航道中比较简便实用。二是天文导航。明代《顺风相送》写道:"永乐元年奉差前往西洋等国开诏,累次较(校)正针路、牵星图样,海屿水势山形图画一本,山(删)为微簿。务要取选能谙针深浅更筹,能观牵星山屿,探打水色深浅之人在船"②。这本书中载有"定日月出入位宫昼夜长短局","观星法","定太阳出没歌"及"定太阴出没歌"。为便于记诵,将不同季节和时辰观测日月星辰在天空运行的位置来判断方向的方法编成了歌谣。再加上舟师的丰富经验,观察和判断方位就更为方便了。郑和船队在前代"昼则观日,夜则观星"的基础上,把天文导航提高到了更为具体和精确的水平。比起同时期的西方和稍后的哥伦布等人,都要丰富、缜密和准确一些。

郑和船队对季风的认识、掌握和利用已非常熟练。他们一般是冬春出海乘东北季风南下再西出印度洋,夏季又乘西南季风东归北返。随行马欢在《瀛涯胜览》卷首所写的纪行

---

① （明）巩珍:《西洋番国志·自序》,中华书局 1960 年向达校注本。

② （明）佚名:《顺风相送·序》,见向达校注:《两种海道针经》,中华书局 1961 年版。

诗也咏道:"使节勤劳恐迟暮,时值南风指归路"。《郑和航海图》中某些航线的航向设计和航路指南有不小矛盾,图上的航向和船舶实际航行轨迹往往不一致,究其原委在于航线设计中已包含了季风、风流压差的因素。在驶风技术方面。宋人已知"风驶八面,唯当头不可行"。而其他的七面风宋人都能取风以进。即通过操纵风帆脚索变换帆角,同时调整尾舵与披水板相配合。利用这一技术,即使在正顶风时,宋人也能采取走"之"字形的方法朝预定目标前进。郑和船队也继承了前人的经验,船驶八面风。当然逆风前进时劳动强度很大,速度很慢。尤其是郑和船队,舶大、人多、舟众,其操纵的难度强度又远比宋元的帆船和同时代西方的帆船为大。这也说明了郑和船队驶风技术高超。

在航海仪器方面,郑和船队用的罗经"斫木为盘,书刻干支之字,浮针于水,指向行舟"①。水罗经有在巨大震动下不脱针而正常工作的优点,但也有指针随水荡漾晃动观察吃力的缺点。罗经采用天干、地支、八卦(部分)等字,分作 24 方向,每向为 15 度,这在当时是比较精确的。郑和船队用牵星板测量星体距水平线的高度,从而求得船的位置。其原理相当于今天的六分仪。前引《戒庵老人漫笔》中对牵星板有介绍文字,《郑和航海图》中的"过洋牵星图"有其图样和使用示意图。在计时方面,郑和船队使用壶状沙漏,与西方类似。简单的计程测速仪在郑和船队也得到经常应用。"更"为计程

① (明)巩珍:《西洋番国志·自序》。

测速的度量单位。一更为 2.4 小时/60 华里。"海行之法,六十里为一更。"①巩珍说"转向而往,要在更数起止,记、算无差,必达其所"②。这是计程测速仪用于郑和航海的佐证。明代《顺风相送》说:"将片柴从船头丢下,与人齐到船尾,可准更数。每一更二点半约有一站,每站者计六十里。"③清初《台海使槎录》记载:"以木片于船首投海中,人从船首速行至尾,木片与人行齐至,则更数方准。若人行至(船)尾而木片末至,则为不上更;或木片反先人至船尾,则为过更,皆不合更也。"④计程测速仪的英文名为 log,本义便是木块的意思,说明西方最初也是这样测速计程。但郑和船队已发展出复合计量单位"更",类似经典力学上的牛顿力,可见郑和船队使用这项技术比哥伦布等熟练。

郑和船队还绘制了《郑和航海图》(《自宝船厂开船从龙江关出水直抵外国诸番图》)。该图对于正确了解郑和所经地区的基本地理概貌来说只是很粗略的示意图,但对于舟师来说则是很管用的航海图,也是当时西太平洋边缘海和北印度洋的最好海图,还是我国现存最早的航海图。航海图载有中国和亚非地名 530 余个。图上描绘了大陆海岸线、岛屿、礁

---

① (明)黄省曾:《西洋朝贡典录》卷上《占城国》,中华书局 1982 年谢方校注本。

② (明)巩珍:《西洋番国志·自序》。

③ (明)佚名:《顺风相送·行船更数法》,载向达校注:《两种海道针经》。

④ (清)黄叔璥:《台海使槎录》卷一《赤嵌笔谈·水程》,台湾文献史料丛刊第二辑,台湾大通书局 1984 年版。

石、浅滩、海湾、港口、江河口,以及陆地上的可用作航标的人文地物。海图还详细地写出地名、绘出航线,航线上并注记了针位(航向、方位)和更数(航程、时间),有时还标记出航道深度(即"打水几托")、航行注意事项等。此外根据海区定位的需要,有的图幅还注记了天体高度①。不过,有的学者把《郑和航海图》说成是世界上现存的最早的航海图集②,比荷兰瓦格涅尔(L.J.Waghenaer)编绘的所谓世界第一部航海图集还早一百多年③,这就言过其实了。因为它本是一幅一字展开的长卷式有山水画特征的航海图,收入《武备志》时为便于刻版、印刷、装订、收藏才改成书本式,分为 20 连页,裁为 40 幅(不计前一页说明,后两页"过洋牵星"图),也才成为图集。仅以西方而论,现存最早的航海图,是 1300 年的波托兰地图,即现藏巴黎国立图书馆的卡特·皮萨图(Carte Pisane)④。它

<hr>

① 参见《郑和航海图》第 34—37 图,如华盖五指二角,北辰八指,等等。

② 参见朱鉴秋:《〈郑和航海图〉在我国海图发展史中的地位和作用》,载《郑和下西洋论文集》第一集,人民交通出版社 1985 年版。

③ 瓦格涅尔(L.J.Waghenaer)编绘的航海图集有两部。第一部名为《航海明镜》(Spieghel der Zeevaert),分两卷。第一卷 1584 年出版,有西欧沿岸总图及分图 22 幅;第二卷 1585 年出版,包括欧洲北海、波罗的海沿岸港湾图 21 幅。第二部名为《航海宝库》(Thresoor der Zeevaert),1592 年出版,其内容也主要包括欧洲地区。原图可见于邱尔金编:《地图集》,苏联科学院出版社 1961 年版(В. Г. Чуркин:《Географические Атласы》,Издательство Академии Наук СССР)。另外,到瓦格涅尔时代,欧洲的航海图已囊括全世界了。

④ 参见彭罗斯:《文艺复兴时期的远行和地理发现》,纽约 1975 年版,第 299 页(Boies Penrose:*Travel and Discovery in the Renaissance*,1420-1620,New York,Antheneum)。

展示了地中海、黑海和局部大西洋①。这种图主要用于航海，图上地名基本上限于沿岸，即海湾和港口（Port），因此叫波托兰（Portolan）地图。图上布满了罗经线或方向线，它们从系统定位的各中心点放射而出，中心点通常是精致绘成的罗经卡或风向标（wind roses）②。从 1393 年的加泰隆波托兰地图起，原来各中心点放射出去的东南西北四条方向线已精细到 32 条罗经线③。直到地理大发现时代西方仍流行这种航海图，即以投影法、比例尺、南北向绘成的普通地图加上方向线。

由以上所论可知，郑和船队继承和发展了中国悠久的航海术，首先把近海航行推进到远洋航行。在定位、指向、导航、识风、驶风、计程、制图、探察航道等方面都有创新，在当时的世界上处于领先水平。

（二）哥伦布航渡美洲的主要航海术

在地理大发现时代的西方航海家和探险家中，哥伦布是名声最大的一个。在初期的航海家探险家中，哥伦布留下的材料也最丰富。我们就看看他和他所代表的当时西方的航海

---

①　参见柯瑙：《地图上的世界》，伦敦 1930 年版，第 60 页（I.J.Curnow：*The World Mapped*，London，Sifton Praed & Co.，Ltd.）。

②　参见史蒂文森：《已复制成幻灯片的地图》，纽约 1913 年版，第 13 页（E.L.Stevenson：*Maps Reproduced as Glass Transparencies*，New York，The Trow Press）.

③　cf.I.J.Curnow：*The World Mapped*，p.61.

技术和航行方法。

　　哥伦布因比郑和晚了 80 多年，航海术又有了一些进展。据流传至今的《哥伦布航海日记》所称，哥伦布的助航工具已有了地球仪、世界地图和托斯堪内里信手勾勒的没有多大用处的大西洋海图。这一点比郑和前进了一步。哥伦布在计划航线方面，首先通过简陋不清甚至严重失实的世界地图与海图，确定目的地的大致方位，然后采取"等纬度航法"或对准目的地的斜航线实施整体航行。在航路指南方面，哥伦布的航海日记也可以说是第一部横渡大西洋以及在美洲东海岸航行的"航路指南"书。例如日记 1492 年 10 月 15 日写道："圣玛丽亚岛与该岛（费尔南迪娜岛）相距 9 里格（1 里格约相当于 3 海里），该岛西北、东南走向，纵向海岸线似有 28里格。……该岛地势平坦，无山。海滩无石，但近陆地处却有若干暗礁。海水虽清澈见底，但抛锚时，则应仔细观察，或切勿紧靠陆地抛锚，以免危险。"① 又如同年 12 月 1 日写道："在圣港入口处东南有一海角，凡欲驶入海港就得先经过这一海角之西北，然后再经海角之东南。那海角前边有一无礁石的浅滩，浅滩与海角间水深 12 呎（按，1 呎＝1.829米），可通行无阻。进港时浅滩末端与海角之间水深 12 —15 呎，需将船头调向西北方向驶入。"② 在这些航路指南性的记载中，一般航法、显著物标、安全航道、港湾介绍、危险

　　① 《哥伦布航海日记》，拉斯·卡萨斯节录，马丁·费尔南德斯校注，孙家堃译，上海外语教学出版社 1987 年版，1492 年 10 月 15 日。

　　② 《哥伦布航海日记》，1492 年 12 月 1 日。

物、碍航物、锚地等一应俱全。不过哥伦布船队没有绘制专门的航海图（有其他地图），郑和船队绘制有专门的航海图，但缺乏详细的航海日记①，所以在资料积累上双方是各有长短。

　　航迹推算是一种最基本的海上定位方法，它须掌握航向、时间、航速三大要素。哥伦布的罗盘已是旱罗盘，它不仅有玻璃罩，而且还有常平架②，可以在船舶摇晃时基本保持平衡，不卡针。它和今日普通罗盘已很接近，比郑和罗盘进步了许多。罗经卡已发展为 32 个等分，所以波托兰地图上各中心点放射出去的罗经线为 32 条。在航向测定上，哥伦布首航时便发现了地理北极与地磁北极之间的偏差，测量了磁偏角，并在测定方位时予以应用③，这比前人又提高了一步。时间的测定哥伦布用沙漏，不很准确，每天要通过日晷校正。航速的测定哥伦布是用古老而直观的漂物测速法，其测量精度主要靠直觉和经验。只不过船边有一根均匀地打着结的测量绳作为尺度④。所以在计时、测速、计程方面，中西差别很小。作为船长的哥伦布，每天要对各当班

---

　　① 随行马欢之《瀛涯胜览》，巩珍之《西洋番国志》，费信之《星槎胜览》均有一些航海内容，但基本上属于地理学、历史学、旅游学著作，而不属于航海日记；且都比较简略。

　　② 参见格兰佐托：《克利斯托弗·哥伦布》，第 113 页，诺曼 1987 年版（Gianni Granzotto：*Christopher Columbus*，*The Dream and the Obsession*，*A Biography*，Norman，Better Books Co.）。

　　③ 参见《哥伦布航海日记》，1492 年 9 月 13 日，9 月 17 日，9 月 30 日。

　　④ cf.Gianni Granzotto：*Christopher Columbus*，*The Dream and the Obsession*，*A Biography*，p.114.

船员测得的三要素的数据进行核算与修正,推算航迹,做出下一步导航方案。1493 年 1 月 17 日的日记是哥伦布进行航迹推算的典型例证:"昨天,日落后,风速略减,船队航行约 14 流沙时(1 流沙时约当半小时)直近半夜,已行 28 海里(1 意大利海里=0.75 海里),时速 4 海里。后来,风速渐强,船队继续行驶 10 流沙时,日出前又行 6 流沙时,时速 8 海里。总航程为 84 海里,即 21 里格,航向为东北偏东 1 罗经点。"① 在陆标定位方面,哥伦布也从单标定位进步到三标交叉定位。如 1493 年 2 月 27 日,帆船"在离圣比森特角 120 里格,离马德拉岛 82 里格,离圣玛丽岛 106 里格的海域航行。"②

在天文定位方面,哥伦布也是通过观测太阳的中天高度或北极星的"出水"高度,求出观测时的本船纬度。当时,古老的星盘已改进为相对简便的四分仪(即象限仪)。其观测精度并不比郑和船队的牵星板高,但使用起来较为方便。例如,1493 年 2 月 3 日,哥伦布在亚速尔群岛附近"发现北极星位置很高,就像在圣比森特角见到的那样"③,随即认为其纬度值与帕洛斯相仿,便走等纬航线返航。关于用天文定位确定经度,虽然古希腊的希帕库(Hipparchus,前 194—前 120)和托勒密等人早已提出,即通过在两地同时观测同一日食或月食的时间差来测定它们之间的经度差,从而推算出某一地

　① 《哥伦布航海日记》,1493 年 1 月 17 日。

　② 《哥伦布航海日记》,1493 年 2 月 27 日。

　③ 《哥伦布航海日记》,1493 年 2 月 3 日。

点的经度①。但由于各方面条件不具备,哥伦布以前的航海者是不知道自己所在的经度的。而在哥伦布的航海日记中,我们看到他做出了可贵的尝试。例如 1494 年 9 月 14 日夜,哥伦布在绍纳岛观测月食,并与记载纽伦堡这次月食时间的历书做了比较。推算出了时间差和当地的经度。1504 年 2 月 29 日,他再次观测照例发生的月食,推算出西班牙加的斯和牙买加圣格洛里亚之间的时间差和当地经度②。这些经度数据皆误差很大,但毕竟迈出了从无到有的第一步。在确定经度方面,哥伦布及西欧比郑和及中国先进一些。

在驶风技术方面,哥伦布船队可以在与顶风成 57 度(约 5 个罗经点,每点为 11.5 度)的角度范围内前进③。所以,哥伦布船队也能船驶八面风,只不过在逆风时,西方表述为走"Z"字形罢了。在暴风雨条件下,哥伦布基本上能以娴熟的驾船驶风技术逢凶化吉,转危为安。在安全靠泊方面,哥伦布总是先停泊、后观测,再寻泊。在通过浅险航道时,哥伦布一是边勘察,边测深,边通过。二是反复运锚和绞锚,即先用小艇运锚、前进一定距离、投锚入水,然后用大船上的绞锚机械把船绞拉到投锚地点。例如在第二次古巴航行遇到特浅航段

---

① 参见保罗·佩迪什:《古代希腊人的地理学》,蔡宗夏译,商务印书馆 1983 年版,第 813 页。

② 参见《哥伦布航海日记》1494 年 9 月 14 日,1504 年 2 月 29 日;又见萨·伊·莫里逊:《航海家哥伦布》,陈太先、陈礼仁译,湖南人民出版社 1983 年版,第 151—152、233 页。

③ 参见萨·伊·莫里逊:《航海家哥伦布》,第 81 页。

时①。三是利用涨潮、退潮和平潮时期的不同水位和海流安全通过。在抢险方面,哥伦布已使用唧筒(手动往复泵,今日抽水、油、酒等还用)排水②。

　　哥伦布的航海技术和航行方法在当时是很高明的。哥伦布四次远航,航只的毁损率相当低,也说明了这一点。哥伦布第一次航渡美洲时,因值班人员疏忽,圣玛丽亚号在海地岛搁浅。但船上的人员和物资都安全转移下来,船体也被用作建材修建殖民据点③。其他两只船都安全返航。哥伦布的其他三次航渡美洲,在他直接指挥下的船队也基本没有发生船毁人亡的严重海难④。相比之下,郑和船队的毁损率较高。如当时的同兵部主事刘大夏所说:"三保下西洋,费钱粮数十万,军民死且万计。"⑤还有人指出:"其随行军士,或以舟败漂没异国,有十余年始得还者,十不存一二云。"⑥当然,这并不是郑和船队航行的安全系数大大低于哥伦布船队,而主要是因船大舟多人众,操纵、指挥难度大和疏忽率必然较高所致。

---

　　①　参见萨·伊·莫里逊:《航海家哥伦布》,第147页。

　　②　同上,第226—228页。

　　③　参见马吉多维奇父子:《地理发现史纲》第二卷,莫斯科1983年版,第22页,(И. П. Магидович, В. И. Магидович:《Очерки по Истории Географических Открытий》,Москва,Издательство Просвещение)。

　　④　参见张箭:《地理大发现研究,15—17世纪》,商务印书馆2002年版,第六章第五节"哥伦布后三次在美洲的探险、发现与殖民"。

　　⑤　(明)严从简:《殊域周咨录》卷八《琐里·古里》,中华书局1993年版。

　　⑥　(清)傅恒:《历代通鉴辑览》卷一〇二,"遣中官郑和使西洋"条,1857年刻本,第52册。

以上那些航海技术和航行方法自然非郑氏、哥氏一人所用所创，只不过他们是领导者和指挥者，是各自船队最主要的航海家而已。

（三）结语

郑和下西洋和哥伦布横渡大西洋所采用和发展的那些航海技术和航行方法，在时代内涵上深刻反映了15世纪世界航海术从古代转向近代，由传统转向革新，从定性转向定量的历史演变过程；也深刻地反映了那一时期世界航海活动由近海转向远洋，从区域性转向全球性的历史演变过程。

郑和船队和哥伦布船队的航海技术，都分别代表15世纪初、15世纪末的世界领先水平，交相辉映，互有千秋，"各领风骚数十年"。他们也都具有高超而娴熟的帆船航海技艺，都是世界一流的大航海家。当然，由于哥伦布航海比郑和航海晚了八十多年，又有葡萄牙人半个多世纪远航的技术积累，在许多具体方面比郑和又前进了一些。不过，驾驶中小型船比之驾驶大型船，指挥十几只船比之指挥两百余艘船，领导1000多人比之领导2万多人，前者毕竟简单容易一些，后者肯定复杂困难若干。比如在通信联络方面，在后勤补给方面，在海上编队方面，在停靠驻泊方面，在修理抢险方面，等等。就以船大船小而论，譬如小游艇，人人都会划；稍大的打鱼船、摆渡船等，就不那么好摆弄了；再大些的中型渔帆船，一般人就不能驾驶；而驾驶操纵很大的帆船就需要特多的学习和训练。所以总体来说他们不分伯仲，当时的中西之间也难分轩轻。只是由于种种原因,郑和远航体现的中国当时强大的、先进的造船航海能力和航行技术并没有使得中国人参与完成地理大发现,这是很令人遗憾的。倘郑和下西洋的远航能坚持下去,并把超大规模的七下西洋,改为小规模的无数次下西洋,中国的航海术造船术便会继续发展进步,中国人也就会参与一部分地理大发现,近代的部分世界历史也许就会改写。所以,通过15世纪中西航海术(还有造船术)的比较使我们容易认识到,需要继续探讨中国人没有参与地理大发现的各种原因。

(原载《华东理工大学学报(哲学社会科学版)》2004年第3期)

五、中国人为什么"缺席"了
地理大发现

六百年前的1405年(明永乐三年),郑和、王景宏、侯显等奉明成祖朱棣之命,率领着两万七千余名官兵水手,驾乘着两百余艘大小船舶,开始了下西洋的壮举,拉开了大航海的帷幕。船队舳舻十里,篷帆蔽日,桅樯如林,锣声喧天(雨雾天彼此敲锣联系)。他们前后七次下洋,历时二十八年(1405—1433),航行于太平、印度两大洋,遍访东南亚、南亚、西亚、东(北)非三十多个国家和地区,"涉沧溟十万余里"。远航途中,"观夫海洋,洪涛接天,巨浪如山;视诸异域,迥隔于烟雾缥缈之间。而我之云帆高张,昼夜星驰,涉彼狂澜,若履通衢"。下西洋向全世界展示了灿烂的中国古代文明,先进的传统科学技术,表达了中国人民与各国人民友好交往的良好愿望,践行了睦邻和平的国际政治。

我们今天知道,地球是个水球,海洋包围着陆地并彼此相连。所以,航海探险是地理大发现最主要最重要的途径和方式。纵观地理大发现前一阶段的四大航行探险,莫不如此:1492年哥伦布首航西印度,开始了发现美洲的历史进程;1498年达·伽马首航东印度,开辟了联结欧洲和亚洲、大西洋和印度洋的新航路；1500年卡伯拉尔二航印度，发现了南美巴西和东非马达加斯加岛；1519—1522年麦哲伦、埃尔·卡诺环航世界，发现了地球，证实了水球……就郑和船队的规模、装备，技术和明代中国的造船航海能力而论，中国人是完全能完成、参与一部分地理大发现的，这已为中外所公认。但遗憾的是率先开创大航海时代的中国人却没有能在接踵而至的地理大发现中弄潮，没有能参与、完成（一部分）地理大发现，令人惋惜。我们今天在隆重纪念郑和首下西洋六百周年之际，禁不住要对个中的原因探讨梳理总结一番。

（一）软弱而短暂的动因

地理大发现是规模巨大而持久的远航和探险的结果，它需要巨大的投入，需要国家或王室的支持，因而需要有强大持续的动因。这样的动因在当时的欧洲是存在的，但在明代的中国却不存在。西欧沿海国家由于腹地狭小，一向重视海上贸易。中世纪中期以来，就形成了以海运为联系纽带的两大海上商贸区，即地中海商贸区和北海波罗的海商贸区。这两大商贸区又通过经直布罗陀海峡的海路和从意大利到德国的陆路沟通连接。早在元初威尼斯商人马可·波罗便来过中国，回国后写成《马可·波罗游记》一书。此书夸张地描写了中国、印度、日本等东方国家的富庶，在欧洲人中激起了去东方冒险淘金的热情。这种激情到地理大发现时代便迸发出来。15世纪，西欧资本主义开始萌芽，各国统治集团为扩展商业和殖民活动，更积极鼓励航海探险。

　　和当时西欧统治者积极支持远航探险、发展海外事业相反，明代中国统治者仍采取传统的重农抑商政策。这一政策强调只有农业才是国计民生的根本，而工商业只是末业。因此国家为了长治久安，便要尽可能地抑制它的发展。重农抑商的观念在中国历两千余年而不衰，自秦统一以来始终被历代王朝奉为国策。明代抑商强烈地表现在对外贸易上的海禁。海禁的初期原因是防范政敌。所以洪武四年便"乃禁濒海民不得私出海"①。后又因"缘海之人往往私下诸番，贸易番货，因诱蛮夷为盗。命民部严禁绝之，违者惩以重法（罚）"②，故而厉行海禁。

　　海禁的最直接原因则是倭患。14 世纪 30 年代以来，日本开始了南北朝分裂时期，15 世纪 60 年代以降，日本又陷入了战乱的战国时代。西南部的封建诸侯大名组织了一部分武士、浪人和商人出没于中国沿海，抢劫、杀戮，进行掠夺和骚扰。历史上称之为倭寇。为此明朝在加强海防的同时，厉行海禁，严刑峻法，禁止人民出海贸易，甚至"片板不准下海"。倭患持续到 16 世纪 60 年代才被基本荡平，海禁则直到明末也没有完全解除。

　　由于中国坚固的封建经济结构，占统治地位的自然经济，以及建立其上的严密的封建政治结构和精致的封建主义意识形态，使中国封建社会长盛不衰。尽管明中叶以降中国个别

---

　　① 《明太祖实录》卷七十，"中研院"史语所影印本。
　　② 《明太祖实录》卷二三一；亦见《续文献通考》卷二六《市》。

地区(江南)也出现了资本主义萌芽,但中国早期资产者非常软弱。明代各大城市爆发过声势不同的反对封建专制统治的市民运动,但都以失败而告终。中国资本主义不发展,便没有进行地理大发现的强大持续的经济动因。所以恩格斯总结道:"封建主义的基础是农业,……而航海事业是一种毫无疑义的资产阶级的事业,这种事业的反封建特性,也在一切现代舰队身上打上了烙印。"①

明代允许外国商人来华贸易,却改变宋、元的市舶制度,实行"朝贡贸易制度"。外国商船只要名义上向明廷朝贡,就能恩准上岸贸易。这种贸易不仅不抽关税,而且对"贡品"付比市价高得多的钱。即"厚往而薄来可也","则赉予之物宜厚"②。外商捞到巨大好处,便争相向明廷朝贡。但这种花钱买虚名的朝贡贸易使明廷背上了经济包袱,最后不得不对各国朝贡次数、规模大加限制。

明代不让老百姓出海,但朝廷却组织了多次远航。这些远航从表面看,似乎可以大大刺激明廷对远方财富的欲望,从而成为进行地理大发现的经济动因。但情况并非这样。郑和下西洋的动因不是出于经济要求,而是有其政治目的。政治目的可以成为一时的动因,但远不如经济动因那样持续稳定。一旦时过境迁,原有的政治目的很快消失,远航也就失去了动因。名震世界的郑和远航也就这样突然偃旗息鼓了。

---

① 恩格斯:《论封建制度的瓦解和民族国家的产生》,载《马克思恩格斯全集》第21卷,人民出版社1965年版。
② 《明太祖实录》卷七一;卷一五四。

中国古代改朝换代后,新朝新帝大多要昭告天下,希望海外各邦臣服新王朝。明朝建立后更需要这样做。因为元朝是少数民族蒙古人建立的王朝,又因为明朝是由农民起义领袖开创的王朝。因此朱元璋开国建朝后,不断遣使出海安抚各邦。郑和第一次远航离明朝开国才 37 年,离元朝彻底灭亡才 17 年,离洪武年号 7 年。因此郑和下西洋主要推行怀柔政策,"所以宣德化而柔远人也"①。

郑和下西洋之所以规模如此巨大,短时间内进行了七次,还有另外两个政治目的。一是寻觅被推翻的建文帝朱允炆。朱元璋死,朱允炆以皇太孙继位。朱元璋第四子朱棣初封为燕王,镇守北平(北京)。建文元年朱棣起兵,发动靖难之役,四年破京师(南京),夺其侄建文帝之位,称明成祖,年号永乐。建文帝下落不明,传说他已逃亡西洋。若真是这样,终究是祸根。为了长治久安,实现永乐大业,明成祖便派遣郑和等出使西洋寻觅。《明史·郑和传》便说,"成祖疑惠帝亡海外,欲踪迹之"②。

二是联印抗蒙,警告帖木儿。明朝伊始,具有蒙古血统但已突厥化的帖木儿在中亚建立了帝国。他于 1370 年"在撒马尔罕宣布他是成吉思汗汗系的继承人,察合台汗国的君主"③。所制法令也以成吉思汗的大札撒为标榜。帖木儿接

---

① 前引《天妃之神灵应记》。

② 《明史·郑和传》,中华书局标点本。

③ 布哇著、冯承钧译:《帖木儿帝国》,载《西域南海史地考证译丛》第三卷,商务印书馆 1999 年版。

着征服了伊朗、西亚一部、小亚一部、南亚一部、俄罗斯南部。帖木儿还企图东征中国,帮助元蒙在中原复辟,使中国皈依伊斯兰教。1404 年帖木儿在撒马尔罕召集库里尔台大会,决定东征中国。他集结了马步驼象兵四十余万,于 1404 年 11 月开始进兵。1405 年 2 月帖木儿越过锡尔河后病死军中,这才罢东侵之役①。因此,郑和下西洋又有联合印度等国,牵制、夹击帖木儿的侧背,至少是警告、示威于帖木儿的意图。《明史·郑和传》便说:"且耀兵异域,示中国富强"②。不过这一条动因也因帖木儿帝国不久衰落而很快消退。

郑和第七次远航归来(1434 年,一说郑和便病逝于第七次远航的返航途中),怀柔政策已见成效,各国已与明廷建立政治、外交关系,来华使节络绎不绝,盛况空前(例如第六次下西洋返回时,随船来华的竟有 16 国),"遣使千二百人贡方物至京"③。此时建文帝若还在人世,也是近 60 岁的老人,纵有复辟之心,亦无复辟之力。这时明成祖亦早已去世,帖木儿帝国也开始衰落,不再构成威胁。于是郑和远航的三大政治目标已不复存在,远航自然也就没有了强大的动因。而且郑和七次大规模航海不仅没有像后来西欧冒险家的远航那样带来巨额利润,反而使国库空虚。宝船队每次出海,装载大量金银、铜钱、瓷器、丝绸、茶叶、棉布、铜器、铁农具、铁锅铁勺等,

---

①　布哇著、冯承钧译:《帖木儿帝国》,载《西域南海史地考证译丛》第三卷。

②　《明史·郑和传》。

③　《明成祖实录》卷一二七。

而换来的主要是供皇室和贵族官僚享用的奇珍异宝、珍禽异兽、香料、补药及各种奢侈品。每次远航耗资巨大,危害了封建统治的经济基础——自然经济,致使统治集团内的一些政治派别指责下西洋为"弊政"。宪宗时的刘大夏等便尖锐地指出:"三保下西洋,费钱粮数十万,军民死且万计。纵得夺宝而回,于国家何益?"①于是自唐以来中国远航一直名播海外,但自下西洋壮举后,反而一蹶不振,让位于西欧。

(二) 经验主义的宇宙观和大地观

无论是哥伦布向西远航,或是迪亚士、达·伽马向南探航,还是麦哲伦环球航行,之所以能进行,并非纯粹鲁莽的冒险,而是和他们本人及其资助者确信大地是球形分不开的。

欧洲传统的大地球形观念产生于古希腊。它最早由毕达哥拉斯学派和帕尔门尼德创立②,其后阿纳萨哥拉斯提出经验性证明,最后亚里士多德进行了全面的论证。他根据月食时地球投射到月球上的影子轮廓呈弧形,观测者地(海)面位置的移动引起恒星位置变化,物体坠下的直线与通过坠下点的切线相交构成同一角度等③,精辟地证明了大地是球体。从此,球形大地说在希腊和希腊化世界得到确立和普遍承认。

---

① 严从简:《殊域周咨录》卷八,中华书局 1993 年版。

② см. В. А. Дементьев, Д. А. Адрюшенко :《История Географии》,Минск,образования БССР,1962,С.35.

③ 参见亚里士多德:《论天》,载《古代的地理学》,梁昭锡译,商务印书馆 1986 年版。

与此同时，亚里士多德又确立以球形大地为中心，且有许多同心天球环绕的宇宙模型。阿里斯塔克则超前地提出，太阳是宇宙的中心，地球和行星都绕太阳运行，地球每天又绕自己的轴自转一圈。古希腊的宇宙观和地球观是相互支持的，不管是日心说还是地心说，在其天体体系中大地都是球体。诚然，到了中世纪黑暗时期，古希腊科学的宇宙观地球观被基督教圣经所阐述的观念所取代，地平的观念占了统治地位。但是，这并不意味着早已受到理论和经验证明的球形大地观就完全被征服，就完全销声匿迹了。

14 世纪以降，西欧开始了市民资产者的思想启蒙运动和新文化运动文艺复兴。沉寂很久的地球观和天体是球体的宇宙观又逐步复活并得到发展。对地球的各种设想、猜测、推算最后鼓舞了地理大发现的勇士们闯入神秘的大西洋。

明代中国占统治地位的宇宙理论已是浑天说。东汉张衡《浑天仪图注》说："浑天如鸡子，天体圆如弹丸，地如鸡中黄，孤居于内。天大而地小，天表里有水。天之包地，犹壳之裹黄。"由此看来，浑天说似乎主张大地是球形的，因而有利于地理大发现，其实不然。

中国古代地理视野狭小，当时周围地区文明程度又远比中原地区低。因此中国古代统治者习惯把中原地区作为世界中心，把以中原为中心建立的国家称为中国，也称为中华。君主自认为是天子，而视周围世界为蛮荒之地，并依离王都远近划分世界。《国语》《禹贡》分世界为五服，《周礼》则分为九服。中国古代也常称周围世界为四海，中国封建统治者认为自己对世界负有教导、开化的使命。与这种把中原作为世界中心的政治观念相适应的是地平的大地观。中国古代最早流行的宇宙理论是盖天说,它起源于周初。盖天说先后有两种,一种为"头之圆也象天,足之方也象地"①;另一种为"天象盖笠,地法覆盘"②。尽管它们在大地形状上说法略有不同,但都不认为大地是球形。盖天说宇宙观和地平大地观也是相互支持的,即通常或通俗所说的天圆地方。"地方"便意味着大地地平,至多地(浅)拱,而不可能地球。唐代以后,浑天说完全取代了盖天说,到清代中期哥白尼学说传入以前,它一直是我国关于宇宙结构的权威学说。

如果说浑天说包含着球形大地观,那么其间的宇宙观和大地观也是相互支持的。但即使这样,浑天说与古希腊的宇宙理论和大地球形观仍有本质的不同。浑天说中的球形大地半个浸在水中,只半个在水上。因为"天表里有水,……天地各乘气而立,载水而浮"③。也就是说水中的半球并非人世,航行是永远无法到达的。它只是为了解释大地之所以能静居宇宙不致下坠而引进的一个实体和参照物。因此浑天说中的人类世界实际上还是个半球,它和第二盖天说中的拱形大地倒有相似之处。因此,中国古代也从来没有像欧洲中世纪那样的有关对蹠人、对蹠地的争论。由此可见,浑天说与盖天说一样,同样也不会引导人们去讨

---

① 《淮南子·精神训》。
② 《周髀算经》卷下。
③ 《浑天仪图注》,载《全后汉文》卷五五。

论航海西行可以东达或东行可以西达的问题,也不会讨论环球航行的问题。相反,它只会证明,为此而进行的远航是根本徒劳的。

（三）古代中式地图的缺陷

对于一个要远离陆地、闯入神秘无边的海洋、寻找新陆地、探索新航路的航海家来说,只知道大地是球形自然是远远不够的。他还需要了解地球大小,海陆分布。因而具备可供设计航线的较为精确的世界地图是十分重要的。在这方面,中国明代的条件也不成熟。

在地球学说的基础上,古希腊学者最早开始测算地球的大小,并越测越好。到公元前3世纪的埃拉托色尼时候,他巧妙地、创造性地、科学地测出了地球的周长约合39690公里①,精确度达到99%以上。这个数字被希腊罗马世界普遍接受,以后的测算都不如这个精确度。

中国古代也有近似的测量,不过时间晚得多。唐开元十二年(724),僧一行和南宫说进行了大规模的地理纬度测量,其中还在豫东平原进行了世界上第一次子午线实测,测得"351里80步而极差一度"②。351.27里实际上是子午线一度的弧长。把唐度唐里换算成公制单位,约合132公里,约大了19.7%。有了这个数据,只要再乘以365.25(周天度数),

---

① 见Я. Ф. Антоншко, А. И. Соловьёв :《История Географического Изучения Земли》,МГУ,1962,С.32.

② 《旧唐书·天文志上》,中华书局标点本。

就立即可求得整个子午圈长度。但是他们就此驻足，没有再朝推算地球大小方向前进一步。元代郭守敬曾做过大规模的纬度测量——四海测验。但这一工作更不涉及地球大小。由此可见，中国古代比较发达的为制订历法而进行的纬度测量，本来可以推算出子午圈的长度，了解地球大小。但由于经验主义大地观的束缚，就始终没有像希腊人那样做。

　　古代中国和古希腊在地图学方面都有着灿烂的成就，可主要由于地理环境的影响，两者发展方向不同。古希腊及地中海沿岸国家，腹地小，可耕地少，发展农业受到很大限制。但彼此可以通过地中海互通有无，所以为远航服务的大范围、小比例尺地图发展起来。这类地图的目的不在于描绘陆地内部的地形地物，而在于正确描绘陆地之间、海港之间的位置。茫茫海洋无固定的地物标志，因此用统一的经纬度标定舶舶、航线、出发港、目的港的正确位置，并把它们描绘在海图（地图）上，似乎是有效的办法。要把地域范围很大的地中海及其周围地区（约几百万平方公里）的国家、地区位置（主要是重要地点的经纬度）正确地标绘在篇幅有限的小比例尺平面图上是不容易的。为了避免和减小地球曲率、半径引起的误差，地图投影法也似乎是有效的方法。所以在古希腊制图系统中，普遍采用了经纬度和投影法。这方面做出创造发明的学者有正确测出地球大小的埃拉托色尼，2 世纪希腊学者推罗的马林，集大成者则是 2 世纪埃及的希腊大天文学家、大地理学家托勒密。托勒密创立了正轴圆锥投影法和修正圆锥投影法①。托勒密还在他的《地理学导言》一书中搜集了8100多个地方的经纬度,建立起地理经纬网。他还用正轴圆锥投影法绘制了世界地图。托勒密的《地理学导言》和世界地图成为西方传统自然地理学的代表。

到了神学笼罩的中世纪,一种把世界想象为圆平面的T-O形地图发展起来。这种图把人居世界用一个四周环绕着海洋的圆来表示,即O形,圆中有一个T形的水域,欧、亚、非三大洲便被这T形水域隔开。这种图既没有经纬度,更没用投影法,大大歪曲了世界的形象。但到文艺复兴开始后,古希腊科学的地图学传统也渐渐复苏,T-O形地图则慢慢消失。地理大发现前夕和开始后,地理学家们更大量制作和不断更新世界地图和地球仪,为地理大发现推波助澜。

中国地图学的发达还稍早于古希腊,并有较高水平,但属于另一种地图系统。中国幅员辽阔,气候适宜。因此自古以来以农业立国,注重水利灌溉,并一直采取重农抑商政策,更不鼓励海外贸易。中央及地方政府编制地图,主要用于分配土地、征收赋税、军事进攻、城池防御以及交通水利等方面,故非常需要能详细反映地理要素的地图,包括地籍图、政区图、地形图等。这类图主要反映陆地,有丰富的地物标志,可以用平面测量法保证精确度,所以没有特别必要测定经纬度。这类图一般范围不大,地球曲率造成的制图误差一般可以忽略

---

① 参见托勒密《把地球正确画在平面上的方法》,载前引《古代的地理学》。

不计,所以也没有特别必要发明采用地图投影法(再说中国古代也无与地球观挂钩的经度和投影概念)。中国大比例尺地图十分精确,地形表示也有较高的水平。最杰出的代表是长沙马王堆三号汉墓出土的地形图。古代中式地图学的奠基人是3世纪的裴秀。他总结前人经验创立了用于绘制地图的"制图六体"和用于拼接、缩制地图的"计里划方"。六体即分率、准望、道里、高下、方邪、迂直①。前三体讲比例尺、方位、距离,后三体讲测量学对斜距归化到水平距离的改正(高下)、方向偏差的改正(方邪)和曲折改正(迂直)。这些理论和方法显然适用于测绘小范围大比例尺地图,可以大大提高精确度,保证质量;但也显然在测绘大范围小比例尺地图时存在较大缺陷,会产生严重误差。事实上中国古代也从不发展世界地图。现存宋代的《华夷图》、元代朱思本的《舆地图》、明初的《大明混一图》②、明代罗洪先的《广舆图》等,均是以中国为主的国家地图,至多是涉及部分周边国家和地区的东亚地图。中国古代也从不绘制采用经纬网和投影法的地图。郑和宝船队七下西洋,也没有绘制一幅他们途经的、从中国东南沿海到非洲东北海岸,从西太平洋到北印度洋的大范围小比例尺地图,即我们今天在各种书籍、期刊、报纸上常见的那种反映郑和远航业绩的"郑和下西洋图"。郑和船队集体绘

---

① 参见《晋书·裴秀传》,中华书局标点本。

② 张箭:《〈大明混一图〉的地理范围辨析》,载《中国航海文化论坛》第1辑,海洋出版社2011年版。

制有《郑和航海图》①，它是一幅一字展开的长卷式地图。图中注重对沿途山川航道地形地物的形象描绘，很像中国传统的长卷式山水画，诸如"长江万里图"之类。所不同的是图上用类似省略号的符号和单行排列的航线说明文字标出往返航道。全图没有统一的方位，而是依照往返的主要航道由右向左展延，因而许多地区无法正确拼接，也无法判断图上是上北下南或下北上南（或右北左南或左北右南）。全图没有统一的比例尺，致使海图与实际情况相差很大，许多地方很难与实地对照辨认，相互之间也难以比较大小。图上的内容全是在船上能看到的海岸和岛屿，而不反映所经地区的地理全貌。所以这种图只是非常粗略的示意图，它在形式上与罗马的道路里程图、中世纪欧洲的朝圣地图倒有些相似。比起地理大发现时代航海家地图家们对所发现地区（海域）绘制的有统一方位、比例尺、经纬度、投影法、罗经线的（长）方形地图，其缺陷是明显的。

根据经纬度、地球大小（主要是基本纬圈如赤道）和有已知世界的世界地图，就必然并有可能对地球的未知世界部分进行较科学的猜测。这些猜测包括：大西洋有多大，从欧洲西海岸向西航行到日本、中国、印度需要多少时间；大西洋中会不会有大块陆地存在；非洲向南延伸多远，大西洋是否与印度

---

① 全称《自宝船厂开船从陇江关出水直抵外国诸蕃图》，原载明代茅元仪《武备志》卷二四〇。现代有向达整理，中华书局1961年出版的单行本；本人有自己将其拼接复原后的手卷卷轴。

洋相通，印度洋是否是"地中海"；在发现太平洋后也自然要猜测：太平洋有多大，其中会不会有大片陆地；大西、印度、太平三大洋会不会在南部汇合成南大洋，南大洋中是否有大块陆地；等等。对这些问题长期猜测和探讨，对地理发现便有呼唤和推动作用。

但是中国古代似乎从来没有从科学上来论证未知世界的存在，也没有提出横渡太平洋到美洲，南下绕过非洲到西欧去的设想，或论证这些设想的可能性。尽管《梁书·诸夷传》等史书曾提到中国以东两万里外的扶桑国、扶桑以东千余里的女国，但后来也没有谁从地图学、地理学的视角去论证它的存在。明代郑和七次远航，也没有一次向东闯入太平洋去寻找扶桑国，而基本上是沿着中国和西洋的传统航线向西。

（四）　重陆轻海的观念和探险取向

人类的探险在历史上主要表现为陆地探险和海洋探险两类。中西不同的海洋观和探险取向，也是导致参与或"缺席"地理大发现的重要原因。

位于地中海沿岸的南欧文明、北非文明和西亚文明，共同组成一个大的文明区域。不同的自然生态圈对人文活动圈的活动有很大影响。南欧文明起源于小岛克里特和伯罗奔尼撒半岛。半岛上的滨海小平原因面积太小，不过万把平方公里，不利于发展农业。特定的生存环境，促成了地中海沿岸各文明区的古代居民更多的是向海上拓展，谋求生路，顽强地发展海上探险和航运捕鱼，而不是被动地受囿于狭小的陆地。腓尼基人及其支裔迦太基人便是其中最为杰出的一支。

南欧文明的后继者发扬光大者便是希腊罗马文明。希腊民族一开始就是一个"海上民族",他们在航海事业上的成就造就了东地中海地区的希腊化世界。随着地中海的制海权由希腊转入罗马,罗马人加强了对海洋的探索和控制,他们在航海事业上的成就造就了整个地中海包括黑海的拉丁化世界。世界上最大的内海地中海成了名副其实的罗马内湖。他们开创的航海技术、贸易路线及海军传统影响到以后的葡萄牙、西班牙和其他西欧国家的航海家。

西方人对海洋的重视程度随着历史的发展而发展,海上探险亦不断深入。其间虽然经过中世纪的黑暗而受到抑制,但随着历史的前进,中世纪中期以来便出现了彼此通过海路和陆路沟通连接的地中海商贸区和北海波罗的海商贸区,发生过九次跨越地中海的十字军东征(其中有三次是直接组成舰队乘船走海路)。到中世纪晚期,文艺复兴和科学的光芒驱退了神学的阴晦,资本主义的幼苗冲破了封建土地的板结,欧洲人重视海上探险的传统又得以恢复和发扬光大。

华夏文明诞生在与地中海文明有巨大差异的地区。它以黄河流域、长江流域为中心,面积广大,腹地纵深,拥有辽阔的生存空间和回旋余地。华夏东南部濒临太平洋西部的边缘海,海岸线达 1.8 万公里。西部、北部被高原、大山、沙漠、沼泽阻隔,形成一个较为独立的原生型文明区域。这个地域比任何古老文明区域(包括印度)都辽阔得多,气候又属于温带和亚热带(秦岭、淮河以南)。这就为人民提供了良好的生产和生活条件,为华夏民族创造了一个发展潜力极大的生存环境。因而中国文明具有大陆河川文明的特征。

从远古起华夏人民就开始涉足海洋,从徐福东渡日本、经海上丝瓷之路到郑和七下西洋,这些都说明中国人对海洋的探索还是比较着力和频繁的。但华夏民族对海洋的认识和重视,比起西方人来说相对逊色。在中国人的观念中,大海不甚重要。如在祭祀活动中,表现的是"三王之祭川也,皆先河而后海"①。在古代地理著作中,也主要论及地理现象、风土人情、物产土特和历史沿革,对海洋的记载则比较粗略。即便在诸子百家、经史子集、儒释道三教九流的著作中对海洋偶有所论,也局限于把它视作吐星出日、神隐怪匿的神秘世界。总有一种"以舟为车,以楫为马,往若飘风,去则难从"②的无形压力。唐宋以降随着封建经济的繁荣,对外关系的日益密切,航海事业有了较大发展,不仅造船技术有了长足进步,航海能力日臻强大,中国水手还以擅长驾船,善于利用信风而遐迩闻名。元代有两次跨海远征日本的大战。至元十八年(1281)那次集结舰队兵员竟达十万,动员船只多达千艘,堪称空前(只不过因遭台风而失败)。特别是明代七下西洋,更是中国有史以来对海洋认识的集大成和航海事业的总检阅。尽管如此,中国人仍未走出重陆地轻海洋的老框框,即使利用大海,也仅着眼于鱼盐和舟楫之利,而缺乏向海外拓展的雄心。明

---

① 《礼记·学记》。
② 《越绝书》第十《越绝外传·记越地书》。

末士人便说:"与夷蛮交,如抚蜗牛之角,不足惧也。难在乘风破浪,险在谋利贪婪。"①

中国人的海洋观与华夏文明所处的生存环境不无密切的关系。中国东(南)面的太平洋一望无际,航行的危险大,收获小。而长江黄河珠江流域的广阔沃土又为祖辈们提供了可以充分活动的舞台,足够的生存场所,故而无须冒险去开拓海疆。华夏文明是一种以牛耕为特色的水利农业文明。中国人堪称驭牛民族,与游牧的骑马民族,驾船的海上民族(如古代的希腊、腓尼基、罗马,中世纪的意大利、西、葡,近代的荷、英等)迥然不同。这种文明在历史发展中有极顽强的连续性和稳定性,它赖以生存的经济基础是农业。而农业需要有固定的区域,不宜做经常的、大规模的迁移和殖民。这些特点与地中海文明是大不相同的。

华夏民族的拓边凿空精神有着悠久的历史,但绝大部分探险活动主要以陆地为舞台。无论是张骞、班超、甘英,还是法显、玄奘、义净,他们的伟大探险和旅行都主要是在陆地上进行的(法显从印度回国时走海路,但乘的是外国船;义净去印度时走海路,所乘的船国籍不明。他俩都不是自己驾船)。海洋探险显然无法与这数量众多、久负盛名、影响深远的陆地探险相提并论。除了秦汉时发现海南岛,三国时发现台湾岛,中国古代便不再有较重大的海上探险及其地理发现。虽然郑

---

① 转引自布尔斯廷:《发现者》,集体译,上海译文出版社1995版,第289页。

和下西洋突破了重洋阻隔最远到达赤道附近的非洲东(北)海岸,但此举主要是为永乐皇帝颁"正朔","遣使以即位招谕……诸国"①;"欲威制四方,遣使四处招徕"②;"疑惠帝亡海外,欲踪迹之。且欲耀兵异域,示中国富强"③;"宣德化而柔远人","恒遣使敷宣教化于海外诸蕃国,导以礼义,变其夷习"④;以达到"抚驭华夷,嘉有万方,同臻至治"⑤;"君主天下,……施恩布德,……庶几共享太平之福"⑥的目的。下西洋带有浓厚的政治色彩,而经济文化的交流是很次要的,更无"贸迁有无,逐利远近"和开疆拓土的意图。正因为如此,宣德五年第七次下西洋后海上活动渐被禁止,下西洋受到谴责和抨击。从此中国完全进入了漫长的"海禁"时期,失去了突破传统牛耕水利农业社会格局的最后机会和参与地理大发现的大好时机。

　　还应注意的是,中国的陆上探险取得较大成就者均在隋唐之前,尤以两汉为甚。隋唐以降,中国封建经济走向成熟,自给自足的自然经济和以农为本的观念根深蒂固。这种以农耕经济为基础建立起来的大一统社会,使人们不是经常生活

　　① 《明成祖实录》卷十二上。
　　② 《明史·西域传四》。
　　③ 《明史·郑和传》。
　　④ 南京龙江天妃宫明代碑文,《御制弘仁普济天妃宫之碑》,永乐十四年,http://blog.sina.com.cn/s/blog_607131680100py66.html,2012-11-10.
　　⑤ 《殊域周咨录》卷八。
　　⑥ 《郑和家谱》"敕海外诸蕃"条。载李士厚:《影印原本郑和家谱校注》,晨光出版社2005年版。

在竞争激烈的氛围中而萌生凿空外迁之念。尽管宋元明以来商品经济有了一些发展,但仍不能对中国社会发展中的高度稳定性有所动摇,最终只能使成就一时的陆上探险归于沉寂。即使有元初马可·波罗来华 17 年,元后期伊本·拔图塔来华几年①,也没有激起什么人到西方去旅行、经商、观光的愿望。海上探险虽在隋唐兴盛,但主要是文化交流活动,真正意义上的海上贸易则相形见绌。特别是时处大航海大发现的明代,闭关自守、禁海的政策严重妨碍了航海事业的发展。明成祖朱棣、明宣宗朱瞻基只怀着仿汉唐盛世,天下清平安乐的抱负,忠实地奉行明太祖朱元璋定下的对外政策:"朕以(为)诸蛮夷小国,阻山隔海,僻在一隅";"不为中国患者,不可辄自兴兵"②。

由此可见,尽管中国人也进行了为数不少的海上探险,增长了对世界和海洋的认识,但中国人的海陆观和闭关自守的心态没有改变。所以,重陆轻海的观念和探险取向,闭关自守的政策等也是中国人未能跻身地理大发现的一个重要原因。

(五) 地理条件和地缘政治的制约

注:略,详见本书中《论中国人没有参与地理大发现的地理原因》。

---

① 拔图塔是 14 世纪中叶北非摩洛哥的阿拉伯人。
② 《明太祖实录》卷六八。

（六） 优越的经济地理状况的负面作用

注：略，详见本书中《论中国人没有参与地理大发现的地理原因》。

（七） 爱好和平崇尚劳动的文化心态和民族性格

欧洲人特别是西欧人属于比较崇尚武力征服扩张、获取战利品、领地、臣民的民族(族群)。早在古希腊初期便有"希腊大殖民"运动，使希腊人的城邦从希腊半岛和爱琴海地区扩展到东地中海和黑海沿岸。晚期则有亚历山大的东征及其大帝国。亚历山大帝国是世界历史上第一个地跨欧亚非的庞大帝国，把希腊、埃及、巴比伦、波斯、印度(限于西北部印度河流域)等文明古国都囊括其中(中国除外)。亚历山大帝国虽然昙花一现，但却在西方人的脑海中埋下了记忆的种子，在他们的血液中留下了扩张的血球。继承了希腊文化传统的罗马帝国经过长期血腥的征服扩张成为第二个地跨欧亚非的庞大帝国，在其盛期地中海和黑海都成了罗马内湖。虽然罗马后来也瓦解了，但罗马公民崇尚武力征服扩张，嗜好掠夺物品领地奴隶臣民的言行心理已凝固为西方人的文化心态，铸就了他们的民族性格。所以中世纪欧洲的一些个封建王国，国势一有兴盛，疆土一有扩展，便以罗马的继承者自居。君主称"恺撒""奥古斯都""皇帝"，国家号称某某罗马帝国。

到了中世纪晚期，由于商品经济和货币关系的发展，欧洲的贵金属十分匮乏。于是，在商人、骑士、冒险家、资产者中，黄金梦泛滥起来。哥伦布关于"谁占有黄金，谁就能使灵魂从地狱升入天堂"的自白,便是他为什么去冒险的绝妙注脚。正如恩格斯所指出的,"葡萄牙人在非洲海岸、印度和整个远东寻找的是黄金;黄金一词是驱使西班牙人横渡大西洋到美洲去的咒语;黄金是白人刚踏上一个新发现的海岸所要的第一件东西"①。西方(欧)人热衷于征服扩张,醉心于掠夺财富土地臣民的文化心态和民族性格在新的形势下也勃然"复兴",并紧密结合,淋漓张扬。地理大发现第一阶段的远航探险计划能得到资助,全靠有人从理论上实际上来证实可期得到的经济利益。支持哥伦布航海的卡斯提尔女王伊莎贝拉一世,派遣达·伽马船队的葡萄牙国王曼努埃尔一世,赐船队给麦哲伦的西班牙国王查理一世等,都是期待获得巨大经济政治利益而与探险家签订协议的。这些探险家为了报答资助人,也为了自己发财致富和跻身上流,便用各种手段以谋求财富。地理大发现前半期的英雄们,大都是各色冒险家和亡命徒,从事海盗勾当,征杀抢掠,从而使第一阶段的地理大发现成为中世和近代之交历史上非常血腥的一幕。远航带回的物品的价值往往是远航耗资的几倍、十几倍,且一般还有新插上十字架和王旗的土地。这就吸引了越来越多的人去海外冒险,地理大发现很快形成热潮。

中华民族则是爱好和平崇尚劳动的民族,具有鄙视征服不屑掠夺的文化心态和民族性格。汉朝唐朝是中国封建社会

---

①　恩格斯:《论封建制度的瓦解和民族国家的产生》,载《马克思恩格斯全集》第 21 卷,第 499 页。

最强盛的王朝,也是版图很大的王朝。但汉唐的强盛和舆图扩展都不是靠武力征服和掠夺,而主要靠经济发达文化昌明吸引,令少数民族自愿归附和周边国家倾慕攀交。蒙元帝国是版图超过此前一切帝国(包括阿拉伯帝国)的空前大帝国,其在中国的元朝也是中国历史上疆土最大的王朝①。蒙元是武力征服的结果。但蒙元的统治民族是蒙古族,中华民族的主体民族汉族自身也处于被征服、被奴役、被统治的境地。

到了与大航海大发现基本同步的明朝,中国恢复了汉族王朝,也恢复了爱好和平崇尚劳动的民族心理和性格。朱元璋就认为,海外诸夷,"得其地不足以供给,得其民不足以使令","彼不为中国患之,朕决不伐之"②。并把不征诸夷列入"皇明祖训"。所以七下西洋不是像西方远航那样为了掠夺财富,开疆拓土,而是为了远播皇恩,教化诸夷,万方来朝,共享太平。

这种不同的民族心理和性格西方传教士也感觉到了。明后叶来华的传教士利玛窦就曾做过深刻的比较,他说:"非常值得注意的是,在这样一个几乎具有无数人口和无限幅员的国家,而各种物产又极为丰富。虽然他们有装备精良的陆军和海军,很容易征服邻近的国家,但他们的皇上和人民却从未想过要发动侵略战争。他们很满足于自己已有的东西,没有征服的野心。在这方面,他们和欧洲人很不同。欧洲人常常

---

① 参见张箭:《世界历史上版图最大之帝国初探》,《阴山学刊》2007年第4期。

② 《明太祖实录》卷六八。

不满意自己的政府,并贪求别人所享有的东西。"①

　　这种民族心理和性格是在几千年的民族文化的陶冶下形成发展并丰富的。从儒家的"仁""仁政"学说到墨家的"兼爱""非攻"理论,以及道家的"无为而治"思想,都体现出追求和平的强烈愿望。从西汉董仲舒起,儒家学说成为中国社会的主导思想。儒家主张"君子喻于义,小人喻于利",强调义利之辨和重义轻利。儒家的义利观成为中国传统的道德价值观。在儒家的影响下,华夏民族从思想观念上就反对不义之战,鄙薄不义之财。并崇尚劳动,热爱日出而作,日入而息;种瓜得瓜,种豆得豆;春播秋收,男耕女织的和平劳动生活。甚至对经商、贩运、囤积、倒卖等商业活动也有一些冷淡和疏远,认为它就算不是不义也有一些轻义。这种文化心态和民族性格似乎也是中国人未能参与地理大发现的一个因素(这里不去评判这种民族心理和性格的高下长短优劣美丑,而只涉及它与地理大发现的关系)。

　　综上所述,中国人未能参与地理大发现的原因是多方面的。当然其中最根本最主要的还是经济动因。如果明代中国商品经济和资本主义有迅速的发展,从而产生强大持续的经济动因,那么其他种种不利因素和困难条件都会有所改变和在相当程度上被克服,并按经济规律和要求而顺向发展。那样中国人也会进行和参与(一部分)地理大发现。

　　六百年的风云过去了。我们今天在掩卷沉思、煞笔回眸、

_____

　　① 《利玛窦中国札记》,何高济等译,中华书局1983年版,第58—59页。

总结历史经验之时,也不必为郑和下西洋未能导致中国人参与地理大发现而过分遗憾、惆怅。郑和下西洋展示的文明之师威武之师的形象,不是已经永远地留在了亚非人民的印象里吗?下西洋开创的睦邻友好和平外交传统,不是仍然在为中国人民与亚非人民的友谊与合作发挥作用,继续在为中国今日的和平崛起与拓展海上丝绸之路呼风铺垫和呐喊开道吗?最后请让我用一首新诗,来结束这篇文章吧。

六百年的波涛里,/不见了巍然的宝船;/上万年的海风中,/消逝了鼓风的篷帆。/只留下,一头黑发,/一张黄色的脸。/浩瀚的太平洋印度洋上,/到处有过我们的祖先!/啊——/摇一柄大橹,/扯一挂征帆,/喝一碗老酒,/壮一颗赤胆,/驾一道海流历一路艰险,/唱一首和平友谊的颂歌到明天![①]

(附识:本文既是个人的研究心得体会,酌情参阅了本人有关的拙著拙文;又参考借鉴综合了许多学者的论文成果,尤其是宋正海、陈传康的论文《郑和航海为什么没有导致中国人去完成"地理大发现"?》,并加以发展;还有罗荣渠、姚芳、江道源、陈美明、赵丽霞、许肇兴、苑素明、杨宏伟等人的论著。限于篇幅和体例,未能一一列出。特此说明,并致谢忱。)

(原载《海洋世界》2005 年第 7 期,2012 年 11 月删改)

---

① 在叶雨蒙《谁比哥伦布先到达美洲》(昆仑出版社 2003 年版)中的一首诗的基础上改编。特此说明并致谢。

六、论中国人没有参与地理
大发现的地理原因

本文分四部分探讨这一重要问题。

第一,述评学界已研究提出确认的中国人没有参与地理大发现的各种原因。并简论地理(大)发现的概念以统一认识。

第二,论述中国缺乏参与地理大发现的理想的自然地理条件和位置。因为从中国横渡太平洋到美洲的距离是从西欧或西非横渡大西洋到美洲的距离的几乎三倍。

第三,阐述中国缺乏从事地理大发现的合适的政治地理环境。中国人难以向南航海去发现澳洲,因为文明的东南亚把中国和澳洲隔开。如果中国人(明人)要向北探险去发现北亚——西伯利亚,又被游牧民族如蒙古人、女真人—满人、维吾尔人、哈萨克人等锁闭。

第四,中国优越的经济地理状况在地理大发现方面反而起了负作用。中国自来是个大国,地域辽阔、物产资源丰富、经济发达,而且其人口直到明末清初仍不多。中国在经济上不需要外贸和外国,因此在中国,海陆探险和地理发现缺乏经济刺激和人口压力。

（一）引论：述评与概念

中外比较研究是改革开放以来兴起的一个新的研究领域，把郑和下西洋与葡萄牙西班牙远航探险发现结合起来比较研究更是近年来的一个热门课题。该课题有个比较忌讳、避而不谈的问题，即双方在航海史、探险史、地理发现史和科学考察史上的地位作用。郑和船队没有发现什么文明人类前所未知未达的陆地和水域，没有开辟什么文明人类前所未航的有重大价值和意义的新航路，没有扩大什么文明人类所知的地理范围。他们所经过的地区和水域基本上都是文明的中国人、东南亚人、马来人、印度人、波斯人、阿拉伯人已知已航已达已居住的地区和水域。由此便又引出一个令人深思使人生趣引人入胜的问题——中国人为什么没有参与地理大发现？近年来已有学者本着实事求是、科学研究的宗旨，以探险的勇气探讨这个问题。宋正海、陈传康指出原因在于郑和远航的动因是软弱而短暂的，中国资本主义不发展，便没有进行地理大发现的强大持久的经济动因；古代中国人的大地观是狭隘的，最流行的是盖天说和地平说。浑天说中的人类世界也只是一个半球，类似于拱形大地说；中国的传统地图有很大的缺陷，只发展小范围大比例尺地图，从不发展世界地图和地球仪。而大地观与地图又是紧密相连的①。著名史学家罗荣渠剖析出是因中西王权之不同。中国皇帝具有直接向全国居

---

① 　参见宋正海、陈传康：《郑和航海为什么没有导致中国人去完成"地理大发现"？》，《自然辩证法通讯》1983 年第 1 期。

民征税征赋的权力,他(们)所支持的郑和远航是要导向强化大一统的皇权主义和维护重农抑商的传统经济体制;郑和远航的组织形式是皇朝特遣舰队,官方外交使团。这种耗资巨大的远航不能持久;传统经济体制决定了下西洋进行的是传统的朝贡贸易。明朝的"重商"不是同保护主义而是同摆阔主义结合在一起,使远航不能为继;明朝虽然鼓励官家航海下西洋又实行海禁,不准民间航海出洋贸易。这就不能发展航海事业①。有的学者认为,因为中国人自来就有重陆轻海的思想观念和探险取向。虽拓边凿空精神有着悠久的历史,但张骞、甘英、法显、玄奘、义净等的伟大探险都主要是在陆地上进行的,且均在隋唐及其以前。华夏文明是牛耕水利农业文明,人们安土重迁②。有的学者强调是由于(明代)中国人的思想观念价值取向在作祟。即中国人重农轻商的价值取向,贵义贱利的功利追求,夷夏大防的民族体认,儒家风雅的交往气度。这些与当时(15—17世纪)西方人的思想观念价值取向恰成180度的不同和对立③。还有的补充道,还因东西方人的性格不同。西方人敢于冒险,哥伦布野心勃勃想当大富翁。中国人以农为本的观念根深蒂固,不想扩张。郑和习惯

①　参见罗荣渠:《15世纪中西航海发展取向的对比与思索》,《历史研究》1992年第1期。

②　参见姚芳:《东西方不同的海洋探险及其结果》,《湖北大学学报(哲学社会科学版)》1994年第1期。

③　参见江道源、陈美明:《思想观念对15—16世纪中西航海业发展的影响》,《海交史研究》1994年第2期。

于对皇帝唯命是从,不可能私命船队探索新航线另有企图①。这些学者的探索都言之成理,持之有故,给人启迪,开拓出一块新园地。在此基础上我们探讨中国人没有参与地理大发现的地理原因,以益学术。

在此之前我们先得简单阐明地理(大)发现的概念,以求得对基本理论的认同和共识。我们认为,地理发现应指文明民族的代表首次到达了或最早了解了各文明民族均前所未知的地表的某一部分,或率先确定了地表已知各部分之间的空间联系。这里说的文明民族指有了文字,形成了阶级社会和国家,从而迈进了文明时代的民族。地理大发现应指15世纪中后叶至17世纪末叶,欧洲人(葡、西、荷、俄、英、法等)发现了全世界的文明人类均前所未知的大片陆地(包括非洲西部、南部,南北美洲,澳洲—大洋洲,亚洲北部)和水域;横渡了文明人类均前所未横渡的大西洋、太平洋、印度洋(东非←→澳洲),航入了文明人类均前所未航入的(三大洋汇合后的)南大洋和北冰洋;对这些陆地和水域乃至地球本身有了初步的了解和一定的认识;开辟了若干前所未有前所未知的重要航路和通道,把地球上的各大洲(南极洲除外)、各大洋、各地区直接地紧密地联系起来;极大地充实、丰富和初步完善了反映地球表面基本地理概貌的世界地图和地球仪。这一切对全世界全人类的影响极大,历史学界和地理学界便创造了

---

① 参见赵丽霞:《郑和为什么没有成为中国的哥伦布》,《黑龙江社会科学》1999年第6期。

地理大发现这个提法和术语来概括这方面的历史发展[1]。

（二）自然地理条件的影响

中国人之所以未能参与地理大发现，除了引论所概述的原因以外，还受到自然地理条件的影响。中国以东是世界上最浩瀚的太平洋。从中国横渡太平洋到美洲的距离是从西欧或西非横渡大西洋到美洲的距离的将近三倍。例如，从上海到圣弗朗西斯科（旧金山）的空中航线距离为10550公里，从广州到巴拿马城的空中航线距离将近2万公里。而从巴西里约热内卢到西非突出部达喀尔的空中航线距离仅为5030公里，从纽约到伦敦的距离为5560公里，从纽约到巴黎的距离为5840公里[2]。又如，从上海到巴拿马城的海上航线距离为8570海里，从上海到加拿大温哥华为5110海里，从广州到巴拿马城为上万海里。而从巴拿马的科隆到西班牙的直布罗陀海上航线距离为4330海里，从纽约到荷兰鹿特丹的距离为3270海里，从纽约到直布罗陀为3150海里[3]。可见，中国缺乏参与地理大发现的理想的自然地理条件和地理位置。

---

[1]　对地理（大）发现概念等问题详细、深入和系统的阐述，可参见拙文《地理大发现简论》，载罗徽武等主编：《世界近代史研究》，成都科技大学出版社1992年版。对取代、否定、质疑地理大发现这一提法和术语的各种观点与说法的批评，可参见拙文《否定"地理大发现"之否定》，《四川大学学报（哲学社会科学版）》1996年第2期。

[2]　参见编辑部：《最新世界地图集》之《世界交通图》，中国地图出版社1990年版。

[3]　同上。

　　地理大发现的时代相当于中国明朝的中期后期和清朝初期。即使明代中国具备了西欧的各种政治、经济、社会、文化条件,或者即使把地理大发现的急先锋和佼佼者西班牙葡萄牙搬到中国的华东地区(西、葡的本土面积分别为约 50 万和 9 万平方公里,相当于中国的一个大省和一个小省),横渡太平洋发现美洲、开始地理大发现也要困难得多,也要挪后若干年代。要知道哥伦布的首次远航是在非常困难的情况下进行的。他多年奔波八方游说,先后向葡、西、英、法几国君主宣传他的西航计划(哥伦布曾派他的哥哥巴托罗缪去游说英王亨利七世、法王查里八世)①。最后好不容易才争取到西班牙王后伊萨贝拉一定程度的支持,才勉强成行。船队 1492 年 8 月 3 日从西班牙帕洛斯港起航,9 月 6 日船队从加那利群岛的哥美拉岛(Gomera)转向,开始远离陆地横渡大西洋。横渡途中,为防止海员们疑惑、畏难、后悔、鼓噪返航,哥伦布不得不隐瞒真实航程,假报被缩短了的航程。仅仅才二十多天,海员们的怀疑、不满、恐惧便日益滋长已很难再自持和被控制,到了要暴乱叛逃的边缘。1492 年 10 月 6 日在旗舰上召开了船长大副要员会议。会议经过争论最后决定再前进四至五天,不见陆地就返航②。哥伦布也只得遵从众议,如此允诺。可就在最后一天即第五天即 10 月 11 日,发现了一些漂浮的树

――――――――

　　①　参见莫里逊:《航海家哥伦布》,陈太先等译,湖南人民出版社 1983 年版,第 30—31 页。

　　②　cf.Gianni Granzotto:*Christopher Columbus*,Norman,University of Oklahoma Press,1987,p.136.

枝等,晚上 10 点钟发现了前面有亮光,10 月 12 日凌晨两点(天还黑的),西班牙人终于发现了第一块陆地——西印度群岛的圣萨尔瓦多岛(华特林岛)①。这时他们在不见陆地的汪洋大海中仅航行了 36 天。

倘若西班牙在华东,哥伦布横渡的是太平洋,那么他的远航不就失败了吗? 而一旦首次远航探险失败无果而还,在若干年内便极难再发起新的横渡探险了。而且哥伦布横渡大西洋到达美洲是从地理发现到地理大发现的质变、飞跃、分水岭,是从序幕到正剧的开演。从此,远航、探险、发现、殖民在欧洲形成热潮。葡萄牙人是因受到西班牙人成功横渡大西洋、到达西方的印度的刺激,才加快了绕航非洲到东印度去的步伐。英国人也是受到西班牙和哥伦布的激励,才有了 15 世纪末老卡博特到达北美纽芬兰的探航,才跻身于地理大发现的行列……历史不能假定,但历史学家可以在假定的条件下研究历史,甚至可以在某些方面在一定程度上检验假定。正因为中国面临的太平洋比西、葡、英等面临的大西洋几乎宽两倍(是它的近三倍),1955 年台湾钟玉麟等五人的木帆船航渡美洲试验、1974 年香港卫聚贤等组织的仿汉船横渡太平洋试验均告失败②。而 1976 年英国蒂莫西的仿 6 世纪皮筏船横

---

① 参见《哥伦布航海日记》1492 年 10 月 11 日,载张至善编译:《哥伦布首航美洲》,商务印书馆 1994 年版,第 16—17 页。对于哥伦布驶抵美洲的第一块陆地今为何地,有不同的说法和争论。

② 参见施存龙:《历史没有允许殷人航渡美洲》,《世界历史》1995 年第 2 期;高增德主编:《中国现代社会科学家大辞典》,书海出版社 1994 年版,"卫聚贤"条。

渡大西洋试验却获得成功①。这些现代人的模拟航渡试验从一个侧面佐证了我的观点。

（三）政治地理环境的制约

1. 南下澳洲的碍难

澳洲大陆和大洋洲诸岛离中国相对较近，中国人航渡发现澳洲和大洋洲诸岛相对不太困难。但澳洲—大洋洲大陆和主要岛屿之北隔着东南亚—南洋这些文明地区。具体到今天的政治版图便隔着马来西亚、菲律宾、印度尼西亚等国家。中国人要发现澳洲等就得先征服控制上述地区，或至少就得在那一带建立势力范围、殖民据点、商站、补给港等。而爱好和平、热爱自由、善良仁义的中华民族没有去做那些事。明后叶来华的意大利传教士利玛窦就曾做过深刻的比较："虽然他们有装备精良的陆军和海军，但他们的皇上和人民却从未想过要发动侵略战争。他们……没有征服的野心。在这方面，他们和欧洲人很不同。"②这是问题的一方面。另一方面，明人即使要去做也未必做得成。因为征服控制教化文明民族比征服控制教化蛮族困难得多。而控制征服教化与自己处于同一社会发展阶段的民族和人民就更加困难。

具体说来，马来西亚的西马来西亚位于马来半岛南部，马

---

① cf.Timothy Severin: "The Voyage of Brendan——Did Irish Monks Discover America?" *National Geographic*, 1977, No.6.

② 利玛窦：《利玛窦中国札记》，何高济等译，中华书局 1983 年版，第 58—59 页。

来西亚的东马来西亚位于加里曼丹岛北部(历史上属印尼)。马来西亚自古以来就是文明之邦。印度尼西亚13世纪末至15世纪末是强大的满者伯夷王朝统治时期(1293—1478),其时封建制度封建生产关系最后形成。14世纪下半叶国王哈延乌鲁时期已大体奠定今日印尼版图的基础,其疆域还包括马来半岛南部(即西马来西亚)[①]。军事方面印尼早已使用钢铁武器,著名的爪哇匕首便蜚声国外[②]。16世纪时西爪哇的万丹国已使用火炮[③]。

　　菲律宾在地理大发现时代也已是文明之邦了。麦哲伦到达菲律宾的16世纪初,菲律宾北部和中部已从奴隶社会过渡到早期封建社会,菲律宾南部已处于较为发展的封建社会[④]。菲律宾各地也早已有了各种民族文字[⑤]。菲律宾人还已有了铁器。例如,"麻逸国在勃泥(加里曼丹北部)之北,……有铜佛像,……商人用瓷器、货金、铁鼎、乌铅、五色玻璃珠、铁针等博易"[⑥]。又如,"其地以石崎山为保障,……贸易之货,赤金、花银、八都剌布、青珠、处器、铁条之属"[⑦]。菲律宾的土邦军

---

　　① 参见周一良、吴于廑、朱寰主编:《世界通史》"中古部分"卷,人民出版社1972年版,第296—297页。

　　② 参见苏联科学院:《世界通史》第四卷,集体译,三联书店1962年版,第921页。

　　③ 参见苏联科学院:《世界通史》第四卷,第926页。

　　④ 参见中山大学东南亚历史研究室编:《菲律宾史稿》,商务印书馆1977年版,第13页。

　　⑤ 同上第10、17页。

　　⑥ (南宋)赵汝适:《诸蕃志·麻逸国》,杨博文校释,中华书局1996年版。

　　⑦ (元)汪大渊:《岛夷志略·苏禄》,苏继顾校释,中华书局1981年版。

队也已装备了钢铁武器。麦哲伦就是在宿务岛地区因插手当地内战而在麦克坦岛被土邦军队打死。麦哲伦船队的皮加费塔在他的旅行日记中对致麦哲伦死命的那场战斗有准确细致的记述。"他们向我们射出这么多的箭,向总队长投出这么多的投枪(有些是戴铁尖的),……使我们难以防身。……他们……终于用毒箭射伤了总队长的右腿。……一个印第安(或印度,作者按)(麦克坦岛)人的投枪击中了总队长的脸,他的手臂也被投枪击伤,……他们中的一个人用(铁)弯刀砍伤了他的左腿,使他俯面栽倒在地上。他们立刻用铁尖的和竹尖的投枪向他掷来,用弯刀砍他,直到把他杀死。"①当然,我们是在总体上讲印度尼西亚和菲律宾的情况的,这并不排除分属今日印尼或菲律宾的一些地区和一些岛屿,当时还处于原始社会和石器时代,或金石并用只有刻画符号图画文字的半原始阶段。

总之,中国人似乎容易发现的澳洲大陆、大洋洲主要岛屿因隔着文明的马来西亚、印度尼西亚和菲律宾,受地缘政治的制约而麻烦和困难起来。而欧洲人到达西非、南非、南北美洲、澳洲、亚洲北部则不必穿越文明地带。欧洲人所征服控制教化的西非南非黑人、美洲印第安人、澳洲棕黑人、北亚黄人均是只有石器、木器、骨器的原始人。其中只有少数人有铜制武器,如中美洲大陆的玛雅人阿兹特克人和南

---

① V.Stefansson: *Great Adventures and Explorations from the Earliest Times to the Present, as Told by the Explorers Themselves*, London, Peter Owen Limited, 1956, pp.263-264.

美的印加人等,但他们仍远不是拥有钢铁武器和火器的欧洲白人的对手。

2. 北上西伯利亚(北亚)北冰洋的阻拦

在中国地理圈文化圈以北,是蛮荒原始未开化无主、人烟稀少甚至无人的北亚(今俄罗斯西伯利亚,广义)和北冰洋。古代中国人包括属中国地理圈文化圈的各少数民族,他们的足迹和地理知识的北至一般达到北纬60度,个别地方达到北纬63度①。元朝是中国历史上版图最大的封建王朝,是疆域向北扩展延伸最远最宽的朝代。其北部疆域和势力范围大致达到了北纬60度一线,个别地段达到了北纬63度②。而北亚最北端泰梅尔半岛切柳斯金角达到了北纬77度43分。所以北亚—西伯利亚的中部北部属世人不知世上无主的待发现地区。中国人要去探察它发现它开发它据有它合并它是相对容易的。但地理大发现时代主要是在明代。明代的地缘政治状况又阻碍着中国人去发现北亚北冰洋。明朝的北部是鞑靼,西北部是瓦剌,东北部是女真各部,西部是乌斯藏。瓦剌与乌斯藏之间是突厥政权亦力把里③。尽管今天看来它们是中国的少数民族建立的地方政权,但当时却是半独立半藩属的民族政权。蒙古族的鞑靼和瓦剌长期与明朝处于敌对战争

---

① 参见张箭:《古代中国人足迹和地理知识的北至》,《历史研究》1999年第6期。

② 参见张箭:《元朝北疆范围研究》,《中国边疆史地研究》2000年第1期。

③ 参见中国社会科学院:《简明中国历史地图集》之《明时期全图》(一)、(二),中国地图出版社1991版。

状态。"终明之世,边防甚重,东起鸭绿江,西抵嘉峪(关),绵亘万里,分地守御。"①明朝不得不置"九边"筑长城。今天雄姿犹在的长城便多半是明长城(用条石和烧过的砖砌成)。虽 1572 年(隆庆五年)明与鞑靼媾和,俺达汗受封为顺义王,实际上仍独立自主。瓦剌(各部)则一直是独立政权。今新疆地区的维吾尔族哈萨克族和其他少数民族皆"地大者称国,小者只称地面"②。它们有的独立,有的接受明朝的册封,处于半藩属状态;有的则受蒙古人统治。明本土与新疆少数族直接接壤的土鲁番(地区),"(成化)八年(1472 年),土鲁番速檀阿力乘机袭破其城(哈密),……据守其地"③,"哈密国回回、畏兀儿(维吾尔)、哈剌灰(改信伊斯兰教的蒙古人)三种番夷同居一城,种类不贵,彼此颉颃"④。明、土从此争夺哈密一带地区。1529 年(嘉庆八年),明放弃哈密等关外七卫,退守嘉峪关⑤。东北的女真族 16 世纪时处于自治状态,与明的关系是贸易通商和敌对战争交错进行。1616 年女真族建立后金,与明断绝关系并处于敌对战争状态。

---

①　(清)张廷玉等:《明史・兵志・边防》,中华书局 1974 年版。

②　《明史》卷三三二《西域传 4・俺的干》。翦伯赞主编《中国史纲要》各版皆注明该语出自《明史》卷三二九《西域传》,但在卷三二九中却查不到。蒙四川大学历史系柯建中教授查出该语出自《明史》卷三三二《西域传》4,特此鸣谢。

③　《明史・西域传・哈密卫》。

④　(明)马文升:《兴复哈密国王记》,载(明)沈节甫辑《纪录汇编》卷三七,上海,涵芬楼影印本,1938 年,第 2 页。

⑤　参见翦伯赞主编:《中国史纲要》(修订本)下册,人民出版社 1995 年版,第 209 页。

　　中国北部、西北部、东北部、西部的这些少数民族也都有自己的民族语言、民族文字和民族宗教。它（他）们（当时）操蒙、维、哈、满、藏等语言，写蒙、维、哈、满、藏等文字，信喇嘛教（蒙、藏）、伊斯兰教（维、哈）、萨满教（满）等宗教。它（他）们与操汉语、写汉文、主要信儒教的中国主体民族汉族，与在明朝直接统治管辖下的其他少数民族，均有很大差别。

　　中国以北可供发现的广大地区是北亚—西伯利亚和北冰洋。中国人要去发现它就得先打败、统治鞑靼、瓦剌、吐鲁番、后金等，控制那些地区，取得发现北亚—西伯利亚的前进基地。就如同葡萄牙西班牙要从事远航探险、地理发现就得先打败、驱逐伊比利亚半岛上的阿拉伯人—摩尔人、穆斯林一样。也如同荷兰人要参与地理大发现就得先推翻西班牙的异族统治一样。又如同俄罗斯人一样。他们要发现北亚和北亚沿海的北冰洋地区就得先打败金帐汗（钦察汗）以及从它分离演化出的各鞑靼国家，摆脱它们的统治和控制，并进而去控制统治它们，占领发现北亚的出发阵地（特别是打败占领失必儿—西伯利亚汗国）。英国、法国则是先完成国家统一，实现国内和平，才跻身于地理大发现行列。英国在1485年结束了长达30年的玫瑰（蔷薇）战争，才有老卡博特1497年的北美航行探险，英国始加入地理大发现。法国则在1477年"削藩"削掉了勃艮第公国的主要权力和领地，1491合并独立的大领地不列塔尼，最后完成了国家统一。才有1524年维拉札诺的北美航行探险①,法国始参与地理大发现。如果把蒙、哈、维、满政权视为国内的少数民族政权,则明朝远未完成国家统一,实现国内和平。不视它们如斯(蒙、哈今天就更难被视如斯),自然(明代)中国的政治地理环境就比较险恶。

有明一代明朝都受到北方游牧民族的严重威胁。初期有元蒙残余势力卷土重来复辟的危险,前中期(1449年、正统十四年)有明50万大军被瓦剌击败、英宗皇帝被俘的土木之变。中后期(1550年,嘉靖二十九年)有鞑靼军寇掠京师的庚戌之变。后期有女真后金南侵的严重威胁,最后明朝终于被满族(女真族)建立的清朝所灭②。到17世纪末,当清朝统一了全中国,控制了东北、北方、西北各少数民族地区,平定了三藩之乱,灭了台湾奉明朝为正朔的郑氏政权,17世纪90年代初步击败蒙古准噶尔部噶尔丹汗,获得了发现北亚和北冰洋的前进基地,具备了参与地理大发现的政治条件时,却为时已晚,时过境迁。此时地理大发现已基本完成与结束了。

就北亚和北冰洋来说,1618—1619年俄人佩特林等已从托木斯克东南下,造访了蒙古和中国,到达了北京,"凿空"了俄(蒙)中联系的陆上通道③。1620年左右俄人已从西至东

---

① cf. " Geovanni da Verrazano ", *Encyclopdia of Americana*, Chicago, 1980s, Vol.2.

② 崇祯皇帝虽被李自成农民军逼死,但南明马上建立。若清军不入关,农民军与明军之间鹿死谁手还未可预料。故明朝应是亡于清朝。

③ 参见张箭:《明末清初俄使出访中国初探》,《清史研究》2001年第1期。

驾船绕过了亚洲大陆最北端泰梅尔半岛①。1643—1646年，
波雅尔科夫等已从勒拿河中游南下到达黑龙江中上游（泽雅
河注入处），然后顺河东航驶入鄂霍次克海，又北航到乌利亚
河登陆返回②。1648—1649年，阿列克塞耶夫（波波夫）和迭
日涅夫等已从科雷马河河口出航，沿北亚大陆海岸东航，转南
绕过了亚洲大陆最东端迭日涅夫角，穿过了白令海峡，首次从
北冰洋航入了太平洋，分别到达和发现了堪察加半岛（中部）
和阿纳德尔湾③。1649—1651年，哈巴罗夫等从勒拿河中游
南下闯入黑龙江上游最靠北的河段，又沿江东航侵扰到黑龙
江与泽雅河汇合处④。1620年，平达等从叶尼塞河下游的土
鲁汉斯克（新孟加席）出发，溯下通古斯卡河而上到了近河源
地的北纬58度处⑤，距贝加尔湖北岸仅约300公里。1623年
平达等到达勒拿河河源地北纬54度处⑥，距贝加尔湖中部西
岸仅约140公里。17世纪40—60年代，俄人已在贝加尔湖
周围地区（西部、南部、东部）建立了好几个殖民—移民点⑦。
所以，到清军入关逐鹿中原之时，北亚大部分和北亚海岸外的

---

①　см.Академия Наук СССР:《Всемирная История》（世界通史），
Москва，1958，Том Ⅳ，с.97，карта.

②　см.Академия Наук СССР:《Всемирная История》，Том Ⅴ，с.161，
карта.

③　смотри выше.

④　смотри выше.

⑤　см.И. П. Магидович，В. И. Магидович:《Очерки по Истории
Географических Открытий》（地理发现史纲），Том Ⅱ，Москва，1983，с.270.

⑥　смотри выше.

⑦　смотри выше.

北冰洋已被俄国人发现，并捷足先登并入了版图。中俄已逐渐接壤。从哈巴罗夫侵入黑龙江上游起，中俄开始了武装冲突。在清朝统一台湾（1683 年）后六年（1689 年），在准噶尔部正大举进攻清朝之际，中俄在武力对峙的情况下签订了尼布楚条约，规定以外兴安岭和额尔古纳河为界，以北属俄国以南属中国①。中俄相互承认了对方的领土和势力范围。至此，中国以北已没有什么地区可供发现了。世界上待发现的大块地区只有最遥远的终年冰雪覆盖的南极洲、澳洲东海岸、北极圈以内的美洲北部和格陵兰岛的极地部分。

在地理大发现时代，中国周围除北亚之外都是文明国家和地区，中国与它们之间的联系早已建立。中国周围几无其他可发现的地区，也几无其他可开辟的较为重要的新航路新陆路。所以，中国也缺乏参与地理大发现的适宜的政治地理环境。即使 15—17 世纪的中国具备了欧洲的各种政治、经济、社会、文化条件，或者即使把西班牙、葡萄牙、英国、荷兰、法国等搬到中国来，它们也未见得是蒙古、女真、维吾尔、哈萨克的对手，正如它们当时不是奥斯曼土耳其的对手一样。要知道土耳其甚至在 1529 年和 1683 年两次围攻洲腹地维也纳②。迪亚士、达·伽马之所以开辟绕航非洲去印度的新航路，哥伦布之所以西渡大西洋欲开辟去东方的新航路，英、荷、

---

① 条约以满、汉、俄、拉丁、蒙五种文字勒石立碑于中俄边境各地。条约全文见《清圣祖实录》卷一四三，康熙二十八年十二月癸亥条。

② 参见汤因比：《历史研究》上册，曹未风等译，上海人民出版社 1966 年版，第 147 页。

法之所以探察北方新航路,最直接最紧要的考虑便是避开土耳其人、阿拉伯人的势力和锋芒。假如中西掉过儿(交换位置),中国人也不是不可能发现西非、绕航非洲,开辟去印度的新航路,从而把地理大发现推向高潮,只不过要晚一点。西班牙、葡萄牙等也未见得能在 15—17 世纪东渡美洲、南渡澳洲,北据北亚,航入北冰洋、南大洋。

　　葡萄牙人是地理大发现的鼻祖。他们绕航非洲是在好几十年间逐步完成的。西非是原始的黑人居住的待发现地区,距葡萄牙较近。葡萄牙人从西非北部开始,每隔几年十来年就组织一次远航探险,就发现一段新的海岸一片新的地区,一些新的岛屿,就在新发现的地区进行一些殖民活动,就掠取积累一部分财富,就建立个把殖民据点或殖民地,然后又组织新的远航探险。王室、贵族、冒险家、商人、航海者乃至国家民族都在持续的探航中不断尝到新的甜头。而葡萄牙在西非的探航和发现获得一个一个的成功,又刺激促使西班牙去开辟到东方的另一条新航路,从而开始了地理大发现。而葡、西远航探险发现的成功、对居住着原始部落的黑非洲和美洲的扩张成功,又刺激促使英、荷、法加入地理大发现。北亚(今俄罗斯西伯利亚、广义)和北冰洋沿岸也是原始的黄人居住的待发现地区甚至是无人地区,离东欧平原北欧平原上的俄国本土也比较近(15 世纪末欧洲东北部巴伦支海沿岸已是俄国领土)①。

---

　　① 见 Академия Наук СССР:《Всемирная История》, Том Ⅳ, с. 97, карта.

俄国人发现北亚和北冰洋沿海的情况也近似于葡萄牙,也是一步步地探险发现,攫取开发财富,建立殖民—移民点,一步步地成功和完成的。

总之,欧洲东西两头的国家具备而中国缺乏进行地理大发现的适宜的地缘政治条件和政治地理环境。

3. 大一统的国内政治地理的双重性

中国本土的地理环境是比较有利于政治统一的(青藏高原除外)。从秦统一起,政治统一中央集权便成了中国历史的主旋律,分裂割据虽有但始终只是插曲。以历史发展的辩证眼光看政治大一统,它在许多方面起积极作用,但在一些方面也有消极因素,包括不利于中国人参与地理大发现。譬如郑和下西洋,说下就下且规模惊人;说停就停,戛然而止。还不是一个王朝一个君主一个统治核心说了算。倘中国当时(明时)像欧洲那样(双方本土均约 1000 万平方公里)分成几十个国家,这个不支持那个支持,这个叫停那个让继续,郑和下西洋的规模便会小得多,但很可能便会持续下去。那样 中国人也就会参与和完成一部分地理大发现。要知道哥伦布曾奔走游说于几个国家、好几个大贵族之间,宣传他的西航计划,最后好不容易争取到西班牙君主的一定支持。倘先前拒绝了他的几个君主中的一个统一了欧洲,西航不就泡了汤,地理大发现不就要挪后许多年代。在欧洲,正是一国先开始远航探险发现,尝到了甜头。其他国家才跟进,逐渐形成了热潮,最后才主要由六个国家完成了地理大发现。

（四）优越的经济地理状况的负面作用

从古至明,中国都是一个幅员辽阔,物产丰富,气候复杂,动植物群落多样,经济发达的大国。在中国,在中国地理圈内,经济的自给力、调剂力、自足力、互补力都大于强于同时代的任何一个国家,一个地理圈。毛泽东主席曾讲,"农业是国民经济的基础"。传统中国也自来"以农为本"。恩格斯也说,"封建主义的基础是农业"。中国面积广大,所处纬度较低。滨海的位置及强烈的季风,复杂多样的地形和肥沃的土壤,使中国农业一向发达。今天,作为"世界粮仓"的原苏联地区、加拿大多冷害,巴西、澳大利亚有酷热,美国纬度比中国更北,都比不上我国优越。因此,至今中国能以占世界9%的耕地,生产占世界21%的谷物,解决占世界23%的人口的衣食问题①。我国的粮食产量古代中世纪近代都居世界第一,今日仅次于美国。我国的经济作物种类齐全,分布广泛,产量很大。不管是经济作物棉、麻等,油料作物菜籽、大豆等,糖料作物甘蔗、甜菜等,亚热带和热带经济作物茶、桑、剑麻、香料等都很丰富。我国的森林到清初仍面积大、覆盖率高,木材蓄积量多。我国历来草场资源丰富,畜牧业兴旺。虽然牧区多在少数民族地区,但中原汉族与它们自来有广泛的频繁的互市。另外我国东部广大农耕区自来也有以舍饲为主的畜牧业,饲养役畜(牛、驴、骡、马)和肉畜(猪、山羊)。中国水产业

① 参见孙敬之:《中国经济地理概论》,商务印书馆1994年版,第410页。

生产的自然条件也比较优越,有 1.8 万公里的大陆海岸线和 1.4 万公里的岛屿海岸线①。我国的浅海渔场约占世界的 1/4,居世界第一位②。我国内陆的水域面积也很大,很有利于发展水产业。毛泽东主席曾在《中国革命和中国共产党》一书中对中国优越的经济地理状况做过精辟的论述:"我们中国是世界上最大的国家之一,它的领土和整个欧洲的面积差不多相等。在这个广大的领土之上,有广大的肥田沃地,给我们以衣食之源;有纵横全国的大小山脉,给我们生产了广大的森林,贮藏了丰富的矿产;有很多的江河湖泽,给我们以舟楫和灌溉之利:有很长的海岸线,给我们以交通海外各民族的方便。从很早的古代起,我们中华民族的祖先就劳动、生息、繁殖在这块广大的土地之上。"③

而到 15 世纪末的葡、西、荷、英、法、俄诸国均是小国寡民(俄罗斯 15 世纪末时疆域还只限于东欧一部和北欧一部)④。它们均幅员狭小,物产不丰,气候简单,动植物群落少寡。它们均缺乏中国这样的优越完备的经济地理条件。它们因而都依赖并重视(海)外贸(易)。所以欧洲从中世纪中期以来就形成了以意大利城市为中心的地中海贸易区,辐射西欧;以德国汉撒城市为中心的北海波罗的海贸易区,辐射西欧、北欧和

---

① 参见林先盛等:《简明地理手册》,广西人民出版社 1984 年版,第 259 页。

② 同上,第 260 页。

③ 《毛泽东选集》一卷本,人民出版社 1970 年版,第 584 页。

④ см. Академия Наук СССР:《Всемирная История》, Том Ⅳ, с. 97, карта.

东欧。两大贸易区并经过海(绕过直布罗陀海峡)和陆(经中欧)相连①。而海外贸易的持续发展,就可能并容易引发地理大发现。历史哲学家汤因比认为,文明的起源发展是由于两个条件的特定结合所造成的。一个条件是那个社会里要有一些具有创造能力的人,另一个条件是那里的(地理)环境既不太有利又不太不利。在这种情况下文明的发生与发展可以被列成一个互相交替的"挑战与应战"的公式。上述类型的(地理)环境向这个社会不断地挑战,而这个社会则通过它的有创造性的一些人对挑战成功地应战,解决问题。接着又出现新的挑战,新的胜利的应战。这个过程永远不停地进行,社会便永远不停地变动,文明也就产生和发展了②。在创造地理大发现文明和发展大航海文明方面中国的掉队与落伍,窃以为与优越完备的经济地理状况也有关,它反而起了负面作用。

具体说来,西方发起和进行前半期的地理大发现的一个直接的重要的经济动因,是想获得香料特别是作为调料的香料。葡萄牙人在西非沿海探航发现拓殖时,所命名的第一个海岸也是最靠北的海岸便是"胡椒颗粒海岸"③。迪亚士、达·伽马开辟到印度的新航路,首要的目的便是获得价廉物美的南亚香料。达·伽马首航出动了四船160多人。虽损失

————————

①　参见巴勒克拉夫主编:《泰晤士世界历史地图集》,邓蜀生等编、译,三联书店1982年版,第144页图和文。

②　参见汤因比:《历史研究》下册,第453—454页。

③　cf.Boies Penrose:*Travel and Discovery in the Renaissance* 1420—1620, New York,Atheneum,1975,p.51map,p.56.

惨重(人员损失 2/3,船只损失一半),但运回的香料出售后仍获利六倍①。哥伦布西渡大西洋是为了到中国、日本、印度来,获取东方的金银、香料、珍宝、药材等。麦哲伦环球航行的直接目的是想抢在葡萄牙之前到达印度尼西亚的香料群岛——摩鹿加群岛,控制这一带的香料贸易。环球航行损失更加惨重,出航的五艘船约 270 人,只返航归来一艘船 18 人②。麦哲伦本人也因在菲律宾干涉当地内政插手内战而被打死。但维多利亚号运回的香料仍使环航没有亏本,还赢利 200 英镑银③。直到 17 世纪初,荷兰人勒美尔和斯寇滕发现勒美尔海峡(今阿根廷)、合恩角、斯寇滕群岛(今印尼)等地的那次远航探险(1616 年),其直接目的仍是探索去香料群岛的另外的新航线④。而中国本身便是香料产地,中国与盛产香料的东南亚和南亚也邻近并一直有广泛密切的贸易往来。中国人无须为了获得香料而远渡重洋去开辟新航路。

其他如英、法等之所以坚持和发展对北美加拿大纽芬兰

---

① 中外都说达·伽马首航印度获得的纯利润是远航探险成本的 60 倍,我考出为 6 倍。这仍然属"高额垄断利润"了。说详拙文:《开辟欧印新航路的意义、利润、时间和人选》,《南亚研究季刊》2001 年第 4 期。

② 另有被葡萄牙俘虏后陆续放回的十几人和在麦哲伦海峡当逃兵回去的一船 60 余人。

③ cf.F.H.H.Guillemard:*The Life of Ferdinand Magellan and the First Circumnavigation of the Globe*,1480-1521,New York,George Philip,1890,p.307,p.327.

④ 见 И. П. Магидович, В. И. Магидович:《Очерки по Истории Географических Открытий》,Том Ⅱ,с.359.

一带的发现和拓殖,首先是因要在那里捕鳕鱼、鲱鱼①;葡萄牙之所以坚持和发展对南美巴西的发现和拓殖,首先是因要在那里采伐巴西红木②;后来的俄罗斯之所以要坚持和发展对北亚的发现和拓殖,首先是因要取得北亚的各种野生毛皮③。……但中国沿海就有产量大品种多的优良渔场,明代和清初中国有丰富多样的森林资源,中国地理圈内就有产量很大的各种优质绵羊和丰富的各种野生毛皮资源……总之,由于中国的经济地理条件、环境、状况的优越性完备性,中国是个对外国异域远方在经济上无所需求的大帝国。朱元璋的使节沈秩就曾对勃泥国国王马合谟沙说,大明"皇帝富有四海,岂有所求于(夷)王。但欲王之称藩,一示无外尔"④。郑和等也对海外诸夷夸耀说,世界各地除了对中国表示敬畏友好、与华结盟外,没有什么(独特)产品可以给予中国⑤。利玛窦也承认,明代中国是"一个几乎具有无数人口和无限幅员的国家,而各种物产又极为丰富。……他们很满足于自己已有的东西"⑥。郑和下西洋朝贡贸易的主要内容便是用中国

①　смотри выше,cc.64-65,c.196。

②　cf.Boies Penrose:*Travel and Discovery in the Renaissance* 1420—1620, p.150.

③　参见苏联科学院:《世界通史》第五卷,第198—201页。

④　(元明)宋濂:《勃泥国入贡记》,《宋学士文集》卷五五,商务印书馆,四部丛刊初编本,1926年,第420页。

⑤　参见布尔斯廷:《发现者——人类探索世界和自我的历史》,集体译,上海译文出版社1995年版,第289页。

⑥　利玛窦:《利玛窦中国札记》,第58—59页。

的各种产品换回供王室贵族大官僚上层赏玩挥霍享受的各种奇珍异宝,珍禽异兽和奢侈品,而不是什么具有经济互补性的大宗产品。所以郑和船队的大船叫"宝船"。史称郑"和经事三朝先后七奉使,所历……凡三十余国,所取无名宝物,不可胜计"①。反对下西洋,指责其为弊政的大臣也说:"三保下西洋,费钱粮数十万,军民死且万计,纵得夺宝而回,于国家何益?"②乾隆皇帝则自豪地晓谕首次访华来北京的英国马戛尔尼使团:"天朝抚有四海,……奇珍异宝,并无贵重。……其实天朝……种种贵重之物,梯航毕集,无所不有,尔等之正使等所亲见。然从不贵奇巧,并更无需尔国制办物件"③。乾隆在由马戛尔尼带回的致英王乔治三世的信中又称:"天朝物产丰盈,无所不有,原不藉外夷货物以通有无"④。

　　中国不仅历来地大物博,资源丰富,而且历史上的人口相对于疆域来说也一直不多,从未超过一亿。只是到了清中叶才人口爆炸。康熙年间全国人口才两千几百万(估计最多时实有五千多万),乾隆年间猛增到两亿几千万,嘉庆年间突破

---

　　① 《明史·宦官·郑和传》。

　　② (明)严从简:《殊域周咨录》卷八《琐里·古里》,余思黎点校,中华书局1983年版。

　　③ (清)张寿镛等:《掌故丛编·外编》卷八《英吉利国一》,"近代中国史料丛刊"三编第14辑,文海出版社1970年版。

　　④ (清)梁廷枏等:《粤海关志》卷二三《贡舶》3,"近代中国史料丛刊续编"第19辑,台北文海出版社1970年代版;《清高宗实录》卷一四三五乾隆五十八年8月己卯条,中华书局影印本1986年版。

三亿,道光年间突破四亿①。所以到清嘉庆年间,中国人均占有的各种资源才减少和匮乏,中国经济地理条件的优越性才被抵消掉,中国才有人口压力,才可能有(并不一定必有)大规模向外移民殖民的要求。而人口资源压力和向海外移民殖民的要求是地理大发现后半期(16世纪中至17世纪末)西方(欧)坚持发展并最终完成它的一个经济地理原因和社会原因。例如,在1600年时,英格兰(含威尔士,不含苏格兰和北爱尔兰)的面积为15万平方公里(均以今日面积为准,下面简称方里),人口有425万;法国为55万方里,1050万人;荷兰为3万方里,150万人;西班牙为50万方里,850万人;葡萄牙为9万方里,200万人(均不含殖民地)②。这样它们当时的人口密度便分别为:英格兰——(每平方公里)28.3人,法国——9.1人,荷兰——50人,西班牙——15人,葡萄牙——22.2人。而中国在1600年时每平方公里仅有几人(按1000万方里几千万人口计),其人口密度大大低于当时的西欧国家。这又从一个侧面显示了中国经济地理情况的优越性。所以,中国经济地理环境、条件、状况的优越性和完备性在地理大发现和大航海方面反而起了负面作用,它影响了中国人没有坚持大航海(指郑和远航没有坚持下去),妨碍了中国人参与和完成(一部分)地理大发现,是中国人没能创造大发现文

---

　　① 据《清史稿》卷一二〇《食货志一》。康熙年间的人口,一说只指男子,这样便有五千多万;还有说是指16—60岁的男丁,这样便有六千多万。

　　② 参见麦克伊韦迪、琼斯:《世界人口历史图集》,陈海宏、刘文涛译,东方出版社1992年版,第36、50、59、107、110页。

明、发展大航海文明的重要原因之一。

总上所论,中国人未能参与地理大发现的原因是多方面的,既有主观因素又有客观条件,是天时地利人为各种因素造成的。其中包括受到自然地理条件的局限,政治地理环境的制约,经济地理状况优越的负面影响。研究中国人没有参与地理大发现的地理原因涉及地理环境对社会历史的影响及相互关系的理论问题。我们不可忽视地理环境对人类活动的影响,也不应回到"地理环境决定论"的错误圈子中去。

(原载《南开学报(哲学社会科学版)》2005 年第 1 期,2016 年 9 月再审定)

七、亦论如果郑和航海到达欧洲……

　　科学史家宋正海先生曾两次撰文讨论如果郑和航海到达欧洲,历史将怎样发展演进这个问题。一文题曰《科学历史在这里沉思——郑和航海与近代世界》(以下简称《沉思》)①,另一文题曰《如果郑和航海到欧洲……》(以下简称《如果》)②。后一篇文章实际上只是前一篇论文的缩写。这两篇论文文章的主要观点和基本内涵已由两文的小标题表达得非常清楚:一、郑和船队有充分实力绕过好望角到达西欧;二、郑和船队与亨利船队可能相遇在马德拉群岛;三、郑和必将(取代达·伽马、哥伦布、麦哲伦)成为地理大发现的英雄;四、将加速西欧资本主义崛起和中国等东方国家的殖民地化;五、美洲的发现要晚一些,但印第安文明仍在劫难逃。笔者对上述第一、第二、第五方面完全赞同,但对第三、第四部分的某些论点和表述却有不同的看法甚至对立的观点。认为,如果郑和远航到达欧洲,那么,大航海大发现的历史,世界历史的进程,特别是中国历史的发展,自然会有一些改变。比如,郑

---

　　①　载《科学学研究》1995 年第 3 期,第 8—13 页。
　　②　载《科学中国人》2001 年第 8 期,第 29—31 页。

和将取代达·伽马成为开辟亚欧新航路的英雄,但取代不了哥伦布、麦哲伦、卡博特等;又如,西欧人可能早来远东、中国六七十年。但那时他们更不是中国人的对手;明朝向西方学习的时间将延长六七十年,便可能较多地提高自己增强自身,从而避免被落后的满族征服,使得明中叶以后出现的资本主义萌芽成长壮大,中国发展到自由资本主义;再如,即使近代的民族危机提前到来,中国人民的救亡图存运动特别是其中的变法维新也会相应提前。那样,中国也可能像日本通过明治维新走上资本主义强国之路一样,通过“道光”变法维新走上类似的道路,从而避免沦为半殖民地的命运。值此隆重纪念郑和首下西洋六百周年之际(1405—2005),笔者把那些看法设想诉诸笔端,形成文字,庶几能深化认识、廓清迷雾。

(一) 郑和将取代达·伽马,但取代不了哥伦布、麦哲伦

《沉思》《如果》第三部分说道,如果郑和航海到西欧,对美洲的发现和环球航行必然要大大推迟。由于自然规律,哥伦布、麦哲伦便不会再成为著名的地理大发现英雄,有关荣誉将归属他俩以后时代的幸运航海家。《如果》的第三个小标题还赫然写明:“郑和必将替代达·伽马、哥伦布、麦哲伦成为地理大发现的英雄”。这里,有两点值得讨论、商榷。有关荣誉将归属哥伦布、麦哲伦以后时代的幸运航海家不假,但归属哪个国家、地区、文明的航海家呢? 宋氏两文避而不谈。我认为,发现美洲、环航地球等的有关荣誉仍将归属西方的欧洲的航海家、探险家、冒险家。研究考察了郑和下西洋和欧洲大

航海、大发现、大殖民的全部历史便会得出这个结论。按照宋说,既然郑和船队与亨利船队很可能相遇在马德拉群岛,那么,这条欧亚新航路(从西欧南下经大西洋沿着非洲、绕过非洲,经印度洋抵达印度,再进一步东向到达东南亚、中国、日本等)便由中葡共同开辟成功,自然也将由中葡共同掌控。但稍后挤进地理大发现行列的西班牙、英国、法国、荷兰等西欧国家仍渴望直接到东方来,直接在东方(印度、东南亚、中国、日本)获取香料、黄金、白银、珠宝、丝绸、瓷器、药材等一切能赚大钱的东西。而不会满足于分得中葡的一杯羹,当个由中葡运来的东方货物的二道贩子,正如它们一直不甘于当土耳其人、阿拉伯人、意大利人(意大利也属西欧)掌控的贩运东方货物的二道贩子,才热衷于开辟、探寻到东方的新航路一样。而且,欧印新航路的开辟或发现成功也部分地证明了当时欧洲已兴起的或复活了的大地球形说和海洋优势论,势必刺激西欧人西渡大西洋去东方。再说,以当时中国的强盛、力量的强大,中、葡两国海上力量的相加,必令其他西欧国家十年八载、半世纪一世纪内不敢也不可能单独或联合起来打破中葡对这条新航路的掌控或垄断(况且也无必要)。因此,除葡萄牙以外的那四个西欧国家自然会像 15 世纪末以来所做的那样,向西探航,寻找开辟通向东方的另一条新航路即大西洋航路。那样的话,开始发现美洲、开辟大西洋新航路的自然不会是西班牙的哥伦布(船队),但仍然会是西、英、法、荷的"丹尼斯""菲力普"(船队);环航地球的自然不会是西班牙的麦哲伦—埃尔·卡诺(船队),但仍然会是西、英、法、荷的

"赫里尔"—"拉金斯"(船队)。所以,郑和、侯显、王景宏等尽管能成为地理大发现的英雄,能取代开辟和发展欧印新航路的葡萄牙的迪亚士、达·伽马的历史地位和航海成就,但取代不了哥伦布、卡博特父子、维斯普奇、卡提耶尔、麦哲伦、法罗士、埃尔·卡诺、巴伦支、哈德孙、塔斯曼等众多西欧的地理大发现的"英雄"(姑且按宋说称英雄)的历史地位和航海成就。

总之,中国是会参与一部分地理大发现,但绝不可能独立完成地理大发现。任何一个国家亦然。

下面我们看看当时的实际情况以便探讨推论郑和航行到西欧后大航海大发现的历史会不会像我说的那样发展。

早在欧印新航路开辟成功以前,甚至在预示着开辟欧印新航路很可能成功,寄托了探险家良好希望的好望角被发现被绕过以前,英国人的向西探航便开始了。从 1480 年起,英国西南部海港重镇渔业中心布里斯托尔的商人们便开始连续派出船只,去寻找传说中的神秘的亚特兰蒂斯(大西洲)、巴西(Brazil)群岛和安的列斯群岛,并寻找新的渔场。这年,一个叫约翰·介伊的人出资组建了一个探险队,去寻找据说在爱尔兰以西很远的巴西岛①。这次探险虽然无功而还,但从此开始了几乎每年一度的持续的航海探险。西班牙驻伦敦公使于 1498 年向国内写信报告说,"七年以来,布里斯托尔的商

① cf. Boies Penrose: *Travel and Discovery in the Renaissance* 1420–1620, New York, Atheneum, p.178.

人通常每年都派出两艘、三艘或四艘卡拉维尔船组成的小船队，根据某个热那亚人的想象，去寻找巴西岛和七城岛"①。这些情况表明，地理大发现的到来不是偶然的，它不是由某个人、某件事、某个国家所决定的，而不管这个人是达·伽马还是郑和，不管这一事件是葡人航达印度还是华人航达西欧，不管其国是葡国还是中国。

布里斯托尔的商人们在得知哥伦布的发现后加快了探险的步伐。他们出资装备了一支英国探险队准备西航，并由移居此地的意大利人约翰·卡博特担任探险队队长。约在1484年，卡博特也独立形成了向西探航横渡大西洋到达东方的设想和计划②。具体方案是向西渡过大西洋，经过北美北部海岸到达香料之邦。哥伦布探航初步成功后的1496年，卡博特就率一艘船从布城出发去横渡大西洋。但后来因食品短缺，天气严寒，与船员们发生了分歧争执而半途返回③。卡博特的作为说明，哥伦布的出现也不是偶然的，这不取决于某个人的突发奇想，心血来潮。卡博特的加盟使英国人的航海探险发生了转变，即从旨在寻找传说中的神秘陆地的探险为主转变到旨在开辟去东方的新航路、获取香料的探险为主。

1497年春卡博特率一艘船十几人从布城出发，他们向西

---

①　J.E. Gillespie: *A History of Geographical Discovery* 1400 – 1800, New York, Henry Holt and Company, 1933, p.77.

②　cf. *Encyclopedia Britannica, Micropedia*, 1974, 15th edition, " John Cabot", Vol.2, p.423.

③　cf. *Encyclopedia Britannica, Micropedia*, "John Cabot", Vol.2, p.423.

航行了约 700 里格（Leagues）或约 2000 英里后发现了陆地。他最初以为是到了中国的海岸①。实际上是北美洲加拿大纽芬兰岛的北端②。卡博特探察了纽芬兰岛东部大西洋海岸的大部分。他们没有见到人，但发现了有人居住活动的证据，如猎兽的套索，织网的骨针，被砍倒的树木③。卡博特绕过了纽芬兰岛东南凸出很远的阿瓦朗半岛。在半岛周围的海域里，卡博特等看到了大群的鲱鱼和鳕鱼，这样就发现了面积达三十多万平方公里的纽芬兰大浅滩（Grand Banks）。8 月他回去后宣布，英国人可以不再到冰岛渔场而可以到新发现的渔场捕鱼了④。英王亨利七世得到这个喜讯后便把卡博特所称的"首次见到的陆地"改名为"纽芬兰"。这个纽芬兰不是通常蕴含的"由芬兰人发现的土地"之义，而是"新发现的土地"（Newfoundland）之义⑤。

卡博特的首次远航探险成功极大地鼓舞了英国人。他们认为自己取得了与西班牙人一样、比葡萄牙人还抢先一步的巨大成绩。因为卡博特首航发生在哥伦布首航之后，达·伽马首航之前。于是，英国人很快组织了对西边的东方、加拿大

---

①　cf. Eugene M. Wait: *Explorers and the New World*, New York, Nova Science Publisher, Inc., 2002, p.27.

②　см. И. П. Магидович, В. И. Магидович：《Очерки по Истории Географических Открытий》, Москва, Просвещение, 1983, Том 2, С.61.

③　cf. E.M.Wait: *Explorers and the New World*, p.27.

④　см. И. П. Магидович, В. И. Магидович：《Очерки по Истории Географических Открытий》, Том 2, С.61.

⑤　参见邵献图等：《外国地名语源词典》, 上海辞书出版社 1983 年版, 第 216 页。

海岸的第二次远航探险。

英国 1498 年的第二次远航探险由约翰·卡博特的儿子塞巴斯蒂安·卡博特指挥,出动了五条船约 200 人。塞巴斯蒂安沿爱尔兰的位置西向。到纽芬兰后,小卡博特很快意识到纽芬兰那一带不是亚洲东部而是新发现的土地,便有意识地开始寻找去真正东方的西北通道—航路①。他们沿海岸南下到北纬 38 度,还没找到海峡、通道等,于是返航②。

在 1498 年欧印新航路开辟成功以前,不仅早已有哥伦布率领的西班牙船队、卡博特父子率领的英国船队在美洲进行探险、发现、拓殖,而且从 1493 年哥伦布第二次远航起,西班牙与加勒比海地区的联系就未中断,向周围探察的范围就日渐扩大。再说即使在 1498 年开辟成功欧印航路后,葡萄牙人也并不仅仅满足于这条航路,并沿这条航路向东方扩张,而且也想西向扩展,到西印度去插一只脚分一杯羹,甚至还想再开辟一条去东方的西北新航路。为此,葡萄牙探险家若奥·费尔南德斯在 1499 年得到国王批准后,于 1501 年去了英国,然后与几个布里斯托尔商人一起获得英王的批准,去探索卡博特父子发现的那一片新陆地③。费尔南德斯与他的英国伙伴于 1501—1502 年进行了北美东北部探险。他们探察了面积达 140 万平方公里的拉布拉多半岛的海岸。"拉布拉多"

---

① cf. E. M. Wait: *Explorers and the New World*, p.28.

② op.cit., p.28.

③ cf. Boies Penrose: *Travel and Discoveries in Renaissance* 1400 - 1600, p.180.

(Labrador)就被他或为了纪念他而用以命名了这个大半岛①。

几乎与此同时,葡萄牙探险家嘎斯帕尔·利亚尔于1500年首次远航。他受葡王所派,去寻找通向东方的西北航路。他们到达了格陵兰岛南部和纽芬兰岛。后因浮冰阻道返航②。

翌年,嘎斯帕尔·利亚尔、科特·利亚尔两兄弟又进行了第二次远航探险。他们到了格陵兰、纽芬兰、新斯科舍半岛和今美国东海岸最北部新英格兰海岸③。之后,科特率两艘船先返航,并带回了从纽芬兰掳回的57名印第安人作为给国王的献礼④。嘎斯帕尔则率一艘船留在北美沿海继续探航考察。但以后便不知下落永远失踪了⑤。

1502年,嘎斯帕尔的另一个兄弟,米古埃尔·利亚尔率船队出航去寻找兄长,但不幸的悲剧又重演了。他驾乘的船在纽芬兰附近掉队失踪,没能返回⑥。在这以后几年,葡萄牙又先后派出了两支探险船队去寻找先后失踪的嘎斯帕尔·利亚尔、米古埃尔·利亚尔两兄弟,并探察新陆地新通道,但仍无果而还⑦。

葡萄牙人在美洲东北部进行的探险活动表明:葡萄牙人

---

① cf.Boies Penrose:*Travel and Discoveries in Renaissance* 1400 – 1600, p.180.

② cf.J.E.Gillespie:*A History of Geographical Discovery*, p.79.

③ cf.Boies Penrose:*Travel and Discoveries in Renaissance* 1400 – 1620, p.180.

④ 参见丽·斯蒂福:《达·伽马和其他葡萄牙探险家》,吕先士等译,世界知识出版社1998年版,第130页。

⑤ cf.J.E.Gillespie:*A History of Geographical Discovery*, p.79.

⑥ cf.B.Penrose:*Travel and Discoveries in Renaissance*, p.180.

⑦ cf.J.E.Gillespie:*A History of Geographical Discovery*, p.29.

把探险、发现、殖民的范围从传统的非洲、印度洋、南美巴西（1500 年卡伯拉尔率队去印度途中发现南美巴西）扩大到北美；去东亚的西北新航路设想对西欧人具有很大的吸引力，即使是对已掌握了去东方的东南新航路的葡萄牙也不例外。

以上所述充分证明，如果郑和（偶然）航行到了欧洲，他自然会取代达·伽马，成为地理大发现的众多英雄之一。但他取代不了（开始）发现美洲的哥伦布、环球航行的麦哲伦、发现澳洲的塔斯曼等。个中原因宋先生自己也做过论述分析①。哥伦布、麦哲伦也许会变成"丹尼斯""菲力普"，但他们仍必然出自西欧国家。

（二）16 世纪的西方还不是中国的对手，工业革命完成后东西方差距才拉大

宋先生认为："西方冒险家的（提前）到来，将使当时倭寇侵扰中国沿海地区雪上加霜，倭寇和红毛寇共同为患，老百姓不堪忍受……，但落后的封建主义中国是不可能打败新兴的资本主义西欧海盗的。在船坚炮利的西欧军舰攻击下，中国海防仍将全线崩溃，割地赔款不可避免。……可以估计，中国等东方国家将提早十几年或几十年沦为西方资本主义国家的殖民地、半殖民地。"②

---

① 参见宋正海、陈传康：《郑和航海为什么没有导致中国人去完成"地理大发现"?》，《自然辩证法通讯》1983 年第 1 期。

② 宋正海：《科学的历史在这里沉思——郑和航海与近代世界》，《科学学研究》1995 年第 3 期；《如果郑和航海到欧洲……》，《科学中国人》2001年第 8 期。

这段话问题既多又大,既有史实方面的又有理论层面的,既有微观叙述的又有宏观概括的,既有客观逻辑性的又有主观推理性的。我们下面将一一辨析。

历史上,最早从事大航海大探险大发现大殖民大掠夺的西欧国家是葡、西两国,地理发现的成就最大、占据的地盘最广、掳获分赃最多的也是葡、西两国,最早来到中国沿海靠上中国海岸的仍是葡、西两国(1580—1640 年西葡曾合为一国)。我们就看看他们初来中国时的情况。

据中国史籍,葡人 16 世纪伊始便来到中国海岸:"屯门澳口为(广东)东莞濒海关隘。……正德改元(1506 年),忽有不隶贡数号为佛郎机者,与诸狡猾凑杂屯门葵浦等处海澳,设立营寨,大造火铳为攻战具"①。据西方史籍,1514年,葡萄牙马六甲新总督阿尔布奎克(J. D. Albuquerque)派遣一艘船驶达广州。16 世纪的葡萄牙史家巴罗斯(Barros)在他的《在亚洲的第三个十年》一书中写道,葡萄牙的阿尔瓦雷斯(J. Alvares)于 1514 年率一条船来到中国广东屯门岛②。他还在岛上竖起了一根葡人惯用的用以纪念其"发

---

① 清陈伯陶等重修:《东莞县志》卷三一《前事略三》明,广东东莞养和印务局光绪年印。

② 屯门英语 Tamang,葡语 Tamão,一说即珠江口外伶仃洋内的伶仃岛。参严中平:《老殖民主义史话选》,北京出版社 1984 年版,第 501 页;又一说在今广州宝安县南头附近。参萧致治、杨卫东编:《西风拂夕阳,鸦片战争前中西关系》,湖北人民出版社 2005 年版,第 3 页;据《中国历史地图集》第七册《元明时期》第 72—73 图"广东",屯门在伶仃洋和今深圳湾之间,相当于今天蛇口区。

现"的石柱（Padrāo）①。最早提及此次造访的西方人是意大利人科萨利（A.Corsali）。他在 1515 年 1 月 6 日致佛罗伦萨美第奇公爵（G.D.Medici）的信中提到："……去年,我们有一些葡萄牙人乘船往中国。中国人不允许他们登陆。因为中国人说,让外国人进入其地有违祖制。不过,这些葡萄牙人还是卖掉了自己的货物,获得厚利。……从马六甲前往中国的航程是向北航行五百里格"②。次年（1515 年）,意裔葡萄牙籍人佩雷斯特雷洛（R.Perestrello）带了几个葡人和货物,乘坐马六甲商人的帆船,来到中国海岸,赚到 20 倍的利润。后于 1516 年 8—9 月回到马六甲③。巴罗斯在他的史书中说,佩雷斯特雷洛的中国之旅也是奉葡萄牙马六甲总督阿尔布奎克的命令而行事的④,但却没有讲他们抵达停靠中国海岸何地。我估计仍是广东珠江三角洲沿海。

来到中国海岸的第二个西方国家—民族之人便是西班牙人。不过当时他们的航行路线是→大西洋→麦哲伦海峡→太平洋→菲律宾→中国。1574 年（万历二年）被明朝福建总兵胡守仁击败的海上武装势力林凤（林道乾）集团,共几十艘船几千人马进军菲律宾吕宋岛,与侵占这里的西班牙人激战,但

---

① 参见张天泽:《中葡早期通商史》,姚楠等译,中华书局香港分局 1988 年版,第 38 页。
② 转引自英 H.裕尔著,法 H.考迪埃修订:《东域纪程录丛》,张绪山译,云南人民出版社 2002 年版,第 148 页。
③ 参见张天泽:《中葡早期通商史》,第 41 页。
④ 转引自,同上,第 50 页。

先胜后败。这时,明朝福建把总王望高奉命率船来到吕宋,侦探林凤下落。西班牙菲律宾殖民当局官员乘机和王望高会见,并派遣两名教士拉达(Martin de Rada)和马丁(Geromino Martin)为使,带上几个西班牙人,于1575年(万历三年)随王氏船来华,并冒用吕宋名义,谋求通商。明朝中央认为,"至于吕宋虽非贡国,而能慕义来王,所献方物,应为代进"①。拉达等于1575年7月到达福建,据西人记载,他们先后到过厦门、同安、漳州、福州,拜见了福建巡抚刘尧诲,送了许多礼品。尽管西班牙人沿途都受到友好接待,但也没有获得通商留住等权益。西班牙人的首次中国之行只买到了一些中国书籍(拉达通晓汉语)。后只得于1575年9月离去②。1579年,西班牙阿尔丰索(Pedro de Alfonso)神父和一群西班牙士兵水手背着西班牙菲律宾殖民当局,私自驾一条船来到中国海岸。阿尔丰索和另外两个神父谎称遭风沉船,登上了广东海岸。西船和船员在中国沿海逗留了一段时间便返回。神父们在广州住了七个月,没有捞到什么。最后还是退到澳门去布道传教。后来阿尔丰索返回马尼拉,另两个神父则留在澳门③。

　　1598年9月(万历二十六年八月),西班牙菲律宾总督派遣萨摩第(Juan de Zamudio)率船前来广东,要求通商。他们

---

①　《明神宗实录》万历四年正月乙未条,台湾"中研院"史语所影印本,第52册第1050页。

②　cf.C.R.Boxer tr.& ed:*South China in the Sixteenth Century:being the narratives of someones*(1550–1575),Bangkok,Orchid Press,2004,P.254.

③　cf.E.H.Blair & J.A.Robertson tr.& ed:*The Philippine Islands* 1493–1898,Cleveland,The Arthur H.Clark Co.,1903,Vol.6,P.127.

先到澳门,请求"开贡"。督抚司道指责他们"越境违例",令其离开。萨摩第移泊虎跳门,声"言候丈量"。11月,又在"虎跳门径结屋,群居不去"。广东海道副使章邦翰"饬兵严谕,焚其聚落"①。这批来华的西班牙人既是商人也是军人、海盗,他们驾乘的船既是商船货船也是战船军舰。但在当时仍属强大的中国—明朝、官军水师的武力强制下,仍不敢贸然冒险对抗动武开战,而被迫于第二年10月悻悻离开中国打道回府。

前引宋文说"但落后的封建主义的中国是不可能打败新兴的资本主义西欧海盗的"。这里的问题是,第一,当时葡、西两国并不是资本主义国家,国内也没有资本主义(生产关系的)萌芽。如果因郑和航海到欧洲(设第七次下西洋1433年时到达),它们的东来提早了60多年(1498－1433＝65)。即倘若当15世纪中叶葡西两国之人来华时,它们便更不是什么资本主义海盗,而是封建主义海盗。如果要说它们是资本主义海盗,是资本主义国家,国内有资本主义因素和萌芽,就得拿出证据来,就得予以论证,而不能凭空下结论②。实际上,葡、西当时(15—16世纪)均是封建君主专制的封建国家。一旦它们头上的资本主义帽子揭去,请问中国当时还在哪些方面落后呢,政治社会制度、经济发展、文化学术、科学技

---

① 清雍正郝玉麟等:《广东通志》卷五八《外番志》,台湾商务印书馆影印文渊阁版《四库全书》,第564册第671页。

② 退一步说,即使国内有点资本主义萌芽,也不一定便是资产阶级国家,资本主义海盗。明中叶以降中国也有了资本主义萌芽,但被郑和剿灭的陈祖义海盗集团,被明朝打跑的林凤海盗集团,明末的郑芝龙海盗集团,也没有谁说他们是资本主义海盗。

术、军事实力？宋先生所说的落后在剔除了政治社会制度后便只可能落脚到科学技术和军事实力了。因为他紧接着说，"在船坚炮利的西欧军舰攻击下，中国海防仍将全线崩溃，割地赔款，不可避免"。我认为，在阶级社会里，新的科学技术首先要应用到军事领域，军事科学技术最能体现一个国家民族的科技水平。军事上，最先与中国交手过招的西欧（方）海盗是葡萄牙人。下面我们就看看中西最初交手的情况是不是如他所说的那样。

　　1517年，有葡萄牙人的武装船队来到进泊广东广州的屯门岛。1519年，又有西蒙·安德拉德（Simao de Andrade）武装船队前来接替轮换。西蒙到来后，即放肆进行各种海盗活动。激起中国居民的民愤，也引起明朝当局的警觉和戒备。1521年四五月间，广东和广州当局奉明朝中央命令，禁绝对外贸易，驱逐外商出境，要求葡殖民者撤离屯门。这时，一支以迪哥·卡尔渥（Diogo Calvo）为首的船队（既是武装船队，又是商船队，也是海盗船队）又到了屯门。葡人借口货未卖完，拒不遵命。于是广东广州当局决定武力驱逐，命海道副使汪鋐率官军水师出击。中葡（也是中欧、中西）间的第一次武装冲突就这样爆发了。

　　汪鋐率领50艘战船向葡人进攻。但葡人"犹据险逆战，以铳击败我军"①。汪鋐见强攻难胜，便改变战术，实行围困，

————————

　　①　明严从简：《殊域周咨录》卷九《佛郎机》，中华书局1993年版，第321页。

并采纳"献计,使善泅者,凿沉其舟"①,使敌蒙受重大损失。经过三四个月的长期围困,葡人粮尽援绝,伤亡日众。时值炎夏,汪鋐又决计利用季节行火攻战术。因为"藩舶大而难动,欲举必赖风帆。时南风急甚。(汪)鋐(遂)命刷贼敝舟,多载枯柴燥荻,灌以脂膏,因风纵火。火及敌舟,通被焚溺。众鼓噪而登,大胜之,无孑遗"②。葡人遭此致命打击,已无力坚守下去,于是在9月7日晚8日凌晨被迫放弃其他舰船,驾乘三艘船突围潜逃,但又遭到明朝水师拦截。只是由于天不作美下起暴雨,葡船才乘乱得以侥幸逃脱。这次中葡首次交战,葡人失败,死伤惨重。在整个会战期间,葡人有60名男子和50名妇女儿童被俘③(这些俘虏后被释放)。葡人的殖民据点被拔除,中方缴获敌船洋铳若干,取得完全的胜利。

1522年8月,葡人科亭何(M.A.de Mello Coutinho)率约500余人的队伍,分乘五艘舰船又来到屯门,向广东当局要求恢复通商,遭到拒绝。葡人舰船队转到广东新会的西草湾时,遇到明朝水师巡逻队,葡人拒不听命,于是中葡发生第二次武装冲突。

明军备倭指挥柯荣、百户王应恩率水师与葡人在西草湾

---

① 明严从简:《殊域周咨录》卷九《佛郎机》,中华书局1993年版,第321页。

② 清陈伯陶等重修:《东莞县志》卷三一《前事略三》明。

③ 参见张天泽:《中葡早期通商史》,第60页。有学者推测,那50名妇女儿童很可能是被葡人掳获或收容的非欧洲人士,没准是中国人士。参严中平:《老殖民主义史话选》,第518页。

激战,随后又追击至稍州。"向化人潘丁苟先登,众兵齐进,生擒别都卢(按,即 Pedro)、疏世利(按,即 Syseiro)等四十二人,斩首三十五级,俘被掠男、妇十人,获其二舟"①,及船上大炮火铳等武器。激战中王应恩不幸阵亡。"余贼……亦败遁"②。据一些学者研究,中方史料中的记载,基本上都为众多西方(葡方)史料记载所证实③。所以是役中方又取得完全的胜利。

葡人在屯门和西草湾两役战败后,大批转向闽浙沿海活动,并与在那一带活动的日本海盗倭寇、东南亚人海盗、中国沿海之人海盗合流,构成一个庞大的国际海盗群④。真的出现了宋文所忧虑的"倭寇与红毛寇共同为患"的情况⑤。但即使这样,也没有什么大不了的。并非像宋文所说"雪上加霜","不堪忍受"。因为它们仍是明军的手下败将。在1548年浙江宁波的双屿战役中,在1549年福建诏安走马溪战役中,明军在巡抚朱纨调度下仍大获全胜⑥。正因为葡人—西

---

① 《明世宗实录》卷二四,嘉靖二年三月壬寅朔,第38册第693—694页。
② 《明史》卷三二五《佛郎机传》,中华书局标点本,第8431页。
③ 参见严中平:《老殖民主义者史话选》,第519页。
④ 参见严中平:《老殖民主义史话选》第523页;萧致治、杨卫东编:《西风拂夕阳,鸦片战争前中西关系》,第19页。
⑤ 红毛寇、红毛番在明代史籍中本指荷兰人。鉴于荷人葡人皆为西欧人。《明史·外国六·佛郎机传》说"其人长身高鼻,猫睛鹰嘴,髯发赤须"。这里据其外貌特征,姑且把葡人也视为红毛寇。
⑥ 限于篇幅,这两次大捷的过程不再叙述,有兴趣者可参萧致治、杨卫东:《西风拂夕阳》,第18—22页,严中平:《老殖主义史话选》,第520—529页,张天泽:《中葡早期通商史》,第90—95页。

人当时打不过中国人,所以后来葡人在入住窃据澳门时(1553—1557年)采用的是行贿并缴纳地租的手法,而不是所说的击败华军"割地赔款",签订不平等条约等。

不仅明中叶来华的封建君主国的葡萄牙人还不是中国的对手,就是明末来华的资产阶级共和国的荷兰人也没有什么可怕。荷兰是世界上第一个资产阶级专政的资本主义国家,17世纪的"海上马车夫"。马克思讲,"荷兰——它是十七世纪标准的资本主义国家"①。荷兰人来到远东和中国后,虽一度占领窃取了台湾,但最后仍被坚持反清复明的郑成功打败,被迫缴械投降,灰溜溜地滚蛋。郑氏收复了台湾,彪炳史册。

以上事实充分说明,西欧人初来时,西欧并不比中国强什么,至少不比中国强多少。这一点其实也不难理解,因为在18世纪末完成工业革命后,西方才大大超过东方,相互间的差距才拉大并越来越大,包括政治、经济、军事、科技、文化、教育等。

另外,中华民族也是一个虚心好学并善于学习的民族。西人初来时,炮铳等火器已比中国稍先进。但中国人通过各种途径很快便把西洋火器术学到手,自己制造出性能相当的仿葡人的佛郎机火炮、仿荷兰人的红夷大炮,仿西班牙人的吕宋炮等,迅速赶了上来。拿今天的话说便是能及时跟踪赶上高新技术。

还有,说什么"船坚炮利"呀,"全线崩溃"呀,"割地赔

---

① 《资本论》第一卷,人民出版社1975年版,第820页。

款"呀,"不可避免"呀——有唯武器论之嫌。毛泽东同志早就批评过:"武器是战争的重要的因素,但不是决定的因素,决定的因素是人而不是物"①,"决定战争胜败的是人民,而不是一两件新式武器"②。希望同志们重温一下毛泽东同志的教导,也认真地回顾一下历史。汪鋐、柯荣、朱纨、郑成功指挥的反殖民反侵略战役,不都取得了胜利吗?

(三) 虽能加速西欧资本主义崛起,但也可能使中国摆脱半殖民地的命运

现在,让我们根据历史发展的内在规律,在唯物史观的指导下也来推测一下:如果郑和远航到了欧洲,欧亚新航路早开辟六七十年,西欧人也早东来六七十年,历史特别是中国历史会怎样演变、发展。

我认为很可能出现(不同于宋文所预测的)两种情况和局面。

一是西方人早东来六七十年,西学(西方的自然科学技术,哲学社会科学人文科学)也早传入中国。中国知识分子和中国人民在学习汲取别人的长处中提高了自己增强了自身。明中叶以后南方就已出现的资本主义萌芽会成长成熟(早来六七十年便正好是明中叶)。明朝的国力增强,就可以

---

① 《论持久战》,载《毛泽东选集》一卷本,人民出版社 1970 年版,第432 页。

② 《和美国记者安娜·路易斯·斯特朗的谈话》,《毛泽东选集》一卷本,第 1091 页。

避免 17 世纪中国、中原汉族再次被游牧渔猎落后的还处于奴隶制的少数民族女真—满族征服、统治,生产力、生产关系、生产方式严重倒退的悲剧,而逐渐发展进入到资本主义社会。因为中国的落后→挨打→半殖民地→……都是在满族这个落后的少数民族统治下形成的。明初中国还比较先进、强盛,还出现下西洋的盛事和壮举,明后叶也不怎么落后,还屡次打败东来的西欧封建主义殖民者葡人和资本主义殖民者荷兰人。也正如毛泽东同志所指出:“如果没有外国资本主义的影响,中国也将缓慢地发展到资本主义社会。”①西方人西方影响早来,可能使这个过程和过渡快点并真正实现,中国有可能走上自由资本主义道路,摆脱半殖民地半封建的命运。

　　二是西方的(包括封建主义的和资本主义的)侵略、掠夺、殖民、危害早来六七十年,使中国受到沦为半殖民地半封建地位的威胁和民族危机也早出现六七十年。与此相伴随,中国人民的救亡图存、思想启蒙、反殖反帝、反封建专制的改革、运动、斗争、革命也早六七十年发生。特别是其中作为资产阶级改良、资本主义改革的戊戌变法维新政治运动也相应提早六七十年②。那样的话,维新运动就将发生于 19 世纪 30年代,那就很可能成功,中国就很可能走上资产阶级君主立宪、资本主义大国、强国的道路,完全摆脱半殖民地半封建的命运。我这样推论的一个最主要理由在于,19 世纪中叶及其

---

①　《中国革命和中国共产党》,载《毛泽东选集》一卷本,第 589 页。

②　改革和改良运动发生于 1895—1899 年,高潮是 1898 年的百日维新和同年的戊戌政变。此后,运动失败。

以前世界资本主义的发展还处于自由资本主义阶段,它那时候还允许一些国家、地区、民族参与竞争,通过各种途径走上独立自主地发展资本主义、成为资本主义列强的道路。这方面典型的例子莫过于西欧的意大利、东欧的俄国、东亚的日本。西欧的意大利经过 19 世纪中叶一系列的运动、革命、改革、战争,才推翻了奥地利对意大利许多重要地区的统治和控制,驱逐了其他外国势力,把四分五裂的意大利统一起来,于 1870 年完成了国家统一和驱逐外来控制的民族民主革命,走上了成为资本主义列强的道路①。俄国于 1861 年进行了废除封建农奴制的民主改革,走上了成为资本主义列强之路。与中国最邻近情况最类似,历史最相像但命运最相反的便是日本。

　　19 世纪 50 年代,美国培里舰队以威力胁迫叩开了日本闭关锁国的大门。紧接着,美、英、俄、法、荷等欧罗巴人国家与日本签订一系列不平等条约。日本也出现了民族危机,面临着沦为半殖民地的威胁。在这种形势下,日本掀起了资产阶级改良、资本主义改革的明治维新运动②。日本从此走上了成为资本主义列强的发展道路,完全摆脱了沦为半殖民地的命运。到 1894 年,日本与欧美列强签订了新约修改或废除

---

　　①　参见杨生茂、张芝联、程秋原:《世界通史·近代部分》上册,人民出版社 1972 年版,第 365—369 页。

　　②　维新运动发生于 1859—1877 年,高潮是 1868 年明治元年的维新改革。到 1877 年平定士族叛乱,维新胜利完成。参杨生茂等:《世界通史·近代部分》上册,第 410—428 页。

了旧约,摆脱了不平等条约的奴役和束缚①。总之,明治维新后,日本成为亚洲唯一的资本主义强国,后来成为亚洲唯一的帝国主义国家,今日是亚洲唯一的发达国家……

日本的明治维新为什么能成功,中国类似的戊戌维新为什么失败了呢? 我认为一个最重要的原因便是前者发生在自由资本主义阶段,后者发生在垄断资本主义—帝国主义阶段。到了垄断资本主义阶段,国际帝国主义把世界(包括势力范围)瓜分完毕,已不允许民族国家走上独立自主发展资本主义、成为资本主义列强的道路了。意大利、俄国、日本、中国等的改革结局迥异,便是明证。

还需要说明一点。如果郑和远航到了欧洲,西欧人提前到了东方。这虽然会加速西欧资本主义的崛起,但不能据此便推论,垄断资本主义—帝国主义也会提前六七十年形成、出现,并控制世界。因为它的形成出现是许多因素促成的,其中生产力发展积累的因素、科学技术发展积累的因素至关重要。这两个因素、条件的成熟需要假以时日,经年累月,而非欧亚新航路提前开辟六七十年便也能提前成熟六七十年。所以,垄断资本主义—帝国主义仍然要到 19 世纪末才能形成。

另外,说"中国资本主义更无法发展起来","将提早几十年沦为……殖民地半殖民地","东西差距北南差距的基本格局仍会出现"等等(见宋先生的两文),还有历史宿命论之嫌。照此推论,中国人民的奋斗,志士仁人的努力,任何事件,所有

---

① 参见杨生茂等:《世界通史·近代部分》下册,第 96 页。

变化,一切偶然性都毫无作用,都等于零。中国近代落后挨打,沦为半殖民地半封建社会,被奴役、侵略、压迫、掠夺——都命里注定,不可改变,而且还要提前,哪怕发生了郑和(偶然)远航到达欧洲开辟了新航路这样的重大历史事件,中国人参与了一部分地理大发现。而唯物主义和辩证法是反对宿命论的。马克思指出:"另一方面,如果'偶然性'不起任何作用的话,那末世界历史就会带有非常神秘的性质。这些偶然性本身自然纳入总的发展过程中,并且为其他偶然性所补偿。但是,发展的加速和延缓在很大程度上是取决于这些'偶然性'的。"[①]所以,如果发生了郑和远航(偶然)到了欧洲这一重大历史事件,中国人参与了一部分地理大发现,世界历史的发展便会有一些变化,中国的历史进程也会有一些不同。就中国来说,我认为总的情况、形势、历史命运会好一些,而不会毫无二致,更不会还要糟糕。

(原载《科学中国人》2005 年第 8 期)

---

①　《致路·库格曼》(1871 年 4 月 17 日),载《马克思恩格斯选集》第二卷,人民出版社 1972 年版,第 393 页。

八、麦哲伦环球航行与
中国环球大洋科考

　　早在古希腊时就出现了大地球形说和海包陆说,但在中世纪时却湮没无闻了。到中世纪晚期,上述两说乘文艺复兴人文主义的春风在西欧重新吹拂后,环球航行就可以提上日程。但由哪个国家、民族、航海家在哪个年代来实现它,风云际会,弄潮赶浪,得到历史的眷顾,则是由种种复杂的原因和机遇合成的。最后,由葡萄牙骑士、航海家斐迪南·麦哲伦(Ferdinand Magellan,1480—1521)于1519—1522年率西班牙船队进行并完成了首次环球航行。人类首次环球航行及其发现是15—17世纪的地理大发现和大航海时代最重大的事件之一。环球航行把业已开始的地理大发现推向最高潮。

(一)麦哲伦计划远航和远航协定

　　41岁的哥伦布首航美洲那一年(1492),麦哲伦才12岁,比哥氏小一辈。他1496年16岁起就进入国家航海事务厅,开始熟悉航海、探险方面的各项工作。1505年起,他到印度洋—东方闯荡,并密切注意着大航海大发现的进展。1515年和 1516 年,麦哲伦开始把自己酝酿已久的远航愿望拟成具体的探险计划。15 世纪中叶以来,从西欧出发的多次远航,不管是向南、向西还是向东,都显示着地圆学说的正确性,麦哲伦对此也深信不疑。尽管后来的探险证明,1513 年列什波亚和 1515 年索里斯所发现的海峡只不过是巨大的拉普拉塔河口,当时贝海姆的地球仪、舍涅尔的地球仪等也把海峡的位置画得偏北了许多。但是当时这些比较肯定的材料促使麦哲伦下定进行远航的决心。

麦哲伦的探险和远航计划是,向南找到沟通大南海和大西洋的海峡,或向南绕过新大陆,然后向西渡过大南海,驶向摩鹿加群岛。在拟订计划的时候,却把马六甲至摩鹿加群岛之间的距离拉长了一倍,同时又把地球的周长算小了 3000 公里,因此便大大低估了大南海的宽度,认为它只不过几千英里宽,比地中海的长度稍宽一点①。结果,如果说哥伦布的远航是"一个极其巨大的错误导致了一次极其伟大的发现"(让·安维里语),那么,笔者认为麦哲伦的远航便是"一个极其巨大的错误导致了一次极其悲壮的航渡"。

麦哲伦还相信列什波亚首先发现的南纬 35 度的那个"海峡"是通向摩鹿加以东的那片海洋的。1515 年,非常亢奋的麦哲伦给留居在摩鹿加的老友塞尔劳回信说:"不久我又可以和你见面了,如果不取道葡萄牙人所探得的路线,便取道

① 参见汉布尔:《探险者——航海的人们》,焦永科译,海洋出版社 1985 年版,第 100 页。

西班牙人所探得的路线。"①

　　尽管麦哲伦不得志于国王,他还是于1516年向葡王提出了希望支持远航的请求。但当时葡萄牙朝野和曼努埃尔国王满足于沿恩里克王子、迪亚士、达·伽马等开辟的欧印新航路扩大地盘,掠夺财富。加之在哥伦布航渡美洲后,葡西两国为了避免争夺殖民地的摩擦,已在1494年确定了划分势力范围的界限,这对葡萄牙国王也起了一点约束作用。因为西行势必要侵入西班牙的势力范围。基于以上诸多原因,曼努埃尔拒绝了麦哲伦的请求。于是,麦哲伦只得于1517年10月出国去寻求西班牙国王的支持。这样,就像当年哥伦布向若奥二世国王提出西航请求遭到拒绝,若奥后来又后悔不迭一样,环球航行、发现地球的伟绩和荣誉再次与葡萄牙失之交臂。

　　麦哲伦和支持他的天文地理学家法利罗得到西班牙印度院(Indian House)重要官员阿兰达的推荐,于1518年3月得以在西班牙北部的巴利亚多里德谒见西班牙新王查理一世暨神圣罗马帝国皇帝查理五世(1519年起)。麦哲伦、法利罗向国王呈献了一个绘制详细的彩色地球仪,上面标出了他所拟定的航线②。他还向国王保证,可以不侵犯葡萄牙的势力范围,向西行驶到达盛产香料的东方岛屿。而香料群岛也在教皇划归的西班牙势力范围内。这时,为了争取支持,麦哲伦便

---

　　① 　cf.柯克帕屈克:《西班牙征服者》(F.A.Kirkpatrick:*The Spanish Conquistadores*),伦敦,A.& C.Black,ltd.,1946年版,第124页。

　　② 　cf.帕尔:《环球航海家麦哲伦》(Charles M.Parr:*Ferdinand Magellan, Circumnavigator*),纽约,Thomas Y.Crowell & Co,1964年版,第221页。

改口说香料群岛属西班牙了。麦哲伦、法利罗的计划立即得到查理一世的赞同,大主教方萨加也在旁边尽力说项。但实际上,摩鹿加——香料群岛的中心位置在东经128度上,而教皇子午线的位置一般认为在西经46度上①。它对应的东半球经度便是东经134度。因此香料群岛应"属于"葡萄牙。但当时确定经度很困难,也还没从实践上证实地球到底有多大。所以香料群岛的"归属"是个待议待考察的问题。

按照当时的惯例,3月22日,查理一世与麦哲伦、法利罗签署了关于远航探险的协定。协定责成麦哲伦、法利罗"在属于朕的海洋里发现丰富的香料以及朕最需要的而且能使我国获利的其他东西","扩大我们卡斯提王国的版图"。协定承诺"在此后10年内,不颁发特许状给任何想沿你们所选定的路线和方向去探险的人"。并约定"不得在葡萄牙国王陛下的分界线和境界内进行探险"。协定规定,为补偿探险者的劳绩和所冒的危险,把新发现地区的全部收入(包括利润和捐税等)的1/20分给他俩;委任麦哲伦、法利罗为新发现地区的总督,并可世袭。每年赐给他们价值1000杜卡特金币的商品,用皇家船只运到新发现地区。协定还规定,如果发现的岛屿超过了6个,麦哲伦、法利罗便可把其中两个作为自己的领地,获得领地上全部收入的1/15。首航带回的货物,他

① cf.萨·伊·莫里逊:《海洋元帅哥伦布传》(S.E.Morison:*Admiral of the Ocean Sea:a Life of Christopher Columbus*),纽约,Little,Brown and Co.,1962年版,第1卷,第356页;布尔斯廷:《发现者》,集体译,上海译文出版社1995年版,第376页。

们可留下 1/5。按照协定,查理五世负责为探险提供载重 60 吨至 130 吨的船只共 5 艘和 200 多船员。并派人随船出海监航,去回时均要清账①。

探险队实际投资 833 万马拉维迪,其中查理一世出资 3/4,尼德兰驻塞维利亚的富商哈罗出资 1/4②。鉴于达·伽马的首航印度死病枕藉,而麦哲伦计划的航行比达·伽马更远,于是麦哲伦抱定了不成功便成仁的决心,行前留下了遗嘱,安排好一切后事。

关于麦哲伦在拟订远航计划时是打算环球航行还是原路返回的问题,现在难以确定。因为他"出师未捷身先死",丧命于菲律宾,而留下的原始材料无法完全说明该问题。但如果麦哲伦活着的话,也会选择环球航行返回,如同埃尔·卡诺等一样(因为他们已意识到那样近些)。而特立尼达号是因船受损才无奈地选择返回美洲的。

1519 年 8 月,远航探险的准备工作就绪。远航船队由 5 条配有枪炮火器的帆船组成。它们是:载重 110 吨的旗舰特立尼达号,船长为哥米什;最大的载重 120 吨的圣安东尼奥号,船长为卡尔塔海纳;载重为 90 吨的康塞普逊号,船长为凯萨达;载重 85 吨的维多利亚号,船长为门多萨;最小的载重 75 吨的圣地亚哥号,船长为茹安·塞拉奥。据 16 世纪初绘

---

① 《国王和麦哲伦及法利罗关于发现香料群岛的协定》,载郭守田主编:《世界通史资料选辑·中古部分》,商务印书馆 1981 年版,第 312—313 页。

② 参见茨威格:《麦哲伦的功绩》,范信龙译,湖南人民出版社 1982 年版,第 92 页。

制并流传下来的各种绘画看,唯一完成环球航行并返回的维多利亚号是一条一头有船楼的两桅轻型帆船①。由于法利罗因另有任职和胆怯最终没有参加远航,麦哲伦遂成为唯一的舰队司令、探险队总指挥,坐镇旗舰特立尼达号。船员共有260多人,主要系招募而来。其中西班牙人100多人,葡萄牙人、意大利人各30多人,还有法、德、英、尼德兰——荷兰、希腊、摩尔人、马来人、非洲人等,成分十分复杂。船员中有一位志愿随行观光考察的意大利维琴察小贵族、三十出头的安东尼奥·皮加费塔(Antonio Pigafetta),他记下了这次航行的详情和始末。这是论述和研究首次环球航行最基本、最主要的原始资料②。由于种种原因,远航人员中没有一个女子③。舵手阿尔博(F.Alvo)则自始至终坚持填写了航海日志④。船队备足了武器、弹药、箭矢,各种航行用具、给养淡水,各种用于交换的商品货物,包括水银、银朱(HgS,用作颜料和药品)、明

---

①　参见生田滋等:《大航海时代》,福武书店昭和58年,第86页,所载16世纪的油画"维多利亚号"。

②　皮加费塔的日记系用意文写成,英译本不少。公认的权威译注本是由詹姆斯·罗伯逊于1906年出版的,题为《麦哲伦环航世界》(James A. Robertson:*Magellan's Voyage around the World*)。我手头现有Nowell 1962年编辑补写本。

③　《皮加费塔日记》(*Magellan's Voyage Around the World*, Edited and with an introduction by Charles E. Nowell, Evanston, Northwestern University Press, 1962),第90、91—92页。

④　阿尔博的航海日志(Log-book)比皮加费塔的环航日记短小简单得多,且偏重于航海方面。当然也有超出环航日记的地方。笔者现在手头也有一份。

矾、棉布、天鹅绒、帽子、头巾、鱼钩、铜项链、剪刀、小镜子、小铃铛、小刀、铜盆等。为了应付远洋航行和不测,船队带足了两年的食品、修船的木料和工具以及渔具。

（二）在大西洋、美洲的探险与发现

1519 年 8 月 10 日,船队在礼炮轰鸣和送行人群的告别声中从塞维利亚启航。9 月 20 日船队进入大西洋。船队先驶向西属加那利群岛,9 月 26 日到达加那利的圣克鲁斯岛。10 月 3 日,船队离开加那利驶向西南方的佛得角群岛。在沿非洲海岸航行时,他们曾遭连续两个月的霉雨,也曾用铁钩猎捕鲨鱼吃食①。他们走 1500 年卡伯拉尔开辟的斜渡大西洋去巴西的葡萄牙航线。经过两个月的海上漂泊,船队于 11 月 29 日到达巴西海岸累西非(伯尔南布科)。船队在稍事休整后迅速南下,于 12 月 13 日进入里约热内卢湾。船队在这里略做休整,补充淡水和新鲜给养,与当地印第安人进行有欺诈成分的不等价交换。皮加费塔记述的当地瓜拉尼印第安人吃人的习俗,听了令人毛骨悚然:他们"吃他们的敌人的肉,这并不是因为好吃,而是一种风俗习惯。他们并不把抓来的人一次吃光,而是一块一块地吃。他们把人剁成块,在烟筒里烤干,每天切下一小块,同家常便饭一起吃,以此提醒自己记住敌人"②。

---

① cf. Antonio Pigafetta: *Magellan's Voyage Around the World*, Edited and with an introduction by Charles E.Nowell, pp.91-92.

② 《皮加费塔日记》,转引自汉布尔:《探险者——航海的人们》,第107 页。

　　12 月 26 日,船队离开里约热内卢湾,于次年(1520)1 月
10 日来到拉普拉塔河河口。这是南美第二大河,它极其宽阔
的河口乍看起来真像一个海峡的入口。但经过探航才知道它
是流向大西洋的大河河口。麦哲伦非常失望,但他不露声色,
率队继续南下。从此他们进入文明人类未曾航行过的水域
了。2 月 3 日,船队到达他们称之为巴伊奥德洛斯帕托斯(即
企鹅湾)的地方。探险者在那里第一次发现了企鹅,这种企
鹅后来被命名为麦哲伦企鹅①。船队继续前进。进入 3 月
份,南半球南部越益昼短夜长。寒冷的南风从南极迎面吹来,
航行十分困难。3 月 31 日,船队驶入南纬 49 度今阿根廷南
部圣胡利安港。麦哲伦决定在此过冬。这一带比较荒凉、人
迹罕至、补给困难。为了做过冬的长期准备和应付新出现的
危机,麦哲伦下令缩减口粮,大量猎禽捕鱼贴补。但也只维持
到 1521 年 3 月便断粮了②。

　　天寒地冻、杳无人烟、给养匮乏,加上几次探索海峡或大
陆尽头都没有成功,这一切使许多船员灰心失望,不安的情绪
笼罩着船队,许多人要求返航。船队中的反麦氏分子便利用
这种沉郁气氛策划叛逃。4 月 1 日夜,康塞普逊号船长凯萨
达、被撤去船长职务的卡尔塔海纳率领 30 人偷袭了圣安东尼

---

　　①　参见同上,第 109 页。
　　②　关于断粮的主要原因,一种说法为:当初装粮上船时,每一批都做
了两次记录,所以实际装载量只有计划装载量的一半。另一种说法是,那些
负责置办给养的人可能被蓄意破坏的人收买,故实际只装载了应携带给养
的 1/3。

奥号,绑架了已取代德·科卡的新船长麦斯基塔,杀害了二副,占领了该船。维多利亚号船长门多萨、还有德·科卡也参加了叛乱。这样,5 条船中的 3 条已被叛乱分子控制,远航似乎快夭折了。但机智勇猛、身经百战、有着东方 8 年海洋生活经验的麦哲伦沉着冷静,力挽狂澜,出奇制胜。他派保安官埃斯皮罗萨带人乘小艇去维多利亚号佯装谈判,登船后突然把门多萨刺死,迫使叛乱分子投降,控制了维多利亚号。麦哲伦随即将维多利亚号、特立尼达号和圣地亚哥号一字排开,停泊在港湾的出口,堵住两条叛乱船的逃路。4 月 3日凌晨,凯萨达欲率圣安东尼奥号夺路逃跑。麦哲伦命令特立尼达号鸣炮警告,并喊话劝降。圣安东尼奥号船上被胁迫的船员愿意继续追随麦哲伦远航。麦哲伦派人乘小艇去把凯萨达等几个为首分子逮捕。最后一艘叛乱船康塞普逊号及其叛乱船长卡塔尔海纳见大势已去,第二天也只好投降。

　　麦哲伦严厉而审慎地惩处了叛乱分子。已死的门多萨按 16 世纪惩罚叛徒的惯例被大卸四块,杀害圣安东尼奥号二副的凯萨达被砍头后肢解,卡尔塔海纳和一个神父被放逐到荒无人烟的阿根廷海岸上。赦免了其他 40 来个应被处死的叛乱者。麦哲伦的处理是妥当的,因为船上还需要他们工作,同时也可避免引起其他海员的恐慌和反感。一场大叛乱被麦哲伦迅速地平息了,未损一船,没伤探险队的元气,只死了 3个人。

　　船队在圣胡利安港停留了近 5 个月。他们在附近一座山峰顶上竖起一个大木十字架，象征这一带属于西班牙，并把那座山叫作基督山[1]。西欧人头两个月未见到一个土著居民，后来才出现身材高大，穿大脚靴的巴塔哥尼亚人（大脚人）。皮加费塔夸张地说西班牙人站起来只及他们的腰部。麦哲伦想抓两个人作为他地理发现的见证，便请了两个土人上船，哄他们戴上了他们不知为何物的脚镣。这是麦哲伦远航以来干的第一桩殖民勾当。

在南半球还是严冬的 5 月，麦哲伦派塞拉奥率圣地亚哥号沿海岸向南探航。5 月 22 日，圣地亚哥号在今圣克鲁斯湾一带遇险沉没。但除一人罹难外，所幸船员们都得以上岸。前后经过了一个半月，所有的人都奇迹般地安全归队。

8 月 24 日，南美洲南部的早春开始了。船队向南驶向圣克鲁斯港，在这里又休整了近两个月。10 月 18 日，南美洲春意盎然，船队重新探航。10 月 21 日，探险队终于在南纬 52 度半发现了一个海峡口。这里离麦哲伦宣布的向南挺进的预定极限，南纬 75 度的所谓巴塔哥尼亚海峡还靠北 22 个半纬度[2]。这条海峡通道长达 580 公里，忽宽忽窄，但最窄处也有 3.3 公里，港汊交错，潮汐汹涌，最深处有 1100 多米。海峡两岸山梁高耸达 1000 多米，荒无人烟。南岸白天一片烟雾，晚

---

① cf. Antonio Pigafetta：*Magellan's Voyage Around the World*，p.109.

② 参见马吉多维奇父子：《地理发现史纲》（И. П. Магидович，В. И. Магидович：《Очерки по Истрии Географический Открытий》），莫斯科 1983 年版，第 2 卷，第 129 页。

上常有篝火,麦哲伦便称其为火地,即今天的火地岛。这是因为火地岛土人当时还不知道发火,故常燃篝火以存火种①。11月1日,远航的资助者之一富商哈罗、他指派来的舵手戈麦斯,因自己的先返航下次再来继续探险的提议被否决,便乘先进海峡探航之机,领头打伤关押了船长麦斯基塔,劫持了最大的圣安东尼奥号叛逃了。1521年5月他们回国后,反诬麦哲伦叛变卖国,致使麦氏的家属受到迫害。麦斯基塔也被诬陷入狱。直到维多利亚号返航后,此案才得以平反。但此时麦哲伦的妻子贝亚特莉兹和两个儿子都因抑郁贫病而夭②,麦哲伦一家因而绝门。因此也就没有出现类似哥伦布的儿子给父亲立传那样的事和书。

经过前后一个月零七天的艰苦而危险的探航,船队终于驶出海峡。沟通大西洋与大南海的通道终于找到并通过了。这是西欧人花了20多年所要寻找的地方。水手们把海峡取名为"圣徒海峡",但人们后来仍公正地把该海峡称为"麦哲伦海峡",以资纪念。1520年11月28日,船队进入了浩瀚的大南海。

(三) 在太平洋、亚洲的探险与活动

离开海峡后,麦哲伦使航线保持在离南美洲西海岸尽量远,但又可以望见一点海岸山影的地方。这样向北航行了23天。顺风浪小,船员们欣赏着各种景观。皮加费塔描绘了一

---

① 参见茨威格:《麦哲伦的功绩》,第130页。
② 同上,第246页。

种飞鱼,"从水中跃出飞过一箭之远,在飞翼还湿着未干的时候,就又落到了水里。此间,它们的敌人尾随着它们的影子,游到它们落下的地方,捉住它们,把它们吃掉。真是有趣极了"①。12月21日,大约在南纬30度西经80度即相当于今智利中北部的地方,他们离开智利海岸,开始向西北横渡无边无际的大南海。

在此期间船队发现了后来所称的麦哲伦星云。皮加费塔记载道:"南极不像北极那样星光灿烂,这里看到的是大量不大的星星聚散群,使人联想到尘土飞扬。它们之间的距离不远,并且暗淡无光。在这些星群中有两个巨大的星团,但不十分明亮,移动得也很缓慢。"②

如果说麦哲伦把大南海估计得太小是他犯的第一个大错误,粮食装载量不足是他犯的第二个大错误,那么急于到达目的地而没有在南美西海岸停靠补给便是他犯的第三个大错误。这些重大错误使这次横渡成为迄当时为止航海史上最可怕的苦难历程。1月中旬,致命的坏血病开始袭来,食品也感到短缺。1月24日和2月4日,船队好不容易发现两个小岛,但均荒无人烟,无法补给食物。麦哲伦沮丧地把它们合称为"不幸群岛"。2月上旬,饥饿和坏血病的威胁越来越严重。皮加费塔的记述令人惨不忍睹。"整整3个月零20天,我们没往船上补充一点新鲜食品。我们吃的是粉化了的陈饼干,

---

① 《皮加费塔日记》,转引自《探险者——航海的人们》,第121页。
② 《皮加费塔日记》,转引自马吉多维奇:《世界探险史》,世界知识出版社1988年版,第267页。

上面生满了虫子,散发着老鼠尿的恶臭。老鼠把好的饼干都吃了。我们喝的是已变质发黄的水。我们吃包在主桁顶部以防止把护桅索磨断的牛皮,由于风吹日晒和雨淋,牛皮已变得非常坚硬。我们把牛皮泡在海水中四五天,然后放在炭火上烤一会儿后食用。我们还经常吃木头的锯末。大老鼠的价钱暴涨为半枚杜卡特一只,但即使出这样的价钱还很难买到"①。最糟糕的是因为长期吃不到新鲜蔬菜、水果、食物,得坏血病的人越来越多,病情也越来越严重。起初,牙根牙龈肿大;接着出血,牙齿松动、脱落;继而嘴里出现脓肿;最后,咽喉红肿,疼痛难忍,慢慢死去。有 19 个人就因此而相继死亡,包括两个捉来的巴塔哥尼亚印第安人。所幸天气一直很好,风顺浪小,否则极度虚弱的水手们是无力应付的。于是麦哲伦便把大南海改称为太平洋(il Pacifico)。在一次讨论航向的会议上,又有人提出掉头回去的问题,但麦哲伦坚决地说:"即使我们把船上帆桁的牛皮统统吃光,我们还是要前进。"②因为他预感到,回去的路更遥远,前进反而相对安全。3 月 5 日,船上断炊了,情况非常危急。但就在第二天,3 月 6 日,马里亚纳群岛在西边地平线出现了,水手们鸣枪欢呼,庆幸绝处逢生。

这是一组物产丰富、人口稠密的群岛,当地居民还处于原始社会阶段,没有私有观念。他们乘独木舟蜂拥而至,爬上卡拉维尔船,供给船队所需的水果、蔬菜等食物,又毫不客气地

---

① 《皮加费塔日记》,转引自马吉多维奇:《世界探险史》,第 265 页。

② 巴克利:《伟大的地理发现时代》(I.Barclay:*The Great Age of Discovery*),伦敦,Dennis Dobson,1958 年版,第 82 页。

拿走他们觉得新奇的没有被钉住的东西。实物交换演变为抢夺。有些岛民还"偷"走船队已放下海准备用于登陆的小艇。麦哲伦(等)觉得吃了大亏,下令用弓弩射击。岛民似乎还不懂箭,皮加费塔说:"不论什么时候,当我们用箭射中任何一个这些人时,他们都要审视着,把箭柄从这一边拉到那一边,大为惊奇地拔出来,接着就倒下死去。"①麦哲伦仍不罢休,他要求把小艇找回来,便组织了武装小队上岸讨伐。他们杀了7个人,烧了四五十间茅屋,抢了一些食物。麦哲伦的反应太过火了,这是他远航以来干的第二桩殖民勾当。麦哲伦因此还把这一带称为"强盗群岛"。一般认为他们登陆的岛是关岛。

由于离开麦哲伦海峡后计划的航向偏北了 10 度,所以他们的太平洋航行早已在过赤道时从东北方面驶过了今印度尼西亚的摩鹿加——香料群岛。3 月 9 日离开关岛后,他们又到了附近的罗塔岛(Rota),和土著人进行了交换。3 月 16日,他们便看到了今菲律宾的萨马(三描)岛。3 月 17 日,船队在菲律宾东部莱特湾中的一个无人小岛霍蒙洪岛停靠休整②。第二天船员们与从附近来的居民进行了交换,用各种百货换取食物。经过好几天的疗养,船队又开始前进,于 3 月27 日来到里马萨瓦岛(马索华岛)。在这里,麦哲伦从马六甲带来的出生于苏门答腊的奴仆亨利用马来语同当地居民通上了话。麦哲伦至此恍然大悟,他向西开辟去亚洲的新航路的

---

① 《皮加费塔日记》,转引自《探险者——航海的人们》,第 124 页。
② 参见汉布尔:《探险者——航海的人们》,第 125 页。

理想已经实现。8 年前,他从东方回到西方,现在他又从西方绕到东方。古代一些相信地圆学说的学者所预言的事情,当时一些学者所宣传的理论,现在已被证实了。在里马萨瓦岛,船员们用各种百货换取食物,同时又与当地统治者拉关系,传播基督教。4 月 3 日,船队在里马萨瓦岛拉甲(Rajah,统治者的头衔)领航下来到宿务岛。在宿务岛,探险队一面摆摊设点,用各种小商品换取当地居民的食品和贵重物品,一面在岛上传播基督教,给岛民施洗,竖木十字架,与当地最大的统治者胡玛波拉甲建立了关系。菲律宾、印尼一带与美洲不同,当时早已进入奴隶社会或早期封建社会,已有剥削、阶级、国家、文字、铁器等,但尚无火器。胡玛波拉甲想利用白人武装向周围扩张,策动麦哲伦协助进攻附近的麦克坦岛,以控制该岛。麦哲伦的表现欲很强,便答应下来。麦哲伦先派小分队上岸偷袭,焚烧房子,强征贡物,但当地拉甲仍不顺服胡玛波。

　　4 月 27 日早晨,胡玛波率土邦军队 1000 人进攻麦克坦岛,当地拉甲拉普拉普率土邦军队 1500 人迎战,麦哲伦率 60名白人武装打头阵。西班牙人在涉水登陆时便遭到麦克坦军队的猛烈反击。激烈的战斗持续了一个多小时,西班牙人被迫撤到小艇上又退回大船上撤走。是役欧人阵亡 8 人,其中包括麦哲伦,多人负伤;其菲律宾盟友因按事先的商定多在海中的船上观战故仅阵亡 4 人;麦克坦军阵亡 15 人①。

　　麦哲伦死后,阴鸷狠毒的胡玛波利用探险队扩张的打算

---

① 　cf. Antonio Pigafetta：*Magellan's Voyage Around the World*,p.172.

落了空,便转而觊觎探险队的船只和货物。5 月 1 日,胡玛波设下鸿门宴杀害了塞拉奥船长、麦哲伦的内弟巴尔波查船长和 20 多名船员。皮加费塔因在船上养伤而幸免。未曾赴宴和侥幸逃脱的船员立即解缆起航,离开这凶险之地。由于大量减员,探险队在离开宿务岛不久,在保和岛把康塞普逊号烧掉,把物资和人员转移到别的船上。至此,探险队只剩两条船了。船队在人口稠密的印度尼西亚大巽他群岛一带盲目转悠了几个月,11 月 6 日,船队终于到达盛产香料的摩鹿加群岛。他们在哈马黑拉岛以西的蒂多雷岛登岸。水手们用各种东西尽其可能地购买香料,甚至脱下了衣服去换。岛上的穆斯林统治者苏丹也帮他们收购,互利互惠。船舱里很快装满了丁香、肉豆蔻、肉桂、胡椒、生姜、香石竹等各种香料。

　　船队准备起程返航了,却发现旗舰特立尼达号裂开一缝,严重漏水,只得留下修理。50 多人志愿留下,打算把特立尼达号修好后经太平洋返回巴拿马湾,因届时西向便于躲避印度洋、大西洋上的风浪和葡萄牙人的拦截。埃尔·卡诺船长、皮加费塔、阿尔博等 40 多人,还有 10 多个自愿去西班牙当翻译的摩鹿加人则选择了乘完好的维多利亚号,准备利用东向季风经印度洋、大西洋返航。埃尔·卡诺(El Cano)大约在 1487 年生于西班牙北部,系巴斯克人。在参加麦哲伦探险队前已是船长,谙于航海。在圣胡利安港的叛乱中,他曾附逆参叛,但得到宽恕,以后他就洗心革面了。在到达摩鹿加群岛后他被推举为船长。埃尔·卡诺是公认的领导维多利亚号最后完成环球航行的航海家。12 月 21 日,维多利亚号向特立尼达号和香料群岛鸣炮告别,扬帆启航。

(四) 维多利亚号的凯旋和首次环球航行的意义

为了避开葡萄牙人,埃尔·卡诺先向南航行。于 12 月 29 日到达安汶,然后穿过班达海。在帝汶岛做最后补给。维多利亚号离开东南亚后向西南航行,进入茫茫大洋,向好望角挺进。3 月 18 日,他们在南纬 38 度左右发现阿姆斯特丹岛(今属法国)[1]。携带的食物、肉类许多变质,坏血病再度袭来,饥饿的阴影也开始笼罩着维多利亚号。埃尔·卡诺按西南方向朝南纬 40 度前进,以便到达好望角以南若干。在横渡印度洋的航行中,船上的 60 人减员到 35 人,25 人因坏血病和饥饿、焦渴等死去。活着的人把死去的同伴抛入大海。下抛时欧洲基督徒的脸朝天背朝海,而亚洲人则脸朝下被朝上[2]。其个中原委还有待索解。5 月 20 日,维多利亚号在离非洲南端约五个纬度之处进入了南大西洋。这时前桅和帆桁都在暴风雨中断裂,船也漏了,需要人们打疲劳战用唧筒不停地抽水。6 月 8 日,维多利亚号第四次即最后一次越过赤道。7 月 9 日,他们被迫驶进葡属佛得角群岛,以便补给。他们谎称从美洲返回。但还没来得及买够食品上足淡水,有 13 个登陆的水手便露出了马脚被葡萄牙当局抓走。7 月 18 日,埃尔·卡诺只得赶紧开船逃跑。他没有慌不择路地直接返航,

---

① см. И. П. Магидович, В. И. Магидович:《 Очерки по Истрии Географический Открытий》,Том Ⅱ,c.137.

② cf. Antonio Pigafetta：*Magellan's Voyage Around the World*,pp.248–249.

而是正确地一直往北,以便充分利用顺风顺流。最后的航程也最为艰难困苦。因为 19 个又病又饿的人要干 50 个人的活,驾驶既破损又满载的航船,筋骨似乎都要累断了。8 月 7 日维多利亚号到达葡属亚速尔群岛。他们在亚速尔各岛盘桓了一周,不时悄悄上岸取淡水猎野味补给,以免被葡人发现拦截①。然后他们向东,直奔祖国。

"1522 年 9 月 6 日,星期六,我们进入了圣卢卡尔湾。在我们离开摩鹿加时的 60 人中,仅剩下 18 个,而且大部分都疾病缠身。"皮加费塔继续总结道:"从我们离开这个海湾的那一天起到今天,我们航行了 14460 里格,完成了从西到东绕世界一周的航行。"②两天后,百孔千疮的维多利亚号被另一艘船拖回了出发港塞维利亚。

西班牙从这次大探险中经济收益甚微。查理五世(此时已是神圣罗马帝国皇帝)高价卖掉了运回的 26 吨香料,但在扣除了远航费用后所剩无几,只折合 200 英镑③,且不包括死难者的抚恤金等。查理五世奖给埃尔·卡诺一块纹章,上面的缎带用拉丁文写着"你第一次环绕我航行"。

---

① 参见莫里逊:《在南方的航行》(S.E.Morison:*The European Discovery of America*, *the southern voyages*, 1492–1616),纽约,Oxford Univ.Press,1974 年版,第 462 页。

② 《皮加费塔日记》,转引自汉布尔:《探险者——航海的人们》,第 139 页。

③ 参见吉尔马德:《麦哲伦的生平和首次环球航行》(F. H. H. Guillemard:*The Life of Ferdinand Magellan and the First Circumnavigation of the Globe*, 1480–1521),纽约,George Philip,1890 年版,第 307、327 页。

在佛得角群岛被葡萄牙人抓走的那13名船员在查理五世的交涉下很快得到释放。特立尼达号的原路返航没有成功,被迫退回摩鹿加,随即被葡萄牙人俘获。最后只有四个人活着回到西班牙。

由麦哲伦筹划和指挥的西班牙探险队的首次环球航行,在地理发现史航海史上具有极其重大的意义。船员们以自己的勇敢实践无可辩驳地证实了地圆学说、水多陆少说、海洋一体说,确定了大地的基本形状和大小,从而"真正发现了地球"(恩格斯语)。总而言之,环球航行把业已开始的地理大发现推到了最高潮。首次环球航行在航海史上具有最重大的意义。这次航行从西欧出发,向西横渡了大西洋,绕过了南美洲,横渡了太平洋,穿越了南洋(马来)群岛,横渡了印度洋,绕过了非洲,回到了西欧。前后历时整整3年,行程8万公里(按皮加费塔统计的14460里格乘以5.56公里),东西走过了360个经度,南达南纬52度(船队),北抵北纬43度(特立尼达号),航迹面积达4.22亿平方公里①,经过了世界上有人居住的大部分地区。这是人类历史上迄当时为止航程最长、历时最久、航迹面积最广的航行,它把15世纪初以来的大航海时代推进到又一个崭新的阶段,即环球航行阶段。

---

①　航迹面积是本人受流域面积启发而提出的一个新概念。航迹面积等于航行途中任何一个方向的两个最远点的距离,乘以与这两点连线垂直的航行的两个最宽点的距离(须将这两点平行移至与最远处的两点连线垂直的直线上)。对于麦哲伦环球航行来说,其航迹面积为赤道长度4万公里×南纬52度至北纬43度之间的距离10555公里=4.22亿平方公里。

　　首次环球航行在殖民主义史、商业航运史、天文学、博物学方面都有较为重要的意义。

　　环球航行的成功对思想解放、启蒙思潮、人文主义等也产生了十分重要的影响。麦哲伦死后 20 年,当时的编年史家贡·费·奥维埃多写下了一段如诗如实的颂词:"维多利亚号的航行,是上帝创世以来最大的奇迹之一;是人类的始祖诺亚乘方舟航海以来最著名的一次航海。"①恩格斯不仅对首次环球航行予以评价,而且对环球航行结束之时的世界形势、时代精神和社会特征做了高度概括:"世界一下子大了差不多 10 倍;现在展现在西欧人眼前的,已不是一个半球的四分之一,而是整个地球了。他们赶紧去占据其余的七个四分之一。传统的中世纪思想方式的千年藩篱,同旧日的狭隘的故乡藩篱一起崩溃了。在人的外界视线和内心视线前面,都展开了无限广大的视野。……这是资产阶级的漫游骑士的时代。"②

　　麦哲伦环球航行后,16 世纪 80 年代又有英国探险家、海盗德雷克指挥的环球航行。以后,欧洲人时不时地要进行环球航行。但环球航行的性质和目的,从头两次的探险、开辟新航路、地理发现、殖民扩张渐渐地转向科学考察。而且科学考察的成分越来越重,考察的内容越来越丰富、多面、复杂。

---

① 汉布尔:《探险者——航海的人们》,第 141 页。

② 恩格斯:《家庭、私有制和国家的起源》,载《马克思恩格斯选集》第 4 卷,人民出版社 1972 年版,第 77 页。

（五）世纪之初的中国环球大洋科考①

时钟走到了 21 世纪。在郑和首下西洋、拉开大航海帷幕整整六百周年后,在麦哲伦首次环球航行近 5 个世纪后,中国人终于进行了自己的首次环球航行。这就是 2005 年 4 月 2日至 2006 年 1 月 22 日的"大洋一号"环球航行科学考察活动。

海洋约占地球表面的 71%。除去濒海国家的 12 海里领海和普遍承认的 200 海里专属经济区,余下的国际大洋公海区域仍占地球表面约 40%,总面积达 2.51 亿平方公里。这是人类尚未充分认识和开发利用的最大战略资源宝库和共同财产。在陆地资源日益紧缺的今天,世界各国尤其是资源消耗大的发达国家,都不约而同加快了进军海洋的步伐。而我国的人均自然资源拥有量远低于世界平均水平,因此海洋对于我们国家和民族未来的生存与发展至关重要。我国开展大洋海底多金属资源的综合调查始于 20 世纪 70 年代末。到 90年代初(1991 年),我国被联合国确认为继印、俄(前苏联)、

①　本部分参考了以下文献编著而成:1.国家海洋局北海分局:《横跨三大洋"探宝"写风流——中国"大洋一号"首次环球科学考察事迹介绍》,《中国海洋报》2006 年 5 月 12 日第 1 版;2.徐汉卿、薛怀平等:《中国首次环球大洋科考航线图》,《地理空间信息》2006 年 10 月第 4 卷第 5 期;3.张子倩:《大洋寻梦》,《青岛日报》2006 年 3 月 31 日第 1 版;4.杨玉川:《放飞中国环球科考梦》,《山西教育》(高考版)2007 年第 12 期;5.中国大洋资源研究开发协会:《"大洋一号",中国迈向深海的脚步》,《生命世界》2005 年第 7 期;陆会胜:《"大洋一号"科学考察船船长日记》,海洋出版社 2007 年版;李明春、苏晨:《三大洋探索之旅——记我国"大洋一号"船首次环球科学考察》,载前揭陆会胜:《船长日记》。

法、日后第五个深海采矿先驱投资者。

　　承担我国环球大洋资源调查任务的船舶是"大洋一号"科学考察船。船长 104 米,排水量 5600 吨,曾是苏联的一艘海洋地质和地球物理考察船。1994 年引进,并进行了自主改装。2001 年,为了更好地完成我国环球大洋资源调查任务,再次进行现代化改装,成为我国远洋科考主力船舶。编制船员 25 人。它在船舶动力定位系统、实验室统一布局、通信导航驾驶、海洋调查能力等方面,都已具备新世纪大洋海底资源勘查的能力,船上有海水淡化设备,具备无限海区航行能力和多学科综合研究工作条件。

　　2005 年 4 月 2 日,"大洋一号"科考船肩负着祖国和人民的重托,从青岛团岛码头起航,开始了我国首次环球大洋考察的探索之旅。

　　环球航行一般有西行或东行两条路线。虽说理论上还有南行或北行两条路线,但因有南极洲和基本上终年封冻的北冰洋的阻拦,故人们不走南行或北行路线。历史上欧洲人的环球航行多走西行路线,即欧洲——→大西洋——→美洲——→太平洋——→亚洲——→印度洋——→非洲——→大西洋——→欧洲。麦哲伦首次环航,德雷克第二次环航,18 世纪 20 年代荷兰航海家雅科布·罗赫文的第三次环球航行,40 年代英国乔治·安松和约翰·拜伦海盗探险队的第四次环球航行……皆如此。中国人的首次环球航行科学考察则选择了东行路线,即亚洲——→太平洋——→美洲(巴拿马运河)——→大西洋——→非洲——→印度洋——→马六甲海峡——→南海——→中国。中国科考队走东行路线是想乘船况、仪器设备状况、人员体质精神最好的时候就首先横渡世界上最大的太平洋，完成在太平洋地区的作业。还有一个最为重要的原因，即历史上的环球航行驾驶的是木帆船，走西行路线可以更好更方便地利用风流洋流海流。而中国首次环航科考，驾驶的是铁质内燃机轮船，使用的是机器动力，完全可以不考虑风流洋流海流的方向问题。

"大洋一号"在东太平洋海隆中段开展综合调查工作，沿途停靠密克罗尼西亚的波纳佩岛、夏威夷群岛的火奴鲁鲁港和墨西哥的阿卡普尔科港；经巴拿马运河进入大西洋后，沿南大西洋中脊进行地质、地球物理、地球化学、水文、生物等调查，沿途停靠牙买加的金斯敦商业码头和南非开普敦；经好望角到印度洋，在印度洋中脊的三叉点附近进行综合考察；最后穿过马六甲海峡，经新加坡回到南中国海，最后返回青岛。

此次大洋环球考察历时 297 天，航行 43230 海里，出色地完成了多学科的综合考察的光荣任务，矗立起我国大洋事业新的里程碑。我国首次环球大洋考察不少项目处在国际大洋科学研究的前沿，具有重大的科学意义和明显的国际影响。考察过程中，队员船员们在西北太平洋进行了 4 座火山的多金属结核海底资源调查和大洋环境基线调查；在北太平洋开展了环境调查；首次对太平洋、大西洋、印度洋中脊设定靶区和已知区域的热液硫化物及相关海底资源进行了考察；对印度洋海啸区域进行了初步调查等。这次环球大洋考察，全体船员队员不畏艰险，探索出了一条由单一区域（太平洋）覆盖到全球各大洋区（太平洋、大西洋、印度洋）的大洋考察新路，实现了大洋考察由单一资源调查(矿产资源、生物资源)向资源调查与科研相结合的综合考察的历史性转变。探索未知科学领域收获胜利之果是科技活动的永恒主题。环球航行中"大洋一号"进行了长达 297 天的艰辛探索,取得了丰硕成果。履行了中国与国际海底管理局(总部设在牙买加首都金斯敦)签订的《勘探合同》。

参加了环球航行考察的船队员共有 120 名,其中有 60 多名考察队员于 2005 年 8 月下旬在墨西哥阿卡普尔科港进行了交换(即下去了 30 多名回国又上来了 30 多名加入考察)。他们来自全国 27 个单位,还有两名女科学工作者。此次环球大洋科考与历史上的环球航行探险在组织人事上有所不同,即不设总队长指挥长船长之类的首长,而设临时党委集体领导;船队员中作用较大比较著名的有:前半段科考首席科学家王春生,后半段科考首席科学家郭世勤,"大洋一号"船长陆会胜,考察途中病逝的大副刘福军(逝于国内),女博士生朱健,等等。这种安排彰显了中国特色和时代特征。所以,这次环球大洋科考将以船名而非人名命名载入史册。

此次环球大洋科学考察,还吸纳了个别美国、德国的科学工作者随船工作,表现出对外开放的气度。考察队发扬中华民族崇尚和平、讲信修睦的优良传统,成为和平的使者,友谊的桥梁。考察期间,"大洋一号"充分利用停靠外港补给和人员休整时机,举办不同类型的对外宣传活动。在密克罗尼西亚联邦的波纳佩和牙买加的金斯敦举办了两次"开放日"活动,受到外国参观者和当地华侨的热烈欢迎。"大洋一号"投放到三大洋中象征和平和友好的 15 个"漂流瓶",代表青岛小朋友向全世界 15 个"幸运儿"小朋友发出了观看 2008 奥运会青岛奥帆赛的邀请,向世人展示了中国致力于维护世界和平、促进人类共同发展的大国形象。"大洋一号"的环球之旅实现了中华民族进军三大洋的梦想,为建设海洋强国、实现中华民族的伟大复兴作出了突出贡献。

采用中科院武汉测地所郝晓光研究员等研制的《系列世界地图》中的"北半球版世界地图",表现中国首次环球大洋科考线路,可以醒目地标示出"大洋一号"的航行线路。航线在图上形成封闭环,直观地表达出"环球"概念。人们顺着箭头方向通过这条蓝色线段的不断延伸了解"大洋一号"的远征行程方位,清晰地看到"大洋一号"环球航行的轨迹,沿航海线上的一系列红色节点符号就是"大洋一号"行进中的重要停靠点和转折点,从"大洋科考线路图"上看,祖国大陆与世界各大洋和各大陆的地理关系非常明确。飘逸在汪洋大海中的"大洋一号"环球航线,像一条美丽的项链,将世界各地串联起来,形成一个不可分割的整体。

物换星移,6 个世纪后的中国环球航行科学考察勘探,与麦哲伦首次环球航行相比,在航海史地理发现史探险史上已无意义。但在地理海洋科考史上还是有一些亮点。在对外关系和交往史上,与麦哲伦船队不同,"大洋一号"与外国人民友好相处,毫无冲突,谱写了友谊的篇章。而麦哲伦环航则与外国人外族冲突不断,不是他们抢抓捕打别人就是别人抢抓捕打他们,他们内部也冲突迭起:远航船队就有两次叛逃叛乱;同为西欧人的西班牙人和葡萄牙人之间,环航途中也多次冲突摩擦,充满了血与火,暴力与刀枪。这令人有些感慨,不由得想起了毛泽东的诗词——"大雨落幽燕,白浪滔天,秦皇岛外打鱼船。一片汪洋都不见,知向谁边?往事越千年,……萧瑟秋风今又是,换了人间!"

人物研究

一、"文化大革命"后四十年中国史学界对哥伦布、麦哲伦的评价研究述评

　　哥伦布、麦哲伦、达·伽马是地理大发现世界大航海时代最重要的历史人物,而大发现大航海又是中世纪后期至近代早期最重大的历史事件,对世界历史和人类社会有最深远的影响。"文化大革命"结束后的 20 世纪 70 年代末 80 年代初,1992 年纪念开辟欧美新航路 500 周年前后,中国史学界出现了研究地理大发现世界大航海的两次热潮。其中主要历史人物的评价是研究的一个重点,甚至围绕此问题发生了激烈的争论和热烈的讨论。回顾这两场大争论和讨论,进行分析、总结和再评价,在推进"一带一路"宏伟战略的当下,无疑具有新的价值和意义。

　　15—17 世纪的大航海大发现是中世纪晚期近代初期全世界范围内最重大的历史事件。大航海大发现主要人物的评价研究是大航海大发现研究的一个重点和热点。我们在此述评"文化大革命"结束后至今中国史学界对历史人物的评价研究(因为"文革"前仅限于简单的介绍),并谈点个人的想法和思考。

（一）哥伦布的评价问题

哥伦布无疑是大航海大发现方面最重要的历史人物。20世纪70年代后半期至80年代前半期,中国史学界就哥伦布的评价问题展开了热烈讨论,形成了全盘否定、坚决骂倒和高度评价、低度批评两种观点。分歧的严重,争论的激烈,影响的广泛在中国史学界是空前的,在世界上也是罕见的,并至今尚未完全平息。

1977年伊始,中国社会科学院经济研究所研究员、博士生导师严中平首先在《历史研究》第1期发表《殖民主义海盗哥伦布》一文。该文的标题就表明,严先生对哥伦布是全盘否定坚决骂倒的。严文对哥伦布的四次远航探险、一生特别是在美洲的所作所为做了较详细的叙述,全文也长达1.8万字。文中多次满怀阶级感情和革命义愤地写道:"提起殖民主义,人人切齿痛恨";"哥伦布在美洲的所作所为,就是这种种卑鄙行径的一幅典型写照";"美洲印第安人的累累骸骨永远控诉着殖民主义的滔天罪恶"。严先生论文的意义和价值在于:1.首次在中国详细论述了哥伦布的生平行径,所作所为。2.首次旗帜鲜明地批判、否定和指控了哥伦布的殖民罪行,从而引发了中国史学界一场空前的大讨论。3.把中国史学界此前的介绍工作提高到新的研究的层面。

东北师范大学历史系教授、博士生导师朱寰在《世界历史》1979年第2期发表《应该怎样评价哥伦布》一文(1.2万字),与严中平商榷。朱文引用恩格斯在《家庭、私有制和国家的起源》中的论述,"卑劣的贪欲是文明时代从它存在的第一日起直至今日的动力",批评严文用以否定哥伦布的动机论(意即远航的动机是获取黄金也不怎么坏)。朱文批评严文嘲笑哥伦布错把美洲当成(泛)印度,因为地圆说当时是先进的思想。针对严先生一贯不承认有地理大发现的思想(所谓"发现"是欧洲人的观点,印第安人不需要谁来发现美洲,中国人北欧人以前也航渡过美洲),朱文指出,即使历史上确有其事(指旧大陆人航渡美洲),它们也不能与哥伦布的发现同日而语。那些人到达美洲是偶然的,它们对人类社会历史的发展没有什么影响。而哥伦布的发现是历史的必然。它对人类社会历史的发展关系巨大,影响深远:诸如世界市场的形成,殖民制度的开始,商业革命、价格革命,打击了天主教的寰宇观,初步证明了地圆说。朱文还进一步发挥道,哥伦布作为一个航海家的贡献容易被人们承认,但说他作为殖民者也还是一种新贡献,东方人就难以接受了。因为殖民者通过暴力大大促进了从封建生产方式到资本主义生产方式的转变过程,缩短了过渡的时间。西欧在美洲采取了直接奴隶制的形式进行统治和剥削,但它也有好的和坏的两个方面。朱文以《马克思致安年柯夫》的信中对奴隶制的评价佐证其观点,认为美洲殖民制度不应被全盘否定,殖民制度的产生是当时历史的必然。朱文指出,印第安人只是在西欧殖民者到来之后才走出原始的野蛮状态,进入文明时代,而"文明时代的基础是一个阶级对另一个阶级的剥削"(恩格斯《家庭、私有制和国家的起源》语)。朱文的最后结论是,"历史证明,对西欧资产阶级的新的解放,同时就是对亚、非、美三洲广大劳动人民的新的压迫,这一点并不损害哥伦布作为一个资产阶级先驱者的历史地位"。

朱先生的论文首次在中国史坛高度评价和充分肯定了哥伦布,而且是努力以马列主义的立场、观点、方法作指导的,因而在学术上意义重大。朱文虽也指责哥伦布"疯狂屠杀无辜的印第安人","肆无忌惮地剥削、奴役和杀戮那里的印第安人",但都是一笔带过。而且还论述殖民者也有新贡献,印第安人因此才进入文明时代,直接奴隶制有好坏两方面,暴力是阶级社会历史发展的杠杆。所以,可以说朱先生对哥伦布的评价是持一种功劳很大罪过很小的崭新观点。

严中平先生紧接着在《世界历史》1979年第4期发表《关于哥伦布其人答朱寰同志》一文(1.5万字)。严文考辨说,朱文所说马克思对直接奴隶制的分析是对马克思的误解。马克思在《哲学的贫困》中也说过类似的话,那是概括蒲鲁东的观点。马克思嘲笑了蒲鲁东那种说奴隶制有好的坏的两个方面,以及企图保存好的方面消除坏的方面的愚蠢观点。因为事物互相矛盾着的两个侧面是不可分割地联系在一起的,而且还有主次之分。朱文的精神是哥伦布以功为主,以罪为次,殖民者给印第安人带来了文明。那样朱先生便站到了替殖民主义者辩护的立场上去了。严文揭示道,"估计功罪根本上就是表达阶级感情、民族感情的事。不能以感情去代替历史科学,但不能不以感情去评价历史功罪"。严文继续展开,对人民而言,遭受自己社会内部的阶级压迫和遭受外来的民族压迫完全是两码事。恩格斯在《反杜林论》中说过,在一个阶级内部,"当一种生产方式处于上升阶段时,那些在与之相适应的分配方式里吃了亏的人也会热烈欢迎这种生产方式"。严文并列举了在奴隶制、封建制、资本主义制的初期,战俘能活命,奴隶农奴上升的事实。而本来是公社自由民的美洲印第安人和非洲黑人沦为西方殖民者的农奴和奴隶,那不是人身地位的上升而是沉沦。他们当然不欢迎这种生产方式。严文还以海地为例论证,殖民者给海地带来的"文明"是种族灭绝。严文最后站在印第安人的立场对哥伦布的"发现"做了简单总结。哥伦布的发现对欧洲资本主义的发展起了划时代的作用,有其进步性、必要性和必然性。但对我们印第安人来说,种族灭绝不等于剥削。我们没有义务要用千百万人的骸骨去促进欧洲资本主义的发展。我们不知道哥伦布对我们有什么"功劳",只知道他对我们犯下了滔天罪行。我们评价哥伦布必须全盘否定,坚决骂倒。

严先生的新论文把问题的讨论从一般的历史研究提高到理论探索的水平,辩证地提出了互相矛盾着的两个侧面不可分割,有主有次的问题,揭示了估计功罪是表达阶级感情或民族感情的问题,尖锐地指出了民族压迫不同于阶级压迫,种族灭绝不同于一般地受压迫遭剥削。这些都很有见地、令人深思、给人启迪。但他只站在印第安人的立场未免褊狭。

朱寰先生两年后又在《东北师范大学学报(哲学社会科学版)》1981年第2期发表《再论哥伦布的评价问题》一文(1万字),与严中平再商榷。朱文诘问,严文认为只要杀过一次人就可以定为杀人犯,只要进行过殖民活动就是殖民海盗,用不着全面地历史地去分析。那么,曹操岳飞都镇压过农民起义,拿破仑也杀过很多人,是不是他们都该被彻底骂倒呢? 哥伦布的殖民罪恶总不能越出他四次在美洲活动累计五六年的时间,不能把几百年来帝国主义的殖民罪恶(指种族灭绝等)都强加在哥伦布身上。严先生说欧洲资本主义发展不发展与印第安人无关,这是脱离时代脱离实际的幻想。即使亚、非、美人民梦想与欧洲资本主义无关,也无法摆脱被侵略的历史命运。因此它们变成了欧洲各国的殖民地和半殖民地。而没有欧洲的资本主义就没有今天的马列主义和社会主义。朱文辩驳道,马克思在《哲学的贫困》一书的第二章第二节中主要是批判蒲鲁东经济学研究的形而上学方法。但马克思并未说蒲鲁东对直接奴隶制(正面)影响现代工业和美国(洲)资本主义发展的分析是错误的。而恩格斯在 1885 年德文版上加的注脚中说,蒲鲁东对直接奴隶制的观点,"这对 1847 年来说是完全正确的"。

朱文还根据俄文原始文献,对哥伦布四次美洲之行所干的强盗行径和所杀的人做了叙述和统计,又根据英文的研究文献否定了哥伦布的海盗出身。这些充分展示了他的史学功力和外语造诣。文中对杀人犯问题和殖民罪恶问题的反驳也比较有力。不过,朱文回避了严文提出的估计功罪是表达感情,民族压迫不同于阶级压迫,种族灭绝不同于一般的压迫剥削等问题。此外,朱先生还撰有《哥伦布及其时代》(载《世界史论集》,东北师范大学社会科学丛书第 5 辑,东北师大学报哲社版编辑部 1981 年出版)、《哥伦布与大西洋

航路的发现》(载《历史人物论集》,吉林人民出版社 1982
年版)等论文,从不同角度不同层面对哥伦布进行研究分析
评价。

　　严先生三年后又出版了《老殖民主义史话选》一书(北京
出版社 1984 年版)。书中收录了《关于哥伦布的评价问题再
答朱寰同志》一文(0.7 万字)。严文认为,肯定直接奴隶制对
美洲资本主义的(正面)作用,也无助于掩饰朱先生评价哥伦
布观点的错误。哥伦布不是晚节不忠,而是在远航发现的一
开始就是殖民海盗。朱先生讲印第安人只是在哥伦布等到来
以后才进入文明时代,这便是把印第安人进入文明时代归功
于哥伦布的发现。严文指出,评价殖民主义和殖民者的历史
功罪是一回事,亚、非、美人民无法摆脱的历史命运是另一回
事。因为无法摆脱的历史命运而歌颂殖民侵略是新贡献,便
是开门揖盗的宣言。总不能对资产阶级和人民都既是"罪恶
昭彰"又都是"新贡献"吧。严先生在该书的前记中还强调,
在历史研究的意义上,我们所要撰写的不是先进战胜落后的
历史必然性,而是西方之所以得逞的偶然性。因为仍有长期
坚持斗争保持独立的部落和始终没有沦为殖民地的非欧洲国
家(中、日、暹罗、埃塞俄比亚、利比里亚等)。严文提出的历
史命运与历史功罪是两回事的观点,需要强调的不是先进战
胜落后的必然性,而是西方之所以得逞的偶然性的观点,值得
重视。但他以哥伦布尚未绕过美洲到达亚洲为由否定哥伦布
初步证明了地圆说,则显得勉强。

　　在此期间,也有别的学者参加对哥伦布评价问题的讨论。

陈根荣同志在《浙江师范学院学报（哲学社会科学版）1981 年第 3 期撰文，《也谈应该怎样评价哥伦布》(0.8 万字)。陈文在立场问题上阐述道，凡是资产阶级史学家或民族主义史学家，必然要站在资产阶级的立场上或狭隘民族主义的立场上，而马克思主义史学家则应该站在无产阶级立场上，以各自的感情去估计历史事件和评价历史人物。马克思主义史学家则不能站在剥削阶级的立场上，也不应该只站在印第安人的立场上。在"发现"问题上陈文指出，即使中国人和北欧人果真航渡过美洲，也不曾带来世界各大洲与美洲的往来与联系，人们仍不知道有那么大一块美洲大陆和有到达那里的航路，美洲的发现使印第安人培植的许多重要的农作物品种传播到世界各地。在"罪行"问题上陈文承认哥伦布对印第安人犯下了罪行，但又认为殖民掠夺却是资本原始积累的主要因素之一。全盘否定他对资本原始积累所作的贡献也是背离历史唯物主义的。对印第安人所犯的罪行和对资本原始积累所作的贡献，正是资产阶级的本质在其先驱者身上的反映。陈文坚持、发展和丰富了朱寰先生的观点，但不再提殖民者带来了文明的问题。陈文对殖民掠夺也是新贡献的解释是，因为殖民掠夺是资本原始积累的主要因素之一。陈文的看法自然不是民族主义的。但到底是马列主义的还是别的主义或阶级的，值得探讨。因为马列主义经典作家只承认国内剥夺、国外掠夺在资本主义发展初期有其暂时的正当性，但他们并没有歌颂它有什么功劳。

20 世纪 90 年代中期，在严、朱二位先生的弟子撰写的介绍两先生的文章中,在回顾那场争论时仍坚持和主张各自导师的意见(见经君健:《坚持真理、贡献卓越》,载《严中平文集》,中国社会科学出版社 1996 年版,严先生已于 1991 年去世;王晋新:《筚路蓝缕、孜孜以求》,《世界历史》1996 年第 6 期)。

(二) 麦哲伦的评价问题

麦哲伦是大航海大发现史上仅次于哥伦布的第二号人物。1981 年,在哥伦布的评价问题争论方酣之际,《史学月刊》第 5 期登载了詹方瑶同志的一篇短文,《麦哲伦环球航行及其贡献》(0.3 万字)。詹文介绍了麦哲伦的主要事迹,说明麦哲伦是在与菲律宾居民的冲突中丧命的;麦哲伦环球航行无论在科学上或人类发展史上的意义都应予以充分肯定:但他也起了近代殖民先锋的作用。詹文的评价比较公允,可惜篇幅太短。

严中平先生则换了一只麻雀解剖。他在《历史研究》1982 年 3 期发表了《论麦哲伦》的长文(1.5 万字),对老殖民主义的评价问题在理论上做了系统深入的阐述。严文提出,马列主义者是把人类社会的发展史当作自然史的过程去总结其规律的。不同社会经济形态的先后递变是按照它自身的规律向前发展的。客观规律本身无所谓功罪,功罪是人类就事物变化对自己所发生的利害关系所做的评价。但人类是分民族、国家、阶级的,从来没有一种社会经济形态像太阳普照一样造福于一切人类。国内剥夺这种原始积累方式是与资本主义的发展有其不以人们意志为转移的客观规律性。但最早从事国外掠夺的国家并不就是资本主义发展得最早最快的国家。而有一些国家并未从国外掳得多少贼赃，却也发展起资本主义来，此后才大肆进行国外掠夺。所以很难肯定国外掠夺与资本主义有如同国内掠夺那样规律性的必然联系。因此，也很难承认国外掠夺对资产阶级有什么历史的、暂时的正当性。把资本主义的初步发展、地理发现、殖民主义、原始积累和资本主义的进一步发展这一连串历史现象，描绘成具有客观规律似的必然性，这是错误的。对这些一连串的历史现象的相互联系进行研究时，需要强调的不是它们之间的必然性，而是其偶然性。要不然，被侵略的人民岂不只剩下了天命。西方殖民者在发现中遇到什么样的对手，能否把对手沦为殖民地也是偶然的。因为始终存在着没被他们征服的非欧洲国家。正是对已被征服史和未被征服史的对比研究，才能总结出殖民主义史上血的教训。严先生两年后在《老殖民主义史话选》一书中总结出的教训是清除叛徒、内奸，肃清分裂主义、投降主义，不当帮凶，坚持团结、敢于斗争。

严先生的论文是中国史学界研究麦哲伦的第一篇有分量的论文。严文所提出的客观规律无所谓功罪的问题，国外殖民掠夺与资本主义发展很难有必然联系的问题，西方能否得逞也具有偶然性的问题，表现出作者深邃的思想，优良的马列主义理论修养和很大的学术探讨勇气。不过严文并未说明麦哲伦是否也应该全盘否定，坚决骂倒。但从他认为麦哲伦的

"发现"只是欧洲人的提法和文章的总体精神来判断,仍是如此。另外严文的史实叙述是有所倾向的,例如麦哲伦一行与土著居民在关岛冲突的起因问题。

紧接着,李永顺同志在《昆明师范学院学报(哲学社会科学版)》1982年第4期撰文,集中论述《究竟应该怎样评价麦哲伦之死》(0.8万字)。李文从远航的动机、麦哲伦在菲律宾的所作所为,远航对菲律宾的影响,菲律宾人民的反应四方面论证麦哲伦是死于直接的侵略,而不是因与土人冲突而死。李文还认为与探险队结盟的胡马波(Humabon)在麦哲伦死后设宴杀死20多个白人是反戈一击的反侵略行动。李文最后就麦哲伦的总体评价表明看法,人们绝不会因麦哲伦的侵略活动而否定首次环球航行的作用,也不应该因麦有巨大的功绩而抹杀他的侵略行动。李文提出了麦哲伦死于直接的侵略活动的新观点,但他认为胡马波谋杀20多个探险队员也是反侵略行动,便有以种族划线之嫌。

三年后,孙光圻、唐盛德两先生在《历史研究》1985年第2期发表《评麦哲伦》一文(1.2万字),不点名地与严中平、李永顺商榷。该文提出,评价历史人物的标准是生产力,因为生产力是社会发展水平的主要标准。凡是解放或适应所在时代的生产力发展的历史人物和历史事件,都是有功可言;反之,则有过可问。麦哲伦在环球航行中进行宗教同化与精神侵略,用铁器骗取黄金,怂恿下属奸淫掳掠,力图建立西班牙的殖民统治,最后在侵略活动中丧生。这些海盗行径足以激起我们在道义上和感情上的愤怒。但殖民暴力是人类社会从封建主义向资本主义转化时代的必然产物。该文强调,那个时代由于受到社会生产力的限制,确实需要通过这样"集中的有组织的社会暴力"来促进从封建主义向资本主义的转变过程并缩短其过渡时间。否则,资产阶级在物质上就不能很快获得足以击溃封建主义的强大基础,早期殖民者就不可能在短时期内攫取大量财产并将之转化为资本。因为他们财力拮据,不能像自由资产阶级和垄断资产阶级那样,主要靠商品输出和金融输出。这种历史作用是一个重大的推动与加速,这些正是麦哲伦环球航行的主要历史功绩。孙、唐文对麦哲伦的最后评价是:他是声名狼藉、劣行昭著的早期殖民主义海盗头子,他充当了不自觉的历史工具,促进了人类历史发展和社会经济形态的革命性递变。

孙、唐一文所提出的评价历史人物、历史事件的生产力标准,那个时代确实需要集中的有组织的社会暴力来促进从封建主义到资本主义的转变并缩短其过渡期——在理论上是个创新。当然是否正确还有待于研究。不过该文在史实叙述和判断上有点欠准确。例如说一部环球航行史便是一部血腥侵略史,但又举不出在菲律宾以外的例证。

这段时间值得一提的有关论文还有署名为示言的《评〈麦哲伦的功绩〉部分译文》(载《郑州大学学报(哲学社会科学版)》1983年第4期)。这是一篇研究该书俄译汉中文版翻译失误的论文,不涉及人物评价。

此外,在不少知识性、介绍性的文章、小册子、读物中,都说麦哲伦既是有重大发现的航海家、探险家,又是殖民主义的急先锋①。

（三）500 周年纪念前后的人物评价研究概况

　　1992 年是哥伦布首航美洲、地理大发现大航海进入高潮500 周年。在这前后，国内史学界发表了一批关于大发现大航海及其代表人物的论文，进行各方面的研究，其中有一些也涉及有关历史人物的评价问题。孙家堃先生的《哥伦布"发现"新大陆的历史作用》（载《拉丁美洲研究》1991 年第 3 期）对哥伦布批评道：发现和殖民美洲首先毁掉了一个古老而富有生机的大陆。指出"欧洲人给美洲带去了文明"的说法是一种奢谈、侈谈，是荒唐可笑的。文中征引马克思在《资本论》中引用的威·豪伊特的话，认为它十分适合欧洲殖民者的情况——"所谓的基督教人种在世界各地对他们所能奴役的一切民族所采取的野蛮和残酷的暴行，是世界历史上任何时期、任何野蛮愚昧和残暴无耻的人种都无法比拟的"（《马克思恩格斯选集》第 2 卷，人民出版社 1972 年版，第 256 页）。文章最后总结道："哥伦布一生作恶多端，大肆掠夺印第安人财富，是一个十足的殖民强盗。但是，他又以大无畏的探索精神，四次远航美洲，促进了欧洲的发展，并带动了世界历史的

----

① 如黄道立：《麦哲伦》，商务印书馆 1980 年版，又载《外国历史名人传》古代部分下册，中国社会科学出版社 1983 年版；雷宗友：《海洋探险》，上海教育出版社 1979 年版；于有彬：《探险与世界》，四川人民出版社 1984 年版；曹永玓：《麦哲伦》，载《世界十大探险家》，上海古籍出版社 1996 年版；王加丰：《世界大探险家传奇》，上海远东出版社 1997 年版；等等。

发展,这一功劳也是不能抹杀的。"我以为这种一分为二的评价比较接近历史实际。洪国起先生的《哥伦布开辟新航路的历史考察与思考》(载《拉丁美洲研究》1991 年第 6 期),文中涉及人物评价时这样谈道:一个比较先进的民族或国家,跑到异国他乡,用先进的武器杀害无辜的土著居民,这不论从哪种意义上讲,都是违背人性,破坏生产力的非正义行为。紧接着又说:当然,作为史学工作者,如果对印第安人的这种不幸遭遇仅仅"从纯粹的人的感情上"感到悲伤是不够的,还应当认真研究造成这种悲剧的原因。所以洪文仍是肯定为主,批判为辅。赵瑞芳先生的《"新航路开辟"研究中的几个问题》一文(载《思想战线》1992 年第 3 期),在最后涉及人物评价时征引了恩格斯的一大段话,作为他文章的结语:"三百五十年前当克里斯托弗·哥伦布发现美洲时,他大概没有想到,他的发现不仅会推翻那时的整个欧洲社会及其制度,而且也会为各国人民的完全解放奠定基础。……欧洲人从美洲运出的大量财宝以及总的说来从贸易中得到的利润所带来的后果,是旧贵族的没落和资产阶级的产生。与美洲发现联系着的,是机器的出现,从而开始了我们现在进行的不可避免的斗争——无产者反对有产者的斗争"(《马克思恩格斯全集》第42 卷,人民出版社 1979 年版,第 471—472 页)①。不过我认为,引用经典作家的话并不能替代史学工作者自己的评析。彭顺生的《哥伦布发现美洲与人类交往》一文(载《世界历史》

---

① 按,此段话较长,故笔者述评时不得不有所删节。

1992 年第 4 期)简单提到:我们对历史上这些既丑恶、又必然要出现的历史现象简单地发泄高尚的义愤是不能解决任何问题的。因为恩格斯指出:"人类是从野兽开始的,因此,为了摆脱野蛮状态,他们必须使用野蛮的、几乎是野兽般的手段,这毕竟是事实。"(《马克思恩格斯选集》第 3 卷,人民出版社1972 年版,第 222 页)该文基调是对哥伦布促进了人类交往予以高度评价,认为揭露批判历史上的殖民丑恶不解决任何问题。几乎与此同时,《沈阳师范学院学报(社会科学版)》1992 年第 4 期刊登了文志民的《殖民掠夺与开辟新航路》一文。是文指出,哥伦布为了掠夺黄金,不惜采取灭绝种族,对美洲印第安人实行大屠杀。其手段残忍,践踏人性,实为资产阶级人道主义也所不容,故应予以否定。虽然他发现了美洲、为人类洲际之间的交往做出贡献。但这个贡献完全是被极其卑鄙的利益所驱使,只是充当了历史不自觉的工具。所以,他的功绩只能处于第二位。文志民还征引了马克思的有关评论作为点睛之笔:"掠夺和抢劫——这是西班牙探险家在美洲的唯一目的";哥伦布"本身就是一个海盗","一个地地道道的奴隶贩子"[《马恩文献》(Собрание сочинений Маркса и Энгельса)第 7 卷,莫斯科 1965 年版,第 200 页,见该文第 64页]。据我所知所查,这是明确提出哥氏罪过第一,功劳第二的一篇论文,旗帜鲜明。郝克路在《河北大学学报(哲学社会科学版)》1993 年第 2 期发表有《近代殖民主义的开拓者哥伦布》一文。文章分四个小标题集中论述了四个问题。一、殖民者哥伦布是历史时代的产物;二、(是)西班牙美洲殖民统治的奠基者;三、推动资本主义原始积累的"功臣";四、殖民主义罪行的魁首。文中指出,欧洲人并没有给印第安人带来文明,他们对印第安人、对美洲人民来说是暴徒、强盗。哥伦布作为近代殖民者的先驱,应是这些殖民主义严重后果和罪行的魁首。这是继严中平以后,对哥伦布否定批判最为厉害的一篇论文。《北京师范大学学报(哲学社会科学版)》1993年第3期发表的严四光《哥伦布功过说》一文,对哥伦布的过错罪行也有揭露和批判。文章最后总结说,哥伦布是人类历史上空前伟大的航海家,开通了欧洲和美洲之间的航路,建立了不朽的历史功绩。同时,他又是殖民主义在美洲的开路先锋,贪婪残酷。即使在早期殖民者中也属罕见。他死后不知葬身何处,这倒无关宏旨。因为那些在殖民主义暴行下丧生的千百万人的累累骸骨,又向谁诉说呢!所以由上看来,多数同志不同意欧洲人给印第安人带来了文明的提法。我个人认为那样说也不妥当。《世界历史》1994年第3期刊有钱明德的《哥伦布发现美洲的主旋律》。关于人物评价这篇文章只在最后简单说了两句:美洲发现的主旋律是开创了人类文明的新纪元。哥伦布与新大陆发现的历史意义是很伟大的。不能因为哥伦布是一个殖民主义者而否定美洲发现的意义。研究历史和道德批判不是一回事。全面地研究历史是一个历史工作者要做的真正事情而不是其他。这篇文章把对哥伦布的评价提到一个新的高度("开创了人类文明的新纪元")。但我以为全面研究历史自然也包括进行历史人物的道德评价与批判。

500周年纪念前后中国史学界论述哥伦布航渡美洲的论文还不少,这些论文对哥伦布及其历史作用在字里行间都基本上是肯定,对他的殖民强盗行径不提或一笔带过。基本不涉及历史人物的评价暨有关理论问题。不过以后到2004年又出现一篇相关论文,即李张兵的《对哥伦布行为的历史分析》(载《上饶师范学院学报(哲学社会科学版)》2004年第1期)。文章从新的视角进行分析,认为可以把哥伦布的行为解析为时代行为和个人行为。在履行时代行为时,他表现出一定的局限性;在履行个人行为时,他表现得却很复杂,要具体分析。既有积极肯定的一面,又有消极否定的一面。该文实际上还是说对哥伦布的评价要一分为二,但区分出时代行为和个人行为 两个范畴。此后,基本不再有就人物评价做专题研究的相关论文成果。

从500周年纪念起,还出版了一批相关的学术著作。第一本为专题论文集《通向现代世界的500年》(黄邦和等主编,北京大学出版社1994年版)。之后还出了四本学术专著。一本是王加丰先生的《扩张体制与世界市场的开辟——地理大发现新论》(北京大学出版社1999年版,22万字)。在全书22章共250页中,正面论述大发现大航海的只有前三章共52页,第九章共20页。故全书主要是在论述西欧(西方)扩张体制的形成、扩张体制的基础、世界市场的初步建立。基本未涉及人物研究和评价。第二本是张箭先生的《地理大发现研究,15—17世纪》(商务印书馆2002年版,39万字)。该书对哥伦布、达·伽马、麦哲伦等的航海探险地理发现有较多的论述。在人物评价方面则比较简扼谨慎。比如对哥伦布,在充分肯定其航海探险地理发现方面的巨大成就的同时,只简单地说:"哥伦布同时又是侵略、征服、屠杀、奴役美洲印第安人的最早的老殖民主义者。他们在美洲强制推行的并非是西欧已萌发的先进的资本主义制度,而是在西欧已过时的封建农奴采邑制度(对印第安人而言)甚至是隶农制度"(第 212页)。对麦哲伦则只深入论述了首次环球航行的重大历史意义和影响,但没对麦哲伦的历史功过予以评价。第三本是姜守明、高芳英等十四人的《世界地理大发现》(山东画报出版社 2003 年版,28 万字)。该书一大特点是图文并茂,有 250幅图(或图片);第二大特点是贯通古今,从上古时代的腓尼基人希腊人写到现代人类征服南极考察北极。该书对哥伦布、达·伽马、麦哲伦等人的历史功过没有予以评价。第四本是姜守明、邵政达、陈正兰三位先生的《世界尽头的发现——大航海时代的欧洲水手》(北京大学出版社 2011 年版,21 万字)。该书集中写了地理大发现大航海时代的 14 位(其中一位为一对)航海家、探险家、殖民强盗、征服者,即亨利王子、迪亚士、哥伦布、卡博特父子、达·伽马、卡伯拉尔、亚美利哥、麦哲伦、科尔特斯、皮萨罗、德雷克、雷利①、哈德孙、库克船长(1728—1779)。对于哥伦布的评价,该书只简单地说:"公正的历史不会仅纠缠于他作为个体的历史人物之过,而忽略其功;也不会只抓住其功,忘记其过。对于美洲的印第安人来

---

① 笔者按,指英国探险家、海盗雷利(Walter Raleigh,1552—1618)。

说,哥伦布可谓是罪恶滔天,他理应受到历史的审判;同时,对于哥伦布首先开启两个大陆之间、两种文明之间交往先河的贡献,人们同样是津津乐道。正因为这样,是后人们而不是他的同时代人,造就了哥伦布的英名"(第56—57页)。据此看来,该书似乎认为哥氏是功大于过的。对于达·伽马,该书虽列出了一个小标题,"是大英雄,还是刽子手?"但最后又说,"达·伽马能停留在我们记忆中的,还是作为航海家的他。……(这)不外乎一个原因,那就是他的名字是与那个轰轰烈烈的大航海时代联系在一起的"(第90—92页)。对于麦哲伦,该书基本不予置评。但在最后则简单指出:"但是,他却为西班牙、也为整个人类的进步,作出了最卓越的贡献"(第146页)。所以,可以理解为对麦氏是充分肯定高度评价的。另外,该书只在书末附有参考书目,书中没有注释资料出处等。这也需要说明一下。

在此之后,比较有分量的相关的正规学术论文有龚缨晏先生的《麦哲伦环球航行基本史料探析》(载《史学理论研究》2011年第3期)。诚如作者自己所说,"世界历史已经进入了全球化时代,而第一个进行环球航行的人是麦哲伦。所以,'全球史'的发端与麦哲伦密不可分。遗憾的是,国内学术界对麦哲伦的研究并不多,特别是对基本史料缺乏了解。……(因此)本文特地介绍麦哲伦船队成员所写的第一手著述以及同时代西班牙和葡萄牙学者所写的报告,以便深化相关研究的开展"。所以,这是一篇历史文献学的论文,不涉及历史人物评价。龚先生接着写有《欧洲人东亚地理观的演变与麦哲伦的环球航行》（载《世界历史》2012 年第 6 期）。该文指出，1500 年前后，欧洲人把古代希腊的地理观念与地理大发现中所获得的新知识结合在一起，认为东亚大陆的南端有一个半岛像"龙尾"那样一直伸展到赤道以南地区。曾经在东南亚活动过的麦哲伦清楚地知道马来半岛并没有越过赤道，所以认为这个"龙尾"应当位于更加东面的地方，结果错误地将新发现的南美洲看成"龙尾"。基于这样的信念，麦哲伦沿着南美洲的海岸线向南航行，目的是要找到一条绕过"龙尾"到达马鲁古群岛的新航路。欧洲人的东亚地理观念直接影响了地理大发现。该文总体上属于历史地理考证论文，不涉及人物评价。

在此期间，还出了一些有关知识读物，比如编委会编：《大航海时代，探险与征服》（吉林出版集团有限责任公司2009 年版），张箭的《世界大航海史话》（海洋出版社 2010 年版）。不过这些书受其属性的约束，基本上不论及历史人物的评价。

（四）一些思考

在 20 世纪 70 年代末至 80 年代上半期开展的评价大航海大发现主要人物的争论讨论中，基本上形成了全盘否定，功劳很大罪过很小，有功有过三种意见。争论中提出并研究了近代奴隶制是否有好坏两方面的问题，种族灭绝与一般暴力区别的问题，人类感情与估计功罪问题，殖民掠夺是否是新贡献的问题，资本主义与血腥的殖民掠夺是否有必然联系的问题,人类是分阶级、民族、国家的问题,应该站在哪个阶级、哪个民族、哪个主义立场上的问题,落后民族被征服被奴役是必然还是偶然的问题,生产力标准问题,殖民者带来文明还是灾难的问题,需不需要、谁需要集中的有组织的社会暴力问题,等等。我认为这些问题都具有较大的理论意义和学术价值,应该继续讨论,深入研究。出现意见分歧和展开争论是正常的,有益的。因为"我们只能在我们时代的条件下进行认识,而且这些条件达到什么程度,我们便认识到什么程度"。① 分歧、争论正是推动研究深入、认识提高、接近真理的动因和方式之一。

在1992年欧美新航路开辟500周年纪念前后几年间,中国史学界出现了一个研究地理大发现世界大航海的高潮。其中一部分成果也涉及历史人物的评价和历史功过的评估。不过不再有激烈的争论,也很少有专门或主要研究历史人物评价和功过评估的成果。虽然如此也仍有进展,至少"欧洲人给美洲印第安人带去了文明"的提法被摒弃了。不过,我认为假如我们改提欧洲给美洲带来了文明,那就是地区对地区,是地理单位;而不是民族对民族,人对人,是人文单位。那样的话,情况可能有所不同。

笔者在前面对有关争论已有所评议。这里限于篇幅只能最简扼地谈谈我的基本观点和设想。一、走出把功罪归于一

---

① 恩格斯:《自然辩证法》,《马克思恩格斯选集》,人民出版社1972年版,第三卷第562页。

人的误区。实际上,准确地说哥伦布只是开创了航渡大西洋发现美洲的漫长历史进程,而不宜说哥伦布发现了美洲(或新大陆),因为直到 17 世纪末才基本上完成了对美洲的地理发现。环球航行计划和与西班牙国王的探险协定是麦哲伦与天文学家法利罗一起制订的和共签的。后小半段的航行是埃尔·卡诺指挥完成的。哥伦布、麦哲伦死后几十年上百年才出现的部分地区的种族灭绝、对菲律宾的侵略征服也不宜只算在他们头上。二、资本主义与地理发现、殖民掠夺、种族灭绝缺乏必然的联系,资本主义不是非要对外血腥地殖民掠夺才能发展起来。500 多年来的世界通史似可说明这点。三、把阶级性民族性与世界性人类性结合起来。不宜只站在印第安人菲律宾人的立场,也不能只站在西方人的立场上,甚至不应只站在某个阶级某个主义的立场上。而应站在人类正义和世界进步最一般原则的基础上。这方面印第安人的保护者、西班牙传教士、大史学家拉斯·卡萨斯(1474—1566)的观念和情怀就很值得我们重视。四、具体情况具体分析具体评价。例如,在无人之岛之地举行占有式正当,在无主无文明无国家无政府之地占有也无可厚非。在有主有文明有国家有政府之地占有便是侵略。和平传播基督教是正常的精神文化交流和竞争,用暴力强制推行基督教便是文化侵略,精神奴化。五、应避免在大航海大发现人物评价方面奉行唯资本主义标准、唯生产力标准、唯文明标准。六、应注意大航海大发现时代不同的欧洲国家进行殖民掠夺与征服时的差别,它们在不同时期殖民政策的差别,航海家个人的差别和他们自身各次远航的差别。大体上西、葡两国对美洲非洲的原始居民最残暴，英、法对美洲原始居民的做法有所不同，荷兰对澳洲原始居民，俄国对北亚原始居民的态度相对温和；总体上前半期最凶恶，后半期收敛一点。如果视野再开阔一些，郑和下西洋时对落后民族和蛮族的态度和做法就更加截然不同，真的是送去文明，带去了福音。七、应该论从史出、动机效果结合，既进行定性又进行定量的研究。落实到具体的历史人物，我认为可分为三类。一类是既完成了重大远航发现又没干强盗勾当的人，如郑和、迪亚士、卡博特、巴伦支、哈德孙、库克船长等；一类是既有重大发现，又有严重罪过的人，如哥伦布、达·伽马、卡伯拉尔、巴尔博亚等；最后一类是没有取得多大的远航发现成果，却大搞侵略、征服、屠杀的人，如科尔泰斯、皮萨罗、科罗拉多、哈巴罗夫等。至于哥伦布和麦哲伦，我认为哥氏是功罪参半；麦氏是功劳为主，罪过为辅。

当前，我们把"一带一路"（丝绸之路经济带和21世纪海上丝绸之路）作为中国的国家发展战略并大力推进。而大航海大发现时代开辟的欧亚新航路、沟通旧大陆与新大陆之间大西洋新航路、横跨太平洋的美亚—亚美新航路、从各个方向去澳洲的新航路，应是古老的传统的海上丝绸之路的发展、延伸和飞跃，也是21世纪海上丝绸之路要续写新篇章的重要航路。所以，回顾、总结、开展、加强对大航海时代的人物研究和历史评价有一定的必要性和迫切性。

在我的述评和思考中，难免有疏漏、错解和舛误。诚望专家学者予以谅解、批评和斧正。

二、应当怎样评价地理大发现的主要代表人物

——以哥伦布、麦哲伦等为例

1977—1993年,中国史学界围绕着地理大发现时代最主要的代表人物哥伦布、麦哲伦的评价问题展开了热烈的讨论和激烈的争论,发表过十几篇论文,主要有全盘否定坚决批判和功劳很大罪过很小两种意见,笔者对此写过述评①。在纪念郑和下西洋即将迎来600周年纪念之际(1405—2005),我们在以前研讨的基础上,重新评价大航海大发现的主要代表人物,正确看待判定他们的历史功罪,仍具有较大的价值和意义。

需要先谈一下前提问题。中国史学界对于是否承认地理大发现,有没有地理大发现还有争议。但我们已论证了什么是地理大发现,确有地理发现,谁完成了地理大发现等问题②。这是研讨历史人物评价问题的首要前提。我们认为,

---

① 参见张箭:《近二十年来对哥伦布、麦哲伦的研究述评》,《郑和研究》1999年第1期。

② 参见张箭:《"地理大发现"简论》,载《世界近代史研究》,成都科技大学出版社1992年版;《否定"地理大发现"之否定》,《四川大学学报(哲学社会科学版)》1996年第2期。

地理大发现的主要代表人物既包括那些亲自去航海探险、发现的航海家、探险家、地理发现者,如哥伦布、达·伽马、卡伯拉尔、麦哲伦等;也应包括支持、推进这一事业的君主、贵族、商人,如亨利王子、伊莎贝娜女王、若奥二世等;还应包括研究、宣传、帮助这项事业的地理学家、天文学家,如托斯堪内里、贝海姆、法利罗等。但既然人们的评价、研究和争论都集中在第一类人物的身上,我们也就不涉及等二类、第三类人了。这是研讨人物评价问题的第二个前提。中国史学界历来把"地理大发现"局限在15世纪末至16世纪初(多数西方学者也是)。但我们已论证了地理大发现持续了两个世纪,从15世纪末到17世纪末,分为前后两个阶段,主要参与国除了西班牙葡萄牙以外还有英法荷俄四国。内容包括发现澳大利亚和太平洋诸岛、北亚、开辟北方北冰洋新航路等①。这是研讨历史人物评价的第三个前提。

(一) 走出把功罪归于个人的误区

在地理大发现航海大探险主要代表人物的评价问题上,我认为首先应走出把功劳和罪过都归于个人的误区。具体到哥伦布,说哥伦布有功者、功勋卓著者,动辄便说哥伦布发现了新大陆,开辟了去美洲的新航路,接着把美洲的发现、整个地理大发现的重大意义、作用、影响都归在他身上。作为通俗读物和历史故事,简单地说哥伦布发现了美洲或新大陆未尝

① 　参见张箭:《"地理大发现"简论》,载《否定"地理大发现"之否定》。

不可。但作为学术著作和史学论文,准确地说便是哥伦布开启了发现美洲的历史进程。这个过程持续了两个世纪,经过许多探险家、航海家、地理发现者、地理学家、地图学家的不懈努力,美洲大陆的海岸线、沿海主要岛屿才被比较正确地画在了地图上,才算基本完成了发现。这还不包括巨大的加拿大北极群岛、格陵兰岛;大陆内许多的大河、大山、峡谷、沙漠、沼泽,等等,还没有被完成发现。

从大西洋去美洲的各个部分的航路有许多条,至少可分为去北美洲,去加勒比海和中美洲,去南美洲的三大路系。哥伦布只是开辟了去新大陆加勒比海和中美洲东海岸的新航路。他没有开辟北、南两大路系的新航路,更没有开辟美洲西海岸与亚洲、与澳洲之间的太平洋新航路。

不仅不宜简单地说哥伦布发现了美洲,而且不宜暗示,没有哥伦布个人的努力、冒险、远航,地理大发现、大航海时代、历史进程就可能会晚多少多少年。因为 1485 年,两位葡萄牙航海者也向葡王若奥二世提出了与一年前的哥伦布计划相似的西航计划,并愿自己出资,若奥二世只给予他们祝福。他们于是在 1487 年出航。但因航路过于偏北,遇到了呼呼的西风,结果失望而回①。1487 年迪亚士已绕过了非洲南端,从大西洋进入了印度洋,以寻找、开辟去东方的新航路为最直接目的的地理发现正在酝酿着质变、飞跃。1492 年前后,英国人

---

① 参见威尔杜兰:《世界文明史》第 18 卷《从威克利夫到路德》,翻译组译,台湾幼狮公司 1977 年版,第 383—384 页。

也在持续向西探航。1497 年,卡博特开启了发现北美的进程;1500 年,卡伯拉尔在去印度途中,开启了发现南美的进程。他们的发现与哥伦布的发现没有直接的联系,他们也不是循着哥伦布开辟的新航路航行进行发现,而是另辟蹊径。所以,没有哥伦布,没有他的个人努力,历史进程也不会晚多久。恩格斯在谈论所谓伟大人物问题时讲:"但是,如果我们把这个人除掉,那时就会需要有另外一个人来代替他,并且这个代替者是会出现的——或好或坏,但是随着时间的推移总是会出现的。"①

说哥伦布有罪者、罪恶滔天者,往往说他灭绝种族,接着把几百万几千万印第安人的牺牲和亿万非洲黑奴的苦难和死难都加在他身上。其实,掳掠非洲黑奴从 15 世纪中叶葡萄牙人在探索西非海岸时便开始了。在此期间,土耳其人也在掳掠欧洲白奴;在此以前,阿拉伯人早就在掳掠非洲黑奴;再以前,阿拉伯人和十字军也在互相掳掠;再以前,……哥伦布的确开启了征服、屠杀、奴役、压榨、剥削、统治印第安人的历史前程。但海地印第安人的灭绝,几百万几千万印第安人的牺牲,亿万非洲黑人的苦难和死亡,是三百多年来西欧国家无数的殖民者、征服者、侵略者造成的。其中还有疾病瘟疫流行,白人移民传入美洲的天花、麻疹、伤寒②、自然灾害、饥馑,印

---

① 《致博尔吉乌斯》,载《马克思恩格斯选集》第 4 卷,人民出版社1972 年版,第 506 页。

② 参见《重大的交流》,载美国《考古学》1962 年第 1 期(Editorial Department:"The Great Exchange", *Archaeology*, No.1, 1962)。

第安人之间的部落战争等原因。不应把三百年间几千万人的血债算在只在美洲活动了五六年的一个人头上。顺便说说，印第安人的许多也没有灭绝，而是保存下来了，或民族融合了，或被同化了。今天，中南美洲的居民许多便是混血儿的后裔。

还应该再深入一步。发现发明可以用于正义，也可以用于邪恶。不能把用于邪恶的罪责归咎于发现发明者。资本主义、帝国主义强盗用洋枪洋炮炸药轰开了中国的大门，使中国沦为半殖民地。中国人民并不把账算在发现、发明、研究枪炮、炸药的科学家发明家身上，而是算在资本主义强盗、帝国主义分子身上。何况枪炮炸药的始祖还是中国人自己的祖先发明的火药。马克思说："火药无论是用来伤害一个人，或者是用来给这个人医治创伤，它终究还是火药。"①当然，如果那些人直接持枪操炮地杀中国人，则应一分为二。如果全算在哥伦布、麦哲伦头上，岂不是放过了残杀印第安人、菲律宾人的比较纯粹的殖民强盗科尔特斯、皮萨罗、科罗拉多、黎牙实备（侵菲头子）之流。

对麦哲伦也是这样。似乎不宜把环球航行的功绩完全归于他一人。在他以前，已有若干航海家在沿美洲东海岸向南探航，寻找去大南海—太平洋的新航路。麦哲伦的同胞，天文学家法利罗也积极参与了环球航行的发起和筹划工作。给西班牙国王的西去香料群岛的建议和计划，是麦哲伦和法利罗

---

① 《致安年柯夫》，载《马克思恩格斯选集》第4卷，第324页。

联名提出的;使远航得以成行的君臣协定,也是查理一世与麦哲伦和法利罗共同订立的。法利罗后来因另有任职而没有率队出航,便把自己研制的地图和天文图表让给了麦哲伦[①]。麦哲伦在菲律宾死后,是埃尔·卡诺指挥维多利亚号完成了后一半的航行。后面的航行同样艰难危险。从香料群岛起程时船上尚有 40 多名探险队员,还有十几名志愿去西班牙的摩鹿加人。回到西班牙时仅剩下 18 人[②]。除去在葡属佛得角群岛被扣留的 13 人,其余 30 多人都因病、饥、渴死于途中[③]。麦哲伦环航后 50 多年,英国冒险家德雷克便自始至终指挥完成了新的一次环球航行。也不宜把麦哲伦死后几十年,西班牙殖民者才开始的对菲律宾的明火执仗的侵略归咎于麦哲伦,更不宜把西班牙殖民者后来 300 多年间对菲律宾人民、华侨的压迫、剥削、杀害和统治归罪于麦哲伦。

(二) 资本主义与地理发现、殖民掠夺、种族灭绝没有必然的联系

我认为,地理大发现是欧洲政治、经济、文化、社会生活、包括资本主义发展的结果,是文明发展的必然(这里的文明

---

① 参见茨威格:《麦哲伦的功绩》,范信龙、井勤荪、臧乐安译,湖南人民出版社 1982 年版,第 98 页。

② 其中还有三个马来摩鹿加人。cf. S. E. Morison: *The European Discovery of America*, *the Southern Voyages*, 1492–1616, New York, Paperback, 1974, p.430.

③ 参见茨威格:《麦哲伦的功绩》,第 231、235 页。

指社会进步的状态),而不一定是资本主义发展的结果或必然,资本主义不是地理大发现发生的唯一的或主要的社会原因。最早从事地理发现、殖民掠夺的葡、西两国,国内并没有什么资本主义萌芽、因素、关系;掠夺得大量财富后也没有率先发展起资本主义;发现、占领、征服后也没有在殖民地推行资本主义制度,而是推行封建农奴制、隶农制或奴隶制度。后来扮演地理发现主角之一的俄国也是如此,不同的是它在发现地、新并入地推行封建地主制度。荷、英、法三国是国内资本主义先有所发展,再参加地理大发现,进行殖民掠夺,然后国内资本主义有了大发展。其中法国在16、17世纪还基本属于封建国家。它们在16、17世纪在殖民地推行半资本主义半封建制度。而且,它们三国的地理发现成果之和大大小于西、葡、俄三国的地理发现成果之和。所以,不能只以荷、英、法三国的情况来代表地理大发现。

资本主义发展得很早很长足的西方国家和地区,也不一定就能参加地理大发现,进行殖民掠夺,例如意大利。马克思曾讲:"在十四和十五世纪,在地中海沿岸的某些城市已经稀疏地出现了资本主义生产的最初萌芽。"①这里所说的某些城市便主要是意大利城市。马克思对此明确注解道:"在意大利,资本主义发展得最早,农奴制关系也瓦解得最早。"②恩格斯也曾明确说:"意大利是第一个资本主义民

① 《所谓原始积累》,载《马克思恩格斯选集》第2卷,第222页。
② 《所谓原始积累》,载《马克思恩格斯选集》第2卷,第222页。

族。"①但意大利并没有参与地理大发现,进行殖民掠夺,占有殖民地。在 15—17 世纪的地理大发现时代,亚洲的一些国家和地区(包括中国)也有了资本主义萌芽,但它们也没有参与地理大发现和殖民掠夺。可见能不能参与地理大发现,搞殖民掠夺是由很多复杂的因素决定的,不是只由也不是主要由资本主义因素决定的,与资本主义无必然的联系。

在当今世界上,除了少数几个社会主义国家,绝大多数国家实行的是资本主义制度。这么多资本主义国家大多数没进行过或没有机会进行殖民掠夺。再看"正宗"的、老牌的、发达的资本主义国家。在当今七个最主要的发达资本主义国家中(美、英、法、德、日、意、加),意大利和加拿大就没有进行多少或没有多少机会进行殖民掠夺。意大利迟至 1870 年才摆脱欧洲列强的控制完成统一,这时世界已被瓜分得差不多了。意大利在 1887 年和 1895—1896 年的侵略埃塞俄比亚的战争中,均遭到失败,而且还向埃塞俄比亚赔款 1000 万里拉②。19 世纪 80 年代意大利才占有厄立特里亚和东索马里这两块殖民地,到 1911 年才占有利比亚殖民地。不过到 19 世纪末 20 世纪初,意大利的资本主义已经历了 400 多年的发展,过渡到了帝国主义阶段。在今天的西方发达资本主义国家中,

---

①　《〈共产党宣言〉意文版序》,《马克思恩格斯选集》第 1 卷,第 249 页。

②　参见周一良、吴于廑、张芝联、杨生茂、程秋原主编:《世界通史·近代部分》下册,人民出版社 1972 年版,第 74 页。

北欧国家、瑞士、爱尔兰、希腊也没有进行什么或没有什么机会进行殖民掠夺。奥地利也没有在亚、非、美、澳进行什么或没有什么机会进行殖民掠夺①。

我认为,在历史上,只要是社会主义以前的诸剥削制度国家,不管是奴隶制的、封建制的还是资本主义的,只要它比较强盛,在一定的条件下就要扩张、征服,就要扩大它的版图、统治范围,扩充臣民。就可能有一些地理发现,有一些掠夺。15世纪下半叶至17世纪末,三个封建国家(葡、西、俄)和三个资本主义有所发展的国家(荷兰属资本主义国家,英国属过渡性的国家,法国还只是资本主义有所发展的封建国家)共同完成了地理大发现。因此,资本主义与地理大发现,与殖民掠夺没有什么必然的联系。所以,评价地理大发现的代表人物不宜大量地、全面地往资本主义靠,好像是否有利于资本主义、资产阶级成了是非功罪的主要标准。我认为那只是个标准之一,而且是个小标准。

资本主义与野蛮屠杀、种族灭绝更无必然的联系。封建的西班牙、葡萄牙在中、南美洲推行的是征服、屠杀、奴役的政策,非常残暴和野蛮,造成了大量印第安人的牺牲和部分地区印第安人的灭绝。对此应当彻底揭露,加以挞伐。英国、法国、荷兰在北美推行的是占领、蚕食土地、驱赶印第安人的政策,没有造成大量印第安人的牺牲,更没有造成部分地区印第

---

① 近代前期的奥地利帝国、近代后期的奥匈帝国、现代时期的奥地利,也未能在亚、非、美、澳洲取得殖民地。近代奥地利在欧洲的作为属于争霸性质。奥、意两国也未能在中国取得势力范围。

安人的灭绝。对此便应当有所区别,予以分析和批评。俄国在北亚推行的是占有、合并、一体化的政策,使北亚地区的原始社会居民成为在沙皇封建制度下的各种依附农、牧、渔、猎民(农奴、农民、受官府管辖的部落自由民),没有造成北亚居民的多少牺牲,更没有造成部分地区的种族灭绝,对此就应予以一定的肯定和剖析。荷兰、英国在澳洲、大洋洲实行的是不与土著人来往、打交道,保留土著人地区、组织、制度、习惯的做法,对此就应说明讲清。从15世纪至18世纪,西方国家对黑非洲大多数地区并未予以占领、殖民统治,移民。而主要是在沿海地区建立殖民据点,捕捉、贩卖黑奴,从而造成了黑人惨重的牺牲,骇人的苦难和美洲的黑奴制度,极其残忍和可恶。对此就应深刻揭露,坚决声讨。

西方国家在地理大发现开始后来到东方、亚洲国家,它们在东方的行为和政策,有的是争霸性质,如与阿拉伯人、穆斯林的斗争。对此便无可厚非,因为当时(15—17世纪)土耳其人、阿拉伯人、穆斯林也在侵略、威胁欧洲;许多则是侵略、扩张、征服性质,对此就应批判和谴责,而不管它是资本主义式的侵略还是封建主义式的征服。不过那与地理发现没有多大的关系。西方谈不上发现了东方、亚洲,因为东方早已是开化地区,东方人早已是文明人,且文明程度当时并不亚于西方,如16世纪的中国、印度、日本、伊朗、阿拉伯等。西方人也早已知道东方,到过东方,不时地辗转来到东方。西方只是在地理大发现期间开辟了从各个方向去东方的新航路,建立了东西方之间直接的密切的联系。

通过以上对世界历史、地理大发现史的回顾、审视和总结,我们认为,资本主义、地理发现、殖民掠夺、屠杀灭绝之间没有必然的、密不可分的、客观规律般的联系。因此,社会制度、生产方式、经济形态也就不应成为评价地理大发现及其重要代表人物的主要标准。

(三) 阶级性、民族性与世界性、人性相结合

至少几万年以来,人类就分成了种族。几千年以来,人类又分成了不同的阶级、民族、国家。斯大林曾指出,"但是人类社会首先是分为富人和穷人,有产者和被剥削者,撇开这个基本划分,撇开穷人和富人之间的矛盾,就是撇开基本事实"[1]。人类既已分为不同的民族、国家、阶级、种族,也就有了不同的是非功罪标准,有了不同的阶级感情和民族感情。其中有些不同其程度较小,有些不同其程度则很大。同时又存在一些全人类、全世界共同的是非功罪标准和感情慷怀。而地理大发现及随之而来的殖民掠夺又是世界四大人种中的白种人完成和进行的[2]。所以还有不同的种族感情和标准。哥伦布开启了发现美洲的进程,麦哲伦、埃尔·卡诺环航证实

---

[1]　《和英国作家威尔斯的谈话》,载《斯大林选集》下卷,人民出版社1979年版,第356页。

[2]　一般把世界上的人分为黄白黑三大人种,也有分为黄、白、黑、棕四大人种的。我认为应分为四大人种。印度、孟加拉、斯里兰卡、埃塞俄比亚等国的居民便属棕种人。因为他们的肤色比黄种人深,但又比黑种人浅。他们的相貌轮廓又比较接近白种人。可参笔者后来写的文章《人种的智力发展和外表美观琐议》,《黑龙江史志》2013年第19期。

了地球,这就是全人类全世界都认同也都应该认同的功绩和壮举,包括印第安人和菲律宾人。今天由欧洲人、印第安人混血儿后裔为主的一些拉美国家也有许多地名叫哥伦比亚,也有纪念哥伦布发现的节日①;菲律宾麦克坦岛(Mactan)上也立有高大的麦哲伦纪念碑②。美国的关岛(グアム島)上也立有麦哲伦登陆纪念碑③。这些似乎可说明问题。哥伦布征服、屠杀、奴役、压榨海地印第安人,这对西班牙人大概有功,对海地人就有罪。海地人、印第安人就要揭露他、批判他,中国人也应该谴责他,全世界主持正义、有良心、有理性的人都应该否定他的那些行径。马克思列宁主义者也是要讲良心和理性的。列宁就说:"决定论思想确定人类行为的必然性,推翻所谓意志自由的荒唐的神话,但丝毫不消灭人的理性、人的良心以及对人的行为的评价。"④即使那些殖民强盗的殖民掠夺促进了资本主义的发展和资产阶级的成长,也应该谴责,而不必为其辩解,把它说成是(对全人类的)新贡献,说它(为落

————————

①　全世界纪念或庆祝哥伦布日——发现节的国家和地区有西班牙、美国、洪都拉斯、巴西、厄瓜多尔、萨尔瓦多、墨西哥、委内瑞拉、智利、哥伦比亚、巴拉圭、哥斯达黎加、巴哈马、波多黎各、海地、圣文森特和格林纳丁斯、特立尼达和多巴哥等。参见唐进修、孟宪谟主编:《世界节日纪念辞典》,中国对外翻译出版公司1990年版。

②　cf. Samuel Eliot Morison: *The European Discovery of America*, *the Southern Voyages* 1492-1616, p.426, p.429.

③　見生田滋、高橋均、増田義郎:《大航海時代》,東京,福武書店,昭和58年版,第84頁。

④　《什么是"人民之友"以及他们如何攻击社会民主主义者》,载《列宁选集》第一卷,人民出版社1972年版,第26页。

后地区和民族)带来文明。因为印第安人也是人,也是人类的一支,海地、加勒比海地区、黑非洲也是全世界的一部分。他们也有生存、延续、发展、选择自己的生存方式、生活方式、生产方式的权利。不能为了西欧人的利益而牺牲印第安人的利益,更不能为了资产阶级和资本主义的利益而牺牲印第安人生命、生存,危及其种族延续。总之,不能为了任何一个阶级、民族、国家、生产方式(哪怕是社会主义的)而危及别的民族集团的生存和延续。否则,便是对他们犯下了罪行,就应对此口诛笔伐。

估价功罪是表达阶级感情和民族感情的事,同时也是表达人类感情的事。不能以感情代替历史科学,也不能不以感情评价历史功罪。而且还可以并应该坚持感情与科学结合,民族感情、阶级感情与人类感情、世界感情结合,去估计评价历史功罪。

我们已经说明,应尊重印第安人、所有的原始人都有选择自己生产方式、生活方式、生存方式的权利,不能因为自己先进就去屠杀、奴役、压榨他们。同时我们也应说明:印第安人的原始社会终究要解体。印第安人在没有外来殖民侵略的情况下也会独立发展,进入阶级社会,经历奴隶社会、封建社会、乃至资本主义社会。在原始社会,印第安人战俘有些就还得被杀掉,甚至被吃掉(事实也的确如此)。印第安人劳动群众日后也还得受印第安人奴隶主、封建主奴役、压迫、剥削。印第安人内部也是分部族的。到了阶级社会便会分为民族。一些印第安人民族、部族也会遭到外来的另一些印第安人的民族压迫,甚至灭绝。非洲黑人也是如此。一部世界上古中古史,不知有多少民族和部族被异族征服、屠杀、同化,不知有多少民族湮没无闻,没有传人,消失无迹。所以,美洲、黑非洲在自己进入资本主义前的几千年发展中,要遭受的灾难,不好说就比经过几百年就被强制拖入资本主义所遭受的灾难少好多。当然,他们内部没有人种、种族的矛盾,没有种族歧视、种族隔离这些劣行,比较容易融合和同化。可能这是将少遭受的主要灾难。说明了这些,说明了印第安人内部少数地区业已存在,美洲日后更会发展的阶级斗争、民族斗争、部族战争等,便是坚持感情与科学相结合的一个体现。

我们今天很强调爱国主义。列宁讲过:"爱国主义是千百年来巩固起来的对自己的祖国的一种最深厚的感情。"[1]爱国主义指对祖国的忠诚和热爱的思想感情。今天的印第安人,非洲黑人,一些拉美国家、黑非洲国家,在对群众和青少年进行爱国主义教育时,自然要讴歌他们的祖先反抗西方殖民强盗的英勇斗争。即使这种斗争当时没有什么胜利的希望,很难不失败。列宁就此指出,"马克思能够理解历史上常有这种情形,即群众进行的殊死斗争甚至是为了一件没有胜利希望的事业,但对于进一步教育这些群众,对于训练这些群众去做下次斗争却是必需的"[2]。他们也自然要声讨西方殖民

---

[1] 《皮梯利姆·索罗金的宝贵自供》,载《列宁全集》第28卷,人民出版社1960年版,第168—169页。

[2] 《马克思致库格曼书信集俄译本序言》,载《列宁选集》第一卷,第691页。

者对他们祖先的屠杀、奴役、压榨、戕害,而不会溢美西方的殖民掠夺也是对东方人的新贡献,殖民者给他们带来了文明。

可能有学者会质疑:当时印第安人尚未形成国家,何来爱国主义? 余曰此言差矣。因为当时玛雅人已形成了国家。其最重要的标志便是已有了系统的象形文字,有了大量的成册的文献——鹿皮书。印加人、阿兹特克人也到了国家形成的门槛上。黑非洲的情况也类似。此外我还以为,爱国主义还应包括对生他(她)养他(她)的那方土地和故乡的热爱和忠诚。

不妨再看个与此相近的西方例子。拿破仑在捍卫革命时又侵略征服欧洲、在封建欧洲推行资产阶级革命。今天被拿破仑入侵征服过的欧洲国家的史学家仍谴责拿破仑的侵略,尽管他们的国家现在也是资本主义国家了。何况两、葡在美洲、黑非洲推行的是农奴制度、奴隶制度、隶农制度。

所以,评价地理大发现的主要代表人物应该坚持阶级性、民族性与世界性、人性相结合,感情与科学相结合。应站在全世界全人类的立场上而不只是站在东方的或西方的立场上。

(四) 具体情况具体分析

在地理大发现时代和方面,出现了许多闻名遐迩或臭名远扬的历史人物。他们的情况千差万别,非常复杂,无法做一个统一的概括或评判,只能也只应具体情况具体分析。列宁也说,"马克思的辩证法要求对每一特殊的历史情况进行具体的分析"①。我们经过从特殊到一般的具体的分析认为:在那个时代众多的探险者和冒险家中,大致可分三类。有的人完成了重大的地理发现,又没干杀人越货的勾当,或在航海探险期间没有什么强盗行径(如果他在欧洲干了什么强盗勾当则与地理大发现无干,也不存在评价的问题),对他们就应充分肯定,高度评价,热情褒奖。例如迪亚士、塔斯曼、巴伦支、卡博特父子、卡提耶尔、哈得孙、迭日涅夫等。有的人既完成了重大的地理发现,又干了不少杀人放火越货的强盗勾当。对他们就应既充分肯定,又深刻批判。不能因为他们是航海家、地理发现家、探险家就掩饰其殖民罪行,为其辩护;也不能因为他们是殖民强盗而否定他们又是地理发现家,否定其地理发现成就。例如哥伦布、达·伽马、巴尔博亚、德雷克等。还有的人没完成多少地理发现,没取得什么重大的地理发现成果,却干下了许多罪恶勾当,主要是以一个征服者、强盗、屠夫的面目出现在历史舞台上。对他们就应毫不留情地揭露、声讨、清算。例如皮萨罗、科尔特斯、科罗拉多、佩罗·门多萨、哈巴罗夫等。

落实到很有争议的、又是地理大发现中最重要的哥伦布、麦哲伦两人,更需要具体情况具体分析。列宁说:"判断历史的功绩,不是根据历史活动家有没有提供现代所要求的东西,而是根据他们比他们的前辈所提供了(什么)新的东西。"②

---

① 《论尤尼乌斯的小册子》,载《列宁选集》第二卷,第857页。

② 《评经济浪漫主义》,载《列宁全集》第2卷,人民出版社1985年版,第150页。

我理解新的东西既包括正面的积极的功绩，也包括反面的消极的罪行。我不同意对哥伦布全盘否定、坚决批倒的观点；也不赞成把他进行的殖民掠夺说成也是一种（对人类的）新贡献，他是文明传播者的观点。我认为哥伦布有功，功在开创了发现美洲的进程，开辟了经大西洋去新大陆加勒比海和中美洲的新航路，从而开始了推进了地理大发现时代。这些在地理学和航海史上就是功劳、贡献，而不在于它是否促进了或在多大程度上促进了资本主义的发展。我认为哥伦布也有罪，罪在屠杀、征服、奴役、残酷地压迫、剥削印第安人。需要说明的是，一般的压迫剥削，如同对待本国老百姓一样，不是什么大罪行。因为在社会主义之前它是不可避免的。原始社会虽没有阶级压迫和剥削，但原始居民遭受着更严酷的自然压迫。而野蛮屠杀和残酷的压迫剥削便是不赦的罪恶。哥伦布最早多次在海地用兵，征服全岛，打死了大批海地人。哥伦布最先开始捕捉、贩卖大批海地印第安人为奴。哥伦布强迫海地人缴纳大量的、超限的、根本无法交足数的金砂贡品。1495 年哥伦布规定，海地泰诺人凡 I4 岁以上的男人（且不说 14—16 岁者还属于童工童农），每季度要向西班牙人缴纳一鹰脚铃的金砂贡品①，或者上交 25 磅棉花。由此可知剥削榨取是非常苛重的。大批泰诺人因劳累过度而死，受虐待而死。朗格

---

① 　维·朗格：《哥伦布传》，张连瀛等译，新华出版社 1986 年版，第 181 页，说是缴三至四麦尔的金砂。一麦尔等于 0.24—0.26 升。但不知道这里说的是公升、分升、毫升还是市升。估计是毫升。

说几年中因此而死的海地人有 5 万①,法格则说死了 10 万②。哥伦布在海地发明推行派分制的殖民统治制度。这类似于隶农制度,它介于奴隶制与农奴制之间,比正在瓦解中或已经瓦解的农奴制度更加落后和野蛮。所以马克思也曾说哥伦布是个海盗,奴隶贩子(出处见后第六部分)。

　　同样是哥伦布的远航探险,每次情况也有不同,也应该具体分析。第一次和第四次远航探险,哥伦布没干什么强盗勾当。第一次远航时,哥伦布只绑架了十几个印第安人作他们发现的见证,但没虐待他们。第四次远航时,他曾劫持 30 人做人质以遏制猜测中印第安人可能的进攻,结果造成 20 多人自杀③。这些也是劣迹,也是恶行。但罪也有轻重之分,恶也有大小之别。对这两次远航探险发现似乎更不能全盘否定。

　　具体到麦哲伦,情况与哥伦布又大不相同。更不能全盘否定坚决批倒,或基本否定基本批倒,更需要具体情况具体分析。首先,麦哲伦环航前不管他干过什么海盗勾当,他都是名不见经传的小人物,我们都不会去评价他、研究他。他之所以成为我们研究、评价的对象,是因为他领导了人类首次环球航行。他的秉性、才能、所作所为、道德观、阶级本性在环航中都充分地表现出来。评价他就应该以他在环球航行中的所作所为为主。其实,在环航前他也不是都在干海盗。例如他曾四

---

　　① 参见维·朗格:《哥伦布传》,第 181 页。

　　② 法格:《拉丁美洲通史》,纽约 1963 年版,第 97 页(J.E.Fagg: *Latin America,A General History*,Macmillan)。

　　③ 参见维·朗格:《哥伦布传》,第 245—248 页。

次负重伤,其中一次在第乌大海战,一次在北非摩洛哥战役。这些战争战役的性质属于争霸(葡萄牙与印度—埃及,葡萄牙与摩尔人),无所谓正义非正义。我认为麦哲伦的功绩在地理学和航海史上是比较大的,功在领导了首次环球航行,证实了地球,证明了地球是水球,海洋是一体。开辟了美亚间的新航路。罪过是比较小的,他的过错之一是掳掠了两个巴塔哥尼亚人(在阿根廷),作为他发现的见证。后来那两个人都气郁而死。有的学者只讲麦哲伦在关岛射杀土著,放火烧房,抢劫吃食,却不说起因是土人先偷、盗、抢船上的东西,还盗走了小船。不管他们有没有私有观念,就麦哲伦和西班牙人看来,就我们今天看来,都是偷盗抢。当然麦哲伦等的反应是过分了一些,做得过头了一些。这是他的第二个过错。最后是到菲律宾后帮宿务岛土王胡玛波扩张,死于战场。麦哲伦插手当地人的内战,干涉别国内部事务,其死是咎由自取,充其量是罪有应得。但不宜说他或暗示他"罪恶昭彰",死有余辜。有学者说战事的直接起因是麦克坦岛不臣服西班牙,麦哲伦便入侵麦克坦。其实是麦克坦岛不臣服麦哲伦的盟友宿务岛土王胡玛波纳,麦哲伦便帮胡玛波纳进攻麦克坦岛[①]。对麦克坦岛及其土王拉普拉普来说,麦哲伦当然是西班牙入侵者,但胡玛波纳同样是宿务岛来的入侵者。倘若进攻得手,麦克坦岛不是成为西班牙的领地,而是被宿务岛合并,成为胡

---

　　① 　参见严中平:《老殖民主义史话选》,北京出版社1984年版,第268页。

玛波纳的领地。

　　还有一点需要说明,麦哲伦等在菲律宾与当地人打交道与哥伦布等在加勒比海与当地人打交道不同。菲律宾当时也是文明地区,形成了阶级、国家,有了文字,还有了铁器。也就是说,菲律宾人也是分阶级、阶层的,也有残暴、凶恶、狠毒的。胡玛波纳便是其中一个。这个菲律宾宿务岛剥削阶级的总头子(奴隶主的或封建主的)先利用西班牙人为自己的扩张打头阵。西班牙人失利后他又想夺取探险队的船舶货物,便设宴杀害了自己的西方盟友二十几人①。对此一些学者还予以肯定,说那是"反戈一击的反侵略行动",反倒说麦哲伦有多大罪。这种不讲是非善恶只以种族为准的做法是不可取的。

　　不仅评价历史人物历史事件的功罪要具体情况具体分析,而且对一些是非善恶准绳也应具体情况具体分析并具体应用。例如占有(领)式问题。地理大发现时代的航海者探险者们,新到一地,往往要立个纪念柱、纪念碑、十字架什么的,插上国(王)旗,举行个占有仪式,宣布此地为本国所有。对这种行为一般论者都予以谴责,包括那些充分肯定哥、麦、达等人的学者,斥之为殖民侵略行径。但我认为也应具体分析研究总结,因为大致有三种情况。一是发现了无人之地,发现者把它据为他的祖国所有。这是正当的,自然的。二是发现了只有原始人居住的地区,发现者把它据为本国所有。这也是无可厚非的。因为当地居民既然没有分化成阶级、形成

---

　　①　参见茨维格:《麦哲伦的功绩》,第216—218页。

国家,没有文字,也就还是自然状态下的人,也就没有独立、主权、领土、领海这些文明状态下的人类社会的产物,那些地区便是无主无国无政府之地。而在当时的历史时代,文明状态下的人把它占有并入本国版图便是自然的,正常的。这与今天去占领只有原始人的地区不同,因为今天原始人居住的地区都已归属了所在的国家,都已有独立主权领土领海的问题。上述两点还可以在现实生活中得到佐证。要知道在今天的钓鱼岛、南沙群岛、西沙群岛的领土争端中,中国也是以首先发现、到达、记录在册作为它们是中国的固有领土的根据之一。三是到了文明开化地区,有文明人的地区。如果再举行占有仪式便是侵犯别国主权和领土完整,就应受到谴责。在第三种情况的范围内也有区别。如果只举行了占有仪式便离开了,没有什么强盗活动,便只是严重错误;如果还伴随有强盗活动,或征服接踵而来,便是侵略扩张征服了,便是严重罪行了。就应予以揭露批判。具体到哥伦布、麦哲伦,他们在美洲各地举行的占有仪式属于第二种、第一种情况,无可厚非。而麦哲伦在菲律宾举行的占有式便是一种严重的错误或轻微的罪行。

地理大发现时代的航海者、探险者、传教士们新到一地,往往要在那里传教、施洗、立十字架,建简易教堂什么的,传播基督教。对这种活动一般论者也予以谴责,包括那些充分肯定哥、麦、达等人的学者,斥之为精神侵略、宗教同化、文化渗透、传播迷信等。可我认为对此也应具体分析研究总结。如果西方人是用枪炮刀剑强迫胁迫当地居民皈依、信奉或改宗基督教,便是文化侵略,应该予以抨击。如果是和平地、非暴力地传教,自由地信教,便属正常的文化交流,精神影响。例如印度佛教传入中国,中国儒教传入朝鲜、日本、越南,14、15世纪伊斯兰教传入菲律宾,16世纪末17世纪初利玛窦来华传入基督教,等等。如果一面在传教,一面又在为侵略、征服刺探情报,或干杀人拐人奸淫贩毒的勾当,则又当别论。具体到麦哲伦,他在菲律宾传教基本上是和平的,非暴力的。对此便不宜说成是"精神侵略、宗教同化"。

总之,具体情况具体分析是不可或离的方法和原则,是任何一种研究的支柱和助手。

(五) 唯资本主义、唯生产力论、唯文明诸标准评析

有学者认为殖民者的殖民掠夺、屠杀、奴役也是对东方人的一种新贡献,因为殖民者使原始社会的人进入了文明时代,直接奴隶制也促进了美洲资本主义的发展。所以那样做无损于初期殖民者的资产阶级先驱地位。有学者进一步发展,认为殖民掠夺是对原始积累的一种新贡献,因为它是时代的需要和必然,因为早期殖民者经济实力有限。殖民掠夺解放了生产力,促进了资本主义的发展和人类历史的发展。这就提出了评价地理大发现历史人物功罪的生产力标准,资本主义标准,文明标准。

我不赞成这些理论和观点。我在前面已论证了资本主义与地理发现、殖民掠夺、种族灭绝没有必然的联系,它不是时代的必然。是否有利于资本主义只是评价历史功罪的众多标

准之一。对于后来新发展起来的生产力标准,理论上当然不错,关键是怎样去衡量、应用、操作。要知道,生产力包括生产工具、劳动者、(劳动对象)两(三)要素,而劳动者是生产力的首要的能动的要素。野蛮屠杀,残酷奴役,使人口锐减,甚至在一些地区造成种族灭绝,这本身就是破坏生产力。事实也的确如此。殖民者们先在美洲一些地区造成了种族灭绝,在大部分地区造成了人口锐减,使劳动力极度匮乏。然后又大规模掳掠非洲黑人到美洲为奴,四百年间又造成上亿黑人的牺牲,几千万黑人的苦难,又使黑非洲人口锐减,劳动力匮乏。这就既严重破坏了印第安人社会的生产力,又严重破坏了黑非洲的生产力。可见野蛮屠杀、残酷奴役不是对生产力的一种新贡献。

至于说早期殖民者受社会生产力的限制,经济实力拮据,不能靠商品或金融的自由输出,故需要用"集中的有组织的社会暴力"来发展资本主义,我认为则更加错误。请看一个与我们直接相关的例证。在从1895年起的半个世纪中,日本成为侵朝、侵华的元凶,给朝、中人民带来了惨重的牺牲和深重的苦难。日本的殖民掠夺当然有利于日本的原始积累、资本主义的发展、资产阶级的成长,把在朝、中掠得的财富转化为资本,刺激日本生产力的发展。而且日本也是"经济实力拮据"的后来者,比起当时财大气粗的老牌的发达的资本主义国家英、法、荷、美、德来,日本当时无力进行大规模的商品和金融的输出,也无力与西方自由竞争。但朝中人民都不会把日本的殖民侵略和殖民掠夺视为对自己的一种新贡献,对朝中生产力的一种解放,认为它情有可原,可以理解。

　　与生产力标准紧密相连的文明标准也值得探讨。恩格斯宣布:"马克思了解古代奴隶主、中世纪封建主等的历史必然性,因而了解他们的历史正当性,承认他们在一定限度的历史时期内是人类发展的杠杆;因而马克思也承认剥削,即占有他人劳动产品的暂时的历史正当性。"①列宁也表示:"如果对伟大的资产阶级革命者不抱至深的敬意,就不能成为马克思主义者。因为这些革命家具有世界历史所承认的权利,来代表曾经在反对封建制度的斗争中把千百万新兴民族提高到过文明生活的资产阶级'祖国'讲话。"②马克思、恩格斯承认剥削他人的暂时的历史正当性,但马克思、恩格斯并没有承认野蛮屠杀、种族灭绝的暂时的历史正当性。要施加剥削、遭受剥削,被剥削者就首先得活着不被杀害,就得能维持人口和种族的延续(当然,部分地区的印第安人灭绝不能归罪于某一个人)。列宁、斯大林对资产阶级革命者抱至深的敬意,是因为他们把千百万新兴民族提高到过文明生活。列宁说的资产阶级革命者与一些史家说的资产阶级先驱非常接近。可是大多数印第安人、非洲黑人并没有被提高到过文明生活,而是被屠杀、奴役、残酷地压榨,有些地区有些部族甚至遭到种族灭绝(再说一遍这不能归罪于某一人),他们见不着新的文明制

---

①　《法学家的社会主义》,载《马克思恩格斯全集》第21卷,人民出版社1965年版,第558页。

②　《第二国际的破产》,载《列宁选集》第二卷,第628页。

度,先进的生产力了。所以我们便不能对某些资产阶级先驱
者在殖民掠夺、征服方面也抱敬意,而应是抱义愤。马克思也
谴责道:"当我们把自己的目光从资产阶级文明的故乡转向
殖民地的时候,资产阶级文明的极端伪善和它的野蛮性就赤
裸裸地呈现在我们面前。因为它在故乡还装出一副很有体面
的样子,而一到殖民地就丝毫不加掩饰了。"①对马克思斥之
为极端伪善、野蛮,"用人头作酒杯"的西方文明,我们也不应
抱敬意而应抱义愤。当然,对利玛窦等文明地传播西方文明
的人则当肯定。

　　一些学者认为,既然大多数印第安人、非洲黑人被发现时
尚处于原始社会末期阶段,殖民者把奴隶制度强加在他们身
上便是自然的,他们也由此进入了有阶级、有国家、有民族、有
文字的文明时代,因为原始社会后必然是奴隶社会。其实不
然,在外来的影响下,原始社会以后也可以是封建社会,甚至
可以是资本主义社会和社会主义社会。跨越社会阶段的发展
是可能的。历史上许多民族没有经历奴隶社会而直接进入了
封建社会,新中国成立后中国一些处于原始社会末期阶段的
少数民族也直接进入了社会主义。可西方殖民者并不是把印
第安人、黑人置于资本主义制度下,置于比较自由、宽松的晚
期封建制度下,而是把他们置于隶农制度、奴隶制度下。这就
不是把他们置于同母国一样的文明制度下,这便是野蛮的反

---

　　① 《不列颠在印度统治的未来结果》,载《马克思恩格斯选集》第二卷,
第74页。

动的殖民统治。

　　与文明问题连在一起的还有近代直接奴隶制的评价问题。所谓直接奴隶制有好坏两方面的观点,的确是马克思所批评的蒲鲁东的观点。马克思在致安年柯夫的信中引用时先说:"现在我给你们讲一个蒲鲁东先生的辩证法的例子。"在引用后又说:"这样考虑过奴隶制以后,这位善良的蒲鲁东先生将怎么办呢?"①而且马克思在开始时就说,该观点所出的蒲的《贫困的哲学》"整个说来是一本坏书,是一本很坏的书"。马克思最后又说:"只有一点我完全同意蒲鲁东,这就是他对社会主义温情的厌恶。"②马克思还在《哲学的贫困》第二章《政治经济学的形而上学》中再次引用了蒲鲁东关于奴隶制有好坏两个方面的观点并予以批评。当然,恩格斯也的确在马克思再次引用蒲鲁东观点的地方,在"消灭奴隶制就等于从世界地图上抹掉了美洲"一语后加了一个注,说"这对 1847 年说来是完全正确的"③。恩格斯肯定了近代直接奴隶制对美洲资本主义的促进作用,但仍不宜把西方人的殖民掠夺、强盗行径说成是对全人类包括东方人的一种新贡献,给印第安人、黑人带来了文明。因为我们已多次说明,资本主义只是评价历史功罪的若干标准之一。艾奇逊不也说过,"从19 世纪中叶起,西方'外来者'给中国带来了发展得盖世无双的西方技术,带来了为以往的侵入者所从来不曾带入中国的

①　《马克思恩格斯选集》第四卷,第 325—327 页。
②　《马克思恩格斯选集》第四卷,第 319—320、330 页。
③　《马克思恩格斯选集》第一卷,第 110 页。

高度文化教育"①。

一些学者专家肯定近代直接奴隶制促进了资本主义的发展,认为它当时(15—18 世纪)是进步的,19 世纪才落后了。但我认为它一开始便是黑暗、反动、野蛮、腐朽的,并最终在美国内战期间被埋葬。毛泽东也曾评价道:"万恶的殖民主义、帝国主义制度是随着奴役和贩卖黑人而兴盛起来的。"②可以再看一个例证。千百年来,西藏实行农奴制度,大小凉山实行奴隶制度,它们自然有它们得以存在的社会原因和历史条件。但这并不妨碍我们把它们评为最黑暗、最反动、最野蛮、最腐朽的制度,并不妨碍我们在 20 世纪 50 年代实行民主改革,革了它们的命。

一些学者的思维定式总是,为了建立资本主义社会,为了扩张资本主义文明,一些民族受到扭曲和摧残是不可避免的历史"代价"。民族间的关系是"生存竞争""物竞天择"的关系,弱小的、不适应历史环境的、落后的民族被摧残、被消灭是"历史的必然"③。我认为这些认识是错误的。所以关键是评价标准、价值观念、思维定式的转换。

总之,既要防止唯资本主义标准、唯生产力标准、唯文明

---

① 《唯心历史观的破产》,载《毛泽东选集》一卷本,人民出版社 1970 年版,第 1401 页。

② 《支持美国黑人反对美帝国主义种族歧视正义斗争的声明》,《人民日报》1963 年 8 月 9 日。

③ 参见伍雄武:《郑和与哥伦布航海比较》,《云南师范大学学报(哲学社会科学版)》1996 年第 1 期。

标准,又要正确应用、操作这些标准(资本主义、生产力、文明)。正是由于标准不明,有的学者力图证明哥伦布、麦哲伦功劳很大,但所用的证据和方法却只能证明他们罪恶不小。

(六)论从史出,动机效果,定性定量

评价地理大发现主要代表人物的历史功罪和地位,首先要坚持马克思列宁主义的基本原理,运用其立场、观点和方法。其次要有所发展,不必拘泥于个别说法。列宁就讲,"马克思主义……绝不是离开世界文明发展大道而产生的固步自封、僵化不变的学说"①。例如,马克思恩格斯曾做出结论,社会主义革命单独在某一个国家内不可能胜利。后来列宁根据马克思主义的理论得出结论,在新的社会发展条件下,社会主义革命在单独一个国家内完全可能胜利,并成功地领导了十月革命。又如,恩格斯有一次说过,在1812年时期的俄国将帅中,巴克莱·德·托利将军是唯一值得注意的一个统帅。斯大林对此直截了当地说,"当然,恩格斯是错了。因为库图佐夫作为统帅来说,无可争辩地要比巴克莱·德·托利高明得多"②。还有,对经典作家的论述也应全面地掌握。例如,倾向于褒奖哥伦布的同志常爱引用马、恩肯定地理大发现和哥伦布对资本主义起了促进作用的论述,却不知(或不愿引)

---

① 《马克思主义的三个来源和三个部分》,载《列宁选集》第二卷,第441页。

② 《给拉辛同志的复信》,载《斯大林文选》,人民出版社1978年版,第457页。

马克思也指出，"哥伦布的报告表明了他是一个十足的海盗；……一个地地道道的奴隶贩子"①。

不仅所遵循的理论，而且研究的结论，得出的论点，都应该是论从史出，论史结合，而不能有论无史，以论带史。例如说麦哲伦在远航中有"许多烧杀抢掠的令人发指的殖民海盗行为"，"一部环球航行史便是一部血腥侵略史"，可又举不出在菲律宾以外的例证。而我们知道麦哲伦在远航中除在阿根廷绑架过两个巴塔哥尼亚人作为发现的见证，在关岛因土人偷盗抢探险队物资而反应过度杀了一些人，在菲律宾帮胡玛波扩张、征服、参与了一些军事行动，并没有许多烧杀抢掠令人发指的殖民海盗行径。麦哲伦死后，探险队在离开菲律宾和印尼一带后的返航途中，更没有任何海盗行径。所以一部环球航行史并非一些学者所结论的是一部血腥侵略史。

还有，在一些学者论证上述论点时所举出的四条论据中，有两条并不能证明其论点（另两条与史实也有一些出入，即怂恿下属奸淫掳掠，力图建立西班牙的殖民统治）。例如，说麦哲伦打着上帝的旗号进行宗教同化，精神侵略，但我们在前面已经论证了和平地非暴力地传教是正常的精神文化交流。又如说他用铁器甚至破衣烂衫骗取黄金。但

---

① 《马克思恩格斯文库》，莫斯科 1940 年版，第 7 卷，第 100 页（《Архив Маркса и Энгельса》，Москва，1940，Том 7，Стр.100）。这里所说的报告指第二次远航期间，哥伦布在海地派托雷斯率 12 艘船先回国时，委托他转呈给西班牙国王的哥伦布写的报告。

要知道菲律宾人当时已进入了封建社会或奴隶社会，他们已有金、银、铜、铁，已知晓贵金属、有色金属、黑色金属的价值，他们是识货的。所以，用铁器和服装交换黄金是正常买卖不是骗取。

　　要坚持论从史出，论史结合，还必须首先把史实研究清楚，更不宜用可疑的甚至虚假的史实来证明自己的论点。例如，有学者多次说，1495 年起，哥伦布在海地规定并推行，14 岁以上的男子每季度要上缴用 25 磅棉花织成的布匹①。但没列出资料出处。而德国史家朗格说在不产黄金的地区每季度每个男子得交 25 磅棉花②；西班牙史家马达里亚加说每季度每个男子得交一阿罗瓦棉花（西语 Arroba，合 25 磅）③；苏联史学家马吉多维奇父子则说在 1495 年的海地，"哥伦布向印第安人征课力所不及的贡税——金子和棉花"④，没有具体数量；哥伦布的朋友、参加过哥伦布第三次、第四次远航的著名史学家拉斯·卡萨斯在他的《西印度通史》中说：14 岁以上的印第安男子每季度得缴一佛兰德尔小铃鼓的金砂，"所有其余的没有住在金矿附近的（男）人，则必须（每季度）送来一

　　① 参见《历史研究》1977 年第 1 期，第 141 页；严中平：《老殖民主义史话选》，第 34 页。
　　② 参见维·朗格：《哥伦布传》，第 181 页。
　　③ 参见马达里亚加：《哥伦布评传》，朱伦译，中国社会科学出版社 1991 年版，第 387 页。
　　④ 参见马吉多维奇父子：《地理发现史纲》，莫斯科 1983 年版，第 2 卷第 32 页（ см. И. П. Магидович, В. И. Магидович：《 Очерки по Истории Географических Открытий》，Том Ⅱ，Москва，Издательство Просвещение，1983, С.2..）。

阿罗瓦（25磅）的棉花"①。上述材料都说的是在不产金的地区印第安男子每季度要缴25磅重的棉花,而不是缴用25磅重的棉花纺织成的棉布。交棉花和交棉布大不相同。因为后者不是指西班牙人把棉花种出来或从西班牙运来,定额交给印第安人纺纱织布再上缴,而是指印第安人先种出定额棉花然后自己再脱籽纺纱织布上缴。而前者只是种出定额棉花上缴。如果是缴用25磅棉花织成的棉布,对印第安人的榨取就比只缴25磅棉花残酷苛重得多得多,哥伦布的罪行和残暴就要严重得多,对他的评价就要低一些,反之亦然。

类似的情况还有麦哲伦的死因问题。麦哲伦进攻麦克坦岛到底是像一些学者说的单独入侵,要在那里建立西班牙的直接的殖民统治,还是我所说的帮宿务岛盟友扩张,打头阵。如果是后者,其罪过便要轻得多,性质也是有所不同。评价地理大发现的历史人物,还应该注意其动机和效果结合,以效果为主,义与利兼顾。许多学者(不管是倾向肯定的还是倾向否定的)指摘远航探险的动机是黄金梦、嗜金狂、发财迷;有的还以此作为否定远航探险、否定地理发现、否定探险者的论据之一。我认为,自从进入了阶级社会,几千年来,大多数人都想发家致富生财。只要不是去抢偷盗杀,坑

---

①　斯韦塔译注:《哥伦布远行的日记、书信和文件》,莫斯科1956年版,第344页（"Мемориал Колумба Изабелле и Фердинанду",Я. М. Света:пер. и ком.《Путешествия Христофора Колумба, Дневники, Писма и Документы》,Москва,ГИГЛ,1956,С.344.）。

蒙拐骗,而是靠自己的辛勤劳动、努力奋斗、聪明才智去博取,便是正常的,可以理解的。具体到地理大发现,譬如在新发现的无人地区开采金银,在有人但当地人不稀罕不看重不在乎金银的地区开采金银,用欧洲商品货物换取金银,把欧洲货卖出再买得香料运过回国再卖出赚得金银,都是无可厚非的。

改革开放以来有许多中国人移居国外,特别是移居发达国家。他们中的绝大多数也是抱着淘金的目的,发家致富生财的目的,过好日子的目的,享受好福利的目的,而不是抱着为人民服务的目的,无产阶级国际主义的目的,世界革命和国际共产主义运动的目的。他们的移民目的我们觉得都不必苛求。在地理大发现前半期,最直接的探险目的主要是开辟到东方的新航路,最终的目的是赚钱赢利。探险者的目的不崇高,也不卑劣。在这个动机的驱使下他们完成了一系列的重大的地理发现,这就有功。如果在发现的同时又杀人放火抢劫强奸,那就同时有罪。恩格斯曾批评道,"旧唯物主义者……按照行动的动机来判断一切,把历史人物分为君子和小人"①。而我们则就把动机与效果结合,以效果为主,义与利兼顾,来评判人物。

对于一些犯有殖民罪行的探险家,有的学者认为,只要他杀了一次人就是杀人犯,而不必等他杀了一辈子人才是杀人

---

① 《路德维希·费尔巴哈和德国古典哲学的终结》,载《马克思恩格斯全集》第21卷,第342页。

犯。我认为,从法制的角度司法工作者的角度看,只要他无故杀了一次人或杀了一个无辜的人就是杀人犯,就得偿命。而不管他过去有今后还可能会有多大功劳。因为法律面前人人平等。但从史学工作者的角度评价历史的角度看,不等于他在杀人前、杀人后、杀人过程中就没有做过其他有益的事情(如果的确没有做过则又当别论)。史学工作者的任务和职责便是既要揭露他杀人,也要论述他做过的有益的事情;既要批判他的罪行,又要肯定他的功绩。而不宜像司法工作者那样,把他送上刑场了事。

评价地理大发现代表人物的功罪和历史地位,定性研究和定量分析相结合很重要很必要。只搞定性研究,不做定量分析,是回避问题,推卸责任,偷懒;只作定量分析,不搞定性研究,是只见树木不见森林,是有目无纲。同时还要注意定性与定量之间的转化和相互依存。落实到哥伦布、麦哲伦,有先生把他们定性为殖民主义强盗,定量为全盘否定,坚决批倒。其功罪比是零十开。有先生把哥伦布定性为航海家、探险家、资产阶级先驱,没有定量。他们说哥的殖民掠夺也是对东方人、原始积累的一种新贡献,无损其资产阶级先驱者的地位。据此看来,其功罪比是以功为主,以罪为次,我估计大概是八二开。有先生既肯定麦哲伦环球航行、地理发现的功绩,又否定他的殖民侵略、掠夺,没有定量。我判断其功罪比大概是对半开。有先生对麦哲伦也没定量,但精神上是以功为主,以罪为次。我对哥伦布、麦哲伦的定性研究定量分析是:他们都是杰出的航海家、探险家、地理发现家,哥伦布同时又是殖民主义强盗分子，其功罪比是对半开。麦哲伦在远航途中只干了一点海盗勾当，其功罪比是八二开。关键是个度。把握好这个度是史学工作者的责任，也是其长处，同时也是研究的困难所在。没把握好功罪比、几成开便是史学工作者的失误。列宁说过："然而只要再多走一步，仿佛是朝同一方向迈的一小步，真理就会变成错误。"①愿以此与史学工作者共勉。既搞好定性研究，又做好定量分析。不少走一步，也不多走一步。

还有，我们在史学论著中的确不宜过多地论证殖民主义者、帝国主义战胜、征服落后地区、国家的必然性，而应着力揭示它们之所以得逞的偶然性，总结殖民主义、帝国主义史上血的教训。因为在亚、非的沿海国家中，毕竟有中国、日本、暹罗（泰国）、埃塞俄比亚、利比里亚始终没被征服、瓜分，保持了独立。因为在甲午战争和九一八事变中，日本都是侥幸得逞的，中国的失败和失地都不是因实力和装备差距过大，都不是必然的……

总之，研究和评价历史人物及其功罪地位应该论从史出，论史结合；定性研究与定量分析并重，动机与效果结合利与义兼顾以效果为主。

最后，让我态度鲜明地简扼地亮出我的立场、观点和总的结论。"尔曹身与名俱灭，不废江河万古流"，地理大发现时

---

① 《共产主义运动中的"左派"幼稚病》，载《列宁选集》第四卷，第257页。

代的航海家、探险家们的功绩将永远彪炳史册；"豺狼塞路人断绝，烽火照夜尸纵横"，老殖民主义时代的征服者、殖民者的罪恶也将永远钉在历史的耻辱柱上。

（原载《睦邻友好的使者——郑和》，海潮出版社2003年版，2016年11月修订。）

三、哥伦布的机敏狡诈与逸闻趣事

哥伦布无疑是地理发现史上最重要的航海家、探险家、发现者和殖民者,也是全世界最重要的历史人物之一。哥伦布一生除留下许多辉煌的业绩、弥天的罪过、扑朔迷离的疑云以外,还留下一些逸闻趣事。这些既表现了他的机敏睿智,也反映了他的狡猾奸诈。

(一) 哥伦布的鸡蛋

哥伦布从1492—1493年的首航凯旋后,十分轰动,声名鹊起。一些人对他既嫉妒,又不服气。在一次盛大的社交宴会上,有个贵族大声对哥伦布和全席桌的人说:"你只向西航行了一个月便发现了西印度,没什么了不起。即使你不去做这些事,也会有其他人去做的。"为了回敬这种不逊,哥伦布拿起一个熟鸡蛋请那个人和同席桌的人把它直立起来。几个人左立右立怎么也立不起来。轮到哥伦布了,只见他把鸡蛋椭圆形两端的一端往桌上一磕,蛋就立稳了。贵族们仍不服气,说这个不稀奇,人人能做到。哥伦布正色说道:"事情本来简单,问题是你们谁也没有在我之前想出这个办法来。"①有句格言说,"做成的事情容易做",但毕竟要把做成的功劳归于第一个成功的人。因这事还形成了新的著名的成语典故"哥伦布的鸡蛋"(西文 E L huevo de Colón),它比喻看起来无法做或困难重重的事情,一旦有人做成便显得十分容易②。恩格斯也曾引用这个典故,说就像"哥伦布竖鸡蛋"一样③。联想到现近代以来一些学者不时提出某某某某更早发现、航渡、到达美洲说,这是不是"哥伦布的鸡蛋"这个典故的另一种表现呢?

这则逸闻最早见载于 16 世纪乔尔达诺·赛佐尼的《新世界史》④,一百多年前经日本学者冈本监辅《万国史记》一书的介绍,就传入了中国。言哥伦布第四次远航时"忧思罹病,还西班牙,会伊萨伯拉卒,匪地难多(即斐迪南)不录其功。仇人又多妒其功,皆曰,如哥伦波发现新地,人皆可能也。一日盛会,有一贯绅亦言之。哥伦波取一卵谓众曰,谁能置之头上乎?众相顾默然。哥伦波直压溃之,置头上,帖然不坠。众曰,吾亦能之。哥伦波曰,诸君唯口能之耳,余身能之矣,是余之所以异于诸君也"⑤。当年的叙述虽与今日的说法略有

---

① 参见莫里逊:《航海家哥伦布》,陈太先、陈礼仁译,湖南人民出版社1983 年版,第 106 页。

② 参见王国荣等:《世界成语典故辞典》,文汇出版社 1989 年版,第150 页,

③ 《马克思恩格斯全集》第 1 卷,人民出版社 1956 年版,第 578 页。

④ 参见朗格:《哥伦布传》,张连嬴、李树柏译,新华出版社 1986 年版,第 136 页。

⑤ 张树声:《敦怀堂洋务丛钞·万国总说》,慎记书庄光绪九年版。

差异,然精神实质一样。

(二) 月食把戏

　　哥伦布第四次航渡美洲,在中美洲一带进行探险和殖民活动时,曾因船只受损而困在牙买加岛整整一年(1503 年 6 月下旬至 1504 年 6 月下旬)。在携带的食物吃完后,船员们便用玻璃珠、针织花边、铜铃等与印第安人交换食物。后来,印第安人对那些小商品的需求已经饱和,不再感兴趣了。哥伦布一行面临着饥饿的严重威胁。在这危急关头,哥伦布想出一个鬼点子。他身边带有一本雷格蒙塔努斯编的《星历表》,他从中得知,1504 年是闰年,2 月的最后一天 29 日的晚上将出现月全食。到了这一天下午,哥伦布把附近的所有部落酋长和头人请来,通过首航以来教化的一个印第安人翻译向他们宣布:白人的万能的上帝将要拿走印第安人的月亮,因为印第安人不愿意供养西班牙人,与他们交换,给他们食物。印第安人最初不信,看着冉冉升起的月亮嘀咕、议论、说笑。不久,月食开始,月亮上的黑影出现并逐渐扩大。哥伦布回到破船的船舱。印第安人惊恐万状,又是叫喊,又是哭泣。后来月亮完全消失,夜间一片昏暗。印第安人跪在船边乞求哥伦布等宽恕,归还他们的月亮,表示一定供应西班牙人食物。哥伦布待到历书上所载月食快结束的时刻,才从船舱里出来。他对印第安人说,他已代他们向万能的上帝请罪和保证,一定供应给基督徒必要的食物。因此上帝才同意归还月亮,让月亮复明。印第安人感激涕零。把戏玩得非常成功,西班牙人不再挨饿①。4 个月后,伊斯帕尼奥拉岛(海地岛)派来的两条船把遇险受困的船员们接走了。这件事暴露了哥伦布的狡猾奸诈,也显示了他有丰富的天文知识。同时也说明,欺骗比抢劫其罪要轻一些,危害也要小一些。

(三) 漂流桶与羊皮信

　　哥伦布首航美洲返回时,途中遇到大风暴,在情况非常严重之际,哥伦布担心一旦船沉,自己的重大发现就会湮没无闻,无人所知。于是他把自己发现西印度的简况要点写在一张羊皮纸上,请求拾到者把它呈交西班牙国王王后,并许诺将酬谢拾者送信者一千杜卡特金币。然后他把羊皮纸卷起,用一块上过蜡的布把它捆扎好。他把文件装进一只有盖的木桶里,把桶密封好,扔进海里。后来哥伦布等化险为夷。

　　关于漂流桶和信函的下落,《世界探险史》的中译者屈瑞、海云说据有关资料记载,漂流桶及信件在三百多年后的 1852 年被一个美国船长在直布罗陀海峡发现②。雷宗友在《海洋探险》一书中则说,哥伦布的羊皮信塞进一个椰子壳内,用沥青封住椰壳。于 1856 年在西班牙与法国之间的比斯

---

　　①　参见格兰佐托:《克里斯托弗·哥伦布》,俄克拉荷马 1987 年版,第 264—265 页(Gianni Granzotto: *Christopher Columbus*, Norton, University of Oklahoma Press).

　　②　参见马吉多维奇:《世界探险史》,屈瑞、海云译,世界知识出版社 1988 年版,第 158 页。

开湾被发现①。意大利史家格兰佐托则说漂流桶一直没有被发现,但几个世纪以来一直有人声称发现了漂流桶和桶中的哥伦布手稿。1892年,在纪念哥伦布首航美洲四百周年之际,一个威尔士骗子还曾拍卖他发现的漂流桶中的哥伦布手稿②。美国史家莫里逊在《航海家哥伦布》中也说,漂流桶一直没有被发现,但伪造的《哥伦布航海秘密日记》却至今还在一些轻信的收藏家中间流传③。莫里逊在《海洋元帅哥伦布传》中说得更详细:漂流桶抛出后四百年间一直没有下落。1892年,一个常拖欠债务的伦敦出版商宣称,他已发现了漂流桶和其中的哥伦布手稿,是由一个渔夫在威尔士海岸外拾到的。手稿用英语写成,因为哥伦布认为用全世界通用的航海语言书写将增大拾得者理解的可能性④。另外,德国也出现过一种用羊皮纸模拟的字迹为底本印刷的信函的摹写本,标题是《我的秘密航海日志》,书上还恰当地饰有北极鹅和海草。它有许多轻信的买主,其中若干人还力图向现代史家吐露他们的珍贵收藏并向史家施加影响⑤。德国史家朗格在《哥伦布传》中则指出,早在16世纪,那封函件就不止一次地

<hr>

①　参见雷宗友:《海洋探险》,上海教育出版社1979年版,第99—100页。

②　cf.Gianni Granzotto:*Christopher Columbus*,p.181.

③　参见莫里逊:《航海家哥伦布》,第84页。

④　参见莫里逊:《海洋元帅哥伦布传》,纽约1962年版,第318页(S.E.Morison:*Admiral of the Ocean Sea*,*a Life of Christopher Columbus*,New York,Little Brown)

⑤　cf.Ibid.,p.318.

被"找到",并按哥伦布开的价卖给轻信的人①。

　　笔者认为,一、英语的《秘密航海日志》没有可能性。因为 17 世纪及其以前的欧洲通用语是拉丁语,18 — 19 世纪的国际通用语是法语,20 世纪的国际通用语才是英语。况且哥伦布只懂西、意、拉、葡四种语言,参加首航的 90 名船员中也没有英格兰人。二、昔日的漂流桶与今天的漂流瓶有所不同。漂流瓶只要不在礁石上、船上碰碎,就会永远在海上漂浮,就有可能被发现。漂流桶即使不碰碎,长年浸泡也会朽烂散架。所以,哥伦布的漂流桶和羊皮信恐怕早在 16 世纪初中叶便葬身大海了,近现代不可能再发现它了。三、说羊皮信装在椰子壳里用沥青封住后来被发现也有问题。一是船上带椰子、带沥青的可能性有多大;二是雷宗友说发现者看到的羊皮信是用古文字写的。但我们已知道,哥伦布只可能用西、意、拉、葡四种文字书写,这些 15 世纪末的文字与现代文字已非常接近,根本不能算古文字。如同中国,汉和汉以降的汉字都不是古文字,此前的甲、金、篆字与现代汉字相较才是古文字。哥伦布使用漂流桶传信本是情急智生,一件趣事,不料又引起一些闹剧。

（四）驯鱼捕龟

　　哥伦布四渡美洲,发现、观察、记录了许多新大陆独有的动物、植物、作物,其中最著名最重要的有烟草、玉米、马铃薯

---

　　①　参见朗格:《哥伦布传》,第 127 页。

等。哥伦布还注意到记载了一些很有趣的事情。印第安人驯鱼捕龟便是一例。印第安人捕到头上有吸盘的领港鱼，加以训练。发现海龟时，便将这种鱼用皮绳牵牢尾巴放出去。鱼会自动用吸盘吸住海龟。捕龟人只需收回皮绳就能捉到海龟①。如同难以相信其他许多事情一样，哥伦布的这个报道也很难使当时的欧洲人相信。但这个报道却是真实的，直到现在古巴人、印尼苏威拉西岛人还在用这个方法捕捉海龟。领港鱼又称鲫鱼、吸鱼和懒鱼，是海洋中的一种畸形鱼类。它身体细长，呈灰黑色，圆柱形，头和身体前端的背部扁平，成鱼约两三市斤重。第一背鳍变态成为一个长椭圆形吸盘，吸盘上长着一行行的毛刺，状如铅丝网。只要把吸盘向其他东西一靠，挤出吸盘中的水，借外部的气压与水压，就能牢牢地吸在其他东西上。它的特殊本领是善于想方设法靠近行动迟缓、感觉鲁钝的海龟，乘其不备，用它的吸盘牢牢地吸附在海龟身上②。吸鱼喜欢在海岸边的深水湾里栖息，吸附在船只船底和其他有壳的海洋生物上，靠别人来替它搬家，自己就可以懒得游动了。所以又被称为懒鱼。渔民往往在船只的船底木板上把吸鱼捉下来，然后绑在鱼线上，利用它去捉四五十斤重的海龟③。

……

　　了解了以上的逸闻趣事，机敏狡诈，我们所了解的哥伦布

---

①　参见莫里逊:《航海家哥伦布》,第 145 页。

②　参见莫里逊:《航海家哥伦布》,第 153 页。

③　参见王建民:《水中动物捕趣》,《航海》1996 年第 1 期。

便不再是干巴巴空瘪瘪的,而是活生生的,有血有肉的和多姿
多彩的,充满着传奇色彩。

（原载《海洋世界》2005 年第 1 期）

开辟新航路

一、葡人开辟欧印新航路辨正

葡萄牙人开辟成功欧印新航路已经整整 500 年了。一些学者认为,"开辟"或"发现"新航路只是欧洲人的片面观点。本文辨析和研讨对这一命题的各种怀疑和否定,指出,腓尼基人曾环航非洲不可信;进行探航没有返回不知所终便不足为凭;没有阿拉伯水手的领航达·伽马等仍能航达印度;此前已有的航路只把莫桑比克中部以北的非亚地区联系起来;在迪亚士探航前,无法排除非洲如托勒密所说延伸到南极的可能性;虽然希罗多德等猜测过大西洋与印度洋相通,但也需要航海探险去开辟和证实;远洋探航当时是很艰难危险的创造性的工作。

地理大发现是中世纪晚期近代初期全世界范围内最重大的历史事件,对全人类的历史有深远的影响。地理大发现可分为前(葡、西)后(荷、俄、英、法)两个阶段。前一阶段以哥伦布首航中美洲、达·伽马首航印度、卡伯拉尔首航南美巴西、麦哲伦首航全球四大航海探险最为重要和著名。在欧印新航路开辟成功 500 周年之际(1498—1998),在卡伯拉尔首航南美巴西二航印度 500 周年之际(1500—2000),特撰文讨论葡人开辟欧印新航路这一命题是否成立,以澄清问题,加深认识,推进研究。

(一)

西欧人有组织有计划持续地探险与航海、寻找到东方的新航路、进行地理发现,肇始于 1415 年葡萄牙人攻占北非与西非交接点上的阿拉伯人据点休达。经过几十年沿西非海岸不懈地向南探航,终于在 1487 年由迪亚士绕过非洲最南端驶入了印度洋,并在 1498 年由达·伽马开辟了从欧洲到印度的新航路。但有的学者认为,如果把开辟欧印新航路这一欧洲人的局部观点引用于其他地方或扩大到全世界范围,那显然是错误的。就亚非人民看来,这条航路既不能被认为是新航路,自然就难说是"发现"。因为这条航路的每一段都已为亚非航海家所航行过,并明确载入了史册。所以,"新航路的发现"或"开辟"这一历史名词必须摒弃,因为它歪曲了历史事实,抹杀了亚非人民在航海事业中的贡献①。其理由如下:1.公元前 6、7 世纪之交,腓尼基人便环航了非洲,迪亚士、达·伽马等人只不过是逆着他们的先行者的航向前进罢了;2.阿拉伯人早已在南到莫桑比克、北至阿拉伯海乃至印度的航线上航行。15 世纪 20 年代初,有位阿拉伯航海家沿非洲东岸南行,绕过了非洲南端,从印度洋进入了大西洋。而且达·伽

----

① 参见侯仁之:《在所谓"新航路的发现"以前中国与东非之间的海上交通》,《科学通报》1964 年第 11 期;侯仁之:《地理学的理论与实践》,上海人民出版社 1979 年版;侯仁之:《所谓"新航路的发现"的真相》,《人民日报》1965 年 3 月 12 日。

马是借助于阿拉伯航海家的领航才成功抵达印度的。3.从印度至红海乃至非洲东岸索马里的航路,早由印度洋沿岸的各族人民开通了。4.中印之间的海上交通和联系,在南北朝时期至迟在唐代便已开始了。郑和下西洋最远到了非洲的索马里,甚至到了肯尼亚。郑和船队已横渡了阿拉伯海和印度洋①。

对此,我们有必要进行辨析:

1.埃及法老派腓尼基人用两年多的时间环航非洲这一故事,出自希腊史学之父希罗多德记载的一个传说。但希罗多德本人不相信这个传说。他说:"这我是不信的,有人也许会相信。"②苏联学者研究后认为,只能肯定腓尼基人从红海出发曾深入到赤道以南的南半球印度洋水域,因为他们发现的出产物不可能产于北半球,也因为他们看到了太阳在天空的北面③。并明确指出,"希罗多德非常详细地描述了这次环航,但他自己也怀疑被他引用的这段故事的可信性"④。现代

<hr>

① 参见侯仁之:《在所谓"新航路的发现"以前中国与东非之间的海上交通》,《科学通报》1964年第11期;侯仁之:《地理学的理论与实践》,上海人民出版社1979年版;侯仁之:《所谓"新航路的发现"的真相》,《人民日报》1965年3月12日。

② 希罗多德:《历史》,王以铸译,上册,第4卷,商务印书馆1985年版,第281页。

③ 参见杰缅季耶夫、安德留先科:《地理学史》(В.А.Дементьев,О.Н.Адрющенко:《История География》,Минск),明斯克1962年版,第27页。作者按:太阳在天空的北面指希罗多德所说的太阳从右边出来的事情,即人面向太阳,太阳不是从左到右而是从右到左移动。见第28页。

④ Там же,С.28.

埃及学者阿·费里克也承认,"希罗多德不相信这个故事"①。法国学者保·佩迪什则做出这样的论证和推测:从塞内加尔到直布罗陀的航行当时是不可能的,因为那一带盛行与海岸平行的不间断的东北风(当时没有能逆风行驶和斜风行驶的海船——作者)。然而人们可以设想,他们是经过陆路,沿着穿越撒哈拉沙漠的古车道,从塞内加尔返回南奥拉奈斯②。此外,希罗多德说,腓尼基人在远航途中一到秋季便上岸在非洲沿海垦荒耕种,来年春季收获后再继续探航③——这更是想象。因为从 15—17 世纪大航海大探险大发现的实践来看(包括郑和远航),从未有过在远航探险的途中有准备地上岸耕种,收获后再继续远航的。都是带足给养,在途中只捕鱼、猎鸟兽、采摘野菜野果等补充(在无人或少人地区),或购买交换抢劫(在有人人多地区)。而像腓尼基人那样秋种春收实际上更困难更麻烦更危险。因为那样事先就得带上众多的农具种子及工具材料,以便在海岸安营扎寨;要耗费多得多的时间和精力来垦荒种地管理收获;要遭遇大得多的风险,包括庄稼遭灾、歉收或无收、与土著冲突、患病等。这样,上岸耕种远不如多带些未脱壳的粮食(颗粒)和其他食品。所以,腓尼基人曾环航非洲说不

① 阿·费里克:《埃及古代史》,高望之等译,科学出版社 1956 年版,第 102 页。

② 保·佩迪什:《古代希腊人的地理学》,蔡中夏译,商务印书馆 1983 年版,第 28 页。

③ 希罗多德:《历史》上册,第 4 卷,第 281 页。

可信。

2.15 世纪 20 年代初,有位阿拉伯航海家曾绕过非洲南端驶入大西洋①。即使属实的话,也不知所终,更没有到达欧洲和地中海。正如 1291 年,有两位热那亚水手维尔蒂和奎多兄弟曾冲出地中海驶入大西洋,去探察开辟绕过非洲到印度的新航路②。他们还重新发现了早被遗忘了的加拉利群岛③。但也不知所终。1346 年,又有加泰隆人杰姆·费雷尔驾船到大西洋去寻找"金河"(厄尔多拉多,EI Dorado)。1375年的加泰隆地图还反映出他们已前进到博哈多尔角附近④。但仍不知所终,故它们都不足以为凭。达·伽马到了肯尼亚马林迪后,是请了阿拉伯领航员伊本·马治德帮忙。我们在论及开辟新航路时不应忘却和抹杀这位阿拉伯航海家的贡献。但若无他的帮助,达·伽马等仍完全能够驶抵印度。因为全程四分之三以上的路程已经走过来了,而且这是除葡萄

---

①　参见苏联科学院:《世界通史》第 4 卷,北京编译社译,上册,三联书店 1962 年版,第 104 页;又见布罗代尔:《15 至 18 世纪的物质文明、经济和资本主义》,顾良等译,第 1 卷,三联书店 1992 年版,第 482 页。

②　参见巴利·迪菲:《帝国的预兆:航海家亨利以前的海外葡萄牙》(Bailey W.Diffie: *Prelude to Empire: Portugal Overseas before Henry the Navigator*),内布拉斯加 1960 年版,第 58 页。

③　参见加斯帕和瓦勒角:《在加拉利的教训,欧洲人与加拉利人的最初接触》,载英国《上古时代》(A. T. Gaspar, E. A. Vallejo: "Lessons from the Canaries, the First Contacts between Europeans and Canarians", *Antiquity*) 1992年第 1 期,第 120 页。

④　cf. Bailey W. Diffie: *Prelude to Empire: Portugal Overseas before Henry the Navigator*,第 57 页地图。

牙人以外文明人类均陌生的航程。他们已经到了西欧人非常熟悉的阿拉伯人的商业势力范围,剩下的航程已是文明人类熟悉的,也是西欧人有所了解的。这是因为在新航路开辟前已有西欧旅行家走传统路线到过印度、印度洋和东非地区(其中的科维尔汉下面要论及)。达·伽玛等最后横渡阿拉伯海、斜渡印度洋已是瓜熟蒂落、水到渠成了。至于葡萄牙人聘请到马治德后,他发挥了哪些作用呢? 据参加了远航的维尔霍的《远航日记》称:葡萄牙人从马治德处打听到一个叫奎鲁伊(Quyluee)的海岛,岛上有基督徒居民,该岛盛产珍珠①。而拉文斯特恩的注释说,马治德所提供的这一信息并不比葡人已得知的更正确②;经过 23 天不见陆地地斜渡印度洋的航行,船员们望见了印度海岸。第二天船队驶近海岸,马治德辨认出,那里已是卡利库特以北(之上)③。此外,由于马治德误把卡普亚(Capua,又叫卡泼卡特 Capocate)当成了卡利库特(Calicut)④,葡人曾在卡利库特以外两里格处下锚。由以上可知,马治德为船队领航后所起的作用是有限的。自然,日记是达·伽马船队圣拉菲尔号的葡人海员维尔霍写的,不排除他有抬高葡人、忽视马治德的可能性。但日记毕竟是达·伽

---

① 维尔霍:《达·伽马首次远航日记》,载查尔斯·戴维利编:《葡萄牙人的远航》(Alvaro Velho: *A Journal of the First Voyage of Vasco da Gama in 1497-1499*; Charles David Ley edited: *Portuguese Voyages*, 1498-1663),人人丛书 1947 年版,第 26 页。

② cf. Ibid., p.26.

③ cf. Ibid., p.26.

④ cf. Ibid., p.27.

马首航印度最原始最直接最详尽的史料文献。著述不少的马治德也没有写下这方面的材料。

3.尽管郑和船队到过索马里、肯尼亚北部,阿拉伯人到了莫桑比克中部、印度,中印之间的海上交通和联系早已开始了;甚至退一万步说,就算腓尼基人环航过非洲……但在达·伽马以前,仍没有人航完从西欧到印度的全程,仍没有人成功开辟从西欧地中海到东方的航路,也没有人从印度航达西欧,更没有人从印度或西欧全程航达西欧或印度然后又返航回到出发地。充其量只是各自航行了这条航路上的一段。原已开辟的航路至多把莫桑比克中部以北的印度洋沿岸和东南亚、东亚联系起来,而没有把西方和东方、大西洋和印度洋联系起来。这就有一个量变到质变、局部与整体的关系问题,我们不能混淆或回避。所以,说航海家亨利、第奥古·考·迪亚士、达·伽马等葡萄牙航海家开辟了从西欧到南亚的新航路并不过分。正是他们开辟了联系欧洲和东方的最重要、最近便的海上航路。即使在 19 世纪 60 年代苏伊士运河开凿后,巨型轮船仍然要走这条航路。

（二）

有的学者对哥伦布首航中美洲、达·伽马首航印度、卡伯拉尔首航南美巴西、麦哲伦首航全球等所蕴含的地理发现,统统予以否认。认为那一切都是欧洲人的观点,是欧洲人站在欧洲中心论的立场上,用来称呼他们得知他们前所未知的地区的提法①。具体到葡人是否开辟了欧印新航路这个问题，他们认为，非洲南端有一条联结大西洋和印度洋的海上航路，乃是久已为人类所知的事情，不需要任何人去"发现"。其理由在于：(1)古希腊历史学家希罗多德早就说过，绕过非洲南端可以到达东方。(2)据说 1420 年左右，有一条印度船曾绕过非洲南端，向西航行了 40 天 2000 英里，未见陆地。(3) 1448 年，一个威尼斯商人根据阿拉伯商人的情报，曾给葡萄牙国王画过一幅地图。图上标明，从非洲南端向东北航行可以到达东非的索法拉和桑给巴尔。迪亚士显然就是在这幅地图的指引下"发现"好望角的②。(4)葡萄牙探子科维尔汉提前在东非索法拉打听到，非洲南端确实存在一条联结大西洋和印度洋的航道；从几内亚湾南下，能绕过非洲进入印度洋；其后最好的航线是打听去索法拉和月岛（马达加斯加）的航线；再其后便可到达印度。(5)达·伽马出航前是完全明确他的航道方向和要去的目的地的。(6)东非至印度的航线人类久已频繁往来，是印度古吉拉特航海家领引达·伽马走过的③。

我们现在讨论这种观点。

(1)否定者并没有也无法指明希罗多德在哪本书或《历史》的哪部分明确说过绕过非洲南端可以航达东方。我估计

①　参见严中平：《殖民海盗哥伦布》，《历史研究》1977 年第 1 期；《论麦哲伦》，《历史研究》1982 年第 3 期；《关于哥伦布其人答朱寰同志》，载《严中平文集》，中国社会科学出版社 1996 年版。

②　参见严中平：《老殖民主义史话选》，北京出版社 1984 年版，第 445 页。

③　同上，第 445—447 页。

这一说法是从希罗多德记载的腓尼基人曾环航非洲的传说衍化出来的。对此我们已在前面作了辨析,这里不再重复。需要补充的是,希罗多德只是推测欧洲、非洲以西为大西洋,非洲以南为南海,南海以东是厄立特里亚海,此海北岸是亚洲南部①。这就是说,希氏认为,如果能环航非洲(经地中海—大西洋—南海—厄立特里亚海),便能航达东方。

(2)即使1420年左右有一条印度船从印度洋经非洲南端航入了大西洋,但它也仅是向西航行了40天,未见陆地;而非向北行驶,发现了两千英里的西南非海岸线,更没有到达欧洲。另外,这次航海的主角便是前面提过的阿拉伯航海家。笔者认为若真有其事的话,从地理、历史、民族、宗教、航海诸方面考虑,也应是阿拉伯船。此事最早见于威尼斯人弗拉·毛罗1459年所绘世界地图上的注释文字,航海者是阿拉伯人②。而当时(1420年至15世纪末)的阿拉伯文献和印度文献并无关于此事的记载,由此可知其有一定的传说色彩。

(3)第一,据我所知,迪亚士的探航是从西南非南下,从葡人已到达过的南纬22度推进到非洲南端(南纬36度),再东向进入印度洋,然后返航,发现了好望角③。他何曾在哪幅

---

① 参见马吉多维奇父子:《地理发现史纲》(Магидович И. П., Магидович В. И.:《Очерки по Истории Географических Открытий》,Москва)第1卷,莫斯科1982年版,第127页《希氏的大地模样图》。

② Там же,Том 1,С.194.

③ 利弗莫尔:《巴托罗缪·迪亚士》,载《不列颠百科全书·百科详解》(H. V. Livermore: "Bartolomeu Dias", *Encyclopedia Britannica*, Macropedia),1975年第15版,第5卷,第701页。

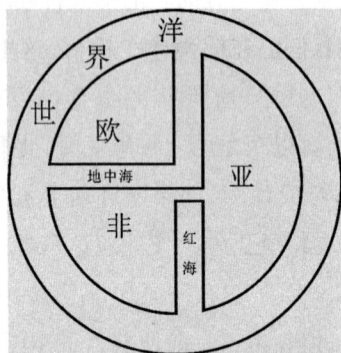

中世纪的 T-O 形世界地图

标明从非洲南端向东北航行可到达索法拉和桑给巴尔的地图
指引下,从非洲南端往东北航行去发现好望角;哪幅地图能指
引他从西北南下绕过了非洲。第二,在中世纪欧洲的地理学
界,确有一些学者和作品认为能从大西洋绕过非洲进入印度
洋到达东非和东方。中世纪前半期,在虔信派(Pietist)地理
学者中便有一种世界三分的地理观念和 T-O 形世界地图(见
附图)。认为欧洲在平面大地的北部,非洲在南部,亚洲在东
部。欧非被地中海隔开,欧亚被黑海隔开,非亚被红海隔开。
人居世界周围是世界洋(拉丁语 Oceanus),它又沟通大西洋、
地中海、红海、黑海①。从这样的地图上不难想象,绕过非洲
也能航达东方。类似的较著名的地图还有 1289 年英国赫勒

---

① 参见柯瑙:《绘成地图的世界》(I.J.Curnow:*The World Mapped*,Praed
edition),伦敦 1930 年版,第 44 页。

福德(地名)世界地图①。它们是反映地平观的世界地图。这
也是 13 世纪以来不断有西欧航海家进入大西洋寻找去印度
的新航路的理论基础之一。最著名的有威尼斯修士弗拉·毛
罗 1457—1459 年绘制的圆形世界地图②。否定者所说的威
尼斯商人指尼科洛·康蒂,他在世界各地旅行了 25 年
(1419—1444),到过印度、锡兰、东南亚。他的《行纪》风靡一
时。其中影响最大的是他提出的绕过非洲可以航达东方的推
测,当时欧洲的许多世界地图绘制者都接受了他的观点③。
1492 年哥伦布出航前纽伦堡的马丁·贝海姆制作的中世纪
以来欧洲的第一个地球仪也认为能绕过非洲航入印度洋到达
东方④。15 世纪以来的作品已是基于地球观之上的了。只不
过上述作品都没有画出美洲、澳洲、南极洲,旧大陆的轮廓也
不大像。所描绘的西南非和东南非的海岸线也误差极大。直
到 1508 年才有一幅印制的地图根据探险考察的资料对非洲
南部轮廓做出正确合理的描绘⑤。第三,十分重要的是,那些
作品都是基于理性的推测、睿智的想象和已掌握的地理知识,

---

① cf.Ibid.,p.49.

② 参见彭罗斯:《文艺复兴时期的远行和地理发现》(Boies Penrose:
Travel and Discovery in the Renaissance 1420-1620,Atheneum),纽约 1975 年
版,第 301 页。

③ 参见布尔斯廷:《发现者,人类探索世界和自我的历史》,严撷云等
译,上海译文出版社 1995 年版,第 229 页。

④ 参见史蒂文森:《复制成幻灯片的地图》(E.L.Stevenson:*Maps Re-
produced as Glass Transparencies*,Forgotten Books),纽约 1913 年版,第 29 页。

⑤ 参见布尔斯廷:《发现者,人类探索世界和自我的历史》,第 230 页。

并非基于在非洲南部的实地考察和海洋航行。它们是否正确还得依靠航海探险的实践来检验和证实。而在当时的条件下远洋探航是非常艰难危险的。第四,在迪亚士、达·伽马等探航前,在理论上和实践上都无法排除非洲大陆如托勒密所说延伸到南极、从大西洋无法航入印度洋、印度洋是地中海的可能性①。因为此前无人这样航行过。退一步说即使有人航行过也没能返回。而托勒密是古代中世纪(哥伦布以前)欧洲地中海地区的地理学权威(也是哥白尼以前的天文学权威)。

(4)葡萄牙探子科维尔汉并没有打听到非洲南端有一条联结大西洋和印度洋的航道,他只是打听到观察到印度洋及东非的地理、航海、贸易等情况。他在1491年传回去的报告中说,我的"(国王)在几内亚(湾)进行贸易的快帆船往返于(非洲)大陆与(欧洲)大陆之间;寻找此岛(马达加斯加)和索法拉岛的海岸,它们一定能顺利地进入东方海域,然后到达印度的卡利库特。因为到处都是海洋"②。这就是说,他只是推测和判断非洲不会如托勒密认为的那样延伸到南极,大西洋和印度洋会在非洲南部汇合。再说科维尔汉也是葡萄牙人。退一步说,即使他在莫桑比克中部打听到了有一条沟通大西洋和印度洋的航道,那也需要通过艰难危险的探航去开辟,去证实。

(5)达·伽马出航前是已明确他的航路方向和目的地。

---

① 参见保·佩迪什:《古代希腊人的地理学》,第176—177页。

② 布尔斯廷:《发现者,人类探索世界和自我的历史》,第255页。

但从西欧西端到非洲南端的大西洋—西非沿海航路是葡萄牙人经几十年的探索逐步开拓出来的。从非洲南端到莫桑比克中部的印度洋—东非沿海航路则是他们自己通过探险开辟出来的。否定者自己也承认,1498年3月达·伽马远航船队进泊莫桑比克(港,南纬15度),首次进入东非的开化地带①。这便是默认,从莫桑比克(港)往南,便是文明人类不知不晓未曾航行过的蛮荒地带和陌生水域。达·伽马船队即使只开辟了这么一段新航路(从非洲南端到莫桑比克港约3000公里,其性质堪称大洋桥),也是付出了生命代价的。海员们首次遭到坏血病的袭击,不少人病倒,有人死去,被迫在赞比西河三角洲海岸治疗休养了一个月②。返航的时候代价更为惨重。在印度洋上他们遇到逆风和无风,斜渡了近3个月,因坏血病而死亡枕藉,死了三十几人③。而能否返航又是开辟任何一条重要新航路成败的关键之一。否则,便不能把新发现新获得的地理知识等带回去,保存下来传播开来,欧印之间的海上直接联系也就无法建立起来。

(6)不能笼统地说东非至印度的航线是人类久已频繁往来的,而应说从莫桑比克中部至印度的航线是文明人类久已往来的。因为从莫桑比克中部到非洲南端的航路文明人类不

① 参见严中平:《老殖民主义史话选》,第453页。

② cf.Alvaro Velho:*A Journal of the First Voyage of Vasco da Gama in 1497-1499*;Charles David Ley edited:*Portuguese Voyages*,1498-1663,p.26.

③ 参见普雷斯塔奇:《葡萄牙先驱者》(Edgar Prestage:*The Portuguese Pioneers*,A.& C.Black),伦敦1933年版,第265页。

知不明未航行过，即使偶尔航行过也没返回或被遗忘了，但它也在东非。至于怎样看待从肯尼亚的马林迪起开始有了印度航海家领航帮助，我们在本文一节已讨论过，此不赘述。附带说说，那人应是阿拉伯人。他的全名叫阿赫麦德·伊本·马治德·谢哈巴丁（Ахмед Ибн Маджид Шихабаддин）[1]，从姓名看也是。

综上所述，非洲南部有一条联结大西洋和印度洋的海上航路并非久已为人类所知，而是文明人类不知不详未曾证实未曾航行过，需要去探索、去寻找、去开辟、去认识。

（三）

现在探讨一下概念、术语问题。第一，我们在讨论地理发现方面的问题时，不宜笼统地谈（全）人类以前知不知晓某方面的地理情况，而应说明欧亚非旧大陆的文明人类以前知不知晓。文明人类指分化成了阶级、形成了国家、有了文字的人群，而不包括原始人群。要不然，便概念不清。因为全世界除南极洲之外，陆地上都有人。美洲、澳洲—大洋洲、非洲的原始人自然知道他们所在的地区和海洋的一些情况，也许他们还驾乘独木舟、筏子在那些海域航行过。不做这样的区分，便没有什么地理发现，更没有地理大发现了。那样的话，一些学者经常讨论的中国人最先发现美洲、中国人最先发现澳洲的

[1]　см. Магидович И. П., Магидович В. И.：《Очерки по Истории Географических Открытий》，Том 1, С.196.

命题,又以什么理论为本呢(这里不讨论这类发现是否成立和完成的问题)? 当然,也不能附和某些西方人的观点,把欧洲人首次到达和知晓他们前所未到未知的地区视作地理发现。不过,西方持这种极褊狭观点的人也越来越少了。

第二,对地理知识的了解认识掌握等也存在程度的深浅、精度的粗细、量变与质变、树木与森林的区别。口耳传说便大大浅于粗于文献记载,简略的记载又浅于粗于详细的记载;文字记载一般说来又浅于粗于地图,简略的误差很大的地图又大大浅于粗于详细的准确的地图。从口头传说到文献记载是一次质变,从文字记载到地图描绘又是一次飞跃,从简到详从粗到精从误到准是再一次的升华。从坐而论道经院(书院、学院)探讨到实地探察航海探险是一次质变;从一代一代地在某条重要航路上一段一段地航行到一次性地航行完全程并返回,这又是一次飞跃。

第三,最好提葡萄牙人开辟了欧印新航路,而少提或不提达·伽马发现了欧印新航路。因为欧印新航路不是由达·伽马率领的船队一次远航打通的(它不同于哥伦布首航中美洲),而是经过航海家亨利王子、第奥古·考、迪亚士、达·伽马等几代人几百位探险家航海家地理学家等(自然其中有些是殖民者)经过几十年的不懈努力才开辟成功,由达·伽马船队最后完成的。

第四,说开辟新航路比说发现新航路更确切。据《现代汉语词典》(1996年修订本),"发现"指经过研究探索等,看到或找到前人没有看到的事物和规律;"开辟"指打开通路、创立。笔者以为说开辟新航路更能反映其中的艰难困苦、危险牺牲,更能体现人在与自然斗争中的聪明才智、坚忍不拔和主观能动性。就以最后开辟成功欧印新航路为例。达·伽马首航印度时,出去了 4 条船 168 人,只回来两条船 55 人①,人员损失达三分之二以上。他们主要死于坏血病。这种病因航程过远、长期离岸航行、吃不到蔬菜水果和新鲜食物所致,医学上叫维生素 C 缺乏症(英语 scurvy)。此病从达·伽马首航印度开始猖獗肆虐起来。卡伯拉尔 1500—1501 年二航印度(途中发现南美巴西)时,出去了 13 条船 1200 多人,只回来了 7 条船 600 多人②,人员损失一半。这次他们主要死于风暴海难,其中包括著名航海家迪亚士。由此可见,即使事先比较正确地预测了有一条航路、有一条海峡、有一个岛屿、有一块大陆、有一片大洋等等,要全程航行,安全通过,找到目的地,返回原地,在当时的技术条件下,还得付出很多的投入、艰苦的劳动、心理的痛苦和沉重的牺牲,还得去科学地探索和创造性地实践。否则便始终停留在纸上谈兵图中论海书本说教阶段。另外,提开辟欧印新航路还可避免谁先发现(看到或找到)这条新航路的纠葛。而看到找到某条航路不等于一次性全程航行了那条航路并返回。还有,说开辟新航路更符合

---

① 参见《瓦斯科·达·伽马》,载《苏联大百科全书》("Гама, Васко Да",《Большая Совеская Энциклопедия》, Москва),莫斯科 20 世纪 70 年代版,第 6 卷,第 82 页。

② 参见汉布尔:《探险者——航海的人们》,焦永科译,海洋出版社 1985 年版,第 89 页。

汉语的习惯和规范。对于确立两地之间的空间联系这一工作，汉语一般说"开辟"而不说"发现"。这种联系若分别经过陆地、海洋、空中而建立，便分别说开辟了通道、航路或航线。例如，我们常说我国古代人民开辟了联系中国和西方的丝绸之路，海上丝绸之路；"二战"中美国空军开辟了援助中国的驼峰（喜马拉雅山）航线，等等。"开辟"也更能体现确立两地之间的空间联系这一创造性工作的意义。

综上所论，葡萄牙人于15世纪末成功开辟了连接欧洲和亚洲、沟通大西洋和印度洋的欧印新航路。这一命题是成立的，难以否认的。即使是当年西欧基督徒的宿敌阿拉伯——土耳其——穆斯林世界，对此也予以承认。曾为达·伽马船队领航的阿拉伯人穆斯林伊本·马治德便把这条西欧人所称的海角航路（the Cape Route）称为"法兰克人（泛指西欧人）通道"[1]。16世纪初的土耳其人穆斯林、地理学家、航海家、海军军官皮理·雷伊斯（Piri Re' is）也承认，他的1513年的世界地图考虑和记录了他那个时代在印度洋中的最新（地理）发现[2]。他说："哥伦布开拓了这个海（指西班牙海—加勒比海），……同时，葡萄牙的异教徒们开拓印度洋"[3]。马克思主义经典作家对葡人开辟了欧印新航路这一史实也抱着实事求是的态度。马克思、恩格斯在《共产党宣言》中说，"美洲

---

[1] 布尔斯廷：《发现者，人类探索世界和自我的历史》，第273页。

[2] 保尔·卡莱：《1513年的土耳其世界地图》，载张至善编译：《哥伦布首航美洲》，商务印书馆1994年版，第159、286页。

[3] 同上，第167页。

的发现,绕过非洲的航行,给新兴的资产阶级开辟了新的活动场所"①。恩格斯《在伦敦德意志工人教育协会的演说》中进一步说明,"由于美洲的发现、找到了通往东印度的新航线,这就完全改变了欧洲过去的贸易关系"②。至于开辟欧印新航路的是非功罪,这条重要的新航路打通后给亚非人民带来了什么吉凶祸福,则是另外一码事,本文限于篇幅和主旨不去涉及。关于开辟(任何)新航路与地理大发现的关系,简言之,即方面与全面、局部与全局、部分与整体的关系。详情可参见我写过的一篇论文《地理大发现简论》③。

（原载《安徽史学》2001 年第 2 期）

---

① 《马克思恩格斯选集》第 1 卷,人民出版社 1972 年版,第 252 页。

② 《马克思恩格斯全集》第 42 卷,人民出版社 1979 年版,第 471 页。

③ 载罗徽武主编:《世界近代史研究》,成都科技大学出版社 1992 年版。

二、开辟欧印新航路的意义、利润、时间和人选

地理大发现是中世纪晚期近代初期全世界范围内最重大的历史事件,对全人类的历史有最深远的影响。地理大发现可分为前(葡、西)、后(荷、俄、英、法)两个阶段。前一阶段以哥伦布首航美洲,达·伽马首航印度,卡伯拉尔首航南美巴西和东非马达加斯加,麦哲伦首航全球四大航行探险最为重要和著名。而葡萄牙人发现开辟欧印新航路的意义和影响,当时甚于哥伦布发现西印度。欧印新航路开通后,葡萄牙人继续东进,实行殖民扩张,于1553年窃据了我国澳门。本文通过大量的历史事实探讨打通欧印新航路的意义、利润、时间和人选,以推进地理大发现的研究,加深对相关问题的认识。

(一) 欧印新航路开辟的意义

达·伽马船队从印度回到葡萄牙后,受到葡王和国人的热烈欢迎。曼努埃尔一世让达·伽马等于1499年9月18日在首都里斯本举行凯旋式,接受欢迎,并下令各重要城市举行

圣像游行和庆祝活动①。葡萄牙为此铸造发行了纪念金币，又在塔古斯河入海口兴建了一座大教堂，以示纪念②。因为新航路已经打通，夙愿已经实现，朝廷便一改保密隐瞒的政策，而且编印了小册子在欧洲各国广为散发，公开宣传他们的发现。曼努埃尔国王还向西班牙国王及王后写信，吹嘘达·伽马的发现③。葡王大肆渲染这次远航是想让全欧洲知道，葡萄牙人已通过东向的新航路到达了印度的西部，并拥有这条新航路的所属权。达·伽马本人则被授予"唐"（dom）的贵族头衔，"印度洋元帅"的封号（与西班牙封哥伦布为"海洋元帅"相攀比），1000 克鲁塞多金币的年金和一大块地产④。的确，达·伽马船队最后开辟成功欧印新航路具有重大的历史意义。

达·伽马首航印度在地理发现史上有重大的意义。达·伽马一行发现了从非洲南端到今莫桑比克中部近两千公里的文明人类前所未知的大陆海岸线，开辟了从葡萄牙到印度、从西欧经大西洋、印度洋到南亚的新航路，把基督教文明中心与印度教文明中心直接地紧密地联系起来。

----

① 参见萨拉依瓦:《葡萄牙简史》,李均报、王全礼译,中国展望出版社 1988 年版,第 131 页。

② 参见汉布尔:《探险者——航海的人们》,焦永科译,海洋出版社 1985 年版,第 85 页。

③ 同上,第 85 页。

④ 坎贝尔:《瓦斯科·达·伽马》,载《不列颠百科全书》(E.M.J.Campbell; "Vasco da Gama", *Encyclopedia Britannica*, macropedia) 1974 年第 15 版,"百科详解",第 7 卷第 861 页。

同时,鉴于印度与东南亚、中国、日本等早就有了海上的联系与交往,印度与波斯、阿拉伯、东非等也早就有了海上的联系与交往,东欧通过波罗的海、北海与西欧有密切的海上联系,小亚和北非通过地中海与欧洲有密切的海上联系。所以,这条新航路便把旧大陆几乎所有的重要的文明中心和大的文明区域通过海上都联系起来,并为而后的麦哲伦环球航行和发现地球铺平了一段道路,奠下了良好基础。

达·伽马的首次远航在航海史上有重大的意义。这次远航历时两年零两个月(1497 年 7 月—1499 年 9 月),行程往返 3 万多公里(因实际航线往往非直线而是曲线或大弧线)。它是葡萄牙人探索西非以来历时最久行程最远的航行,也是全世界有史以来迄当时最远的航行,从而把 15 世纪初以来由中、葡两国开创的大航海时代推向一个新的高峰。就航海而言,达·伽马首次远航比哥伦布首次远航更天长路远,艰难困苦。前者船只损失一半,人员损失 2/3 以上。后者船只损失 1/3,人员没因远航死亡。哥伦布的航行因航程相对短而没有坏血病(scurvy)的发生。从达·伽马首航起,因航行距离加大和离岸时间加长,坏血病这个严重威胁海员健康和生命的病魔开始肆虐和猖獗起来。这种病医学上称维生素 C 缺乏症,因长期离岸航行吃不到蔬菜水果和新鲜食物所致。首航印度损失的人主要死于坏血病。去的时候便遭到一次坏血病的袭击,一些人死亡,在莫桑比克赞比西河三角洲海岸治疗休养了一个月①。返航时在印度洋上遇到了无风和逆风，斜渡印度洋竟耗时差 3 天便 3 个月（去时仅花了 23 天），于是海员们罹坏血病而死亡枕藉②。坏血病直到 18 世纪下半叶才被人们完全认识和祛除。

达·伽马首航印度在商业航运史上也有重要的意义。新开通的航路是联系欧、非、亚三大洲，大西洋、印度洋和西太平洋的最重要的航路，西方称为海角航路（the Cape Route）。它不经过陆路转运，不穿过运河、天然河流和狭窄的海峡（莫桑比克海峡最窄处也宽达 360 公里），不受人为因素、地缘政治、国际关系的影响和限制，极大地方便了三大洲的人员往来、物资交易和文化交流。即使 370 年后苏伊士运河开始通航，但来往于东西方的巨轮仍要走这条航路。考虑到已经开辟的从欧洲到美洲的新航路，即将开辟的从美洲到亚洲的新航路，以及 17 世纪时对澳洲的发现，这条航路便与别的新航路衔接，共同把全世界有人居住的欧、亚、非、美、澳五大洲联在一起。

达·伽马首航印度在殖民主义史上也举足轻重。葡萄牙

①　参见维尔霍：《达·伽马首航印度日记》，载戴维·利编：《葡萄牙人的远航》（Alvaro Velho：A Journal of the First Voyages of Vasco da Gama in 1497-1499；Charles David Ley：Portuguese Voyages，1498-1663，London），伦敦 1947 年版，第 13 页。按，维尔霍是达·伽马远航船队中圣·拉菲尔号船的海员。

②　参见维尔霍：《达·伽马首航印度日记》，载郭守田编：《世界通史资料选辑·中古部分》，商务印书馆 1981 年版，第 310 页。该书编译者认为是佚名笔记。

立即沿新航路向东方大举扩张。迅速成为殖民大帝国和16—17世纪的海上强国(1580—1640年曾与西班牙合并)。从东非到日本的各文明国家文明民族都面临着新的西方文明的挑战。不过,由于16—17世纪时西方文明尚未全面超过东方文明,至少是超过得不远。加上葡萄牙又是个蕞尔小国,人丁不旺(16世纪末时不足150万人口)。所以它并不能征服东方各国甚至东非各邦,而只能占据一些商业殖民据点,控制重要的海上国际商路,攫取商业利润,并在一些地区进行殖民掠夺。

　　达·伽马首航印度与哥伦布首航美洲、麦哲伦首航全球一起,为极大地增强西欧国家的实力打开了门径。欧印新航路的开辟还直接导致削减、瓜分、截取了土耳其人阿拉伯人的商业利益,威胁到它们的侧翼。这对于遏制土耳其—穆斯林的进一步征服扩张,保障西欧中欧不受土耳其蹂躏有直接的不小作用。

　　关于欧印新航路开通后西方沿路向东方殖民扩张和掠夺,从而刺激了西欧资本主义发展一事,马克思、恩格斯在《共产党宣言》中就指击:"美洲的发现,绕过非洲的航行,给新兴的资产阶级开辟了新的活动场所。东印度和中国的市场,美洲的殖民地化,对殖民地的贸易、交换手段和一般商品的增加,使商业、航海业和工业空前高涨,因而使正在崩溃的封建社会内部的革命因素迅速发展。"[1]总之,达·

---

① 《马克思恩格斯选集》第2卷,人民出版社1972年版,第252页。

伽马首航印度的意义和影响在当时（15 世纪末 16 世纪初）还大于哥伦布首航美洲。到后来认识到哥伦布到达的西印度是新大陆时，它的巨大意义才超过了开辟欧印新航路。

（二）葡人首航印度的利润

达·伽马首航印度时，由于葡人较少（100 多人），印度当时又比较发达，也已使用了火绳枪（matchlocks）[1]，火炮（to fire off bombards）[2]，故很难靠抢劫发财，而基本上是靠买卖获得印度货物。葡萄牙船队带回的印度香料等货物，系在产地直接采购，质量上乘，价格便宜，又免除了阿拉伯人、土耳其人、印度商人的转手倒卖和意大利商人的从中加价，在葡萄牙和西欧市场出售后能赚一些钱。于是国内几乎所有的史书都说达·伽马首航印度赚的纯利是全部远航成本费用的 60 倍，从而激起葡萄牙人、西欧人更狂热地去探险、发现、殖民、掳掠。据不完全统计，持这种观点的有周一良、吴于廑主编的《世界通史·中古部分》（人民出版社 1972 年版，第 350 页）；雷宗友编的《海洋探险》（上海教育出版社 1979 年版，第 77 页）；朱庭光主编的《外国历史名人传》古代部分下册（中国社会科学出版社 1983 年版，第 479 页）；朱庭光、张椿年主编的

---

[1]　参见普雷斯塔奇：《葡萄牙先驱者》（Edgar Prestage：*The Portuguese Pioneers*，London），伦敦 1933 年版，第 262 页。

[2]　cf.Alvaro Velho：*A Journal of the First Voyages of Vasco da Gama in 1497–1499*，p.25.

《外国历史大事集·古代部分》第二分册(重庆出版社 1986
年版,第 230 页);朱寰主编的《世界中古史》(吉林文史出版
社 1986 年版,第 495 页);刘明翰主编的《世界史·中世纪
史》(人民出版社 1991 年,第 410 页);吴于廑、齐世荣主编的
《世界史·近代史编》上卷(高等教育出版社 1992 年版,第 8
页);张广智主编的《世界十大探险家》(上海古籍出版社
1996 年版,第 99 页);等等。但这些著作这样讲的时候都
没有给出史料出处,也没有说明是怎样计算出获纯利 60 倍
的。在我接触到的外国史著中,有两本也是这样提说。一
是吉莱斯皮的《地理发现史》,说达·伽马带回的货物价值
是远航费用的 60 倍①;二是丹弗斯的《葡萄牙人在印度》,
说探险队带回国的香料等获纯利达出航成本的 60 倍②。但
他们也没有列出统计资料和分析论证。中国史著中的 60
倍纯利之说可能辗转出自这两本书,知识性读物则照抄通
史著作不误。

　　首先需要弄清楚纯利润的概念。纯利 60 倍即指扣除全
部航行成本费用后还净赚了相当于 60 倍成本费用的钱。远
航的成本费用应该包括:1.途中被迫丢弃、烧毁的那两艘航船
的建造费;2.返回的那两条船的折旧费和维修费;3.170 名海
员(扣除因犯不算也有 160 人)两年零两个月(1497 年 7 月—

---

① 参见吉莱斯皮:《地理发现史》(J. E. Gillespie: *A History of Geographical Discovery*,1400-1800,NewYork),纽约 1933 年版,第 22 页。

② 参见丹弗斯:《葡萄牙人在印度》(F.C.Danvers: *The Portuguese in India*,1400-1800, London),第 1 卷,伦敦 1894 年版,第 63—64 页。

1499 年 9 月)的工资;4.出航时带的 3 年给养的价值;5.带去推销的货物的价值;6.途中消耗的弹药、箭矢的价值;7.武器装备、航海设备、运载设备的折旧费和维修费;8.回葡萄牙后销售香料等的代销费;9.特别重要的是,出去了 170 人,只回来了 55 人[①],那 100 多人的生命怎么计价算钱。即使不考虑无法计价的那百十条生命的价值,而从纯商业的角度考虑,那么远航成本费用至少还得包括这百十人的丧葬费(死在异国海葬的不计)、抚恤金和人身保险金。葡官方行前也把全体船员的姓名、住址、家属姓名登记造册备存,以便返回后行赏或抚恤[②]。以上船舶建造和折旧费、工资、货物、给养、弹药箭矢消耗、设备折旧、代销费、抚恤、保险九项相加则为总成本费用,设为 X。带回的香料等货物出手后得到的总收入若为61X,才可以说纯利润为远航成本费用的 60 倍。

　　而根据实际情况,这根本不可能。当时其他能赚钱的印度商品辗转到达意大利时,只是原价的 3 倍[③]。而当时从印度贩运回葡萄牙的货物中,在两地差价最大、最能赚钱的是香料。西欧人冒死开辟新航路的动因之一便是直接获得东方的香料。就算达·伽马带回的全是香料。今天我们确切地知道,1499 年卡利库特的胡椒市价为每 120 磅 3 杜卡特,同年

---

① 布尔斯廷:《发现者——人类探索世界和自我的历史》,集体译,上海译文出版社 1995 年版,第 263 页。

② 参见哈罗:《伟大的诸先驱的航行》,载齐思和、林幼琪选译:《中世纪晚期的西欧》,商务印书馆 1962 年版,第 49 页。

③ 参见布尔斯廷:《发现者——人类探索世界和自我的历史》,第189 页。

威尼斯的市场价为每 120 磅 80 杜卡特①。这样西欧印度两地的价格悬殊约为 26—27 倍。而胡椒是香料中最名贵的一种,欧亚新航路开辟前胡椒在西欧按颗粒计算,贵如白银,价格稳定,被许多城市和国家当作支付手段②。其他香料的差价和贵重程度均亚于胡椒。就算探险队运回的香料全是胡椒,这样长途贩运的毛利最多可达成本的 26 倍。扣除远洋航行等费用,纯利最多可达到十几倍。而首航印度因有探险、发现性质,代价非常沉重,损失了一半的船只和 2/3 以上的人员,所以其纯利最多可能只有几倍。那些外国史家的 60 倍纯利之说要么是缺乏根据,要么可能是 6 倍之误(即把 six 误为 sixty)。

再看看另一些外国史学家的说法,他们对首航印度的经济效益的提法是很谨慎的。如"达·伽马所带回的一小撮香料和宝石只不过代表了贸易的证据"③。达·伽马"他已带回了印度宝石和香料的样品"④,"他……带回了印度特产的样品——肉桂、丁香、生姜、肉豆蔻、胡椒和宝石"⑤。既是一小

① 参见拉奇:《造就着欧洲的亚洲》(D. F. Lach: *Asia in the Making of Europe*, Chicago)第 1 卷,芝加哥 1977 年版,第一编第 98—99 页,又见汉布尔:《探险者——航海的人们》,第 85—86 页。

② 参见茨威格:《麦哲伦的功绩》,范信龙、井勤荪、臧乐安译,湖南人民出版社 1982 年版,第 3 页。

③ 汉布尔:《探险者——航海的人们》,第 85 页。

④ 彭罗斯:《文艺复兴时期的远行和地理发现》(Boies Penrose: *Travel and Discovery in the Renaissance* 1420-1620, Atheneum),纽约 1975 年版,第 71 页。

⑤ Edgar Prestage: *The Portuguese Pioneers*, p.266.

撮、既是样品便肯定较少。把这一小撮香料、宝石或把那些香料、宝石的样品出售后,即使能赚钱也根本赚不了几十倍。苏联史家对此则说得比较明确和直接。"这次探险对国王来说未必是一件亏本的事。……引起里斯本统治集团狂欢的原因当然不是达·伽马这次探险所带来的比较微薄的财政收益;而是……"①"达·伽马的探险对国王来说并未亏本,但这些(指收益——引者)并没有在里斯本当权集团中激起狂欢"②。

最后看看卡伯拉尔二航印度的旁证材料。达·伽马返航后紧接着便是卡伯拉尔指挥的去印度的第二次远航。这次远航历时 1 年 4 个月(1500 年 3 月—1501 年 7 月),出动了 13 艘船,1200—1500 人,回来了 7 艘船,损失率为 46%,人员损失了一半③。因卡伯拉尔远航的探险性质大大弱于达·伽马远航,故人、船损失率均小于首航印度;又因卡伯拉尔人多势众,故海盗掳掠的成分又重于达·伽马——这些使得贩运回国的印度货物的成本低于达·伽马。西方学者也承认卡氏远航比达·伽马首航的利润更大,因运回了大宗漂亮的东方商品④。即使这样,关于卡氏远航的经济效益,一说可以加倍地

---

① 马吉多维奇:《世界探险史》,屈瑞、云海译,世界知识出版社 1988 年版,第 232 页。

② 马吉多维奇父子:《地理发现史纲》(И. П. Магидович, В. И. Магидович:《Очерки по Истории Географических Открытий》, Москва, Издательство Просвещение),莫斯科 1983 年版,第 2 卷第 44 页。

③ 见汉布尔:《探险者——航海的人们》,第 89 页。

④ cf.Boies Penrose:*Travel and Discovery in the Renaissance* 1420–1620, p. 75.

抵销远航的全部开支①,一说这次远航的纯利润为全部成本费用的两倍②,一说带回的货物价值足够补偿整个船队的成本开支③,一说售出印度货后还成两倍多地补偿了探险的开支④。这就是说,卡氏远航的利润率是不亏本或是成本的两三倍。

综上所述,达·伽马首航印度的纯利润绝不是全部成本的 60 倍,而只可能是 6 倍,甚至是 1.6 倍。葡萄牙举国欢庆的原因不在于首航印度赚了多少钱;而在于它在殖民扩张、商贸航运、地理发现、航海探险和基督教与穆斯林的斗争方面具有重大意义。所以曼努埃尔国王在 1501 年致函教皇时,便在自己的"葡萄牙和阿尔加维国王"的头衔上添加了新的封号:"在埃塞俄比亚(非洲)、阿拉伯、波斯和印度的通商者、航海者和征服者的领主"⑤,以表明葡萄牙对东方的殖民和商贸的垄断权,在西印度洋和东大西洋的霸主地位。

那么 15、16 世纪时在西欧和印度之间贩运经销香料等利润可达多少呢? 据苏联史学家的统计研究,16 世纪走新航路

---

① 见 И. П. Магидович, В. И. Магидович:《Очерки по Истории Географических Открытий》,том 2,С.82.

② 参见马吉多维奇:《世界探险史》,第 235 页。

③ cf.Edgar Prestage:*The Portuguese Pioneers*,p.292.

④ 参见《卡伯拉尔》,载《苏联大百科全书》(" Кабрал, Педру Алвариш",《Большая Советская Энциклопёдия》,Москва),莫斯科 1970 年代版,第 11 卷第 103 页。

⑤ 巴克莱:《伟大的地理发现时代》(Isabel Barclay:*The Great Age of Discovery*,London),伦敦 1956 年版,第 57、47 页。

纯利可达成本的 4—5 倍①。考虑到此时印度的香料价格会
略有上涨而西欧的香料价格会略有下降(均因供求关系略有
变化);而 16 世纪比之 15 世纪末在造船术、航海术、医药术
(对付坏血病)方面并无重大的突破,故成本中只可能不再有
属探险支出的那些部分。所以 15 世纪末走海角航路去印度
贩运香料等纯利润最多能达到成本的 6 倍(还不考虑探险的
开支)。

(三) 开辟新航路的时间为何延宕

在欧印新航路开辟前后,葡萄牙的航海探险扩张活动是
很活跃积极的。1485—1488 年,第奥古·考(Diogo Cao)率
领的探险船队在西非沿海从南纬 13 度推进到南纬 22 度;
1487—1488 年,迪亚士率领的探险船队绕过了非洲最南端,
发现了好望角;1497—1499 年,达·伽马率领的探险船队最
后打通了欧印新航路;1500—1501 年,卡伯拉尔率领的探险
扩张船队二航印度,发现了巴西和马达加斯加岛;1501—
1502 年,若奥·达·诺瓦(Joao Da Nova)率领的探险扩张船
队三航印度,发现了南大西洋的圣赫勒拿岛;1502 年 2 月,
达·伽马和其兄弟斯蒂芬(Stephen)率 20 艘船的较大舰船队
再航印度进行殖民扩张……②。这前前后后的远航探险扩张

---

① 参见苏联科学院:《世界通史》第 4 卷,翻译组译,三联书店 1962 年
版,下册第 982 页。

② cf.Boies Penrose:*Travel and Discovery in the Renaissance* 1420-1620, p.
75.

都是紧接着的,唯独从迪亚士返航到达·伽马出航却延宕了
9 年。况且迪亚士把它发现的非洲南端的大海角称为风暴
角,而若奥二世国王则马上把它改名为好望角,寓意为开辟去
印度—东方的新航路这一美好愿望即将实现,大有希望。这
些都说明葡人直航印度的心情和愿望比较热切。但为什么又
拖延了漫长的 9 年,个中原因何在? 这需从葡萄牙的国内和
国际形势来考察。

　　第一,从葡萄牙航行到非洲南端有上万公里,从南非到印
度又有上万公里(即使东非海岸线按所推测的那样向北延
伸),短时间内直航印度还有一定的困难,还需要做充分的准
备。当时,皇家委员会(Royal council)的一些成员便反对短
时间内直航印度①。到后来决定要直航印度时,还专门为那
史无前例的远航设计建造新型航船。此举由迪亚士根据自己
的航海经验而建议,后来又由他奉命负责监造,耗时一年
多②。这种新型船舶载重量大,船体的横梁宽,船腹深,舱内
较宽敞,前樯和大樯用方帆,后樯张着三角帆,适宜在多风暴
的海区航行③。

　　第二,暂时满足于对新开拓出的西非海岸的开发掳掠。
此前由葡萄牙航海家发现的西非海岸线,15 世纪 80 年代由
第奥古·考和迪亚士等新发现的 4000 多公里海岸线的西南

　　①　cf.Edgar Prestage:*The Portuguese Pioneers*,p.248.
　　②　参见诺埃尔:《葡萄牙史》,翻译组译,江苏人民出版社 1974 年版,
第 114、116 页。
　　③　同上,第 116 页。

非海岸地区,还是未被掳掠、开发利用的处女地,还有许多赚钱的营生可做。到印度去贩运香料、宝石等主要是为了赚钱,到西非、西南非去贩运象牙、黄金等也能牟利,包括猎捕贩运买卖奴隶。当时西非中部的几内亚湾一带从北到南、从东到西便分别被葡人称作颗粒海岸(grain)、象牙海岸、黄金海岸和奴隶海岸①。据研究和统计,15 世纪下半叶(1450—1500),就有 3.5 万西非黑奴被掳掠到欧洲,而被掳掠到大西洋各群岛(指亚速尔、马德拉、加那利、佛得角诸群岛)的黑奴也至少有这个数②。而当时在西非活动的奴隶贩子和猎奴海盗基本上都是葡萄牙人和服务于葡萄牙的人。据里斯本海关报告,在 1486—1493 年间每年仅贩入里斯本的西非黑奴就有442 人③。所以有的西方史家也不得不承认葡萄牙人忙于经营西非的奴隶贸易是拖延首航印度的原因之一④。

　　第三,当时在位的若奥二世年迈多病,已无多大精力抓直航印度一事,尽管他在世时已备下为直航印度建造新型船舶的木材⑤。若奥二世最后于 1495 年 9 月患浮肿病去世⑥。围

---

　　① cf.Boies Penrose:*Travel and Discovery in the Renaissance 1420-1620*,第 51 页地图,第 56 页。按,这里指一种调味品的果实颗粒(grain),有的译成胡椒海岸。

　　② 参见柯廷:《大西洋奴隶贸易》(P.D.Curtin:*The Atlantic Slave Trade,A Census*,The University of Wisconsin Press),威斯康星 1970 年版,第 16 页。

　　③ cf.P.D.Curtin:*The Atlantic Slave Trade,A Census*,p.17.

　　④ cf.J.E.Gillespie:*A History of Geographical Discovery*,1400-1800,p.20.

　　⑤ cf.Edgar Prestage:*The Portuguese Pioneers*,p.250.

　　⑥ cf.Boies Penrose:*Travel and Discovery in the Renaissance 1420-1620*,p.65.

绕着王位继承问题宫廷内也有一些活动。曼努埃尔继位后,才又把开辟新航路提上日程。

　　第四,1492 年哥伦布西渡大西洋发现西印度后,引起西、葡两国的权利和势力范围争执,葡萄牙忙于外交斗争甚至准备诉诸武力①。后经教皇斡旋调停反复谈判,葡萄牙、西班牙终于在 1494 年 6 月达成《托尔德西拉斯条约》,重新划定确认了划分势力范围和探险扩张方向的"教皇子午线"。葡萄牙这才免除西顾之忧,把主要注意力重新转向东方。

　　第五,等待科维尔汉等出游东方、印度的报告。在派出迪亚士探航船队的几乎同时,若奥二世在 1487 年 5 月还派出科维尔汉(Covilhan)和德·派瓦(De Paiva)两人走传统陆上路线去东方、印度打探情况、搜集资料、联络基督教盟邦长老——约翰王国(此时已认定是埃塞俄比亚),了解是否能绕过非洲航入印度洋,为最后开辟新航路做调查研究和准备。两人辗转到了红海口的亚丁港然后分手。德·派瓦由此去埃塞俄比亚。科维尔汉辗转去了印度,成为抵达印度的第一个葡人②。科氏又辗转去了东非,南下索法拉(南纬 21 度),并打听到东方某大岛(马达加斯加)的一点情况。他 1490 年底回到开罗,在此得知德·派瓦已病死,但所幸碰到了葡王派来找他们的两个信使。科维尔汉写了一份详细的旅行调查报告由他们

---

　　①　参见萨拉依瓦:《葡萄牙简史》,第 130 页。

　　②　cf.Boies Penrose:*Travel and Discovery in the Renaissance* 1420-1620, p.63.

带回①,接着奉命继续去联络长老—约翰王。他又继续旅行直到 1493 年才到达长老约翰王的国家,信基督教的埃塞俄比亚——阿比西尼亚。科维尔汉在埃塞虽受礼遇却长期滞留在那里不被放行,直到 1520 年他年逾古稀时才见到首任驻塞埃的葡萄牙使节②。科维尔汉于 1491 年传回去的报告详述了他打探到的印度洋地区的贸易、航海、地理情况,为葡人下定直航印度的决心起了不小的作用。可以设想,葡朝廷肯定在一段时期内还在等待科维尔汉传回进一步的报告,并希望等他回朝面议,而不知埃塞俄比亚国王不愿放他回国。

　　第六,一些葡萄牙航海家、冒险家也向西北探航、试图发现新地和西北新航路。这也分散了绕过非洲直航东方的一些力量和注意力。1492 — 1495 年间,费尔南德斯(Fernandes)、巴塞洛斯(Barcellos)等便不止一次地向西北探航,到达过格陵兰岛③。此前还有 1487 年杜尔莫和埃斯特莱托向西航行寻找传说中的安的列斯群岛,但不知所终④。此后葡人也没放弃对西印度的探察。

　　上述因素综合起作用,其中前四项尤为重要,使得直航印度最终开辟新航路延宕了 9 年。有的西方史家认为,葡萄牙

---

　　①　cf.Ibid.,p.64.

　　②　см. И. П. Магидович, В. И. Магидович:《Очерки по Истории Географических Открытий》,том 1,С.255.

　　③　cf.Edgar Prestage:*The Portuguese Pioneers*,pp.270-271.

　　④　参见布尔斯廷:《发现者——人类探索世界和自我的历史》,第 331—332 页。

人暂缓行动的原因之一是担心开罪于控制着东方贸易的威尼斯督治、土耳其苏丹和埃及苏丹[1]。笔者认为这种解释不大符合事实。因为葡人东进就是要与它们争夺商业利益,乃至争夺霸权,就是要反击和侧击西亚、小亚、北非的穆斯林。从 1492 年起,哥伦布率西班牙船队频频到达西印度,圈占和扩大殖民势力范围。这大大刺激了葡萄牙人,促使他们加快了直航东印度的步伐。1497 年 7 月,姗姗来迟的达·伽马船队终于出航,1498 年 5 月到达了印度,最后开辟成功欧亚新航路。

(四) 远航船队首领的人选

在 1487—1488 年的远航探险中,迪亚士率三艘船向南推进了 13 个纬度,发现了两千多公里的大陆海岸线,带回了关于那一带比较准确的地图,绕过了非洲最南端,首次从大西洋航入了印度洋。他为开辟欧印新航路奠下了最后的最重要的一块铺路石。为直航印度建造新型船舶的建议也是他提出的,监造工作也是由他负责。他是率船队直航印度的很孚众望的一个人选。但曼努埃尔国王没有任命经验丰富、功勋卓著的迪亚士率队前往,而出人意外地选中了名不见经传的达·伽马去完成直航印度的重要使命,这是为什么?

----

[1]　分见 J. E. Gillespie: *A History of Geographical Discovery*, 1400-1800, p.20.; Edgar Prestage: *The Portuguese Pioneers*, p.248;布尔斯廷:《发现者——人类探索世界和自我的历史》,第 260 页。

　　原因之一在于葡王要避免出现功大盖主、尾大不掉的情况。因为葡萄牙是个地狭人少的小国，本土面积约 9 万平方公里，当时人口约 110 万①。与西班牙不同（西班牙本土面积约 50 万平方公里，当时人口约 900 万），葡萄牙君主能集中的权力和财富有限，故需要对成就名望很大的探险家、航海家有所羁縻、限制和防范。葡萄牙人二航印度没派达·伽马指挥而派卡伯拉尔带队也是旁证。原因之二在于需要贵族从各方面支持耗费巨大的远航，故让贵族来指挥远航。瓦斯科·达·伽马的父亲厄斯特沃·达·伽马担任过王室的财政监察和锡尼希要塞的司令②。所以若奥二世去世前夕便选定了厄斯特沃领队直航印度。若奥二世去世后便由曼努埃尔一世选定了瓦斯科的哥哥保罗来领队，后因保罗身体不好才由瓦斯科接替了父、兄的职位③。原因之三在于达·伽马也有一定的航海经验和军事政治才干。他在埃沃拉学过航海和数学。1492 年，若奥二世派他先后到塞图巴尔和阿尔加维，率领舰艇袭击截获法国船只，以报复法国劫掠葡萄牙船只。这个任务达·伽马完成得很好④。所以，达·伽马的航海知识技艺虽然不如迪亚士，但军事政治经验却比迪亚士丰富。当时的各种迹象显示，新的远航极可能一举成功开辟欧印新航路。

――――――――――

　　① 参见严中平：《老殖民主义史话选》，北京出版社 1984 年版，第434 页。

　　② 参见萨拉依瓦：《葡萄牙简史》，第 131 页。

　　③ E.M.J.Campbell: "Vasco da Gama", *Encyclopedia Britannica*, macropedia, Vol.7, p.860.

　　④ cf.Ibid., Vol.7, p.860.

这样,船队的首领就不仅需要是个航海家,还需要是个政治家和外交家,以便随机应付沿途复杂的政治情况,与精明老练的穆斯林苏丹、印度拉甲打交道,拉关系,做生意。原因之四在于要不断推出新的航海家、探险家,使航海事业人才辈出。这一点纵观葡萄牙此前此后的航海探险殖民扩张便可明了。没有一个探险家在 9 年以上的长时段内连续两次指挥重要远航。例如,此前第奥古·考主持的 1482—1485 年和 1485—1487 年的两次远航,接着是迪亚士主持的 1487 — 1488 年的远航,再接着达·伽马主持的 1497—1499 年的首航印度;此后卡伯拉尔主持的 1500—1501 年的二航印度,然后是若奥·达·诺夫主持的 1501—1502 年的三航印度,再后是达·伽马主持的 1502—1503 年的四航印度……防范功大盖主的政策和不断推出新人的政策相辅相成,相得益彰,有利于葡萄牙这个蕞尔小国的航海事业、商贸事业和殖民事业兴旺发达。

　　有的西方史家认为,选择达·伽马当领队的原因有国王一时的心血来潮[1];达·伽马性格坚强[2];他航海知识最为丰富[3]。其实这三条理由难以成立。葡王先派迪亚士监造远航印度的新型船舶,后派迪亚士率一条船随达·伽马船队出航,到西非黄金海岸殖民据点埃尔米纳(Elmina,今加纳埃尔米

---

[1]　cf.Isabel Barclay:*The Great Age of Discovery*,p.47.

[2]　cf.Boies Penrose:*Travel and Discovery in the Renaissance* 1420-1620,p.65.

[3]　cf.J.E.Gillespie:*A History of Geographical Discovery*,1400-1800,p.21.

纳)任首领①。两朝国王相继选中达·伽马家族的父兄三人。
这些说明不是一时的心血来潮。达·伽马虽性格坚强但葡王
也不甚了解,再说迪亚士的性格也不软弱。达·伽马的航海
知识技艺当时显然不如迪亚士,因为他还未指挥过远洋航行。
再说航海的理论知识与航海的实践经验还很不同,而迪亚士
的实际经验当时更为丰富。总之,葡萄牙的用人政策与哥伦
布四渡美洲、郑和七下西洋是不同的。选中达·伽马指挥远
航不算失策,因为实践证明他不辱王命,渡过了途中的重重难
关,完成了历史性的任务。

　　综上所论,葡人打通欧印新航路的意义和影响十分重大,
当时还甚于哥伦布发现西印度。葡人首航印度的纯利润不是
远航成本的 60 倍,而是只有 6 倍,甚至是 1.6 倍。各种复杂
的原因使得开辟欧印新航路延宕了 9 年。出于各种考虑葡王
明智地没选择迪亚士而起用了达·伽马做远航船队的首领。
欧印新航路开通后,葡人沿新航路继续东进,于 1514 年驶抵
中国珠江口,于 1553 年窃据澳门。在我们已经收回澳门之
际,更应深入研究葡人的探险远航和殖民扩张。

　　　　　　　　　　　　(原载《南亚研究季刊》2001 年第 4 期)

---

　　① 参见利弗莫尔:《巴托罗缪·迪亚士》,《不列颠百科全书》(Harold
V. Livermore: "Bartolomeu Dias", *Encyclopedia Britannica*, macropedia) 1974 年
第 15 版,"百科详解"第 5 卷,第 702 页。

三、卡伯拉尔远航印度意义初探

地理大发现大航海第一阶段除了哥伦布首航美洲、达·伽马首航印度、麦哲伦环航地球这三大远航之外,还有其他重大远航,卡伯拉尔率葡萄牙舰船队远航印度(1500 年 3 月—1501 年 7 月)堪称仅次于三大远航的第四大远航。这次远航经过了欧美非亚四大洲,往返行程 5.5 万公里。卡伯拉尔远航开创了发现、殖民南美大陆和巴西的进程,重新发现了世界第四大岛马达加斯加。从此葡萄牙人在印度辟建商站立足插手,创建商业殖民帝国。同时开始在印度洋上打击摩尔人—穆斯林,由此开辟了反击摩尔人—穆斯林的新战线,实现了当初的一个战略意图——问鼎印度洋霸权。只不过由于前述三大远航太耀眼了,所以相形之下其他重大远航显得有些黯淡。但那些远航和远征仍构成地理大发现大航海的重要组成部分,没有它们也不能成就大发现。而没有大发现大航海也就不会开始全球化。随着研究的深入和形势的发展,对三大远航以外的重大远航予以关注和研究,便应提上日程。唯此,才能逐步认识和把握地理大发现大航海的全貌,总结其中的规律。是故本文拟探讨继达·伽马后卡伯拉尔二航印度的影响、意义和作用,以裨学术进步。

（一）初步发现巴西，开始了发现和殖民南美大陆的进程

1499 年达·伽马首航印度返回后，证明西欧南亚间的香料价格悬殊二十几倍，沿欧印新航路经商贩运和扩张大有厚利；也证明印度洋西北岸有许多阿拉伯人和穆斯林，在印度洋上打击穆斯林的侧翼有一定的战略意义。于是，葡萄牙政府很快组织了一支由 13 艘武装船、1300 多人组成的较大舰船队前去印度，其中包括水手、士兵、方济各会修士、商人等①。准备确立和扩展与印度的商业贸易关系，争夺印度洋上的海上霸权。曼努埃尔国王在致卡利库特统治者萨莫林（Samorin，意为山和海的主人）的国书中就宣称：葡萄牙人将"不顾任何抵抗，决不停止这个（通商和争霸）事业"②。出于葡萄牙君主一贯的用人策略，即防止臣下功高盖主，争取贵族支持，不断推出新人，这次朝廷又不派达·伽马去指挥扩展新航路，而令 32 岁的贵族宫廷官员卡伯拉尔挂帅前往。卡伯拉尔此前没有什么战功和航海探险成就，但其父亲曾任先国王若奥二世的顾问，两个兄弟当时也都是御前宫廷官员③，故被擢用。巴托罗缪·迪亚士绕过好望角的光辉已因达·伽马首

---

① cf.J.E.Gillespie: *A History of Geographical Discovery*, 1400-1800, New York, Henry Holt and Company, 1933, p.23.

② см. И. П. Магидович, В. И. Магидович:《Очерки по Истории Географических Открытий》, Том Ⅱ, Москва, Издательство Просвещение, 1983, с.53.

③ 参见汉布尔:《探险者——航海的人们》，焦永科译，海洋出版社1985 年版，第 86 页。

航印度而黯淡,于是这次又参加了远航,担任一艘船的船长。

1500 年 3 月 9 日,船队从里斯本起航。如同达·伽马一样,卡伯拉尔在大西洋热带水域远离非洲海岸向南行驶。出海两星期后就有一艘船掉队失踪①。船队在南大西洋陷入了一个无风的海区,被季节性海流推到了较远的西部海域。4 月 22 日,在南纬 17°附近,他们发现了陆地。船队停靠在南美巴西东部一个不为人知的海角岸边②。如果葡萄牙人观测计算正确,这个地方便是巴西东北海岸的卡拉维拉斯附近。

葡萄牙人把这片新地当成海岛,他们没有料到会在这里遇到大陆,所以卡伯拉尔把它称为"真十字架岛"。卡伯拉尔派一名船长乘小艇去考察新发现的陆地。登陆后,船长尼古拉·科埃尔奥与土著进行了友好接触③。原来的停泊场不理想,不避风浪。4 月 25 日,当风暴袭来时,卡伯拉尔率船队向北转移了 60 公里,进入了一个较安全的港湾。1500 年 5 月 1 日,卡伯拉尔登陆,在一个小岗上举行了真十字架岛的占领式,竖起了一个大的木十字架。他们还在那里建了一个小据点,令随队的两个囚犯留守。几十年后,葡萄牙人在这一带海岸发现了已老迈的这两个流放犯和他们与印第安女人通婚所生的混血儿④。船队中的第奥古·迪亚士船

---

① 参见马吉多维奇:《世界探险史》,屈瑞、云海译,世界知识出版社 1988 年版,第 233 页。

② 同上,第 233 页。

③ см. И. П. Магидович, В. И. Магидович:《 Очерки по Истории Географических Открытий》,Том Ⅱ,с.54.

④ Там же,с.56.

长也受命率队考察,他们到了距离岸边 10 公里远的印第安人村庄。

　　5 月 1 日,卡伯拉尔派一艘船先返回里斯本报信。曼努埃尔国王闻讯便对卡伯拉尔的新发现做出了及时的有分量的反应。他为此晓示西欧各国君主,宣布葡萄牙对它拥有主权,并把它改名"圣十字架之地"。他认为"圣十字架之地对于同印度的联系是非常方便和必需的,因为他(卡伯拉尔)可以在那里修理船舶补给淡水"①。曼努埃尔国王还迅速地派出了贡萨尔·科埃尔奥和阿美利哥·维斯普奇探险队于 1501 年 5 月出发,去推进对那一带的发现②。后来,这一带因出产可提取染料的巴西红木而再次改名为巴西(Brazil)。这次发现是偶然无意的,还是有意有预测的,国际上一直存在争论。笔者认为,是偶然无意碰巧的。因为,第一,卡伯拉尔船队庞大,是近九十年航海探险以来葡萄牙派出的最大的远航船队,它不像也不适合去探险,而很像也很适合去经商和争霸。第二,发现新地后便急匆匆地派一艘船回去报信,这显然是有了意外收获的表现。大队从印度返航时也没再去那里。第三,他们没带也没立传统的象征着发现和占有的纪念石柱③而只临

――――――――

　　①　Там же,с.56.

　　②　参见张箭:《地理大发现研究,15—17 世纪》,商务印书馆 2002 年版,第 184—186 页。

　　③　这种纪念石柱葡萄牙语叫 Padrǎo,系圆柱,但最上面的 1/5 为方形。全高约 8 英尺。方形的碑上刻着十字架,葡萄牙的王徽,当时当事的国王、航海家的姓名和发现的日期。см.И.П.Магидович,В.И.Магидович:《Очерки по Истории Географических Открытий》,1982,Том Ⅰ,с.251.

时制作立了个木十字架。但在此前的多次重大远航探险，从第奥古·考，经巴·迪亚士，到达·伽马，无不多带广立纪念石柱。第四，他们在巴西只停留了10天，只考察了约100公里的海岸线，只到达了离岸10公里远的地方。而没有在那里多停留多考察多交易。然后，便匆忙奔向远航的目的地印度了。第五，达·伽马首航印度南下时，在南大西洋水域相当长的航程内，其航线已离非洲很远，离美洲较近，离非洲海岸的距离已是离巴西海岸的两倍①。南美东北部的布朗库角与非洲西部的蒙罗维亚海岸只相隔不到3000公里，是大西洋两岸最窄处。所以，卡伯拉尔在达·伽马航线的基础上，再往西航行一些，便发现了巴西东北部。

因此卡伯拉尔他们同时还开拓出一条横渡大西洋到南美的最短航线。

（二）重新发现了马达加斯加，建立了文明世界与之牢固的联系

1500年5月2日，卡伯拉尔船队主力离开巴西海岸向东南方向的非洲南端驶去。5月底，在距离好望角不远的地方他们遇上了风暴，四艘船沉没，船上的海员罹难②，其中还包括发现绕过了好望角和非洲南端的巴·迪亚士。还有一艘船

---

① 参见张箭：《地理大发现研究，15—17世纪》，第96—99页。
② 参见汉布尔：《探险者——航海的人们》，第87页。

掉队失踪,那艘船在第奥古·迪亚士的指挥下开始了单独远航发现马达加斯加的航程和历险①。

第奥古·迪亚士是巴托罗缪·迪亚士的兄弟,参加过达·伽马开辟新航路的远航,接着又与兄长一起参加了卡伯拉尔二去印度的航行。兄弟俩分任两船船长。在遇风暴与大队失散后,他率船绕过非洲南端,向原定的目的地印度进发。第奥古在印度洋上向东北行驶了很长一段距离。8月10日他们开始发现马达加斯加岛②。这天正好是基督教的圣劳伦斯节,于是给它起名为圣劳伦斯岛。后来1534年法国航海家卡提耶尔发现北美圣劳伦斯湾时也效仿这种命名法,并随即扩展到圣劳伦斯河。当第奥古返航回国向葡王汇报后,葡王以为该岛即《马可·波罗行纪》已提及,位于非洲东海岸的摩加迪沙王国。错误的读音及拼写使该岛被称为马达加斯加岛(Madagascar)③。第奥古率船从马岛的东岸(大洋岸)驶过,考察了它长达1500公里的海岸线。并最后在马岛北端登陆,补给休整④。

马达加斯加的主体居民马尔加什人和其他土著当时都基

---

①　cf.Boies Penrose:*Travel and Discovery in the Renaissance*,1420-1620,New York,Atheneum,1975,p.73.

②　см.И. П. Магидович, В. И. Магидович:《 Очерки по Истории Географических Открытий》,Том Ⅱ ,с.83.

③　参见邵献图等六人:《外国地名语源词典》,上海辞书出版社1983年版,第22页。

④　cf.Boies Penrose:*Travel and Discovery in the Renaissance*,1420-1620,p.74.

本处于原始社会阶段。历史上马来人多次远徙此地,阿拉伯人、波斯人、印度人都来过该地,班图黑人又于 14、15 世纪移入。13 世纪以前,阿拉伯商人已知此岛,阿拉伯地图上已出现这个大岛①,不过其位置、形状、大小误差极大。马可·波罗也提到过此岛。中国史籍中的昆仑层期国,或许即指东非沿岸包括马达加斯加岛一带②。层期是波斯语 Zangi 的音译,指非洲东岸。昆仑也许是马达加斯加的原名阿拉伯语 Komr 或 Qomr(意为月亮)的对音③。南宋时期周去非曾记曰:"西南海上有昆仑层期国,连接大海岛。常有大鹏飞,……有野骆驼,……炎火或烧赤热铜铁,……产大象牙犀(牛)角。又海岛多野人,身如黑漆,拳(鬈)发。诱以食而擒之,动(辄)以千、万,卖为番奴。"④南宋赵汝适在此基础上也转述并略有增删:"昆仑层期国,在西南海上,连接大海岛。常有大鹏飞,……西有海岛,多野人,身如黑漆,虬发。诱以食而擒之,转卖与大食国为奴,获价甚厚。托以管钥,谓其无亲属之恋也。"⑤以上所说的大海岛,多野黑人的海岛,大概就指马达加斯加岛;大鹏可能指马岛原来特有的隆鸟(Aepyomis)。隆鸟

①　参见杨人楩:《非洲通史简编》,人民出版社 1984 年版,第 588 页。

②　参见陈佳荣、谢方、陆峻岭:《古代南海地名汇释》,中华书局 1986 年版,第 510 页。

③　参见邵献图等六人:《外国地名语源词典》,第 22 页。

④　周去非:《岭外代答》卷三《外国·昆仑层期国》,四库全书珍本别集,第 138 册,台北商务印书馆 1980 年版。

⑤　赵汝适:《诸蕃志》卷上《志国·昆仑层期国》,杨博文校释,中华书局 1996 年版。

有 3 米高,重约 500 公斤,现已灭绝①,是为该岛有大鹏巨鹰传说的根据。大食即指阿拉伯。此后南宋末陈元靓《事林广记》卷五、元周致中《异域志》卷上对它都有转述简介。所以文明人类对马岛早已有所了解。不过,在第奥古到达前,马岛与文明地区的联系已中断很久了。它与文明之地莫桑比克城邦只隔 400 公里宽的海峡,但也没有什么来往,基本上还处于与世隔绝的状态。阿拉伯人也早已把马岛遗忘了。波斯人、印度人、中国人、亚洲的马来人等也不清楚马岛的大小、具体的位置及有关情况。所以,可以说第奥古等重新发现了世界第四大岛、非洲第一大岛、面积为 59.5 万平方公里的马达加斯加岛(依次为格陵兰、伊利安、加里曼丹、马岛);首次确立了欧洲与马岛的联系,从而也确立了马岛与文明世界的牢固联系。

第奥古原想能在马林迪与船队会合,于是他们继续向北航进。可是中途偏离了航线,最后大约在马嘎多克索(Magadoxo)地区看见了非洲海岸。他们沿海岸绕过了瓜达富伊角(Guardafui),向西行驶了 900 公里,到达了索马里北部、亚丁湾南部的柏培拉港口城市②。所以就欧洲人来说,他们还首次了解了索马里海岸和亚丁湾南部海岸。大部分海员这时因长期缺乏蔬菜水果新鲜食物已染上了坏血病。第奥古把几十

---

① cf.David Day:*The Doomsday Book of Animals*,New York,Viking Press,1981,p.20.

② cf.Boies Penrose:*Travel and Discovery in the Renaissance*,1420-1620,p.74.

个重病号送上岸,安排在一个阿拉伯人的镇子里,并留下十几个人照顾重病号。船上只剩下四十来人,其中一半也是病号。1500年9月的一天,当地阿拉伯人发动袭击杀死了上岸的全部葡萄牙人(约60人,因每船乘员约百人),并乘小艇偷袭,企图夺取停泊在港口的葡萄牙大船①。船上的海员及时发现了偷袭并用火枪打退了阿拉伯人的进攻。第奥古决定迅速离开返回葡萄牙,不再去印度了。途中他们因病又损失了25人②。这艘船没有运回什么有价值的货物,然而却给欧洲带回了关于马达加斯加岛和索马里海岸的第一手确切报道。

1502年意大利地图学家坎丁诺绘制了新的世界地图。该图长2.2米,宽1米,用羊皮并加彩着色,保存至今③。坎丁诺把马达加斯加岛首次基本正确地画在了地图上④。在以后的十年间,葡萄牙人探察了马达加斯加岛的几乎全部海岸及其沿海水域,完成了对马岛的地理发现。

(三) 开辟了打击穆斯林侧翼的新战线,初步实现了当初的一个战略意图

达·伽马首航印度时,葡王交给他的任务主要是探险发

①　см. И. П. Магидович, В. И. Магидович:《Очерки по Истории Географических Открытий》, Том Ⅱ, с.83.

②　Там же, с.85.

③　cf.E.L.Stevenson:*Maps Reproduced as Glass Transparencies*, New York, The Trow Press, 1913, p.22.

④　см. И. П. Магидович, В. И. Магидович:《Очерки по Истории Географических Открытий》, Том Ⅱ, с.84.

现,开辟欧印新航路,传播基督教,通商贸易,取得东方的财富。达·伽马首航因重任在身,更因仅四船 170 人,实力单薄。故达·伽马首航时并未主动攻击穆斯林。首航期间虽也与印度人、穆斯林和东非黑人发生过摩擦,但基本上属偶然的、零星的、微型的,有的对葡人来说还是难以避免的自卫性质。如 1498 年 3 月达·伽马被迫从莫桑比克港夺路逃跑,1498 年 3 月在蒙巴萨港挫败阿拉伯人的夺船阴谋,1498 年 8 月因逃税而与卡利库特的追击舰队短暂交火等。特别是葡人和非欧人双方基本上没因此死人。

　　卡伯拉尔二航印度则不同。葡王曼努埃尔一世公开命令卡伯拉尔等人:"凡遇到往来麦加的摩尔人(穆斯林)商船,就应向他们发动攻击,尽一切可能造成最大的损失;尽一切力量抓捕他们的商船,用最好的、最有利的方法夺取摩尔人的货物和财产。"①摩尔人(Moor)泛指信伊斯兰教的非欧洲人。葡王还训令,到了印度,就要把葡萄牙人和朝圣麦加的摩尔人处于交战状态的事告诉印度各邦的统治者萨莫林,希望萨莫林保护葡人及其货物,与摩尔人断绝通商。"如果他(们)把摩尔人从他(们)的国土驱逐出去,禁止他们来贸易,那我们就更加高兴。"②

　　经历了好望角附近的风暴后,卡伯拉尔率剩下的六艘船于 1500 年 7 月 16 日到达东非的索法拉,7 月 26 日到达基尔

---

　　①　W.G.Greenlee,tr.and ed.:*The Voyage of Pedro Alvareo Cabral to Brazil and India*,London,Hakluyet Society,1937,preface,p.26.

　　②　W.G.Greenlee,tr.and ed.:*The Voyage of Pedro Alvareo Cabral to Brazil and India*,p.26.

瓦,8 月 12 日航抵马林迪。从马林迪出发,他们借助于有经验的印度古吉拉特引水员①,于 1500 年 9 月 13 日抵达卡利库特。葡人最初与当地官方的关系尚可,被允许在城里设立货栈商站。但是,当地的阿拉伯商人、伊斯兰势力与葡萄牙人存在着经济竞争、政治斗争和宗教矛盾。他们先抵制葡人,接着于 12 月 16 日发动骚乱。他们纠集了约 3000 摩尔人②,捣毁了葡萄牙商站,打死了五十多名海员,剩下的十几人侥幸逃脱③。卡伯拉尔见状下令大肆报复,大开杀戒。他们抓捕了港内的十条穆斯林商船,没收了船上的货物,杀了五百多船员,将船付之一炬;并炮击卡利库特城萨莫林王宫④,以报复萨莫林默许或纵容穆斯林骚乱。随后转向科钦、卡纳诺尔、加扬古勒姆等印度西南海岸的港口城市(邦)。1501 年 1 月卡伯拉尔船队离印返航,7 月回到里斯本。

　　1500 年 12 月的卡利库特商站事件和大规模武装冲突与1500 年 9 月的索马里柏培拉(Berbera)病号事件和武装冲突一起,标志着葡萄牙以百余人被打死为代价,正式开辟了在印度洋上打击阿拉伯—穆斯林的新战场,建立了反击摩尔人的新战线。从此葡人与摩尔人在印度洋上冲突战火不断。1509年 2 月 3 日,双方在印度西北海岸卡提阿瓦半岛的第乌港附

---

　　①　cf.E.Prestage:*The Portuguese Pioneers*,London,Clarendon Press,1933,p.292.

　　②　cf.E.Prestage:*The Portuguese Pioneers*,p.292.

　　③　cf.H.V.Livermore:*A History of Portugal*,Cambridge University Press,1947,p.231.

　　④　参见汉布尔:《探险者——航海的人们》,第 99 页。

近海面发生大海战。只有 19 艘战船 1800 多人的葡萄牙舰队在德·阿尔梅达指挥下,凭借强大的炮火,击败了数倍于己的由埃及将军米尔·侯赛因指挥的、庞大的埃及—印度(卡利库特)联合舰队①。当然,是役埃印之间的矛盾也使葡萄牙人有隙可钻②。葡人从此夺取了印度洋上的制海权和霸权。同时在战略上策应了欧洲人在欧洲、北非、地中海反击穆斯林的战争和斗争,初步缓解了那些战场上穆斯林对欧洲的巨大压力。所以说当初开辟新航路的一个战略意图算是得到初步实现。

经济上阿拉伯—穆斯林世界也因此受到严重影响而开始转衰。葡萄牙舰船出现在印度洋和红海以后,埃及与印度和印尼之间的贸易减少了,由这些国家输入埃及的商品(大部分商品再由埃及过境运往欧洲)的减少,使许多埃及商人陷于破产,使封建主丧失关税进款而收入大减,所以葡人出现在东方并打击摩尔人穆斯林是造成埃及经济衰落的重要原因之一③。而且经济衰落导致税收剥削加重,使得百姓们如当时人伊本·伊雅思所说度日如年④。这样,马木留克统治集团遇有战事,便不能指望臣民帮助。所以,卡伯拉尔开辟建成印

---

① 据说是役埃—印联合舰队有两万多人,二百多艘战船。见[美]斯蒂福夫:《达·伽马和其他葡萄牙航海家》,吕志士、马建威译,世界知识出版社 1998 年版,第 125 页。

② cf.K.M.Pannikkar:*Asia and Western Dominance*,London,Collier Books,1959,p.37.

③ 参见苏联科学院:《世界通史》第四卷,翻译组译,三联书店 1962 年版,下册第 845 页。

④ cf.R.Potter edi.:*The New Cambridge Modern History*,Vol.1,*Renaissance*,The Press of Cambridge University,1986,p.414.

度洋新战线还直接促成埃及马木留克王朝灭亡。

当时最大的阿拉伯国家埃及马木留克王朝苏丹国于1517年亡于奥斯曼土耳其。同样信仰伊斯兰教的土耳其人遂成了欧人的最大劲敌,构成对欧洲的最大威胁和压力。但土耳其—穆斯林在印度洋上的侧翼也成了软肋不断遭到葡人—欧人的打击。如同英国史家伯·刘易斯所说,"在东方的海洋上,他们(土耳其人)碰上了葡萄牙人的坚实船只。为了迎接大西洋上的挑战而训练有素的葡萄牙造船师和航海家所掌管的这些船只,不是奥斯曼的船只所能招架得住的;……使得奥斯曼人一再设法突破包围圈的企图无法得逞,接着穆斯林的船只也就被赶出了印度洋的水面"①。的确如此。16世纪上半叶的国际战略态势窃以为是:土耳其—穆斯林从北非、东地中海、小亚、黑海、东南欧半圆形地包围着欧洲,但欧洲人—基督徒又从北冰洋(北欧、俄罗斯濒临北冰洋)、大西洋、印度洋大半圆形地反包围着土耳其—穆斯林。卡伯拉尔远航印度使这一特大包围圈的印度洋战线得以建立。

(四) 在印度辟建商业殖民据点,从此在亚洲立足插手扩张

卡伯拉尔船队在大规模武装冲突后离开卡利库特南下,受到与卡利库特敌对的印度西南海岸马拉巴尔沿海小邦的欢

---

① G.刘易斯:《现代土耳其的兴起》,范中廉译,商务印书馆1982年版,第30页。

迎。他们与葡人通商,葡人购得大批香料、药材、芬芳类商品及纺织品。葡萄牙人还获准在科钦建立一个商站兼据点,留下百余人经营和驻守①。达·伽马首航印度返回时,并未像哥伦布在海地岛那样,在印度留下一些人,建立一个商业殖民据点②。卡伯拉尔则有意留人建点了。从此葡人在印度安营扎寨长住下来不再离开,逐步扩大自己的殖民势力。欧洲白人开始在印度、印度洋地区立足,成为影响印度洋地区国际政治的一股强大势力。

1501年1月中旬,卡伯拉尔船队从科钦启程回国。他们还带上了当地统治者各邦拉甲(Raja)给葡王的信件、礼物和三名使者③。达·伽马远航没有带回印度的使者或俘虏。所以那三名使者还是前往西欧—西方的首批印度—南亚人。印度人就这样乘西欧船首次踏上了西方的土地。

6月底,在佛得角群岛附近,船队主力与因风暴失散而单独远航探察了马达加斯加的第奥古的船意外地会师④。7月底,船队回到里斯本。

在卡伯拉尔船队尚未返回前,葡王又派若昂·达诺瓦率4艘船约400人⑤,于1501年3月出发奔向印度,由此开

---

① 参见汉布尔:《探险者——航海的人们》,第86页。
② 哥伦布首航也是因一条船损坏无法容纳全部船员而被迫留人建点的。
③ 参见[葡]雅·科尔特桑:《葡萄牙的发现》,第五卷,王华峰、周俊南译,中国对外翻译出版公司1997年版,第1197页。
④ 参见马吉多维奇:《世界探险史》,第234页。
⑤ cf.Lord Acton Planned:*The Cambridge Modern History*,Vol.1,*The Renaissance*,Cambridge University Press,1931,p.29.

始了一年一度的印度远征①。达诺瓦这次印度之行很顺利。像卡伯拉尔在科钦所做的那样，他也在坎纳诺尔获准建立了一个商站—殖民据点，并留下一些人驻守②。是为葡人在印度建立的第二个商业殖民据点。1502 年达诺瓦返回葡萄牙。

　　印度的各种政治民族宗教势力对葡人在印度的商业殖民据点比较反感，印度各土邦城邦之间也矛盾重重，各城邦土邦内部也有各种分歧并不稳定。1502 年 2 月—1503 年 11 月达·伽马率二十几艘船组成的舰船队再航印度，到处烧杀抢，异常残暴。这更激起了许多印度人对葡人的仇视。于是在 1503 年达·伽马离开后，卡利库特萨莫林组织反对葡萄牙及其盟友科钦的庞大联军 5 万人，围攻科钦的葡人及其盟友。科钦拉甲率亲军和一百多葡人被迫退守法尔皮（Valpi）小岛，在数万卡利库特军的围攻下负隅顽抗，死守苦熬，坚持了 5 个月。1504 年初，葡萄牙舰队赶到才终于解围。经历过这次小岛战役血与火的生死考验，葡人在印度的商业殖民据点巩固起来。科钦统治者让葡人在科钦修建一座永久性寨堡，取名曼诺尔③。这是欧人在东方建立的第一座永久性军事要塞，对葡萄牙东方商业殖民帝国的开拓发挥了

---

　　① cf. E. Prestage：*The Portuguese Pioneers*，p.293.

　　② 参见［葡］雅·科尔特桑：《葡萄牙的发现》，第五卷，第 1204 页。

　　③ cf. F. C. Danvers：*The Portuguese in India，being a history of the rise and decline of their eastern empire*，Vol.1，London，Asian Educational Services，1894，pp.113–114.

很大的支撑作用。科钦当局同时还让葡人在科钦城修建了一座教堂①。是为欧人在东方的第一座基督教教堂。援军和守军会师后,继续反击卡利库特的军队,随即在亲葡城邦奎隆也建立起了一个葡萄牙的商站②。葡人在印度的殖民势力扩大开来。

综上所述,1500—1501 年的卡伯拉尔船队远航印度,经济上的赢利仅为远航成本的两倍多③,却有重大的意义和作用:这次航行经过了欧、美、非、亚四大洲,总行程约 5.5 万公里(往返),是人类有史以来迄当时为止航程最远的一次航海;在航海史上是首次近岸远洋(达·伽马最有代表性)航行和跨洋远洋航行(哥伦布最有代表性)结合的远航;初步发现了巴西,开始了发现和殖民南美大陆的进程;重新发现了世界第四大岛马达加斯加,建立了文明世界与之牢固的联系;在印度辟建商业殖民据点。西方—西欧人从此在东方—亚洲、印度—印度洋立足扎根,不再离开,亚洲的历史命运开始转折。葡人—西人从此开始在印度洋地区打击穆斯林的侧翼,夺取穆斯林的势力范围和利益来源,初步实现了当初探寻欧印新航路的一个战略意图。东方穆斯林因奥斯曼土耳其崛起而向欧洲大举战略进攻的势头开始被遏止,西方人与东方穆斯林的斗争和十字对新月的圣战开始进入拉锯相持阶段。所

---

① 参见[葡]雅·科尔特桑:《葡萄牙的发现》,第五卷,第 1206 页。

② 参见同上,第 1206 页。

③ см. "П.А.Кабрал",《Большая Советская Энциклопедия》,Москва,1970-е годы,Том 11,с.103.

以,卡伯拉尔二航印度的影响、意义和作用重大,似可跻身地理大发现大航海第一阶段仅次于哥伦布首航美洲、达·伽马首航印度、麦哲伦环航地球的第四大远航,应该予以关注和重视。

(原载《北方论丛》2006 年第 1 期)

四、论亚—美跨太平洋新航路的开辟

开辟新航路首先指能驾船渡海过去,其次指能航海基本原路返回。在麦哲伦首次环球航行时,就成功开辟从美洲西渡太平洋到达亚洲的新航路。但从亚洲东渡太平洋返回美洲的航路却因种种原因长期未能开辟,尽管以西班牙人为主的欧洲人也做了多次努力,付出了沉重的代价。功夫不负有心人。直到44年后的1565年,以乌尔达涅塔为首的西班牙航海家,在各种因素的作用下,经过艰难探索,不畏牺牲,终于开辟成功了亚美新航路。梳理这段历史,解构历史背景,分析各种失败的教训和成功的原因,考证有关问题,探讨开辟亚美新航路的重要历史意义很有必要。

(一) 发现和开辟新航路的内涵

一条新航路的发现与开辟,我认为首先是指航海者驾船首次从出发地经前人未航行过或虽航行过但未航行通的海域到达了目的地;其次,也指探险者从目的地航海返回了出发地。如果不能返回,其发现开辟的意义和价值虽然也有,但却有限,至少是不完整不完美。因为那样就不能建立和保持两地之间经常的稳定的密切的海上交通与联系。全世界都讲达·伽马率葡萄牙船队最后发现开辟了欧印新航路,那也部分因为达·伽马船队返回葡萄牙了。否则,就没有完成开辟一条新航路,后继者就需要继续努力奋斗甚至牺牲。亚洲—美洲间跨太平洋新航路的发现与开辟便是这样。学界皆知,在1519—1522年的人类首次环球航行中,麦哲伦率西班牙船队便从美洲南端的麦哲伦海峡横渡了太平洋,到达了亚洲的菲律宾(群岛),从而初步开辟了美洲—亚洲间跨太平洋的新航路。1521年麦哲伦在菲律宾(群岛)因参与当地居民的混战阵亡后,其船队在埃尔·卡诺(El Cano)率领下,并未返回美洲。而是向西南航行,在澳大利亚以北、马六甲海峡以南横渡了印度洋,绕过好望角,再北向航行回到了欧洲西班牙,从而完成人类首次环球航行。但是,他们并没有完成从亚洲马来群岛—南洋群岛①地区返回美洲的航行,所以美亚/亚美间的跨太平洋新航路并没有完成开辟或没有完全开辟成功。它只是被发现了,因为麦哲伦船队从美洲航行到亚洲的马来—南洋群岛,发现证实了美洲亚洲之间是一片极其广袤的大洋,驾船可以前往。而根据15世纪下半叶大航海时代以来的经验,既然能驾船前往也就能航海返回,迪亚士、达·迦马、卡伯拉尔、哥伦布、卡博特等许多航海家探险家的实践证明了这点。但在帆船时代,返回并不是一件简单容易的事,它需要借

---

① 按,"南洋"是明清近代以来出自华侨的一个地理名称,指东南亚的群岛国家和濒海国家。在自然地理学上,没有一个南洋群岛或地区。参林先盛等编:《简明地理手册》,广西人民出版社1984年版,第438页以降《世界主要群岛表》。

助洋流、海流、水流、季风、信风、顺风等多种自然力或自然条件,所以它是有时需要付出艰苦努力去探索甚至牺牲才能完成的事业。只有返回了才算完全开辟成功某条新航路。所以,我们把探索返回也称为发现和开辟新航路。如果成功,便使得前来的新航路完整和完善。鉴于这条美亚/亚美新航路是从当时至今非常重要的第三条新航路,其重要性仅次于哥伦布等开辟的欧洲非洲与美洲间的跨大西洋新航路,迪亚士、达·伽马等开辟的欧洲与亚洲(印度)间经大西洋跨印度洋的新航路。也鉴于中国史学界对这条新航路(的开辟)没有研究,相关专著皆未论及①,也没有一篇论文论及,包括期刊论文、论文集论文和博士硕士学位论文②。还鉴于外国的研究也是很不够的,比如,丹尼尔的《发现者》、安佐特的《影响世界的探险家》这两本书就未提及发现和开辟这条新航路之人之事③。最新的多卷本《世界大历史》虽设有专章《欧洲扩张时代的开始 1450—1525 年》(第一卷),仍未论及此事④。还有,外国已有的相关研究对开辟这条新航路的重要性、曲折

---

① 包括张箭:《地理大发现研究,15—17 世纪》,商务印书馆 2002 年版;姜守明主编、高芳英副主编:《世界地理大发现》,山东画报出版社 2004 年版;姜守明、邵政达、陈正兰:《世界尽头的发现》,北京大学出版社 2011 年版等。

② 据各种数据库和网络查询。

③ 丹尼尔·J.布尔斯廷:《发现者,人类探索世界和自我的历史》,14 人译,上海译文出版社 1995 年版;珍妮特·波德尔、史蒂文·安佐特:《文明的脚步——影响世界的探险家》,陈惠颖译,中华书局 2007 年版。

④ 参见弗兰克·萨克雷、约翰·芬德林主编:《世界大历史》,共五卷,王林、闫传海、史林、严匡正、冯志军译,新世界出版社 2014 年版。

性、艰巨性、意义和影响也论述不够。因此,本文拟在外国有
关研究的基础上论述亚美新航路开辟的艰难历程,分析讨论
有关问题。

(二) 特立尼达号从摩鹿加返回美洲的首次尝试

1521 年 11 月 6 日,麦哲伦船队(麦哲伦已于 1521 年 4
月 27 日在菲律宾麦克坦岛阵亡)历经艰辛终于到达盛产香
料的今印度尼西亚的香料群岛—摩鹿加(又译马鲁古,
Maluku)群岛。他们在蒂多雷岛登岸。水手们用各种东西尽
其可能地购买、交换香料,甚至脱下衣服去换。船舱里很快装
满了各种烹调用香料,包括丁香、肉豆蔻、肉桂、胡椒、生姜、香
石竹等。船队准备启程返航了,却意外发现旗舰裂开一缝,严
重漏水,只得留下修理。50 多人自愿留下,打算把特立尼达
号修好后经太平洋返回美洲巴拿马湾,以躲避印度洋大西洋
上的风浪和葡萄牙人的拦截。埃尔·卡诺船长、环航日记作
者皮加费塔、航海日志作者阿尔博等 40 多人,还有 10 多个自
愿去西班牙当翻译的摩鹿加人,则选择了驾乘完好的维多利
亚号经印度洋大西洋返航①。埃尔·卡诺约 1476 年生于西
班牙北部,系西部巴斯克人。在参加麦哲伦探险队前已是船
长。在 1520 年 4 月伊始今阿根廷南部圣胡利安港的叛乱中,
他曾参与了部分活动,但得到宽恕。以后他就洗心革面了。

---

① 参见 R.汉布尔:《探险者——航海的人们》,焦永科译,海洋出版社
1985 年版,第 136 页。

在到达摩鹿加群岛后他被推举为船长①。埃尔·卡诺是公认的领导维多利亚号最后完成环球航行的航海探险家。1521年12月21日,维多利亚号向特立尼达号和香料群岛鸣炮告别,扬帆启航。

1522年4月6日,载重110吨的特立尼达号在埃斯皮罗萨(Espinosa)的指挥下,带着50多吨香料,离开蒂多雷岛(Tidore)返航巴拿马,全船53人②,踏上了开辟亚美新航路的危险历程。埃斯皮罗萨当过主舵手,麦哲伦船队的保安官,在圣胡利安港的平叛行动中立过大功。他们先绕过哈马黑拉岛北端,旋即朝东驶向巴拿马。但强劲的东风(从东边吹来的风)把特立尼达号吹往北方。5月初他们在北纬5度左右发现了加罗林群岛西部的索索罗尔岛,接着在北纬12度至北纬20度一带发现了马里亚纳群岛的14个岛屿③,6月11日,特立尼达号到达北纬43度一带。他们向东方推进到多远,现在只能推测(经度),大概到了东经150度至160度一带④。这样,东经155度左右、北纬43度是他们前进的最远点。这里已接近了日俄间的千岛群岛。7月中旬,他们遭到连续12天的风

---

① 参见茨威格:《麦哲伦的功绩》,范信龙译,湖南人民出版社1982年版,第222—224、226页。

② см. Магидович И. П., Магидович В. И.:《Очерки по Истории Географических Открытий》, Издательство "Просвещение", 1983г., Том 2, с.138.

③ см. Магидович И. П., Магидович В. И.:《Очерки по Истории Географических Открытий》, Том 2, с.138.

④ смотри выше, с.138.

暴袭击。因长期吃不到蔬菜水果新鲜食品而引发的坏血病（scurvy，维 C 缺乏症）和因食物变质造成的饥饿重新袭来，船员已死亡过半①。这一切迫使特立尼达号可能于 7 月下旬掉头退回。在回航途中，他们又东南向，到过夏威夷群岛的西北边沿②，然后又西南向。8 月 22 日，埃斯皮罗萨又发现了马里亚纳群岛北部的几个岛，其中包括北纬 20 度的毛格岛③。1522 年 10 月 20 日，在离开 6 个多月后，他们又无奈地回到摩鹿加群岛（的蒂多雷岛）。此时出航时的 53 人只剩下 19 人了④。人们开辟亚美跨洋新航路的首次尝试惨遭失败，且牺牲沉重，存活者仅 33.9%。不过，在地理学史和航海史上，特立尼达号的实践仍发现了马里亚纳群岛的主要部分，推进了对太平洋大小宽窄等的认识，为日后的探航积累了资料。

雪上加霜的是，1522 年 5 月中旬，一支由安东尼·布利杜指挥的葡萄牙舰船队来到摩鹿加群岛，葡萄牙人还在特尔纳特岛（Ternate）修建了要塞。10 月底，布利杜获悉，附近停泊着一艘欧洲白人的船。于是他派出 3 艘舰船把特立尼达号俘获押送到特尔纳特岛⑤。葡萄牙人查封了船上的货物，没

---

①　参见马吉多维奇：《世界探险史》，曲瑞、云海译，世界知识出版社，1988 年版，第 273 页。

②　cf.Boies Penrose：*Travel and Discovery in the Renaissance*，1420－1620，Atheneum，New York，1975，p.201.

③　см. Магидович И. П.，Магидович В. И.：《Очерки по Истории Географических Откртий》，Том 2，c.138.

④　参见 R.汉布尔：《探险者——航海的人们》，第 163 页。

⑤　参见马吉多维奇：《世界探险史》，1988 年版，第 274 页。

收了船上西班牙人的地图和航海日志等。被俘者中,个别人被处死,大部分船员慢慢瘐死狱中。4 年后,埃斯皮罗萨等 4 个人才被释放活着回到了西班牙①。他们被转狱到里斯本关押了很久才获释②。他们就这样被关押在船舱里完成了环球航行。

(三) 萨阿维特拉返回美洲的艰苦努力

维多利亚号返回欧洲首次环球航行结束后,西班牙对香料群岛垂涎三尺,急于攫取。它蔑视葡萄牙的所谓垄断权控制权,很快组织了一支有 7 条船 450 人的武装船队,其中最大的排水量 300 吨,最小的 70 — 80 吨③,由传教士加·德·劳埃萨(Loaysa)任指挥,功成名就的埃尔·卡诺任主舵手,埃尔·卡诺带来的同乡、后来大有作为的安·德·乌尔达涅塔(A.D.Urdaneta)也在船队任职。1525 年 7 月下旬,船队从西班牙的拉科鲁尼亚港起航。途中船队历尽艰险,遭遇各种不幸。最后,只有一条最大的船旗舰圣·德·维多利亚号航行到今菲律宾的棉兰老岛,再航行到今印度尼西亚的摩鹿加群岛,1527 年 1 月 1 日,这艘指挥船终于抵达上次麦哲伦船队返航前的出发岛蒂多雷岛。他们已无力返回了,便决定在这里驻守待援。这时,全船 145 名船员中因饥饿和坏血病等已

① 参见同上,第 274 页。

② 参见 R.汉布尔:《探险者——航海的人们》,第 163 页。

③ 见 Магидович И. П., Магидович В. И.:《Очерки по Истории Географических Открытий》,Том 2,с.204.

死去 40 人。劳埃萨、埃尔·卡诺等均在 1526 年 7、8 月份相继病死①。埃尔·卡诺死时仅 50 岁。其余的船只一条在麦哲伦海峡的入口处(大西洋峡口处)沉没(部分船员获救),两条在海峡的大西洋峡口处逃跑,其中一条最后失踪,只有一条近两年后回到西班牙。一条因粮食不够无力跨洋最后退到了墨西哥南部太平洋海岸靠岸。一条在波利尼西亚群岛一带沉没。还有一条也航行到了菲律宾,但在棉兰老岛附近沉没(部分船员获救)②。船只总损失达 5/7,人员总损失我估计达一半。由上可知,在大航海时代,循着刚开辟的欧美亚新航路的第二次远航,由于路途太远,要经四洲(欧、非、美、亚)跨两洋(大西、太平),有许多不确定的非人力能抗御的因素,也充满艰难危险,有时也要付出沉重的代价和牺牲。劳埃萨、埃尔·卡诺二航菲律宾便是例证。

　　劳埃萨、埃尔·卡诺余部在马来群岛处境艰难的消息经葡萄牙人慢慢传回了欧洲又经西班牙人传到了美洲。科尔特斯是大航海时代西班牙最大的殖民头目之一、冒险家之一、墨西哥的征服者。1527 年,科尔特斯在墨西哥太平洋海岸的一个港湾装备了三只小船,任命他的堂兄弟阿·萨阿维特拉(A.D.Saavedra)为探险船队队长,前往援助,同时指派的任务有,"前往摩鹿加群岛或中国,并弄清通往调味品香料和其他

---

　　①　см. Магидович И. П., Магидович В. И.:《Очерки по Истории Географических Открытий》,Том 2,с.207.

　　②　以上见马吉多维奇:《世界探险史》,曲瑞、云海译,海南出版社 2006 年版,第 266—267 页。

香料产地的直线通道"①。1527 年 10 月底,萨阿维特拉率三
船 115 人从墨西哥湾巴尔萨斯河口的萨卡杜拉港起航出
海②。这是欧洲人首次从美洲派出的奔赴亚洲的船队。从此
萨阿维特拉再未返回墨西哥,科尔特斯对他的命运也一无
所知。

　　经过漫长又艰难的航行,萨阿维特拉驾乘的指挥船载重
50 吨的佛罗里达号终于抵达菲律宾,并在棉兰老岛一带营救
了上次沉船的几个幸存人员。1528 年 3 月底,佛罗里达号抵
达摩鹿加群岛的蒂多雷岛靠岸,与圣・德・维多利亚号的驻
守人员会师。其他两条船则在途中不幸走散,命运不知③。
估计是船毁人亡。但佛罗里达号全船只有 45 人(搭救上船
的几个人除外)。难以有效帮助劳埃萨的余部。他们决定返
回墨西哥求援,并收集装载了大批香料以便赢利。

　　1528 年 6 月初,萨阿维特拉带领 30 个水手驾乘佛罗里
达号满载香料驶向太平洋。他们驶过新几内亚居民居住的许
多岛屿,同时还可能沿着新几内亚的北岸航行过。在朝着东
北方向行进时,他们发现了加罗林群岛的几个海岛。他把它
们命名为伊斯拉斯・德劳斯・巴尔布多斯(意为留胡子人的
海岛)。由于不停的逆风阻拦(东北季风),佛罗里达号没能
航行到马里亚纳群岛以外更远的地方。萨阿维特拉被迫于

---

　　①　马吉多维奇:《世界探险史》,2006 年版,第 223 页。

　　②　см. Магидович И. П., Магидович В. И.:《Очерки по Истории
Географических Открыти й》,Том 2,с.208.

　　③　смотри выше,с.208.

11 月份返回到蒂多雷岛①。这次探航归于失败。

　　到 1529 年 5 月初,萨阿维特拉决意再次进行穿越太平洋返回墨西哥的尝试。这次他仍然沿着以前的航线前进。9 月中旬,他在北纬 6 度发现一个海岛,过了两周又发现两个海岛。它们无疑是加罗林群岛东部岛群中的几个岛屿。10 月 1 日,他发现了他称之为布埃诺斯·哈尔迪奈斯(意为美丽的公园)的群岛,这是马绍尔群岛的一些岛屿。他们朝东北方向推进到北纬 26 度并期望在高纬度的海区找到顺风。但 10 月份萨阿维特拉(因患坏血症)不幸死去。他的继任者原想朝着这个方向再航进一段时间。但是他们在北纬 31 度的地方遇到强逆风阻拦而被迫掉头转向。他们费了很大力气才把佛罗里达号导引驶到蒂多雷岛以东摩鹿加群岛的哈马黑拉岛,这时已是 1529 年 12 月 8 日了②。这次历时 7 个月旨在开辟亚美新航路的探险再次失败。且这次探航人员损失较严重,连头号人物探险队队长佛罗里达号船长萨阿维特拉也不幸殉职。这已是第三次失败了

　　西班牙人被葡萄牙人撵出了蒂多雷岛,他们转移到哈马黑拉岛。两支探险队两艘指挥船圣·德·维多利亚号和佛罗里达号的水手再度会合。但不久他们全部仍落入葡萄牙人之手。根据 1529 年西葡间的《萨拉戈萨条约》,菲律宾群岛、摩鹿加群岛等划归了葡萄牙,西葡间在东方的势力范围分界线

---

　　①　参见马吉多维奇:《世界探险史》,2006 年版,第 268 页。
　　②　参见马吉多维奇:《世界探险史》,2006 年版,第 268 页。

划在摩鹿加群岛以东 17 个经度,约相当于东经 134 度。线东归西班牙,线西归葡萄牙。西王查理五世则获得 35 万杜卡特(威尼斯金币)的补偿以支撑对法战争①。

1534 年被葡萄牙人从哈马黑拉岛遣送回欧洲的最后一批西班牙人应有 16 人,但是 1536 年 6 月回到西班牙本土的仅有 8 人。其中便有安·乌尔达涅塔②。他与他的同伴们在麦哲伦、埃尔·卡诺完成首次环球航行(1522 年)14 年后,完成了第二次环球航行。不过,从摩鹿加群岛到欧洲的后一半路程,却是在葡萄牙人的押送下,乘坐葡萄牙船完成的。

(四) 第四次和第五次开辟亚美新航路的努力

1542 年 11 月初,一支由 6 艘船近 400 人组成、由鲁·劳·德·威拉罗伯斯(R.L.D.Villalobos)指挥的船队从西班牙的美洲殖民地新西班牙(墨西哥)哈利斯科州的一个小港出发,前往菲律宾。1543 年 2 月初,他们到达菲律宾的棉兰老岛。威拉罗伯斯他们在这里登岸,建了一个殖民据点,打算长期留守。他派去搜寻粮食的几个考察组一步步地熟悉了棉兰老岛东海岸和附近的莱特岛、萨马(今三描)岛。

几个月后的 8 月份,他派了一艘船返回墨西哥,船长是比·托雷(Бернардо де ла Торре)。在比·托雷随身携带的

---

① 参见宫崎正胜:《航海图的世界史》,朱悦玮译,中信出版社 2014 年版,第 176 页。

② см. Магидович И. П., Магидович В. И.:《Очерки по Истории Географических Открытий》,Том 2,с.209.

正式报告中,第一次把这些亚洲东部大岛称为菲律宾。这是为了尊崇当时的西班牙皇太子、王储、未来的国王菲利普二世,便以他的名字命名了这些群岛①。托雷由菲律宾的萨马岛出航向东北航进,在北回归线附近发现了一系列火山岛——硫黄列岛。然后他们航行到北纬30度。但是他们不走运地闯入了一片秋季风暴海区。由于日益缺乏淡水托雷不得不怅然返回②。人们开辟亚美新航路的第四次尝试流产。

　　威拉罗伯斯船队进驻棉兰老岛后,便与当地的葡萄牙殖民者争吵摩擦不断。由于生活必需品缺乏,西班牙水手不断生病死去,威拉罗伯斯无奈转移到西班牙人多次待过的摩鹿加群岛的蒂多雷岛。他仍然期望与离得相对近点的美洲墨西哥的西班牙人取得联系。1545年5月中旬他再次派出了由伊·奥·雷切斯(Retes)指挥的一艘船返回墨西哥③。

　　雷切斯准备在赤道地区渡过海洋。在选定的这条航线上,在哈马黑拉岛以东,他碰到了新几内亚的西北海角,这块土地是葡萄牙人于1526年发现的。雷切斯在两个月向东航行的进程中,在这一带海区不断与风暴搏斗。为了添加淡水和取得燃料柴火,他们在这块广阔陆地北部海岸的许多地方登过陆。这一带肤色灰暗的土著人乘很大的战船多次进攻过西班牙人。这些战船上设有较高大的战堡,西班牙人曾丈量

---

① 参见刘伉:《外国地名探源》,星球地图出版社1998年版,第252页。

② 参见马吉多维奇:《世界探险史》,2006年版,第269页。

③ 参见同上,第269页。

出它们与西班牙大船的船尾一样高。战堡上层站的是武士，下边坐的是桨手。雷切斯以西班牙国王的名义占领了这块陆地。1545年6月，因见到当地居民的头发和肤色与西非几内亚湾的黑人十分相似，两地自然景色和气候也大致相仿，便并给它取名为新几内亚①。后来很久才知这是世界第二大岛。据他自己计算，它们沿海岸向东南航行了230里格（约合1400公里），抵达一个名叫卡尔卡的火山岛，然后向东北航行，准备穿越大洋。但这时已疲惫不堪的水手们纷纷要求返航。雷切斯不久被迫同意。他们只好返回摩鹿加群岛，1545年10月初他们回到蒂多雷岛抛锚停泊②。人们开辟亚美新航路的第五次努力流产。

至此，威拉罗伯斯获取从美洲墨西哥派出的增援或返回墨西哥的最后希望彻底破灭了。1545年10月驻这一带的葡萄牙总督要求西班牙人立即撤离摩鹿加群岛。威拉罗伯斯被迫把全部船只交给葡萄牙人，葡萄牙人把剩下的已人数不多的西班牙人（及其个人财产）分成几组用葡萄牙船队遣送回欧洲。威拉罗伯斯本人则于1547年春天病死在南摩鹿加群岛的安波拿岛。他的最后一批人员回到西班牙的时间已是1548年③。

---

① 参见邵献图等:《外国地名语源词典》,上海辞书出版社1983年版,第444页。

② см. Магидович И. П., Магидович В. И.:《Очерки по Истории Географических Открытий》,Том 2,с.208.

③ смотри выше,с.211.

（五）勒加斯比船队的乌尔达涅塔开辟亚美新航路

16 世纪 20 年代,西班牙的殖民势力扩张到墨西哥南部西海岸今格雷罗州印第安阿兹特克人势力范围的滨海城镇阿卡普尔科。30 年代,西班牙殖民头目科尔特斯完全控制了这一带并把阿卡普尔科逐步建成一个重要港口,该城慢慢成了美洲西海岸沿海交通的重要港口,同时成了向太平洋探险、航海、贸易的主要基地①。这里比哈里斯科州的海港更靠南,离墨西哥城更近,翻越地峡到墨西哥湾或大西洋的路程很短(反之亦然)②。1545 年以降,西班牙殖民者在西属美洲秘鲁的波托西、墨西哥的萨卡特卡斯和玻利维亚等地,发现了大量的银矿,获得了大量的白银。1549 年曾一次就从波托西运走7771 根银棒,成色为约 99%,重量为每根 80 英磅(1 磅合0. 4536 公斤)③。16 世纪 50 年代末 60 年代初西班牙人又掌握了从银矿中提取白银的汞齐化新技术④,白银产量大增。据统计,从 16 世纪到 18 世纪,美洲一共出产了约逾 15 万吨的白银,绝大多数为西班牙掌控,西班牙帝国的白银产量

---

① cf.“Acapulco · History”,*Wikipedia*,*the free encyclopedia*,2014-08-01。

② 参见《最新世界地图集》,中国地图出版社 1990 年版,第 75 图“墨西哥”。

③ 参见查尔斯·曼恩:《1493,物种大交换丈量的世界史》,黄煜文译,台湾,卫城出版社 2013 年版,第 194 页。作者按,据该书英语名 *Uncovering the New World Columbus Created*,似可直译为《揭秘哥伦布所创造的新世界》。

④ cf.Henry Hobhouse:*Seeds of Change*,*Six plants that transformed mankind*,Papermac,London 1999,p.327.汞齐化(amalgamation)是提取金、银、铂等贵金属的一种方法。含贵金属的矿石和汞、水一起研磨,贵金属与汞成汞齐而分出。汞齐经加热蒸出汞得贵金属。

占了同时期世界白银总产量的八成以上①。于是西班牙朝廷设想要用这些廉价的巨量白银与亚洲进行广泛的大规模的贸易。因而,开辟能往返太平洋两岸、亚美间的新航路在经济上也迫切起来。当 1556 年菲利普二世(1527—1598)继承登上西班牙王位后,占领菲律宾群岛的问题便提上了议事日程。

西班牙巴斯克人安·乌尔达涅塔(Andres de Urdaneta,1508—1568)是参加过 1525 年劳埃萨、埃尔·卡诺探险队的航海探险者,1536 年才从印度尼西亚的摩鹿加群岛被遣送回西班牙。回国后他当过奥古斯丁修会的修道士,后来又到墨西哥的一家修道院任过职。其行踪和足迹已遍及欧洲美洲和亚洲。他对航海事业特别是太平洋的航海问题怀有浓厚的兴趣。乌尔达涅塔积极参与制订对太平洋探险的计划,自 1559 年起又努力筹集探险的装备和经费。向新的探险队提供财政资助的主要是巴斯克人米·洛·勒加斯比(M.L.D.Legaspi)。此公当过舵手,1545 年移居墨西哥,在那里发了财。他装备了船队,招募了海员,任命了探险队的领导人,并邀请乌尔达涅塔出任舵手②。

1564 年 11 月 21 日,这支船队共 5 条船近 500 人从上次威拉罗伯斯启航的那个小港、新西班牙(墨西哥)哈里斯科州

① 参见查尔斯·曼恩:《1493,物种大交换丈量的世界史》,黄煜文译,第 194 页。

② 参见马吉多维奇:《世界探险史》,2006 年版,第 342 页。

的纳维达德(Barra de Navidad)出发,沿威拉罗伯斯行驶过的航线前往菲律宾①。其中一条最小的载重 40 吨乘员 20 余人的圣卢卡斯号(Сан-Лукас)在阿隆索·阿勒亚诺(Алонсо Арельяно)的指挥下,于 12 月 1 日与大队离散。人们怀疑这是有意擅离②。阿勒亚诺执意单干,于 1565 年 2 月 14 日到达菲律宾的萨马岛(三描岛)。他们在这一带转转盘桓了两个多月,但一直没与大队相遇和会合,可能是有意回避。然后于 1565 年 4 月 22 日返航。其航线大体是先北上,碰到向东的顺流顺风后再转向东,1565 年 7 月 16 日才回到美洲沿海③,8 月 9 日回到纳维达德。新西班牙当局和民众怀疑阿勒亚诺是有意脱逃,没有奖励他。而是于 1566 年派他再次指挥圣·格隆尼莫号(San Geronimo)出航增援在菲律宾的勒加斯比。这次船上的主舵手罗佩·马丁(Лопе Мартин)等人因故哗变,解除了阿勒亚诺的职权并把他及其几个亲信放逐到马绍尔群岛的一个荒岛上,不久阿勒亚诺等人便死去。然后他们才慢慢来到菲律宾④。

从纯航海史的角度来说,阿勒亚诺是最先从南洋返回美洲的第一船第一人。但西班牙朝野、民众、学界,西方的史学界都不待见他,他的事情也就渐渐沉寂了,西方史书也很少提

---

① cf. " Miguel López de Legazpi ", *Wikipedia*, *the free encyclopedia*, 2014-08-31.

② см. Магидович И. П., Магидович В. И.:《Очерки по Истории Географических Открытий》, Том 2, с.305.

③ смотри выше, с.305.

④ смотри выше, с.305.

到他。我认为其原因在于,第一,他属于擅离脱逃,不顾全大局,故不宜颂扬;第二,他已早逝,且死于非命,没有翻案的机会;第三,他写下的航海日记等远不如乌尔达涅塔的丰富、真实、有用;第四,他和麾下的船员们关系紧张,没人帮他说话。第五,乌尔达涅塔航线要比阿勒亚诺的航线快几天或少费时几天①。在帆船时代,在汪洋大海上多待一天就多一分遭遇风暴的危险,就多挨一天饿(因食物变质而起)多遭一天坏血病的折磨(因长期吃不到蔬菜水果而起),就可能多死人。

所以,不管是西班牙的或西方的政界、民众还是学界都把开辟亚美新航路的荣誉归于乌尔达涅塔,而他也是当之无愧、实至名归的。

1565年2月中旬勒加斯比船队到达菲律宾群岛。他们在这一带转悠,到过萨马岛、莱特岛、利马萨瓦岛,去过保和岛,4月下旬又转到宿务岛②。但他们始终没有碰到阿勒亚诺的圣卢卡斯号(因它可能有意回避)。勒加斯比想要占领这个群岛和其他岛屿,为此就需要来自西班牙的增援。一般来

---

① 表面上,乌尔达涅塔还在海上多航行了一天。但他们返抵的是比纳维达德(Barra de Navidad)更加东南更重要更便利的阿卡普尔科港(Acapulco),在墨西哥沿海的航程要远约600余公里。而风帆船在顺风顺流的情况下一昼夜也只能走150余公里(20000公里÷130天=153.8公里)。故实际上乌尔达涅塔的航线要更快更便捷一点(参《最新世界地图集》第75图"墨西哥";cf. "Barra de Navidad", *Wikipedia*, *the free encyclopedia*, 2014‐08‐06)。

② 参见马吉多维奇:《世界探险史》,2006年版,第342页。

说,西班牙的增援应通过隔得相对比较近的美洲墨西哥派来,况且这样做在名义上、事实上、法理上都在西班牙的势力范围内,不受葡萄牙人的干扰和拦截。于是,开辟亚—美或马来群岛—墨西哥的新航路的问题便十分急迫了。借助东北信风和信风海流的推动,帆船从墨西哥西海岸的向西航行长达 1.4 万公里的路程到达菲律宾或印度尼西亚已被多次证明是可行的。但是,经同一航线返回却是极难的。因为返航时遇到的尽是逆风和逆流。此前西班牙航海家的五次尝试和教训已证实了这点。

1565 年 4 月下旬以降,勒加斯比一行逐步占领了菲律宾的宿务岛,强迫当地居民承认他们是西班牙国王的属民。他们在该岛东岸修建了殖民据点圣米格尔(San Miguel)镇,这是西班牙人在亚洲、在菲律宾的第一个永久性殖民移民居民点。虽然这样做是违反《萨拉戈萨条约》的,但葡萄牙人因在远东人数太少,故虽想把西班牙人赶走却也无能为力。勒加斯比提议乌尔达涅塔返回墨西哥汇报和请求增援。乌尔达涅塔认真研究了许多西欧海员在太平洋西部和东部海域成功的航行经验和失利的教训,并仔细听取了他们在航行中耳闻目睹的有关情况,然后做出了一个理论性推论:北太平洋寒温带海域的风向应与北大西洋寒温带的风向一致——朝西。是否可以首先借助热带洋流黑潮北上到达季风带海域,然后利用朝西季风和洋流返回美洲。现在需要在实践中证实这一推论了。1565 年 6 月 1 日,乌尔达涅塔作为船长指挥圣彼得罗号(San Pedro)驶出宿务岛的圣米格尔港,主舵手为菲利浦·萨尔瑟多(Фелипе Сальседо),全船 40 余人①。起初,他们利用偶尔吹来的西南季风和日本暖流黑潮向北航进,经过日本列岛附近的海域,到达太平洋北部海域。至于最北前出到什么位置,各家说法不一。根据苏联史家马吉多维奇 1967 年版《地理发现史纲》翻译的《世界探险史》说到了北纬 43 度(2006 年版第 343 页);马吉多维奇父子 1983 年修订再版的《地理发现史纲》第二卷仍说到了北纬 43 度(c.306);美国史家彭罗斯的《文艺复兴时期的远行和地理发现》只说他到了高纬度地区②;《返航成功:阿勒亚诺和乌尔达涅塔》一书说到了北纬 39—40 度、39 度半③;《维基百科,免费百科·乌尔达涅塔篇》说最北到了北纬 38 度,但画出来的航行图显示,他们最北又到了北纬 43 度④。我认为,北太平洋北纬 43 度一带有自西向东横贯大洋的北太平洋暖流⑤。他们当在这个位置先捕捉到东向洋流,由此转向。再顺利地碰上了顺风。所以,在北纬 43 度,乌尔达涅塔还幸运地捕捉到顺向的西风

---

① 见.Магидович И. П., Магидович В. И.:《Очерки по Истории Географических Открытий》,Том 2,с.306.

② cf.Boies Penrose:*Travel and Discovery in the Renaissance* 1420-1620, p.203.

③ cf.*The return achieves:Arellano and Urdaneta*,Chapter 4,http://press. anu.edu.au.//Spanish_lake/mobile_devices/ch04s07.html,2013-08-03,下载打印稿(该书作者等不详)。

④ cf."Andrés de Urdaneta",*Wikipedia,the free encyclopedia*,下载打印稿,第 2 页。2014 年 7 月。

⑤ 参见凌美华:《太平洋》,《中国大百科全书·世界地理卷》,中国大百科全书出版社 1990 年版,第 603 页"太平洋表层洋流"图。

（从西向东吹的风流），乘这股顺风顺流圣彼得罗号顺利地渡过太平洋，9月18日到达北美大陆西海岸的加利福尼亚地区（具体为旧金山以北300公里处的门多西诺角）。他们在此一带海域抓到了向南的加利福尼亚寒流和顺向的北风，于是转向沿海岸比较轻松地南下。考虑到本文前面所述阿卡普尔科港的种种优势，他们没回到出发港纳维达德，而是继续南下，于1565年10月8日抵达墨西哥阿卡普尔科港才进港抛锚停泊①。途中乌尔达涅塔坚持写下详细的航海日记，以备后继的西班牙航海家使用。返回后他还绘制了一幅记录自己航线的详细地图，以供后继者参考②。整个航程共花了130天，航行了1.2万英里（2万公里），途中有十几个船员因坏血病和饥饿等死去③。好在艰辛和牺牲没有白费，寻找开辟马来群岛与墨西哥之间、或从亚洲到美洲的新航路这件要事，经过几十年来几百人的好几次努力，备尝艰辛，牺牲枕藉，现在终于成功了！从此，马来群岛与墨西哥之间、或亚洲与美洲之间穿越太平洋的交通和联系稳固地确立起来。这条新航路从此被人们称为"乌尔达涅塔航道"（Urdaneta's

----

　①　см. Магидович И. П., Магидович В. И.:《Очерки по Истории Географических Открытий》，Том 2，с.306.

　②　см. Магидович И. П., Магидович В. И.:《Очерки по Истории Географических Открытий》，Том 2，с.306.

　③　"Andrés de Urdaneta"，*Wikipedia*，*the free encyclopedia*，说死了14人。下载打印稿，第2页，2014年7月；*The return achieves：Arellano and Urdaneta*，说死了16人。Chapter 4，http://press.anu.edu.au.//Spanish_lake/mobile_devices/ch04s07.html，2013-08-03，下载打印稿。估计死了15人。

Passage)①。由此我们想到,1791 年在西班牙发现了哥伦布
首航美洲的《航海日记》,轰动了欧洲。德国大诗人席勒在
1795 年 9 月 21 日致德国大科学家洪堡的信中,写下了讴歌
开辟大西洋新航路发现美洲壮举的诗篇《哥伦布》。我们感
觉比较贴切。故转录于此,作为对乌尔达涅塔开辟亚美新航
路的褒奖:

　　掌握住方向,勇敢的远航好汉。/任凭讽言嘲语,舵工怠
慢。/一往直前,坚持东航②,/远方必有彼岸! 它昭然在君之
脑海中闪现。//笃信天公指引,安渡幽森的海洋,/久盼难见
之地,终自波澜中露显。/大自然与天才永远相依为伴。/人
有壮志远筹,天定助其实现③。

　　乌尔达涅塔成功返回后马上去了欧洲向西班牙朝廷汇
报。然后回到新西班牙。他写下两本航海探险日记,一本记
述他 1525—1536 年跟随劳埃萨进行第二次环球航行之事,很
快就出版了。另一本详细记述他往返于墨西哥和菲律宾之
间,开辟亚美新航路之事。出于保密等种种原因,一直没有公
开出版。其手稿存于西班牙东印度委员会的档案库里④。

　　乌尔达涅塔功成名就后回到了修道院,1568 年 6 月他病

---

　　① cf.Boies Penrose: *Travel and Discovery in the Renaissance* 1420 - 1620,
p.204.

　　② 原文为西航,这里权且改为东航。

　　③ 译自德语,见张自善编译:《哥伦布首航美洲》,商务印书馆 1994 年
版,第 1 页。

　　④ cf. "Andrés de Urdaneta", *Wikipedia*, *the free encyclopedia*,下载打印
稿,第 3 页,2014 年 7 月。

逝于那里,享年60岁。为了纪念他开辟亚美新航路的不朽功绩,人们在阿卡普尔科竖起了一座纪念碑①。从菲律宾到墨西哥的航线也称乌尔达涅塔航线,其走向基本上呈扁平的 π 字形。走这条航线需要航行三至四个月的时间,总行程1.2万英里(或2万公里),还要穿过太平洋最偏僻的海区。在16—17世纪,只有西班牙航海者确切知道,在北纬30—45度的太平洋水域没有一个像样的岛屿。不过,西班牙人按照大航海时代的传统对这条新航路和有关海区的情况保密,任凭其他欧洲人如何猜测都不加更正。

　　乌尔达涅塔成功返回后,西班牙政府通过墨西哥向菲律宾派出了一支又一支船队,已在菲律宾和东南亚的西班牙船只和人员又走乌尔达涅塔航线一艘又一艘地相对平安地返回。勒加斯比较快完成了对菲律宾中部岛群的占领,并把注意力集中在菲律宾北部,这样也就避开了与南方在印度尼西亚和摩鹿加群岛的葡萄牙人的摩擦和威胁。1571年1月,勒加斯比将"San Miguel"(圣米格尔)改名为"Villa del Santíssimo Nombre de Jesús"(最圣名耶稣城,Town of the Most Holy Name of Jesus)。英语称为Cebu,汉语音译为宿务。宿务是新成立的西班牙殖民地的首府。宿务岛也因宿务城而得名②。1571—1572年间,勒加斯比任西班牙驻菲律宾总督,在此期间他占领了菲律宾群岛最大的岛屿吕宋岛。1571年6月西班牙人

---

　　①　参见宫崎正胜:《航海图的世界史》,第181页。

　　②　cf. Boies Penrose: *Travel and Discovery in the Renaissance*, 1420–1620, p.203.

攻占了马尼拉镇。他把宽阔的马尼拉湾变成了西班牙舰船队的基地,并把马尼拉镇变成了这个大岛及菲律宾全群岛的行政中心①。此后这片领地在 19 世纪末(1898)之前一直是西班牙的殖民地。一年以后的 1572 年,勒加斯比因心脏病死在马尼拉②。至此,开辟菲律宾—墨西哥或亚—美新航路的三个最关键人物均已去世。

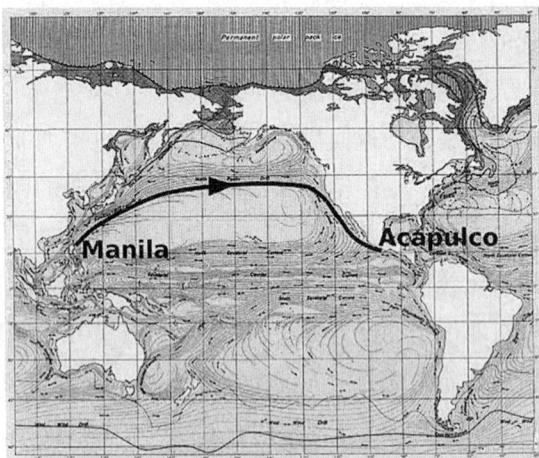

乌尔达涅塔的新航线图③

---

①　说详严中平:《老殖民主义史话选》,北京出版社 1984 年版,第二编第一章第二节"菲律宾群岛的征服"。严中平把勒加斯比(M.L.D.Legaspi, or Legazpi)译成黎牙实备。

②　cf. " Miguel López de Legazpi ", *Wikipedia*, *the free encyclopedia*, 2014-08-31.

③　"Andrés de Urdaneta", https://en.wikipedia.org/wiki/Andrés_de_Urdaneta, 2017-05-15.

（六）菲—墨/亚—美新航路开辟的意义

乌尔达涅塔新航线的发现和菲—墨或亚—美新航路的开辟具有重要的意义。第一,在政治史上,它极大地方便了西班牙在菲律宾和东南亚的商贸活动和殖民扩张,菲律宾很快沦为西班牙的殖民地。西班牙从此成为地跨欧美亚非四大洲(此前没有亚洲)的有史以来领地最大的帝国①。西班牙的国力因而进一步增强。这对欧洲的国际政治也有一定的影响,对欧洲基督徒反击亚非穆斯林的战争有所裨益。16 世纪时,奥斯曼土耳其正在大举征服扩张,故反击属正义性质。例如1571 年 10 月在地中海希腊海域的勒班多大海战,西班牙、威尼斯、罗马教廷和其他意大利城市国家联合舰队击败了土耳其主力舰队,遏止了土耳其向西地中海和欧洲的进一步扩张。第二,在航海史上,巩固和发展了这样的理论和信念:世界上的陆地不论隔得多远,只要之间是海洋,不封冻,就能驾帆船前往,也能返回。哥伦布从欧洲去了美洲并返回了,达·伽马从欧洲绕过非洲去了亚洲并返回了,麦哲伦、埃尔·卡诺一直西向进行环球航行,从欧洲到美洲到亚洲到非洲最后回到欧洲;但此前还没有人没有船从亚洲跨太平洋回到或来到美洲。许多人为此做了多次尝试,付出了较大的代价。现在终于成功了。这样,全世界的主要跨洋航线就完整地衔接起来了。这意味着,一直往西可以环球航行,一直往东也可以环球航

---

① 说详张箭:《世界历史上版图最大之帝国初探》,《阴山学刊》2007 年第 4 期。

行。这就推进了航海事业的发展。第三,在经济商贸史和文化交流史上也意义重大。西班牙人从美洲来到菲律宾,南洋群岛,现在又能返回美洲了。而南洋——马来群岛之间、东南亚各国家地区之间,亚洲大陆沿海的和岛屿上的各国家地区之间,没有大洋阻隔,只有较小的边缘海,故早就有海上联系,有了比较密集的定期和不定期航线。乌尔达涅塔新航路开辟后,意味着西班牙人、其他西欧人也可以从中国、东亚国家等回到南洋、回到菲律宾、再回到美洲、回到欧洲。还有,中国人早就去过菲律宾群岛。南宋赵汝适的《诸蕃志》已较为详细地记述了菲律宾麻逸国(今民都洛岛,Mindoro)、三屿(今卡拉棉 Calamian,巴拉望 Palawan,布桑加 Busuanga)。如"麻逸国在渤泥(加里曼丹北部)之北,……有铜佛像,……商人用瓷器、货金、铁鼎、乌铅、五色玻璃珠、铁针等博易"①,等等。元代汪大渊的《岛夷志略》也有对麻逸国、苏禄国(今苏禄群岛 Sulu)、民多朗(今民都洛岛)、三岛(即三屿)、麻里噜(今马尼拉一带)的情况有较多记载。如"其地以碙山为堡障,……贸易之货,赤金、花银、八都剌布、青珠、处器、铁条之属",等等②。明初郑和下西洋时宝船队也多次去过经过菲律宾,还多次接送菲律宾人士来华返回。曾随郑和四下西洋的费信写有《星槎胜览》,其中关于菲律宾群岛的篇章就有三岛、麻逸国、渤泥国(Borneo,婆罗洲,今加里曼丹北部)、苏禄

---

① 《诸蕃志》卷上《麻逸国》,杨博文校释,中华书局 1996 年版。
② 《岛夷志略·苏禄》,苏继庼校释,中华书局 1981 年版。

国诸篇章。如:"地产降真(香)、黄蜡、玳瑁、片瑙,货用白银、赤金、色缎、牙箱、铁器之属"①,等等。中国人早就一直在菲律宾、南洋一带做生意。于是逐渐形成了"中国—阿卡普尔科(墨西哥西海岸)黄金水道",兴起了"马尼拉大帆船贸易"。中国、南洋、美洲、西欧四大地区通过这条黄金水道进行大帆船贸易,互通了有无,进行了广泛的物质、文化、人员交流。从而大大拓展、延伸了海上丝瓷之路,只不过是由西班牙人完成了这一拓展。

比如具体到白银。本文前面提到,到 16 世纪中叶,西班牙人在秘鲁、墨西哥和玻利维亚发现了大量银矿,获得了大量白银,一跃而为世界最大白银帝国,直到 19 世纪 20 年代拉丁美洲独立战争胜利②。如同马克思所说,"美洲金银产地的发现,土著居民的被剿灭,被奴役和被埋葬于矿井,对东印度开始进行的征服和掠夺,非洲变成商业性地猎获黑人的场所,这一切标志着资本主义生产时代的曙光"③。西班牙人用美洲廉价白银与东方做生意的设想得以实现。中国货物由于价廉物美,很受欢迎,竞争力强,故而赚取了大量外汇,据统计,到 1911 年清亡时,中国所流通和贮藏的墨西哥银元(习称鹰洋)总数在 4 亿枚至 5 亿枚之间④。马尼拉大帆船贸易从明朝万

①　《星槎胜览·渤泥国》,冯承钧校注,商务印书馆 1938 年版。

②　说详张箭:《地理大发现研究,15—17 世纪》,第 423—424 页。

③　《所谓原始积累》,载《马克思恩格斯选集》第二卷,人民出版社 1972 年版,第 255 页。笔者按,在当时的西方人眼中,菲律宾、东南亚均属于东印度地区。

④　参见魏建猷:《中国货币史》,三联书店 1956 年版,第 106 页。

历(1573—1619)初年兴起,兴旺了 300 年,到清同治(1862—1874)年间因火轮兴起才衰落下去。再比如具体到农作物。新大陆发现后,美洲独有独产的许多重要农作物传开传入世界,深刻地影响了全球农业和世界人民的饮食生活。其传开的路线一部分是先传入欧洲再传遍世界,也有一部分直接从美洲传入亚洲或同时从欧洲和美洲传入亚洲,比如番茄就先从美洲经太平洋传入亚洲①;烟草也由美洲先传入亚洲②;还有可可亦先经太平洋传入亚洲③;花生从西方东方(美洲在亚洲的东边)双向传入亚洲④;木薯也从西方东方双向传入亚洲⑤;等等。又比如说人员交流。17 世纪初,亚洲人(包括菲律宾人、中国福建人、菲籍福建人)已在菲律宾马尼拉湾建造西班牙船。亚洲人还挤入和逐步取代西班牙海员的位置。他们中有些人早在 1565 年就随乌尔达涅塔的船到了墨西哥。在那次航行中,勒加斯比把亚洲奴隶送到他在阿卡普尔科西北的柯尤卡(Coyuca)庄园⑥。从那时起,菲律宾人、东南亚人、在菲律宾的中国人便以各种身份走这条航路乘西班牙船去了美洲墨西哥,其中许多人不再返回了⑦。

---

① 参见星川清亲:《栽培植物の起原と伝播》,东京二宫书店 1987 年增补版,第 85 页。
② 参见星川清亲:《栽培植物の起原と伝播》,第 159 页。
③ 参见星川清亲:《栽培植物の起原と伝播》,第 167 页。
④ 上と同じ,第 71 页。
⑤ 上と同じ,第 123 页。
⑥ 查尔斯·曼恩:《1493,物种大交换丈量的世界史》,第 418 页。
⑦ 查尔斯·曼恩:《1493,物种大交换丈量的世界史》,第 418 页。

　　19 世纪初蒸汽轮船发明并在 19 世纪中叶慢慢普及后（须知 1840 年发动鸦片战争的英国舰队仍主要是风帆船战舰），轮船能驶向想去的任何不封冻的海域，远洋航行的动力不再主要依靠风力洋流水流，乌尔达涅塔发现和开辟的亚美间的跨太平洋新航线才不那么重要了。不过，它已诞生运行约 3 个世纪并发挥了重要作用，永远奠下了自己的历史地位，值得后人研究和总结。

（原载《太平洋学报》2015 年第 10 期）

五、麦哲伦船队横渡太平洋的艰难航行初论

（一）引言

1519—1522 年的麦哲伦环球航行历时整三年,行程约 8 万公里,可分为六大段,即大西洋段、麦哲伦海峡段、太平洋段、东南亚段、印度洋段和返航中的大西洋段。太平洋段是环球航行中最困难、最危险、最关键的段落,也是发现成就最大、影响最深远、问题最多、争议最复杂的段落。横渡太平洋的成功初步确定了太平洋有多大,发现了一些无人岛和有人岛;在哥伦布已航渡美洲,达·伽马已航渡印度,印度与东南亚素有交往的情况下,接上了全球航海网络中最关键最大的一个环节。在横渡太平洋的过程中船队病死饿死了二十来人,付出了沉重的代价。但他们在关岛的所作所为却让横渡太平洋的航行和环球航行蒙羞,成为最大的污点。而他们记载的太平洋岛民的情况成为今天民族学人类学研究的珍贵资料。

浩瀚的太平洋波涛万顷,广袤无垠。不包括属海的总面积达 16624 万平方公里,约占世界海洋总面积的一半和地球表面积的 1/3。南北宽约 15900 公里,东西最大宽度约 19900 公里。平均深度为 4000 米。其最深处马里亚纳海沟达 11000

余米。太平洋也是地球上岛屿最多的大洋,三大类型的岛大陆岛、火山岛、珊瑚岛皆不少,总面积达 440 多万平方公里的上万个岛屿①,就像粒粒珍珠,星散般撒落在滚滚碧波之上。

数万年以来,就有人类在太平洋诸岛生活、迁徙、捕鱼、航海,他们驾乘着独木舟和各种筏子航行于各岛屿之间。但还没有人从亚洲东渡太平洋到达美洲,也没有人从美洲西渡太平洋到达亚洲。讨论之中的古代中国人各种东渡美洲说,一直存在较大争议,没有定论②。历史的车轮前转到 16 世纪初,人类横渡太平洋开辟跨太平新航路的计划和行动终于提上了议事日程。而首次横渡太平洋的航行是麦哲伦环球航行的一部分。关于麦哲伦及其环航的研究论著虽然已有一点了,但主要讨论麦哲伦是不是殖民海盗、他的是非功过③,属于历史人物评价的范畴④,以及有关史料的分析和欧人地理观的演变⑤。对人类首次环球航行的研究还处于初步的整体

---

① 参见凌美华:《太平洋》,《中国大百科全书·世界地理卷》,中国大百科全书出版社 1990 年版,第 602—605 页。

② 参见周莉萍:《中国与美洲海上丝绸之路研究回顾》,载龚缨晏主编,刘恒武副主编:《中国“海上丝绸之路”研究百年回顾》,浙江大学出版社 2011 年版,第 279—289 页;又参徐波:《关于“中国人发现美洲”百年学术争议的国际政治思考》,《社会科学论坛》2016 年第 5 期。

③ 参见张箭:《二十年来对哥伦布、麦哲伦的研究述评》,《郑和研究》1999 年第 1 期。

④ 参见张箭:《应当怎样评价地理大发现的主要代表人物》,载《睦邻友好的使者——郑和》,海潮出版社 2003 年版,第 265—283 页。

⑤ 参见龚缨晏:《麦哲伦环球航行基本史料分析》,《史学理论研究》2011 年第 3 期;龚缨晏:《欧洲人东亚地理观的演变与麦哲伦的环球航行》,《世界历史》2012 年第 6 期。

性论述阶段①。学术的发展和进步已需要我们对首次环球航行进行分段研究,即大西洋段、麦哲伦海峡段、太平洋段、东南亚段、印度洋段和返航时的大西洋段。而首次横渡太平洋无疑是首次环球航行的各大段中最重要最关键的一段。需要率先开展研究。在大力倡导和推进"丝绸之路经济带"和"21世纪海上丝绸之路"(简称"一带一路")的宏伟战略的今天,开展世界大航海史的深入研究就显得更加必要。

(二) 历史背景和麦哲伦环航

从 15 世纪 60 年代起,西欧最西端的葡萄牙人渐渐把沿非洲西海岸的南下探航和殖民明确为最终目标是要绕过非洲到印度去。经过长期不懈努力,1487 年迪亚士率葡萄牙小船队绕过了非洲最南端,进入了印度洋;1498 年达·伽马率葡萄牙小船队终于航达了印度,成功开辟欧印新航路。这条新航路与传统的海上丝绸之路衔接起来,东西方的物质文化人员交流进入一个新的历史阶段。

1492 年意大利人哥伦布率西班牙小船队向西横渡大西洋准备到亚洲东部,但却到达了美洲东部的加勒比群岛,从此开始了发现和殖民美洲的漫漫历程。也从此,西欧的远航探

---

① 比如张箭:《地理大发现研究,15—17 世纪》,商务印书馆 2002 年版;姜守明、高芳英等:《世界地理大发现》,山东画报出版社 2004 年版;姜守明、邵政达、陈正兰:《世界尽头的发现》,北京大学出版社 2011 年版;张箭:《人类首次横渡太平洋的艰难航行》,《中国社会科学报》2016 年 6 月 21 日;等等。

险地理发现和殖民活动掀起热潮达到高潮。其他西欧国家如英国、法国、荷兰旋即加入到这一狂潮中。意大利人因其国家的地理位置不佳国内四分五裂没有形成统一和合力等原因,只好以个人身份投身于这一热潮。哥伦布的远航成功还直接刺激了葡萄牙人开辟成功欧印新航路。但哥伦布一直以为他所到达和发现的是亚洲的东部,是欧洲西边的印度即"西印度"。直到意大利人亚美利哥·韦斯普奇 1499—1522 年两次到美洲考察探险后,才明确了这里并非亚洲而是一块新大陆。

由于欧洲—印度—亚洲的新航路被葡萄牙人控制着,西欧其他国家依然希望开辟其他的到亚洲、东方的新航路。其中,西班牙人特别希望通过他们大部控制的美洲进一步远航到亚洲。1513 年,西班牙冒险家殖民者巴尔博亚(Balboa)在探险和征服行动中翻越了巴拿马地峡,发现了西边的汪洋大海,他称之为"大南海"(the Great South Sea)[1]。此后,西欧人尤其是西班牙人就沿美洲东海岸一步步向南探航,希望找到通向"大南海"的海峡或像葡萄牙人绕过非洲南部那样绕过美洲南部,然后横渡"大南海"到达亚洲东部。到麦哲伦远航前,西欧人已经航达了南美洲南纬 35 度今阿根廷的拉普拉塔河河口地区[2]。

---

[1]　cf. Isabel Barclay: *The Great Age of Discovery*, London, Dennis Dobson, 1956, pp.64-65.

[2]　cf. Geoffrey Barraclough edited: "The European voyages of discovery, 1497-1780", *The Times Atlas of World History*, London, Times Books Limited, 1979, p.157.

　　1513 年以降,葡萄牙人麦哲伦形成了向西进行环球航行开辟到亚洲东方的另一条新航路的设想。经过长期的努力,终于争取到西班牙朝廷的认可和接受。1519 年 8 月,麦哲伦组建成 5 艘载重一百来吨的小型船和约 270 人的远航探险队①,8 月 10 日从西班牙塞维利亚启航沿河顺流而下,9 月 20 日离别瓜达尔基维尔河河口驶向大海②。船队先沿非洲海岸南航,然后从非洲最西部佛得角群岛向西南斜渡了大西洋,直达南美巴西的累西腓。接着继续沿海岸向南探航。1520 年 1 月 10 日他们到达拉普拉塔河河口。之后船队进入了文明人类未曾航行过的水域。1520 年 4 月初麦哲伦和效忠他的船员在今阿根廷的圣胡利安港成功敉平部分船员的哗变叛乱。5 月,因海难损失了一条船,所幸船员基本都获救。10 月 21 日,船队终于在南纬 52 度半发现了一条海峡,他们称之为"万圣海峡"(All Saints Strait)。不过人们后来仍公正地把这条海峡改名为"麦哲伦海峡"(Strait of Magellan)。麦哲伦见海峡南岸有土著人升起的烟火,就称南岸之地为"火地"(Tierra del Fuego,Land of Fire)③,后来确定南岸之地是座大岛后这个地名便演变为火地岛。经过一个月余的艰苦探航,

　　① cf.佚名:"Ferdinand Magellan", *Wikipedia, the free encyclopedia*, https://en.wikipedia.org/wiki/Ferdinand_Magellan,2016-04-25.

　　② cf.Boies Penrose:*Travel and Discovery in the Renaissance*,1420-1620, New York,Antheneum,1975,p.196.

　　③ см. Магидович И. П., Магидович В. И.:《Очерки по Истории Географических Открытий》, Москва, Издательство Просвещение, 1983, Том 2,с.130.

船队终于在 1520 年 11 月 28 日走出了长达 560 公里、激流险滩礁石暗礁小岛分汊众多、蜿蜒曲折充满危险的海峡,进入了巴尔博亚(Balboa)1513 年穿过巴拿马地峡时发现的浩瀚的陌生大洋"大南海"。但最大的 120 吨的圣安东尼奥尼号(Сан-Атонио)和船上的 70 余人被哗变者控制在探索海峡的困难时刻乘机逃跑回国①。

（三）充满艰辛和危险的横渡

钻出特长海峡后,剩下的三条船马不停蹄,继续向亚洲——东方挺进。他们先沿今阿根廷海岸北上了一段,大约在南纬 35°处,即今塔尔卡一带离开海岸,然后向西偏北开始了横渡②。今天的人们对麦哲伦横渡太平洋的时间和路线选择自然有一些议论和点评。有的会认为,如果继续沿海岸北上,到了中美洲地区再横渡,损失可能小一些;有的会认为,还应该继续沿海岸北上,直达北美洲加拿大至少美国地区再横渡,像几十年后英国航海家德雷克那样,牺牲可能就小一些。有的还会认为,或者应该返航,待补给充足后再来横渡,以尽量避免损失。但我们认为,第一,返航就意味着不能完成开辟到东方的西班牙新航路、完成环球航行的使命。

---

①　см. Магидович И. П., Магидович В. И.:《Очерки по Истории Географических Открытий》,Том 2,с.130.

②　cf."Chart of the Pacific Ocean,Track of the 'Victoria' in the Pacific", H.E.J.Stanley edited:*The First Voyage Round the World by Magellan*,Cambridge University Press,2010,pp.176-177 之间的地图,第 4 页。

而要组织起新的环球航行船队必定要拖延到若干年以后，须知这支探航船队是耗费了许多时间、精力、财力、物力好不容易才组建起来的。历史的进程必然推迟。还有，在当时竞争激烈的情况下，开辟新航路、首次横渡太平洋、完成环球航行的桂冠就不一定被西班牙摘下，更不一定落到麦哲伦头上。因为发现麦哲伦海峡的信息是封锁不住的，英、法、荷、葡等国都有能力来竞争，西班牙国内能竞争探险船队队长职位的也大有人在。第二，德雷克的横渡比麦哲伦晚了约 59 年(1579)。那时人们的地理天文气象知识又进步了不少，至少知道了太平洋大致有多大多宽，航海术和医学也进步了一些。所以自然顺利得多。第三，北上到中美洲再横渡情况也很难说。因为帆船的横渡成功取决于洋流、海流、气候、风向这些变化莫测的当时无法预知的复杂因素。那样的结果未见得就比从南美阿根廷塔尔卡开始横渡好——这主要靠碰运气。

实践表明，麦哲伦的运气不算好，但也不算坏。好的方面，一是远航途中一直风平浪静，没有遇到任何风暴台风暴雨等，因此船员们把大南海改称"太平洋"(Mare Pacificum, Pacific Ocean)。有一位意大利维琴察小贵族皮加费塔(A.Pigafetta)随行观光记事并充当半吊子马来语翻译①。他在旗舰特立尼达号上写的环航日记保存下来。日记写道："我们在这三个月

---

① cf." Antonio Pigafetta", Charles E. Nowell edited: *Magellan's Voyage Around the World*, Evanston, Northwestern University Press, 1962, p.81.

又二十天中航行了约 4000 里格(leguas①),穿越了一片广袤
的海洋即太平洋。说真的它很平静,因为在此期间我们没有
遭遇任何风暴。"②皮加费塔还感慨地说:"如果不是上帝和圣
母给予我们如此好的天气,我们本来将全都饿死于那片超广
袤的海洋之中。"③二是碰巧赶上了当时正在吹的东北贸易
风,这种风不是把他带到谣传已被葡萄牙人控制的这次远航
的直接目的地之一摩鹿加群岛,而是把他带到西班牙人仍可
占有的其他香料群岛去。也使船队的横渡能够快一些。不管
麦哲伦的考量如何,他所选择的航线至今仍是美国政府所编
航海图中介绍的航线,可以从那个季节驾驶帆船从合恩角航
行到夏威夷檀香山④。其三,走这条航线他们在 1521 年 1 月
24 日发现了一个无人小岛,取名为圣帕布罗岛(San
Pablo)⑤,按英语为圣保罗岛(St.Paul's)。日本学者考证大概
是今天土阿莫图(Tuamotu)群岛北端的无人岛普卡普卡

---

① 根据皮加费塔自己的解释和论证,当时陆上的 1 里格(land league)
约合 3 海里(mile),海上的 1 里格(sea league)约合 4 海里。而 1 海里约合
1.852 公里。cf."Pigafetta's Treatise of Navigation",Lord Stanley of Alderley ed-
ited:*The First Voyage Round the World by Magellan*,Burlington,Ashgate,2010,
p.164.

② Antonio Pigafetta:*First Voyage Around the World*,Charles E.Nowell edi-
ted:*Magellan's Voyage Around the World*,p.123.

③ Ibid.,p.124.

④ 参见布尔斯廷:《发现者》,集体译,上海译文出版社 1995 年版,第
385—386 页。

⑤ "Log-Book of Francico Alvo or Alvaro",Lord Stanley of Alderley edi-
ted:*The First Voyage Round the World by Magellan*,p.222.

(Puka Puka)岛。船队在此停留休整了几天,猎捕海龟海鱼搜集海鸟蛋来补充营养,还补给了一些干净淡水①。但可惜是无人岛,没有最为迫切需要的新鲜蔬菜水果。皮加费塔遗憾地写道,"一路上我们没有发现别的陆地只发现了两个无人小岛,在岛上我们仅找到了鸟类和树木。于是我们把它们取名为不幸(unfortunate)群岛。它们彼此相距约 200 里格。……在该群岛附近我们看到许多鲨鱼"②。德国皇帝的外事秘书、驻西班牙塞维利亚的马·特兰思尔范(M.Transylvan)广泛深入采访了凯旋的西班牙船员,于 1522 年 10 月下旬给红衣主教萨尔兹伯格写了一封很长的信(30 多页),通报了西班牙人的环球航行。据此信函,他们在不幸群岛的一个岛也待了两天休整,捕鱼补给③。2 月 4 日,船队又发现一个无人小岛。船员们在此地猎捕了一些鲨鱼来改善伙食补充营养。他们因此就给它取名为鲨鱼岛(西语 Tiburones)④。西方学者考证它很可能是今天莱恩群岛(Line Is.)南端的弗林特岛(Flint)⑤。运气不好的方面主要在于,如果他们的航向稍微偏南或偏北一点,本来会碰上有人烟的岛屿及时进行补

---

① 参见宫崎正胜:《海図の世界史》,東京,新潮社,2012 年,第 173 页。

② *Pigafetta's Account of Magellan's Voyage*,Lord Stanley of Alderley edited:*The First Voyage Round the World by Magellan*,p.65.皮加费塔是意大利人。

③ cf."Letters of Maximilian,the Transylvan",Lord Stanley of Alderley edited:*The First Voyage Round the World by Magellan*,p.197.

④ cf."Log‐Book of Francico Alvo or Alvaro",E. J. Stanley edited:*The First Voyage Round the World by Magellan*,p.222.

⑤ cf.Boies Penrose:*Travel and Discovery in the Renaissance*,1420-1620,p.197.

给,那么人员损失就要小一些①。还有,笔者认为,如果他们在南美西海岸停留休整一下,捕鱼打猎增加一点食物储备再横渡,后来的情况也许就要稍好一点。因为当时谁也没有估计到大南海有那么大。不过,这些属于事后诸葛亮的总结了。但总的来说,首次横渡太平洋虽然牺牲磨难不少不小,但比起后来从菲律宾返航美洲的横渡,仍算好一点。须知在后来的几十年里,西班牙人经过五次失败、牺牲了大量人员、损失了许多船只,才在 1565 年终于成功②。

在横渡太平洋的航程中,船队发现了后来所称的大小两个麦哲伦星云。皮加费塔在环航日记中写道,"南极不像北极那样星光灿烂,这里看到许多星星聚集成群,就像两朵云雾。它们之间的距离不远,并且暗淡无光。在这些星群中有两个巨大的星团,但不十分明亮,移动得也很缓慢"③。接下来,"当我们到达太平洋中心时,我们在西方看到一个由五颗星组成的十字架,非常明亮,互相规整地对应排列着挂在天上"④。一般认为,他们发现的是南十字(星)座。今日澳大

---

① 参见房龙:《发现太平洋》,沈晖译,北京出版社 2001 年版,第 115 页;又 cf. Boies Penrose: *Travel and Discovery in the Renaissance*, 1420 – 1620, p.197.

② 参见张箭:《论亚—美跨太平洋新航路的开辟》,《太平洋学报》2015 年第 10 期。

③ *Pigafetta's Account of Magellan's Voyage*, Lord Stanley of Alderley edited: *The First Voyage Round the World by Magellan*, p.66.

④ *Pigafetta's Account of Magellan's Voyage*, Lord Stanley of Alderley edited: *The First Voyage Round the World by Magellan*, p.67.

利亚、巴布亚新几内亚和萨摩亚的国旗上也都有南十字座,新西兰的国旗上则有省略了 ε 星的南十字座①。而在享受发现的喜悦的同时,水手们也经历着痛苦的煎熬,这就是饥饿、焦渴(缺干净淡水引起)和病痛——坏血病(缺新鲜食物引起)。皮加费塔的记载读起来令人悚然和心悸。

> 我们……陷入了太平洋中。我们已经有三个月又二十天没有吃过任何新鲜食物了。我们吃饼干,其实那些东西已不成其为饼干,而是爬满蠕虫的渣屑,因为虫子已把好的啃光了。而且它还发出一股鼠尿臭。我们喝的是黄水,因储存过久,(太阳晒热而)臭得令人作呕。我们也以牛皮充饥,这些牛皮本来是覆盖在桅桁之上以防磨损帆索之用的。由于风吹日晒雨淋,已经非常之硬。我们先把牛皮浸在海水里四五天,再在余火灰烬上烤一会,然后才吃。我们常吃木头锯末。老鼠的价格是每只半个杜卡特金币②,但那时连老鼠都买不到了。而各种不幸中接下来的是最糟糕的,我们有些船员的上下齿龈都肿了起来,怎样也无法吃东西,因此活活饿死。死于这种病的有十九人。……在此期间有二十五或三十个人病倒了,他们的手臂、腿部或其他地方浮肿瘀血起来,以致只

---

① 参见集体编:《世界各国国旗、国徽、国歌》,世界知识出版社 1988 年版,图版部分"大洋洲"。

② 按,ducato,威尼斯金币,每枚重 3.56 克,成色接近赤金。另一个英语版的译文是:老鼠每只卖价半个克朗(crown)。cf. *Pigafetta's Account of Magellan's Voyage*, Lord Stanley of Alderley edited: *The First Voyage Round the World by Magellan*, p.65.

有少数人身体还保持良好①。

这里所说的是一种特殊的远航病,现代才知晓是坏血病(scurvy),又称维生素 C 缺乏症,因长期(一般上了两个月)吃不到新鲜食物特别是新鲜蔬菜水果所致。症状为齿龈肿胀出血,牙齿松动脱落,皮肤瘀血瘀点瘀斑,关节及肌肉疼痛,毛囊角化周围出血,严重者丧命。这是地理大发现时代航海家们继狂风巨浪、暗礁险滩这些自然地理方面的严重威胁之后,面临的一个新的生物学生理学医学方面的严重威胁。此前的郑和下西洋,因主要是沿岸远洋航行可以随时补给,坏血病没有规模爆发。在当时最著名的三大历史性远航中,哥伦布首航美洲时,因大西洋相对窄小他只用了三十多天就横渡过去,因此坏血病没有发生。达·伽马首航印度斜渡印度洋时(从非洲东北海岸到印度西海岸),因赶上顺风只花了二十多天就斜渡过去。而原路返航途中在印度洋上遇到长时间无风,延宕八十多天才斜渡过去,坏血病于是首次大规模爆发,斜渡前船队总人数约为 130 多人,斜渡中死了三十几人。其中,约30 人在海上死去②;靠岸后虽得到补给但因病情过重又死了几人③。而环球航行横渡太平洋时,坏血病第二次规模爆发。

---

①　Antonio Pigafetta:*First Voyage Around the World*, Charles E.Nowell edited:*Magellan's Voyage Around the World*,p.123.

②　参见郭守田主编:《世界通史资料选辑》,商务印书馆 1981 年版,第310 页所收维尔霍日记的记载。

③　cf.Álvaro Velho:*A Journal of the First Voyage of Vasco da Gama*, 1497~1499,translated and edited by E.R.Ravenstein,London,The Hakluty Society,1923,p.89.

因罹此病而死去的占这时船队总人数 190 人的约 10%①,病倒的占 14.5%。两者相加占了船员总数的约 1/4。由于当时远没有罐头技术和冷藏技术,所以即便带再多的新鲜蔬菜水果上船最多一个月也就腐烂变质或干枯蔫巴了。人们对此束手无策,直到 18 世纪下半叶库克船长环球航行时情况才有明显的改善和缓解。

(四) 马里亚纳群岛—关岛之旅考证评议

经过漫长的九十八天在无人区的航行和短暂滞留后②,船队终于发现了陆地,来到了今马里亚纳群岛有人烟的岛屿。1521 年 3 月 5 日来到一个岛,麦哲伦取名拉丁帆岛,进行了初步的补给淡水。日本学者考为今日之罗塔(Rota)岛③。3 月 6 日抵达附近较大的人烟较稠的一个岛停靠补给。此岛当为关岛,因此前无人论证过,我们在此予以论证。首先厘定关岛(Guam)的方位,它在东经 144 度 47 分(144°47′E),北纬 13 度 27 分(13°27′N)。皮加费塔的日记载:"沿上述航线(又)行驶了约 70 里格,我们在 1521 年 3 月 6 日星期三,在位于北纬 12 度和东经 146 度处,在西北方向发现一个小岛,在东南方向又发现两个小岛,其中一个比其他两个高些大些。(船队)总队长希望在那个最大的岛停靠并补充一些

---

① 参见茨威格:《麦哲伦》,范信龙等译,辽海出版社 1998 年版,第 167 页。

② 11 月 3 天,12 月 31 天,1 月 31 天,2 月 28 天,3 月 5 天,共 98 天。

③ 参见宫崎正胜:《海图の世界史》,第 173 页。

新鲜食物。"①在这个范围内,结合历史和人文情况,最吻合的岛便是关岛。所记经纬度不那么准确应该是当时的测算定位水平较低所致。而且当时的零度经线(或本初子午线)也没确定和统一起来。船队中还有一位叫弗兰西斯科·阿尔博(Francisco Albo)或阿尔瓦罗(F. Alvaro)的西班牙人,系维多利亚号船上的领航员,他记下的航海日志也流传下来。他的航海日志不同于皮加费塔的旅行日记,内容简扼得多;但在航海过程方面又详细得多。我们据此验证一下。"1521年3月1日,向西,在北纬13度";"2日—5日,均向西,均在北纬13度";"3月6日,向西,在北纬13度。这天我们看见了陆地,并向它驶去。那里有两个岛,都不太大。当我们驶到两岛之间时,我们转向西南,把一个岛丢在西北。然后我们看到大批小型帆船向我们驶来……"②。阿尔博所记的纬度完全吻合关岛的纬度。但他没记经度。因为当时还不能正确测定经度。实际上直到18世纪中叶英国的哈里森(John Harrison)和法国的列·罗伊(Pierre Le Roy)相继研制出相当精确的航海钟,这时在海上正确测定经度的问题才得以解决③。阿尔博是职业水手、领航员,故在航海(航向、航程、速度、时间、方

---

①　Antonio Pigafetta: *First Voyage Around the World*, Charles E. Nowell edited: *Magellan's Voyage Around the World*, pp. 128-129.

②　"Log-Book of Francico Alvo or Alvaro", Lord Stanley of Alderley edited: *The First Voyage Round the World by Magellan*, p. 223.

③　参见宋正海、李天瑞:《地理大发现后地球经度的测定》,载黄邦和等主编:《通向现代世界的500年》,北京大学出版社1994年版,第116—128页。

位)方面的记载要专业正确一些。我们再看西方学者根据原始文献记载和实地调查考察绘制出的比较精细的《麦哲伦船队维多利亚号在太平洋的航迹图》。图上的经纬网的密度为经度每隔10度1竖线,纬度也每隔10度1横线。这样图上形成了许多上下纵横10个经度左右延展10个纬度的小正方形方格。船队在东经140—150度、北纬10—20度这个小方格内经过,图上标出它们是在这个方格的右上部分,从东偏南向西偏北穿越的①。这完全符合船队在太平洋上的基本航线,也与关岛一带的地理情况基本吻合。所以,麦哲伦船队在太平洋中心地区登陆补给的有人岛应是关岛。

关岛土著查莫罗人(Chamorro)还处于原始社会阶段没有私有观念,他们蜂拥而至爬上航船哄抢拿走欧人船上的东西,甚至还拖走了旗舰特立尼达号上的小艇。西班牙人因此称这一带为"盗贼群岛"(the islands of Ladrone)。麦哲伦十分恼怒,下令武力讨伐。他率领40名武装船员登陆征剿,他们射杀了几个(7个)土人,烧了几十间(四五十间)茅屋和土人的一些小船,抢了一些新鲜食物(含蔬菜水果),补充了一些洁净淡水。夺回了小艇。在登陆征剿前夕,船上的病员还请求征剿队把所杀土人的内脏掏回来供他们吃食,以便早日病愈②。但

---

① cf."Chart of the Pacific Ocean, Track of the 'Victoria' in the Pacific", H.E.J.Stanley edited: *The First Voyage Round the World by Magellan*, pp.176-177 之间的地图,第2页。

② Antonio Pigafetta: *First Voyage Around the World*, Charles E.Nowell edited: *Magellan's Voyage Around the World*, p.129.

所有的原始文献没谈及征剿队是否那样做了。我们认为,麦哲伦的反应过于残暴了,对偷盗者应该驱离就行了。因岛民还处在原始社会阶段,没有私有观念。比如他们就还不懂弓箭,皮加费塔说:"当我们用弩箭射中任何一个这些人的腰部并完全射穿时,他们都要审视着,把箭杆从这一边拉到另一边,大为惊奇地拔出来,接着就倒下死去。"①又比如岛民都赤身裸体,连"妇女也裸体,不过在腰下围了一块窄的柔韧像纸张的树皮遮住她们前面的隐私处。这种树皮生长在介于普通树木和棕榈之间的树上"②。麦哲伦之所以这么做可能是他头脑里白人至上、基督徒优越、有色人种低下(米克罗西亚人—查莫罗人据西班牙人记载皮肤呈褐色,tawny)、非基督徒野蛮等西方传统理念作祟所致。实际上夺回小艇、买点或换点新鲜食物特别是蔬菜水果、补充点淡水就行了。不到万不得已不应杀人,更不应该烧房子和小船。他们在关岛的所作所为是横渡太平洋这一壮举和整个环球航行这一创举中的最大污点。从远航横渡的角度来看,船队碰上有人烟的关岛在此登陆补给(新鲜蔬菜水果等)至关重要。否则的话,坏血病会进一步加重和蔓延。那么即使能横渡成功,那代价也更大,就不是病死二十来人③,而可能翻倍,四十多人甚至更多。这

————————

① Ibid.,p.129.
② Ibid.,p.130.
③ 因为病情危重病入膏肓之人在吃上新鲜水果蔬菜食物后之后还会死一点人。这可以从1498年10月初至1499年1月初达·伽马船队返航斜渡印度洋时的遭遇推出。

就会严重负面影响后续的远航。

船队3月9日离开关岛,继续向西偏北航进。从此在偶尔有人烟的地区航行。3月16日船队又发现了两个小岛。他们在其中一个停靠补给。他们这里见到了土人的独木舟,但人已跑光。窃以为有可能是因他们在关岛的粗暴行径已辗转传到这里,土人一见白人就吓跑了。现代西方学者考证,这就是今天菲律宾的萨马岛(Samar,又称三描岛)①。位于菲律宾群岛中部东边濒临太平洋。到达这里意味着横渡太平洋的艰难任务已经终于完成,不过船员们还没有意识到。第二天船队在萨马岛右边的一个无人岛登陆,以便更安全地补充淡水和休整。麦哲伦在这里杀了头老母猪(sow)为病员补充营养②。日记没说明猪从何来。但应该是抢自盗贼群岛即关岛。3月18日,来了一条船载着9个土人,大概来自萨马岛。双方靠比比画画进行了友好的交流和公平的交换。西班牙人给了土人一些红帽子、镜子、梳子、铃铛、象牙制品、细麻布和其他东西。土人则送给西班牙人一些鱼、棕榈酒、手掌大的无花果(香蕉)、椰子和其他一些小东西。萨马岛一带居民文明程度似要高点。西人没说他们赤身裸体,皮加费塔还说其中五个还装饰讲究③。西班牙人登陆的这个萨马岛附近的小岛

---

① *Pigafetta's Account of Magellan's Voyage*, Lord Stanley of Alderley edited: *The First Voyage Round the World by Magellan*, p.71, footnote 1.

② Ibid., p.71, footnote 3.

③ A. Pigafeta: *First Voyage Around the World*, Charles E. Nowell edited: *Magellan's Voyage Around the World*, p.132.

岛民叫它朱鲁安（姆）岛（Zuluan,Zuluam）。双方友好相处，
西班牙人向岛民打听到许多有用的信息。西班牙人称该岛为
胡穆穆岛（Humumu），现代西方学者考出即为现今的霍蒙洪
岛（Homonhon）①，位于菲律宾群岛东南部边缘濒临太平洋，
在萨马岛的南边②。见到这一带岛屿很多，西班牙人就把这
一带取名为圣拉撒路群岛（San Lazaro）群岛。该群岛1543年
以后为尊崇当时的西班牙王储后来的国王菲利普二世就改名
为菲律宾群岛③。1521年3月22日，当地居民又带来了两小
船货物与欧洲人交换，货物中有椰子、甜橙（或甜橘，sweet or-
ange）、棕榈酒、公鸡等④。船队在霍蒙洪岛休整待了一周，在
此期间总队长麦哲伦每天都去看望病员，给他们吃治（坏血）
病的美食良药甜橙（橘）椰子等。3月25日，船队起锚离开霍
蒙洪岛，向着西和西南之间的航线（即西偏南）行驶，穿行和
经过了四个小岛，即塞纳洛岛（Cenalo）、休朗汉（尔）岛（Hiun-
anghan or Hiunanghar）、爱布孙岛（Ibusson）和阿巴利恩岛
（Abarien）⑤。3月28日船队来到利马萨瓦岛（Limasawa），今
菲律宾中南东部的一个小岛停靠。一条小船载着8个土人驶

① Ibid., p.134,footnote.
② cf.佚名："Homonhon Island", *Wikipedia, the free encyclopedia*, ht-tps://en.wikipedia.org/wiki/Homonhon,2016-08-25.
③ 参见邵献图等六人编：《外国地名语源词典》,上海辞书出版社1983年版,第367页。
④ A.Pigafeta:*First Voyage Around the World*,Charles E.Nowell edited：*Magellan's Voyage Around the World*,p.135.
⑤ *Pigafetta's Account of Magellan's Voyage*,Lord Stanley of Alderley edited：*The First Voyage Round the World by Magellan*,p.75.

近旗舰特立尼达号。这时,麦哲伦从马六甲带来的出生于苏门答腊的奴仆权普柔班纳(Tranprobana)用马来语同当地居民打招呼并顺利地进行了对话①。至此麦哲伦和船员们才恍然大悟,他们一路向西开辟去亚洲的新航路的愿景已经实现,太平洋已经被他们跨越横渡成功;也至此才知道这是世界上最大的大洋,它比大西洋印度洋大很多。所以,直到这时船队人员才从心理上意识上精神状态上结束了横渡太平洋的航行,才认识到自己已成功跨越世界上最大的大洋,从美洲南部的麦哲伦海峡来到了出产香料和其他值钱东西的东南亚。

关于麦哲伦船队 1521 年 3 月 28 日来到登陆的、待了一周的、从心理上和意识上结束了横渡太平洋之旅的终点岛是什么岛,中外著作众说纷纭,需要考证一下。关于此岛前人的论述很不统一。为什么这个比较重要的地名说法比较紊乱,可能因为原始记录文献就不统一。皮加费塔日记 1962 年英译本称该岛为马扎瓦岛(Mazaua),方位在北纬 $9\frac{2}{3}$ 度,西葡势力范围分界线为基准的东经 162 度②。前面说过 16 世纪时还测不准经度,况且它的基准经线不是近现代的格林尼治经线而是西葡分界线。西葡分界线在哪里就有分歧,且这条

---

① cf. *Pigafetta's Account of Magellan's Voyage*, H.E.J.Stanley edited: *The First Voyage Round the World by Magellan*, Cambridge University Press, 2010, p.76.

② A.Pigaffeta: *First Voyage Around the World*, Charles E.Nowell edited: *Magellan's Voyage Around the World*, p.147.

线也在西葡的博弈中有所变移。皮加费塔接着说,"我们在那里待了七天,然后我们确定了向西北的航线,经过了五个岛屿,即锡兰岛(原文如此,Ceylon)、保和岛(Bohol)、坎尼甘岛(Canighan)、拜白岛(Baybai)和嘎提甘岛(Gatighan)"。在嘎提甘岛之后,西方现代学者出了一个注释,注明"莱特岛(Leyte)、保和岛、坎尼高岛(Canigao)、莱特岛的北部,和一个不能确认的岛。马萨瓦岛(Masaua)现在叫里马萨瓦岛(Limasaua)"①。这里,注释中的岛屿与日记中的岛屿对应关系为:莱特岛——锡兰岛,坎尼高岛——坎尼甘岛,莱特岛的北部——拜白岛、不能确认的岛——嘎提甘岛。马萨瓦岛显然指日记中的马扎瓦岛。里马萨瓦岛即笔者的专著(第253页)最早在汉语文化圈指出的那个岛。而皮加费塔日记英国哈克路特学会(the Hakluyt Society)1874年译本(以后被多次重印②)这里的记载大同小异。但在方位为西葡势力范围分界线为基准的东经162度后出了一个注,注释说:"如果马索华岛(Massaua)便是贝林地图(Bellin's map)上的里马萨瓦岛(Limassava)岛,它(的方位)便在北纬9度40分,但(经度)为西葡分界线(为基准)的西经190度。注释,米兰版"③。这是笔者接触到的首次提到里马萨瓦岛的一份西方研究性资料文

---

①　Ibid.,p.147,footnote.

②　关于皮加费塔日记的语种和版本,可参张箭:《地理大发现研究,15—17世纪》,第258页;又参,佚名:"Journal of Magellan's Voyage",https://www.wdl.org/en/item/3082/,2016-09-01.

③　*Pigafetta's Account of Magellan's Voyage*,H.E.J.Stanley edited:*The First Voyage Round the World by Magellan*,p.83,footnote 1.

献。西方原始文献中，笔者接触到的提到了马索华岛的有德
国人特兰思尔范 1522 年关于环球航行的长信：他们被风浪推
到了另一个叫名马索华（Massaua）的岛，那里住着一个管着
三个岛的土王。这是一座优美的较大的岛。船队很快与土王
签订了协议，登陆后船队便自己做起了基督教的圣事。他们
还用船上的材料和岛上的树木等建了一座小教堂，并建了合
乎基督教仪式的小祭坛，按国内的方式施行圣事①。等等。
我们最后看看西方当今的最新的研究。英语版维基百科全书
"麦哲伦篇"发布有《麦哲伦和埃尔卡诺环球航行地图》（Ma-
gellan and Elcano Circumnavigation）。这幅环航图与我们在各
种有关中外文献书籍中常见到的那种航行路线地图不同，它
在大地图的右上角菲律宾地区还专门列出了一幅放大了的小
地图，上面清晰地注明了船队在菲律宾地区的行踪，直到麦哲
伦在与土著居民混战中被杀。即公元 1521 年 3 月 16 日抵萨
马岛，3 月 17 日抵霍蒙洪岛，3 月 28 日抵里马萨瓦岛（Li-
masawa），4 月 7 日抵宿务岛，4 月 27 日麦哲伦在麦克坦岛
（Mactan）战败被杀②。现在我们可以予以总结并下结论了。
麦哲伦船队因为带来的苏门答腊的奴仆权普柔班纳与当地人
通上了话，才意识到了他们已横渡过了太平洋，到达了盛产香

---

① cf. "Letters of Maximilian, the Transylvan", Lord Stanley of Alderley ed-
ited: *The First Voyage Round the World by Magellan*, p.198.

② cf. 佚名："Ferdinand Magellan · Magellan and Elcano Circumnaviga-
tion", *Wikipedia, the free encyclopedia*, https://en.wikipedia.org/wiki/Ferdinand_
Magellan, 2016-08-26.

料的东南亚,从而在思想上意识上精神上结束了航渡太平洋的航行。这个当地的岛便是今天的利马萨瓦岛(Limasawa),它位于菲律宾中南部的东部、靠近太平洋,方位为北纬9度56分,东经125度4分。南北长约10公里,今天居民人口为5000多,行政上隶属南莱特省①。这个纬度与皮加费塔记的方位在北纬 $9\frac{2}{3}$ 度基本吻合。由于今天中国出的地名手册把它统一译为利马萨瓦岛②,与笔者最初说的里马萨瓦岛音同字也基本同。我们也就以此地名称该岛。

此后,船队在这一带转悠,交换,收购香料,传教。菲律宾、印尼一带与美洲、太平洋诸岛不同,当时已进入了阶级社会文明时代,已有了国家、阶级、文字、铁器、军队等。麦哲伦表现欲逞能欲很强,参与了当地统治者之间的混战,于1521年4月27日不幸战死在今菲律宾中部保和海峡中的麦克坦岛(Mactan)。成为地理大发现时代极少数死于土著居民之手的著名航海探险家。这是他咎由自取。

麦哲伦死后,水手们推举埃尔·卡诺(El Cano)为首领。他指挥维多利亚号继续向西,经历了许多波折磨难,克服了无数艰难和危险,穿越了东南亚海域,印度洋,绕过好望角,在大西洋沿非洲西海岸北上,终于在1522年9月6日,回到了西

①　cf.佚名:"Limasawa", *Wikipedia*, *the free encyclopedia*, https://en.wikipedia.org/wiki/Limasawa,2016-08-26.

②　参见中国地名委员会编:《外国地名译名手册》,商务印书馆1983年版,第259页。

班牙圣卢卡尔湾,这时船上从摩鹿加群岛出发时的 60 人只剩
18 个人了①。皮加费塔总结道,"从我们离开这个海湾的那
一天起到今天,我们航行了 14460 里格,并且完成了从西到东
环绕世界一圈的航行"②。两天后,破烂的维多利亚号被一艘
船拖回了塞维利亚。这时从他们 1519 年 8 月 10 日从塞维利
亚启航开始算起,已过去了整整三年又一个月零十二天。留
在香料群岛—摩鹿加群岛维修的特里尼达号及其船员后来被
葡萄牙人俘虏监禁③,葡人认为今印尼的摩鹿加群岛属于他
们的殖民势力范围。直到 1526 年还活着的 4 个人才被葡萄
牙人释放回到了西班牙④。

(五) 横渡太平洋的历史意义和深远影响

关于麦哲伦环球航行的历史意义和深远影响,笔者和其
他学者的一些论著已做过全面深入的论述,兹不赘述。限于
篇幅和文章主旨,这里集中论述其跨越太平洋航行的历史意
义和深远影响。第一,这是环球航行中最关键最重要最艰难
的一段,此前和此后的探航各段在各方面都不如这一段。比
如,从拉普拉塔河到钻出麦哲伦海峡的那段,虽也重要并也有
重大的地理发现,但它是沿岸航行探险,探险性危险性就大不

---

① 参见茨威格:《麦哲伦》,第 213 页。

② A.Pigaffeta: *First Voyage Around the World*, Charles E. Nowell edited: *Magellan's Voyage Around the World*, p.259.

③ 还有一条船因减员严重在菲律宾保和岛放弃焚毁。

④ см. Магидович И. П., Магидович В. И.:《Очерки по Истории Географических Открытий》,Том 2, c.138.

如横渡太平洋。到达菲律宾后的航行,已处在文明人类多次反复航行过的水域,探险性就更低了。它构成环球航行中最关键的一环,没有横渡太平洋的成功也就没有环球航行的成功。第二,这是有史以来最漫长的跨洋远洋航行,比哥伦布西渡大西洋、达·伽马斜渡印度洋都远得多,苏联史家估算他们在三个多月百余天里至少航行了 1.7 万多公里才横渡过太平洋到达亚洲菲律宾群岛的边沿①。这就把人类的跨洋远航能力推上了一个新台阶,使人们坚信就凭借木帆船也能横渡世界上任何大洋(只要不封冻)包括最大的太平洋。第三,发现了太平洋上的许多岛屿,发现了大小麦哲伦星云和南十字座,特别是初步确定了太平洋大概有多大多宽,填补了世界地图和地球仪上这一片的许多空白,使其完善充实了一大步。完全证实了海包陆的假设、海洋相通的推测,这预示着任何陆地只要不封冻便可驾船前往。第四,菲律宾从此面临着西班牙的威胁,后来沦为西班牙的殖民地②。第五,从美洲到亚洲的跨太平洋新航路的开辟,与葡萄牙人开辟的欧印新航路、印度与东南亚之间原有的航路衔接起来,形成了全球航路。显示着到亚洲东方来既可走葡萄牙的印度洋新航路,也可走西班牙的太平洋新航路。这大大促进了全球范围内的经济贸易物质文化人员交流,大大拓展了海上丝绸之路。尤其要指出的

---

① 见.смотри выше,с.131.

② "菲律宾"便是 1544 年西班牙冒险家维拉罗博斯(Villalobos)为尊崇西班牙当时的王储、后来的国王菲力普二世(Felipe Ⅱ)所取的地名。cf. 佚名:"Ruy López de Villalobos", *Wikipedia*,*the free encyclopedia*,2016-05-01.

是,这条新航路对中日朝琉等东亚国家特别重要。中国很早就与菲律宾等国有海上贸易联系,郑和下西洋时就多次去过菲律宾。之后一直保持海上交通与联系。这条新航路与中国人唱主角的海上丝绸之路在离中国近距离路段上衔接起来拓展开了。为中国与东南亚、美洲乃至欧洲的交往交流铺下了道路。之后,美洲的一些农作物,比如番茄、烟草、可可等就先从美洲经太平洋传入亚洲、中国①。后来美洲的廉价白银也经此新航路大量流入中国和东南亚、东亚国家。中国的丝绸、瓷器、茶叶、漆器、传统商品等也走这条路远销东南亚、美洲乃至欧洲。

第六,麦哲伦船队横渡太平洋期间还记下了太平洋一些岛屿岛民的情况,给我们今天留下了珍贵的民族学人类学资料。这是此前研究麦哲伦环航的论著从未涉猎的,需要展开一点予以论述。比如,属于密克罗尼西亚(Micronesian)人种/族群的关岛土著居民查莫罗人(Chamorro),前面提到过,当时他们还赤身裸体,妇女只用一块树皮遮掩隐私部位;不懂弓箭,被箭射中还要把箭杆拉来拉去惊讶地看。在稍远的距离进行反击时就只能扔石块②。据阿尔博(阿尔瓦罗)记载,土著人有很多小帆船,行走如飞。船上用席子做成三角形的帆③。

----

① 参见星川清亲:《栽培植物の起原と伝播》,東京,二宮書店,1987年改訂増補版,第85、159、167页。

② A.Pigaffeta:*First Voyage Around the World*,Charles E.Nowell edited:*Magellan's Voyage Around the World*,p.130.

③ "Log-Book of Francico Alvo or Alvaro",Lord Stanley of Alderley edited:*The First Voyage Round the World by Magellan*,p.223.

据皮加费塔叙述,岛民成年男子留胡须,许多人长发齐腰,有的妇女甚至长发近地——笔者以为这反映出他们没有剪短头发胡须的刀剪。不过至今仍有部分男子保留蓄长发的习俗。岛民都自由自在地生活,没有领主,没有宗教信仰。头戴用棕榈叶做的帽子,帽檐很大。笔者以为这主要用于遮太阳,类似我们戴的草帽。岛民的牙齿弄成黑色和红色,因为他们认为那样好看。这个习俗至今也这样。妇女不去田地劳作,只待在家里用棕榈叶编织席子、篮子和其他家用品。他们食用椰子、甘薯(camotes)、鸟类、手掌大小的无花果(fig)即香蕉(近现代的译者注者已注明可能是指香蕉或大蕉)和飞鱼。这里提到甘薯说明在地理大发现开始前的中世纪甘薯种植就从美洲传入了太平洋诸岛。笔者曾就此做过一点探讨①。他们的房子用木头搭建,屋顶盖着木板,再苫以两米长的无花果(香蕉)树叶。皆为平房,有门窗。他们的房间和床用最漂亮的棕榈叶席子装饰起来。床上铺着又软又好的棕榈草,他们就睡在上面。他们没有什么武器,只有一种长矛,矛尖用鱼骨制成。所以他们才无力抵挡麦哲伦船队反应过度的征剿。男女都喜欢驾自己的小船航海娱乐冲浪,而且延续至今;用鱼骨做的鱼钩钓鱼并钓能飞跃的鱼。他们的小船型制有点像福斯列热船(fucelere),但要窄一些。一些漆(或涂)成黑色、一些白色或红色。帆用棕榈叶拼合缝制而成,形状为三角形。他们

---

　　① 参见张箭:《甘薯的世界传播史》,《中国社会科学报》2012 年 9 月 5 日。

的舵叶用一块厚木板,船头船尾没什么差别。他们的船像海豚,能从一个大浪跃进到另一个大浪。他们画的符号显示他们认为,世界上除了他们自己就没有别的人类①。等等。

　　菲律宾的各民族在 16 世纪初时虽然总体上进入了文明时代和阶级社会,但边远地区的一些部族民族仍处于半原始社会状态,没有或很缺乏文献记载。比如西班牙船队首先抵达的菲律宾的第一个岛萨马岛和岛上的萨马人(Samaran),亦称萨马雷诺人(Samareno),主要住在萨马岛、莱特岛东部和比利兰(Biliran)岛。20 世纪晚期人口约 284 万,操澳斯特罗尼西亚(马来—玻利尼西亚)语系的米沙鄢语(Visayan)。萨马岛又译“三描岛”。菲律宾第三大岛(仅次于吕宋、棉兰老岛)。属米沙鄢群岛,南北长 160 公里,东西宽 40—96 公里,面积约 1.3 万平方公里。由于该岛是南北长东西窄的狭长岛,其漫长曲折蜿蜒的东海岸濒临太平洋,所以也可视作半个太平洋岛屿。麦哲伦船队的观察家就记载了一些 16 世纪初岛上萨马人的情况。比如说萨马人如何充分利用椰子树。他们在椰子树的上端钻一个孔深入树心,引流出树的浆液,很甜,但有点辛辣。他们有小腿般粗的竹子。他们把竹筒绑在树上,引流接取树液。椰子树结椰子果,大的近人头大。外壳

---

　　①　以上据皮加费塔日记两个不同的英译本综合而成。它们大同小异,有细微的差别。cf. A. Pigaffeta: *First Voyage Around the World*, Charles E. Nowell edited: *Magellan's Voyage Around the World*, pp.130-131; *Pigafetta's Account of Magellan's Voyage*, Lord Stanley of Alderley edited: *The First Voyage Round the World by Magellan*, pp.70-71. 皮加费塔记载的查莫罗人的情况还多,限于篇幅不再继续展开。

有两手指厚。在(外果皮内)椰壳外他们找到一些细丝纤维，用以纺线来捆绑船只。土人除了吃椰子肉喝椰子液以外，还吃鱼和肉。还利用椰子肉和汁制作"面包"(bread)，榨油(oil)，酿醋(vinegar)，椰奶(milk)，等等。一个十口之家可以靠两棵椰子树维持。但抽取树液只能持续一周，否则树子将枯死。他们的这种(椰子)生产生活方式已持续了一个世纪①等等。

我们今天研究马里亚纳群岛查莫罗人的历史民俗，菲律宾萨马岛一带的萨马人的历史民俗，仍需要从欧洲人的早期记载中入手，把它们作为必需的原始参考资料。

总之，麦哲伦船队横渡太平洋的成功决定了环球航行成功，推动了世界历史前进了一步，是永远值得研究和予以总结的。

（原载《太平洋学报》2018 年第 2 期）

---

① cf. *Pigafetta's Account of Magellan's Voyage*，H.E.J.Stanley edited：*The First Voyage Round the World by Magellan*，pp.72-73.

发现新大陆

一、探寻南大陆的人们

探寻南大陆的存在,人们经历了差不多 2000 余年的时间;探险者们坚信自己的理想,向南,再向南……终于看到了南极大陆。

(一)哲人的预言

早在公元前 2 世纪,希腊天文学家、地理学家希帕库斯(Hipparchus,190—125B.C.)就提出,已知的大陆极其广袤,且都在北半球,南半球绝大部分是海洋。因此,南半球也应该有块大陆,否则,地球无法保持平衡(地球其实并无这种平衡的必要)。公元 1 世纪的罗马地理学家庞蓬尼·麦拉(Pomponius Mela)赞成关于南大陆存在的设想,并称其为"安提霍托勒"(俄文为 Антихтсны)。他还指出,南大陆的南极地区与北极地区一样,因严寒而无人居住。公元 2 世纪时,埃及的希腊天文学家、地理学家革老丢·托勒密(Claudius Ptolemy)把这块大陆绘入了地图,注出的拉丁文地名为 Terra Australis lncognita,意为"未知的南方大陆"。托勒密认为,南方大陆非常大,几乎填满了大半个南半球。文艺复兴开始后,托勒密的地理学著作被重新"发现",译成各种文字,一再出版,影响很大,激起了人们寻找南大陆的热情。以上是探讨南大陆的早期阶段。

(二) 澳洲不是"未知的南极大陆"

地理大发现开始并取得最重大的成就后,法国地图学家让·斐纳在1531年绘制出版的世界地图中重新画出了南大陆,并把"未知的"一词删去。此后,许多航海探险家不断去寻找这块南大陆。17世纪初,欧洲人逐步抵达和发现了澳洲。不过,最初人们都以为它就是近两千年来一直推测的南大陆,并以为南大陆一直延伸到南极。在澳洲的发现过程中,荷兰航海家塔斯曼的贡献最大。他在1642—1644年的航行和探险中,基本上环航了澳洲大陆,查明澳洲不是南极大陆的一部分,也不靠近南极大陆,而是一块新大陆。此前在这一带发现的地区都是这块新大陆的组成部分。由于荷兰人在发现澳洲过程中的作用和在这一带的殖民扩张,荷兰人所取的新荷兰一名与南大陆一名并存了很久。

1788年英国在今悉尼开始建立殖民据点,作为英国罪犯的流放地。1802—1803年间,英国海军军官弗林德斯完成了环澳航行,进一步证明了新荷兰是一块完整的独立的大陆。他于1814年建议,把这块新大陆定名为"澳大利亚",将表示大陆的"特拉"(Terra)也简化掉。他的建议被英国驻澳总督麦阔里采纳。于是,原来表示南大陆的"南"便作为地名"澳大利亚"错给了这块新大陆。以上近三个世纪的航海探险考察构成探讨和寻找南大陆的第二阶段。

（三）澳洲的南面还有"新大陆"

澳洲被发现后，欧洲的地理学家认为，澳洲最南端才达到南纬 38 度，距南极极顶还有 52 个纬度，在如此浩瀚的海洋里应该还有新大陆。于是学者们在"北极"arctic 的前面加上反意前缀 anti，写成 Antiarctica，表示这块未知的大陆，意为"北极的对面"，即南极洲。当时还有人传说，南极洲地下蕴藏着许多金银宝藏。于是，探险的精神，求知的欲望，猎捕鲸、海豹、海象等南极海洋动物的经济利益和开发南大陆的理想，这一切都推动着各国航海探险家不断向南大洋—南冰洋（实际上是太平、印度、大西三大洋汇合后的大洋）挺进。从而开始了探寻和发现南大陆的第三个阶段。

（四）人类最终登上南极大陆

1821 年 1 月，俄国航海家别林斯高晋（Ф.Ф.Беллинсгаузен）和拉札列夫（М.П.Лазарев）率领的两艘探险船首次在南纬 66 度半的南极圈内发现了面积为 250 平方公里的彼得一世岛。接着，他们又在南纬、西经各 70 度一带发现了大片陆地。他们以当世沙皇的名字命名，称为"亚历山大一世之地"。但是，美国人却认为，美国捕鲸船船长巴梅尔先于俄国人 50 天便发现了该地。俄、苏学者对此说则断然否认。而大多数学者，包括《大英百科全书》1974 年 15 版"南极洲"条的作者，均认为别氏拉氏等人很可能最先在南极地区实实在在地看见了发现了这块陆地。

最初，人们都以为"亚历山大一世之地"是南极大陆的一部分,125 年后的 1946 年经美国人考察,才弄清楚它是南极洲的一个大岛,面积约 4.3 万平方公里,与南极大陆边缘还隔着一条好几十公里宽的海峡。美国人终于完成了对这块他们力争其最先发现权的陆地的发现。

　　不管怎样,在南极圈内发现大片陆地的喜讯激励着航海家探险家们冒着严寒,不避艰险,继续向南进军。1840 年,英国探险家罗斯第一次看见、发现了南极大陆,1898 年,挪威探险家鲍尔赫格列文第一次登上了南极大陆。1911 年 12 月至次年 1 月,挪威探险家阿蒙森、英国探险家斯科特相继到达南极极顶。至此,绵延了两千年的重大地理疑案终于完全了结。南大陆—南极洲水落石出,“冰化”地现,显露出庞大的身躯,成为地球上的第六块大陆(亚欧、非洲、北美、南美、澳洲、南极)和第七个大洲(亚、欧、非、北美、南美、澳、南极)。人们两千年来对南大陆的探讨和寻觅终于胜利结束。

　　　　　　　　　　　　　　(原载《海洋世界》1995 年第 12 期)

二、两洲一洋的地名来历

在世界上的大洲大洋中,澳洲、北冰洋、南极洲是最后一批被人类发现的。它们的名字均经历了漫长的形成过程,很晚才被确定下来。

(一)澳洲(**Australia**,**Австралия**)

早在古希腊时代,就有学者提出,已知的大陆非常广袤,且都在北半球,南半球绝大部分是海洋。因此,南半球也应该有块大陆,否则地球无法保持平衡(地球其实并无这种平衡的必要)。公元 2 世纪时,埃及的希腊天文学家、地理学家革老丢·托勒密把这块大陆绘入了他的世界地图,标出的拉丁文地名为 Terra Australis Incognita,意为"未知的南方大陆"。地理大发现开始以来并取得最重大的成就后,法国制图学家让·斐纳在 1531 年绘制出版的世界地图中重新画出了南大陆,并把"未知的"一词删去,地名简化为 Terra Australis。此后,许多航海家探险家不断去寻找这块南大陆。17 世纪初,欧洲人逐步抵达和发现了澳洲。不过,最初人们都以为它就是人们一直所推测的南大陆,并以为南大陆一直延伸到南极,占据了大半个南半球。其中荷兰人则把它称为新荷兰。在澳洲的发现过程中,荷兰航海家塔斯曼的贡献最大。他在 1642—1644 年的航行和探险中,基本上环航了澳洲大陆,查明了新荷兰不是南极大陆的一部分,也不靠近南极大陆,而是一块新大陆。此前在这一带发现的地区都是这块新大陆的组成部分。由于荷兰人在发现澳洲过程中的作用和在这一带的殖民扩张,新荷兰一名与特拉·澳大利亚——南大陆一名并存了很久。1788 年英国在悉尼开始建立殖民据点,作为英国罪犯的流放地。1814 年英国航海家弗林德斯建议,将表示大陆的"特拉"去掉,简化为"澳大利亚"。他的建议被英国驻澳总督麦阔里采纳。于是,原来表示南大陆——南极洲的"南"便作为地名澳大利亚错给了这块新大陆。

(二) 北冰洋 (Arctic ocean, Северный ледовитый океан)

文明人类对北冰洋的发现和这一地名的形成经历了漫长的过程。古代希腊人对北极地区和北极水域就有种种猜测和推断。英语和其他西方语文的"北极"Arctic 一词就源于希腊语的 arktikos,意为"北方的"。而它又来自 arktos 一词,意为"熊"。这是因为北极地区位于大熊星座(北斗星)下面。10 世纪前后,北欧的诺曼人曾航达北冰洋边缘,并一度移居濒临北冰洋的格陵兰岛和冰岛。12 世纪前后,俄罗斯诺夫哥罗德共和国的居民就开始在北冰洋的喀拉海和巴伦支海一带捕鱼狩猎。马可·波罗则把北极地区称为"黑暗之乡",把北极海域称为"北方洋"(Northern Ocean)。15 世纪时,在北冰洋中的斯匹次卑尔根群岛上已有俄国渔民的居民点。地理大发现开始后,1512 年,波兰学者杨·斯托帕尼契卡绘制出版了一幅世界地图。图上绘出并标明了北极圈,北极圈内注明是"冰海"。这是绘出并标明北冰洋的第一幅地图。地球学说被航海实践证实后,俄国学者格拉西莫夫于 1525 年最早提出了从欧洲经北冰洋到远东和太平洋去的设想。此后,欧洲各国的航海家探险家不断向北冰洋进军,试图开辟北方新航路,并缓慢地逐步地取得了成功。1570 年,荷兰制图学家窝提留斯绘制出版了他的世界地图集,其中有描绘北极地区和北冰洋的地图。1650 年,荷兰地理学家凡伦留斯率先确定北冰洋为一个独立的大洋,他称为"北极洋"(Arctic Ocean)。俄国 18 世纪出的有关地图都画出了北冰洋,但标出的地名不统一,有"冰海""北冰海""北洋""北海"等等。1845 年,伦敦地理学会把该洋正式命名为"北极洋"。1868 年,俄国海洋部水文地理司绘制出版的有关地图首次把该洋注明为"北冰洋"(Северный ледовитый океан)。1935 年,苏联有关部门正式把该洋定名为北冰洋。由于该洋多浮冰、冰川、冰山,大部分水域终年封冻,也由于俄国、苏联濒临该大洋的海岸线最长,是北冰洋沿岸最大的国家,故中文地名从俄文,称北冰洋。

(三) 南极洲(**Antarctica**, Антарктида)

澳洲被发现后,欧洲的地理学家认为,澳洲大陆最南端才达到南纬 38 度,距南极极顶还有 52 个纬度。在如此浩瀚的水域里应该还有新大陆。于是学者们在"北极"arctic 的前面加上反义前缀 anti，写成 Antarctica，表示这块未知的大陆。意为"北极的对面"，即南极洲。当时还有人传说南极洲土地肥沃，气候温和，地下蕴藏着许多金银宝藏。在各种原因的推动下，各国航海家探险家不断向南大洋——南冰洋（实际上是太平、印度、大西三大洋汇合后的大洋）进军。19 世纪以来，俄国探险家别林斯高晋和拉札列夫、英国探险家罗斯、挪威探险家鲍尔赫格列文等逐步发现了南极洲。地球上的最后一块大陆终于被确定了，"南极洲"这个地名也由假定变成了现实。

（原载《海洋世界》2005 年 第 6 期）

三、哥伦布第二次远航与
旧大陆生物初传美洲

由于复杂的自然因素,旧大陆与美洲澳洲新大陆的生物群落是大不一样的。地理大发现开启了全球大交流,其中包括生物大交流。1493 年 9 月至 1496 年 6 月,哥伦布率西班牙船队进行了第二次远航美洲的探险和殖民活动。哥伦布船队和后续补给船队把旧大陆的各种作物、畜禽、传染病带到了新大陆,欧洲白人也移入。从此,旧大陆的各种农作物,包括粮食作物、蔬菜水果作物、经济作物传入美洲,并在那里开花结果;旧大陆的主要畜禽包括猪马牛羊驴骡狗鸡鸭鹅等移入美洲,并在那里生息繁衍;旧大陆的病菌传染病也开始侵入美洲,并在那里蔓延肆虐。旧大陆生物的传入对西半球的历史进程和社会发展产生了重大的影响和(正负)作用。

（一）研究的缘起和旨趣

地理大发现开启了全球大交流,使原来局限于各个大陆内部的交流突破了大洋的阻隔,扩展到全世界。交流的内容无所不包,从人员、货物、资金、信息到文化、思想、科技、制度等。其中还有一个非常重要但长期被忽视甚至遗忘的方面即生物大交流。生物大交流的主要内容有动植物、疾病病菌病毒、人种民族等等。这是全球化初始阶段的一个重要方面。但国际上对此的研究比较薄弱，国内基本上属空白或荒芜。譬如，一说到植物的交流，人们便会想起印第安人培育的各种重要（农）作物（作物是农业上栽种的各种植物）如何传遍了全世界，而不太知晓旧大陆人培育的各种重要（农）作物在地理大发现开始后也传遍了新世界，更不清楚是何时何物何人何地为何如何（即六个 W 或"何"）传入的；再如，一提起动物的交流，人们只知道美洲（还有澳洲）是个动物匮乏的世界，但不知晓旧大陆的各种重要家畜家禽在地理大发现开始后传遍了新世界，更不清楚六个"何"。所以十分需要开拓这个领域。近年来，国外虽有美国小克罗斯比的《哥伦布的交流，1492 年的生物和耕作后果》①和《生态扩张主义，欧洲 900—1900 年的生物扩张》②两书问世，开创了生物大交流研究的新局面。但它们对旧大陆作物畜禽初传美洲的情况没有论及或语焉不详。所以在此基础上推进和深入旧大陆作物向新世界传播的研究特别是初传美洲的研究很有必要和意义。

---

① Alfred W.Crosby, Jr.: *The Columbian Exchange, Biological and Cultural Consequences of* 1492, Westport, Greenwood Press, 1973.

② Alfred.W.Crosby, Jr.: *Ecological Imperialism, the Biological Expansion of Europe*, 900–1900, Cambridge University Press, 1986.辽宁教育出版社 2001 年出版了该书中译本。其译名为：《生态扩张主义（帝国主义），欧洲 900—1900 年的生态（生物）扩张》——似不太准确。译为《生态帝国主义——欧洲 900—1900 年的生态扩张》似更恰切。

　　疾病病菌病毒的传播也是地理大发现开始后发生的生物大交流的重要组成部分。但一讲到此,学界只知道旧大陆的烈性恶性传染病由欧洲殖民者传入美洲后致死了多少印第安人,但传入了何病、何时传入、何人传入、如何传入的、先传入何地、如何蔓延开、危害如何等,则要么一无所知,要么泛泛而谈,不挈纲领,不谙真情,甚至弄颠倒(例如梅毒)。而旧大陆疾病病菌病毒的传入直接导致了印第安人大量死亡,甚至导致一些部族的灭绝,大大削弱了印第安人抵抗外来征服侵略的力量,大大加快了他们被征服被奴役的进程。而这方面国内外不仅缺乏微观研究,甚至也没有一本像样的宏观论述的著作。所以十分需要开拓生物大交流研究这一领域。

　　在哥伦布第二次远航美洲期间,不仅旧大陆的作物、畜禽、病菌传入,欧洲白人也从此移入美洲,欧印混血的梅斯蒂索种族(Mestizos)开始孕育。他们构成今天多数拉丁美洲国家的主体种族主要居民。从生物学的角度看,人是最高级最特殊最复杂的动物,人也是大自然之子。约300万年前,从类人猿进化出了人类。几十万至几万年前,人类内部又渐渐形成了不同的人种。到地理大发现开始前夕,人类已稳定地分化形成四大人种,即蒙古人—黄人、欧罗巴人—白人、尼格罗人—黑人、澳洲人—棕人,还有许多中间型的过渡人种①。在

───────────

　　① 参见《中国大百科全书·生物学》第二卷《人种》条,中国大百科全书出版社1991年版,第1214页。

地理大发现以前,各人种的分布与它们的冠名基本一致:即欧—白人主要居住在欧洲,蒙—黄人主要居住在亚洲,尼—黑人主要居住非洲,澳—棕人主要居住在澳洲—大洋洲,蒙—黄人中的美洲人种主要居住在美洲。地理大发现带来了人种民族大交流,世界人种的分布发生了急剧的变化,欧—白人开始涌向美洲、南非、澳洲和新西兰、西伯利亚,其数量迅速增长;尼—黑人被绑架到美洲;有的人种人口大大减少,有的人种濒于灭绝;由于混杂又出现了新的人种。这一系列的过程形成了现代人种分布的基本格局。不过,与作物、畜禽、病菌等生物的传播不同,欧洲白人不是被谁传入新大陆的,而是自己主动移入的。他们在移居的同时带入了作物、畜禽、疾病,并在移民定居的条件下与印第安人混血,开始孕育新的种族和民族。所以白人的移入主要是人类史社会史的内容,而非物质文明史和自然科学史的内容。故本文不把它作为专题予以论述。

鉴于以上因素,本文拟探讨旧大陆重要生物即作物、畜禽和疾病初传美洲的问题,以哥伦布第二次远航美洲为个案和对象。希望能以此填补人们对那段历史和那方面历史的了解的缺失,丰富和深化对大交流乃至全球化初始阶段的认识。

(二) 大西洋两岸稳定联系的确立

1493 年 9 月至 1496 年 6 月,哥伦布率西班牙船队进行了第二次航渡美洲的远航探险、地理发现、征服扩张、殖民移民。

1493 年 11 月,哥伦布带着 17 艘船约 1500 人①,第二次踏上美洲加勒比海地区的土地。从此,欧洲白人不再离开或消失,开始了殖民移民拓殖的进程。也从此,美洲和欧洲之间,加勒比、伊斯帕尼奥拉与伊比利亚、西班牙之间的交通、船只往返,各种人员物资信息的交流便成为经常性的、永不中断的、完全稳定的了。以海地—伊斯帕尼奥拉岛与西班牙的联系为例:1494 年 2 月,迫于食品短缺疾病流行,托雷斯率 12 艘船七八百对淘金发财失望之人,抓获的 20 名印第安人奴隶离开海地返回西班牙②,是为从美洲返回欧洲的第二批船。1494 年 6 月,哥伦布之弟巴托罗缪带着三条船载着补给品、各种物资和增援替换人员抵达海地岛北岸中部西班牙人新建的殖民城镇伊莎贝拉③,是为到达伊斯帕尼奥拉的第三批欧洲船。1494 年 9 月,修士布伊尔、骑士马加力特等因不满哥伦布兄弟对印第安人相对羁縻怀柔一点、对部下纪律稍加约束的做法,劫持了三条船,擅自逃跑,11 月回到西班牙④。1494 年 10 月,托雷斯又带着四条满载补给品和物资的船回到海地伊莎贝拉,并带来西班牙男女双王夫妇给哥伦布的信。国王夫妇在信中

① cf.Bores Penrose:*Travel and Discovery in the Renaissance*,1420-1620,New York,Atheneum,1975,p.103.

② cf.G.Granzotto:*Christopher Columbus*,Norton,University of Oklahoma Press,1987,p.211.

③ 参见[西]马达里亚加:《哥伦布评传》,朱伦译,中国社会科学出版社 1991 年版,第 383 页。

④ cf.S.E.Morison:*Admiral of the Ocean Sea*,*a Life of Christopher Columbus*,Boston,Little Brown,1942,p.164.

还提议在海地和西班牙之间建立正常的交通联系,每月对开一条船①。1495 年 2 月,托雷斯又带着四条船,掳掠来的约 500 名印第安人战俘奴隶和撤回去的殖民者,搜刮来的黄金和土特产离开海地返回西班牙②。1495 年 10 月,由胡安·阿瓜多率领的四条船载着补给品和替换人员又到达伊莎贝拉③。1496 年 3 月,哥伦布率两条船,其中一条是在美洲自造的船,200 多西班牙人,30 多印第安人俘虏奴隶离开伊斯帕尼奥拉,一边返航一边探察,6 月回到加的斯港④,结束了他的第二次远航。而且他们进入加的斯湾时,遇上三条正准备起航前往伊岛伊城给他们送粮秣、牲畜、信件和包裹的船⑤。

由以上所述可知,在哥伦布第二次远航美洲(1493 年 9 月—1496 年 6 月)的两年多时间里,从欧洲西班牙到达美洲伊斯帕尼奥拉—海地的船只、人员、物资共有四批(哥伦布一次,巴托罗缪一次,托雷斯一次,阿瓜多一次),由海地越洋到达西班牙的船只、人员、物资也有四批(托雷斯一次,布伊尔、马加力特一次,托雷斯一次,哥伦布一次)。从此开创了著名的"去(西)印度之路"(carrera de Indias)的航运⑥。于是,通

----

① 参见[西]马达里亚加:《哥伦布评传》,中国社会科学出版社 1991 年版,第 383 页。

② cf.G.Granzotto:*Christopher Columbus*, p.222.

③ 参见莫里逊:《航海家哥伦布》,陈太先、陈礼仁译,湖南人民出版社 1983 年版,第 161 页。

④ 参见[西]马达里亚加:《哥伦布评传》,第 390 页。

⑤ 同上,第 393 页。

⑥ cf.William D. Phillips, Jr., Carla R. Phillips:*The Worlds of Christopher Columbus*, Cambridge University Press, 1992, p.241.

过船舶航海这种渠道,旧大陆生物开始传入美洲。

　　哥伦布离开海地返航回西班牙前,把殖民地统治权交给他的两个弟弟巴托罗缪和唐·迪戈,指示他们另选新址修建殖民地首府。他们随即选中海地岛南海岸东部一个新址,在那里营建新首府圣多明各,并把西班牙移民迁往六七个防御牢固的新村寨①。所以在哥伦布抵达加的斯结束此次远航探险征伐殖民前,伊斯帕尼奥拉的西班牙移民已散布开来扎根该岛安家落户了。

(三) 旧大陆的作物初传新世界

　　哥伦布航渡美洲地理大发现开始后,西班牙人和其他欧洲人把印第安人驯化、培育、种植的作物和美洲特产的植物陆续传播到欧洲继而传遍全世界,促进了农业大发展,生活大改善,饮食大革命。这些作物植物中最为重要流行影响很大的有:粮食作物玉米、土豆(马铃薯)、甘薯;经济作物烟草、橡胶、棉花②;干果作物花生、葵花、可可;蔬菜作物番茄(西红柿)、辣椒、南瓜、西葫芦、菜豆(四季豆);水果作物:菠萝、鳄梨、豆薯(即地瓜,即可作水果又可作蔬菜);药材作物金鸡纳树(制抗疟特效药奎宁)、古柯③;等等。而哥伦布的第二次远

---

　　①　参见朗格:《哥伦布传》,张连瀛、李树柏译,新华出版社1986年版,第185页。

　　②　美洲原产陆地棉、海岛棉,旧大陆原产亚洲棉、草棉。地理大发现造就了全球大交流,新旧大陆的棉花互相杂交复壮、改良,大大提高了产量和质量,以及对环境的适应性和抗病虫害的能力。

　　③　coca,叶含古柯碱,提制为麻醉药。常用多用会成瘾,那样就演变为臭名昭著的毒品可卡因cocaine。

航则直接把旧大陆的一些重要的农作物和畜禽传入美洲,并在美洲栽培和饲养,从而开创了美洲农牧业发展和农村经济开发的新时代。

随哥伦布第二次远航的人员中除了水手和军士,还有很多农夫、工匠、绅士、骑士,还有教士、医生、印第安人翻译和各种学者。船上除了带着各种冷热兵器和给养外,还有各种农具工具、生产装备,并带上了欧洲的各种农作物种子或藤条、秧苗。经爬梳能考出的有葡萄藤、甘蔗苗,其中甘蔗苗是在加那利群岛装上船的①。据同时代的卡斯·卡萨斯的《西印度通史》记载,有小麦种子,有甜橙、柠檬、甜瓜、枸橼②。还有大麦种子③;还有鹰嘴豆、洋葱、小萝卜、莴苣(Saladgreens)④。另外,据美国史家莫里森对 1494 年 3 月海地白人的生产生活形势的分析:那里的甜瓜和黄瓜已经成熟⑤。这说明还带有传入了黄瓜。哥伦布在完成此次远航第二阶段的探险(探察古巴牙买加等地),于 1494 年 9 月回到海地伊莎贝拉后,发现

———————

①　см. И. П. Магидович, В. И. Магидович :《 Очерки по Истории Географических Открытий》, Том Ⅱ , Москва, Издательство Просвещение, 1983, C.25.

②　参见[西]马达里亚加:《哥伦布评传》,第 340、360 页。枸橼即香橼,是一种灌木,果实可入药。

③　参见[特]埃·威廉斯:《加勒比地区史》,辽宁大学经济系翻译组译,辽宁人民出版社 1976 年版,上册第 27 页。

④　cf.A.W.Crosby, Jr.: *The Columbian Exchange*, *Biological and Cultural Consequences of* 1492, p.67.

⑤　cf.S.E.Morison :*Admiral of the Ocean Sea*, Vol. Ⅱ , p.113.

情况很糟，移民们一天只能配给一碗豌豆汤，1/5 个鸡蛋①。
这说明还带去传入了豌豆。所以，当时的历史学家拉斯·卡
萨斯曾说，"在今日（指 16 世纪）西印度群岛，所有源于卡斯
蒂利亚（指西班牙）的作物，都是这次远征带来的种子的后
代"②。笔者认为，可把这句话补充完善为，在今日加勒比和
中美洲，所有源于西欧的作物，都是这次远征和远征期间带来
的种子的后代。

　　我们现在考证"二航"期间为哥伦布补给的船队新带来
哪些哥伦布大船队未亲自带来但又需要的作物或作物种子。
哥伦布于 1494 年 1 月底写的由托雷斯带回去给国王们的报
告，汇报了探险发现和开拓殖民地的情况，请求补给增援，调
运各种物资。报告说："我们感到这里特别缺乏葡萄干、糖、
扁桃、蜂蜜和米（рис），这些应当大量运来。"③上述他开列
的补给清单中，就增加了或至少是点明了两种新的作
物——扁桃和米。扁桃（миндал），又称巴旦杏，八达杏。
落叶乔木，树皮灰色，叶披针形，花粉红色，果实卵圆形，光
滑，易破裂，果仁供食用或药用。其中苦味扁桃入药，甜味
扁桃作水果。报告中的"米"（рис）据俄文应是大米，因小
米俄文一般说 чумиза，结小米的庄稼粟俄文为 просо

---

①　参见朗格：《哥伦布传》，第 165 页。

②　[西]马达里亚加：《哥伦布评传》，第 360 页。

③　"Мемориал Колумба Изабелле и Фердинанду", Я. М. Света: пер. и
ком.《Путешествия Христофора Колумба, Дневники, Писма и
Документы》, Москва, ГИГЛ, 1956, С.353.

итальяское。一些著作在述及这个情况时均不经意地或说成小米，或说成大米，且都未做论证。米是稻的果实。据我所知，稻属中只有两种栽培稻种，即普通栽培稻（又简称亚洲稻）和光稃稻（又简称非洲稻）。光稃稻起源于非洲[①]。亚洲稻起源于中国西南部和印度的东北部。由此逐步向四周传播，向西先传到西亚。古代西欧就进口大米，至中世纪时期，西亚地区的大米贸易十分兴旺。中世纪中期西欧开始种植稻米，最初是由征服了伊比利亚半岛的穆斯林把西亚的一些耕作方法和作物传入西欧。西班牙语中的"稻子"（arroz）便起源于阿拉伯语（al-aruzz），是它的对音。西班牙是最早种植稻子产米的西欧国家[②]。到 15 世纪时意大利也种植稻米并逐渐扩大了种植面积。所以哥伦布要求补给的食品中还有大米。

在前两次远航期间，哥伦布是比较受西班牙国王夫妇特别是伊萨贝拉女王的信任、支持和器重的。第一次远航归来后和第二次远航期间，哥伦布的威望声誉达到顶点，国王夫妇特别是女王对他的信任支持器重也达到顶点。可以说视哥氏为股肱，有求必应。所以在哥伦布二航期间有三批补给增援船队到达伊斯帕尼奥拉，它们都满载哥伦布和新殖民地所需的各种物资东西。其中由哥伦布的弟弟巴托罗缪率领的三条

---

① 　cf. Judith A. Carney："African Rice in the Columbian Exchange"，（carried in）*Journal of African History*，Vol.42，2000，No.3，p.379.

② 　参见徐善伟:《东学西渐与西方文化的复兴》，上海人民出版社 2000 年版，第 207—209 页。

补给船最早到来,于 1496 年 6 月首先抵达伊莎贝拉①。他显然根据他哥哥的要求,按照国王夫妇的命令,带来了各种补给品和物资,包括其兄点名要的扁桃和大米。

带上了那些欧洲有美洲无的谷物、水果、蔬菜种子和秧苗到了美洲,算是把旧大陆的作物初步传入新大陆了。但是栽种了没有呢,是否成活了呢? 只有种下了,成活了,收获了,才能算真正地传入扎根了。我们经过钩沉辑佚、爬罗剔抉、研读分析获知,在哥氏二次远航期间,许多旧大陆的作物已在美洲栽种、生根、发芽、开花、结果、收获,实实在在地传入了。例如,美国史家莫里森在分析哥伦布派托雷斯率 12 船于 1494年 2 月先回西班牙的考虑时说:"小麦、大麦和其他种子已经播种,但在收获之前会有几个月的时间;甘蔗苗和葡萄藤已经栽下,但它们又何时才能繁殖结实呢?"②莫里森在论述 1494年 3 月哥伦布带人向海地岛内陆远征和探察时的形势时点明:"在他们去(远征)的时候,(在伊莎贝拉)庄稼长得很好,甜瓜和黄瓜已经成熟,第二天首批麦穗便将收割,甘蔗苗和葡萄藤等也长势良好。"③

如果说,以上所引还是现代史学家的研究文献的话,那么,仔细搜寻研读参加了第二次远航的当事人和同时代的学者所写的原始文献,仍能觅得证实以上观点的证据。例如,作

---

① cf. S. E. Morison: *The European Discovery of America*, *the Southern Voyage*, 1492–1616, Oxford University Press, 1974, p.134.

② S.E.Morison: *Admiral of the Ocean Sea*, Vol. Ⅱ, p.105.

③ cf.Ibid., p.113.

为随队医生参加了第二次远航全过程的昌卡大夫在 1894 年 1 月底写给塞维利亚市政当局的信中说,"我们尽可能地多种蔬菜(полезных растений)。说真的,它们长得很快,8 天的长势相当于在西班牙的 20 天"①。这封信没注明日期,但据内容和背景分析可知是写于 1494 年 1 月底 2 月初,由托雷斯率大船队返航时捎回。因信中没提以后的事,信中出现的日期最晚的是 1494 年 1 月 21 日。这里,полезных растений 直译为"(各种)有益的植物"。倘它指粮食、经济、水果作物则一般应讲明;再者,若不是蔬菜而是其他作物,那就不会因加勒比地区炎热、潮湿、多雨、多日照而长得特别快。只有种蔬菜时出现的这种情况才特别明显。还因为紧接着的下文也是说蔬菜:"常有印第安人,还有被他们视为首长的酋长,以及印第安妇女都来到这里。他们带来一种阿赫(axe)。这种绝妙的果子像我们的萝卜,我们在这里用它做了各种各样的菜肴。这种菜肴给了我们很大的安慰。"②所以"有益的植物"主要指蔬菜无疑。

哥伦布在 1494 年 1 月底的报告中也写道:"但粮食应该(继续)运到这里,直到我们在这里播种和栽种的(作物和果菜)收获为止。我们要的是小麦、大麦和葡萄藤。后者今年

---

① "Писмо Доктора Чанки Властям Города Севильи"Я.М.Света:пер. и ком.《 Путеществия Христофора Колумба, Дневники, Писма и Документы》,С.278.

② "Писмо Доктора Чанки Властям Города Севильи", Я. М. Света:пер. и ком.《 Путеществия Христофора Колумба, Дневники, Писма и Документы》,С.279.

(按,应为去年,因已翻年了)栽种得较少,因为开始时不能为葡萄挑选好田地。"①这里虽没说明播种的是什么栽种的又是什么,但从内容和语文的角度分析,播种的一般指粮食谷物,栽种的一般指蔬菜瓜果。例如刘汉荣主编《俄汉大辞典》播种(посеять)例句:"我们在这里播种了小麦",栽种(посадка)例句:"栽白菜"。所以,这里播种的应指谷物,栽种的应指蔬菜瓜果。哥伦布的报告紧接着又说:"虽然这样我们还是播下了一些种子,诚然,主要是为了试试地力。它看来极好,因此可以期待今后从中缓解我们的食物匮乏。我们时刻都完全深信和坚信,在这里的土地上小麦、葡萄之类会长得一样好。但要等等看,它们何时结出果实。如果移植在这里的少量葡萄藤会生长成熟得与种下的小麦一样快,那就可以相信,这个地区不会缺乏安达鲁西亚和西西里所出产的一切,包括甘蔗。后者我们在这里也栽种了一些,也生长得很好。"②苏联史家斯维塔就此做注道:"依靠在伊斯帕尼奥拉收割庄稼,移民们得以缓解极为紧张的食品形势。欧洲作物在伊斯帕尼奥拉的确生长成熟得非同一般地快。例如小麦,一月份才播种,三月份便可收割。"③国王和女王收到哥伦布的报告后在上面批示道:"既然那里的土地如此肥沃,就应力求

---

① "Мемория Колумба Изабелле и Фердинанду", Я. М. Света: пер. и ком. 《Путеществия Христофора Колумба, Дневники, Писма и Документы》, С С.351–353.СС.351–353.

② смотри выше, С.352.

③ смотри выше, С.365.

在那里尽可能地多种各种作物。唐·胡安·德·丰赛卡应该把报告中所需求的一切毫不迟延地送去"①，对哥伦布的请求予以支持。

我们前面已考出哥伦布二次远航期间，有三批船返回西班牙带回了各种货物、人员和信息，又有三批船来到伊斯帕尼奥拉予以补给、增援和人员调换。所以它们每次都带来了新的美洲殖民地所需的各种东西物资，包括欧洲的各种作物种子秧苗。根据当时开发拓殖移民区的形势和实际情况，新带来的作物也应该是种下了。比如，巴托罗缪带来的扁桃在吃食后，其果核会当作种子留下来播种栽培。关于稻米，巴托罗缪带来补充的粮食中除了有大米之外，还应该有尚未碾米的稻谷。因为稻谷才便于贮藏、运输、抗炎热潮湿、利于防水、保持新鲜、不易发霉生虫。而且哥伦布船队早就带去了各种工具、农具、生产装备，也带上了碾米舂米磨面粉的工具和器械。并且一选定地点建殖民城镇伊莎贝拉，就开始在那里修建磨房等加工设施了。随队的昌卡医生在1494年1月底的信中也提到，"人们已经开始修建引水渠。我们的工长说，要让水渠穿过城镇，并在渠上修建磨房、锯木场和其他各种可以用水力推动的设施"②。磨房当既能磨麦子面粉，也能碾谷碾米。所以巴托罗缪和后继的托雷斯、阿瓜多三批船队应带有稻谷。

---

① 　smotri выше, C.352.

② 　"Писмо Доктора Чанки Властям Города Севильи", Я. М. Света: пер. и ком. 《Путеществия Христофора Колумба, Дневники, Писма и Документы》, C.279.

按情理稻谷也必然在移民地区播种栽培。因为海地岛的纬度类似于海南岛（北纬 20 度左右），炎热、潮湿、多雨、日照强，更适合稻子生长。因此可以肯定，在哥伦布"二航"期间，扁桃和稻子这两种作物也传入美洲，在那里试种。

这样在哥伦布"二航"期间，哥伦布等人把美洲没有的欧洲——旧大陆具有的各种重要的农作物，包括谷物、蔬菜、水果、经济作物等，实实在在地、在完整意义上传入了美洲。这些作物经我们考证已知名的便有：粮食类的小麦、大麦、稻子；水果类的葡萄、甜橙、柠檬、扁桃；蔬菜类的黄瓜、甜瓜、豌豆、鹰嘴豆、小萝卜、莴苣、洋葱；经济类的枸橼、甘蔗、葡萄①。它们在那里播种、生根、发芽、开花、结果、收获、加工、食用，为美洲农业栽培业的发展发挥了巨大的作用。

（四）东半球的畜禽首入西半球

如果说，美洲生长、出产、培育、驯化的农作物不逊于旧大陆，新旧大陆都培育出许多重要的农作物栽培种，对农业都作出了巨大的贡献的话；那么，或许是天意，即由于地球演化的特殊进程，美洲可供驯养的兽类鸟类很少。所以，当新旧大陆相遇时，旧大陆的牲畜家禽便已很丰富，对畜牧业、饲养业的发展贡献很大；而新大陆的牲畜、家禽就很贫乏，对畜牧业，饲养业的贡献就很小。到地理大发现开始之时，美洲仅在局部地区有羊驼（llama）、美洲驼（alpaca）这两种中小型家畜和吐

---

① 甘蔗、葡萄用于零食便是水果，用于熬糖酿酒便是经济作物。

绥鸡、疣鼻栖鸭(muscovy duck)①这两种并不优良的家禽。此外还有狗和豚鼠(guinea pig)——这便是印第安人驯养的全部畜禽②。而可以作为役畜的羊驼和美洲驼还只限于南美安第斯山区,且驮不动100磅的重物,不能供成年人骑乘③。豚鼠还没有兔子大,传入旧大陆后只用作玩赏动物和实验动物;疣鼻栖鸭比家鸭稍大,远小于鹅。比起东半球旧大陆的猪马牛羊驴骡、骆驼、大象、驯鹿等大牲畜,特别是役畜,真是差得太远了。此外,旧大陆非常普遍的家养畜禽还有狗猫兔、鸡鸭鹅、鸽、鹌鹑等,美洲却除了有狗外其他都没有。而且哥伦布直接抵达的西印度群岛没有比狐狸大的动物(印第安人的狗比旧大陆的狗小)。我认为正因为如此,哥伦布之前美洲印第安人就没有像样的畜牧饲养业,就很缺乏肉蛋奶的摄入,这就影响了人的体力、智力和人口的发展,进而迟缓了文明发展。缺乏或没有大中型役畜便影响了生产力的发展,随之而来的缺乏畜粪就缺乏肥料,也影响了农业生产的发展。这是新旧大陆相遇时,新大陆原始落后的根本原因之一。也正因为如此,旧大陆家畜家禽的传入、繁殖便具有更为重大的作用和意义。

美洲没有的但旧大陆具有的重要牲畜家禽也是在哥伦布

---

① 疣鼻栖鸭又译克里奥尔鸭(Crecole duck),学名 *Cairina moschata*,中国又叫番鸭。过去曾译麝香鸭,不准确。

② cf.A.W.Crosby,Jr.; *The Columbian Exchange, Biological and Cultural Consequences of* 1492,p.74.

③ cf.A.W.Crosby,Jr.; *The Columbian Exchange*,p.109.

"二航"期间由哥伦布船队和后续补给船队运到美洲传入新大陆的。1493年9月哥伦布开始二航美洲时,就带上了公母搭配合适的各种畜禽,其中有二十几匹马,八条猪,一些猎狗①;有数目不详的驴和牛②;还有一些绵羊、山羊和鸡③;甚至还有骡子④。所以,旧大陆具有的最为重要的畜禽,哥伦布船队几乎都带上了,即猪马牛羊驴骡狗鸡。它们中的一些种类是在加的斯港装上的,一些是在加那利群岛装上的。在横渡大西洋的航行中,以及在探察加勒比海地区时,有一些畜禽死去⑤。但大部分畜禽随全体人员安然到达,在海地伊莎贝拉登陆上岸,修圈搭窝⑥。从此,美洲的畜牧业饲养业,掀开了崭新的篇章。

哥伦布带来的欧洲畜禽在美洲安家落户传宗接代,生息繁衍开来,并在最初的殖民活动和开发新区的事业中发挥了重要作用。欧洲的骑兵和猎狗,还在征服海地乃至征服美洲印第安人的征战中发挥了特殊作用。美洲印第安人均没见过马,对马很害怕敬畏。他们最初认为,西班牙骑兵是有分身

① 参见朗格:《哥伦布传》,第148—149页。

② см. И. П. Магидович, В. И. Магидович:《Очерки по Истории Географических Открытий》,Том Ⅱ,С.25.按,牛的原文为крупный рогатый скот,字面意思为"大型有角牲畜"。常见的有角牲畜只有牛羊两种,故应是牛。

③ 参见[西]马达里亚加:《哥伦布评传》,第359—360页。

④ 参见李隆庆:《哥伦布全传》,中国青年出版社1998年版,第368页。

⑤ cf.S.E.Morison:*The European Discovery of America*,p.116.

⑥ cf.G.Granzotto:*Christopher Columbus*,pp.201-202.

术,可人马合一又可人马分离的半神兵,是两头怪物①。而中世纪骑马的骑兵的确比奔走的步兵具有快得多的机动性和强得多的战斗力。殖民者带来的欧洲狗除了看家护院守门打猎外,在追捕、搜索印第安人,捕捉他们为奴方面也起了独特的作用,据说在对付印第安人时一条狗抵得上十个人②。另外,狗还用于品尝、检验美洲的各种动植物食品,以辨别食物是否有毒,防止中毒③。

欧洲来的牛、驴、骡则主要用作役畜,干各种活。马除了供骑乘,也用于力役。猪、羊、鸡则主要用于食用。它们均在最初的殖民移民和开发新区的事业中起了作用。例如,哥伦布率领的小船队在完成了第二次远航中下半段的探险,于1494年9月底回到伊莎贝拉后,发现情况很糟:食品极缺,疫病流行,殖民者移民们只能以少许口粮勉强度日。拉斯·卡萨斯说移民们被迫"一天用一个鸡蛋(egg)和一壶熟鹰嘴豆给五个人浣肠"(意即充饥)④。这里所说的鸡蛋显然指欧洲的鸡蛋,不是美洲的吐绶鸡的蛋。因在此句前后卡萨斯说的是鹰嘴豆,朗格说的是豌豆汤,皆为欧洲豆类,而非美洲的木薯汤、煮土豆之类。同时也显示,哥伦布带去的鸡在美洲也生

---

① 参见严中平:《老殖民主义史话选》,北京出版社1984年版,第31页。

② 参见严中平:《老殖民主义史话选》,第27页。

③ 参见莫里逊:《航海家哥伦布》,第132页。

④ 转引自 Noble D. Cook:"Sickness, Starvation and Death in Early Hispaniola",(carried in) *Journal of Interdisciplinary History*, Vol. 32, No. 3, Winter 2002, p.378.

活得很好，并开始下蛋孵雏了。因为这时距他们 1493 年 9 月从加的斯港出航已整整一年。当时若带有鸡蛋也早已吃光了，否则早就坏了。哥伦布不仅亲率大船队带来新世界没有的重要畜禽，而且一再请求派后续船队补给各种牲畜，特别是役畜，以巩固发展殖民地，加快开发。哥伦布在 1494 年 1 月底写的给西班牙双王的报告中请求："应该运来一些活羊，最好是羊羔，母的比公的更好；还要公母都有的牛犊。前来的每一艘船都应该带上公驴和母驴、母马，以便运输重物和干地里的活。要知道这里没有能给予人们帮助和对人有益的役畜。"①国王们在这一段的后面批示道："这里提到的其他物品（按，其中包括牲畜），要尽快运去。已经解决了派两艘船先行出发的问题。"②哥伦布在报告后面强调："应看到，为了养活要在这里定居的人，这里多么需要有角的牛羊和驮载的役畜（指马驴骡）。"③哥伦布在报告的后面还建议："如果在这个移民数量（按，指一千人）中有一百骑兵，那将很不错，而且是甚为有益的。"④众所周知，中世纪晚期配备刀剑矛箭弩火枪的人有马骑便是骑兵，无马骑便是步兵。而马匹是骑兵最

---

①　"Мемория Колумба Изабелле и Фердинанду"，Я. М. Света：пер. и ком.《Путеществия Христофора Колумба，Дневники，Писма и Документы》，С.352.

②　смотри выше，С.353.

③　有的著作在引述时便直接译为马、骡、驴。见朗格：《哥伦布传》，第 161 页。

④　"Мемория Колумба Изабелле и Фердинанду"，Я. М. Света：пер. и ком.《Путеществия Христофора Колумба，Дневники，Писма и Документы》，С.360.

基本最主要的装备。所以哥伦布在报告中还建议增派 100 名配备着马匹的骑兵来。哥伦布在报告中还要求补充骡子（mules）①。

　　哥伦布第二次远航期间和行前，是他最受双王特别是女王信任器重赏识的时期。所以国王们立即批示尽快向新殖民地补充所需要的一切，包括各种家畜，并先派两艘船去。正在这时候哥伦布的一个弟弟巴托罗缪从法国赶来西班牙。双王就令他率三条船，满载哥伦布报告中所开列的需要补充的各种物品，包括牲畜、种子、粮食、药品、工具等，于 1494 年 4 月底 5 月初出发，于 1494 年 6 月下旬到达伊莎贝拉②。

　　由上可知，在哥伦布第二次远航期间，哥伦布船队和随后的三批补给船队，把美洲没有旧大陆具有的重要畜禽实实在在地传入了美洲。它们包括猪马牛羊驴骡（骡是马驴的混血儿，没有生育力）和鸡。它们在美洲安家落户传宗接代逐渐繁殖开来，在殖民事业和经济开发中起了很大的作用。旧大陆重要而暂时没传入的畜禽只有骆驼（它在旧大陆也限于干旱半沙漠地区），可能还有鹅鸭（因现无证据证明"二航"期间传入了鹅鸭）。至于大象和驯鹿，在旧大陆本来也限于极少数地区。

　　美洲当时的自然地理环境比较独特，即地广人稀、植被茂密、食肉动物的数量种类都少，故非常适合畜禽生息发展繁

---

①　cf.G.Granzotto：*Christopher Columbus*，p.211.

②　cf.S.E.Morison：*Admiral of the Ocean Sea*，p.164.

衍。例如,他们开辟的第一个大殖民地伊斯帕尼奥拉—海地岛,面积有 7.61 万平方公里,当时岛上只有近 30 万印第安居民①,平均每平方公里仅三点几人。而今日全岛有 1500 万人口,平均每平方公里有 197 人,是当时人口密度的 50 多倍。由此可见当时人口之稀少。而且美洲特别是中美洲和加勒比地区气候暖热、多雨、潮湿,植被非常丰富。不同于旧大陆人口很稀少的地区,要么是沙漠,如撒哈拉、塔克拉玛干;要么是海拔极高缺氧的高原如青藏高原;要么是高纬度的极寒冷地区,如西伯利亚等等。故中美和加勒比非常适合旧大陆畜禽的繁衍生长。于是那些在旧大陆特别是地狭人稠的西欧一般是圈养舍饲的畜禽,到了美洲后,在 15 世纪末和 16 世纪一般变成了牧养。这就非常有利于它们快速繁殖。

譬如猪,本来繁殖力就强,一窝可产十只猪崽或以上。猪又是杂食性动物,饲料利用广泛,利用率高。在植物丰富的西印度群岛,各种坚果、被风吹落的水果、根茎、青草、草本植物及各种因太小而无法自卫或迅速逃跑的小动物,都成了猪的好饲料。在伊斯帕尼奥拉开始殖民的几年内,猪的数量快速增长,很快"所有的山头都聚集着猪群"②。猪群在 15 世纪 90 年代便散布到大安的列斯群岛各岛,接着又散布到中美洲大陆上去,并迅速繁殖。它们步皮萨罗 16 世纪 30 年代征服

---

① cf. J. E. Fagg: *Latin America*, *General History*, New York, Macmillan, 1963, p.97.

② 转引自艾·W.克罗斯比:《生态扩张主义——欧洲 900—1900 年的生态扩张》,第 181 页。

秘鲁的后尘扩散,大量增长。多次到过美洲的拉斯·卡萨斯(1474—1566)在他的《西印度通史》中指出:那些猪群都是1493年哥伦布在加那利群岛买来再带到伊斯帕尼奥拉的那八条猪的后代①。

猪在美洲的牧养中有的跑散、丢失,消失在草原、灌木丛和森林之中。它们在野外自个儿养活自个儿,渐渐野化。有的返野、退化为半野猪,成为狩猎的对象②。猪还在16、17世纪对美洲继续进行探险考察的进程中发挥了独特的作用。一些探险家航海家根据猪野生能力强繁殖快的特点,有意把猪放到无人的荒岛、无人区,让它们野化、繁殖,以便将来再来时猎捕补充食物,并取得成效。例如在拉普拉塔河地区、圣·加布里尔群岛、马丁·加西亚岛、貂岛、百慕大群岛、巴巴多斯岛、小安的列斯群岛等地,都有过那样的逸闻逸事③。

牛是比猪更优良的牲畜。猪只能向人提供肉食,牛除了也能提供肉食外,还可以提供奶食。更为重要的是,牛能供人役使,提供最大的畜力④。牛是草食反刍动物,故擅长将人类不能直接消化的植物纤维物质——青草、树叶、嫩枝——转化为肉、奶和动力等。牛的自生能力很强,也比猪更耐热,所以牛是比猪更优良更重要的家畜。北美洲北部虽有美洲野牛

---

① 转引自克罗斯比:《生态扩张主义》,第181页。
② 参见同上,第182—183页。
③ cf. A. W. Crosby, Jr.: *The Columbian Exchange*, p.78.
④ 牛的挽曳力大于骆驼,驮载力与骆驼相当;牛力虽小于象力,但大象仅分布于旧大陆的少数地区。

（American bison）①，但从未被驯养，更未被驯化。（家）牛在旧大陆有圈养舍饲和草原牧养两种生产形式。到了新世界后，由于地广人稀、水草丰美、天敌稀少，便一般实行野外牧养。哥伦布第二次美洲探险时，1493年从西班牙带到伊斯帕尼奥拉的牛渐渐繁殖传播开来。到1512年已遍布西印度群岛，到16世纪20年代已生活于墨西哥，到16世纪30年代已生活于印加地区（南美西部），到16世纪60年代已生活于佛罗里达，到了16世纪80年代已随欧人的拓殖发展到阿根廷布宜诺斯艾利斯地区；到16世纪末，已出现在新墨西哥②。1518年时殖民地长官祖阿托曾向西王报告，伊斯帕尼奥拉的牛较多，在新世界有利的环境里，牛一年就能产崽两三次。如果有三四十头牛丢失，三四年后便会变成三四百头牛③。在16世纪末，墨西哥北部的牛群每15年左右就能翻一番④。出口牛皮和蔗糖逐渐成了海地岛的两大经济支柱。仅1587年，海地岛就向西班牙出口了3.5万多张牛皮⑤。而当时的牛革比今天重要得多，因为除了类似于今天用于穿戴外，当时还要大量用于制造铠甲、水囊、皮箱和绳索。

　　传入美洲的牛在牧养中也有丢失走散的。那些丢失走散

---

①　参见《世界动物百科·哺乳动物》第四卷，台湾广达出版有限公司1984年再版，第104—105页。郑易里《英华大词典》将 bison 译成驳犎。

②　参见克罗斯比：《生态扩张主义》，第183—184页。

③　cf. A. W. Crosby, Jr.：*The Columbian Exchange*, p.76.

④　参见克罗斯比：《生态扩张主义》，第183页。

⑤　cf. Alfred W. Crosby, Jr.：*The Columbian Exchange*, *Biological and Cultural Consequences of 1492*, p.87.

的牛便也渐渐野化、退化,成了半野牛。它们在丛林和草原上物竞天择,适者生存,繁衍开来,最后完全野化。像鹿、美洲豹和其他一些野生动物一样,成了美洲动物群落中一个永久的部分①。并且数量膨胀,成了人们狩猎的对象。1593 年,在阿根廷的科连斯省地区,就已有了数量庞大的野牛群。1619年,布宜诺斯艾利斯的长官报告说,在他的辖区内野牛很多,以致每年猎杀 8 万头来剥取牛皮,其自然增长也足以弥补这个数②。

　　马是比牛、猪更重要的家畜。马既可作役畜,挽轭、驮载,又是人类最理想最快的坐骑。马和马车是最快的陆上交通工具和快速机动部队骑兵的最基本装备,这个地位直到汽车摩托车、坦克装甲车发明并普及后才被取代(即到第二次世界大战)。美洲本是马的起源地,早在人类诞生前的始新世(几千万年前),远古的原始马就起源于北美洲,并逐渐经白令地峡迁入欧亚大陆。后因复杂的地球演化和生态变化,在新生代第四纪人类出现之时,即两三百万年前,美洲的原始马灭绝了③。现在哥伦布又将马带回了其祖宗的故乡,它们从此续上了香火。马在横渡大西洋时死亡率较高,故到 1501 年时海地岛也仅有近 30 匹马,到 1503 年时仅有近 70 匹马④。但一俟它们在美洲站住脚,便如鱼得水。因为马也是食草动物,故

---

① 参见克罗斯比:《生态扩张主义》,第 185 页。
② cf.A.W.Crosby,Jr.:*The Columbian Exchange*,p.91.
③ cf.Ibid.,p.18.
④ cf.Ibid.,p.80.

美洲的环境也非常适合马的繁衍。马的散布和增长也很快。到16世纪末,连炎热的巴西沿海地区也有了许多马①。17世纪20年代,来自英国的马到了弗吉尼亚和马萨诸塞,60年代到了新法兰西(指加拿大东南部)②。

马在美洲牧养更容易走散丢失。于是,遁入丛林草原的马也逐渐野化,成了野马,并数量渐大。当1580年西班牙人回到布宜诺斯艾利斯一带再次拓殖该地时,许多野化的马已在那儿啃食野草了。到了17世纪初,阿根廷图库曼地区野马的数量已多到成群结队过马路时挤满道路,以致移民们都得让开以免它们将家马引走③。所以,野马也成了人们狩猎的对象。

羊似乎是家畜中第四重要的动物,也是食草反刍动物。家养的羊主要有绵羊、山羊两大种。绵羊主要用于取毛纺毛线或织呢,也用于取皮制革和肉食。山羊主要用于肉食,取皮制革缝衣,也用于挤奶饮用。哥伦布在第二次远航时曾亲自率大船队把绵羊传入美洲。至于山羊,据同时代人拉斯·卡萨斯记载,"哥伦布大船队到加那利群岛后补充了母牛犊、山羊和绵羊……8条母猪,还带上了一些母鸡"④。又据哥伦布1494年1月底写给西班牙双王的报告:"应该运来一些活羊,

---

①　参见克罗斯比:《生态扩张主义》,第189页。
②　参见同上,第190页。
③　参见同上,第190页。
④　转引自 A.W.Crosby, Jr.: *The Columbian Exchange*, p.85.

最好是羊羔,母的比公的更好"①,这里的用词 ягнят(羊羔)
便包含这两种家羊的羊羔。哥伦布的报告后面再次强调:
"这里多么需要有角的牛羊和驮载的役畜",请"每年都往这
里开来数量足够的船只,带来各种牲畜"②。其用词 рогатый
скот 意为"有角的家畜",即牛羊。但绵羊山羊皆是有角的家
羊。另外,在英语文献中有关的记载和论述一般说羊
(sheep),很少说山羊(goat)。但 sheep 既泛指家羊,包括山
羊,又特指绵羊。考虑到中世纪晚期西班牙是养绵羊大国,盛
产羊毛和呢绒,也养山羊,所以我们判断哥伦布"二航"时既
亲自带去了绵羊山羊,并推论后来的三批补给船队中很可能
有船只又带来补充传入了绵羊山羊。

　　美洲的特别是加勒比地区和中美洲的气候水土环境等不
像有利于猪马牛那样有利于羊,羊的野外生存能力和自卫能
力又大大弱于猪马牛,天敌不少,故羊在美洲的传布和繁衍不
如猪马牛。但仍逐渐传播开来,增多起来。在中美洲的圣胡
安德洛斯河(San Juan de los Ríos)北部9平方里格的范围内,
据估计1582年时已有20万只羊在放牧吃草③。墨西哥、秘
鲁均是当时养羊很多的地区。16世纪末的史学家阿科斯塔
(Acosta)在他的《西印度的自然史和道德史》中写道:秘鲁地

---

① 　转引自[西]马达里亚加:《哥伦布评传》,第359—360页。

② 　"Мемории Колумба Изабелле и Фердинанду", Я. М. Света: пер. и
ком.《Путеществия Христофора Колумба, Дневники, Писма и Документы》,
C.352.

③ 　смотри выше, С C.354-355.

区"从前有人拥有六七万只甚至十万只羊,今日他们的羊也少不了多少"①。在阿根廷北部特别是图库曼(Tucumán)地区,1600年前后已有大量羊群,稍后,巴塔哥尼亚高原成了主要的养羊中心之一②。1614年,仅圣地亚哥地区羊的存栏数便达62万多只,年产羊羔22万多只③。羊的传入和饲养不仅驱动促进了新世界的畜牧业,而且促进驱动了新大陆的工场手工业。从事羊毛加工纺线织呢制衣的手工工场是新大陆第一批真正的手工工场。到1571年,新西班牙(包括墨西哥、美国新墨西哥州和部分中美洲等地区)已有了80座羊毛工场,秘鲁总督区的羊毛工场也较之少不了多少。到17世纪来临之前,这些羊毛工场的产品已完全能满足本地区的需要,并有剩余供各殖民地间流通交换,甚至还能向西班牙出口一些④。

与猪马牛略有不同的是,羊的野外生存能力较差,自卫能力较弱,易受天敌捕食伤害,故传入美洲的羊其野化问题较复杂。其中数量最大的绵羊因胆怯,合群性强,攀爬能力较弱,生性温顺而无野化的。山羊则因性活泼,喜登高,攀爬能力较强,野外生存能力也相对较强而有野化的。例如,到1600年时,在巴西拉普拉塔地区,波多黎各岛,智利沿海群岛,都有成

①　cf.A.W.Crosby,Jr.: *The Columbian Exchange*, p.93.
②　cf.Ibid., p.34.
③　cf.Ibid., p.95.
④　cf.Ibid., p.92.

群结队的野化山羊,并能躲过野狗、狼、豹等食肉动物的追捕①。

以上我们着重论述了家畜中最重要的四种猪马牛羊的传入和在美洲的发展。其余的驴(骡)骆驼狗猫等,限于篇幅并因其相对不那么重要而不再论述了。旧大陆畜禽特别是役畜的传入和繁衍开极大地改变了美洲的动物群落,大大地提高了生产力,有力地推动了美洲的经济和畜牧业、农业的发展。那种认为旧大陆牲畜传入破坏了美洲的植被,有损于生态环境的看法②,是因循保守消极无为的,是不可取的。因为在中世纪和近代,并不存在过度放牧的问题;再说保护好生态环境的最终目的还是为了人类社会的健康发展。当然,旧大陆牲畜传入后特别是牲口爆炸和部分野化后也有糟蹋印第安人的庄稼和田地的问题③。但那不是传入的过错,而是殖民当局殖民统治政策的过错。

(五) 旧世界病菌的侵入及其危害

地理大发现开始后,欧洲的航海家探险家、殖民者移民把许多旧大陆才有新世界没有的疾病、病菌、病毒(不经意地)传入了美洲,给印第安人造成了极大的危害。不过研究此类问题难度挺大,因为一般只能根据文献记载,分析当事人的病

---

① cf.Ibid.,p.95.

② cf. Benjamin Keen: *A History of Latin America*, Boston, Toronto, Houghton Mifflin Company,1996,Fifth Edition, p.60.

③ cf.Benjamin Keen:*A History of Latin America*, p.92.

象征候,比对某些疾病的临床症状病理特征,以此判断他(她)是否罹患某病是否把该病传入。

　　笔者认为,哥伦布第一次远航美洲期间,没把旧大陆才有的疾病传入。其理由在于,第一,第一次远航在美洲的土地上待的时间短,从1492年10月中旬至1493年1月中旬,共三个月。第二,第一次远航的参加者较少,约三船90余人。第三,首次远航的目的和任务在于航海探险、地理发现、寻找和开辟新航路,因此他们与印第安人的接触较少,并且没有密切接触。第四,从当事人所记的唯一的原始资料《哥伦布航海日记》来看,没有记载探险者们在美洲期间患上什么疾,发作什么病。第五,哥伦布率两船近60人返航后,留下驻守的39人也没有把什么病传入。因为他们虽与印第安人有密切接触,比如霸占印第安妇女等,但时间短暂,很快就被印第安人消灭干净。而且据参加了第二次远航的当事人所记的几种原始文献,也都说见到的印第安人很健康,没说发现他们在患什么病,有什么病痛(如果已传入便应该有所记载反映)。所以,说首航美洲期间探险者没把旧大陆独有的疾病传入美洲是有根据有把握的。不过,返航时被他们带回欧洲作其发现活见证的几个印第安人则把美洲才有旧大陆没有的梅毒病传入了欧洲,继而又传遍了世界①。但历史马上给了新大陆更大的"报复"和"回敬"。

———————

　　① 参见张箭:《梅毒的全球化和人类与之的斗争——中世晚期与近代》,《自然辩证法通讯》2004年第2期。

　　哥伦布第二次远航期间,某些旧大陆才有的传染病开始传入美洲。这是因为,首先,第二次远航持续时间长,从1493年9月至1496年6月,达两年多。而且从此欧洲人没有离开过美洲。其次,第二次远航的参加者众达1500人。托雷斯率约一半人员于1494年2月返航后,伊斯帕尼奥拉也一直保持着七八百人或六七百人的规模,并持续到"二航"完全结束(以后又开始增多)。再次,第二次远航虽也要兼顾航海探险地理发现,寻找新航路新陆地,但主要目的和任务则是殖民扩张,淘金发财,攫取财富,移民开发。故与印第安人接触较多,比较密切甚至非常密切,例如奴役、驱使印第安人,霸占、强娶、强暴印第安妇女等。最后,据当事人和同时代人留下来的几种原始资料,有探险者殖民者"二航"期间在美洲患病发病的记载。所以,"二航"期间探险者殖民者把旧大陆才有的传染病传入新世界的条件和环境完全具备。

　　现在简单阐释一下一些基本概念。"病"指生理上或心理上发生的或发生着不正常(的)状态。病菌指能使人或其他生物生病的细菌,如伤寒杆菌、炭疽杆菌等。病毒指比病菌更小,多用电子显微镜才能看见的病原体,一般能通过滤菌器。天花、麻疹、脑炎、牛瘟等疾病就是由不同的病毒引起的。就疾病的传播而论,只有传染性疾病(简称传染病)才存在传入、传播、蔓延的问题。传染病指由病原体传染引起的疾病,如肺结核、麻风、天花、伤寒等。前面提到的梅毒便是由新世界传给旧大陆的一种性传播疾病简称性病。而大多数疾病是不传染的,如心脏病、高血压、白化病、癌症、关节炎等等。所以,由旧大陆传给美洲的疾病,哥伦布"二航"传去的疾病,只能是传染病中的某些病。

美国生理生物学家戴蒙德认为:美洲由于自然的原因没有或缺乏畜禽,这就使美洲没有因人畜禽共居密切接触而滋生的许多病毒病菌,也就没有可在人和动物(畜禽)间相互传染的许多疾病;没有或缺乏畜禽,生产力的发展就很有限,人口就不可能稠密,也就没有许多因人口稠密才能够传播的疾病①。戴蒙德还指出,麻疹、天花、肺结核来自牛,流感来自猪和鸭,百日咳来自猪和狗,恶性疟疾来自鸡鸭等禽类,等等②。所以,美洲新世界传给旧大陆的疾病大概只有梅毒一种,而旧大陆传给新大陆的疾病则有许多种,其中有几种便是哥伦布第二次远航美洲期间由哥伦布等一干探险者、殖民者和他们带去的畜禽传入的。

传入的第一种病便是疟疾。疟疾是旧大陆古老的常见的一种危害性较大的急性传染病。它的病原体是疟原虫,传播媒介是疟蚊属蚊子(按蚊),经疟蚊叮咬而传染,有间日疟、三日疟、恶性疟和卵形疟等几种病(原虫)。哥伦布大船队的大批队员在伊莎贝拉登陆营建移民城镇后,一周内许多移民工匠便可能患上或发作了疟疾③。另外,据菲迪南·哥伦布为他的父亲写的传记披露,哥伦布自己的日记从 1493 年 12 月

---

①　参见戴蒙德:《枪炮、病菌与钢铁,人类社会的命运》,谢延光译,上海译文出版社 2000 年版,前言第 10 页、正文第 68 页。

②　参见戴蒙德:《枪炮、病菌与钢铁,人类社会的命运》,第 214 页。

③　参见莫里逊:《航海家哥伦布》,第 132 页。

11 日起到 1494 年 3 月 12 日止这一段长达整整三个月的时间内无任何记载,这说明哥伦布本人可能染上了疟疾在"家"养病而无法写作①。1494 年 9—11 月劫持了三条船逃跑回国的修士布伊尔、骑士马加力特等人也大肆诋毁哥伦布及其在西印度的政策,渲染那里的困境。因此 1495 年初起西班牙的许多教堂里都点着蜡烛,以悼念随同"二航"在加勒比死于疟疾和印第安人毒箭的西班牙人②。

　　更为重要的是,20 世纪 80 年代中期,新发现了九封哥伦布于 1492—1503 年写给西班牙君主的信件(手稿),它们辗转到了西班牙书商塔拉哥那(Tarragona)之手。其中有六封信谈到一些前所未知的情况③。有一封哥伦布写的《第二次远航的叙述》(Relación del Segundo Viaje)提到:"我刚一到达那里(指伊莎贝拉),全体人员刚一上岸住下来,就开始下大雨。随后许多人便患间歇热(Ciciones)病倒,好像是因为环境的变化。假如说他们是世界上(身体)最棒的并已经过体检,那么便是船上的食物侵袭了他们的血液;(人们)期待着他们的身体所习惯的漫长冬天"④,"……但尽管如此,赞美我主上帝,他们后来痊愈了。头四五天里疾病最来劲"⑤。分析

---

① 参见朗格:《哥伦布传》,第 160 页。
② 同上,第 182 页。
③ cf. Noble D. Cook:" Sickness, Starvation and Death in Early Hispaniola",(carried in) *Journal of Interdisciplinary History*,Vol.32,No.3,Winter 2002,pp.349-350.
④ 转引自,Ibid.,p.375.
⑤ 转引自,Ibid.,p.375.

研究这段记述可知,哥伦布识别出所患的病是间歇热
(ciciones,intermittent fever),1611 年出版的西语词典便给予
它明确的定义。该词西语也表为 tercianas。据 18 世纪二三
十年代出版的西语词典,Ciciones 又被解释指明为 terciana
sencilla,意为间日热(tertian fevers)①。在现代西语中,cicion
指间日热。据我所知,疟疾中的间日疟和卵型疟每两日发作
一次,恶性疟发作不规则,三日疟每三日发作一次。所以,
Ciciones 应是疟疾。由此可以推断,第二次远航期间,哥伦布
大船队人员,甚至包括哥伦布人,患上传入了疟疾。而加勒
比、海地地区在北纬 20 度左右,炎热、潮湿、多雨、植被丰富,
因而蚊虫很多。伊莎贝拉一带也疟蚊(按蚊)充斥②。蚊虫
(按蚊)叮咬了患疟疾的西班牙人,再去叮咬未患过疟疾的印
第安人,于是疟疾渐渐在美洲传播开来。

　　哥伦布探险移民队传入了疟疾是可以肯定的。但在地理
大发现开始以前美洲有无疟疾呢,哥伦布船队是重新传入还
是首次传入呢? 我认为在此之前美洲没有疟疾,现在才由哥
伦布船队传入。其主要理由在于,中世纪的欧洲信奉这样一
个神学和科学教条:神在哪里降下某种病,也就会在那里降下
治疗该病的药物和方法③。这句话既富有哲理也合乎情理。

---

①　cf. Noble D. Cook:" Sickness, Starvation and Death in Early
Hispaniola",(carried in) *Journal of Interdisciplinary History*, Vol.32, No.3, Winter
2002,p.375.

②　参见莫里逊:《航海家哥伦布》,第 131 页。

③　cf.S.E.Morison:*Admiral of the Ocean Sea*,p.200.

因为倘一个地区流行某种病，而别的地区没有，就会迫使激励该地区的人民积极摸索寻找研究防治它的药物和方法。而从中世纪至现代，奎宁均为最主要最重要最有效的治疟药①。奎宁俗称金鸡纳霜，系提取金鸡纳树树皮中的生物碱制成。而金鸡纳（属）树原产南美洲。印第安人在疟疾的威胁下积极摸索，终于发现用它的树皮熬药汤或磨成药粉内服能非常有效地退烧抗病杀疟（19 世纪时才查证出了罪魁疟原虫）。秘鲁印第安人还把它炮制成成药"秘鲁膏"②。耶稣会士竭力把秘鲁的热病树皮介绍到和传往世界各地。所以该药物在17 世纪有秘鲁树皮、热病树皮、耶稣会树皮、金鸡纳树皮等多种名称③。现在已知可考的最早利用金鸡纳树治疗疟疾的记载为 1560 年，是年有一个叫尼古拉·莫纳德斯的西班牙医药学家描述过秘鲁土著用秘鲁膏治疟之事④。由此可以推论，如果疟疾早就在美洲存在，那么印第安人也自然应早就摸索出利用当地特产的金鸡纳树治疗该病，为何到 16 世纪中叶才见药用记载？所以事情应该是这样：16 世纪 30 年代初皮萨罗征服了秘鲁，疟疾随之传入。当地印第安人被迫摸索治疗

---

① 奎宁在当代仍为最主要最重要最有效的治疟药之一。因 20 世纪20 年代和 70 年代，德、中科学家先后研制成抗疟有效新药氯喹和青蒿素。

② 参见亚·沃尔夫：《十六、十七世纪的科学、技术和哲学史》，周昌忠等译，商务印书馆 1991 年版，下卷第 506 页。

③ cf.John C Kranz Jr.；"Cinchona"，*Encyclopedia of Americana*，Chicago，1980s，Vol.6，p.722.

④ 参见亚·沃尔夫：《十六、十七世纪科学、技术和哲学史》，下卷第506 页。

它的药物和方法,于 16 世纪中期开始利用当地的金鸡纳树治疟。因此,美洲原来有没有疟疾难以确定的观点可以扬弃,原来推测哥伦布第四次远航才传入疟疾的观点①,可以把时间推前。

哥伦布"二航"传入的第二种疾病是流行性感冒。当疟疾过去后,伊莎贝拉城初具规模时,移民们便又遭到一次流行病的打击。很多人都染上了病。建城期间的过度劳累和营养不良引起和加重了流行。这场流行病大概是流行性感冒,否则便无法解释它的临床表现②。流感是由流感病毒引起的呼吸道传染病,流感病毒易于变异。其传染性强,传播迅速,易造成大流行。流感一般能治愈。严重者可并发肺炎等,最严重者甚至死亡。1493 年底 1494 年初在海地流行的流感很可能是猪流感(swine influenza),由被哥伦布带上船运到美洲的那八条(母)猪传染开③。现代生物学和医学已经揭示,许多严重的人类疾病是因与动物的密切接触引起的。牛、猪、鸭、马、狗、猫、鸡、老鼠等都能把它们的病传给人或充当传病的媒介,其中,猪和鸭便能把它们的流感传给人④。

可以推断这一次是猪流感病毒侵入人体后变异攻击人类。分析当事人哥伦布和昌卡医生的记载,同时代人安格尔

① cf.Noble D.Cook: "Sickness, Starvation and Death in Early Hispaniola", *Journal of Interdisciplinary History*, Vol.32, No.3, Winter 2002, p.375.

② 参见[西]马达里亚加:《哥伦布评传》,第 368 页。

③ cf.Roy Porter: *The Greatest Benefit to Mankind, A medical history of humanity*, New York, W.W.Norton & company, 1999, p.164.

④ cf.Roy Porter: *The Greatest Benefit to Mankind*, p.18.

留斯（M.Anglerius）、奥维多（F.D.Oviedo）、拉斯·卡萨斯、哥伦布之子斐迪南以及赫勒拉和托德西拉斯（Herreray Tordesillas）的著述，其临床症状为高热（烧）、寒战、虚脱、鼻出血，严重者死亡。但其潜伏期短，病愈后不复发①。这些符合猪流感的病象特征，并排除了是其他疾病的可能性。第二次远航大船队罹患和传入猪流感之说渐渐得到学者们的承认②。各种流感包括猪流感传入后也在印第安人中间广泛流行并造成较多死亡。

一些西方学者在此基础上还做了精湛的比较研究。1492年哥伦布率伊比利亚船队到了西印度的大小安的列斯群岛，1521年麦哲伦也率伊比利亚船队到了东印度的菲律宾群岛。两大群岛都有类似的地理范围、环境、气候等。但因印第安人无什么牲畜，故没有什么抵抗力免疫力，现在一下子就暴露在牲畜病毒面前，就被传染发病，甚至大量死亡。而菲律宾人在麦哲伦到达前早已有牲畜并至少有三种猪。因而菲律宾人已有了抵抗力免疫力，故很少被传染、患病。所以同样是西班牙人的殖民统治，残酷的屠杀剥削压榨，但菲律宾人便死得很

---

① cf. Francisco Guerra: "Cause of Death of the American Indians", (carried in) *Nature*(*International Weekly Journal of Science*), Vol.326, 2-8 April 1987, pp.449-450.

② cf. Noble D. Cook: "Sickness, Starvation and Death in Early Hispaniola", *Journal of Interdisciplinary History*, Vol. 32, No. 3, Winter 2002, pp.354-355.

少,印第安人却死得很多,人口锐减①。菲律宾群岛所联系的
亚洲大陆是牲畜疾病较多的旧大陆,故西属菲律宾的流行病
瘟疫少得多,人口损耗也小得多;安的列斯群岛所联系的美洲
大陆是牲畜疾病较少的新大陆,故西属拉丁美洲的流行病多
得多,人口损耗也大得多②。不过我认为,印第安人大量死亡
人口锐减乃至部分灭绝的原因是西班牙人的屠杀、残酷压榨
和传入的各种疾病肆虐,并互相联系交叉刺激互为因果恶性
循环的结果。征服屠杀镇压使人口减少;人口减少便自然要
加重压榨,以维持高额利润。剩下的印第安人的人均负担自
然更多更重,遭受更严重的虐待。从而劳累过度,吃穿用住行
医的条件更加恶劣,于是降低乃至部分丧失了抵抗力免疫力;
疾病就乘虚而入更加猖獗。从而又开始了新的一轮恶性循
环。我还认为,菲律宾人流行病少、人口损耗少的重要原因除
早已有抗体免疫力之外,还应包括:西班牙人到来时菲律宾也
进入了铁器时代和封建社会,双方差距不大。故菲律宾人抵
抗外来侵略征服反抗压榨的力量较强水平较高(麦哲伦不是
被菲律宾人打死了吗),因而被屠杀得少,被压榨得也相对较
轻;菲律宾人各方面的进步程度发展水平包括医学水平也大
大高于印第安人。这些因素综合起作用才使菲律宾人人口损
耗少得多。

---

①　cf. Francisco Guerra: " Cause of Death of the American Indians ",
Nature, Vol.326, 2−8 April 1987, p.450.

②　cf. A. W. Crosby, Jr.: *The Columbian Exchange*, p.59.

哥伦布二航美洲船队传入的第三种病是斑疹伤寒。该病系由立克次体引起的急性传染病,有流行性(人虱传播)和地方性(鼠蚤传播)两种。病理变化和临床表现基本相似,但流行性的病情较重。症状有持续性高热(烧)、头痛、周身酸痛、眼结膜充血、皮疹等。病程一般为两周。今日能治愈。预防措施为灭虱、灭鼠、灭蚤等。

1489年晚期,西班牙人开始进攻信伊斯兰教的摩尔人在伊比利亚半岛上的最后一块领地格拉那大。西班牙雇佣了一些新近在塞浦路斯与奥斯曼土耳其作过战的雇佣兵。在雇佣兵到来后不久,西军开始染上了一种前所未遇的、具有剧烈毒性的典型新传染病斑疹伤寒(typhus)①。于是1490年西班牙安达鲁西亚地区出现了首场斑疹伤寒流行,当时的人对那场病有充分的医学描述。一些参加过围攻格拉那达战役(1492年1月攻克)的人又参加了哥伦布第二次航渡美洲的船队,朝廷也命令从战场凯旋的20名骑兵,全副武装带上自己的战马并另加五匹母马参加了二航船队②。在参加过格拉那达会战的人中有些人得过斑疹伤寒,虽已病愈并有了免疫力,但其中少数人在一定条件环境下因身体变差抵抗力降低会复发或传播疾病。

远航中和在伊岛住下来后的环境和生活条件,使移民们

---

① cf.Roy Porter:*The Greatest Benefit to Mankind*,*A medical history of humanity*,p.26.

② cf.Noble D.Cook:"Sickness,Starvation and Death in Early Hispaniola",*Journal of Interdisciplinary History*,Vol.32,No.3,Winter 2002,p.361.

体质虚弱。缺乏营养、气候变化、睡眠不够等足以在极度虚弱的人员中引起斑疹伤寒复发。大概是活性普氏立克次体（病原体）随宿主虱子上了船，在拥挤和卫生差的情况下传染给人。被感染了的虱子很快死去，动物流行病便减轻乃至消失。但立克次体能在虱子类便中存活两个月，其间通过人的皮肤创口或呼吸空气进入肺部侵入人体而引起发病①。所以移民们上岸住下后便有人感染了斑疹伤寒或旧病复发。该病在虚弱者中病死率可高达百分之几十（最高可达 60%）。不过，伊斯帕尼奥拉岛上的印第安人爱清洁常洗澡（因炎热），赤身裸体不穿衣服（包括不穿树叶草席兽皮），头发剪得很短，这些都大大减少了被跳蚤或虱子感染的机会。至于土人爱在身上涂画是否有助于防御传染，则要看颜料的成分如何②。所以，欧洲移民才是斑疹伤寒的传病媒介虱子群的很好宿主。但是，该病仍能经唾沫吐痰呼吸而传播、感染印第安人③。

　　哥伦布本人这一次没罹患斑疹伤寒，但他进行第二阶段的探险归来时却未能幸免。拉斯·卡萨斯和哥伦布之子菲迪南大概见过哥伦布于 1495 年 2 月写给西班牙双王的信，信中提到：1494 年 9 月下旬"刚要到达圣胡安洗礼者岛（San Juan Baptista，波多黎各），我突然被一种剥夺我全部感觉和认知的疾病击倒，好像它是瘟疫或昏睡病（西语 modorra）。船长、舵手和全体人员于是同意快点到（伊莎贝拉）城以便我治疗，就

①　cf.Ibid.,p.361.
②　cf.Ibid.,p.362.
③　cf.Ibid.,p.362.

这样结束了我发现其他（地区）的事业"。他还埋怨远航条件
很差："这次探航极为艰难和危险……我日夜被许多忧虑占
据，因而不能睡觉。最近这 30 天里，我每天只能睡三个半小
时，以致成了半盲人，有时候甚至全盲。"①哥伦布这次病得较
重，休养了五个月才康复。哥伦布自我描述的症状符合斑疹
伤寒的病象特征：高烧、头痛、周身酸痛造成他整日昏睡，眼结
膜充血导致他半盲甚至短暂失明。哥伦布罹患此病也合乎当
时的环境和背景。在地理大发现大航海时代，海员们频繁遭
受寄生虫的侵扰。斑疹伤寒经常出现在去西印度的船队的船
员中，他们称之为昏睡病（modorra），因为该病表现出嗜睡的
特征。人们逐渐接受在美洲出现的首个斑疹伤寒病例便是哥
伦布本人的观点②。笔者认为应该说有名有姓的第一个病例
是哥伦布。如前所述，在大船队于 1494 年 1 月上旬上岸安营
扎寨修建伊莎贝拉城时，便有许多人病倒，其中有一些便是感
染了或复发了斑疹伤寒，只不过无名无姓而已。

　　经以上研究可以明确在哥伦布"二航"期间（1499 年 9
月—1496 年 6 月）传入的至少有疟疾,（猪）流感、斑疹伤寒。
以后（15 世纪末—17 世纪）陆续传入的还有许多。据美国著
名历史学家、美国共产党主席福斯特的总结，由欧洲白人传入
的最坏的疾病有黄热病、黑死病（即腺鼠疫）、霍乱、天花、麻
疹、斑疹伤寒、百日咳、白喉、肺炎、昂可切罗斯病，也许还有结

---

① 转引自, Ibid., pp.359-360.
② cf.Ibid., p.358.

核病、疟疾和梅毒①。当代美国历史学家、加利福尼亚大学旧
金山医学中心健康科学史研究员小克罗斯比的概括基本类
似,他增列的传入美洲的传染病还有沙眼、水痘、登革热、猩红
热、阿米巴痢疾②、流感,以及几种蠕虫感染症;他未提及的有
肺炎③、肺结核、昂可切罗斯病④。旧大陆的传染病传入后在
没有免疫力和防治经验的印第安人中间造成极大的危害。以
西班牙人殖民统治经营开发的第一个大岛海地为例,该岛在
1492 年前夕约有近 30 万人,到 1496 年即第二次远航结束之
年,岛上的印第安人已锐减了约 1/3⑤,到 1508 年土著居民只
剩 6 万人,到 1514 年只剩 1.4 万人,到 1558 年,岛上土著只剩
不足 500 人⑥。造成印第安人锐减乃至灭绝的原因是多种多
样的,其中殖民者的直接屠杀、残酷压榨(以及由此引起的生
育率大大降低)和传入的各种疫病流行是三大原因,并互为
因果恶性循环。

最后需要声明一下,我们研究疾病的起源、传播、途径、危
害、防治等并没有指责病源地和无意的传播者的意思,因为他
们也是无辜的受害者。就如外国人不能因非典指责中国人一

①   参见福斯特:《美洲政治史纲》,冯明方译,三联书店 1957 年版,第
40—41 页。按,梅毒是起源于美洲传入欧洲全世界的。

②   一种常见的肠道传染病,夏秋两季较多见,一般称赤痢。

③   按,一般的传统的典型的肺炎并不传染,2003 年肆虐中国流行世界
的非典型肺炎(SARS)才传染。

④   参见克罗斯比:《生态扩张主义》,第 202 页。

⑤   cf.J.E.Fagg:*Latin America*,*General History*,p.97.

⑥   参见莫里逊:《航海家哥伦布》,第 160 页。

样。这个态度对于旧大陆、新世界,对于各个国家、地区、民族、部族都一样。至于近代有少数的白人殖民强盗丧心病狂地利用传染病向印第安人等土著发动细菌战,例如将感染了病菌的毯子等物品拿给印第安人等土著①,则应当予以揭露、批判、谴责、清算。

综上所述,从哥伦布第二次远航美洲起,旧大陆的各种生物开始传入美洲。其荦荦大端者有,旧大陆的农作物传入了美洲,并在那里开花结果;旧大陆的畜禽从此传入新大陆,并在那里生息繁衍;旧世界的传染病开始传入新世界,并在那里肆虐;以及本文没有专门论述的欧洲白人从此移入,欧罗巴印第安混血儿开始出现。以上事件都极大地深刻地开始改变并最后改变了西半球美洲的历史进程、社会发展、植物区系作物栽培、动物群落畜禽饲养、疾病的种类分布和人的抗体免疫力、人种民族结构,因而具有极为重大的社会影响和历史(正负)作用。

(原载《历史研究》2005 年第 3 期)

---

① 这方面的具体事例可参 John Duffy:"Smallpox and Indians in the American Colonies",(carried in)*Bulletin of the History of Medicine*,Baltimore.MD,Vol.25,1951,No.4,P.340;苏联科学院民族学研究所:《美洲印第安人》,史国纲译,三联书店 1960 年版,第 324 页、328 页;克罗斯比:《生态扩张主义》,第 341 页。

非西葡的其他欧洲
国家的发现与航海

一、俄罗斯的地理发现辨正

对于 16—17 世纪俄罗斯人在北亚—西伯利亚和北冰洋的活动,西方认为是扩张,中国传统认为是征服,俄—苏认为是地理发现。而我们认为,俄人在西伯利亚南部的活动是征服扩张,在中部北部和北冰洋水域的活动则是地理发现。因为那里几乎没有人,有人也是原始人。文明人类各民族在此之前没有去过那里,对它毫无所知。

地理大发现是中世纪晚期近代初期世界范围内最重大的历史事件,它对全人类的历史产生了最深远的影响。多年来,学界把地理大发现的时间局限在 15 世纪末 16 世纪初,把空间局限在开始发现美洲,开辟欧印新航路和首次环球航行,把行为主体局限在西班牙葡萄牙。我以为这种认识是不全面不深刻的。鉴于此,本文研讨地理大发现的一个重要组成部分——俄罗斯的地理发现及其几个问题:16—17 世纪的俄罗斯的地理发现能否成立;什么是地理(大)发现;北亚北冰洋在此前的待发现地位。不当不足之处尚祈专家学者斧正补阙,共襄学术。

(一)俄罗斯的地理发现能否成立

对于这个问题,西方是只宣扬自己的地理大发现,不承认

俄罗斯的地理发现。《泰晤士世界历史地图集》(三联书店
1982 年版)第五部分第二章的标题为"欧洲人地理发现的航
行",第三、四章的标题均为"欧洲的海上扩张",第五章的标
题为"俄罗斯在欧洲和亚洲的扩张"。这就是说,西欧是先进
行地理发现,后实行海外扩张;而俄国只是扩张,没有地理发
现。在地理大发现总括性的专史著作中,如巴克利的《伟大
的地理发现时代》①,彭罗斯的《文艺复兴时期的远行和地理
发现》②,帕里的《探索的时代》③,布尔廷斯的《发现者》第二
卷《陆地与海洋》(李成仪等多人译,上海译文出版社 1995 年
版)等,均只字不提 16—17 世纪的俄罗斯的地理发现。在论
述从古代至近现代的地理发现通史著作中,如斯蒂芬森的
《伟大的冒险与探险》④,吉莱斯皮的《地理发现史》等⑤,则都
只是承认和叙述 18—19 世纪俄国人在太平洋、北冰洋的探险
和参与发现了南极洲,如白令、别林斯高晋、拉札列夫等的探
险、航海与发现。至于国别扩张史一类专著,如乔·亚·伦森
的《俄国向东方的扩张》(杨诗浩译,商务印书馆 1978 年版),

---

① Isabel Barclay, *The Great Age of Discovery*, London, Dennis Dobson, 1958.

② Boies Penrose, *Travel and Discovery in the Renaissance*, 1420－1620, New York, Atheneum, 1975.

③ J.H.Parry, *The Age of Reconnaissance*, Cleveland and New York, Signet, 1964.

④ V.Stefansson, *Great Adventures and Explorations*, London, Literary Licensing, LLC, 1949.

⑤ J.E.Gillespie, *A History of Geographical Discovery*, 1400－1800, New York, H.Holt and Company, 1933.

弗·阿·戈德尔的《俄国在太平洋的扩张》(陈铭康等译,商务印书馆 1981 年版)等,它们均从书名上便阉割了俄罗斯的地理发现。这种情况实际上是西欧中心论在地理大发现史方面的表现,应该予以批评和摒弃。因为在 16—17 世纪,俄国人通过陆地探险、冰海探航、内河试航,发现了绝大部分北亚地区、北亚大陆海岸线和北冰洋的一部分、北亚的远东大陆海岸线和北太平洋的一部分;初步开辟了从北欧到北亚、从北冰洋到太平洋的新航路;打通了从欧俄到北亚、再到蒙古高原的新陆路,开拓出从俄国到中国的陆上新通道①,把俄国与中国联系起来。

　　中国学术界也只认可西方的地理大发现,而不提俄罗斯也参与了地理大发现。在各种世界通史教材中世纪史(或中古史)分卷中(如朱寰主编本、马克垚主编本、刘明翰主编本等),个别地还包括近代史分卷,如吴于廑、齐世荣总主编,刘祚昌、王觉非分卷主编的《世界史·近代史编》上卷,以及王加丰的专著《扩张体制与世界市场的开辟——地理大发现新论》(北京大学出版社 1999 年版),都是如此。在通俗知识普及读物中,如雷宗友的《海洋探险》(上海教育出版社 1979 年版)、于有彬的《探险与世界》(四川人民出版社 1989 年版)、张广智主编的《世界十大探险家》(上海古籍出版社 1996 年版)、王加丰的《世界大探险家传奇》(上海远东出版社 1997 年版)等,也都只字不提 16—17 世纪俄罗斯的探险、航海与

---

① 1618 年,俄国探险家佩特林率俄国探险队—使团走陆路从西伯利亚经蒙古来华,到达了北京。说详拙文:《明末清初俄使佩特林出访中国初探》,《清史研究》2001 年第 1 期。

地理发现。在徐景学的专著《俄国征服西伯利亚纪略》(黑龙江人民出版社 1984 年版)中,全是占领、扩张、远征、征服、入侵、吞并、进兵、兼并这些词汇,闭口不说航行、探险、考察、地理发现。在各种各样的《沙俄侵华史》(第一卷,人民出版社 1978 年版)一类的史学著作中,则把俄国合并北亚视为侵华的背景、前奏、序幕,而回避其中蕴含的探险、地理发现、考察、冰海内河试航的性质和成分。说俄国人扩张、征服、入侵、吞并北亚当然也可以,在那个中苏全面敌对尖锐对峙冷战白热化(甚至局部边境热战)的时代,那样做也似乎有必要。而在中俄早已成为建设性战略伙伴、睦邻友好合作的邻邦的今天,我们要讨论的问题便在于,先得有发现,才可能有扩张、吞并等。这如同西方对西南非洲、东南非洲、南北美洲、澳洲大陆、大洋洲各岛的发现与扩张一样。于是便涉及一个重大的基本理论问题:什么是地理(大)发现?

(二) 什么是地理(大)发现

说明:此处略去重复雷同的六段。读者可参本书第一篇《地理大发现新论》的有关论述。

地理大发现可以分为两个阶段,即西葡阶段和荷俄英法阶段。前一阶段从 15 世纪中后叶到 16 世纪初中叶,是葡萄牙、西班牙充当急先锋的时期。这一时期葡萄牙人发现了非洲中西部、南部,绕过非洲横渡印度洋到了印度,并进一步东向进入太平洋,和东南亚、中国、日本等国开始了直接联系;西班牙人发现了美洲东部、中美洲,横渡了大西洋、太平洋、印度洋,进行了环球航行,验证了地球的形状、大小、海陆分布。后一阶段从 16 世纪中叶到 17 世纪末叶,是荷兰、俄国、英国、法国扮演主角的时期。这一时期荷兰人为主发现了澳洲、新西兰;俄国人发现了亚洲北部。沿欧亚大陆北海岸航行于北冰洋并经此航入了太平洋,初步开辟了北方新航路;英国人、法国人和其他欧洲人发现了北美的许多地区,美洲西海岸的一些地段,大洋洲的一些地区和黑非洲的一些(内陆)地区。而老牌的冒险家发现者西班牙葡萄牙因忙于在前一阶段已被它们发现的广大地区殖民、扩张、掠夺、开发,这一时期在探险与发现方面已不再活跃。至于把地理大发现的下限定在 17 世纪末,它不包括 18、19 世纪的地理发现,个中理由笔者已做过论述①,就不在此赘述了。

　　近年来中外学界又时兴或崇尚“大航海时代”这个提法,并使之与地理大发现时代并列或等同。我们认为这两个时代略有差别,并做过阐述②。按这个术语蕴含的义理、思路和内在逻辑,我把大航海时代的时间界定在 15 世纪初至 17 世纪末;按航海的特点和成就,我把它分为四个阶段,即郑和、葡人开创的近岸远洋航行阶段,哥伦布开创的跨洋远洋航行阶段,麦哲伦开创的环球远洋航行阶段和英法荷俄人士开创的极地冰海远洋航行阶段。而只有俄国人在发现北亚和北冰洋一部的进程中,把近岸远洋航行和极地冰海远洋航行结合起来,书

---

①　张箭:《地理大发现简论》,载罗徽武等主编:《世界近代史研究》,成都科技大学出版社 1992 年版。

②　张箭:《论大航海时代及其四个阶段》,《海交史研究》1998 年第 2 期。

写了大航海时代第四个阶段的多彩篇章①。

马克思主义经典作家也有这样的思想,即把地理大发现的下限定在 17 世纪(末),把 16—17 世纪俄国人对北亚和北冰洋一部分的发现视为地理大发现的一部分。恩格斯在《家庭、私有制和国家的起源》中讲,"世界一下子大了差不多十倍,现在展现在欧洲人眼前的,已不是一个半球的四分之一,而是整个地球了,他们赶紧去占据其余的七个四分之一"②。而俄国人发现的北亚和北冰洋一部,自然是"十倍""七个四分之一"的一部分。否则,便构不成十倍,不够七个四分之一。列宁在《论修改党纲》中指出:"16—18 世纪欧洲国家为争夺殖民地而斗争过",并强调,"沙俄征服西伯利亚等地和 16—18 世纪西欧国家争夺殖民地是同一性质的"③。马克思在《政治经济学批判》中则说:"在 16、17 世纪这个现代资产阶级社会的童年时期,一种普遍的求金欲驱使许多国家的人民和王公组织远征重洋的十字军去追求黄金的圣杯。"④可见,俄国占领北亚同西欧国家占领南北美洲、西非南非、澳洲—大洋洲是类似的。因为它们都是先探险发现,后扩张征服。俄国是那个时期组织远征重洋的十字军的六个欧洲国家中的重要一个(在地理发现方面、其重要性等同于荷兰,比法国重要)。

----

① 张箭:《论大航海时代及其四个阶段》,《海交史研究》1998 年第 2 期。

② 《马克思恩格斯选集》,人民出版社 1972 年版,第四卷第 77 页。

③ 《列宁全集》,人民出版社 1950—60 年代版,第 26 卷第 146 页。

④ 《马克思恩格斯全集》第 13 卷,人民出版社 1960—1970 年代版,第 148 页。

马克思在《资本论》中还明确谈到,"在十六世纪和十七世纪,由于地理上的发现(着重号为笔者加)而在商业上发生的并迅速促进了商业资本发展的大革命,是促使封建生产方式向资本主义生产方式过渡的一个主要因素"[1]。而俄国在 16—17 世纪的地理发现显然是这一时期全世界地理发现的重要组成部分。

明确了地理发现的概念,厘清了地理大发现的基本内容、任务和成果,认识了它的时间、空间和行为主体,了解了它与大航海的异同,我们便可以肯定,16—17 世纪的俄罗斯的地理发现是可以成立的,这一提法是有道理的。

(三) 北亚、北冰洋的待发现地位

我们所说的亚洲北部,简称北亚,指苏联的西伯利亚(广义),今俄罗斯的亚洲部分。它西起乌拉尔山脉、乌拉尔河上游,东到太平洋海岸,北临北冰洋海岸,南接哈萨克、蒙古、中国、朝鲜,总面积约 1200 多万平方公里。如此广袤的北亚—西伯利亚可分为四大部分,即西西伯利亚平原,中西伯利亚高原,东西伯利亚山地和远东。在地理大发现时代(15—17 世纪),北亚极其地广人稀,甚至渺无人烟。《苏联大百科全书》(20 世纪 70 年代版)说,20 世纪 70 年代西伯利亚(广义)总人口约 2535 万,土著居民占 4%[2]。这样一算,土著居民便只

---

[1] 《马克思恩格斯全集》第 25 卷,人民出版社 1972 年版,第 371—372 页。

[2] Главный редактор А.М.Прохов,*Большая Советская Энциклопедия*(苏联大百科全书), Москва, 1970-е Годы, Брук:"Сибирь · Население"(布鲁克:《西伯利亚·人口》,Том 23, С.338.

有约 100 万。它又进一步说,18 世纪伊始,在西伯利亚的东斯拉夫人已达 30 万,大大超过了土著居民的人口数量①。这就是说,当时整个西伯利亚的土著居民只有 20 来万。《苏联史纲》的统计说,17 世纪西伯利亚的少数民族约有 20 万—22 万②。西方的研究结果为:整个西伯利亚 1622 年有土著 17.3 万人,1662 年有土著 28.8 万人③。一些中国学者也承认,16 世纪时北亚土著只有 20 万—24 万④。而且这 20 多万人主要居住在北亚—西伯利亚最南部,即与哈萨克、蒙古、中国、朝鲜接壤和靠近的地区(因这一带气候相对暖和,自然条件相对好些)。北亚—西伯利亚的最南部靠近文明世界,当地也有文明民族居住,中亚、蒙古、中国等文明民族对它也有所了解,与它的交往虽稀疏但也存在。所以俄国人 16—17 世纪在西伯利亚最南部的活动基本上属扩张、征服、入侵、称霸性质,当然也伴随一些探险考察活动,有一点地理发现成果。而广袤的中部和北部 900 多万平方公里的地区则人迹罕至,仅有的极少数人也是原始人,而无文明开化之人。黑格尔曾说,"我们必须把……西伯利亚除外不算。……那地方和我们

---

① 同上书,Громыко И пр :"Сибирь · Историческое Обозрение"(葛罗米柯等:《西伯利亚 · 历史概览》),Том 23,С.340.

② Академия Наук СССР · Институт Истории, *Очерки Истории СССР, Период Фодализма Конец xvB.—Начало xvii B.* (苏联史纲 · 封建时期 · 15 世纪末至 17 世纪初),Москва,1955,С.685.

③ Cf.L.S.Stavrianos, *The World Since* 1500, *A Global History*, Second Edition,London et al.,Prentice-Hall Inc,1971,p.156.

④ 参见李明滨、郑刚主编:《苏联概况》,外语教学与研究出版社 1986 年版,第 393 页。

这里全然不相关",因为"酷寒的北极地带是在历史的范围以外"①。黑格尔又说,在亚细亚洲的各部分中,我们已经当作非历史而置之不论的,计有西伯利亚②。美国史家斯塔夫里阿诺斯则把 1500—1673 年欧洲人扩张的诸阶段进一步划分为 1500—1600 年的伊比利亚(即西、葡)阶段,1600—1763 年的英、法、荷阶段和俄罗斯在西伯利亚的阶段,让它们并列。尽管他不点明不明确承认俄罗斯的地理发现③。

　　在地理大发现(15—17 世纪)以前,在俄国人到来以前,全世界的文明人类都不知道(从东到西)外兴安岭以北,蒙古高原以北,巴拉巴草原、伊希姆草原、图尔盖洼地以北为何地,那里有什么样的大河大湖大山,陆地怎样延展;更不知道北亚以北是北冰洋,北亚以东是太平洋,北亚与北冰洋的大陆海岸线怎样,北亚东部与太平洋的鄂霍次克海、白令海的大陆海岸线如何。最靠近北亚的文明民族蒙古人、中国人、中亚人、朝鲜人都没有一幅描绘出了北亚、北冰洋、北太平洋的地图,也没有一篇描写出前述"三北"的文章。关于中国需多做论述。现存的宋代的大范围地图《华夷图》(1137 年成图)只绘及朝鲜、越南相邻中国的部分,其他周边国家和地区只是在图的四周用文字排列写上。《华夷图》

---

① 黑格尔:《历史哲学》,王造时译,上海书店 1999 年版,第 106 页。
② 黑格尔:《历史哲学》,第 119 页。
③ Cf.L.S.Stavrianos,*The world Since* 1500,*A Global History*,Preface,Content,pp.87-184.

向北只画出了黄河、长城等重要的自然人文地物①。宋以后重要的大范围的地图,如元代朱思本的《舆地图》,明中叶罗洪先的《广舆图》,明末陈祖绶的《皇明职方地图》等,也都是中国(中原)地图,至多旁及朝鲜、朔漠(蒙古)、安南(越南北部)、西域(新疆)等部分周边国家和地区②。范围最广的是《广舆图》,其中向北延伸最远的《朔漠图》只画及今蒙古国北部,《西域图》只画及今新疆北部,《华夷总图》只画及五国城、泰宁路(东北);和宁路、和林(北),哈密、火州、土鲁番(西北)一带。即只达到今哈尔滨、哈尔和林、哈密、吐鲁番一带,北纬40多度一线③。而北亚的北冰洋海岸一般在北纬70度以上。

史学界有一种看法,认为蒙元的疆域、版图、势力范围向北达到了北冰洋海岸④。这种观点值得商榷。前已论及,宋、元、明的舆地图籍并没有画出北亚、北冰洋。我们再看看文献记载。元代科学家郭守敬主持了全国性的较大规模的日影观测科学实验,设立了大都测影所和全国27个地方测影所。史载"当时四海测影之所凡二十七,东极高丽,西至滇池、南逾

①　参见王庸:《中国地图史纲》,三联书店1958年版,所载《华夷图》。

②　参见王庸:《中国地图史纲》,所载《皇明职方地图》等。

③　参见(明)罗洪先:《广舆图》,四川省图书馆藏清嘉庆四年(1799)刻本,卷二《朔漠图》《西域图》《华夷总图》。

④　如陈芳芝:《东北史探讨》,中国社会科学出版社1995年版,第144页;谭其骧主编:《简明中国历史地图集》,中国地图出版社1991年版,《元时期全图》;舒焚:《一千年前中国人进探北极圈之行》,《湖北大学学报(哲学社会科学版)》1995年第5期;等等。

朱崖、北尽铁勒,是亦古人之所未及者也"①。这个铁勒测影所的位置一般认为在北纬 55 度、贝加尔湖以西安加拉河上游地区②。史籍对铁勒所的地理位置也记得很清楚:"铁勒,北极出地五十五度,夏至晷影长五尺一分,昼七十刻,夜三十刻。"③我们知道,北半球任何地区的北极星高度角与该地的地理纬度同值。所以它的位置算下来应在北纬 55 度左右。而在这条经度线上的北冰洋海岸还在北纬 77 度的泰梅尔半岛北岸。

史籍又载,蒙元的疆域地盘是"北逾阴山,西极流沙,东尽辽左,南越海表"④。宋元时代的阴山,非内蒙古河套地区北纬 41.5 度上的阴山,而指新疆天山山脉的东段。它东西走向横亘在北纬 43 度上⑤。"北逾阴山"当然不是"北止于阴山",不过也不会超出很远。所以,蒙元的疆域势力向北达到北纬 50 多度的贝加尔湖北岸地区是比较属实可信的。现代外国学者画出的蒙古帝国地图一般也作如是观。如汤因比等《历史研究》第 11 卷《历史地图集与地名录》中的两幅蒙古帝国图⑥,苏联科学院《世界通史》第三卷(下册第 726 页,三联

---

① （明）宋濂等:《元史·天文志·序》,中华书局 1976 年版。

② 参见谭其骧等:《简明中国历史地图集》,中国地图出版社 1991 年版,《元时期全图》(一)、(二)。

③ 《元史》卷四八《天文志·四海测验》。

④ 《元史》卷五八《地理志·序》。

⑤ 参见谭其骧等:《简明中国历史地图集》,所载各图。

⑥ A.J.Toynbee & E.D.Myers, *A Study of History*, Vol. XI, *Historical Atlas and Gazetteer*, Oxford University Press, 1959, pp.158-159, p.161.

书店 1961 年版)中的蒙古帝国图,《泰晤士世界历史地图集》
所载《蒙古帝国图》①。而日本《世界大百科事典》第 30 卷中
的《蒙古帝国图》向北只达到了贝加尔湖中北部②。南充师范
学院历史系编绘的《中国古代历史地图集》(四川人民出版社
1981 年版)载《元代和四大汗国图》也如大多数学者那样状其
图。所以元朝的疆域向北只达到了贝加尔湖北岸以北一段
一带③。

明代中国(明朝)、蒙古(瓦剌、鞑靼)、满洲(女真—满族的
后金)的疆域、版图、势力向北达到贝加尔湖北岸以北,外兴安
岭,大约在北纬 57、58 度一线④,即今俄罗斯中西伯利亚东西伯
利远东的最南部。明代中国、蒙古、女真的地理知识向北也只
认识到这一带。前述罗洪先的《广舆图》、陈祖绶的《皇明职方
地图》、《元史》的《天文志》《地理志》等均证明了这一点。

此外,在贝加尔湖北岸以北,外兴安岭以北的北亚考古发
掘出土文物中,也没听说有确凿的中国、蒙古、中亚的古文物⑤。

------

①　巴勒克拉夫主编:《泰晤士世界历史地图集》,邓蜀生等译,三联书
店 1982 年版,第 128—129 页。

②　安部健夫:《もうこてぃこく蒙古帝国》,《蒙古帝国の版图》,载《世
界大百科事典》,东京,平凡社 1983 年版,第 30 卷,第 189—191 页。

③　参见张箭:《蒙元北疆范围研究》,《中国边疆史地研究》2000 年第
1 期。

④　参见谭其骧等:《简明中国历史地图集》,《明时期全图》(一)、
(二);南充师范学院历史编:《中国古代历史地图集》,四川人民出版社
1981 年版,《明代图》。

⑤　参见李连、霍巍、卢丁:《世界考古学概论》,江苏教育出版社 1989
年版,第五章第三节《西伯利亚》。

从古至清初,中国人的足迹和地理知识只达到贝加尔湖北岸以北一段一线①。

总上所论可知,北亚的大部分在地理大发现以前是文明人类未达、未识、未开发、未据有的蛮荒不毛之地,未开化之地,无主(权国家)之地,待发现之地。

我们之所以不吝笔墨地讨论元代的疆域势力范围问题,明代的地理知识水平问题,是想从一个重要侧面论证俄罗斯于 16—17 世纪在北亚、北冰洋的地理发现成立。倘若蒙元的势力真的向北达到了北冰洋海岸,明人的地理知识水平达到了北冰洋海岸,俄罗斯地理发现的成就、地位、作用、意义、影响就要大打折扣了。而且俄国在合并北亚的过程中,征服、侵略、扩张、吞并的成分就大大加重了;而探险、发现、考察、航海、旅行的因素则大大削弱了。不过事情并不是那样。

(四) 余论

总之,俄国人在 16—17 世纪对北亚、北冰洋一部、北太平洋一部的地理发现是客观存在、完全成立,难以否认和回避的。俄罗斯的地理发现是整个地理大发现有机构成的、不可分离的重要组成部分。而俄国人于 18—19 世纪在北冰洋、北太平洋、阿拉斯加和南极洲的探险、航海、发现、考察与各国在 18—19 世纪的探险、航海、发现、考察一起,均不再属于

---

① 参见张箭:《古代中国人足迹和地理知识的北至》,《历史研究》1999年第 6 期。

15—17 世纪的地理大发现这个特定的历史范畴。其理由我
已做过论述①,就不重复了。

　　在参与并完成了地理大发现的六个主要国家中(西、葡、
荷、俄、英、法),俄罗斯是比较独特的一个。地理上它是唯一
的东欧国家,唯一的濒临北冰洋的国家,当初是唯一的靠近并
接壤于亚洲的国家(其他都是濒临大西洋离亚洲很远的西欧
国家),接着是唯一的(本土)地跨欧亚的国家;宗教上它是唯
一的东正教国家(其他都是天主教国家或新教国家);民族上
它当初是唯一的斯拉夫人斯拉夫语国家(其他都是罗曼人罗
曼语[西、葡、法]国家或日耳曼人日耳曼语国家[英、荷]);社
会制度和经济形态方面它当初是封建制度封建关系最强固最
稳定的国家,后来是唯一的社会主义国家(今日不再是);在
发现的方式和途径方面它是唯一的以陆地探险内河探航为第
一位、冰海航行为第二位的国家(其他都是以远洋航行探险
为第一位的国家)②。回避撇开了俄罗斯的地理发现的历史,
便不能完全把握、深刻认识、充分揭示地理大发现的普遍规
律、基本性质、丰富特点和重大影响。俄罗斯参与了地理大发
现并发现合并了北亚,这对中国具有更加复杂、重大和深远的
影响:在中国的诸多接壤国和邻国中,它是唯一的欧罗巴白人
国家,唯一的基督教国家(东正教是基督教的三大分支之

---

① 参见张箭:《地理大发现简论》,载罗徽武等主编:《世界近代史研
究》,成都科技大学出版社 1992 年版。

② 关于俄罗斯地理发现的成就和意义,请参拙著:《地理大发现研究
(15—17 世纪)》,商务印书馆 2002 年版,第十一章第九节。

一),唯一的发达国家(日本虽发达但不接壤)。所以中国学术界更应该积极、客观、公正、科学地推进地理大发现的研究包括对俄罗斯的地理发现的研究。

（原载《重庆邮电学院学报(哲学社会科学版)》
2006 年第 1 期,2015 年 11 月再审定）

二、德雷克环球航行冒险论略

英国自 15 世纪末开始海外探险和地理发现以来,便致力于探寻到东方来的西北航道和东北航道。在这两个方向的探险,不仅相对近便,更重要的是还可以摆脱当时的海上强国西班牙和葡萄牙的威胁。从 16 世纪中叶起,随着经济的发展,国力的增长,英国开始觊觎富饶的亚热带、热带海洋和地区,因此开始对西、葡的传统海外势力范围和殖民地进行渗透。在这个过程中,英国的海盗探险家、航海家德雷克充当了急先锋。

(一) 学徒出身的船长

德雷克(F.Drake,1540—1596)少年时代就开始在海船上当水手学徒,成年后成为 50 吨的小型船"朱迪思号"的船主和船长①。1567 年,德雷克加盟其表哥约翰·霍金斯的海盗兼贩奴商船队。次年 9 月,在墨西哥湾维拉克鲁斯港外的乌略亚岛,爆发了英方认为西班牙针对英国发起的"珍珠港事

---

① cf.Ernle Bradford:"Sir Francis Drake", *Encyclopedia Britannica*, Macropedia,1974,15th edition,Vol.5,p.978.

件"。按霍金斯的说法,他们已获准停泊,却遭到西班牙人的突然袭击。霍金斯和德雷克各率一船逃脱,其余 4 船受伤被俘,人员死伤几百①。此后,霍金斯转入政界,而德雷克则开始活跃在反西海盗活动的最前沿。

1577 年,德雷克开始了他一生冒险事业中最重要的行动,他率领 3 艘排水量约 100 吨的海盗船,两艘小一些的补给船,乘员共 160 多人②,奔向大西洋。这次航行的最初目的,主要是与西属美洲以南的居民通商,探寻传说中的南太平洋的未知陆地,狠狠抢劫和打击西班牙人③。实际上,这次冒险活动得到了王室的支持——伊丽莎白女王和一些大臣用个人的钱财给予了帮助。

(二) 从英国到智利:两大地理发现的诞生

1577 年 12 月中旬,德雷克率领船队离开英国普利茅斯港,他们先沿旧大陆海岸到达佛得角群岛,然后斜渡大西洋,于次年 4 月到达南美拉普拉塔河河口,接着沿海岸向南航行。在南纬 47 度一带的巴塔哥尼亚海岸,他们得到巴塔哥尼亚人的友好接待和帮助。6 月底,他们进泊麦哲伦船队曾经越冬的圣胡利安港。在这里,德雷克挫败了一起以军官道蒂为首

①　cf.Boies Penrose:*Travel and Discovery in the Renaissance*,1420－1620, New York,Atheneum,1975,p.227.

②　cf.Ibid.,p.230.

③　cf.Ernle Bradford:"Sir Francis Drake",*Encyclopedia Britannica*,Vol.5, p.978.

策划的反对他的叛乱阴谋①,随后抛弃烧毁了两艘给养已基本耗尽并已破损的补给船②,还把旗舰"鹈鹕号"改名为"金鹿号",并继续向南挺进。8 月下旬,英国船队驶进了麦哲伦海峡,德雷克的随航牧师弗莱彻首次记录了所目睹的火地岛人:"这些未开化的野蛮人衣着既精巧又别致。他们的小船是用兽皮做的,他们把一张张海豹皮缝合在一起,既没有剪裁,也没有涂焦油,缝制得既坚固又精细,这种兽皮船永不漏水。他们还用兽皮做成碗、盘和水桶。他们的刀子是用大贝壳做的:挖出壳内的肉,然后在石头上把贝壳磨得很锋利。"③

　　9 月上旬,船队刚驶出海峡,就遭到了经久不息的风暴袭击,风暴持续到 10 月底。弗莱彻写道,"我们还没来得及驶进这个海洋(有人把它称作'太平洋',然而对我们来说它却是狂暴的海洋),海上就起了凶猛的风暴。这样大的风暴我们还未见过……白天我们看不到阳光,夜晚望不见月亮和星星。这样的天气竟长达 52 个昼夜"④。在风暴中,一艘船失踪失事,另一艘船被迫返航。唯一剩下的"金鹿号"则被风暴向南推移了 5 个纬度,到达了合恩角一线⑤。这样,德雷

　　① cf.Ibid.,p.978.

　　② cf.Ibid.,p.978.

　　③ 《弗莱彻日记》,引自 И. П. Магидович, В. И. Магидович:《Очерки по Истории Географических Открытий》,Том Ⅱ,Москва,Издательство Просвещение,1983,c.316.

　　④ 《弗莱彻日记》,引自 Там же,cc.316-317.

　　⑤ 参见马吉多维奇:《世界探险史》,世界知识出版社 1988 年版,第462 页。

克就取得了第一项重要的地理发现：火地岛不是南部大陆的一个海角或半岛，而是一个海岛，海岛之外，仍是广阔的海洋。22 年后，德雷克的这一发现被反映在英国地图家赖特—莫林劳克斯的地图上①。3 个世纪后，当航海家们发现南极洲后，人们便把火地岛与南极洲之间的海峡称为"德雷克海峡"。

"金鹿号"挺过风暴后，仍按计划从南美洲最南端向北航行，11 月底，进泊南纬 43 度一带的奇洛埃岛，然后经过智利海岸，顺利到达南纬 33 度的港市瓦尔帕莱索。英国海盗对这座西班牙移民城市大肆抢劫，并俘获了一艘泊在港中的载着酒和黄金的西班牙船只②。德雷克继续向北航行，并通过实地探察"割去"了一大块"赘肉"——西班牙人在地图上向西多画出的并不存在的 10 万平方公里的智利西海岸土地③。这样他便取得了远航以来的第二项重要的地理发现。此后，英国人在南纬 27.5 度的拜雅—萨拉达（Баия-Салада）港湾停留了一个月，等候失散的那条船④。其间，"金鹿号"在卡亚俄港（今秘鲁利马）的一次海盗行动中写下了最得意的一笔：港里泊有 30 艘西班牙舰船。德雷克竟然把"金鹿号"开进港湾，在敌船中神不知鬼不觉地蒙混了一夜，并刺探到次日有船

---

① cf.Boies Penrose：*Travel and Discovery in the Renaissance*，1420-1620，p.232.

② 参见马吉多维奇：《世界探险史》，第 463 页。

③ 同上，第 463 页。

④ см. И. П. Магидович, В. И. Магидович：《Очерки по Истории Географических Открытий》，Том II，c.318.

将驶往巴拿马。翌日早上"金鹿号"悄悄出港,追上这艘西班牙船,经过接舷跳帮战斗后俘获了该船,缴获了许多宝石、13箱银币、80磅黄金和26袋银锭①。

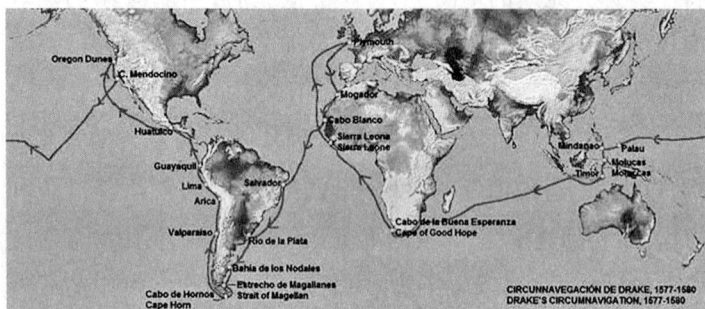

(德雷克环航路线图②)

(三) 为避埋伏,"金鹿号"探寻新航路

"金鹿号"在美洲西海岸频频得手,本来可以满载而归了。但德雷克推测,原路返航十分危险,损失惨重的西班牙人很可能在麦哲伦海峡一带守候着等着他自投罗网(事实上也的确如此)。鉴于此这个冒险家决定北上穿越设想中的东北航道,环绕美洲大陆,东渡大西洋回国③。于是"金鹿号"沿美洲太平洋海岸北上。越过北纬42度后,天气越来越冷。6

---

① 参见马吉多维奇:《世界探险史》,第464页。

② "Francis Drake", https://en. wikipedia. org/wiki/Francis _ Drake, 2017-05-14.

③ cf.Boies Penrose:*Travel and Discovery in the Renaissance*,1420-1620, p.235.

月,"金鹿号"顶风冒雪前进到北纬48度地区,即今加拿大温哥华地区。再往北必然越来越冷,浮冰会越来越多,航行会越来越难,英国人只好又南下回到了北纬38度一带的圣弗朗西斯科(旧金山)湾,在那里停泊和休整,并在岸上建了营地。英国人和当地的印第安人友好相处,得到了补给。双方还达成共识和协议:当地居民和土地归附英国。德雷克把这一带取名为"新阿尔彼荣(之地)"(New Albion)。"Albion"意为白色的,指英格兰。德雷克一行还在岸边竖立了象征主权的石柱,上面镶了一块纪念性铜牌,铜牌在20世纪30年代被发现①。

　　7月中旬,德雷克离开新阿尔彼荣之地,他审时度势地决定改变计划,横渡太平洋前往摩鹿加(马鲁古)群岛,环球航行回国。他们在太平洋上航行了3个多月,直到11月初才到达摩鹿加群岛。英国人停泊在特尔纳特岛,得到了补给,并向友好的当地人购买了几吨香料,主要是丁香②。此后,"金鹿号"在苏拉威西岛、爪哇岛一带的印尼海域和海岛漂泊游荡了两个多月,并尽量避免与当地的殖民者葡萄牙人遭遇。然后"金鹿号"离开爪哇岛,横渡印度洋,于1580年6月中旬绕过好望角,8月中旬越过北回归线,最后于9月下旬回到普利茅斯港。这样,"金鹿号"和56名幸存者在离开英国后,经历

---

　　① cf. S. E. Morison: *The European Discovery of Amerca*, *the Southern Voyages*, 1492-1616, New York, OUP Australia 1974, Vol.2, p.678.

　　② cf. Boies Penrose: *Travel and Discovery in the Renaissance*, 1420-1620, p.233.

了两年零十个月的漫长航海和冒险①,完成了世界史上第二次环球航行。"金鹿号"载回了满船的金银、财宝和香料,估计价值为 50 万英镑,等于王室一年的收入。女王亲自登船祝贺,下令把"金鹿号"保存起来作为永久纪念,并封德雷克为爵士②。这次航行使德雷克修成了"正果":从大海盗、冒险家跻身航海家、探险家、地理发现者之列。

德雷克自始至终指挥完成了环球航行,发现了火地岛和德雷克海峡,修正落实了智利西海岸,考察了从火地岛到温哥华的长达数万公里的新大陆西部海岸线,新发现了加拿大西海岸,带回了一些有关所到之地印第安人的民族志地方志的珍贵史料。他的这次环球航行,在地理发现史、航海史和探险史上具有深远影响和重大意义。

（原载《环球人文地理》2011 年第 5 期,2016 年 10 月修订）

---

① cf.Ernle Bradford:"Sir Francis Drake", *Encyclopedia Britannica*, Macropedia, Vol.5, p.979.

② 参见高作钢:《德雷克》,载《外国历史名人传·古代部分》下册,中国社会科学出版社 1983 年版,第 141 页。

三、塔斯曼远航南太平洋论略

荷兰是"17世纪标准的资本主义国家"(马克思《资本论》语),也是著名的"海上马车夫"。在地理发现史上,荷兰人也功不可没,其最重要的探险成就包括17世纪著名航海家塔斯曼在南太平洋的探险与发现。尽管对南太平洋—澳大利亚及周边诸岛的探索与发现持续了3个多世纪,当时各海上列强的航海家多少有一些涉足,但塔斯曼无疑是集大成者,他的成就是南太平洋探险和发现澳洲进程中最重要的事件之一。

(一) 发现塔斯马尼亚岛和新西兰

荷兰人阿·杨·塔斯曼(A.J.Tasman, 1603—1659)于1633年赴印尼爪哇岛,在荷兰东印度公司当水手,但由于他经验丰富,航海知识过人,很快就在次年升任船长,参加了对印度尼西亚塞兰岛的探险①。此外还多次率船去日本、中国台湾(当时被荷兰人称为"福摩萨")、柬埔寨、苏门答腊等地

---

① cf. "A.J.Tasman", *Encyclopedia Britannica*, macropedia, 15th edition, 1974, Vol.7, p.1070.

进行通商贸易①。1639 年,他担任了一支探险船队的副队长,去日本探寻传说中的"金银岛"②。1642 年,塔斯曼受荷兰东印度总督范·迪门所派,率两艘船去已被小范围发现的"新荷兰"(即后来的澳大利亚)一带探险。全船队共有 110 人,除带有可供一年半之需的食品给养,还带了许多拟用于交易的货物:花布、毯子、亚麻布、镜子、胡椒、象牙、檀香木、梳子等③。

那一年的 10 月 8 日,塔斯曼从非洲的毛里求斯起航,由西向东横渡了印度洋。11 月 24 日,他们在澳洲大陆南部附近发现了一个大岛,取名为"范·迪门之地"。塔斯曼在日记中这样记载:"这是我们在大南海遇到的第一片陆地,任何欧洲国家对它都一无所知。我们将它命名为'范·迪门之地',以纪念我们英明的主人。是他派我们来做这次发现之旅;我们把所知的周围岛屿命名为'东印度议员群岛',在我的小海图上就可以看到它们的存在。"但在 200 多年之后,为了纪念这位伟大的航海探险家,人们仍将该岛改名为"塔斯马尼亚"(Tasmania),以示公允和纪念④。塔斯曼当时还不能肯定这究竟是独立的大岛,还是新荷兰南部的半岛,直到 150 多年后

----

① cf."A. J. Tasman", *Encyclopedia Britannica*, macropedia, 15th edition, 1974, Vol.7, p.1070.

② cf.C.M.H.Clark:*A History of Australia from the Earliest Times to Age of Macquarie*, Melbourne University Press, 1981, p.29.

③ cf.Ibid., p.29.

④ 参见邵献图等:《外国地名语言词典》,上海辞书出版社 1983 年版,第 398 页。

英国人巴斯发现并穿越了塔斯马尼亚岛与澳洲大陆之间的巴斯海峡，这个问题才得到解决①。12月3日，他们在塔斯马尼亚的亨利湾登陆，插上了刻有荷兰东印度公司标志的纪念标杆和红白蓝三色的奥兰治亲王旗，以示这些土地已在法律上归他们所有②。

12月中旬，塔斯曼在南纬43度处望见了新西兰南岛的南阿尔卑斯山西麓③。船队沿海岸向北行驶，想找一条向东的通道，并向东驶入了库克海峡西北部的海湾，后来在南纬40度30分的黄金港下锚停泊。塔斯曼把南岛和北岛之间的海峡看成海湾，把新西兰视为前进路上的一个障碍。他在日记中说："我们相信，这是未知的南方陆地的大陆海岸。"④1643年1月，塔斯曼驶抵新西兰北岛的北部海角，他发现可以由此向东航行，这让他喜出望外。在北岛北角一带，塔斯曼曾试图登岸补给淡水，但却遭到挥舞着长矛的毛利人的阻拦。塔斯曼的船队虽配有各种火炮、火枪和刀剑等新锐武器，但为了避免发生流血冲突，他们没有强行登岸，转而在别处上岸补给⑤。塔斯曼最初将新西兰一带称为"我国之地"，但荷兰当

①　cf. Vilhjialmur Stefassion: *Great Adventures and Explorations*, London, Peter Oven Limited, 1949, p.658.

②　cf. C.M.H. Clark: *A History of Australia, from the Earliest Times to Age of Macquarie*, p.32.

③　cf. W.P. Reeves: *New Zeeland, The Story of the Empire Series*, London, Horace Marshall & Son, 1898, p.18.

④　cf. Vilhjialmur Stefassion: *Great Adventures and Explorations*, p.658.

⑤　cf. W.P. Reeves: *New Zeeland, The Story of the Empire Series*, p.20.

局很快以尼德兰合众省第二大省西兰的名字将其命名为"新西兰"(Nieuw Zeeland)①。塔斯曼这样记载他当时所见到的情形:"那片陆地风景秀丽,普遍覆盖着树林,陆地延伸到远方,到处都可以驶近靠岸,能看得很远,因此登陆时我们的人总能望见土著人和野兽,没有浓密的灌木丛或幼树林阻碍视线。这些说明探察这个地区很便利……"②

荷兰政府也像西、葡等国一样,出于垄断的考虑,对塔斯曼发现新西兰一事长期保密,隐秘不说。因此新西兰此后一直鲜为人知,直到18世纪70年代,英国航海家库克才完成了对新西兰的细致探察③。

在接下来的航行中,塔斯曼率领船队出新西兰向北,连续发现了汤加群岛、斐济群岛、所罗门群岛中的一些岛屿,并在所罗门群岛的"友好诸岛"首次用钉子跟土著人交换椰子④。6月15日,他们回到了印尼爪哇的巴达维亚(今雅加达),结束了首次探航。

塔斯曼的这次远航从西向东横渡了印度洋,开辟了从非洲到澳洲的新航线;同时证明以前已部分探知的新世界——新荷兰的确存在,但它不是延伸到南极的所谓南大陆的一部分,也不靠近南大陆,因为他横贯航行了新荷兰的全部南方水

① 　cf.W.P.Reeves:*New Zeeland*,*The Story of the Empire Series*,p.20.

② 　*Abel Janszoon Tasman's Journal of his Discovery*,C.M.H.Clark:*Sources of Australian History*,Melbourne,Oxford University Press,1977,p.16.

③ 　cf.W.P.Reeves:*New Zeeland*,*The Story of the Empire Series*,p.29.

④ 　cf.C.M.H.Clark:*A History of Australia,from the Earliest Times to Age of Macquarie*,p.33.

域。事实上,塔斯曼从南、东、北三面环绕了澳洲,从而把它的大小限定在这个范围内①。

(二) 探明澳洲北部和西北部的海岸线

尽管塔斯曼此行的收获不小,但荷兰当局和荷兰东印度公司对其所获还是不大满意。于是范·迪门总督在1644年再次派塔斯曼率船队前去探险,解决遗留下来的重要问题。他们指示塔斯曼要"查明新几内亚究竟是与巨大的南方陆地连在一起,还是被海峡或揳入的岛屿隔开;新发现的'范·迪门之地'是否与上述两大地区(指新几内亚和新荷兰)或其中一地连成整体;新几内亚和未知的南方陆地之间可能有些什么岛屿……"②

塔斯曼踏上了第二次探航的征途。这次他一共带了3艘船、111人,船上载着用于交易的象牙、镜子、龟壳、瓷器、针、刀子、香料、珍珠、乌木、金、银、钉子等货物③。他们于1644年1月从荷属印尼首府巴达维亚出发,1644年8月返回。由于塔斯曼此次航行的航海日记早佚,我们对他的第二次远航的具体经历不甚了解,只能依靠由塔斯曼及其副手维斯切尔绘制的地图,以及1644年12月巴达维亚议会给阿姆斯特丹

---

① cf. " Tasman's Map of his Voyages ", C. M. H. Clark: *A History of Australia*, p.30.

② "Van Diemen, etc.: The Instructions for the Second Journey of Tasman", C.M.H.Clark: *Sources of Australian History*, p.19.

③ cf. " Tasman's Map of his Voyages ", C. M. H. Clark: *A History of Australia*, p.34.

荷兰东印度公司的一封信①,得知塔斯曼此行所取得的成果:
查明了现在澳大利亚北部的卡奔塔利亚湾是个大海湾,海湾
内并无通向南方的海峡;探明并在地图上准确地标出了澳洲
大陆北部和西北部长达3500公里的海岸线,从而证明荷兰人
在此发现的各片陆地(范·迪门之地除外)是新荷兰这块统
一大陆的各个不同地区②。尽管西班牙人早已发现了新荷兰
和新几内亚之间的托雷斯海峡,但在塔斯曼的第二次航行中,
他仍未解决这两个地方究竟是隔开还是连在一起的问题,同
时也未能解决范·迪门之地是否与新荷兰相连等问题。

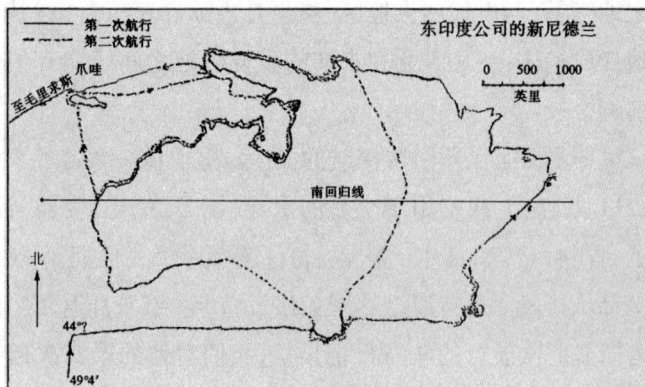

塔斯曼航行图

说明:实线为当时已发现并画出的海岸线,虚线为尚未发现的海岸线。
资料来源:据克拉克《澳大利亚史》第1卷墨尔本1981年版第30页复
　　　　制译注,原件藏悉尼米切尔图书馆。

---

① cf."Tasman's Map of his Voyages", C. M. H. Clark: *A History of Australia*, p.30.

② cf."Tasman's Map of his Voyages", C. M. H. Clark: *A History of Australia*, p.30.

（三）结语

尽管塔斯曼没找到盛产金银、珠宝、香料的土地,令荷兰当局和荷兰东印度公司有些失望,但他还是被授予指挥官头衔,当上了巴达维亚司法委员会委员①。1647 年,他率一支商船队去暹罗(泰国),第二年又指挥一支舰队与菲律宾的西班牙人对垒。1653 年,他辞去了荷兰东印度公司的职务②,后来在 1659 年去世,终年 56 岁。他去世 20 年后,他在 1642 年写下的航海日记付梓出版③。

塔斯曼是荷兰成就最大的地理发现者和航海家,在长期的航海生涯和地理探险中没有什么海盗行径,对原始土著人也比较友善和人道,因此成了颇值得纪念和研究的历史人物。今天,南太平洋有一些地方以他的名字命名,其中重要的有:澳大利亚的塔斯马尼亚岛和塔斯马尼亚州;新西兰的塔斯曼湾和塔斯曼区;澳、新之间的塔斯曼海;澳、新以南的塔斯曼海盆等。

(原载《环球人文地理》2011 年第 6 期,2016 年 10 月补上被删的注释和地图)

---

① cf. "A.J.Tasman", *Encyclopedia Britannica*, macropedia, Vol.7, p.1071.
② cf.Ibid., p.30.
③ 参见马吉多维奇:《世界探险史》,屈瑞、云海译,世界知识出版社 1988 年版,第 541 页。

四、白令的冰海探航与遇难

丹麦裔俄罗斯航海家白令于 18 世纪中叶进行了两次冰海航行。这最终确认了美洲亚洲并不相连,中间隔着一条阿尼安海峡即白令海峡;也确认了北冰洋与太平洋通过这条海峡相沟通。因此,白令可以跻身知名航海探险家之列。他属于仅次于哥伦布、达·伽马、麦哲伦、郑和、库克船长等少数几个顶级航海家和探险家的一类著名航海家和探险家,其成就和历史地位应该与亨利王子、迪亚士、卡伯拉尔、韦斯普奇、卡博特父子等西欧的知名航海家探险家比肩。但由于他是代表俄罗斯进行航海探险的,在西欧中心论的负面影响下其业绩被忽视。也因为他的远航探险遗留下来的第一手文献资料主要是俄语(白令是归化了俄国的北欧丹麦人),西欧人中很少有人能看懂。所以在西欧人(西方人、欧美人)的有关著述中他的航海探险事迹要么完全阙载①,要么十分简略②。在推

---

① 比如,新近翻译出版的法国儒勒·凡尔纳的地理发现航海探险三部曲《地理发现史》《18 世纪的大航海家》《19 世纪的大旅行家》(戈信义等译,海南出版社 2015—2016 年版),就只字未提白令的航海探险地理发现。

② cf.J.E.Gillespie: *A History of Geographical Discovery*, 1400 – 1800, New York, Henry Holt and Company, 1933.

行"一带一路"①宏伟战略的今天,似有必要对白令的航海探险予以论述和评价。

(一) 沟通两洋——彼得大帝的遗愿

白令海峡恐怕是世界上最为著名的海峡之一。因为它沟通太平、北冰两大洋,又隔开亚洲、美洲两大洲。白令海峡以南的一大片海(面积约230万平方公里)叫白令海,是太平洋北端的一个边缘海。这些也许是今天的中学生都了解的地理知识。但历史上人们为了认识了解它们则做出了巨大的努力,进行了艰难的探险,付出了沉重的代价。其中贡献最大名气最响的便是丹麦裔俄国航海探险家白令。他在大功即将告成之际,也长眠于以他的名字命名的那片大海边上的白令岛上。

1725年1月,雄才大略,一生致力于开疆拓土的俄国彼得大帝已处于弥留之际。但他仍然念念不忘俄国学者以及德国学者莱布尼茨多次给他的建议②,想了却一桩未了的心愿。一天他忽然对侍从说:"我想寻找一条经过北极海(指北冰洋)通往中国和印度的道路。我面前这幅地图上标明有一条名叫阿尼安海峡的这样的一条道路(指猜测中的白令海峡)。这其中一定有些道理。"③于是彼得支撑起病体下达了敕令,

---

① 指丝绸之路经济带和21世纪海上丝绸之路。

② cf. Raymond H. Fisher：*Bering's Voyages*, University of Washington Press, 1977, p.9.

③ cf.Raymond H.Fisher：*Bering's Voyages*, p.9.

组织探险队探索堪察加以东,美亚之间和两洋之际的那片神秘世界。在俄国海军中已服役 20 年之久的白令闻讯立即请缨,并递交了考察计划。白令的申请很快被批准,并被任命为探险队的总队长。

维图斯·约那森·白令(Vitus Jonassen Bering)1681 年出生在丹麦霍森斯。1700 年参加荷兰海军,到过印度,当过船长,练就了一身航海技术和海军武艺。1704 年参加俄国海军,效命于沙皇。其俄式名字为伊凡·伊凡诺维奇·白令(Иван Иванович Беринг)。娶了俄罗斯妻子安娜,1715 年曾最后一次回丹麦。在俄国瑞典争霸波罗的海的北方战争期间(1700—1721),白令在波罗的海和黑海参过战,立有战功,晋升为海军上尉。彼得大帝在逝世前三周亲笔给新组建的探险队拟定了训令:白令他们必须"在堪察加……建造两艘船",然后乘船"靠近向北延伸的海岸向前(东北)航行,……以期寻找到与美洲接壤的那片陆地,……而且要亲自登上陆岸,……并把那条海岸线标在地图上,然后才能返回"①。

白令率领的探险队由 70 多人组成②。1725 年 2 月初他们从彼得堡出发,骑马、步行、乘船(沿西伯利亚的多条河流)、拉或乘雪橇和冰橇,由西向东穿过了辽阔的人迹罕至的西伯利亚

────

① 转引自珍·波德尔、史·安佐文:《文明的脚步》,陈慧颖译,中华书局 2007 年版,第 134 页。

② 一说 30 多人。cf."Vitus Bering·Survey",*Wikipedia*,*the free encyclopedia*,https://en.wikipedia.org/wiki/Vitus_Bering,2010-10-23.估计实际人数在二者之间。

地区,全部行进总共延续了两年之久,途中经历了许多艰难困苦:严寒、饥饿、疾病、蚊虫叮咬……在食品最短缺的时候,队员们被迫打杀用于运输的马和狗充饥,甚至不得不吃皮靴、草根、兽尸上的臭肉和兽皮。一些人死去,一些人开了小差。1727 年春,探险队到达了鄂霍次克海大陆海岸。他们在鄂霍次克镇旁边搭建了临时营地,建造了几艘航船。夏天,白令探险队乘船东渡鄂霍次克海,在堪察加半岛西海岸的博利沙亚河河口登陆。然后又花了一个冬天,将探险所需的物资用狗拉雪橇运到半岛东海岸的哥萨克小村下勘察茨克(Нижнекамчатск)——这里成了他们这次海上探险考察的基地和起点。

(二)　失之交臂——首次探航及遗憾

1728 年 7 月中旬,新建的有 60 英尺长的圣卡弗利尔号航船载着 40 多名船员和一年的食品,从堪察加河驶入浩瀚的北太平洋,开始了旨在完成彼得一世遗愿的探航。他们沿海岸向东北行驶,8 月里探险船曾和楚科奇人的一条独木舟相遇,其中一个土人还应邀上船做客。他借助吹得胀鼓鼓的皮囊泅水过来,然后带着探险队送给他们的礼物离去。8 月 10 日是圣劳伦斯日(D.Saint Lawrence)。这天探险队发现了一个不小的岛,白令派人上岛考察了一番,并把它命名为圣劳伦斯岛。圣劳伦斯是基督教的圣徒,公元 258 年 8 月 10 日被罗马帝国当成异端处死。说来也巧,1534 年法国航海家卡提耶尔发现到达的今美国、加拿大之间的圣劳伦斯河、圣劳伦斯湾,也因此命名如斯(Saint Lawrence)。又过了几天,航船到了北纬 65°30′ 的地方。四周仍无陆地的迹象,大家有些沮丧。因为根据所打听到的当地土著楚科奇人介绍的情况,他们已经到达并越过了楚科奇人活动的最东头,可陆地依然杳无踪影。于是,他们召开军官会议商议。白令的丹麦同胞俄国海军军官什班别尔格主张,只应再向北探航两三天便返航;另一个俄国军阿·伊·契里科夫则主张尽其可能地向北航行到 9 月 5 日,然后靠岸,准备越冬,来年解冻后再进一步探航。他说:"假如我们还未到达科雷马河河口,或者未被一些冰层挡住,谁敢断言,美洲与亚洲是被海洋隔开的。要知道,在北部海洋上(指北冰洋)浮冰简直数不胜数。"①正确和错误往往只有一步之遥,可惜白令这次却走错了一步,倾向于什班别尔格的意见。

　　1728 年 8 月 16 日,圣卡弗利尔号到达了此次航海探险的最北端,他们用六分仪和航海钟测得的位置坐标是北纬 67°18′,西经 169°7′。迷蒙的浓雾使白令失去了耐心和信心,他下令返航。谁也不知,在此处右前方 39 英里,就是美洲阿拉斯加海岸。命运之神同他们开了个玩笑。返航途中,他们发现了小小的圣代奥米德岛,并又和几条楚科奇人的小渔船不期而遇。俄国人用一些针换取了对方的鹿肉、鱼、淡水、狐皮和海象牙。8 月 31 日,航船被一阵狂风刮得一度失去控制,赶紧下锚才没出事。9 月 7 日,航船驶入堪察加河,靠岸

---

　　①　转引自戈尔德:《俄国在太平洋的扩张》,陈铭康,严四光译,商务印书馆 1981 年版,第 98—99 页。

抛锚。探险队在此度过漫长的冬季。次年 4 月解冻,6 月开
始返航鄂霍次克。一个月后,探险队到达鄂霍次克,然后分成
两路返回圣彼得堡。1730 年 1 月,白令回到了阔别五年的俄
国首都圣彼得堡。

　　白令探险队的首次白令海探航,发现了圣劳伦斯岛、圣代
奥米德岛,发现了白令海西海岸的一些海湾和大陆海岸线。
考察确定了长达 3500 余公里的海岸(线)[①]。根据他们最北
到达了北纬 67°18′来判断,他们事实上已由南向北穿过白令
海峡从太平洋进入了北冰洋。因为白令海峡的位置在北纬
65°30′,西经 169°。《美国百科全书》和《不列颠百科全书》的
白令条都肯定他们穿过了白令海峡,《苏联大百科全书》白令
条则指出他们是在无意识中穿越的,因为他没有看到海峡东
边的美洲海岸[②]。的确,白令一行没有见到美洲海岸,因为他
在海峡中航行的整个期间都雾气水汽弥漫,他也没有多找几
天。但他认定西伯利亚不与美洲阿拉斯加相连。他在给新沙
皇安娜·伊万诺夫娜和海军部的报告中说:“8 月 15 日,我们
来到北纬 67°18′的地方。我根据所有的迹象断定,……一条
东北向的航路是确实存在的。倘若人们没有受到北极洋(北
冰洋)的阻拦,那么可以从(流入北冰洋的)勒拿河驶向堪察

---

　　① см. “Витус Ионассен Беринг · Первая Камчатская экспедиция”,
Википедии — свободной энциклопедии, https: // ru.wikipedia.org / wiki / Беринг,
_Витус_Ионассен, 2016-10-23.

　　② см. 《Большая Советская Энциклопедия》, Москва, 1970 Годы, Том
2, C.395.

加,再从那儿驶向日本、中国和东印度"①。另外,白令他们也不是第一次穿过白令海峡的探险家。早在80年前的1648年,俄国极地航海探险家迭日涅夫和波波夫率领的探险船队便从北冰洋穿过了白令海峡进入了太平洋②。1730年3月16日的《圣彼得堡公报》的报道也说,"他(白令)从土著那里听说,五六十年前(应为七八十年前),有一条船从勒拿河驶到了堪察加"③。可惜,他们的发现由于种种原因一直湮没无闻,18世纪中叶,才被发掘出来。所以这个重要的海峡没有被称作迭日涅夫海峡,而是被称作白令海峡,1762年始有人如此称呼,库克船长时代(1728—1779)渐渐传开④。如同美洲没被称作哥伦比亚洲,而是被称为亚美利加洲一样。也如同好在亚美利哥和哥伦布皆为意大利同胞,白令也算是归化了俄国的航海家,与迭日涅夫同为俄罗斯同胞,从而使这份遗憾有所释怀和弥补。

白令探险队首次冰海探险的参加者彼·阿·恰普林著有《堪察加探险的生活纪实》一书,它成了记录该探险队这次探险历史的最重要的第一手材料。

(三) 一举成功——开辟到阿拉斯加的新航路

1733年,俄国政府决定组建庞大的有多科考察目的新探

---

① 转引自张广智:《寻梦天涯》,上海古籍出版社1996年版,第133页。

② 参见张箭:《地理大发现研究,15—17世纪》,第十一章,商务印书馆2002年版。

③ cf.Raymond H.Fisher:*Bering's Voyages*,p.137.

④ cf.Ibid.,p.3.

险队,对俄国的北冰洋海岸、太平洋海岸及其附近海域、西伯利亚腹地进行广泛的探察。白令被授予海军中校衔,领导这次大探险。并委派了两名副手,即参加过上次探险的什班别尔格和契里科夫。他俩都晋升为海军少校。探险队集中了800多人,其中包括军官、士兵、水手、科学家、测绘学家、教授、大学生、土著语翻译和专干粗笨活的流放犯,史称大北方探险队。下面再分成五个小队。白令任总指挥,但他实际领导的只有他和契里科夫直接指挥的一个分队。白令、契里科夫从海军部受领的任务是,"从堪察加出发去探寻美洲的海岸"①。

　　经过长时期的筹备和耽搁,克服了无数的困难和扯皮,直到1740年10月,白令才率新建造的两艘长80英尺排水量约200吨的双桅帆船圣彼得号和圣保罗号来到堪察加半岛东海岸的阿瓦恰湾。他们在这一带找到一个良港,便用两艘船的名称把它命名为彼得罗巴甫洛夫斯克港。他们勘测了这个港湾,绘制了海图、地图,修建了营房和教堂。白令原打算第二年5月春暖花开之时由此出发,发现美洲后就在那里登陆过冬,第二年再返回堪察加。可就在他们动身之前,麻烦和挫折接踵而来。为这次探航所准备的一艘食品船不慎在鄂霍次克河河口的沙洲上搁浅,满船的新鲜食品被海水浸坏;他们雇了一批土著楚科奇人,把生活用品从陆路运到阿瓦恰湾,但楚科

---

　　①　马吉多维奇:《世界探险史》,屈瑞、云海译,世界知识出版社1988年,第566页。

奇人中途哗变，想抢走所运物资。虽说哗变被镇压下去，但运输工作却已延宕。时间不待，只能匆匆准备一番就出航。一场灾难的隐患就此埋下。

1741 年 6 月 5 日，在他们离开彼得堡八年之后，白令一行终于驾船出海，离开亚洲大陆海岸，驶向美洲。白令和契里科夫各在一艘船，船上各有 75 人。圣彼得罗号上有一个年轻学者，叫基·维·斯捷列尔，他记下了这次探航的详细情况①。

船队先向东南航进，以期寻找猜测臆想中的所谓"茹安·达·伽马"之地②。白令坐镇圣彼得号，协调指挥船队行动。两船前后相随，以望远镜、旗语、鸣炮保持联络，相距很近时则用喇叭筒喊话。一个星期过去了，他们一无所获，便决定转向东北，去寻找美洲大陆。6 月中下旬，船队遭遇到风暴。城墙般的巨浪向船队涌来，船就像木片一样一会儿被抛上浪峰，一会儿又被埋在浪谷。船员们奋力与风浪搏斗，毫不畏惧。几天以后，6 月 21 日，风暴平息了，但两艘船却失散了。从此，他们按照事先的约定，各自单独进行探航（契里科夫率圣保罗号稍后也到了北美阿拉斯加湾，于当年 10 月首先返回。但回来不久契里科夫因已病入膏肓也病逝了③）。

---

① И. П. Магидович, В. И. Магидович：《Очерки по Истории Географических Открытий》, Москва, Издательство Просвещение, 1984, Том 4, С.101.

② 按，不是著名的葡萄牙航海探险家瓦斯科·达·伽马。

③ 参见珍·波德尔、史·安佐文：《文明的脚步》，第 137 页。

7月,一些陆地的迹象开始出现,漂浮的木头以及陆岸才有的野鸭。白令据此判断,北美大陆已近在眼前。他设置了配备有望远镜的瞭望哨,下令不时用测量绳锤和测深仪测水深,夜间只张小帆,缓速前进。7月17日,圣彼得罗号终于驶近北纬58°14′处的美洲海岸。航船朝海岸继续行进,队员们看见阿拉斯加湾海岸雄伟壮观、白雪皑皑的阿拉斯加山脉和麦金利山峰(海拔6193米,北美最高点之一)。片片针叶林从山腰一直延伸到海边。船上一片欢腾,船员们纷纷向白令祝贺这一重大的地理发现。但作为探险队指挥官兼船长的白令则不露声色,心中喜忧参半。喜的是他终于从亚洲东北端渡过了大海找到了美洲西北端海岸,完成了两次探航最主要的任务;忧的是船舱里的淡水、食品、蔬菜正一天天减少,当初在阿瓦恰湾所埋下的隐患,以及与装载有大量食品的圣巴甫洛夫号走散所带来的后患,正逐渐凸显出来。

白令下令沿海岸线向西航行(这一带的海岸是东西走向),希望能找个地方休整一下,补充淡水。淡水已经开始定量供应,身为指挥官的白令也只能得到少量的定额。他已经患病,身体开始虚弱。两天后,他们发现了一个小岛卡亚克。白令派人乘小艇上岛取淡水,随船医生兼自然学者斯捷列尔也希望上岛考察一番。白令只给他10个小时的时间。为此斯捷列尔大发牢骚:"为了这次探险白白浪费了我们十年时间,可给我考察的时间却只有十个小时。难道我们到这来仅仅是为了把美洲的水带回亚洲去吗?"①但白令急着要返回,故他对此无动于衷,自己也没有一次登上过美洲的陆地。尽管如此,10个小时的考察还是小有收获,斯捷列尔发现了篝火的痕迹,各种工具、箭矢,取水的人也发现一个小木屋。这些说明这里有人住过。此外,斯氏还见到一种与美洲东部特产的益鸦相类似的鸟,由此判断他们确实到了美洲沿岸。

没等20个硕大的空桶都装满水,白令就下令拔锚起航,他仿佛感到时间对自己来说已所剩无几,日渐虚弱的身体使他没把握一定能活着回到堪察加。他们沿海岸朝西南驶去,三天后,他们发现了阿拉斯加湾内最大的科迪亚克岛。又航行了一个星期,彼得号在大雾中靠近了狭长的阿拉斯加半岛东南海岸。岛上的群山在雾中若隐若现,宛如仙境,山尖上覆盖着白雪。但水手们已无心欣赏异洲的风光。此时,大航海时代以来对远洋航行来说最可怕的恶魔坏血病(scurvy)已经袭来,已有三分之一的人染病。此病系长期(约两个月)吃不到新鲜食品蔬菜水果所致,医学上称维生素C缺乏症,严重者会致命。此外淡水供应也再次紧张起来。

8月3日,他们发现了雾岛(18世纪末易名为契里科夫岛)。8月5日,又发现了塞米迪群岛。由于强劲的逆风阻拦,圣彼得罗号已在这一带徘徊了三个星期,向西南航进得很少。坏血病蔓延开了,一些船员的病情加重,牙根肿得吃不下东西。8月10日,白令召开了一次军官会议,会上决定尽快

---

① 张广智:《寻梦天涯》,第139页。

径直返回堪察加。8 月 29 日,他们在阿拉斯加半岛的西南海岸发现了一个小群岛。次日,船员中开始有人死亡,第一个罹难者是水兵舒马金。白令便用他的名字命名了这个小群岛,以示悼念。8 月 31 日,他们把他的遗体埋葬在这个群岛的一个岛屿上①。圣彼得号在此逗留了一个星期,以便补充淡水和休整。在这里探队员们第一次遇到了美洲的阿留申人——几年以后,俄国开始这样称呼他们。队员代表还曾到阿留申人居住处做客,请他们抽烟喝酒,阿留申人则请队员们吃鲸鱼油。所以,白令探险队发现了阿留申群岛和原始的阿留申人。

（四）魂断孤岛——返航中的磨难

时至 9 月,海上已不见红嘴鸥的影子——又一个冬天快到了。圣彼得号驶离舒马金群岛,向西航行。不时在航船的北面闪现出一片片陆地,船员们把这些陆地误认为是美洲大陆,但实际上是阿留申群岛。9 月 25 日,他们看见了一个"几乎无法数清的岛屿群"②。这大概是阿留申群岛的中部岛群。白令用圣徒的名字给该群岛的岛屿取名。但这一带岛屿众多,如星罗棋布。后来圣徒的名字也用完了,只好作罢。10 月 25 — 29 日,他们又发现了阿留申群岛的西段岛群（也称近群岛）的几个岛屿。这些岛屿群在北太平洋上组成一条群岛链,即后来所称的阿留申群岛。阿留申群岛以北,白令海峡以

---

① 见 И. П. Магидович, В. И. Магидович:《Очерки по Истории Географических Открытий》,Том 4,С.103.

② 马吉多维奇:《世界探险史》,第 570 页。

南,美洲和亚洲之间的那片海洋后来被称为白令海。可白令的第二次探险却一直在阿留申群岛、阿拉斯加半岛以南的海域航行,即在后来以他的名字命名的海域之外航行。可见世间因缘际会和阴差阳错的事不少。

在这段时间里,风暴几乎不断,有时候又是冰雹飞雪交加。浮冰也越来越多,圣彼得罗号如同一块木板随风浪漂浮。淡水和粮食都越来越短缺。那些罹坏血病已入膏肓的船员开始一个接一个地死去。他们的遗体被裹上白布,抛入恶浪滔天的大海,一下子便无影无踪。11 月 4 日,远方终于出现了一条高耸的海岸线,深受疾病、饥饿、焦渴、严寒和繁重体力劳动折磨而不再能坚持工作的船员以为,就要靠近堪察加了。白令只得决定停靠一下,以便补给、休整和规避浮冰、保证安全。因为没有找到合适的港湾,航船只好暂时停在一个石崖岛附近,这里离海岸还有一段距离。午夜,暴风雨突然降临,海浪汹涌猛烈,竟把锚链冲断了两次。最后,一股强大的巨浪把船冲走,推入一个平静的深水港湾。这真是不幸中的大幸,于是他们决定下船登岸。11 月 5 日,他们登上了这片陆地。

这时还能行走的只有 10 个人,19 个人已经死去①,其余40 多人都重病在身,不能工作。白令也被坏血病折磨得十分虚弱和痛苦,他被用布仔细包裹起来,以免感染,然后被护送上岸。还能工作的人在沙岸边挖了五个地穴,用浮木搭成地

---

① см. "Витус Ионассен Беринг · Вторая Камчатская экспедия", *Википедии — свободной энциклопедии*, https://ru.wikipedia.org/wiki/Беринг, _Витус_Ионассен, 2016-10-23.

窝铺,上面蒙上一层船上的帆布。看来探险队将不得不在这个小岛和这些地窝铺里度过这个冬天了。探险队每天都轮流派两个人冒着寒风出去打猎,主要猎捕海獭和海豹,也打常来偷东西吃的蓝狐狸。但能胜任这项工作的人越来越小,水手们一个接一个地倒下,死去,被投入海中。白令在地窝里躺了一个多月。尽管有斯捷列尔医生的精心照料,但因缺药,生活条件差,已年满花甲(60岁),白令的病情仍一天天恶化。高纬度地区冬季严寒,温度计显示最冷时如果不生火可达零下40多度,为了使自己暖和点,他只得把半截身子埋在沙堆里。甚至不顾呼吸困难,要把沙子埋到胸部。1741年12月8日夜里,白令喘息着说出了他一生的最后一句话:"我好冷啊,还是用沙子盖在我身上吧……"①然后便永久地闭上了眼睛。队员们把他埋在了岛上。稍后一些日子,为了纪念这位探险队指挥官,人们把这座岛命名为白令岛,同时把这里的一个岛群称为科曼多尔群岛。科曼多尔是俄语指挥官 командо(и)р 的译音。

　　公平地说,白令算不上一个极具科学精神的科学考察家,而是一个经验丰富、兢兢业业的航海探险家。弗·阿·戈尔德对白令做过一个中肯的评价:"白令是属于船长那种类型的人物,这类船长在所有的海港都能找到。给他一条船和航海图,他就能无所畏惧地到任何地方去。但在同时,无论就性格或接受的教育来说,他都不适宜领导科学探察,尤其是在北

---

① 　张广智:《寻梦天涯》,第143页。

极地区。"①

（五）名垂青史——冰海探航自有后来人

如同麦哲伦在大功快要告成之际死于同土人的冲突中，埃尔·卡诺率领探险队余部完成了余下的航程一样，白令在靠近堪察加的白令岛逝世后，船上的首席军官斯（克）·拉·瓦克塞尔中尉接过了指挥权。他的身世与白令近似，他原籍瑞典，后为俄国服务。他领导探险队残部度过了艰难的日子。他还随身带着自己一个10岁的儿子，这个孩子也和大人一样经受了种种考验和磨难，并活了下来。

冬季，他们派人环绕这块新地行走了一周，四周都是封冻的冰层。于是他们确信探险队被困在了一个海岛上，四周皆已封冻。岛上无居民。在越冬的头两个月里，又死了10个人。粮食短缺，每人每天只配200—400克面粉，靠狩猎贴补。除了猎捕海獭、海豹，岛上的鸟类也很多，到了春天，又有大量的海狗。猎取这些海兽和鸟类比较容易，因为它们从未见过人，也不怕人。

圣彼得号已损坏过半。探险队员把坏船上有用的材料拆下来，然后于1742年春季建造一条较小的二桅船，仍叫圣彼得号。哥萨克工匠斯塔杜布采夫成为造船工程师。随行的斯捷列尔记述道，"假若没有他，对这项工程便毫无办法"②。

---

① 戈尔德：《俄国在太平洋的扩张》，第102页。
② 马吉多维奇：《世界探险史》，第572页。

1744 年,这位工程师因此被授予"贵族之子"的称号。经过三个月的艰辛劳动,8 月 9 日新船建成下水。这条船长约 11 米,宽约 3.7 米,要容纳剩下来的 46 人,每人的面积不足一平方米,再加上各种物资,故拥挤不堪。8 月 13 日,新建的圣彼得号驶进大海。四天后,船员们在大约北纬 55 度的纬线上望见了堪察加的陆地。但探险队转向南方,向北纬 53 度处的出发港彼得罗巴甫洛夫斯克港航进。由于无风或逆风,他们许多时候不得不划桨前进。1742 年 8 月 26 日,在离开亚洲一年又两个多月后,探险队终于回到了堪察加。船员们受到当地俄罗斯居民的欢迎,一些人原来还以为他们永久回不来了。

白令船队 1741 年的探航成就是很大的:确凿地证实了东北亚和西北美并不相连,中间隔着海峡和海洋;发现了北美阿拉斯加湾的一部分海岸线和一些岛屿;发现了岛屿众多的阿留申群岛和上面的原始土著阿留申人;开辟了经亚洲的西伯利亚到美洲阿拉斯加的新航路。所付出的代价也是很沉重的,包括指挥官白令在内的 29 人患坏血病罹难①,长眠在了荒岛上和大海中。近来的研究显示白令发现美洲阿拉斯加的成就是需要加以说明的。因为此前的 1732 年,俄国地理学家哥兹德夫(Mikhail Gvozdev)就前往鄂霍次克港,在那里担任白令的旧船圣卡弗利尔号指挥。1732 年 8 月他们在白令海向东航海探察。哥兹德夫偶然发现自己来到了一座大岛。这

---

① cf. "Vitus Bering · Survey", *Wikipedia*, *the free encyclopedia*, https://en.wikipedia.org/wiki/Vitus_Bering, 2010-10-23.

白令两次白令海和阿拉斯加航海探险图

1. 彼得罗巴甫诺夫斯克港
2. 阿拉斯加半岛
3. 白令岛
4. 科迪亚克岛
5. 科曼多尔群岛

北冰洋

楚科奇半岛

阿拉斯加

科雷马河

白令海

太平洋

图据 Москва, 1970 Годы, Том 3, С. 687, 《Большая Советская Энциклопедия》译制

里实际上是阿拉斯加海岸。他们还绘制了所发现地区的海岸线走向图和自己的航线图①。因为这次探航的成果在白令探航结束多年后才公开,也因为哥兹德夫没有意识到那里是美洲大陆的西北端。所以世人通常认可白令发现了阿拉斯加。但不管怎样,他们都率领的是俄国探险船(队)。所以,这并不影响俄罗斯的航海探险地理发现的总成就和总地位。

　　白令是个死得不幸死后有幸的航海探险家。以他的姓名、职务命名的地名除了白令海、白令海峡、白令岛、科曼多尔群岛之外,还有白令角(西伯利亚楚科奇半岛阿纳德尔湾),白令湖(阿拉斯加东南)、白令冰川(阿拉斯加),白令海底峡谷(在白令海中,长400公里,是世界上最长的海底峡谷)、白令陆桥(the Bering Land Bridge)。这些使得白令跻身于很著名的航海家探险家之列,成为俄国丹麦两国海军和海员的共同骄傲。

---

　　① cf. "Mikhail Gvozdev", *Wikipedia*, *the free encyclopedia*, https://en. wikipedia.org/wiki/Mikhail_Gvozdev,2016-10-25.

四、人类经略北冰洋简史初论

（一）领土（领海）人口是构成大国的最基本条件

世界上的许多国家似乎都在做大国梦（特小的袖珍国除外），有的并正在圆梦。不过中小国家一般是做某一方面或几方面的大国梦，有的也能梦想成真。例如，前民主德国便圆了体育大国梦，以色列圆了军事大国梦，瑞士圆了金融大国梦……；有的则梦想破灭，一枕黄粱。比如，伊拉克的石油大国梦，阿富汗（塔利班）的宗教大国梦；有的正在博弈，如伊朗、朝鲜的核大国梦，是成真还是破灭，我们不便妄加推测，只好静观事态发展。大国的大国梦则一般是全方位的，包括政治、经济、军事、外交、科技、思想、文化、领土、领海、资源，等等，并在每一方面都朝具体处深层处延伸。正是在许许多多具体的细致的深层的领域取得大国地位，才能在某一方面获得大国地位；正是在政治、经济、军事、科技、文化、领土、人口等各方面都取得了大国地位，才会成为一个真正的全面的大国乃至超级大国。历史上西欧的传统世界性大国，如英法德意西奥等，有的已完全衰落，沦为小国，如西班牙、荷兰、奥地利等①；

---

① 历史上的奥匈帝国可是比同时代意大利、日本还强盛的大国。

有的成为破落户,转为二流国家,如英、法等。它们兴衰的原因,传统的解释为,荷兰这个世界上第一个资产阶级革命成功和资产阶级专政的国家,近代初期的"海上马车夫","十七世纪标准的资本主义国家"(马克思语),它之所以衰落是因为它的商业资本主义和商业资产阶级很发展,而它的工业资本主义和工业资产阶级欠发展①。但笔者对这一解释不以为然。例如,英国是工业革命的发祥地,工业(产业)资产阶级和工业(产业)无产阶级的诞生地,近代的世界工厂(18世纪至第一次世界大战前)。但英国到现代也衰落了,被美国取代,被苏联(俄罗斯)超越。难道说它的工业、工业资本主义和工业资产阶级也不发展发达吗。所以我认为,要成为一个大国特别是世界性大国并长久保持其地位,较大的领土(领海)较多的人口较丰富的自然资源是必不可少的。近代早期(16—17世纪)的尼德兰共和国②,人口不过200多万,本土不过4万平方公里③。当今的荷兰王国领土为4.1万平方公里,人口1500万,大致相当于中国的一个地市。今日的英国(联合王国)领土不过24万平方公里,人口6000万,大致相

---

　　① 参见刘祚昌、王觉非主编:《世界史·近代史编》上卷,高等教育出版社1992年版,第94、276页。

　　② 英语中Netherlands,Holland,Dutch皆可译为荷兰,第一词还可译为尼德兰。

　　③ 当时整个低地国家荷兰、比利时、卢森堡等加起来也才8万平方公里300多万人口。见张箭:《威廉·奥兰治和尼德兰革命》,四川大学1985年硕士学位论文,第92页。

当于中国的一个省。领土小,领海自然不会很大①,自然资源
也就有限。因为各种自然资源的蕴藏量是与领土领海的大小
成正比的。领土的大小甚至能决定人口的多少。比如荷兰,
它的人口密度已达到 360 人／平方公里,已接近土地能承载的
极限,不会有多少增长了。英国的人口密度也达到 250 人／平
方公里,也很稠密了。虽还会增长,但也不多了。我们可以预
知,英国人口在未来两个世纪内都不会达到一亿。如果领土
大人口少,一般来说则可以通过人口的自然增长和移民移入,
使其人口慢慢增长到不少。除非情况很特殊,如极圈附近和
以内,大沙漠,世界屋脊青藏高原和帕米尔高原。这些地方因
自然环境恶劣,也不能养多少人口。不过那些地方仍有丰富
的自然资源(只不过有的还未探明)。

中国有 960 万平方公里的领土,今日有 13 亿人口。论人
口居世界第一,论领土居世界第三(仅次于俄罗斯和加拿
大)。人口密度为 135 人／平方公里,疏于英国、荷兰。但中
国有广袤的自然地理环境比较恶劣的养人能力低下的青藏高
原、内蒙古高原和塔克拉玛干大沙漠,故实际上中国的宜居地
区的人口密度已不亚于英国。中国的自然资源虽然丰富量
大,但按人均算则偏少。别说矿产资源这些很容易理解意识
到的自然资源,就连淡水资源和耕地资源,中国也大大少于世
界平均数,甚至少于前面提到的人口稠密的英国和荷兰。拿
淡水来说,小小的荷兰境内就有莱茵河、马斯河两条大江大

---

① 英国是岛国,故海岸线长点,领海稍大点。

河,有费赫特河、艾瑟尔河、贝尔克尔河、莱克河、南威廉河等中型河流①。而中国的第二大河、中华民族的母亲河黄河自20世纪70年代以来就经常断流,快成了季节河。之所以有的年份没断流,那完全是靠社会主义制度优越的集中统一性,实行了沿河各地段严格的配给抽水供水制度。中国现有耕地18亿亩多点,人均1.4亩,大大少于人口比较稠密的英国。所以中国要实现现代化,赶上发达国家,成为世界性大国,除了继续走特色社会主义道路,坚持改革开放之外,第一要坚持计划生育这一基本国策,坚持一对夫妇一般只生一个孩子的独生子女政策,同时允许有困难的有二胎意愿的夫妇生第二胎。第二要发展节约型经济、低消耗的产业行业,还要建设节约型的社会、提倡节约型的消费和过节约型的全面小康日常生活。第三便是要向海洋进军,开发利用公海的海水海底资源。

(二) 向海洋进军的重要性

海洋约占地球表面的71%。除去濒海国家的12海里领海和普遍承认的200海里专属经济区,余下的国际大洋公海区域仍占地球表面约40%,总面积达2.51亿平方公里。这是人类尚未充分认识和开发利用的最大战略资源宝库和共同财产。在陆地资源日益紧缺的今天,世界各国尤其是资源消耗大的发达国家,都不约而同加快了进军海洋的步伐。而我国

———————

① 参见《世界分国地图册》,星球地图出版社2005年版,"荷兰、比利时、卢森堡图"。

的人均自然资源拥有量远低于世界平均水平,因此海洋对于我们国家和民族未来的生存与发展至关重要。北冰洋是世界四大洋之一①。英语为 The Arctic Ocean(意为北极洋),俄语为 Северный Ледовитый Океан(意为北冰洋),汉语称谓从俄语译得。北冰洋总面积 1310 万平方公里,海水容积 1807 万立方公里。平均水深 1205 米,最大水深 5527 米。在欧洲和美洲之间,北冰洋以冰岛—法罗岛海丘和威维尔—汤姆森海岭与大西洋分界②。本文在行文中,为了判读、识别地图和地球仪的方便,一般情况下把北极圈(北纬 66 度 33 分)以内的海域视为北冰洋。北冰洋大陆架宽广,达 440 万平方公里,占北冰洋总面积的 1/3 以上。北冰洋其名名副其实,是世界上最寒冷的海洋。表层水温大多在 -1.7℃ 左右。长年不化的冰盖占全洋面积的 2/3,其余海面也多浮冰和冰山。海洋生物有海象、海豹、鲸、白熊等。北冰洋大陆架中富含石油天然气等矿藏。在北冰洋上航行除南部巴伦之海以外其他海区只限于夏季,并须有破冰船导航。

　　北冰洋沿岸共有六个国家,即俄罗斯、加拿大、美国、挪威、丹麦和冰岛。俄罗斯是北冰洋沿岸海岸线最长的国家,其次是加拿大。冰岛本身是个蕞尔岛国,面积约 10 万平方公里,人口约 27 万(只当我国的一个县);冰岛本岛又在北极圈外。故冰

---

　　①　若把非洲南端以南、南美洲合恩角以南、新西兰南岛以南、澳洲塔斯马尼亚岛以南、南极洲周围的海域视为南大洋,北冰洋则为五大洋之一。

　　②　参见杜碧玉、韩忠南:《北冰洋》,载《中国大百科全书》《大气科学海洋科学水文科学》卷,北京,1992 年版,第 15—17 页。

岛不算严格意义上的北冰洋沿岸国家。例如,《最新世界地图集》在介绍冰岛时说:"冰岛共和国位于欧洲西北部的北大西洋中,靠近北极圈"①;又如,《辞海》在介绍冰岛时也说:"欧洲西北大西洋上岛国,近北极圈"②。即都认为它是北大西洋上的岛国而非北冰洋上的岛国,也非北濒北冰洋南濒大西洋的岛国。故冰岛充其量是个准或半北冰洋沿岸国家。但在政治地理和地缘关系上,国际社会又认可冰岛是个北冰洋沿岸国家。不管怎样,冰岛在北冰洋地区的战略格局中只能是一个小配角。瑞典和芬兰在北冰洋内并无所属岛屿。但它们有一部分领土在北极圈以内,故也算北冰洋周边国家和北极地区国家。

中国虽不是北冰洋沿岸国家,但北冰洋是离中国大陆较近的一个大洋。它近于大西洋、南大洋(南极洲周围的海),远于太平洋、印度洋。它具有重要的战略地位和丰富的自然资源。随着中国经济的发展和国力的增强,中国也开始关注北冰洋地区的局势。2004 年中国在北冰洋地区挪威的斯瓦尔巴群岛西斯匹次卑尔根岛新奥勒松建立了黄河站(科考观测站)——便是一个良好的开端。

(三)　经略北冰洋地区简史

北极圈内的北冰洋沿岸地区从上古时代起就成为人类的栖息地,古老的因纽特人(Inuit,自称,意为人)或爱斯基摩人

---

① 《最新世界地图集》,中国地图出版社 1990 年版,文字部分第 36 页。
② 《辞海》,上海辞书出版社 1999 年版缩印本,第 446 页。

(Eskimo,印第安人称,意为生食者)从公元前3世纪以来,就
世世代代在那里生息。主要分布在美洲,亚洲也有。属蒙古
人种—黄种人中的北极类型。今日约有8万人。他们中近海
的主要从事猎捕海兽、鱼类,内陆的主要以狩猎为生。多用木
制、石制、骨角制工具。夏季住半地窖式土屋,冬季住雪屋。
喜爱雕刻艺术。狗是唯一的家畜,用于拽拉雪橇。多信万物
有灵和巫术。语言属古亚细亚语系爱斯基摩—阿留申语族,
本无文字。近现代以来才有由欧洲白人帮助创制的文字。格
陵兰的因纽特人文字系1721年由北欧人所创,用拉丁字母拼
写;俄罗斯的因纽特人文字系1937年由斯拉夫人所创,用俄
语字母拼写①。由于种种原因,包括所处的地理环境太恶劣
的原因,爱斯基摩人到近代时仍停留在原始社会阶段,没有自
然发展进入文明社会,没能建立民族国家,所以也就没成为北
冰洋的环岸国家或成为沿岸国家之一。

　　在现今的北冰洋沿岸五六个国家中,美洲的加拿大、美
国、格陵兰(属丹麦),在古代中世纪基本上还处于原始社会
阶段,未形成阶级社会建立起文明国家。当地居民对北冰洋
的认识和开发利用基本属于因纽特—爱斯基摩人的原始认识
和开发利用范畴。它们基本上都是到了近代才被欧洲移民殖
民者拉入阶级社会的。欧洲的俄罗斯与挪威则不同了,它们
在中世纪就进入了阶级社会建立起文明国家,从此也就开始

---

　　① 　参见李毅夫、王恩庆:《爱斯基摩人》,载《中国大百科全书·民族
卷》,中国大百科全书出版社1986年版,第15—16页。

了文明人类对北冰洋的认识和开发利用的历程。欧洲的冰岛在中世纪时也因北欧人的移民而进入了文明时代。丹麦本土和丹麦的法罗群岛并不濒临北冰洋,丹麦是因有了格陵兰岛才成为北冰洋沿岸国家的。而格陵兰到 19 世纪才由丹麦独占,20 世纪才划归丹麦,1953 年成为丹麦的一个省,1979 年自治①。

挪威在 9 世纪时形成国家,在金发王哈拉里德执政时期(约 827 年),挪威第一次统一。10 世纪中叶,基督教传入挪威。10 世纪末诈骗王奥拉夫在位时(955 — 1000 年在位)大力弘布基督教。11 世纪初,挪威各部比较巩固地联合起来。9 世纪 70 年代,挪威西部的挪威人开始向冰岛移民,874 年建立起一个移民的居住地,这个居住地后来发展成冰岛的主要城市、今日首都雷克雅未克②。

10 世纪末(约 982 年),冰岛人艾利克·雷日发现了格陵兰。在格陵兰的西南岸出现了冰岛人的第一个移民地。这是北欧人向格陵兰殖民的开端。斯堪的纳维亚人在格陵兰的殖民地存在了几个世纪。大约在公元 1000 年,斯堪的纳维亚人又航行至美洲,在美洲头一个登岸的是艾利克·雷日的儿子拉依夫。它的船偶然被暴风吹到这里的海岸③。斯堪的纳维亚人在北美建立了三个移民地:赫留兰(在拉布拉多地区),

---

① 参见《辞海》1999 年版缩印本,第 1570 页格陵兰条。

② 参见苏联科学院:《世界通史》第三卷,翻译组译,三联书店 1961 年版,上册第 258 页。

③ 参见苏联科学院:《世界通史》第三卷,上册第 258 页。

马尔克兰(在纽芬兰)和文兰(据推测距现今的纽约不远)。但这些殖民地并没有存在多久。斯堪的纳维亚人发现美洲这件事不但很少有人知道,后来甚至被遗忘了。冰岛的萨迦(Saga,散文叙事传说)是冰岛语文的作品。原由行吟诗人口头讲述,12世纪初开始写成文字记录下来。萨迦中有许多历史传说故事,其中的"关于艾利克·雷日的萨迦"便叙述冰岛人发现格陵兰和北美洲北部的故事①。

斯堪的纳维亚人早期在极北海域的航行和猎兽捕鱼限于北极圈以外的近北冰洋水域,基本上未进入北极圈以内的北冰洋水域,或者最多偶尔进入到北极圈以内。今日挪威、冰岛、格陵兰稍大的城市也都在北极圈以南,如挪威的奥斯陆、卑尔根、冰岛的雷克雅未克、格陵兰的努克(戈特霍布)等。

12世纪以来冰岛隶属挪威。1319年,瑞典挪威两国封建贵族决定合并,成立君合国。1389年,丹麦加入合并。1397年在瑞典南部卡尔马城召开的贵族代表大会确认了合并和新的君合国,丹麦女王的外孙爱立克被拥立为共同的国王②。从此,近北冰洋的挪威、冰岛、格陵兰都在一个封建王国的统辖下。故14世纪80年代以来冰岛逐步归属丹麦。1434年瑞典爆发反封建起义,起义被镇压下去后,瑞典渐渐疏离了君合国。1450年丹麦挪威加强了合并,丹麦—挪威君合国一直存在到1814年③,冰岛也属于这个王国。瑞典则在1523年

---

① 参见苏联科学院:《世界通史》第三卷,上册第264页。
② 参见苏联科学院:《世界通史》第三卷,下册第978页。
③ 参见苏联科学院:《世界通史》第三卷,下册第979页。

正式取消了卡尔马合并①。

　　在当今地图上,挪威、格陵兰在北极圈内只有小城镇,没有一个其居民上了 10 万的中型城市。冰岛全岛都在北极圈外。其在北纬 64 度左右的首都全岛最大城市雷克雅未克也只是个有 10 万—30 万居民的中型城市。由此可推知它们在中世纪时对北冰洋的认识开发利用和在北冰洋上的航行是很有限的。而俄罗斯的欧洲部分今日在北极圈内有摩尔曼斯克这个有 30 万—100 万居民的中大型城市,有靠近帕伊霍伊山和乌拉尔山脉北端的沃尔库塔这个有 10 万—30 万居民的中型城市②。在亚洲部分的叶尼塞河下游有诺里尔斯克这个有 10 万—30 万居民的中型城市③。由此也可推知,俄罗斯这个今日北冰洋沿岸最大的国家,中世纪时对北冰洋的认识开发利用和在北冰洋上的航行便相对频繁广泛多面。

　　公元 9 世纪下半叶,东斯拉夫人还处在氏族制解体正在形成国家的过程中,便遭到斯堪的纳维亚人的入侵和征服。在征服与反抗的斗争中,形成了以基辅为中心的基辅罗斯这个东斯拉夫人的早期封建国家。入侵者所建立的留里克王朝很快便斯拉夫化了。基辅罗斯的疆域北起芬兰湾和拉多加湖,南至第聂伯河中下游。10 世纪末定基督教为国教。12 世

---

①　参见苏联科学院:《世界通史》第四卷,翻译组译,三联书店 1962 年版,上册第 496 页。
②　以上见《世界分国地图册》,星球地图出版社 2005 年版,"俄罗斯西部"图;"冰岛"图;"格陵兰"图;"瑞典、挪威、芬兰"图。
③　参见《世界分国地图册》,"俄罗斯"图。

纪 20 至 40 年代基辅罗斯解体,分裂成许多独立的封建公国
或共和国。它们的臣民皆主要操俄语,类似于战国时期的中
国。留里克王朝也分为许多支系,其中以莫诺马赫系最为强
盛。莫斯科大公国的大公和后来的沙皇便属该系。基辅罗斯
是俄罗斯、乌克兰、白俄罗斯三个东斯拉夫兄弟民族共同的文
化摇篮和历史家园。

　　1240—1480 年罗斯各国遭到蒙古钦察汗国的征服和控
制,处于附庸和臣属的地位。之后摆脱对蒙古鞑靼的依附。
15 世纪末至 16 世纪初由莫斯科大公国统一罗斯各国。16 世
纪中叶莫斯科大公始称沙皇。世人习惯上称这个新兴大国为
沙皇俄国。因为蒙古的征服和统治,由于音讹,中国人开始称
这个国家、民族为俄罗斯。在俄语中,表示这个国家、民族的
名词仍为"罗斯亚"(Россия),形容词为"罗斯基"
(Русский)。

　　基辅罗斯西北部的诺夫哥罗德城 9 世纪时已见于编年
史,10 到 12 世纪初归属基辅罗斯。1136 年从基辅罗斯分离
出来独立。形成所谓诺夫哥罗德共和国。由封建大贵族控制
的维切会议为最高权力机构,王公的权力受到限制。俄语
"维切"(вече)源自"维夏季"(вещать),意为预言、郑重地
说、广播等。13—15 世纪共和国也依附于钦察汗。14—15
曾抵抗德国和瑞典封建主的侵略。1456 年后,诺夫哥罗德的
立法权外交权受制于莫斯科大公国,1478 年并入莫斯科大
公国。

　　在基本独立和半独立的共和国时期,"诺夫哥罗德的领

地远远地伸到东方、北方,直到乌拉尔山和北冰洋"①。诺夫
哥罗德的封建领主向所属各地的居民征收贡赋。"在诺夫哥
罗德领地北部白海的捷尔斯克沿岸和连水陆路地带(即白湖
以东住着各种不同民族的辽阔土地),也有从诺夫哥罗德派
来的税吏,他们在武装队伍的护卫下征收贡赋。"②诺夫哥罗
德农民的主要职业是耕作。"除了农业以外,各种职业:毛皮
兽和海兽狩猎业、捕鱼业和采盐业也都很发达。"③这里明确
提到了北冰洋(Северный Ледовитый Океан)、白海(Белое
Море)、海兽(морской зверь)狩猎业、捕鱼(рыбная ловля)
业等④。所说的白海便是北冰洋的边缘海。它深入俄罗斯西
北部内陆,北连巴伦之海。面积9万平方公里。结冰期6—7
个月。有北德维纳河、奥涅加河等注入。产格陵兰海豹、鲱
鱼、鳕鱼、鲑鱼等。这里所说的猎捕海兽、捕鱼便是指猎捕北
冰洋及其边缘海出产的海豹、海象、白熊、鲸等海兽和各种鱼
类。又据苏联历史学家地理学家绘制的"14世纪至15世纪
俄罗斯国家的形成"地图⑤,到15世纪末(1489年),从东经
30度到东经65度的辽阔地域,北极圈以北的北冰洋沿岸地
区已纳入俄罗斯国家版图。在这一区间的北冰洋沿岸地区生
活居住的土著民族(从西到东)萨阿米人(拉普兰人)、捏捏茨

---

① 参见苏联科学院:《世界通史》第三卷,下册第641页。

② 参见同上,第641—642页。

③ 参见苏联科学院:《世界通史》第三卷,下册第642页。

④ см.Академия Наук СССР:《Всемирсная История》,Москва 1957,
Том Ⅲ,СС.460-461.

⑤ 载苏联科学院:《世界通史》第三卷,下册第1118—1119页。

人、萨摩耶德人(限西部地区)已成为俄国的臣民。由上可知,从中世纪中期起,俄罗斯人及其国家就成了北冰洋沿岸最大的文明民族和封建国家。他们(包括俄人统辖下的少数部族)对北冰洋的认识利用和在北冰洋上的航行便相对频繁广泛多面,对北冰洋的开发已走在了前面。当然,这段时期俄罗斯人及所辖少数民族在北冰洋上的航行还只限于巴伦之海的南部沿海岸地区。

　　15世纪伊始中国的郑和下西洋拉开了世界大航海的帷幕,不久,西欧的葡萄牙接过了大航海的火炬,沿非洲西海岸向南探航。到60年代确立了绕过非洲,开辟到东方的新航路的战略目标,大航海逐渐向地理大发现演变。15世纪以来,东欧濒临北冰洋的俄罗斯(当时叫莫斯科大公国等)也开始向北冰洋深海进军。俄罗斯白海和伯朝拉湾沿岸的渔猎民,为了追寻猎捕海兽、海象牙、陆地动物和捕鱼等,在北极星的指引下不断北进。到15世纪的最后1/4时段,他们已航行在北冰洋的斯图坚海(今巴伦之海)上,到达了格鲁曼特岛(今西斯匹次卑尔根岛)的南部,新地岛南岛的南部①。不过,俄罗斯—东斯拉夫人那时在北冰洋的航行还非有意识有计划有组织的探险和发现,缺乏记载和描写,详情不明。1492年哥伦布横渡大西洋到达美洲,地理大发现形成第一个高潮。在此前后和从此,有五个西欧国家葡、西、英、荷、法和一个东欧

――――――――――

　　① 参见《十五世纪末期(1490年左右)的欧洲、亚洲和非洲》图,载苏联科学院:《世界通史》第四卷,翻译组译,三联书店1962年版,上册第8—9页。

国家俄罗斯积极投身于大航海和地理大发现。

西欧国家在南方海洋找到和开辟成功到东方的新航路后[1]，为了在北方海洋探索和开辟到中国—东方来的北方航路，也不断向北冰洋进军。其中，最著名的有，1553年英国航海家威罗比、钱瑟勒船队试图穿越北冰洋到达中国。威罗比指挥的两艘船途中被冻住，全体船员最后不幸罹难。钱瑟勒指挥的一艘船绕过了北角，到达了俄罗斯的阿尔汉格尔斯克[2]。从此开辟了英国—西欧和俄罗斯通过海上直接联系的航路，把东西欧的航海和探险大国及其各自开拓的新航路和新领地连接起来。这条新航路的大部分路段穿越北冰洋，具有重要的意义，在二战中发挥了很大作用。1587年英国航海家戴维斯率船探察格陵兰西海岸直到北纬73度冰线边缘，大大超过了北纬66度半的北极圈。今天，位于北冰洋最边缘海域的戴维斯海峡便是为了纪念他而命名。1596—1597年，以航海家巴伦之为领航员的荷兰船队为探索北方航路发现了北冰洋中的熊岛、继俄国人后再次发现了（西）斯匹次卑尔根岛，新地岛北部[3]，并首次在新地岛北岛越冬。他们向北挺进到北纬80度的封冻冰线，把文明人类的航海范围向北提高了几个纬度。不幸的是，越冬期间巴伦之和几个船员在零下60

---

[1] 即绕过非洲南部的达·伽马航路和绕过南美洲穿过海峡的麦哲伦航路。

[2] 参见张箭：《地理大发现研究（15—17世纪）》，商务印书馆2002年版，第271—273页。

[3] 参见巴勒克拉夫主编：《泰晤士世界历史地图集》，三联书店1982年版，第157页。

度的酷寒下罹患坏血病不治身亡。人们把他们航行过的那一大片海域命名为巴伦之海以资永远纪念。1607年,英国航海家哈德孙率一艘船试图穿越北极直达远东。6月他们到达格陵兰北极圈以内的东海岸。哈德孙沿海岸北上。遇浮冰后转向东北,不久看见了西斯匹次卑尔根岛。他想从北面绕过该岛,7月中旬进抵北纬80度23分①。这是有史以来探险家航海家到达的最北点,并保持了此纪录许多年。哈德孙在此遇到了不可逾越的冰层,只得掉头返航②。1616年,英国航海家拜罗特和巴芬率领的一艘船探察了巴芬湾的几乎全部海岸线,在西北通道方面向北挺进到北纬78度45分。这个纪录保持了两个多世纪。但巴芬也做出了西北通道或不存在、或不能打通、或无法航行的错误结论③。受此影响,加上其他原因,西欧人探寻西北通道、东北航路、向北冰洋进军的活动渐渐停息,俄罗斯人逐步成为在北冰洋上航行和探险的主角。

　　俄罗斯的地理大发现集中在北亚—西伯利亚进行,俄罗斯的大航海则集中在北冰洋近亚洲海岸的海洋上进行。在大航海大发现大探险时代,著名的极地航海家和航海探险则有,

----

① 参见马吉多维奇父子:《地理发现史纲》(И. П. Магидович, В. И. Магидович:《Очерки по Истрии Географический Открытий》),莫斯科1983年版,第2卷第326页。

② 以后哈德孙又改变路径去探寻西北航路,1610年穿过哈德孙海峡航行至哈德孙湾的南端并以为该湾是太平洋,取得很大的航海探险地理发现成绩。不过那一带不属于北极圈以内的北冰洋水域而属于大西洋水域,哈德孙则于1611年在那里不幸遇害,令人扼腕。

③ 参见巴勒克拉夫主编:《泰晤士世界历史地图集》,邓蜀生等编、译,三联书店1982年版,第157页。

1610 年 5 月库罗奇金率船从新曼卡泽亚出发,沿叶尼塞河顺流而下,穿过叶尼塞湾,航入北冰洋的喀拉海。库罗金沿海岸往东航行,8 月,驶入泰梅尔半岛西部的皮亚西纳河河口①。1637 年夏,叶里赛·布扎率两条船几十人顺勒拿河而下驶入北冰洋的拉普捷夫海,沿海岸东行,到达了亚纳河河口。1643 年夏,斯塔杜赫驾一条船沿因迪吉尔卡河而下,出河口驶入北冰洋的东西伯利亚海,然后沿海岸向东探航,秋季时到达阿拉泽亚河河口。在这里他们碰到和会合了另一艘探险船。壮大了的探险队在河口越冬。翌年夏解冻后他们继续东航,到达了东经 161.5 度的科雷马河,并驶入该河继续探险和远征②。1648 年夏,谢·伊·迭日涅夫、菲·阿·波波夫率 7 条单桅帆船 90 人从科雷马河驶入大海。在楚科奇海,船队两次遇到风暴损失了两批四条船。后两条船在楚科奇角失踪不归,可能被风暴推到美洲西北端海岸。20 世纪的考古发现和 18 世纪的民间传说旁证了这点③。8 月船队到达白令海峡地区,又损失了一条船,所幸船员获救。9 月,剩下的最后两条船分别在迭日涅夫和波波夫的指挥下沿海岸由东转南航行,绕过了亚洲的最东端、后来以他的名字命名的迭日涅夫角,首次从北冰洋驶入了太平洋。10 月 1 日迭日涅夫和波波夫走散,迭日

---

① 参见约·彼·马吉多维奇:《世界探险史》,屈瑞、云海译,海南出版社 2006 年版,第 308 页。

② 参见约·彼·马吉多维奇:《世界探险史》,第 320 页;张箭:《地理大发现研究(15—17 世纪)》,第 394 页。

③ 参见贝尔格:《俄国地理发现史纲》(Л.С.Берг :《Очерки по Истрии Русских Географический Открытий》),莫斯科 1949 年版,第 103 页。

涅夫漂到了楚科奇半岛南部以西南 900 公里、北纬 60 度一带的奥柳托尔斯基角①。迭日涅夫全船 25 人(含被救上来的人)在此弃船登岸,继续进行陆上探险,10 星期后发现和到达了阿纳德尔河河口⋯⋯波波夫一船失散后被风暴、海浪、洋流推得向西南漂得远得多,他们最后驶入堪察加河,在一条支流河口越冬。开春后入海继续探航⋯⋯1650 年开春后波波夫一行 17 人失踪不归,其命运不得而知。⋯⋯就这样,俄罗斯——斯拉夫人在北冰洋沿岸、边缘海的足迹帆影逐渐从俄罗斯的欧洲部分向俄的亚洲部分延伸,遍布各地。并且首次从北冰洋驶入太平洋,证实了猜测中的阿尼安海峡的存在,初步发现了把亚洲和美洲隔开、把北冰洋和太平洋沟通联结的极其重要的白令海峡。不过,由于北冰洋在亚洲的海岸线太漫长,从约东经 60 度瓦伊加奇岛延伸到约东经 190 度(西经 170 度)的迭日涅夫角。在北纬 70—75 度的纬度上,环绕了地球 360 个经度的 130 个经度约 1/3 强;由于北冰洋太寒冷,亚洲沿海只有夏季才冰融水露可以通航;中途的泰梅尔半岛又向北伸出到近 78 度(切柳金斯角北端为北纬 77 度 44 分),已濒临海洋永冰界②;受时代和技术条件限制当时只有帆船没有蒸汽轮船,故在航海探险家(包括俄罗斯的和其他欧洲的航海探险家)中尚无一支探险队一条航船一次性地走完了从欧洲到亚洲从大西洋经北冰洋再到太平洋的全部航程,而

---

① 见 И. П. Магидович, В. И. Магидович:《Очерки по Истрии Географический Открытий》,第 2 卷第 326 页。

② 参见《最新世界地图集·北冰洋图》,中国地图出版社 1990 年版。

只是分别航行和探察了其中的一小段。尽管如此,这一小段一小段的航线仍基本串联成了从欧洲到亚洲从大西洋经北冰洋到太平洋的新航路锁链。17世纪俄罗斯人在北冰洋的航行仍标志着人类对北冰洋的了解探察开发利用进入了新阶段,即持续的不断获利的步步深入的理性的科学的阶段。

　　进入18世纪后,航海探险地理发现越来越和科学考察结合起来。18世纪时,俄罗斯人环航了泰梅尔半岛这个亚洲最北的半岛,绕过了亚洲的最北端切柳金斯角。19世纪时,西方又开始了在北冰洋地区探寻西北航路。这个时候的探险还开始带有一定的体育竞赛性。19世纪时科学技术和生产力已有了极大的发展和质的提高,已基本完成了工业革命。但极地冰海航行探险仍十分危险和艰苦。其中最大的悲剧是1845年英国探险家约翰·富兰克林率领的两艘蒸汽船探险队129人在加拿大北极群岛北冰洋地区失踪,后查明他们因船被冻结和坏血病而全军覆没无一生还。寻找富兰克林的一艘蒸汽船在英国探险家麦克卢尔率领下,于1850年绕道太平洋,进入北冰洋,再向东航入加拿大北极群岛。但救援探险船有三个冬天被困在冰天雪地里。后来他们被迫弃船乘冰雪橇继续向东穿过陆地和封冻的海洋,有幸碰到了从大西洋方面前来救援寻找的船。这艘船搭上他们原路返航,最后,他们于1854年回到英国。就这样,英国人首次完成了海、陆、冰结合的从西向东穿越西北通道之行①。到19世纪末的1895年,

---

　　①　参见张箭:《地理大发现研究》,第348页。

挪威极地探险家南森率一人驾乘狗拉雪橇到达接近北极极点之地(北纬 86°13′6″),弄清了北极中心地区是海洋而非陆地。南森这次探险长达三年多,全队 13 人分两路两批都安全返回。在前进方式上南森独辟蹊径,创造了航海、任船被冰冻住随冰漂移、下船乘狗拉雪橇或徒步或划兽皮舟结合的方法。他并为之专门设计了一艘没有龙骨、半圆形的底、被冻结时会被挤出冰面而不会被挤碎、像半个鸡蛋壳似的汽船"前进"号①。南森的北极探险大获成功。到 20 世纪初的 1903—1906 年,挪威极地探险家阿蒙森才率六个人驾 47 吨的约阿号汽船②,经大西洋、加拿大北极群岛、北冰洋进入太平洋,从西向东完成了穿越西北航路的航行③。挪威作为今天北冰洋沿岸的五六个国家之一,中世纪时北冰洋沿岸的两个主要国家之一(另一个是俄罗斯),在中世纪晚期近代早期的大航海大探险大发现中乏善可陈,在对北冰洋的探索和开发利用上也长期大大不如俄罗斯(毕竟是小国)。所以今日挪威在北冰洋中只拥有较大的斯瓦尔巴群岛(主岛为西斯匹次卑尔根岛)。这两次挪威人在这方面才大大地露了脸,光彩灿烂了两回。1909 年 4 月,美国人罗伯特·皮里历经艰险使用狗拉冰雪橇到达北极点,把美国国旗插在了北极点的海冰上。这

---

①　参见王加丰编:《世界大探险家传奇》,上海远东出版社 1997 年版,第 170—174 页。

②　参见位梦华编著:《南北极探险史话》,1999 年版,第 95 页。

③　第一个完整打通了经北冰洋的西北航路的极地航海探险家阿蒙森 1911 年再创辉煌,他使用狗拉冰雪橇率探险组第一个到达南极点,为祖国挪威赢得了巨大的荣誉。

是人类足迹第一次印在北极点。以后,北极探险进入动用气球、飞艇、飞机、破冰船、潜艇这些高科技交通探险工具的阶段。1977年8月,苏联破冰船"北极"号首次抵达北极点。这是人类的船只首次"航行"到达北极点①

(四) 今日北冰洋地区的态势

进入20世纪以来,北冰洋的战略地位日益重要起来。前面曾提到,早在16世纪中叶,英国航海家就开辟成功经北冰洋的挪威海、巴伦之海、白海直达俄国的阿尔汉格尔斯克的新航路。这条经北冰洋的航路成了第一次世界大战中协约国方的主要大国英法意(1915年参战)②和俄国联系的主要通道。而它们之间的主要陆上通道被中欧同盟国集团德国奥匈土耳其保加利亚阻断。第二次世界大战期间苏德战争爆发(1941年)后,美英等盟国向抗击和打败法西斯德国的最大主力军苏联输送物资也主要走这条北极航路。冷战时期,美苏的大量各型先进核潜艇在北冰洋水下不停游弋。它们藏在北冰洋大部分地区厚厚的冰层下躲过对方反潜机反潜卫星(因冰封没有反潜舰)的侦察跟踪监视。准备战时特别是在核大战时拱开冰层或利用冰层间的鳞隙向对方本土发射导弹予以毁灭性核打击。双方的核潜艇并彼此跟踪监视追逐。冷战结束后,北冰洋地区的争夺转向以控制自然资源为主。

---

① 参见《海洋世界》2007年第9期第13页。
② 美国很晚至1917年才参加"一战"。

　　一石激起千层浪！2007 年 8 月 2 日，俄罗斯科考队派出的深海机器人"和平一号"率先下潜到 4261 米深的深海海底，把一面约一米大小的钛合金材质的俄罗斯三色国旗插在了北极点上的北冰洋海底。俄罗斯科学家认为，北冰洋中的诺曼诺索夫海岭从西北到东南绵延约 2000 多公里，几乎横贯北冰洋。俄罗斯的政要宣称，按海洋法和大陆架理论，它是俄罗斯北部大陆架的自然延伸，俄罗斯沿北冰洋的绝大部分地区向北延伸甚至到北极点，都属于俄罗斯的领土领海或至少是属俄罗斯的专属经济区——这即是传统的扇形理论主张。俄罗斯此举震惊世界，同时也惹恼了北冰洋沿岸的西方国家。美加挪丹瑞典等国纷纷提出质疑，并都加强了自己在北冰洋地区的驻军或科考力量。

　　北极问题骤然升温的直接原因首先在于陆地上的矿产资源日益消耗、慢慢枯竭，人们把注意力愈益转向海洋。北冰洋海底约 1/3 的地区是大陆架浅海区，蕴藏着丰富的油气资源和其他资源；第二在于气候变暖，冰层融化。北冰洋上很多以前不能通航的地区、季节现在也慢慢能通航了。中国作为联合国海洋公约的签字国，对北冰洋沿岸各国 12 海里领海、200 海里专属经济区以外的公海海底的各种油气矿产资源、水里的渔业资源也有一份权利。所以中国也自然要关注北冰洋局势的变幻，发表自己的意见，促进国际政治经济新秩序的建立。

　　由于世界 2/3 的陆地和 4/5 的国家（包括我国）都位于北半球，故北冰洋将越来越重要。譬如北京—纽约航线，经北极飞行比经太平洋飞行仅单程就快了3个多小时。又如北冰洋是最小的大洋，又是北欧、北亚、北美之间的地中海，欧亚美相互之间经北冰洋联系的航道距离最短。由于全球气候变暖，北极冰层融化，横跨北冰洋的北极航道有望近年开通。届时，彼此来往的商船可以不再远涉重洋。以上仅就民用而言，倘说到军用和战时的军事行动，其意义也非凡。比如前面提到的北京—纽约的空中航线问题，换个层面也是洲际弹道导弹的飞行轨道问题。万一因我"平台"，美国武装干涉对我发起远程、洲际常核打击。我遂行反击的远程、洲际常核弹道导弹便既可选择东向飞越太平洋打击美国本土，也可选择北向飞越蒙古、俄罗斯、北冰洋、加拿大打击美国本土，或双管齐下。我各型核潜艇平时既应在南海西太平洋游弋，也应分兵北上，争取俄罗斯的合作，经白令海峡俄方一侧进出巡弋于北冰洋。我们还可以远走南海、马六甲海峡、印度洋、大西洋，从挪威海、格陵兰海潜入北冰洋①，以提高生存系数和威慑能力。平时隐蔽待机。战时特别是战争升级到核大战时，能在北冰洋就近发起反击，导弹飞越加拿大打击美国本土……

　　我们最后改毛泽东的一首诗的半阕，来结束本文：北冰洋上寒流急，大地微微暖气吹。冰消雪融海渐宽，愈演愈烈争夺戏。

　　（在本文基础上的修改稿《俄罗斯开发北冰洋历史论略》，已刊于《西伯利亚研究》2017年第6期）

---

　　①　理论上核潜艇可以一年不上浮不靠岸补给。

书　　评

一、马吉多维奇和他的 《地理发现史纲》

约瑟夫·彼得罗维奇·马吉多维奇(Иосиф Петрович Магидович,1889—1976)是原苏联现代著名历史学家,研究历史地理和地理发现史的权威,也是世界上这个学科领域的权威和名家之一。他最重要的代表著、多卷本的《地理发现史纲》(《Очерки по Истории Географических Открытий》)是地理发现史的百科全书。

(一)

马吉多维奇于 1889 年生于俄国圣彼得堡,1912 年毕业于彼得堡大学法律系。大学毕业后马氏先干了两年见习律师,第一次世界大战爆发后应征当兵,在芬兰(当时是俄国的一部分)驻防和作战。十月革命后马氏加入了共产党,成为红军军官。1920 年转业到中亚地区工作并改行,在土库曼、撒马尔罕和帕米尔等地区搞人口普查,是 1923 年土尔克斯坦人口普查工作的领导人之一。1924—25 年他主持了中亚布哈拉和花剌子模的人口统计和种族、民族识别工作,这些工作对于中亚各民族的苏维埃共和国及下级自治政权的辖区划界有重要的和积极的意义。1929—1930 年,已经担任苏联中央统计局处长的马吉多维奇主持了对哈萨克斯坦的工艺业和手工业的普查工作。在中亚工作期间,马吉多维奇逐渐迷上了历史地理学,并终于再次改行。1931—1934 年,马氏调往苏联大百科全书编辑部地理学编辑室任副主任,以后调往国立莫斯科大学地理系任教。在莫大期间,他还在红色教授学院、国际关系学院兼课,举办讲座。1951 年马氏退休。退休后马吉多维奇仍着力研究地理发现史,笔耕不辍,所获丰硕。1976年马氏去世,享年 87 岁。

(二)

在学术活动领域,马吉多维奇是教育家、社会科学家、翻译家和编辑家。他主编的著作有《俄罗斯航海家》丛书,该丛书由几十本以航海家姓名命名的小册子组成;多卷本的《地理学历史文献汇编》。由他编辑出版的历史地理学著作有译著:《哥伦布的远航(他的日记、信函、文件)》《麦哲伦的远航》《地理发现和研究史》和著名的《马可·波罗游记》。他在由他负责编辑的译著前面,都写有内容丰富,思想深邃,分析透彻,评价公允的"编辑者的话"。

马吉多维奇自己也勤于研究,耽于著述。他为《苏联大百科全书》(20 世纪 50 年代版)和《简明地理百科全书》(20世纪 60 年代版)撰写过许多地理学史和地理发现史的条目。他撰写出版的地理发现史专著和历史地理学专著有:《北美洲的发现和考察史》(1962 年),《中美洲和南美洲的发现和

考察史》(1965 年),《欧洲的发现和考察史》(1970 年),丛书
《地球的发现》(1962—1973 年),多卷本专著《地理发现史
纲》(1949—1986 年)。他与儿子伏·伊·马吉多维奇①合著
的《欧洲的发现和考察史》是世界上研究这方面问题的第一
部拓荒性的学术著作。

(三)　②

《地理发现史纲》第一卷初版于 1949 年。这是十月革命
后苏联乃至整个社会主义阵营出的第一部地理发现通史著
作,它以马克思列宁主义为理论基础和指导思想,内容囊括从
古代至 17 世纪初全世界的地理发现。接着,作者一鼓作气写
出了后两卷,时间延续到 20 世纪上半叶。1957 年,《地理发
现史纲》三卷出齐。该书出版后在苏联学术界影响很大,并
引起世界学术界的广泛注意。1967 年,《史纲》经修订后再
版。此后,作者又在其子伏·伊·马吉多维奇的协助下进行
修改、增补,探索不止、精益求精,倾注了最后的精力。1976
年马吉多维奇去世后,其子在原来合作的基础上继续努力,完
成了修改工作。1982—1986 年,马吉多维奇父子合著的新版
《地理发现史纲》陆续发行,篇幅扩大到五卷,时间延续到 20
世纪 80 年代。《史纲》的第三版,其参考文献更浩繁,语种更

①　新按,伏·伊·马吉多维奇(Магидович, Вадим Иосифович,
1928—2010)。
②　新按,这一部分与本书中《海陆探险地理发现的鸿篇巨制》一文有
点重复,但又无法删去,否则便不成其为学术书评。特此说明并敬请谅解。

多(六种);其内容更丰富,资料更翔实,编排更科学,归类更得当,论证更充分。

《史纲》勾出了地理学发展史的轮廓,记述了地理发现史的全貌,详细描写了人类历史上好几百次重大的地理探险活动。作者从公元前2500年古王国时的埃及人驾驶桨帆船沿地中海东岸航行,从黎巴嫩运回雪松,从而"发现了亚洲"起,一直写到20世纪七八十年代科学家查明一些大河的源头,在南极和北极的地理考察,对海洋底部地形地貌的认识了解。《史纲》以15世纪末至17世纪中叶的地理大发现及此后的探险和发现为重点。书中出现的人物,有名姓者即达一千六七百人之多。作者探讨了他们进行探险的各种动机:取经、传教、朝圣、旅行、经商、征战、寻找黄金和香料、争夺海上霸权、开疆拓土、索取"毛皮税款"、猎捕海兽、研究地理、科学考察、体育竞赛式地夺取锦标,等等。书中写了很多勇敢的探险家、航海家、考察家:他们踏荒漠,溯河源,穿峡谷,临深渊,向世界高峰攀缘,向南北两极冲刺,向海洋底部深潜;他们驾一叶扁舟在无边大洋搏击风浪,乘畜力冰橇雪橇在茫茫冰面皑皑雪原苦斗严寒,骑骡马牵骆驼在浩瀚沙漠戈壁鏖战酷热焦渴。有了这些探险航海考察活动,人类绘制的世界地图才有今天这样的丰富内容和正确布局,人们才了解到:大地确系球形,海洋本是一体,欧亚大陆与美洲仅隔一条白令海峡;从欧罗巴航往亚细亚既可以绕非洲好望角走印度洋,也可以穿南美麦哲伦海峡渡太平洋,还可以走北冰洋过白令海峡进太平洋;密西西比河不是两洋通道,帕米尔乃亚洲山系中心;北欧海岸线斗折蛇行,太平洋岛屿星罗棋布;南极洲是第七块统一大陆,北极点位于冰川覆盖的海洋,世界最深处在马里亚纳海沟……这些探险航海考察活动,造就了一大批举世闻名的探险家、旅行家、航海家、考察家:张骞、玄奘、马可·波罗、伊本·拔图塔、郑和、哥伦布、亚美利哥、达·伽马、卡伯拉尔、麦哲伦、叶尔马克、白令、塔斯曼、库克、阿蒙森、别林斯高晋……总之,《史纲》是历史地理学方面一部百科全书式的鸿篇巨制。对地理学史、探险史、旅行史、航海史、地理发现史感兴趣的读者和学者,阅读书中的每一章每一节都会开卷有益。

在这部书的众多精彩篇章中,我们以为各版总序言是最精彩最有价值的部分之一。它确定了地理发现的含义,地理发现史的分期,地理发现的内容取舍原则,从而创立了撰写地理发现史的体例和框架,澄清了地理发现史与旅行史、"游记"类著作的区别和联系。在马吉多维奇以前,西方的和其他国家的地理发现史著作都未能对以上三点做出科学的确定。马吉多维奇则精辟地指出:"地理发现即指任一文明民族的代表人物第一次到达或第一次熟悉新的、各文明民族皆前所未知的地表的某一部分,或对地表已知各部分之间的空间联系予以确定。"马吉多维奇的定义首先是否定了一些欧美资产阶级学者把地理发现仅视为欧洲人对非欧地区的第一次到达或熟悉的褊狭看法,其次是不承认一些地方民族主义者把地理发现看成全人类对某一地区的第一次到达的不理智的宽泛的观点。他把地理发现的主体限定在文明民族即有了文字系统的民族的范围内,另把无文字系统的原始部落对某一地区的第一次到达视为蛮族迁徙，从而使地理发现的定义臻于科学。马氏的定义是运用历史唯物主义，特别是运用恩格斯在《家庭、私有制和国家的起源》中的观点研究地理发现史的一个重大的突破。在 20 世纪 80 年代出的《史纲》最后一版的序言中，马氏父子在原来定义的基础上补充了"与世界地图的形成和正确化有关的文明民族的实践活动"这一内容，从而使地理发现的定义更加准确和完善。

在地理发现史的分期问题上，马吉多维奇把从古至今的地理发现分为五个时期：即古代的发现，中世纪的发现，地理大发现，近代（或新时期）的发现，现代（或最新时期）的发现。马氏的分期既没陷入烦琐，又避免了笼统；既体现了地理发现史本身的规律和特点，又照顾了世界通史的分期，与之基本一致，只是多了一个地理大发现作为从中世纪到近代，从封建时代到资本主义时代的过渡转型时期。

对于"地理大发现"，马吉多维奇也在世界上首次研究了它的上下限，得出了科学的结论。他认为地理大发现起于 15 世纪末的哥伦布首次远航美洲，迄于 17 世纪中叶。他把地理大发现又分为两个阶段：前一阶段从 15 世纪末的哥伦布到 16 世纪初中叶，是西班牙、葡萄牙充当急先锋的阶段；后一阶段从 16 世纪中叶到 17 世纪中叶，是荷兰、俄国、英国、法国扮演主角的阶段。关于第一阶段的重大地理发现各国学术界认识比较一致，这里无须赘述。关于第二阶段的重大地理发现，马氏令人信服地指出，包括荷兰人发现澳洲和在太平洋上的探险，俄国人发现整个北亚和在北冰洋上的探险，英国人法国人在北美的发现和探险等等。马氏的分期法以地理发现的历史事实、发展进程和重大成果为依据,打破了西方学者只把15世纪末至16世纪中叶的地理发现视为地理大发现的陈腐学说,摒弃了在地理发现史上只突出西、葡、意(大利)等国作用的不合理的西欧中心论,使地理大发现的上下限与地理大发现这一提法的本身内涵相吻合,使地理大发现的重大意义更加清楚。

写地理发现史的一个难题是怎样剪裁史料,取舍内容,化博为约。既要把比较重要的地理发现写进去,又不能事无巨细,使著作卷帙浩繁,庞杂无比,难以卒读。在这方面,马氏也提出了正确的理论原则,《史纲》也做得恰到好处。

马吉多维奇指出,撰写地理发现史的宗旨之一是要说明世界自然地图的正确概念和布局是怎样形成的。他的《地理发现史纲》作为一部地理发现通史,其内容要包括人们如何确定如下几个问题:

(1)统一的世界洋的存在,四大洋之间的联系和每个大洋的近似面积;(2)各大陆、各重要的半岛、地中海、边缘海的大致轮廓;(3)各大陆的近似面积(通过环绕各大陆的航行或从各个方向横穿各大陆的旅行);(4)各大陆之间的联系和某大陆内各部分之间的联系(通过主要航路和通道的开辟);(5)各大陆地形地貌的基本特征,即山系、高原、丘陵、平原和盆地;(6)各大陆地理水文网络的主要特征,即主要河流(1500公里以上)的流向、流域,主要湖泊(10000平方公里以上)的地理位置和大致轮廓;(7)各重要群岛(1000平方公里以上）、岛屿（100 平方公里以上）的地理位置、大小和其他基本情况。马氏的剪裁标准和取舍原则是人们研究和撰写地理发现的通史或地理发现的专史时（断代史、国别史、某个大陆、大洋、某条重要航路、通道的发现史开辟史、某个航海家探险家的发现史，等等），应该采纳、或参考借鉴、或作为基础的。

此外，我们认为地理发现通史的重要内容还应包括对大地是球形的确定和地球大小的确定。虽然《史纲》的有关章节一再论及这方面的问题，但马氏没有专门提出并上升到理论原则，所以不能不说是个疏忽。

马吉多维奇的《地理发现史纲》有一个明显的优点：《史纲》既充分肯定了欧洲人在地理大发现开始（15 世纪末）以来在地理发现方面扮演的主要角色和发挥的主要作用，也用大量的篇幅描写了亚、非、美、澳各洲人民在古代中世纪的地理发现，肯定了他们的历史作用。《史纲》初版第一卷列出的有关专章有：第一部分第 1 章"南亚和东亚各民族"，第 2 章"前亚各民族"，第 3 章"埃及人"，第 4 章"腓尼基人"，第二部分第 2 章"中世纪阿拉伯人的商道和阿拉伯人的地理学"。《史纲》1967 年修订再版时，第一卷上的有关篇章调整为：第 1 章"古代中国人的发现"，第 2 章"南亚、北亚和北非古代人的发现"，第 7 章"中世纪阿拉伯人的商道及其发现"。到 20 世纪 80 年代修订出版第三版五卷本时，古代中世纪的地理发现增补为一卷。其中，把亚、非、美、澳人民的地理发现充实调整为：第 1 章"创造近东远古文明的各民族"，第 2 章"西亚各民族(从赫梯到波斯),第3章"腓尼基人和迦太基人",第4章"南亚各古民族",第9章"东亚各古民族",第10章"中亚、东亚和南亚各民族的发现",第13章"中世纪阿拉伯人的商道、地理学和发现"。从以上胪列的各章可见,作为地理发现通史的《史纲》,其全面性、系统性和公允性是无类似的著作可与之媲美的。

当然,这样评价马氏的《史纲》并不是说他在这方面就没有一点疏漏和瑕疵。例如,5—14世纪时玻利尼西亚人在太平洋上的航行、探险和移民就没有在《史纲》各版中得到充分的反映和恰当的评价。现代资料已充分证明,玻利尼西亚人最早航渡并散布在太平洋各岛屿和群岛,这不是偶然的,而是在发达的造船术和航海术的基础上进行和完成的,并抱有开发新陆地的目的。他们已经形成了有关大洋中的孤岛和航路的初步知识,并且这些知识在社会记忆中开始巩固和世代相传,在岛民的民歌、传说中得到反映。他们还有了原始的"地图"。而马吉多维奇则一直坚持他在《史纲》第一卷1949年初版时的看法,认为玻利尼西亚人的航行和移民属于蛮族迁徙而不予以重视。我们以为,尽管玻利尼西亚人还没有文字系统,还未迈过文明的门槛,也应详述他们的航行、探险和移民活动,这样才能描绘出太平洋上地理发现史的全貌,也才有利于认清16—17世纪时欧洲人在太平洋上的航海、探险、发现的性质、特点和意义。

《史纲》的另一个显著的优点便是从马克思列宁主义的历史唯物主义立场出发,实事求是地分析评价历史人物和历史事件。在地理大发现开始以后,许多欧洲历史人物既是航海家、探险家、发现者,又是最初的殖民者、海盗、征服者。《史纲》对于殖民者掠夺殖民地的财富,屠杀土著居民等罪恶做了无情的揭露和深刻的批判,同时充分肯定地理大发现对于哺育资本主义、瓦解封建制度、推动历史前进、促进文明发展所起的重大作用。对于正当的地理探险活动,包括带有体育竞赛性的探险活动,则均给予肯定。

(四)

《史纲》各版各卷出版后,在世界学术界一直具有很大的影响。在苏联,20世纪五六十年代出的十卷本《世界通史》①的一些有关章节,六七十年代出的十六卷本《苏联历史百科全书》的一些有关条目,50年代至70年代出的旧、新版《苏联大百科全书》的一些有关文章条目,是基于马氏的《史纲》,并把它在参考文献目录中列出。《史纲》1957年版或1967年版被各国学者译成英、法、德、意、波、匈、保、中等文字在各国出版发行。《史纲》关于研究撰写地理发现史的理论原则和许多最重要的学术观点被原来的各人民民主国家、今天仍坚持社会主义的国家的学术界承认、接受。西方学者对马氏的著作和他的理论观点也很感兴趣,予以极大的注意,并参照它们调整自己的理论和观点。

---

① 新按,这套由苏联科学院主编的十卷本《世界通史》20世纪70年代以来又出了三卷,论述第二次世界大战结束后的世界历史,直到70年代。

在中国学术界,马吉多维奇的名字、他的《地理发现史纲》、历史思想和学术观点已开始被人们熟悉。早在20世纪50年代,郝克琦、李世玢、陈家琏三同志便编选翻译了《地理发现与地理学史译文集》(新知识出版社1956年版),其中收入的第一篇论文便是马氏《史纲》1949年版第一卷的序言,从而把马氏关于地理发现的一些最重要的理论和观点介绍给中国学术界。接着,吴洛夫同志翻译出版了马吉多维奇1956年出的《哥伦布》(新知识出版社1958年版)。这是一本介绍、研究、评价哥伦布这一地理大发现中最有影响和争议的历史人物的小书。该书末尾对哥伦布地理发现的成就做了总结:"哥伦布第一个在北半球的热带和亚热带(海域)横渡了大西洋,……他是在美洲地中海(加勒比海)上航行的第一个欧洲人,……哥伦布发现了美洲地中海内(指加勒比海)所有最重要的岛屿,并奠定了发现后来(被命)名为美洲的西方新大陆的基础。"这个总结在《史纲》1949年出第一版第一部时还未出现,后来在1967年出修订版时已被吸收,并加上哥氏发现了"中美(洲)地峡"等语,后在1982年出的新版中得到了坚持。笔者以为,这样总结评价哥伦布的地理发现成就既科学、公允、客观、实事求是,又简明扼要,还避免了全世界关于什么是地理发现、需不需要发现的争论,摆脱了全世界争夺最先发现美洲、航渡美洲的锦标的众多无谓纠缠(诸如中国的殷(商)人最早航渡美洲、慧深和尚最早发现美洲等)。所以我在《大地的形状、大小和地理大发现》(载《四川大学学报》1992年第4期)一文中,表述哥伦布的地理发现成就时采纳了这一提法。到了 20 世纪 80 年代,屈瑞、云海两同志①又合作翻译了《史纲》1967 年版(世界知识出版社 1988 年版一卷本,一千零几十页,约 81 万字),从而第一次向中国读者介绍了世界上的一部也是最重要的一部地理发现通史著作,做了一项很有意义的也很艰苦的工作②。不过译者没有选择《史纲》的最新版本,1982—1986 年出的第三版五卷本,不知是因为担心部头大,不利于出版销售呢,还是没有掌握最新的信息,找到新版《史纲》。新版《史纲》吸收和反映了世界上近二十年来的研究新成果,例如第一卷中对郑和下西洋事件的补充和评价,第二卷中对发现南美海岸线历程的修改,对发现北美东海岸的维拉察诺的身份考证,对叶尔马克西伯利亚征程的重新介绍……译者舍新版而求老版令人有点遗憾。

另外,《史纲》中译本被改名为《世界探险史》。这样做可能会吸引更多的读者,扩大一点发行量,却多少有损于原书的学术性。

随着马吉多维奇的《史纲》序言、《哥伦布》、特别是《史纲》全书先后被译成中文,他的关于地理发现史的理论原则和最重要的观点被越来越多的中国学者采纳和运用。宋正海、陈传康同志在《郑和航海为什么没有导致中国人去完成"地理大发现"?》(载《自然辩证法通讯》1983 年第 1 期)一文中注明:"地理发现应该理解为任何一个文明民族第一次到

---

① 新按,经查明这两位译者实际上是一个人。

② 新按,该译本由海南出版社、三环出版社 2006 年再版重印。

达该民族或其他民族都不了解的未知地域或第一次确定已知
地域的空间联系";伍光和同志在《中国大百科全书·地理学
(卷)》(1990年版)"地理大发现"条中写道:"15—17世纪欧
洲航海者开辟新航路和'发现'新大陆的通称。它是地理学
发展中的重大事件。应该说,任何一个文明民族的代表人物
首次到地球表面某个前所未知的部分,或者确定了地表已知
部分之间的联系,因而加深了人类对地球地理特征的科学认
识,促进了地理学的发展,均可称为地理发现。"黄道立同志
在《中国大百科全书·外国历史(卷)》(1990年版)"地理大
发现"条中说道:"西方史学对15—17世纪欧洲一些国家的
航海家和探险家另辟直达东方的新航路、探察当时欧洲人不
曾到过的海域和陆地的一系列航海活动的通称。……麦哲伦
及其船队完成环球航行后,直到17世纪中叶,西、葡、英、法、
荷及后来的沙俄等国,在太平洋、大西洋、印度洋和北冰洋各
区域都继续有所探航。"于沪宁同志在《现代地理学辞典》(商
务印书馆1990年版)"地理大发现"条中指出,地理大发现
"包括新航路的发现,新大陆的发现,环绕地球航行的完成,
以及持续到17世纪中叶的继续探索"。这些同志对地理发
现含义的理解和阐述,对地理大发现上下时限的确定,对完成
地理大发现的主要国家的确认,都是基于马吉多维奇的理论
和观点。最近,笔者在《"地理大发现"简论》一文中(载罗徽
武等编:《世界近现代史研究》,成都科技大学出版社1992年
版),在继承马氏关于地理发现、地理大发现的理论和观点的
基础上,予以了进一步的丰富和发展。由此看出,马吉多维奇

的《地理发现史纲》正在中国学术界产生着重大影响。

　　按马氏《史纲》的理论和观点,地理大发现始于 1492 年哥伦布首次航渡美洲。因此今年(1992 年)便是地理大发现开始 500 周年,而不仅仅是哥伦布首航或发现美洲 500 周年。爰撰此文,评介马吉多维奇的《地理发现史纲》,以作纪念。

　　　　　　　　(原载刘明翰主编:《世界中世纪史新探》,内蒙古大学出版社 1996 年版,2017 年元旦前后修订)

二、《地理大发现研究》自评与杂说

地理大发现是中世纪晚期近代初期全世界范围内最重大的历史事件,对人类历史有最深远的影响。拙著《地理大发现研究》是国内第一部正面全方位系统深入研究它的学术专著。是故冒昧予以自评,并杂说相关问题。本文第一部分介绍"写作的背景"。第二部分"地位和价值"简扼评介先于拙著的三本书。第三部分"优点与特点"是文章的重点。《左传》曰"内举不失亲",余偶尔躬行矣。第四部分谈拙著的"缺点与遗憾",自我解剖与批评。第五部分"设想与展望"向学术界汇报自己的研究设想和对地理大发现研究发展趋势的看法,并提出一些建议。

学术界写书评、书讯的文章不少,统统都是他评。作者自己从不评介自己的作品。有的充其量在刊物上发表一篇序或一篇有关的论文(往往是书中一节),代作自我评介。我以为,由有关的专家、学者、读者写书评当然是最为重要、需要和必要的。常言道旁观者清。作为读者的评论者看了一本书,有些收获、感想,把它写出来;把他(她)感觉到的这本书的优点、缺点、长处、短处总结出来;把这本书的价值、意义、地位评说一下;自然相对来说比较客观、公平、平实、有分寸(不过现在无聊吹捧的也有)。但如果作者自己也评介一番,把写书出书过程中的酸甜苦辣,经验教训,得意遗憾披露出来,把自己著作的特色、亮点、欠缺、写作背景等交代一下,也自然有其真切、朴实、感人、有趣的一面,还有其独特的学术性,对学界和读者也是有所裨益的。

是故笔者不避王婆卖瓜之嫌,不循"下自成蹊"之规,不揣谫陋和冒昧,径自把拙著评介一番。

(一) 写作的背景

我对地理大发现发生兴趣始于20世纪70年代末读历史系本科时,当年的学年论文便写的是《论麦哲伦环球航行》。

本书的工作起始于1990年下半年。当时为了迎接"纪念哥伦布首航美洲五百周年"活动,开始撰写有关论文。发了两篇后,有了预研成果,又开始申报青年课题。1993年在朱寰、庞卓恒等老师的支持下,本书被立项为国家社科基金青年项目。于是,从写论文发展到写一本研究性专著。选择设计这个课题还与我的兴趣和"特长"有关。我自小就想长大后当个科学家,各科成绩从小学到初中都很好。但"文化大革命"中我们升高中时,升学率只有16.6%,且不是像今天这样通过考试比分数竞争入学,而是内定和推荐。我这样无权无势无钱又不"红"的学生自然无门。初中毕业后不久便顶替接班进厂当了工人。那时的愿望就只是当个技术工人而已,后来也当上了钳工。高考恢复后才去考大学。数学只演算、推理,便于自学;理化要做实验,不宜自学,所以便只能考文

科……以后又考研、考博、做博士后，提副高、正高、硕导、博
导……但我对科学技术和科学家发明家工程师的崇敬一直不
减，并对家中有点技术性的活路乐此不疲，诸如各种小修理小
安装等。而地理大发现我认为既是历史学的又是地理学的重
大事件，既在社会发展方面又在自然科学方面有重大影响。
作为一级学科的地理学属理科。而地理学一般可分两大类，
即自然地理学和人文地理学。是故从事地理大发现研究对我
来说既有兴趣又能发挥一点"特长"。于是从立项以来我就
把它作为我的主要的和终生的研究方向之一。

从 1990 年起，历经七个寒暑的拼搏，本书在 1997 年下半
年完稿，开始投稿。拙稿很快得到商务印书馆的领导及著作
室常绍民先生、李杏贵女士的大力支持，得以投中。由于种种
原因，包括责编太忙和在此期间家庭不幸配偶病逝等，本书到
2002 年才出版发行(2 月出版 5 月印出)。

（二）地位和价值

中国学者研究地理大发现的论文有史以来共有 100 多篇
(我有 30 多篇)；专题论文集一本，即《通向现代世界的 500
年》(北京大学出版社 1994 年版，37 万字)；通俗知识普及读
物和译著难以统计，估计各有十几本；那些读物绝大多数为自
邻以下。学术研究性专著新中国成立以来据我所知共有 4
本。第一本是严中平先生的《老殖民主义史话选》(北京出版
社 1984 年版，44 万字)。此书虽题为"史话"，但力求语语有
据，所以又非通常所说的那种意义上的史话。诚如该书提要

所言，"在世界历史的研究和教学上，是一部很有参考价值的著作"。全书分三编十四章（三编为：西班牙美洲殖民帝国；西班牙菲律宾殖民帝国；葡萄牙东方殖民帝国）。该书着力于揭露 15—17 世纪西葡老殖民主义者的强盗行径，批判其滔天罪恶，而绝口不谈与之孪生和交织的航海探险、地理发现、科学考察等。该书取材丰赡，征引外语文献计有上百种，不过只限于英语。我们知道，严先生是很有成就的中国近代史专家，故书中凡涉及中国之处都写得很深很有功力。严先生又是有理论造诣的史学家，故书中的前记、附录和试论、再论、三论老殖民主义史上的血的教训都富有理论思维和鲜明个性。当然此书也带有 20 世纪 70 年代那个时代的印记（他说此书著于 1973—1977 年即"文化大革命"后期和揭批"四人帮"时期）。

第二本是李隆庆先生的《哥伦布全传》（中国青年出版社 1998 年版,55 万字）。全书分八篇六十三章（八篇为：远航史前 40 年；意外发现新大陆；荒岛难圆黄金梦；兄弟沦为阶下囚；老来犹困牙买加；别时尚念封地愁；是非功过任评说；伟业勋绩壮千秋）。刘明翰先生在《世界历史》2000 年第 1 期写有该书的书评（共 3 页），称赞其特点（优点）有五：一、严谨的治史态度；二、浓郁的历史氛围；三、（对疑案）令人可信的阐释；四、（对问题）富于理性的辩解；五、客观公正的评价。指出的不足有四：一、多半用的是二手材料；二、对研究动态和进展注意不够；三、对不同见解不够宽容；四、缺个记事年表。我基本赞同刘先生的评价，并简单谈谈我的一点看法。哥伦布无疑是地理大发现中的头号风云人物。五百年来各国的各语种的关于他的传记、专著、辞典、原始资料集已有五百多种。译成中文的已有七八种(其中以西班牙马达里亚加和美国莫里逊的传记最为重要,部头也最大)。哥伦布自己记述其首航美洲的《哥伦布航海日记》也已有了四个中译本。中国学者在哥伦布研究中能够做得好、达到世界一流水平、独树一帜的工作便在于评价其人其事其时代和中国对他的吸引。1979 年和 1992 年前后,中国出现了两次评价哥氏的高潮,涌现了 20 多篇论文。该说的可说的已说得差不多了。张至善先生对哥氏与中国的关系也已考证得差不多了。在这种情况下推出一本 50 多万字的全传,其意义和价值自然也有,不过毕竟有限。借此机会我也提醒学者们,哥伦布只是开创了发现美洲的漫长进程,他的航海探险并非地理大发现的大部和主体。在此《全传》以后,如果再写哥伦布传,不如去写亨利王子传,达·伽马传,卡伯拉尔传,麦哲伦传,等等。另外《全传》长达 55 万字,却只有 120 个注。以学术专著的视角观之,也不太正规。据该书书末的参考文献,外语书也只有几本俄语书;此外,据书中的脚注,仅两次引用过同一本西班牙语书。

　　第三本便是王加丰先生的《扩张体制与世界市场的开辟》(北京大学出版社 1999 年版,22 万字)。该书系罗荣渠先生创意并策划的《世界现代化进程研究丛书》中的一种,并是作者在罗先生手下做访问学者时选定此课题的。该书分四部分十二章(四部为:一、序论:地理大发现的研究概况与本书的论题;二、扩张体制的形成;三、扩张体制形成的基础;四、扩张体制的扩张——世界市场的初步建立)。该书重在论述中世纪晚期近代初期西欧(方)的扩张,揭橥世界现代化进程初期即地理大发现时代,以西方为霸主的世界经济政治新秩序、新体制、新市场的形成。所以该书虽有一个副标题"地理大发现新论",但书中直接论述地理大发现的篇章只有四章:即第一章,现代历史学中的"地理大发现";第二章,500 年来地理大发现研究概况;第六章,地理大发现是资本主义与封建主义的联合扩张;第九章,从哥伦布西航看双重扩张背景。全书只谈了哥伦布一人,而且也仅是谈他首次远航之前的活动。是故该书不是主要正面论述地理大发现,而是附带侧面论述了一下地理大发现。另外,该书参考征引的外语文献不少,但主要限于英语。其他外语文献便只有一本法语书,且只征引了三处。我这样简评以上三书不是贬低他人,抬高自己,而是遵循前辈钱大昕的治学宗旨:"史非一家之书,实千载之书,袪其疑乃能坚其信,指其瑕益以见其美。拾遗规过,非为龁龁前人,实以开导后学。"(《廿二史考异·序》)他人后人视我,亦犹我视同侪前贤。

我和李隆庆、王加丰对地理大发现的研究同时起步,我甚至更早一点。但书却出得晚一点。这主要是我贪大求全追深思精所致,也与我地处西部相对闭塞机会较少有关(他俩一在武汉一在杭州)。但我的书是全方位系统深入正面论述地理大发现,故晚出一点并不影响多少拙著的地位和价值。不过,在本书之前毕竟有了国人的上述三本专著,又有地理大发现、航海探险、殖民掠夺方面的若干译著和许多通俗性知识性普及性读物。故本书的少数章节,如第三章第四节"达·伽马最后打通新航路",第四章"哥伦布横渡大西洋发现西印度",第七章"首次环球航行及其发现"的前五节(此章共七节),其中部分内容,便和已有的著述难免近似,读者可能相对熟悉了解。鲁迅先生在谈到他的《中国小说史略》与日本盐谷温的《支那文学概论讲话》的关系时曾说:"自然,大致是不能不同的。例如他说汉后有唐,唐后有宋,我也这样说,因为都以中国史实为'蓝本'。我无法'捏造得新奇'"(《不是信》,1926,载《新编鲁迅杂文集》上,黑龙江人民出版社)。拙著中的少数篇章内容与已有的著述近似,也因为都以地理大发现的史实为蓝本,难以甚至无法新奇。——这也是需要说明的。

(三)优点与特点

　　本书第一个特点和优点便是正面论述研究地理大发现,着力于航海、探险、地现发现、科学考察。本书题为《地理大发现研究(15—17世纪)》(商务印书馆2002年2月版,40万字)。全书分序言、结语和十二章:即第一章,"地理大发现"概论;第二章,地理大发现的基础和背景;第三章,葡萄牙人发现西非、南非海岸和开辟新航路;第四章,哥伦布横渡大西洋发现西印度;第五章,中国人为什么没有参与地理大发现;第六章,15世纪末至16世纪上半叶的其他重要地理发现;第七章,首次环球航行及其发现;第八章,西欧对东北新航路的探寻和在北冰洋的发现;第九章,澳洲和大洋洲主要岛屿的发

现;第十章,英法继续探寻西北通道和发现北美;第十一章,俄
罗斯在北亚北冰洋的地理大发现:第十二章,地理大发现的重
大作用和影响。所以拙著首先是部地理发现史、航海探险史、
科学考察史。第二个特点和优点是,本书有独特的思想体系
指导并在其理论框架内论述地理大发现。第一章便分五节,
分别论述五大问题:即地理发现的概念,什么是地理大发现,
谁完成了地理大发现,地理大发现不可否认或替代,"殖民"
一词的含义。章中论及的可析出为一节的较重要问题还有,
地理大发现时代与大航海时代的区别与联系等。章中阐述的
这些理论主要是我多年来结合历史和地理、社会和自然、世界
和中国、马列主义和西方理论,思索、推想、独创、阐述的。例
如,我在世界上首次把很热火的说法大航海(时代)划分为近
岸远洋航行、跨洋远洋航行、环球航行和极地冰海航行四大阶
段;首次提出了地理发现认识演进的三个层次,即口耳相传和
记忆——→文字记录和文献记载——→地图和地球仪描绘;首次
把地理大发现的起止定于 15 世纪中后叶至 17 世纪末;首次
提出了"负发现"概念(我译为 negative-discovery);等等。散
布在各章中体现研究地理大发现的指导思想和理论框架的亮
点还有:首次在地理环境方面提出了"里均"海岸线的概念
(即一个濒海的非岛国,它的领土面积有多少平方公里大,大
陆海岸线有多少公里长,平均每方里领土有多少里海岸线);
首次在世界上用哥伦布开创了发现美洲或新大陆的漫长历史
进程这一提法取代了哥伦布发现美洲或新大陆这一传统提
法;首创了航海方面的"航迹面积"概念(受流域面积启发而

新创），用以衡量航海家一个方面的成就；等等。

　　第三，首次在世界上全面、系统、深入、立体地论述了地理大发现的重大作用和影响。这从该章的分节便可明了。第一节，促进了欧洲经济和资本主义发展；第二节，世界从分散孤立到集中统一；第三节，农作物的传播和农业发展；第四节，世界人种分布的演变和新民族的形成；第五节，疾病传播和医学发展；第六节，在自然地理学方面的意义；第七节，地理大发现与天文大发现；第八节，对社会科学的影响。正因为如此，笔者才史无前例地提出："地理大发现是中世纪晚期近代初期全世界范围内最重大的历史事件和进程，具有最重大、最深远、最广泛的意义和影响。"改革开放以来，文艺复兴似乎被一些中国学者炒成了那样。笔者认为，文艺复兴只是那个时代（14—16世纪），全欧洲甚至只是西欧范围内的重大的事件，具有重大的意义。且主要限于思想文化方面和城市中。

　　第四，首次在除苏俄以外的全世界，把俄罗斯人—东斯拉夫人16—17世纪在北亚—西伯利亚、北冰洋的活动正名为地理大发现。并在全世界（含苏俄）首次具体指明，他们在北亚南部三百万平方公里地区的活动基本上属于征服扩张侵略，但其中也有陆地探险、地理发现、科学考察的因素；他们在北亚中部北部900万平方公里的地区和浩瀚的北冰洋北太平洋的活动则基本上属于航海航水（江河）、陆地探险、地理发现、科学考察，虽然也伴随有扩张和征服。书中并把俄罗斯的地理发现与西方的地理发现做了比较，首次总结出俄罗斯地理大发现的特点和规律。

　　第五，中外、古今、文理、文史结合。我常常自勉自励，我治学治史要致力于贯通中外、古今、文理、文（语言文学）史。在这本书中我便付诸实践四个贯通。它们并构成本书的一个优点和特点。在中外方面，专门论述中国古代史的章节就有第五章，中国人为什么没有参与地理大发现；第一章第三节第二目，关于新大陆的发现；第十一章第一节第二目，元朝的疆域与明代的地理知识；与中国比较或涉及中国的地方则俯拾即是。在古今方面，对许多问题的考察和审视都上挂古代下连现代。例如，大西洲猜想就从古希腊拉到美国的航天飞机亚特兰蒂斯号，造船术就从独木舟谈到蒸汽轮，南大陆就从上古的推论说到18世纪的库克船长乃至19世纪发现南极洲，欧印航路开辟的意义就从上古讲到19世纪苏伊士运河的开凿，天花的传播与防治就从古代的记载连到20世纪70年代消灭天花，等等。

　　在文理方面，纯理科的章节目就有：第二章第三节第三目，自然地理学基础；第四节第二目，造船术、航海仪器、天文学和制图术的发展；第三目，信息术和热兵器的发展；第十二章第五节，疾病传播与医学发展；第六节，在自然地理学方面的意义；第七节，地理大发现与天文大发现。与理科联系密切的章节有：第五章第三节，传统地图的缺陷；第九章第二节第一目，古代中世纪的南大陆猜想；第十二章第三节，农作物的传播和农业发展；第四节第一目，人口大迁移与种族新分布（我以为，研究民族等属于文科，研究种族——人种等属于理科）。此外，因主要是航海探险、地理发现、科学考察史，故书

中涉及理科之处比比皆是。在文史方面,凡涉及重要的概念
问题先都要从语言文字的角度讨论和规定一个词语的意思内
涵外延,诸如,"发现","航海",是"发现"还是"开辟"新航
路,"殖民"等;最后还别开生面、自出机杼地论述地理大发现
对欧洲文学创作的促进和影响,有利于文学的兴盛;等等。

　　第六,其他。具体地说便是参考资料宏富,语种多样。书
中征引参考的古今中、英、俄、日文献达两百多种,书末列出的
俄语文献有十多种,日语文献八种。这在中国当今的世界史
专著中是很少见的。我从来不是个外语至上论者,但论著所
参考征引的文献要据选题而评判。例如研究中国古代史,能
参考外语文献更好,不参考也无碍大局。因为外国研究中国
古代史的著述很少(指微观研究),我的新著《三武一宗灭佛
研究》(按,已调整为《三武一宗抑佛综合研究》,已于2015年
正式出版发行)就没参考多少外语文献。而地理大发现不
同,它是欧洲多国完成的涉及全世界的重大历史事件,所以参
考的外语文献越多语种越多便越见其在一个重要方面的造诣
和功力。在当今的中国学术界,咄咄怪事常有。例如不懂藏
语、蒙语、维语的藏学家、蒙学家、维学家不少;不懂不能用一
门外语(更别说两三门了)的中外关系史专家也不少,诸如研
究现代史上共产国际与中国革命的关系,研究各大国与中国
的抗日战争关系,研究朝鲜战争等等的某些专家。令人不可
思议。是故我建议,不懂俄、日、阿、德、法、意、西、葡等语言的
学者就最好不要去研究俄苏史、日本史、阿拉伯史、德奥史、法
国史、意大利史、西班牙史、葡萄牙—巴西史,或中国与那些国

家和地区的关系史。出版社和杂志社的编辑们审稿时也应注意把好这方面的关。

图文并茂。书中附有二十几幅地理大发现时代有关的古文物图片、古地图和笔者研制的新地图。它们既直观形象，又生动有趣。

校对比较精良。责编李杏贵女士和我都反复仔细校对过，错别字等较少，大大低于国家规定的万分之一的差错标准。

比较规范。尽量注明重要之处的资料来源。首次出现的外语文献都先译成中文，再附外语原文（有的日语书不需翻译）。这就优于胜于那些只写中文不附外语或只写外语不附中译文的做法。因为只有这样做才能供有兴趣者进一步检索深入研究，也才能看出作者译得怎样（虽然只译一个书名，但也能见其翻译水平）。所以在这个问题上出版社和杂志社的编辑们不要只图省篇幅。

文笔比较优美、流畅、简洁、朴实。这里面既体现了作者的语文水平，也凝聚着责编李杏贵女士的许多精力。这本来不应算个优点特点。但优点是与缺点相对而言才成立的。目前在中国史学界，世界史工作者由于花去大量精力学外语和保持其外语水平，而不注意保持和提高汉语修养，其汉语水平（这里仅指现代汉语）降低。在一些人的著作论文中，错别字、生造词、病句、欧美式语句、词汇、表达法不少甚至充斥。如同毛泽东所批评的，"里面常常夹杂着一些生造出来的和人民的语言相对立的不三不四的词句"（《在延安文艺座谈会上的讲话》，《毛泽东选集》一卷本，第 808 页）。中国古代史工作者特别是上古史工作者(我把中国古代史分成上古、中古、近古三大段)、考古工作者因重视古汉语古文字,也多少有点现代汉语水平下降这个毛病。所以,世界史工作者至少不应忽视保持和提高自己的现代汉语水平。

坚持马列主义指导又不拘泥于经典作家的个别词句和论断,在研究工作中做到了坚持、发展、与时俱进。在当今中国学术界,放弃或放松马克思列宁主义为"指导我们思想的理论基础"的情况非常普遍。有的学者一谈起西方的史学理论、思想、方法和史家就滔滔不绝,兴致勃勃,"言必称希腊"(《改造我们的学习》,《毛泽东选集》一卷本,第755页);有的学者一说起中国传统的史学理论、思想、方法和史家就娓娓道来,如数家珍(这自然无可非议)。但却从不看马恩列斯毛的一篇著作,甚至不知经典作家有哪些著作,哪些著作有哪些版本。在那些学者的著作和论文中;西方的这个人那个人怎么说如何讲充斥;或者子曰孟曰老曰司马、班、范、陈曰比比皆是,但却没有一句马恩列斯毛怎么说,也压根不知道经典作家怎么说。数典忘祖甚至从不知祖(马克思列宁主义之老祖宗)。所以我认为坚持和发展马列主义与时俱进是社科工作者共同的任务和努力方向之一。在苏联东欧变色解体的形势下,那样做并营造那样一种氛围更显迫切、重要和意义深远。

此外,本书装帧设计朴素大方简洁,学术味浓郁。定价也合理,大32开共507页40万字的简装本才售价24元。比起那些动辄精装、用厚型纸印的书,对读者消费者来说不啻是福音。

以上便是自认为的拙著的一些优点和特点,有自夸自矜之处,敬请批评指正。

（四）缺点与遗憾

本书的缺憾不足也有一些。一、本书完成交稿时有十四章50万字。由于经济原因和篇幅所限,割爱的就有完整的两章,即"地理大发现主要代表人物的评价问题""西葡对美洲的进一步发现征服和毁灭文明"。完整删去的节就有"哥伦布的谜团和轶闻""中西航海和航海家比较""法英对北美的早期殖民"。有的章节如"俄罗斯在北亚、北冰洋的地理大发现"这章也压缩很多。此外各章节都有不同程度的删削,致使有的地方言犹未尽,注释不详。附配的图片地图也删省了一些。原先译写有本书的英文目录,后也删去。

二、由于时间、精力、条件、学力、经费等有限,有些较为重要的问题本人基本上未涉及,如阿拉伯、伊朗、印度、日本没有参与地理大发现的原因,大发现对它们的冲击、它们的回应等;地理大发现史学史(史学史方面王加丰先生则做了一些工作);15—17世纪的地理学发展史(部分涉及),有的地方则展开深入不够,如地理大发现对社会科学的影响(主要是考虑到篇幅有限及文科学者相对比较熟悉)。

除了以上两大方面之外,其他方面的缺点不足遗憾还有:本书参考征引的外语文献虽已有英、俄、日三种,但由于学力不逮,毕竟仍缺比较重要的西班牙语葡萄牙语等语种的文献。所以只能寄希望于懂西语葡语的学者多翻译这方面的第一手资料著述出来。另外,在一些本应征引第一手原始文献的地方和时候,如某人的航海探险日记等,由于受条件限制,只得转引自第二手的研究文献。

本书校对虽已竭尽全力,反复进行,但仍有个别小瑕疵。据书出后的勘误,共有 30 余处没校到或没改正的差误(错别字、标点符号、俄语字母等)。

个别地方有点重复。例如第二章第三节第三目提到南大陆猜想,第九章第二节第一目又论述南大陆猜想,虽侧重和详略不同。在基础和背景章先略谈一下,在澳洲的发现章再细论也有必要。有点重复也难以避免,但总非最好。不过我也想不出找不到怎样解决得更好的办法。类似的情况在别的地方也偶尔存在。

我所想到的缺点不足、遗憾大概主要就是这些。它们只有留待将来如果有机会出修订版增补本时来弥补了。其他的缺点舛误等我一时或从作者的角度想不出来,尚祈专家学者旁观者读者指出斧正。

(五) 设想和展望

在地理大发现研究方面的第一个愿望便是有机会出本书的修订版增补版,把删掉的割爱的补上①。第二个设想便是

---

① 补记一下。2012 年上海社会科学院出版社编审、世界史专家张广勇先生曾邀请我将此书改名为《地理大发现史》在该社出版。表示篇幅可恢复到 50 万字,不给出版补贴费还要得稿费。但我考虑到当初商务就没有收我的出版补贴费,还给了稿费。出版后还未满 20 年,还不便拿到其他出版社出版。于是,便婉言推辞了张广勇先生的邀请。

继续写值得一写的论文,特别是那些被删掉的章节目,以推进和深入研究①。第三,如果能申报获准一个课题,则将写一部《16—18世纪的全球大交流》②。它将重在物质和技术的层面、人类学和社会学层面的交流,包括人员—移民、文化、信息、生物(植物、动物、病毒)、科技等。第四便是搞点资料翻译。如前所说,目前《哥伦布传》《哥伦布航海日记》均各有好几个版本的好几个译本。而《达·伽马传》《麦哲伦传》《亨利王子传》《卡伯拉尔传》等及其《航行日记》(亨利王子无航行日记)等等则连一本都没有(只有一本茨威格写的被各出版社反复翻译出版的《麦哲伦传》)。这种情况正如梁启超所批评的那样:使读者"知有个人而不知有群体";而应"以人物为时代之代表,不闻以时代为人物之附属"(《新史学·中国之旧史》,岳麓书社1998年版)。建议学者们出版社不要一窝蜂,不要各种水平的著述反复重复(即使是高水平的重复也不好)。第五便是希望,将来条件成熟了可搞多卷本的地理大发现史;也可搞地区的地理发现史,如北美洲、南美洲、澳洲—大洋洲、南非和东印度(指葡人开辟欧印新航路)、北亚北冰洋的发现史,还可搞主角国家的发现史,如西、葡、英、荷、法、俄地理发现史。而写这些个国家的地理发现史就应懂这些国家民族的语言,大量利用其文献资料。目前懂英语的学

---

① 这方面已新写了一些论文,有的已发表有的尚在投稿中,在此不一一列举。

② 这个设想已演变为我正在主持和进行的国家社科基金重点项目"15世纪末至19世纪初的全球农业文明大交流研究"(2013年立项)等。

者很多,懂其他外语的学者较少。甚至出现研究俄、日、西、法、德、意、阿等国家民族地区史却只能使用英语资料的怪现象。这实际上是英语文化沙文主义在史学研究中的表现。这是很不利于学术发展的。解决这方面的问题要从长远着手。所以我要求我的博士研究生必须学第二外语,我招博士生时必须加试第二外语。第六便是编写一本《地理大发现名人传》,档次品位类似于中国社会科学出版社、重庆出版社20世纪80年代推出的《外国历史名人传》;以改变中国读者一说起地理大发现便只知道哥伦布、达·伽马、麦哲伦的局面。让亨利王子、迪亚士、卡伯拉尔、维斯普奇·亚美利哥等都在书中有传,兼顾普及与提高。希望出版社杂志社关注支持以上愿望和设想。

我以为,地理大发现是历史学和地理学的接合部,是社会科学和自然科学的接合部,持续时间长牵涉面广,被发现的国家地区民族多,扮演主角的国家地区民族也多。这便造就成研究它的天地大、空间多、见仁见智处众。我们又是唯一的一支坚持马列主义指导的史学队伍,所做的研究具有鲜明的理论特色、阶级属性和民族个性(仅剩的其他社会主义国家朝、越、古、老均为小国,无力研究世界史、地理大发现史);再加上中国是引发和吸引地理大发现的重要因素和磁场之一;又存在着古代中国人是否航渡、发现美洲、澳洲,发现北亚的激烈争论(国际国内都有),所以中国学者是能够在这个领域大显身手,大有作为的。只要我们孜孜不倦,持之以恒,脚踏实地,就可以做出世界一流的成绩,达到世界一流的水平,在史坛独树一帜,自成一家,庶几形成一个地理大发现研究的中国学派,傲立于世界学术之林。

"雄关漫道真如铁,而今迈步从头越。"此书出版后,我自然不敢沾沾自喜,丝毫懈怠。并衷心希望有新的更好的富有特色的地理大发现专著出现,有地理大发现方面的各种专题微观深入研究和宏观整体研究论文涌现,因为"一花独放不是春,万紫千红春满园"。

(原载《史学理论研究》2004 年第 2 期)

三、海陆探险和地理发现的鸿篇巨制

——推荐《世界探险史》

苏联著名历史地理学家约·彼·马吉多维奇（Магидович Иосиф Петрович, 1889—1976）的《地理发现史纲》是一部博大精深、气势恢宏的航海史、探险史、地理发现史经典名著。该书详细记述人类历史上从公元前 2 世纪至 20 世纪中叶 2000 余年间的二百几十次探险活动，从中国探险家张骞"凿空"西域，一直写到各国科学家登上南极冰原。其中包括古代中世纪的探险和地理发现，而以 15—17 世纪的大航海、大探险、地理大发现及此后的探险、发现为重点。书中参考的文献有五百余种，涉及地名达 5000 余个，提到的探险使用的船舶及现代出现的飞机、飞艇有两百几十艘（架），出现的历史人物有名有姓者共 1500 余位。他们的航海、探险出于各种各样的动机：取经，传教，朝圣，旅行，经（通）商，征战，寻找香料和黄金，殖民移民，争夺海上霸权，索取"毛皮税款"，猎捕海兽，研究地理，科学考察，体育竞赛，追求刺激和扬名，等等。

对于老殖民主义者掠夺殖民地财富、屠夺土著居民等罪行，书中做了揭露；对于正当的航海、探险、发现活动，书中予以肯定。该书写了很多勇敢智慧的航海家探险家：他们踏荒

漠,溯河源,穿峡谷,临深渊,往世界高峰攀缘,向南北两极
"冲刺";他们驾一叶扁舟在浩瀚大洋搏击风浪,乘兽力雪橇
在茫茫雪原苦斗严寒,蹬冰鞋在封冻江河湖泊滑行疾驶,骑骆
驼在沙漠戈壁坚韧跋涉。有了这些探险活动,人类绘制的世
界地图和制作的地球仪才有今天这样的格局。人们才知道:
地球确系圆形,海洋本是一体,欧亚大陆与南北美洲仅隔一条
白令海峡;从欧洲航向亚洲,不仅可以绕非洲好望角走印度
洋,还可以穿南美麦哲伦海峡渡太平洋;密西西比河不是两洋
通道,帕米尔高原乃亚洲山系中心;北欧海岸线斗折蛇行,太
平洋岛屿星罗棋布,澳大利亚是独立的大洲;南极洲是块统一
大陆,北极点位于冰封的海洋……这些探险航海活动,造就了
一批批举世闻名的大探险家航海家:张骞、玄奘、伊本·拔图
塔、马可·波罗、哥伦布、亚美利哥·维斯普奇、达·伽马、麦
哲伦、卡伯拉尔、白令、塔斯曼、库克、阿蒙森……

　　人类历史上探险的主要目的之一是地理发现,而地理发
现的成果有巨、大、中、小、微之分。如何把源远流长、丰富无
比、纷繁复杂的探险、地理发现活动提纲挈领地写出写好,该
书作者自有一套独创的理论框架。即旨在讲清人们是如何确
定如下几个问题:1.统一的世界洋的存在,四大洋之间的联系
和各大洋的近似面积;2.各大陆、半岛、地中海、边缘海的大致
轮廓;3.各大陆的近似面积(通过环绕各大陆的航行或从各个
方向横穿各大陆的旅行);4.各大陆之间的联系和某大陆各部
分之间的联系(通过主要航路和通道的开辟);5.各大陆地形
地貌的基本特征,即山系、高原和低地;6.各大陆地理水文网

的主要特征,即主要河流(1500 公里以上)的流向、流域,主要
湖泊(10000 平方公里以上)的地理位置和大致轮廓;7.各重
要群岛(1000 平方公里以上)、岛屿(100 平方公里以上)的地
理位置,大小和其他基本情况。马氏的框架是科学的符合实
际的。窃以为如果再加上:8.对大地是球形的确定和地球大
小的测定,便更加圆满完美了。

可见,作为一部世界探险、航海、地理发现通史,其全面
性、系统性和公允性是无类似的著作可与之媲美的①。所以,
该书是历史地理学方面的一部百科全书式的鸿篇巨制。对地
理学史、探险史、旅行史、航海史、地理发现史、民族学、人类学
感兴趣的读者和学者,阅读书中的每一章,每一节,都会感到
开卷有益,不忍释卷。

该书第一卷出版于 1949 年,1957 年出齐。1967 年出修
订版,1985 年出由马吉多维奇父子合著的增订版②。新的修
订版正在修订之中。1959—1961 年该书被译成波兰文、匈牙
利(或马扎尔)文、罗马尼亚文在该三国分别出版。1988 年在
中国出由翻译家屈瑞、云海(云海是屈瑞的笔名)翻译,由世

---

① 最近,海南出版社推出了法国作家儒勒·凡尔纳(1828—1905)著、
戈信义等人合作翻译的"伟大的旅行及旅行家的故事"三部曲,即《地理发现
史》《18 世纪的大航海家》《19 世纪的大旅行家》,于 2015—2016 年出齐。这
套书在篇幅上赶上了《地理发现史纲》,但在学术性、研究性、理论性、系统性
上不如《地理发现史纲》。作者 2016 年 10 月补记。

② И. П. Магидович, В. И. Магидович:《 Очерки по Истории
Географических Открытий 》, В 5 - ти томах, Москва, Издательство
Просвещение,1985.

界知识出版社出版的中文版（据 1957 年俄文版）。中文版定名为《世界探险史》，中文版书名无疑更加雅俗共赏，吸引读者。屈瑞教授的译笔十分流畅、贴切，臻于信达雅。所以该书作者和译者堪称珠联璧合。译者以一人之力坚持经年完成了这部 80 多万汉字的译著，把这部史地名著完美地介绍到中国，做了件惠泽学界的善事。

　　此书著、译、编三方面的优点特点还多，这篇"豆腐块"实难尽述。有兴趣者可参我十年前写的较详书评《马吉多维奇和他的〈地理发现史纲〉》①。该书中文版 1988 年出版后很快售罄。鉴于坊间已难觅踪迹，海南出版社、三环出版社联袂推出了《世界探险史》的新版。较之 1988 年版，新版主要增添了彩色图版 29 页图片 69 帧，并都有简要的文字说明。那些插图多为相关的文物图片，亦有现代绘制的古人画像、历史事件等，还有现代史上的有关照片。浏览之后给人以立体形象的印象和欣赏到美术佳作的愉悦。

（原载《中国经济时报》2007 年 10 月 8 日）

---

　　①　载《世界中世纪史新探》，内蒙古大学出版社 1996 年版。

四、《系列世界地图的故事》评介

　　一口气读毕由徐汉卿和廖小韵两位女高工编著的《系列世界地图的故事》(以下简称《系列》),禁不住提笔展纸为这本书写点什么。因为它对有关故事的讲述简明扼要,娓娓道来;因为它众多的插图精美迷人,多姿多彩;因为它文理结合,贯通古今……

　　该书由湖北少年儿童出版社 2005 年 7 月出版,十六开 120 多页,定价 27.9 元。随书配有四幅独立的新型"系列世界地图"。全书共约 8 万多字,约 203 幅精美的标题彩色图画或图片,约 20 幅独立的卡通动漫彩色人物图画。全书分为"地球的缩影——地图世界漫游""东方的诱惑——按图索骥再现天堂之路""新大陆的魔力——版图扩展回望探险热潮""纸上绘世界——新编制的几种世界地图""东西南北四胞胎——世界地图的应用""无尽的探索——世界地图与全球观念"六章,章以下共分十九节。

　　《系列》在不大的篇幅里,给人们讲述了哪些既重要又有趣的故事呢? 概括起来它至少给我们讲述了人们怎样逐步认识到自己居住的大地是巨大的球体的故事,人们用几何线条和文字在平面上画下和记下自己居住的大地的微缩形状即绘制各种地图的故事,15—17世纪地理大发现大航海的故事,两极探险征服极地和极点的故事,发现大陆漂移创立漂移论的故事,新型纬线世界地图(即四幅"系列世界地图"中的北半球版图和南半球版图)的研制和应用的故事。这六大故事中又套着许多精彩的地理学和历史学的小故事,大多引人入胜,娓娓动听。譬如张衡与浑天说与浑天仪的故事,托勒密与托勒密地心体系的故事,"图穷匕见"和"张松献图"的故事,马可·波罗远游向西方介绍中国的故事,利玛窦来华传播西学的故事,等等。

　　这些故事大多是文理结合的。它既涉及自然科学中的自然地理学、天文学、测绘学、地图学等,也牵扯到社会科学中的历史学、哲学、文学等。在讲述有关自然地理学等方面的故事时,作者均能深入浅出,化繁为简,由博返约。令广大中学生和一般读者群众都能理解,不感繁难。比如对地轴、经度(线)、纬度(线)的讲授,对地图投影的介绍等。在提倡贯通文理和以人为本反对偏科的今天,该书正好是一本适应这种教育理念、富于科学精神和人文精神的优秀知识性地理学读物。

　　《系列》讲述的许多故事也是贯通古今的,例如关于两极极地,就从古代人们的猜测遐想,讲到大航海时代人们的初步航海探险和地图描绘,再讲到近现代人们历尽艰险和牺牲征服两极极地和极点,一直讲到今天中国人的两极科学考察和中国的南极长城站、中山站,北极的黄河站。这样就使得许多故事有始有终,脉络明晰。使人们在阅读历史故事的同时,也

了解到有关事情今天的情况和形势,触摸到有关学科的前沿
动态。

　　图文并茂、插图精美是本书的一大优点和显著特色。在
共约 203 幅有标题的精美彩色插图中,有展现各种学说的示
意图,各种历史名人的肖像画或照片,各种古今地图、地球仪,
各种天文地理仪器照片,各种解释地理学地图学原理的教学
图,表现各次著名航海、探险、旅行、交流、战役和远征的路线
图,各著名地区景点的风光照片,为表现各著名历史事件而创
作的绘画,古今著名探险船的绘画和照片,各种重要著作的书
影,可谓琳琅满目,美不胜收。书中所收的晚明利玛窦绘制的
极其珍贵的《两仪玄览图》(彩照)、11 世纪我国新疆少数民
族学者喀什葛尔在《突厥语词典》中绘制的"圆形(世界)地
图"(黑白照),像我这个长期治历史地理学和世界大航海大
探险大发现史的学者都还首次见识,感到受益;从我对这些插
图的分类和数量的统计中读者会感到,说它们琳琅、丰富,此
言不虚。插图的精美涉及纸张的厚薄、质量和印刷制版技术
等,我认为它们都属上乘,从而保证了所印的图画和照片均清
晰、自然、有层次、色彩柔和;编者的剪裁和排版也错落有致,
富有生气和新意。

　　共约 20 幅独立的卡通动漫彩色人物图画皆画的是少男
少女,他们或站或坐或蹲或躺,或走或跑或跳或弯腰,或看或
想或听或做作业,其中还有两幅表现的是"图穷匕见"和"盲
人摸象"的成语故事。均画得生动活泼,富有个性。另外,其
中 34 幅图画或图片旁边还有卡通动漫形态各异的少男少女,

他们为标题插图也起到了陪衬烘托的作用。所以,从这个角度也可以说《系列》不愧为一册精美的专题画报。

因为该书讲述的一个主要故事是关于新型纬线世界地图的研制和应用,所以书后附有四幅单独的世界地图(它们由郝晓光博士主编,湖北省地图院编制,湖北少年儿童出版社出版。它们均长48cm,宽33.5cm。分别为东半球版、西半球版,南半球版、北半球版),书中也多次插入这种新型世界地图的全图和局部图。因此,尽管我已写过《为世界地图的新发展鼓与呼》一文,评析它们的优点和创新之处,在此也不由得要在原有评价的基础上写写我看了《系列》、欣赏了附图后对新地图的新感受。东半球版世界地图即中国、东方国家通用的世界地图,图中太平洋、印度洋、中国都处于比较中心的显著位置;西半球版世界地图即西方国家通用的世界地图,图中欧洲、非洲、大西洋均处于比较中心的显著位置。它们都是经线世界地图,即图的左右两边的弧形是一条共同的经线。今天,有地球科学常识的人都听说过德国地质学家魏格纳的大陆漂移论:即认为在远古时代地球只有一整块特大的大陆称"联合大陆"或"泛大陆",后来由于种种原因古大陆分裂成若干块,逐渐漂移,最后形成今天地球上大陆大岛和大洋大海分布的形态。从中国东方通用的东半球版世界地图中,我们看不出大陆漂移说能够成立的一个有力证据:即各大陆(的轮廓边缘)是可以比较完善地拼合的,就如同少年儿童们今天还在玩的益智玩具拼图。《系列》告诉我们,魏格纳能创立大陆漂移学说与他受西方通用的西半球版世界地图的启发密切有关。因为在这幅图上,只要西半球的南北美洲平衡东移,或东半球的欧洲、非洲平行西移,两边便能较完整地拼合起来。我端详了西半球版世界地图后,对《系列》的说法由衷感到信服和佩服。

如果说西半球版经线世界地图只是介绍引进的话,那么南、北半球版纬线世界地图便是研制创造了。它(们)以南纬15°和北纬60°为"中央纬线",采用纬线分割地球仪,仍使用等差分纬线多圆锥投影。纬线世界地图的优点长处多多,我只在原有评价的基础上做点补充。在北半球版世界地图上,北冰洋、北大西洋处于比较中心的位置。这样便可直观地看出北冰洋基本上是又一个"地中海",四周被欧、亚、美洲和一些岛屿围绕,俄、美、加、丹麦、冰岛、挪威为濒临北冰洋的"沿洋"国家。而在传统的经线东西半球版世界地图上是找不到这样的感觉的。

在南半球版世界地图上,印度洋、南极洲处于比较中心的位置。重新欣赏后,我的新感觉便是,原来南极洲只比澳洲稍大。一查资料得知,南极洲总面积约 1405 万平方公里,澳洲(含塔斯马尼亚岛,不含大洋洲其他大岛)为 768.2 万平方公里。南极洲大澳洲不到一倍。而在传统的东西半球版世界地图上,南极洲填满了南极圈以内的空间,令人感到它比澳洲大了许多倍。可见北半球版世界地图更真实形象地反映了南极洲、印度洋、北冰洋、北大西洋的几何面貌。

因为历史上的大航海、大发现、大探险是我的主要研究方向之一,所以我借此机会谈点用纬线世界地图描述大航海历

史的一些优势。环球航行是大航海中的最重要事件之一。从
理论上讲,环球航行可以南北航行,沿经线航进;也可以东西
航行,沿纬线航进;甚至还可以东南向或西北向航行。但由于
北冰洋中心部分终年封冻,南极洲是块冰雪覆盖的陆地,均无
法航行。东南向或西北向航行会被北半球的大陆阻拦,故有
史以来的环球航行都基本是东西向沿纬线航行,尽管有一些
弯折。沿经线环球航行的航程基本上是一样的,但沿纬线环
球航行的航程则大不一样。沿赤道一带航行航程最大,即毛
泽东主席所吟诵过的"坐地日行八万里"。沿极圈航行则航
程很短,只有沿赤道航行的三分之一强(据我的估算,南北纬
6°的纬圈其长度约为赤道的一半;极圈的长度仅为赤道的
39%,即 1/3 强)。我们知道詹姆士·库克船长是 18 世纪最
伟大的航海家地理发现家。他曾三次领导英国船队远航、探
险、测绘、考察,硕果累累。现有的(中文)航海史探险史地理
发现史论著一般对他第二次远航简单表述为,他第二次远航
完成了在南半球的南大西洋环球航行,首次穿越了南极圈。
苏联学者马吉多维奇父子在其专著《地理发现史纲》第三卷
设立有关于库克航海的篇章共四章,其中第 22 章的标题却
为:"库克第一次(在南极地带的)环球航行"。马氏父子为什
么要特别注明"在(南极地带的)环球航行"呢? 我想那是因
为在极地地带的环球航行,其航程、其航行日期大大短于、少
于在赤道地带的环球航行(当然它有克服严寒、浮冰阻碍等
特殊的困难和危险)。我们自然也可以在传统的东西半球版
世界地图上把库克第二次远航时在南半球南冰洋南极地带环

球航行的航线标出来,不过那样一般的读者便难以感到那也是一种环球航行,更难以意识到其航程只及沿赤道环球航行的三分之一强。但在纬线世界地图南半球版上把库克船长在南极地带环球航行的航线标出,库克环航的特性便一目了然了(见《系列》第63页"库克环南极航行路线"图):即1.他们是在极地航行,须战胜严寒浮冰等特殊的困难和危险;2.航程较短航行日期较少;3.其环球航行其实是环南极洲航行。

用纬线世界地图描述大航海历史具有的优势还多,限于篇幅就不一一列举了。

俗话说:"金无足赤,人无完人。"余曰书有好书但难有完书(包括我自己写的书)。《系列》也存在一点缺点和不足。本着知无不言与书为善的宗旨,笔者也略说一二供编著者修订再版重印时参考。《系列》的行文已比较流畅规范了。校对也精细,大大低于新闻出版总署规定的万分之三的差错率。但仍可精益求精再上层楼。例如第23页三次出现的"大明浑一图"一语也应该是"大明混一图"。熟稔中国古代文化的学者便知晓这点,例如《史记·张仪列传》:"经营天下,混一(壹)诸侯";《隋书·杨帝纪》:"汉有天下,车书混一";元代有《圣朝(或大元)混一方舆胜览》一书……所以"浑一"应为"混一"。

《系列》第10页讲15世纪末德国制图学家贝海姆制作了"世界上第一个地球仪",该"地球仪第一次将立体的地球缩影直观地呈现在人们面前"。但《系列》第16页又有一幅题为"埃拉托色尼地球仪"的插图,而在此图前后两页的叙述中并没有涉及这个地球仪的来历。这就令人疑惑:埃拉托色尼是否制作过地球仪;若制作过,那么,此地球仪便是现代人的复制品;若没制作过,此地球仪便应是由今人据他的地理学思想和他绘制的世界地图而转换、翻录、制作。不过插图标题给人以埃氏曾制作过地球仪的感觉。另外,据我所知,贝海姆地球仪并非世界历史上第一个地球仪,而只是现存于世的最古老的地球仪。在他以前,元初有个来华的阿拉伯伊斯兰地理学家札马鲁丁已制作并进献了一个地球仪。《元史·天文志·西域仪象》载:"其制以木为圆球,七分为水,其色绿;三分为土地,其色白,画江河湖海,脉络贯穿其中。画作小方井,以计幅员之广袤,道里之远近。"再往前,公元前 2 世纪的希腊学者马洛斯的克拉特斯制作了世界上第一只地球仪。地球仪上绘制了两大交叉的条状洋,即赤道线上的洋和子午线上的洋。这样地球表面被分隔为四块大陆,而当时已知的欧洲、亚洲的大部和北非都被他放在一块大陆上。

最后再提一个建议。前面提到据我的统计《系列》共配有 203 幅精美的标题图画或图片,它们大多富有学术价值、美术欣赏价值或教学讲解效果。所以《系列》又堪称一册精美的专题画报。《系列》的文字部分有六章十九节,其中有七节又分目,共有十八目。所以《系列》的目录又在一定程度上起到索引的作用。但 203 幅标题插图占了全书整个篇幅的约2/5(按版心的面积计算),却没有一个目录或索引,阅读查检起来有些不便,我在写这篇书评时便感到此点。建议将来修订、再版、重印时编制一个《本书标题插图目录》或索引,以便于读者翻检欣赏。

古人云,白璧微瑕,又云,瑕不掩瑜。以此两语比喻《系列》甚为贴切。所以总体上说《系列世界地图的故事》是一本非常适合广大初中生、高中生、职高生、中专生、技高生和地理爱好者的优秀读物,是熔知识性、趣味性、资料性、学术性、文学性于一炉的科学普及著作。

（原载《地图》2006 年第 1 期）

附　　录

回忆跟随卢剑波先生学拉丁语

——纪念卢先生诞辰 110 周年

卢剑波先生(1904.07—1991.12)作为"文革"后遴选的首批研究生导师,一共招了两届五名硕士研究生。我作为卢先生的研究生,从 1982 年 9 月至 1985 年 7 月在卢先生麾下学习读研了三年。如果加上 1978 年 10 月起至 1982 年 7 月在四川大学历史系历史专业读本科期间与卢先生的零星接触,再加上研究生毕业留校任教后至 1991 年 12 月(8 日),卢剑波先生不幸病逝,六年余间比较频繁的来往,受教和相识相知相交就长达 13 年。其间可忆可写富有价值可圈可点的事情较多。我个人感觉最值得首先写出来的事情便是跟随卢剑波先生学拉丁语。

一

在本科生阶段,我就听说卢剑波教授(那时教授还很少,卢先生是历史系世界史教研室老资格的两个教授之一。另一位是谭英华教授)不仅是知名的世界史专家,而且是著名的外语学家,懂好几门外语。有一次,给我们讲世界古代史选修课的青年教师李丹柯身体不适,卢先生便不顾年已古稀,给我们代了几节课。听他的课时我就感到,此言不虚,卢先生懂多门外语。因为课中涉及一些专业术语时他要讲解它(们)的各种语言的演变和书写形式。另外,我本科阶段身体比后来弱,爱感冒。常去四川大学卫生科看中医(那时挂号费仅五分钱)。也听说校医院有时进的进口西药,其中有的只有西方各小语种的说明。医院于是要请卢先生帮忙酌情译译。听到看到这些心中便开始对卢先生产生崇敬和仰慕。

卢先生第一届招的是世界古代史(或上古史)的研究生共两名,第二届招的是世界中世纪史(或中古史)的研究生共三名。因为我稍偏于中世纪史,学年论文和毕业论文都做的是中世纪史,又赶上刚好应届,于是便报考了卢先生的研究生。由于自己运气好发挥得不错,也由于卢先生爱才垂注,所以尽管考前我没拜访看望过卢先生,我的学年论文毕业论文也不是由卢先生而是由刘菁华老师指导的,然而仍有幸被录取了。

入学读研伊始卢先生就指出,世界中世纪史的研究生需要学第二外语。而第二外语中拉丁语在欧洲中世纪最重要最流行,所以应学拉丁语。他决定亲自给我们这一届三个研究生讲课。并用他自己编写的油印的拉丁语教材。我当时心里有点犯嘀咕,对语种的选择有点看法。便尝试着含蓄地说了说,希望能学一门民族语言作为第二外语,比如法、德、意、俄、日语等。而卢先生坚持他的观点。其他两位同门弟子也认可拉丁语。于是我就随大流了。从此我们就一周去卢先生家学拉丁语课一次,一次三节课(每节 50 分钟)。共持续了两学期多点。

卢先生编写的拉丁语教材是比较适合初学者的,也是编得较好的。据我所知,自新中国成立后迄当时为止,坊间市面上也没有一本或一套正式出版的拉丁语教材。不过该教材中一部分内容是用当时流行的中文机械式打字机、外文机械式打字机打印在蜡纸上,一部分内容是人工刻写在蜡纸上,然后油印,用比较粗糙的讲义纸印出(当时没有激光照排、计算机打印,也没有比之低档、但比油印高档的"四通"打字打印机)。故存在字体偏大、讲义的体积面积偏大、单面印刷、有的地方不太清楚、不太美观等技术上物质上的缺点(有没有学术上的缺点我无力置评)。使用起来不太方便。上了一次课后,我就有了新的想法。于是我跑到校图书馆查找有关的外语书目卡片(当时无计算机检索)。经过几次尝试,我查到找到了一本英语版的《初中拉丁语教程》,由汉密尔顿、卡莱尔编写,1948 年在多伦多出版[①]。我若获至宝,赶紧借出来一看,大喜过望:第一,该书从零从字母开始,非常适合我们;第二,该书是精装本,用的是类似画报那样的铜版纸,印得非常精美;第三,该书配有大量的图片,内容丰富,图文并茂;第四,该书共分 75 课(Lesson),长达 600 多页,中途不需要换书,学完在阅读方面大概相当于公共英语大学四级的程度;第五,该书的课文都谈古罗马的事,很适合我们读世界中世纪史的研

　　[①]　D.E.Hanmilton,J.O.Carlisle:*Latin for Secondary Schools*,Toronto,W.J. Gage & Co.,Limited,1948.

究生;第六,该书书末附有长 59 页的拉英对照词汇表,相当于一本小型词典(该书有何学术上的优点我也无力置评)。

　　找到了好教材还不行,因为得有四本才够用。即老师用一本,三个同门同届弟子各用一本。尽管当时已有复印机,但对于每月仅 50 元助学金的我们,倘复印整本书仍是一笔不小的开支,再说复印装订件的效果肯定不如原书。我又努力查早,并请图书管理员帮忙(当时我们研究生不能入库寻找)。真是天公作美,书库里硬是有一模一样的四本书。我借了两本出来,先找两位同学商量。他俩都赞我的意见,但又觉得不便向卢先生说,因为那样可能稍挫卢先生的积极性。最后决定由我说,如果卢先生征求他们的意见他们便附和我。

　　到了第二次上课结束时,我便硬着头皮憋足劲很难为情地说了。除了说明"Latin for Secondary Schools"一书具有上述六大优点以外,还说明使用它在学拉丁语的同时还可以巩固和提高英语水平。我们此前已知道卢先生英语很熟练,有英译汉的译著出版,如《伊索的智慧》①。故心里料定他用起来也会较方便。卢先生把书翻了翻,浏览了一下。便问,你们两个觉得怎样。他们便说,赞成我的建议。于是卢先生便爽快地说,好吧,那下次就开始用这本书上课。于是,我们大概从第三次起,便用上了用英语编写正式出版了的精装拉丁语教材。

　　卢先生的虚怀若谷、高风亮节令我很感佩。因为要一

----

① 卢剑波译:《伊索的智慧》,四川人民出版社 1980 年版。

位大学教授授课时放弃自己辛辛苦苦编出来的讲义，改用别人的教材是一件比较别扭的事。换了是谁心里也不好受。但卢先生为弟子们的学业和进步着想，仍马上换过来了。其使用的实际效果良好，给大家都带来了方便。这件事反映了卢先生淡泊名利、从善如流、追求卓越、与人为善的高尚品格。

拉丁语课上了两学期多点，学完了那本书的约三分之二。当时基本上达到了可借助词典阅读简短的拉丁语文献的程度。

二

卢先生的那本拉丁语油印讲义其实是有学术价值的。如果卢先生再努力抓紧一些、或家属们再支持一把、或校系领导再关心一点、或哪家出版社再慧眼一点、或哪个能人再资助一点，是完全可以在出版社正式出版的。而在大学，只有在出版社正式出了书，才算成果；否则，就是油印讲义，不算成果。在我们开始学拉丁语半年多后，中国大陆出了第一本拉丁语教材①，共 500 多页，40 多万字。这本书的性质、特点、价值与卢先生的讲义、汉密尔顿和卡莱尔的《初中拉丁语教程》类似，都是拉丁语的初级和中级教材。只不过它是由出版社正式出版的中文铅印本。到当年下半年 10 月份，我买到一本。当我匆匆翻了翻以后，心中一沉。心想，即便是上述五个"再"出

---

①　肖原编著：《拉丁语基础》，商务印书馆 1983 年版。

现,卢先生的讲义也难以出版了或价值大降了。而我的建议使卢先生的讲义提前结束了使命。我真为它的黯然退场而惋惜。肖原的拉丁语教材买到后①我没对卢先生透露,怕他难过。他后来知不知晓此事我就不清楚了。1985 年夏我硕士毕业留校留系任教。毕业前夕卢先生送我们弟子仨一人一本拉丁语书。他说,刚好有三本同类型的书,才好送你们三个一人一本留作纪念。在送我的那本书的扉页卢先生用钢笔写道:"送张箭同志荣获硕士学位留念,1985 年 7 月 4 日于川大"。还钤上篆字的"卢剑波章"。这本书我一直珍藏着,但一直无暇也无力阅读。这是一本书壳为深蓝色的精装书,近300 页,比小 32 开还小一点点。是公元前 1 世纪古罗马著名诗人昆图斯·贺拉斯·弗拉库斯的诗歌作品集的拉丁语版②,由牛津大学出版社 1901 年出版,1959 年重印。该诗歌选集收有他的多数主要作品,包括长诗《歌集》(*Carminvm*)、短诗《世纪之歌》(*Carmen Saecvlare*)、中篇诗《长短句集》(*Epodon Liber*)、长诗《闲谈集》(*Sermonvm*)、长诗《书札》(*Epistvlarvm*)、诗体形式的理论作品《诗艺》(*Ars Poetica*)③。现在,

---

①　说明一下,这本书直到 2015 年 12 月我才通读细看了一遍,也收获不小。

②　Q.Horati Flacci:*Opera*,Oxford Press,1901,1959.

③　以上作品名的翻译参阅了 Robert Dale Sweeney:"Horace",载 *Encyclopedia of World Biography*,McGraw-Hill Inc.,1973,Vol.5,pp.355-358;石璞:《欧美文学史》上册,四川人民出版社 1980 年版,第 106—107、576—577 页;王焕生:"贺拉斯",载《中国大百科全书·外国文学卷》第 1 卷,中国大百科全书出版社 1982 年版,第 423—424 页。

我的拉丁语水平已下降到第四外语的地步。尽管由于工作需要,我最近又买了一本新式拉丁语教材并加以学习①,但仍无力阅读卢先生的赠书了;只能长期珍藏它,作为永久的纪念。

三

毕业留校任教后,在教学科研实践中我感到,在中国运用拉丁语书籍资料文献研究欧洲古代中世纪史的机会实在是少,一般是偶尔在英语书中夹杂有一段或一句拉丁语。而只能用英语资料感觉面比较窄。于是我很快就开始学习俄语。较早买的一本俄语书便是 1986 年 10 月买的《俄语语音与语调》②。于是,俄语渐渐超越拉丁语成了第二外语,并派上了用场。近十几年来,因为我又搞一些中国古代史和中外农史,于是我又学上了日语,2011 年起就比较认真地学了,也派上了用场。日语也渐渐超越拉丁语成了第三外语。拉丁语水平则渐渐退化。不过,在搞农史的实践中,拉丁语也派上了一点用场。比如,论述一种作物、家畜、家禽的发展传播史,在写它们的学名时就要用上拉丁语。我还写过一些论述语言文化的文章,其中一篇就是论拉丁语的③。这篇文章还被《新华文

---

① 　[奥]雷立柏(Leopold Leeb)编:《简明拉丁语教材》(Cursus Brevis Linguae Latinae),商务印书馆 2010 年版,2014 年重印。

② 　徐振新编:《俄语语音与语调》,商务印书馆 1980 年版 1985 年刷。

③ 　参见张箭:《论拉丁语的盛衰》,《西南民族学院学报》1997 年第 3 期。

摘》论点摘编和《高校文科学报文摘》学术卡片摘编。最近又
写了一篇《试论一种可能比中文简短的成熟发达文字——拉
丁语》,尚在投稿之中。

　　在跟卢先生三年读研和以后六年的来往中,我感觉卢
先生的确具有外语天赋是个外语专家。关于卢先生到底懂
哪些外语、程度怎样,卢先生从未自吹自擂。当时也没有网
络,挂上个"师资力量"介绍,填表填懂哪些外语、程度如何。
但据我观察,卢先生至少有四门外语比较熟练或很熟练,即
世界语、英语、古希腊语、拉丁语。德语、意语也懂,法、西、
葡、俄等外语也懂一些。下面说说具体情况。卢先生是中
国世界语运动的开创者先驱者之一,世界语可以写作和汉
译世;英语方面有几种英译汉译著出版;古希腊语方面,卢
先生曾受教育部研究生司和社科司委托,在我们毕业后,主
办主讲了一届古希腊语学习班,招收了几名来自各高校的
研究生和青年助教,持续了一年。拉丁语方面则给我们讲
了教了一年多点。所以我判断卢先生对它们很熟练或熟
练。关于德语,记得卢先生曾向我们出示过他编的德语基
础教材,也是打字机打印加手工刻写油印的。关于意大利
语,卢先生给我们三个研究生讲了一学期的《中世纪意大利
史》,一周一次,一次三节课,其讲稿便主要是依据几本意大
利语史书编写的。而且我们毕业后卢先生又在家里开办了
一个小班,讲意大利语入门,有几个学生(学员),也持续了
近一年。所以我判断卢先生懂德语意大利语。顺便说说,
他的那本讲稿《中世纪意大利史稿》曾交给四川大学出版社。

20世纪80年代末,历史系(处级单位)领导曾让三个弟子中一个治中世纪意大利史并跟卢先生学了近一年意大利语的弟子帮忙整理。他说现在很忙,以后有空再说。但以后就没有下文了①。所以我希望哪位有兴趣者、有能力者能帮忙整理,哪个单位哪个领导能出资资助、哪家出版社能接手出版。至于法、西、葡、俄等外语,因和卢先生聊天时他偶尔要冒出一两句或一两个单词,所以我判断他懂一些。我的回忆和判断可能有不准确有出入之处,欢迎更知情者补正。不管怎样,卢先生都是位外语专家和有天赋者,这是我辈治世界史的学者望尘莫及的。

卢先生离开我们已经23年了。他的音容笑貌(相貌和气度颇像印度的甘地)永远留在我们心中;他作为中国最早的世界古代史特别是古希腊史的开拓者之一,所开拓的古希腊史研究现在已枝繁叶茂,硕果累累了。但他作为中国最早的也是最重要的世界语运动的开创者之一,所开创的世界语运动现在则比较萎缩、后继乏人、令人担忧(包括我自己都没学过一点世界语)。这是我辈无能为力之事。这只能取决于国家的政策了。比如,国家可将世界语列为第二外语的选项之列,让它成为众多的小语种之一(在中国,英语以外的其他外语都是小语种),在升学和评职称等方面供升学者和申报者选择。唯有如此,卢先生等先贤开创的中国的世界语运动

---

① 据卢先生的大公子卢万仪高工于2014年在川大开的一次世界古代史学术会议上所说,此讲稿后来有打印稿。但我没找着,向卢高工借也没借着,未能一睹芳颜。

才会继续留存。

（原载《第二届"世界古代史研究青年论坛"暨"纪念卢剑
波先生诞辰 110 周年"学术研讨会会议手册》,四川大学历史
文化学院 2014 年 9 月印,2017 年 7 月再修订）

论拉丁语的盛衰

　　拉丁语(Lingua latina)在古代相继是意大利半岛的民族共同语,是地中海世界的罗马帝国的官方语言和通用语言。拉丁语在中世纪是欧洲通用的宗教语言和学术语言。拉丁语在近代初期是欧洲及其全世界殖民地通用的学术、外交语言。拉丁字母是今天全世界最普及的一套字母。一种语言在如此广大的地区和众多的民族、国家中长盛不衰达两千年,这在世界语林中是独一无二的。总结它的悠久历史无疑是饶有裨益、趣味和意义的。本文拟详细地论述拉丁语作为一个渊源深厚、影响巨大的语言体系,它的产生和发展进程,并且深入地考察拉丁语在各个历史时期与各国各民族的密切关系。本文还进一步从历史学、经济、政治、宗教、文化以及民族学的角度探讨拉丁语兴盛一时的原因,及其渐次衰微的戏剧性轨迹。对于拉丁语的历史地位、作用和影响,本文也将做客观而独到的评价。

一、古代地中海世界的通用语

　　拉丁语属印欧语系罗曼斯语族,最初是意大利中部台伯河下游拉丁姆部族的语言。最早的拉丁语文献是公元前 7 世纪的一枚扣衣针上的简短铭文,字母还带有希腊式的特征①。在前 6 世纪的都依诺斯铭文中,已采用从伊特拉斯堪(Etrus-can)字母发展而来的拉丁字母书写了②。伊特拉斯堪字母流行于意大利西北部,源于希腊字母的恰尔茨垫(chalcidian)字体③。拉丁文的排列先是横排从右到左再从左到右交替着书写,前 4 世纪以后才固定为从左到右横排书写④。

相传罗马城于公元前 8 世纪中叶由母狼哺育大的罗慕路斯兄弟所建,但历史学家和考古学家认为罗马建城于前 6 世纪 70 年代。在从罗马建城到前 509 年建立共和国这个"王政时代",罗马部落酋长制国家的势力和拉丁语的使用范围仅限于拉丁姆平原。在从前 509 年至前 3 世纪初的早期共和国时代,罗马开始了大规模的扩张,逐步统一了意大利半岛(波河流域除外),拉丁语也逐渐成了意大利的通用语。接着,罗马通过三次布匿战争,打败并消灭了海上强国迦太基,成为西地中海的霸主。罗马随即向东地中海扩张,前 2 世纪中叶征服希腊本土。到前 2 世纪后期,罗马已成为整个地中海世界的霸主。至公元前 1 世纪末,罗马成了囊括地中海沿岸广大地区的空前庞大的帝国。为适应新的形势和国情,公元前 30 年罗马建立起君主专制。罗马城邦的奴隶主阶级的意大利罗

---

① cf.*The New Encyclopedia Britannica*, micropedia, 1974, 15th edition, Vol.6, p.71.

② cf.*The New Encyclopedia Britannica*, micropedia, Vol.6, p.69.

③ cf.Ibid., Vol.4, p.706.

④ см.《Большая Советская Энциклопедия》, Москва, 1979 годы, Том 4, c.213.

马共和国发展为地中海世界的罗马帝国。到公元 2 世纪初，罗马的扩张达到了顶点。其疆域东起幼发拉底河和黑海南岸、西岸，西迄不列颠岛，北至多瑙河以北的达契亚（今罗马尼亚）和莱茵河流域，南达北非、尼罗河中下游；跨欧、亚、非三大洲，濒印度、大西两大洋；浩瀚的地中海成了罗马名副其实的内湖，黑海也大部分成了罗马的内湖。这个统一的庞大的帝国兴盛了四百多年，到 395 年才分裂为东、西罗马帝国，到 476 年西罗马帝国才灭亡，到 1453 年东罗马帝国才最后灭亡。

从公元前 2 世纪后期到公元 5 世纪后期，拉丁语是西欧、南欧、小亚细亚、北非的官方、行政、司法语言，主要的学术、文学语言，是罗马军队的唯一用语①，是地中海沿岸和黑海西、南岸的世界通用语，罗马人和罗马化的各民族上层和知识分子的民族共同语。拉丁语成为世界通用语的原因窃以为在于，首先是罗马的赫赫军功、征服和统治。其次，以拉丁语为主要载体的罗马文化是地中海世界乃至全世界的先进的、发达的、高水平的文化之一。罗马文化继承了希腊文化的精华和优良传统，在建筑、工程、技术、农学、法学、军事等方面则超过了希腊，因而为各民族中上层和知识分子所仰慕。复次，罗马对非罗马血统的各民族中上层和知识分子也予以拉拢，对政治上臣服者普遍授予罗马公民权，让他们与罗马

---

① 参见汤因比著、索麦维尔节录：《历史研究》下册，曹未风等译，上海人民出版社 1986 年版，第 56 页。

人平等;在被征服地区普遍建立行省,让它们与意大利本土平等。再次,罗马也相对地尊重被征服地区、民族的语言、文字、文化、宗教。例如,对东地中海地区流行的希腊宗教和希腊语文就比较尊重,承认希腊语为与拉丁语并列的官方行政语言①。这些政策赢得了部分各民族中上层和知识分子的好感,促成他们学习、使用拉丁语,逐渐罗马化,融入罗马公民之中。

476 年西罗马帝国灭亡后,西欧的罗马人(包括已罗马化的人)、西欧各地的土著和新入主西欧的蛮族(主要是日耳曼人,也有匈奴人、突厥人等)相互间杂、混血、融合,拉丁语、西欧各地的土著语和蛮语相互影响、融溶,逐渐形成了罗曼斯语族的各语种。6、7 世纪以后,拉丁语在西欧各蛮族国家逐渐脱离了口语,主要在书面使用。而东罗马帝国辖下的东地中海地区原是希腊化世界,希腊语一直是希腊化各民族的共同语和主要的学术、文化、宗教语言之一和官方语言之一。西罗马灭亡后,由于东罗马与西欧蛮族国家争夺地中海世界的霸权,东、西部教会争夺基督教世界的领导权等复杂因素,也由于东罗马的具体国情、语情、族情,拉丁语作为东罗马的官方、行政、司法、学术语言之一的地位也逐渐动摇。在东罗马最有作为的皇帝查士丁尼统治时期,于 6 世纪 20—30 年代编纂了影响西方一千多年的荟萃了罗马法精华的《国法大全》(或称

---

① cf.A.J.Toynbee:*A History of Study*,Oxford University Press,1950s,Vol. 7,p.245.

《民法大全》)。《大全》由四部文献组成,前三部都用拉丁语书写,最后编成的一部《新律》则用希腊语书写①。所以在6世纪以后,拉丁语在东地中海地区也逐渐脱离了口语,并进一步脱离了书面。东罗马帝国这个带有拉丁味的国家也被时人和后人更多地称为带有希腊味的拜占庭帝国。拜占庭是个希腊化国家,拜占庭的国教——基督教的一支东正教把是否在宗教活动中用希腊语作为判断一个人是教友或异教的标志之一。

二、中世纪欧洲的国际通用语

在中世纪,拉丁语是西欧、中欧、南欧一部和北欧广大地区的国际通用语,天主教世界的宗教用语,学术、文化、科学的书面语。这种情况有些类似梵语在脱离了口语之后仍长期充当印度的学术、文学、宗教用语,朝鲜、日本、越南在有了民族文字后仍长期并用汉文,希伯来语在脱离口语后仍长期用作宗教、学术语言(现代才复活回归口语),汉语文言(至晚在隋唐)在脱离口语后仍长期用作官方、学术文体,直至五四运动。欧洲中世纪长期把拉丁语用作书面语的原因我们认为有这么一些。

第一是宗教因素。公元1世纪,在犹太教的基础上,吸收了庸俗化的希腊哲学特别是斯多葛派思想,诞生了基督教。

---

① cf.C.W.Previte-Orton:*The Shorter Cambridge Medieval History*,Cambridge University Press,1951,Vol.1,p.496.

基督教最初是罗马帝国各民族下层阶级的宗教,是他们消极反抗罗马统治的产物,因而受到镇压和迫害。但基督教在神学思想、教会组织、礼节仪式、文化素养等方面都高其他宗教一筹,故其发展后来居上。教会因有大批中上层人士加入而逐渐丧失了被压迫者的宗教的阶级属性,罗马统治者见镇压不成便改为利用、教会也转而与当局合作。4 世纪初基督教合法,4 世纪末基督教成为帝国的国教。最初的基督教主要使用希腊语,1 至 2 世纪成书的基督教主要经典《圣经·新约》便主要用希腊语写成。基督教传开后,各地区的信徒也用当地的语言进行宗教活动。基督教成为罗马帝国的国教后,帝国的官方语言拉丁语也成了教会的语言。西罗马灭亡前,边境地区的日耳曼各蛮族受罗马人影响已在逐渐接受基督教各教派。西罗马灭亡后,入主西欧的蛮族普遍基督教化。由于蛮族的生产力、社会发展阶段、文化水平都比较低,最初没有民族文字或文字不完善,于是在皈依基督教的同时也接受了拉丁语文,以此进行宗教活动。加上教会贵族垄断文化的愚民政策,大力维护拉丁语文在宗教活动中的至尊地位,以防止民众从《圣经》词句中,在神学教义中寻觅有利于反抗斗争的依据。于是拉丁语文长期成为宗教活动中的神圣语文。4 世纪初译成的《通俗拉丁文本圣经》(Scriptura Vulgata)成了长期通用的法定文本圣经。而中世纪的欧洲又是一个全民信教的世界和时代。到中世纪晚期,在宗教活动中是用拉丁语或是用民族语还成了新旧教争端和宗教改革与反改革的一个斗争内容。

第二，欧洲中世纪没有近代意义上的民族，而只有部族；没有统一的、独立的、主权的国家，只有领地的总合；也没有相应的民族意识、国家观念，而只有城邦、封国、地方观念，自治、教派、等级意识。王室、公侯间的联姻，王位、公侯伯子男位的跨国跨族继承，领地的易主、分割，领土的转让，变换隶属的王朝，是屡见不鲜的。所以也没有用民族语文取代拉丁语文的强烈要求。

第三，中世纪初期还没有成熟的民族文字，而拉丁语文既完善又是较高水平的罗马文化的主要载体。拉丁语故而自然被入主的蛮族所接受，也自然为罗马的遗老遗少偏爱、眷恋。而一旦被接受下来，又产生了巨大的惯性，使人们迟迟不愿把它束之高阁。

第四，昔日罗马帝国的强盛，在整个中世纪都犹有余威，令那些有雄心有野心的君主们景仰拜倒，并时时以罗马的继承者自居。中世纪时期除了在小亚和希腊的东罗马帝国外，其荦荦大端还有：公元 800 年法兰克君主查理大帝建立的加洛林王朝的罗马帝国，10 世纪德意志君主奥托一世建立的神圣罗马帝国（该帝国竟延续到近代），12 — 13 世纪突厥人在小亚建立的鲁姆（Рум）苏丹国即罗马（Рим）伊斯兰王国，13 世纪十字军东侵在拜占庭的巴尔干、希腊地区建立的拉丁帝国；13 世纪法国君主腓力二世的尊号为奥古斯都，俄国沙皇的"沙"便出自恺撒大帝的"撒"（沙皇 Царь、恺撒 Цезарь）；中世纪近代的德国皇帝、近代的奥匈皇帝均称 kaiser，也都源自恺撒；甚至近代的拿破仑还把他的儿子和继承人封为"罗马之王"①。第二次世界大战结束前的保加利亚君主也自认为是恺撒的传人而称沙皇。所以他们也以使用并鼓励使用拉丁语自诩。

第五，欧洲各国各族各地地狭人少，经济互补性大，文化依赖性、亲缘性强，彼此发展商贸联系、进行文化交流的要求比较迫切。这就也需要一种媒介语，而选择拉丁语比较切实可行合适。

进入中世纪以后，虽然拉丁语逐渐脱离了口语，但它仍在发展和丰富。最明显的表现之一便是：8世纪末9世纪初，在查理曼大帝统治下的法兰克王国（后发展为帝国）掀起了加洛林王朝的文艺复兴。在英国教士阿尔昆的支持和总结下，以前只有大写字母的拉丁文开始有了新创制的小写字母，以前行文时词与词挤在一起现在开始隔开②，标点符号也逐渐开始使用。

到了中世纪晚期，随着资本主义的萌芽，近代民族的形成，独立、主权、统一国家的出现，民族意识才逐渐萌发，民族觉悟日益增强，用民族语文写作的作品便越来越多，拉丁文的地位受到冲击。16世纪初至17世纪初，西欧又发生了宗教改革运动。运动的一个重要内容便是用民族语文翻译、出版《圣经》和其他基督教神学著作，在宗教活动中使用民族语言。但在推广民族语文的大潮中，也有崇尚拉丁语文的回流。

----

① 参见汤因比著、索麦维尔节录：《历史研究》，下册第296页。
② 参见布尔斯廷：《发现者》，集体译，上海译文出版社1995年版，第705—708页。

14 世纪初至 17 世纪初,西欧还进行了文艺复兴和人文主义运动。运动的一个重要内容便是推崇、学习、使用希腊、拉丁、希伯来等古典语言。这样,拉丁语的流行范围还扩展到东欧。其间,大作家但丁、彼脱拉克、薄伽丘的部分作品便是用拉丁语写的;莫尔的《乌托邦》、弗·培根的《新工具》、伊拉斯莫的《愚颂》、布鲁诺的《论无限性、宇宙及诸世界》、康帕内拉的《太阳城》、哥白尼的《天体运行论》等名著,都是用拉丁语写的。不过,文艺复兴和人文主义运动仅限于知识界和上流社会,而宗教改革运动则从社会最上层普及深入到社会最下层。故在语言文字方面,复古的回流已不能挡住民族主义的大潮,民族语言排挤拉丁语的势头已不可逆转。

中世纪时期拉丁语成为西欧乃至全欧洲的书面通用语有着积极的作用和意义。首先在语言文字林立,每一种民族语文的使用人数和流行地域都非常有限的西欧和欧洲(到 16 世纪,操英语的人才几百万,操法语的人仅一千数百万,操德语的人仅两千万),拉丁语促进了各国、各地区、各族、各方言区居民的文化、科技、教育、宗教交流。例如在探讨神学问题中发展了哲学;同样一部著作若用拉丁语写作便流传广,影响大;又如中世纪中期兴起的大学普遍用拉丁语教学和研究,面向西欧乃至全欧招生。学生之间课余也只允许用拉丁语交流①。其二,拉丁语也便利了欧洲各国各地区经济上、物资上

---

①　参见布尔斯廷:《发现者》,集体译,上海译文出版社 1995 年版,第 697 页。

交往、贸易、互通有无、互补。例如中世纪中期形成的南欧的
地中海商贸区,又如同时期形成的北欧的北海、波罗的海商贸
区。其三,拉丁语还联系了西欧乃至欧洲团结对外。这方面
既有邪恶的远侵,如 11—13 世纪的十字军东征;也有正义的
抵御外侮,如 3—11 世纪抵御诺曼海盗的斗争;8—15 世纪的
抵抗阿拉伯—穆斯林的入侵,恢复伊比利亚半岛失地的运动;
14—17 世纪的反击奥斯曼土耳其的侵略、征服东南欧、威胁
西欧的战争。须知土耳其甚至于 1529 年和 1683 年两次围攻
欧洲腹心城市维也纳①。可以说,今天的欧共体、欧洲联盟,
未来的设想中的欧罗巴合众国(The United States of Europe)
在中世纪便出现了滥觞,有历史、文化、民族、宗教、语言的深
厚基础。而拉丁语便是其中的一种凝聚剂和联系的纽带。

三、近代初期全世界的书面语

在资本主义萌芽蒸蒸日上和发展的大气候下,15 世纪末
至 17 世纪末发生和进行了地理大发现。西班牙人发现了中
美洲、南美洲、太平洋,进行了环球航行,开辟了亚洲—美洲间
的新航路;葡萄牙人发现了西南非洲、东南非洲,开辟了到印
度洋、太平洋的新航路;荷兰人发现了澳大利亚—大洋洲;英
国人、法国人发现了北美洲;俄国人发现了亚洲北部、北冰洋,
开辟了北冰洋新航路。经过地理大发现,一切有人居住的大
陆,一切可以航行的海洋(只要不封冻)都连接起来,由此形

---

① 参见汤因比著、索麦维尔节录:《历史研究》中册,第 327 页。

成了全球性的航线,开始了真正的世界历史的发展。西、葡、
荷、英、法、俄是地理发现的主角,也是随之而来的海陆扩张、
殖民掠夺的急先锋。结果之一是形成了西班牙、法兰西、不列
颠这三个全球性的日不落帝国,一个横跨欧、亚、美的俄国和
葡萄牙、荷兰这两个在亚、非、美、澳广有殖民地的殖民大国。
而近代初期这些殖民大国的知识界还在使用拉丁语,所以拉
丁语成了全世界知识界的共同书面语和外交用语。欧洲首场
大规模的国际性战争,三十年战争有十几个国家参战或插手。
1648年结束战争的威斯特伐利亚和约便用拉丁语书写,并以
拉丁文本为正式文本①。英国大诗人弥尔顿因精通拉丁文而
应邀在克伦威尔的革命政府里当秘书,负责外交方面的拉丁
语公文和信函②。由于传统习惯、便于学术交流、自矜、风雅等
因素(如同今天中国还有人爱用繁体字,写半文半白的文体),
近代初期还有一批大科学家、大思想家、大哲学家、大教育家仍
用拉丁语写作。其中最著名的有笛卡尔(法,1596—1650)、伽
桑狄(法,1592—1655)、夸美纽斯(捷、1592—1670)、弥尔顿
(英,1608—1674)、斯宾诺莎(荷,1632—1677)、牛顿(英,
1642—1727)、罗蒙诺索夫(俄,1711—1765)③。林耐(瑞典,
1707—1778)的主要植物学著作,马克思(德,1818—1883)的

① cf.Gerhard Benecke:*Germany in the Thirty Years War*,London,Edward Arnold ltd.,1978,p.17.

② cf.*The New Encyclopedia Britannica*,macropedia,Vol.12,p.207.

③ см.《Большая Советская Энциклопедия》,Москва,1979 годы,Том 14,c.214.

博士论文,巴甫洛夫(俄,1849—1936)的部分生理学著作,也是用拉丁语写的①。尽管如此,民族语文排挤、取代拉丁语已是大势所趋,拉丁语在近代初期充当全世界知识界的书面语只是回光返照。到18世纪中叶,拉丁语基本上退出了欧洲和全世界的科学、文化、外交舞台和一部分宗教布道坛,而只保留在坚持天主教信仰的西欧国家的宗教活动中。使用了2400多年的拉丁文,充当了地中海世界通用语达七个世纪的拉丁语,用作欧洲书面语达1200多年的拉丁语终于完成了自己的历史使命。虽然在个别国家和地区,它被继续使用到19世纪中叶。例如,拉丁语在匈牙利政府和国会便一直使用到1840年②。又如到19世纪60年代,波兰知识界仍把拉丁语用作对外交际的媒介语③。

四、拉丁语的遗产

长期充当世界大片地区的通用语、世界先进地区的书面语的结果,特别是这个地区及其派生地区(北美、澳洲)近现代以来一直执世界之牛耳,在科技、经济、军事、文化等方面领先全球,拉丁语便给今天的人类留下了丰富的遗产。其一,因近代的西、法、英三个日不落帝国,葡、荷两个殖民大国,现、当代的头号超级大国美国的民族语言都用拉丁字母书写,拉丁

---

① 参见肖原:《拉丁语基础》,商务印书馆1983年版,第2页。

② 参见汤因比著、索麦维尔节录:《历史研究》中册,第287页。

③ cf.A.J.Toynbee:*A History of Study*,Oxford University Press,1950s,Vol. 5,p.496.

字母(或称罗马字母)经它们传播成为全世界使用最广泛的一套字母。拉丁字母本身的优点也是一个小因素：形体简单清楚，便于认读书写，所记音值多样，表音功能较全。近代以来，拉丁字母一直在持续扩展流行地域，排挤其他字母系统和文字系统。近现代以来，采用拉丁字母的大、中语种就有：菲律宾的他加禄语放弃民族字母改用拉丁字母①；原使用汉字和仿汉字的越南放弃方块字，改用拉丁字母书写越语；1860年罗马尼亚语放弃斯拉夫字母改用拉丁字母②；阿尔巴尼亚语于1909年放弃本地字母改用拉丁字母③。原使用阿拉伯字母的爪哇语、马来语、印尼语、土耳其语、豪萨语(西非)、斯瓦希里语(东非和中非)，弗拉尼语(西非)等也陆续改用了拉丁字母。连历史悠久、人口众多、科技经济文化发达的德国也在"二战"前后放弃了传统的哥特式的弗拉克图花体字(Fraktur Script)，改用拉丁字母书写德语④。中国的汉语拼音和部分少数民族文字也采用了拉丁字母。自古以来一直崇尚中华文化的日本也制定了日语罗马字方案，使之成为继假名、汉字以后的第三种日语书面形式和拼音工具。例如"日本"一词日文也写作"日本"，读作にほん；英语为 Japan，日语罗马字为 Nippon。作为小乘佛教经堂语言的巴利语在印度以

① 参见《中国大百科全书·语言文字卷》，中国大百科全书出版社1988年版，第380页。

② 参见肯尼迪·卡兹纳：《世界的语言》，北京出版社1980年版，第101页。

③ cf.*The New Encyclopedia Britannica*,macropedia,Vol.1,p.422.

④ 参见肯尼迪·卡兹纳：《世界的语言》，第79页。

外的佛教国家也放弃了印度字母采用了拉丁字母①。此外，世界语（Esperanto）、西方语（Occidental）、交际语（Interlingua）等人造国际辅助语言也都采用拉丁字母。可以预料，拉丁字母的使用范围还会扩大。

拉丁语给人类留下的第二项遗产便是，今日，拉丁语还在医学、动物学、植物学、生理学、化学、天文学等学科的一定范围内使用。1895 年世界医药卫生组织决定，以拉丁语为医药界的国际通用语。今天，正规处方还是以拉丁语书写②。化学元素符号也使用拉丁语，如银—Ag—silver（英）。拉丁语还在天主教国家的宗教活动中有限地使用，拉丁语作为天主教会的正式语言的地位直到 1963 年才告结束③。这是因为拉丁语早已脱离了口语，不再变化，故用它来标记众多的专业词汇、术语使书面和语音形式都固定，不会引起歧义。

拉丁语还给人类留下了第三项遗产。意、法、西、葡、罗马尼亚等罗曼斯语族的大、中语种，甚至英、德、荷、瑞典等日耳曼语族的大、中语种都继承了大量的拉丁语词汇。拉丁语的一些词汇、略语成了欧美语言的通用略语。如 A.D.（公元），a.m.（上午），cf.（对照），app.（附录），etc.（等等），ibid.（同上），i.e.（即是），p.m.（下午），p.s.（附言），等等。拉丁语的罗马数字则在全世界的钟表、出版等行业中广泛使用。

---

① 参见《中国大百科全书·语言文字卷》，第 12 页。

② 参见肖原：《拉丁语基础》，第 3 页。

③ 参见《中国大百科全书·语言文字卷》，第 249 页。

当然,随着科技的进步和社会的发展,拉丁语的使用范围还会缩小乃至消失,被英语、汉语、西班牙语、法语、俄语、日语、印地语、阿拉伯语等大的民族语言完全排挤掉。即使如此,两千多年来拉丁语对人类文明的贡献仍功不可没,并已积淀在欧美各民族文化的基因库中,成为文明继续发展的因子之一。

（原载《西南民族学院学报(哲学社会科学版)》1997 年第 3 期,2016 年 10 月修订）

埃及金字塔模型制作陈辞

　　滔滔的尼罗河,巍巍的金字塔,不朽的木乃伊,传神的象形文,得天独厚的纸草,雄伟的阿蒙神庙,栩栩如生的狮身人面雕像,匠心独运的"法老苏伊士运河"……这一切构成了世界上最古老的人类文明之一——古埃及文明,留下了无数司芬克斯之谜,吸引着全世界的游客和研究者。遗憾的是,古埃及文明的瑰宝现在大多或湮灭无闻,或废弃不用,成为陈迹。所幸的是,唯有金字塔(及其附属物狮身人面雕像和木乃伊)仍完好无损,巍然耸立,投洒下美丽的身影,保持着迷人的魅力。——题记

　　张箭(简称箭)　我写过《金字塔研究的几个问题——兼论金字塔与〈山海经〉有何关系》一文(载《重庆师范大学学报》2004年第2期),又在给本科生讲世界古代中世纪史。讲世界古代史必然要讲古代埃及史,必然要讲金字塔。为了便于教学,增加直观性,活跃课堂气氛,我想制作一个金字塔模型。我本可以用菜刀把萝卜、苹果等几刀切成金字塔模型,但我又想借此机会培养我读初中的女儿对历史的兴趣,对文科的爱好,锻炼她的动手能力和劳动习惯(她有点重理轻文,爱动脑懒动手,文科成绩稍逊一点;小制作也是一种劳动)。我

决定把制作金字塔模型的工作交给她完成。

　　众所周知,埃及金字塔是一种底面为正方形,立面为三角形的四棱锥体(四面角锥体),它的剖面侧视图是一个等腰三角形△。查了查我所懂的中、英、俄、日语的有关历史书和建筑书,皆只介绍胡夫、哈夫勒等大金塔底边有多长,底面积有多大,塔有多高,内部结构如何,用了多少石料,每块石料有多重,耗了多少工等。但都缺了一个重要的内容,即该等腰三角形的夹角是多少度△? 其他专门论述金字塔的著作也付阙如(如任刚著:《金字塔:神圣王陵的谜与典》,世界知识出版社 2004 年版;吴德成:《金字塔之谜》,世界知识出版社 1986 年版)。缺此角度则无法制作模型,或做出来不像。于是我用量角器反复测量各种书上的金字塔照片和线图,测出它的夹角约为 52 度。这样,我至少在中国史学界第一次测定了大金字塔的夹角角度。于是,我把制作一个夹角为 52 度的纸板(或硬壳纸)金字塔模型的任务交给了女儿。

附图 1

附图 3

张庭兰(简称兰)　接受了爸爸交给的制作金字塔模型的任务后,我利用食品包装盒、鞋子包装盒、衣服包装盒这些废旧物品作材料,用作纸板(或硬壳纸)。在纸板上画了一个金字塔的五面展开图,即一个金字塔的正方形底面与四个等腰三角形侧面连在一起的图形,其等腰三角形的夹角为52度(见附图2)。心想把四个等腰三角形折起合拢,再粘贴固定,便大功告成了。谁知一折起合拢,模型金字塔又矮又趴,不似不像。原来,等腰三角形侧面折起后不是垂直的,而是倾斜的,否则便不能合拢,不是金字塔。但一倾斜金字塔便矮了。我暂时一筹莫展,便向爸爸请教。

箭　碰到这个难题后,我经过思考,发现我在下达任务时疏漏了一个重要的制作指标或标准,即金字塔的底边长与金字塔塔高之间的比例,我简称为比高。于是我根据众多书上所说的金字塔的尺寸(底边长230.6米,塔原高146.4米,现高137米),根据我所测量出的金字塔的夹角为52度,计算出测量出大金字塔的比高为:底边比高 = 1.57 : 1,即当金字塔的底边为1.57时,塔高为1。这样,我在史学界还第一次算出了测出了大金字塔的比高(中国此前没有,如前面提到的任刚、吴德成的专门著作等。我查过的英、俄、日语的有关文献也没有,故我很可能还在世界史学界首次算出测出其比高)。

同时我想出了两个解决问题的办法:一是在纸上先试做放样,把纸剪成这样的形状:◇,逐步增大侧面外的那个大三角形顶角的角度(见附图2),反复试验,一直使它达到夹角为52度,比高为1.57∶1这个要求为止。二是通过计算进行放样,待确定了大三角形的角度尺寸后,再试验,一次性或两次性做成。因为比高与外侧面大三角形的角度尺寸之间,或者大三角形与比高之间存在一个函数关系。我清楚以我保留在头脑中的数学知识和计算能力,是不能胜任的,所以我建议女儿可向她的数学老师请教。

兰　获悉爸爸提供的新的金字塔数据和两个解决方案后,我因矜持,不好意思向我的数学老师请教。同时我也感到,以我现在的数学程度,恐怕一时也消化不了老师的讲解和阐释。至于反复剪纸放样试验,虽现实可行,但又觉得麻烦。到底该怎么办呢,我冥思苦想,搜索枯肠。蓦然,一个想法蹦上心头:不就是既要符合比高又要符合夹角吗? 如果我先做一个托架,在底座上固定下塔高,再做侧面,不就容易得多简单得多方便得多了吗? 一想到利用托架定高,心中便豁然开朗。于是我先用硬壳纸(或纸板)剪下两个一样大的等腰三角形。使该等腰三角形的高等同于符合1.57∶1这个比例的塔高,再使它们成十字交叉,做成一个四面角锥体或四棱锥体的托架或曰骨架,然后把它竖立固定在正方形底座(底板)的中心上(见附图1)。我又想起了平时用圆规直尺作图的一些情形。便把圆规当作卡钳,用一支脚卡住塔顶,另一支脚卡住正方形底面的一个顶点,然后量出了塔顶与底面顶点之间的距离。我运用我已掌握的平面几何和立体几何知识推论,这个距离自然等于金字塔这个四棱锥体的棱长;金字塔也可被视为一个四面角锥体,其中任何一个侧面都是一个等腰三角形。而那个距离自然也是这个等腰三角形的腰长。于是,我根据在托架上试做量算推论获得的正确数据,在一张硬壳纸(薄纸板)上画样下料,剪下一个新的◇形。为了把模型做得好一些,牢固一些,我还在那四个三角形的一条斜边旁预留了折叠粘贴的边缘,如△。最后把四个等腰三角形折起来合拢,把预留的边缘折叠粘牢在另一个三角形平面上。一个金字塔模型便慢慢成型了。但在粘最后一个边时,又遇到了麻烦,总是粘不稳。倘用力粘,便可能导致一个三角形平面凹陷。我暂时无计可施,便向爸爸请教。

箭 见胜利在望,心里有些高兴。我想了想便提出,能否把预留的粘贴边缘夹在插在粘在三角形平面的里面,而不像其他三个边缘那样粘在外面。利用折叠的边缘自然要弹开的张力,顶住三角形平面。那样便既可粘得牢,又可避免三角形平面的塌陷。

兰 爸爸的设想和我朦胧中的想法不谋而合(因我也一直在琢磨)。我便用两面胶先粘贴在边缘上,然后把它塞进另一个三角形平面,稍稍按了按抚了抚,便贴牢固定了,效果颇好(见附图3)。金字塔做成后,我又对照照片上的金字塔

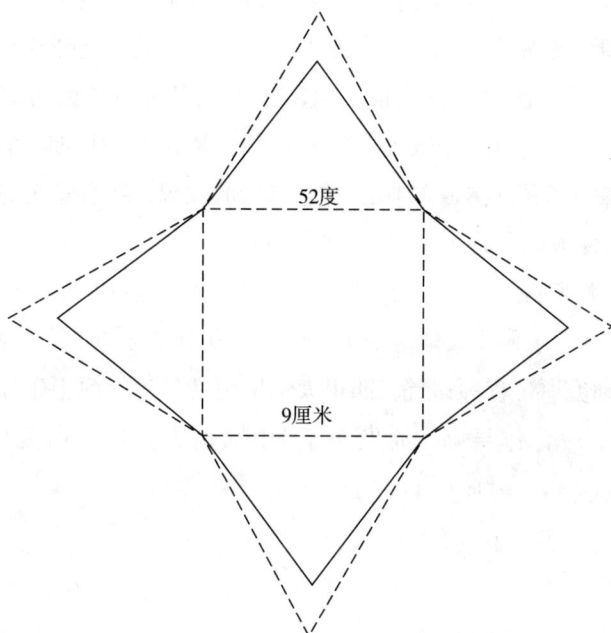

放样图
　　说明：虚线正方形为金字塔底面，实线三角形为夹角为52度的错
误的金字塔侧面；虚线三角形为实验中的金字塔侧面。逐步加大
虚线三角形顶角的角度，便可达到规定的要求。做成的金字塔模
型底边为9厘米。

附图 2

的颜色,用彩色铅笔给模型着色。因有的铅笔颜色稍深,有的
铅笔颜色又稍浅,我便用两支不同颜色的铅笔交叉混合着色。
着出来的颜色与真的金字塔的颜色几乎一样。看到自己的设
计、制作终于成功。深锁了好几天的眉头终于舒展开了。我
尝到了成功的滋味,心中油然喜悦。

　　金字塔模型在本科教学中起到了较好的作用,烘托了课

堂气氛,调动了学生的学习积极性;同时也培养了孩子对历史的兴趣,锻炼了孩子的动手能力,激发了孩子的独创精神和意识。通过这次尝试,我(箭)还感到,制作各种重要的历史文物的模型是搞好历史教学,促进大中学生学好历史的一个有效的辅助手段;在制作中也自然会碰到、发现一些有意义的问题,促使人们去认识、解决这些问题。

（作者:张庭兰,原为四川大学附属实验中学初中二年级学生,后为电子科技大学电子工程学院本科和硕士,现为驻蓉某番号研究所工程师;张箭,四川大学历史文化学院博士生导师暨博士后合作导师。原发布于"中国世界古代史研究网"(cawhi.com),2008 年 11 月。）

中西中古高等教育史比较研究的佳作

——《宋代书院与欧洲中世纪大学之比较研究》读后

河燕同志的史学博士学位论文《宋代书院与欧洲中世纪大学之比较研究》即将由权威的人民出版社刊行，索序于我。因我是她的博士（生）导师，责无旁贷，故写下这些文字。她大概是我迄今已带出的九位博士中，第一个出版个人学术专著的，第一个请我作序的，也是我第一次为人出书作序，由此构成至少上述三个"第一"——我想这在她的和我的个人学术史上都是值得记下的一笔。

一

河燕同志的博士论文—专著全书分绪论、宋代书院与欧洲中世纪大学产生的背景之比较、宋代书院与欧洲中世纪大学兴起之比较、宋代书院与欧洲中世纪大学师生之比较、宋代书院与欧洲中世纪大学课程内容之比较、宋代书院与欧洲中世纪大学教学方式、方法及考核之比较、宋代书院与欧洲中世纪大学经费收支之比较共七章（七大板块），进行论述、研究和探讨。给人展现了我国宋代书院与欧洲中世纪大学的全景画。纵观细览全书，感觉其优点较多并突出，优势明显，品质优良。

　　首先就是选题较佳。河燕博士是教育学学士和硕士,她甫一入学我们就不止一次地商讨其博士论文的选题。结合她的具体情况,曾设想可试做"欧洲大学制度传入中国及对中国近现代大学的影响"或类似的选题。河燕博士摸了摸,第二学期伊始就独立提出了做现在这个选题。我感觉这个选题比一起讨论过的选题更好,便欣然同意。这是因为关于中国书院史包括宋代书院史的学术成果已不少了,关于欧洲大学史包括中世纪大学史的学术成果也已有了(包括专著、教材、博士论文、单篇论文等),但在汉语文化圈(包括台港澳门新加坡等)尚无这样一本中西比较研究的专著或博士论文,而学术研究的发展又需要有这样一本著作。

　　选题较好不等于做得好,因为在学术研究的实践中,有选题好做得好的,亦有选题好做得不好的,还有选题不太好但做得较好的,也还有选题不太好做得也不太好的,等等,总之情况多样。而河燕同志的博士论文则属选题较好做得很好的那种。具体说来有这么一些。

　　第一,篇幅浩大,达卅几万字。这在史学博士论文乃至文科博士论文中都是比较突出的。目前对于文科博士论文的篇幅,上面(国务院学位委员会、教育部及其研究生司、学校、学院)并没有一个指导意见,而一般的行情是廿几万字。少的则只有十几万十来万字(这显然偏少,价值有限——除非系极专僻的方向,如中西古文字等)。篇幅大便必然其内容丰富深入细致透彻,因为一般不可能重复更不可能有较多的重复;也必然工作量大,完成学业更加劳乏。篇幅(字数)也是衡量任何一项哲学社会科学人文科学(简称文科)研究成果和专家学者的重要标准之一。譬如人们常见一些社会科学家在自我介绍中讲个人著述达多少万字。而衡量理工(农医)科研究成果和专家学者的标准中一般没有篇幅和字数。比如中国的火箭导弹之父钱学森、激光照排之父王选、杂交水稻之父袁隆平、肝脏移植之父吴孟超,等等,人们一般不去评说这些著名科学家有多少字的著述,他们一般也不自诩有多少字的著述。

第二,参考征引资料文献宏富。作者参考了大量古今中英日语原始和研究资料文献著述,论据充分有论有史,展示了自己的学术功力和造诣,打破了中西比较研究和世界史研究方面英语几乎一统天下的单调局面。我对我的博士生的要求之一便是,凡做中西交通比较交流关系方面选题的,可以没有第二外语文献;凡做纯世界史或以世界史为主的选题的,应有第二外语文献并要予以验证。这是因为搞中西的,就要熟稔古汉语、古籍、中国古代史等,这也是一套比较专门的学问。河燕博士舍易就难,知难而上,掌握参考征引了一些日语文献,从而开阔了视野,吸取了东西方的一些最新研究成果,使该论文—专著上了一个台阶。

第三,坚持马列主义的指导和统驭,具体表现为征引了一些经典作家的论述,并恰到好处。彰显了一个社会主义国家马克思主义历史学者和一项史学成果的特色和风采。一段时期以来,征引中国古代历史名人的、西方历史名人的有关论述被认为有学问,征引中国近现代史上的名人的有关论述也被认为有学问,征引马克思主义经典作家的有关论述则被认为没有什么学问或至少是学问不大了。如同毛泽东所说:一个时期以来,"在一些人的眼中,⋯⋯好像马克思主义行时了一阵,现在就不那么行时了"(《关于正确处理人民内部矛盾的问题》)。但我越来越认为她至少是百花齐放中最芬芳的一朵奇葩,百家争鸣中最博大的一家,是放之四海而皆准的。所以在坚持和推进中国的马克思主义史学研究方面我愿与河燕同志共勉。

第四,该书行文流畅,文字简洁,标点正规。古人云:"言之无文,行之不远"。作为文科专著特别是其中人文科学的专著(有学者细分文科把文史哲教艺等归为人文科学,把政经法管外国问题等归为社会科学),这一点比自然科学技术专著甚至比其他社会科学专著更为重要。当前受外语特别是英语的冲击,国人的汉语水平普遍下降。在科技类著作甚至在文科著作中,欧式句子、病句、错别字、网络词语、不正规的标点、外语字母词等时隐时现甚至不少,多少损害了祖国语言文字的优美丰富科学健康,不利于弘扬优秀的民族传统文化。河燕博士的这本专著在语言文字方面亦为上乘。

第四,格式统一规范注释完整周详。现在有的专著,同一本书内注释的格式也不统一(如脚注、夹注、尾注、夹尾结合注等混合),这显系作者或编辑不愿再花精力把它统一和作者有几位所致。书中征引之英语论著,均译出了书名或论文题目等。这样既给不懂英语的读者提供了方便,也给懂英语的学者呈上了可检验评判的样本。因为就是译一句短短的书名或论文标题，有时也能看出作者的翻译水平。目前许多文科学术论著征引外语论著不译书名和文名，以省力或省篇幅。窃以为最好至少译一次，以方便读者学者编辑等。还有的学术论著征引外语论著只列中译文，不列外语原文。这样更不好，因为那样的话读者便无法检索查证予以利用。

第五，该书架构、谋篇布局、章节目子（我给第四级小标题暂取的名）设置合理、周详、呼应、融为一个有机整体。这在我前面介绍的各章题目中就可感到（如背景、兴起、师生、课程内容、教学方式方法及考核、经费收支等的比较），兹不赘述。

第六，图文并茂。中国古代修史有左图右史的传统。郑樵《通志》有云："古之学者为学有要，置图于左，置书于右"。至迟明刻本的元杂剧和明清小说就有了绣像的特色。该书继承和发扬了这一优良传统，花了一些精力配上了一些必要的图片图画地图等，给读者以欣赏的机会和判读的愉悦，增添了一些兴味。

二

第七，也是最为重要的，书中的创新、推进、贡献颇多较大，可谓俯拾皆是。该书对已有不少研究的中国宋代书院史仍挖掘出一些新意。比如，书中指出，印刷术和印刷书籍的出现，使得阅读、自学、领会成为书院的主要教学形式（初稿第19页、220-221页，下同）。我以为这方面中西有相似相通之处。中国造纸术和印刷术的发明极大地推进了文化和文明；欧洲对中国造纸术的吸收及独立发明欧式活字印刷术使文艺复兴宗教改革等思想解放和文化复兴运动得以兴起和成功。书中点到，在佛寺道观的刺激下，儒家的书院也应运而生（第25页、31页）。窃以为这一点颇为重要。因为佛寺要（组织）写经、译经、刻经、读经等，道观也要（组织）编写道教经典等，都兼有一些学术文化机构的性质和作用。而儒家的文庙（孔庙）、城隍庙等则一般不（组织）编写儒家经典等。所以传承和发展儒家思想和学术的重任便历史性地落在了书院身上。故刘说搔到了痒处。书中评论道：北宋实行冗兵冗将冗员，造成财政困难，促使民办民运书院产生和发展（第49页）。这是一个不大被人注意的问题。现在由她又掘出一些新意。她辨明一些书院生徒无意于科举仕进（第183页），这很新颖。因为中国学界一般都受吴敬梓《儒林外史》影响，多以为隋唐以来的读书人都迷恋于科场中举仕进。书中对书院考试的起源进行了梳理（第229页）。引《唐六典》卷九《中书省》："月中则进课于内，岁终则考最于外"。指出这是中国书院考试的最早记载。考试成为书院的一种制度，则是宋代的事情（成稿第233页）。堪为考镜源流。该书归纳出书院抚养教育的宗旨是先贤后嗣，以尽孝道（第265页）。这就比较细致。因为孝是儒家主要的核心价值观之一，俗话说，百善孝为先。也是我们今天要传承的优良传统之一。

　　书中定性说，欧洲中世纪大学最初只是行会制度下的一种新的行会组织（第31页）；并强调，大学、教会、教育互相紧密联系(第32页);提出,教俗冲突、小国林立、有利于大学的形成、发展和自治(第45页)。教权俗权争斗,竞相拉拢大学,大学得以较快发展(第50页)。这些皆为的论。后一点尤为重要,因那正是西欧封建社会的重要特点之一,在中世纪的西欧基本上不存在中国那样的大一统一元化的中央集权的封建专制统治。而小小的邦国如公国伯国子爵领地和自治城市等也需要办高等教育培养自己的专业人才,如同今日之"亚洲四小龙"和欧洲小国;权力多元分散则有助于大学自治。权力的争斗则必然碰撞出空间、造成间隙,有利于大学发展。书中把欧洲中世纪大学的类型划分得全面和完整,认为:从产生类型上,可分为母大学、派生型大学和新建大学;从隶属关系和性质上可分为教会大学、国立大学及公立大学;从管理模式上可分为学生型大学、教师型大学及混合管理型大学(成稿第90页以降)。若没有对欧洲中世纪大学全面深入的了解,没有自己的积极思考和主观能动,是不可能把类型分得如此科学、细致、圆满的。书中考出有的大学有的时期由学生掌权(第103页),十分新鲜。书中讨论教皇教会对大学的重视和支持(初稿第125页),较为得当。书中对大学的学科分析很深,如讲明法学科又分为民法教会法两个教授会(第146页)。书中考证中世纪有的大学有时候有几个校长(非副校长,第147页),总结出中世纪大学其校长任期较短权力较小的特点(第148页)。这些大概也是西欧传统政治军事生活特点在教育和大学体制上的反映和折射吧。比如,古希腊有的一个王国就有两个国王(巴赛勒斯,βασιλευσ),如斯巴达;

有的一个共和国有几个执政官（ΑρΧων），后来又有十个将军（Στρατεγοσ，十将军委员会），如雅典；古罗马共和国时代有两个执政官（consul），几个保民官（tribuni）。这些军政首脑的任期便短，权力也相对较小。古罗马帝国时代后期戴克里先时代甚至有四个皇帝，即两个正帝（奥古斯都，Augustus）、两个副帝（恺撒，Caesar），有点匪夷所思。但总体来说都呈贵族寡头政治的特点。

对经济关系和情况的研究是该书的最有创新创意的部分之一。该书分辨出大学内教士教师不向学生收（学）费，俗人教师要向学生收（学）费的明显差别（第149页）；考察了大学教师内部的收入差异和经济状况悬殊的具体情况（第153页），很有新意。由此想到今天国内大学也是如此：一个助教、讲师的实际收入可能只及院士、"千人计划"教授实际收入的十分之一甚至十几分之一。该书揭示，虽然西欧中世纪社会等级繁复森严，但大学内部师生员工却比较平等自由民主（第156页），这比较深刻。这个优良传统也影响和传到了今天中国大学身上。前面提到大学教师内部的收入比较悬殊，但在学术和人事上却是比较平等自由民主的。助教、讲师也可以写文章与院士、"千人计划"教授争鸣商榷（如果确有可争鸣商榷之处），互相也不存在上下级关系。

书中所讲新生入学要举行宣誓（第161页），很新颖。书中总结出，当市场物价低时，注册入学的大学生就多；当市场物价高时，注册入学的大学生就少（第165页）。十分精彩。因为物价低时中低层的人也可能交得上学费，反之亦反。书中提到,大学教师保护学生如同领主罩着封臣(第172页),比喻恰当。因为中世纪西欧的层层分封制和行会制的共性便是如斯。书中爬梳出,不少大学教师为了保住收入便不开罪学生放宽要求(第283页),比较深刻。而且与今天大学教师的心态相通。

除了对欧洲中世纪大学作为一个模式有整体中观研究,书中还有个案般的微观研究。比如该书考出,意大利博洛尼亚大学因为收费贵,导致学生人数下降,有的穷学生便跑到别处读收费便宜一些的大学,拿学位。这就在注重共性的同时有了个性。

比较研究也是该书最为出彩的部分之一。书中比较总结出,中国宋代书院在经济上是书院养生徒,而中世纪欧洲大学则是学生养大学(第281页)并加以举例和论证,很有说服力。

学术研究专著读来一般比较枯燥,但好的作品也能在深入研究的同时注意发掘梳理趣事趣闻,让人读来饶有兴味。比如前面提到的有的大学有时候有几个校长,又如大学教师一般不得结婚(第189页),便颇为有趣;还有书中论述的大学新生入学时的"革除礼"(depositio):新生被认为是一只野兽,在他被新家园的优雅社团接受以前必须先举行"革除"或"清扫"仪式。以"清扫"掉年轻人粗俗的习气,甚至是他们粗野的兽性。主要是通过"洗澡"、"锉掉门牙",之后新生开始忏悔,招认那些稀奇古怪的坏习惯,这样就完成了寓意为从粗野到文明,从野蛮到开化的大学入学仪式(成稿第159页)。

这些论述都引人入胜。

三

　　以上说了该书的许多优点特点亮点,这并非王婆卖瓜,过奖溢美,而是"举贤不避亲"(化出"荐优不避弟子")。这些已得到社会和主流学界的检验。在论文的匿名评审中该书就得到国内知名同行内行专家的较高较好评价。比如沈坚先生称该文(博士论文)"结构严整,层次分明,……内容丰富,资料充沛"(沈氏论文评语,2011.04);张德伟先生称:"其宏大、细致的研究成果,迄今本人尚未见到"(张氏论文评语,2011.04);邓洪波先生曰,该文"言之有据而有理,所论之同与异,时有创获"(邓氏论文评语,2011.04,毛笔墨宝);顾銮斋先生说,该文"内容丰富,资料翔实,层次清晰,逻辑严谨"(顾氏论文评语,2011.04)。肖钥先生评,该文"对丰富和深化中外教育史及高等教育史的研究,有重要的学术价值"(肖氏论文评语,2011.04)。当然以上知名专家也对论文提了一些建设性的修改意见,这些多在出版之前得到落实。

　　我和众多知名同行内行专家的相似看法得到社会的进一步验证。这表现在河燕博士已在 CSSCI(the Chinese Social Science Citation Index)来源期刊发表数篇与博士论文直接有关的或就是其中一小部分的单篇论文。计有:《欧洲中世纪大学的开放性及对我国的启示》,《社会科学家》2010 年第 6 期;《宋代书院与欧洲中世纪大学产生背景之比较研究》,《求索》2010 年第 8 期;《基督教会对欧洲中世纪大学的经济资助》,《贵州民族研究》2011 年第 2 期;《宋代书院与欧洲中世纪大学教学方法的比较》,《甘肃社会科学》2011 年第 2 期;《宋代书院的经费收支考》,《求索》2012 年第 4 期。而且我感觉,还可从书中整理刨(páo)出两篇论文单独发表。现在该书又即将由高端的人民出版社出版,再次得到检验。

自然,学无止境。该书将来若有机会再版,希望在一些方面再深入展开一些,如大学里的女性师生,书院的实用技术课程,台港澳新(加坡)和日本的相关研究的述评等。

总之,该书是一本比较优秀的博士论文和有众多创新的研究专著,在中外高等教育史的研究中具有独特的价值和不可替代的作用。

最后,说点祝福:衷心祝愿她早日评上教授/研究员,祝愿她早日走上新的工作岗位,祝愿她早日喜得贵子(或贵女),祝愿她再接再厉,不断创进,"苟日新,日日新"。

张箭　农历壬辰年七月白露秋分间(公元 2012 年 9 月上中旬)于四川大学历史文化学院

说明:原载刘河燕著:《宋代书院与欧洲中世纪大学之比较研究》,人民出版社 2012 年 12 月版;河燕博士已得贵子。她现为长江师范学院(重庆)教师教育学院教授,硕士生导师。

后　记

一

　　15—17 世纪的地理大发现和世界大航海,是中世纪晚期近代早期最重要的历史事件,对人类社会和世界历史具有最重大和最深远的影响。所以,《剑桥近代史》(The Cambridge Modern History) 和《新编剑桥近代史》(The New Cambridge Modern History)这两套特大型的英语界和西方学界的世界近代通史,都以 1492 年即哥伦布横渡大西洋开始发现美洲之年为第一卷的开端。由此引发了斯塔夫里阿诺斯的《全球通史:1500 年以前的世界》和《全球通史:1500 以后的世界》这两本畅销的简明世界通史书①;也由此引发了目前正在广泛使用的国家统编大学世界通史教材,吴于廑、齐世荣主编的《世界史》(共六册,其第三册近代史编上册也是以 1500 年为开端的)②。葡萄牙、西班牙、英国、荷兰、法国这五个西欧国家发起、参与、造就了地理大发现。意大利由于地处地中海,远离大西洋;也由于国家四分五裂没有统一,故在大发现大航海中出局。所以,意大利人只能以个人身份参加其他西欧国

_____

　　①　把 1492 年换成 1500 年,只是为了便于记忆而已。
　　②　尽管我并不赞同这样划分中世纪和近代。这里不做论述。

家的地理发现和航海探险,并在其中发挥了重要作用。比如名气最大的哥伦布便为意大利热那亚人。俄罗斯则积极主动地参与了后半期的地理大发现,并取得的了很大的成就。整个北亚—西伯利亚及其旁边的北冰洋岛屿因此并入俄国,俄罗斯于是成了北冰洋沿岸最大海岸线最长的国家。

国际上研究地理大发现世界大航海的论著很多,英、俄、日语界的有关论著限于篇幅这里不去述评,西、葡、法、荷、意、德等语言界的有关论著本人不懂上述外语无法述评,已翻译成中文的外国有关论著囿于字数限制这里也不做述评。这里只简单述评一下中国学者汉语文化圈的有关专著和论文集。

中国学者研究地理大发现世界大航海的论文有史以来共有一百多篇(我有三十多篇);会议专题论文集一本,即《通向现代世界的 500 年》(北京大学出版社 1994 年版,37 万字);通俗知识普及读物和译著难以统计,估计迄今各有二十几本;学术研究性专著建国以来据我所知共有这么几本。第一本是严中平先生的《老殖民主义史话选》(北京出版社 1984 年版,44 万字)。此书虽题为“史话”,但因有较详的注释和较深入的论述,故实际上属于专著。不过该书着力于揭露 15 — 17 世纪西葡老殖民主义者的强盗行径,批判其滔天罪恶,而绝口不谈与之孪生和交织的航海探险、地理发现、科学考察等等。故还不是正面论述地理发现航海探险的论著。第二本是李隆庆先生的《哥伦布全传》(中国青年出版社 1998 年版)。哥伦布无疑是地理大发现中的头号风云人物。不过该书只论述地理大发现众多风云人物中的一个首要人物(连带与哥伦布关系密切的也就十来个),时间也只跨哥伦布一生那几十年,而非上百个风云人物和我主张的长达两百多年的地理大发现时代,所以它只是一本人物传记研究。另外《全传》长达55万字,却只有120个注。以学术专著的视角观之,也不太正规。第三本便是王加丰先生的《扩张体制与世界市场的开辟》(北京大学出版社1999年版,22万字)。该书虽有一个副标题"地理大发现新论",但书中直接论述地理大发现的篇章只有四章(共十二章),全书只论述了哥伦布一人,而且也仅是谈他首次远航之前的活动。是故该书没有主要正面论述地理大发现,而是附带侧面论述了一下地理大发现。第四本便是我的《地理大发现研究》。在我之后的则有:第五本是姜守明、高芳英等十四人的《世界地理大发现》(山东画报出版社2003年版,28万字)。该书一大特点是图文并茂,有250幅图(或图片);第二大特点是贯通古今,从上古时代的腓尼基人希腊人写到现代人类征服南极考察北极。不过该书注释较少,在性质上介于专著和读物之间,类似于李隆庆的《全传》。第六本是姜守明、邵政达、陈正兰三先生的《世界尽头的发现——大航海时代的欧洲水手》(北京大学出版社2011年版,21万字)。该书集中写了地理大发现大航海时代的十四位(其中一位为一对)航海家、探险家、殖民强盗、征服者,即亨利王子、迪亚士、哥伦布、卡波特父子、达·伽马、卡布拉尔、亚美利哥、麦哲伦、科尔特斯、皮萨罗、德雷克、雷利①、哈德孙、库克

---

① 笔者按,指英国探险家、海盗雷利(Walter Raleigh,1552—1618)。

船长(1728—1779)。该书只在书末附有参考书目,书中没有注释资料出处等,故不算严格意义上的专著。另外,龚缨晏先生研究过中世纪中期至近代早期的欧洲的世界地图史,在《地图》杂志上连载过。但迄今没有结集出版;再则它虽然与地理发现航海探险密切有关,但仍还不是地理发现航海探险史论著。

二

笔者研究 15—17 世纪的地理大发现航海大探险经年,从 1981 年的本科学年论文《麦哲伦环球航行论略》、经 1993 年的国家社科基金青年项目、到 2002 年的专著《地理大发现研究,15—17 世纪》(商务)、又经 2009 年四川省社科普及规划项目和 2010 年的《世界大航海史话》(海洋出版社)、又到 2013 年由台湾花木兰文化出版社结集出版的《郑和下西洋研究论稿》(上下册),最后至 2018 年发表的《麦哲伦船队横渡太平洋的艰难航行初论》(《太平洋学报》2018 年第 2 期),在地理发现与航海探险方面早已居于全国最领先的地位,在郑和下西洋研究方面在全国也比较领先。在世界上也有中国特色、个人特色和时代特色,能自立于世界学术之林。学术的发展、时代的发展、学科的发展、个人的发展,均到了应该把笔者这二十几年写的发的论文(少数的未发表)结集出版的时候了。因为我已出版的专著《研究》和读物《史话》是一本一本的书,它们要求面面俱到,从始到终。而论文集是一篇一篇的论文,每篇集中研究讨论一个问题(或一个人物)。它的结集出版将在中国的世界史研究、地理大发现研究、世界航海史研究领域写下浓墨重彩的一笔，添加一块坚实的砖石。本书系个人专题论文集，收入作者二十几年来发表的世界历史上地理发现与航海探险方面的论文三十四篇，书评四篇。其中有的系首次书面发表。收入时，多数保持原貌，少数为了避免重复，做了一些删节，仍保留原来的二级标题。因为作为单篇论文发表时，自然不重复；聚在一起，有些就不可避免地有所重复，故需要略作删节。还有的借这次结集，结合新的情况，做了一些修改和补充。

　　本书创新之处众多，且比较重要和高端，现仅略举其荦荦大端者数例。如"总论篇"的一组论文在中国首先明确指出，地理发现应指任一文明民族的代表首次到达了或最先了解了各文明民族前所未知的地表的某一部分，或率先确定了地表已知各部分之间的空间联系。地理大发现可依其主角而分为前后两个阶段，即西葡阶段和英法荷俄阶段。航海探险和陆上探险分别是地理发现的第一途径和第二途径。大航海大探险若取得重大地理发现成果便构成地理大发现。大航海及其时代则可据其航海的特点分为近岸远洋航行、跨洋远洋航行、环球远洋航行和极地冰海远洋航行四个阶段。以上是统领全书的纲领和驾驭整个研究的思路和框架。"马可·波罗篇"在介绍其人其书的基础上，在中国首次论述了他的《游记》对地理大发现初期代表人物的影响。该书初步揭示了开辟新航路的可能性，它对东方财富的描述刺激了欧洲人冒险前来；在世界上首次挖掘出该书对自然地理学的贡献，对矿物学的贡

献。"中西比较篇"在前人的基础上首次全面论述了中国人
没有参与地理大发现的各种原因,并在中国和世界首次深入
论述了其中的地理原因:因为从中国向东横渡太平洋到美洲
的距离是从西欧或西非横渡大西洋到美洲的的距离的几乎三
倍;从中国向南渡海去发现澳大利亚和新西兰等也很难,因为
文明的东南亚把中国和澳洲——大洋洲诸岛隔开。中国人如北
上探险去发现西伯利亚,又被游牧民族蒙古人、女真人—满
人、维吾尔人、哈萨克人等锁闭。"人物研究篇"对富有争议
的地理发现和航海探险的前期代表人物哥伦布、麦哲伦等的
历史功过进行了全面的分析与评价,以唯物史观和辩证法的
视角,对他们做了一分为几和几成开的剖析评价。是为马列
主义思想理论指导历史人物和历史事件评价的生动体现。
"开辟新航路篇"对欧印新航路开辟中的若干重要问题进行
了精深的考证,对中西都说惯了的——首次达·伽马远航印
度的纯利润高达 60 倍——进行辨析,在世界上首次考证为只
有 6 倍纯利润,甚至还少得多。该论文的重要观点已得到中
国和世界学界的普遍承认。该篇还在中英俄日语文化圈首次
详细论述了 17 世纪中叶乌尔达涅塔等开辟成功从亚洲到美
洲的跨太平洋新航路,填补了各条新航路开辟研究中的一块
空白。"发现新大陆篇"在中国首次系统论述了在哥伦布第
二次远航美洲和探险殖民美洲期间,把旧大陆的各种重要作
物小麦、水稻、各种水果、各种蔬菜、经济作物甘蔗、葡萄等传
入美洲,把旧大陆的各种重要家畜家禽如猪马牛羊驴骡狗
(美洲也有狗)鸡等传入美洲,深刻地影响了美洲农牧业的发

展。从而开辟农业文明大交流的历史长河。该文也是中国的世界农史研究这一新分支的最早的论文。"非西葡的其他欧洲国家的发现和航海篇"深入讨论了俄罗斯的地理发现能否成立、北亚北冰洋的待发现地位、俄罗斯地理发现的历史影响等,在世界上首次说清了它对中国的深远影响。"书评篇"评介了苏联研究地理发现航海探险的大家马吉多维奇及其名著《地理发现史纲》,也评介了中国研究这一领域最领先的笔者的《地理大发现研究,15—17世纪》。"附录篇"包括回忆世界史家翻译家卢剑波先生文章一篇、研究埃及金字塔(模型)论文一篇、讨论拉丁语的盛衰的论文一篇。它们皆有新意、独创性和领先性。其他各篇的亮点限于篇幅不做点评,相信读者的鉴赏和评判能力。

　　史料发掘方面的创新也是本书一大优点长处。中国的世界史专著多数只参考征引一种外语资料文献(一般为英语)。本书除了有大量英语资料外,笔者还懂一些俄语、日语和拉丁语。书中(文中)还参考征引了一些俄语、日语资料文献。从而使本书各篇的论述建立在坚实的史料基础上,达到了较高水平。能与世界学界接轨,并能引领这个领域的世界潮流(因为西方的历史学家中,能粗通四门外语的也极少)。

　　本论文集的结集出版,也配合和呼应了当前"一带一路"(丝绸之路经济带和21世纪海上丝绸之路)的宏伟国家战略,故既具有深邃的学术价值,也有一定的现实意义和作用。

　　自然,学无止境,山外有山天外有天。本书所存在的一些缺点、瑕疵甚至可能存在的失误错误也欢迎专家学者读者不各指正。

当今世界，期刊论文、专著、论文集、报纸文章、学位论文出得较多，学术集刊也在慢慢增多，已难以搜齐。各种新的电子、数字媒体（网络、网站、微博、博客、微信公众号等）更是海量，无法统计。其中也有一些历史文章、学术文章。倘若本书中有的内容与之相近相似，则要看发表发布的时间甚至要看写作的时间。若本人的文章发表在后，则可能无意中受了影响，但又无法注明出处。倘有这种情况请欲征引者直接征引发表发布在前者。

三

本专题论文集得以结集出版，需要感谢许许多多的各界人士。首先要感谢刊发那些论文的学刊和编辑们。你们的慧眼是最为重要的。其次要感谢众多学术会议的发起者、组织者和工作人员。因为有一些论文便先在会议上交流，做大会报告和小会发言，然后或被收入论文集，或被刊物相中，或投中。三十多年来，我参加的比较多的有关的学术会议的大类型有：由中国世界中世纪史研究会组织的学术年会，由江苏省和南京市郑和研究会组织的国际或国内学术大会，由中国海外交通史研究会和泉州海交史博物馆组织的国内和国际学术大会，由中国世界古代史研究会组织的学术年会，由中国农业历史学会和南京农业大学中国农业历史研究所组织的国际或国内学术大会，等等。所以，学术界的学术研讨会是促进学术发展的好形式之一，今后我也会比较积极地参加。第三要感谢那些二次文摘刊物的编辑们。本论文集中的一些论文就曾被二次文摘刊物摘编复印过,包括主流的《新华文摘》、《复印报刊资料》各分册,《高校文科学报(学术)文摘》、《中国社会科学文摘》等。得到摘编使我又受到鼓舞。第四,要感谢那些社科基金项目的评审专家们。在地理大发现航海大探险方面,我已经获得过两项课题,一项是国家社科基金年度青年项目(经费 7000 元),一项是四川省年度科普项目(经费 1 万元)。这两个课题的立项直接促成了后来出版《地理大发现研究》和《世界大航海史话》两书。所以,第五还要感谢《研究》一书的责任编辑李杏贵女士和当时的著作编辑室主任常绍明先生。他们的眼光、洞见、魄力、认真负责精神、勤勉工作态度促成了该书出版,奠定了我在这个领域和方向的领先地位。第六要感谢我所在的四川省哲学社会科学规划办、四川大学、社会科学研究处及其历任处长副处长各科科长和工作人员、四川大学图书馆、历史文化学院 2010 年年底以来的新的领导班子。他们(它们)对我的教学科研和学术活动一贯予以理解、支持、帮助。尤其要感谢学院新的领导班子班长霍巍院长(长江学者、考古学家、博士、教授)和陶宏书记(副教授)。他们重视和支持世界史的科研和学术活动,公平对待学院的每一位教师教授,批准了我的申报,拨给了一笔经费,给予了"四川大学'区域历史与边疆学'一流学科项目群"资助,我才能交足出版社要求的费用,本书才得以出版。而在2010 年年底之前上溯至 1995 年,我是得不到学院给的一元钱的。尽管我校和我院早在 1995 年和 2003 年就进入二一一工程和九八五工程建设行列了,拨到学校的工程经费不知有多少个亿,拨到学院的工程经费也以千万计。学院少数人小圈子的人可以几万、十几万、几十万元地用,我却不能用一元钱。尽管我世界史、中国古代史(魏晋南北朝)、中西交通比较交流史都在搞,都有成果和成就,学院的重点方向有一半我都靠得上(历史学的二级学科三级学科虽多,但大块就分四大块,即中国古代史、中国近现代史、世界史、考古文博。学院内部的教研室或系就是这样设置的)。所以,惟有努力工作和不懈奋斗,才不会辜负大家的期待,才无愧于"双一流"(即世界一流大学和一流学科)这个荣耀的称号。第七要感谢人民出版社的领导和编辑看起了相中了这个选题,我才得以在中国的这家名牌和顶尖出版社出书。第八,感谢所有以各种方式支持过帮助过我的人们。

四

本书出版后,我在地理大发现世界大航海方面就发表了三十几篇论文,出了一本专著,一本知识普及读物,一本个人专题论文集。从学者、专家、学术的角度考虑,就还差一本译著了。我将继续不懈努力,看什么时候有时间、有机会、有因缘巧合,便再搞一本译著出来。那样就形成了比较完整的成器的书系。

顺便说说,几年前,上海社会科学院出版社的知名世界史学者张广勇先生多次来邀请我,把我的《地理大发现研究,15—17世纪》改名为《地理大发现史》,把当初被删掉的近9

万字补上,在他们社出版,不要我交出版费,还要给我稿费3万元。我说,感谢你们的美意。不过当初商务给我出书时,没收出版费,还给了稿费1万多元。当然,也因此前后延续了4年,被删了好几万字。但总的说来商务对我有恩。现在未满二十年,又拿到别的出版社改头换面地重新出,似乎有点不好,有点对不住商务。故我说要不就出一本个人专题论文集吧,这样就不难为情,我可以不要稿费。但张广勇说那样的话他们出版社就不愿意了。于是,事情就搁下来了。今天自己出资出了个人专题论文集,总算把这个愿了了。

2015年,党中央国务院提出了"一带一路"("丝绸之路经济带"和"21世纪海上丝绸之路")国家发展战略。其中的海上丝绸之路,就是历史上世界海上航路的延续、扩展、发达和延伸。而研究历史上的地理大发现和世界大航海,就不知不觉地自然而然地配合、呼应、暗合了今天的国家战略,使历史研究增加了一些现实意义,为"一带一路"的倡议提供了一点智力支撑和学术支持。所以,研究历史上地理大发现和世界大航海是可以有所作为的。期待有兴趣者有意者在现有的研究基础上继续前进,推出更多更好的有关学术论著和作品来。

张　箭

2018年元旦于四川大学历史系

责任编辑:赵圣涛
封面设计:王欢欢
责任校对:吕　飞

图书在版编目(CIP)数据

航海、航路与地理发现研究论稿/张箭 著. —北京:人民出版社,
　2018.10
ISBN 978 - 7 - 01 - 017737 - 3

Ⅰ.①航…　Ⅱ.①张…　Ⅲ.①新航路发现-世界-文集
Ⅳ.①K916-53

中国版本图书馆 CIP 数据核字(2017)第 122189 号

航海、航路与地理发现研究论稿
HANGHAI HANGLU YU DILI FAXIAN YANJIU LUNGAO

张 箭 著

人 民 出 版 社 出版发行
(100706 北京市东城区隆福寺街 99 号)

北京中科印刷有限公司印刷　新华书店经销

2018 年 10 月第 1 版　2018 年 10 月北京第 1 次印刷
开本:880 毫米×1230 毫米 1/32　印张:23.5
字数:600 千字

ISBN 978 - 7 - 01 - 017737 - 3　定价:99.00 元

邮购地址 100706　北京市东城区隆福寺街 99 号
人民东方图书销售中心　电话 (010)65250042　65289539